# dicionário de fotógrafos do cinema brasileiro

# dicionário de **fotógrafos**
# do cinema brasileiro

ANTONIO LEÃO DA SILVA NETO

**imprensaoficial**

GOVERNO DO ESTADO
DE SÃO PAULO

Governador    Alberto Goldman

**imprensaoficial**    Imprensa Oficial do Estado de São Paulo

Diretor-presidente    Hubert Alquéres

Coleção Aplauso

Coordenador Geral    Rubens Ewald Filho

# No passado está a história do futuro

A Imprensa Oficial muito tem contribuído com a sociedade no papel que lhe cabe: a democratização de conhecimento por meio da leitura.

A Coleção Aplauso, lançada em 2004, é um exemplo bem-sucedido desse intento. Os temas nela abordados, como biografias de atores, diretores e dramaturgos, são garantia de que um fragmento da memória cultural do país será preservado. Por meio de conversas informais com jornalistas, a história dos artistas é transcrita em primeira pessoa, o que confere grande fluidez ao texto, conquistando mais e mais leitores.

Assim, muitas dessas figuras que tiveram importância fundamental para as artes cênicas brasileiras têm sido resgatadas do esquecimento. Mesmo o nome daqueles que já partiram são frequentemente evocados pela voz de seus companheiros de palco ou de seus biógrafos. Ou seja, nessas histórias que se cruzam, verdadeiros mitos são redescobertos e imortalizados.

E não só o público tem reconhecido a importância e a qualidade da Aplauso. Em 2008, a Coleção foi laureada com o mais importante prêmio da área editorial do Brasil: o Jabuti. Concedido pela Câmara Brasileira do Livro (CBL), a edição especial sobre Raul Cortez ganhou na categoria biografia.

Mas o que começou modestamente tomou vulto e novos temas passaram a integrar a Coleção ao longo desses anos. Hoje, a Aplauso inclui inúmeros outros temas correlatos como a história das pioneiras TVs brasileiras, companhias de dança, roteiros de filmes, peças de teatro e uma parte dedicada à música, com biografias de compositores, cantores, maestros, etc.

Para o final deste ano de 2010, está previsto o lançamento de 80 títulos, que se juntarão aos 220 já lançados até aqui. Destes, a maioria foi disponibilizada em acervo digital que pode ser acessado pela internet gratuitamente. Sem dúvida, essa ação constitui grande passo para difusão da nossa cultura entre estudantes, pesquisadores e leitores simplesmente interessados nas histórias.

Com tudo isso, a Coleção Aplauso passa a fazer parte ela própria de uma história na qual personagens ficcionais se misturam à daqueles que os criaram, e que por sua vez compõe algumas páginas de outra muito maior: a história do Brasil.

Boa leitura.

ALBERTO GOLDMAN
Governador do Estado de São Paulo

**COLEÇÃO APLAUSO ESPECIAL**

O que lembro, tenho.

Guimarães Rosa

A *Coleção Aplauso,* concebida pela Imprensa Oficial, visa resgatar a memória da cultura nacional, biografando atores, atrizes e diretores que compõem a cena brasileira nas áreas de cinema, teatro e televisão. Foram selecionados escritores com largo currículo em jornalismo cultural para esse trabalho em que a história cênica e audiovisual brasileiras vem sendo reconstituída de maneira singular. Em entrevistas e encontros sucessivos estreita-se o contato entre biógrafos e biografados. Arquivos de documentos e imagens são pesquisados, e o universo que se reconstitui a partir do cotidiano e do fazer dessas personalidades permite reconstruir sua trajetória.

A decisão sobre o depoimento de cada um na primeira pessoa mantém o aspecto de tradição oral dos relatos, tornando o texto coloquial, como se o biografado falasse diretamente ao leitor.

Um aspecto importante da *Coleção* é que os resultados obtidos ultrapassam simples registros biográficos, revelando ao leitor facetas que também caracterizam o artista e seu ofício. Biógrafo e biografado se colocaram em reflexões que se estenderam sobre a formação intelectual e ideológica do artista, contextualizada na história brasileira.

São inúmeros os artistas a apontar o importante papel que tiveram os livros e a leitura em sua vida, deixando transparecer a firmeza do pensamento crítico ou denunciando preconceitos seculares que atrasaram e continuam atrasando nosso país. Muitos mostraram a importância para a sua formação terem atuado tanto no teatro quanto no cinema e na televisão, adquirindo, linguagens diferenciadas - analisando-as com suas particularidades.

Muitos títulos exploram o universo íntimo e psicológico do artista, revelando as circunstâncias que o conduziram à arte, como se abrigasse em si mesmo desde sempre, a complexidade dos personagens.

São livros que, além de atrair o grande público, interessarão igualmente aos estudiosos das artes cênicas, pois na *Coleção Aplauso* foi discutido o processo de criação que concerne ao teatro, ao cinema e à televisão. Foram abordadas a construção dos personagens, a análise, a história, a importância e a atualidade de alguns deles. Também foram examinados o relacionamento dos artistas com seus pares e diretores, os processos e as possibilidades de correção de erros no exercício do teatro e do cinema, a diferença entre esses veículos e a expressão de suas linguagens.

Se algum fator específico conduziu ao sucesso da *Coleção Aplauso* – e merece ser destacado –, é o interesse do leitor brasileiro em conhecer o percurso cultural de seu país.

À Imprensa Oficial e sua equipe coube reunir um bom time de jornalistas, organizar com eficácia a pesquisa documental e iconográfica e contar com a disposição e o empenho dos artistas, diretores, dramaturgos e roteiristas. Com a *Coleção* em curso, configurada e com identidade consolidada, constatamos que os sortilégios que envolvem palco, cenas, coxias, sets de filmagem, textos, imagens e palavras conjugados, e todos esses seres especiais – que neste universo transitam, transmutam e vivem – também nos tomaram e sensibilizaram.

É esse material cultural e de reflexão que pode ser agora compartilhado com os leitores de todo o Brasil.

HUBERT ALQUÉRES
Diretor-presidente da
Imprensa Oficial do Estado de São Paulo

# AGRADECIMENTOS

Especiais: A toda a equipe da Cinemateca Brasileira, através do Centro de Documentação, pela paciência e presteza com que sempre me atenderam e do Censo Cinematográfico Brasileiro, pelo trabalho de fôlego, tenacidade e competência; aos amigos da Banda *Satisfaction*: Alexandre Faja Galache, Lincoln Fonseca, Nailton das Neves Silva, Orlando Nhoqui Jr. e respectivas esposas, pela amizade, fidelidade e pelos momentos musicais em que recarrego minhas baterias; aos amigos da Associação Brasileira de Colecionadores de Filmes (ABCF) em 16mm, em especial a Archimedes Lombardi e Celso Alves Agria, que ainda fazem o sonho de colecionar filmes em 16mm ser possível; pelos textos introdutórios: apresentação (Paulo Augusto Gomes), prefácio (Walter Carvalho); Hubert Alquéres (mentor da *Coleção Aplauso*, o meu respeito); Ary Fernandes e Miguel Borges (cineastas e amigos que tive a honra de biografar); Paulo Augusto Gomes (amigo de sempre, com quem tenho a honra e a felicidade de trocar *e-mails* diários e renovar conhecimentos e experiências); Pedro Pablo Lazzarini, uma nova e especial amizade; professor Máximo Barro (amigo e conselheiro, pelas dicas e indicações fundamentais para o livro), Rubens Ewald Filho (admiração, agradecimento e respeito, sempre); minhas irmãs Rosemeire e Denise e respectivas famílias; minha esposa Sonia Prado e meus filhos Thaisa, Victor e Mariana, que nunca negaram apoio para que este livro pudesse ser realizado.

*In Memoriam*: Beto Leão (1958-2009), cineasta, crítico e pesquisador goiano, publicou livros fundamentais para o entendimento do cinema em Goiás, que nos deixou tão cedo, a quem tive a honra de privar da amizade, em minhas idas aos festivais de Goiânia, os almoços no *Chão Nativo*, deixo meu respeito, admiração e saudades e, em especial, meus pais Jayre e Cinira, que tanto me incentivaram e por me mostrarem o caminho do bem, cuja ausência me faz muita falta;

Afetivos: Adilson Marcelino; Adriana de Andrade (*Nova Filmes*); Adriano Attili; Alexandra e Alyne Tostes; Alexandre Bertalan Jr.; Alexandre Niemeyer; Alexis Gois (contatos de fotógrafos baianos); Alfredo Sternheim; Alice Gonzaga Assaf (contatos e informações sobre profissionais da Cinédia); Amir Labaki; Andrea Tonacci; Arnaldo Sábato (pelo envio de material precioso sobre seu irmão, Armando Sábato); Carlos Alberto Mattos; Christian Saghaard; Edu Felistoque; Eduardo Correa (*Centro de Documentación Cinematográfica - Cinemateca Uruguaya*), pelas informações sobre o fotógrafo uruguaio Americo Pini; Eloisa Sturari Nicolae (*IOESP*), pela cordialidade e presteza; Eudaldo Guimarães (contatos fundamentais de fotógrafos goianos); Evaldo Mocarzel; Flávio Thomaz de Tullio; Francisco Potye (*Sindcine*); Francisco Sampaio Leite Jr.; Geraldo Veloso (sempre bom amigo, pelas informações biográficas do fotógrafo Tiago Veloso, seu irmão); Glênio Nicola Póvoas (por informações preciosas de Italo Majeroni e contatos fundamentais de fotógrafos gaúchos);

Guilherme de Almeida Prado; Hediene Zara (*Arquivo Histórico de São João da Boa Vista, SP*); Herbert Richers Jr; Hileana Menezes Carneiro; Inácio Araújo; Ivan Finotti; Jacques Deheinzelin; Joel Pizzini; Joana Nin; José Américo Ribeiro (informações importantes de fotógrafos mineiros); Julio Mauro; Lauro Escorel Filho; Lia Robatto; Lilian Melchers (pela atenção e envio de material precioso de seu pai, Eurico Richers); Manfredo Caldas; Maraci Ambrogi; Maria Angélica Santos (*Cinemateca Capitólio-RS*); Maria do Rosário Caetano; Martha Mauro; Mauro Alice (dicas e informações importantes sobre profissionais da Vera Cruz); Miguel Segattio; Nereu Cerdeira; Nilza Dias Lisboa (*Fundação Joaquim Nabuco-PE*); Paula Porto (*Bossanovafilms*); Penna Filho; Peter Baiestorf; Raquel e Fernanda Hallak (*Universo Produções*); Raul Marchiori Jr. (informações sobre os pioneiros do cinema campineiro, principalmente Thomaz de Tullio); Renata Antoniassi (*Documenta Filmes*); Ricardo Stein; Roberto Farias; Rodolfo Nanni; Rodrigo Falconi (pela gentileza de enviar a biografia completa de Dilo Gianelli, extraída do seu artigo, publicado no *Jornal do Município*, São João da Boa Vista, SP, em 21-11-2009); Rodrigo Pereira (*Estúdio Loft*); Ronaldo Werneck; Rosângela Sodré (*CTAv*); Sheila Schvarzman; Simone Lopes (*Fundação Dimas*); Tatiana Penteado (*Lereby*); Tetê Mattos (*Araribóia Cine*); Valéria Mauro de Lima (pelas Informações sobre Zequinha e Lulu Mauro); Vanessa Freitas (*Conspiração Filmes*).

Pelo envio de currículos e correções de resenhas: Adriano S.Barbuto; Alan Langdon; Alex Araripe; Alex Sernambi; Alziro Barbosa; André Benigno; André Horta; André Lavèrene; André Rassi; André Sigwalt; Augusto Sevá; Carlos Egberto; Christian Saghaard; Claudio Leone; Cleisson Vidal; Clovis Molinari Jr.; Christian Lesage; Conrado Sanchez; Daniel Leite; Diego Gozze; Eudaldo Guimarães; Eurico Richers; Fabian Boal; Fábio Carvalho; Fernando Coster; Flavio Ferreira; Francisco Sampaio Leite Jr.; Guga Millet; Gui Castor; Guy Gonçalves; Harley Carneiro; Helcio Alemão Nagamine; Ivo Czamanski; Jacob Solitrenick; Jaime Lerner; Jane Malaquias; Jay Yamashita; João Landi Guimarães; Joel Lopes; Jorge Henrique Boca; José Roberto Sadek; José Sette de Barros; Krishna Schmidt; Lauro Escorel; Lázaro Faria; Leandro HBL; Leo Ferreira; Leo Sassen; Lito Mendes de Rocha; Luiz Miyasaka; Lula Araújo; Lula Carvalho; Marcello Marques; Marcelo Coutinho; Marcio Langeani; Marco Romiti; Marcus Vilar; Maria Amélia Palhares; Matias Max; Maurício Andrés Ribeiro; Mauricio Medeiros; Maurizio D'Atri; Mauricio Squarizi; Max Vamerlatti; Mustapha Barat; Paulo Castiglioni; Paulo Laborne; Pedro Cardillo; Pedro Pablo Lazzarini; Pedro Urano; Peter Baiestorf; Reynaldo Zangrandi; Ricardo Della Rosa; Ricardo Stein; Roberto Burura; Roberto Faissal Jr.; Roberto Henkin; Roberto Iuri; Roberto Laguna; Roberto Santos Filho; Rodolfo Ancona Lopez; Rodrigo Mercês; Rodrigo Monte; Rosa Berardo; Sadil Breda; Scalante; Tadao Miaqui; Tiago Scorza; Tuker Marçal; Uli Bruhn; Vini Nora; Virgilio Roveda; Waldir de Pina; Walter Carvalho (RJ); Walter Carvalho (SP); Wilson Lazaretti.

# APRESENTAÇÃO

## A LUZ DAS ESTRELAS

O cinema já foi definido como "a fotografia em movimento". Isso nos primórdios, quando a nova arte (ainda não reconhecida como tal) se estruturou a partir de um "defeito de fabricação" da espécie humana, cuja visão retém, por uma fração de segundo, as imagens que sua retina capta. É o conhecido fenômeno da *persistência retiniana*, criando a ilusão de movimento a partir de uma série de fotos fixas que decompõem esse mesmo movimento de seres e coisas, projetadas a idêntica velocidade de sua captação. Isso é o que havia por trás da invenção de Edison ou dos irmãos Lumière. Para que essas projeções fossem bem sucedidas, eram usadas as câmeras cinematográficas, que funcionavam nos mesmos moldes de suas antecessoras fotográficas: bastava colocar o objeto desejado em foco e disparar a objetiva.  •

O cinema já nasceu, portanto, com a fotografia integrada à sua própria existência. Não se pensava ainda em "autores"; "criadores" eram aqueles que sabiam manejar uma câmera e usavam sua habilidade para fazer um filme curto sobre qualquer assunto. Nos primeiros tempos, o diretor era sempre o fotógrafo – e vice-versa. Ele escolhia o tema e a maneira de fotografá-lo, o que implicava na distância em relação a esse objeto focado e, no caso de profissionais mais habilidosos (sim, porque havia sido criada, pela necessidade, uma nova ocupação), em procedimentos que tornavam essa captura de imagens mais atraente. Pode-se imaginar, como exemplo, a admiração das plateias de então por um plano feito pelo operador de câmera (uma expressão da época) a bordo de um bonde se locomovendo, por exemplo. Era, se não a invenção, pelo menos a sistematização de um procedimento que hoje é absolutamente banal, mas que até a primeira década dos 1900 se constituía em motivo de destaque e demonstrava perícia por parte de quem o executava.

O difícil manejo das câmeras primitivas e a pouca sensibilidade e o pequeno comprimento dos filmes virgens não permitiam grandes vôos. Um salto qualitativo foi dado com a industrialização do cinema e a criação dos estúdios cinematográficos americanos e alemães. Através deles, astros e estrelas caíram no gosto do público, desde Pola Negri e Conrad Veidt, Rudolph Valentino, Douglas Fairbanks e Mary Pickford. Esses e outros nomes rendiam fortunas nas bilheterias; o grande público queria ver seus ídolos, corpos e rostos, como surgidos de outro mundo. Para isso – e para ajudar a solucionar problemas de criação de imagens diferenciadas – foi projetada e posta a funcionar uma iluminação artificial que destacava as zonas de luz e de sombra das imagens, gerando escolas como o Expressionismo alemão. Naturalmente, nomes foram se destacando, desde Billy

Bitzer, fotógrafo de D. W. Griffith, aos mestres das primeiras gerações do cinema, dos quais fizeram parte Lee Garmes e Karl Freund.

No Brasil, com o cinema entregue aos imigrantes, já que as famílias tradicionais esnobavam a arte nascente, surgiram profissionais como Igino Bonfioli, Alberto Leal, Pedro Comello, Gilberto Rossi e Thomaz de Tullio. Raramente um nome da terra, como Edson Chagas, ligado ao Ciclo do Recife, conseguia destaque. Mesmo aquele que se tornou o maior de nossos fotógrafos clássicos – Edgar Brazil, lançado por Humberto Mauro em "Braza Dormida" (1928), é alemão de origem, apesar do sobrenome que adotou, nascido que foi Edgar Hauschildt em Hamburgo, no ano de 1902. Construiu toda a sua carreira no Brasil até morrer em 1954 – muito novo, portanto – em um fatídico acidente de automóvel. Mas quem viu "Limite" (1930) sabe que essa obra única deve igualmente ao gênio de Mário Peixoto, que a idealizou, e a Edgar, que viabilizou as idéias visuais do cineasta quase menino, construindo inclusive equipamentos que lhe permitiram pôr em prática o que havia sido pensado.

A essa altura, diretor e fotógrafo já se haviam desmembrado em duas pessoas. A criação da Cinédia, por Adhemar Gonzaga – e posteriormente de outros estúdios, como a Brazil Vita Film, de Carmen Santos - abriu espaço de trabalho para profissionais do calibre de Aphrodisio de Castro, que trabalhou com Mauro no magnífico "Ganga Bruta" (1933). Novos nomes foram surgindo a cada década, realizando trabalhos de valor. Só mesmo um super-estúdio como a Vera Cruz paulista desprezava a crescente e cada vez mais qualificada especialização brasileira na área, optando pela contratação de técnicos europeus, que pelo menos tiveram o mérito de formar novos quadros a partir de seus assistentes, permitindo-lhes o contato com equipamento mais sofisticado, a exemplo das gruas, que se tornaram relativamente frequentes nos filmes brasileiros. Destaca-se o inglês Chick Fowle, egresso do célebre GPO (General Post Office), para o qual assinou a fotografia de "Night Mail" e, já no Brasil, a de "O Cangaceiro" de Lima Barreto. Na mesma linha de atuação, os argentinos Mário Pagés e Juan Carlos Landini estiveram ligados às produtoras paulistas Maristela e Multifilmes. Todos viveram longos anos no país e ensinaram seu ofício a novas gerações de brasileiros. Na contramão dos filmes sofisticados da Vera Cruz, a chanchada também foi momento da maior importância no cinema brasileiro. Não se pode esquecer, no caso, o italiano Amleto Daissé, que aportou em terras brasileiras integrando a equipe do diretor Riccardo Freda e assinou a fotografia dos grandes momentos chanchadescos – de "Nem Sansão, nem Dalila" a "Matar ou Correr" e "Carnaval Atlântida". Mas não apenas: trabalhou com Nélson Pereira dos Santos em "Boca de Ouro" e com Roberto Farias em "O Assalto ao Trem Pagador".

A partir de "Rio, 40 Graus", filme que marcou o surgimento do Cinema Novo, mais nomes vieram integrar o movimento cinematográfico brasileiro, na esteira do Neo-realismo italiano, a começar de Hélio Silva, responsável pelas imagens daquele filme. Foi logo seguido por Mário Carneiro, artista plástico que assinou a fotografia de alguns curtas-metragens de grande qualidade dos criadores do Cinema Novo e que posteriormente se dedicou aos longas e inclusive à direção ("Gordos e Magros"). Cada vez mais, o cinema ganhou espaço dentro da cultura brasileira e isso fez com que aumentasse o número anual de produções em longa e curta metragens, levando um elenco maior de fotógrafos a poder exercer seu ofício e ser remunerado por ele. Quando foi criada a Embrafilme, proporcionando níveis verdadeiramente industriais à produção brasileira, inclusive com o surgimento de campeões de bilheteria – caso de "Dona Flor e Seus Dois Maridos" e "A Dama do Lotação", entre outros – os agora diretores de fotografia (e não mais apenas fotógrafos) haviam acompanhado essa explosão e se sabiam capazes de trabalhar não apenas com diretores brasileiros, mas de todo o mundo. Alguns chegaram, inclusive, a se tornar especialistas, como é o caso de Francisco Torturra, que fotografou um sem-número de jogos de futebol para o Canal 100 de Carlos Niemeyer e é considerado por muitos com quem trabalhou como o nome maior em todos os tempos, no seu campo de atuação. Outros preferiram trabalhar apenas com o cinema documentário; assim, "a luz das estrelas", a que se refere o título deste texto, diz respeito não apenas ao talento para operar com a iluminação artificial de um set de filmagem, mas também com luz natural, por esse mundo afora. Nessa área, ninguém foi tão marcante quanto o major Luiz Thomaz Reis, cinegrafista do marechal Rondon, que revelava e copiava à noite, em plena selva, os planos de índios que havia filmado durante o dia. Em paralelo, diretores de fotografia decidiram se lançar de vez à direção de filmes, novamente integrando as duas tarefas em uma mesma pessoa. São exemplos disso Lauro Escorel, Murilo Salles e Walter Carvalho, assinando obras de valor em seus currículos. É curioso observar que essa é basicamente uma função masculina; consultando esta obra, o leitor verá que existem diretoras de fotografia brasileiras, mas são exceções que confirmam a regra. Essa é uma tendência que deverá sofrer gradativa alteração, uma vez que os novos equipamentos, menos pesados e mais portáteis, facilitam o trabalho feminino, permitindo maior agilidade. Nossa época é marcada por uma democratização da atividade cinematográfica, que só pode ser benéfica e atraente.

Neste livro, o leitor encontrará todos esses momentos da história do cinema brasileiro. Não quero ser econômico em elogios: é uma obra fundamental para o estudo e pesquisa dos nossos filmes. Lista todos os nomes que trabalharam e trabalham com fotografia de cinema no Brasil, apresentando filmografias bastante completas de cada um e dados biográficos que os situam em seu tempo de atuação. É um levantamento pioneiro, nunca antes tentado por ninguém. A partir do que está aqui coligido, leitores e aficcionados poderão acrescentar mais alguns dados, quem sabe um ou outro nome, mas isso não inviabiliza de forma alguma o valor e alcance dessa gigantesca pesquisa, que só poderia mesmo ser fruto da grande paixão de Antonio Leão da Silva Neto pelo cinema brasileiro e as imagens do Brasil.

Paulo Augusto Gomes
Cineasta e Ensaísta

# PREFÁCIO

## DA CAVERNA AO DIGITAL

O cinema nasceu de uma curiosidade científica, e foi através da fotografia em movimento que ele se consolidou e transcendeu fronteiras permanecendo até hoje como: *a maior diversão*. Na história da representação pictórica desde as inscrições rupestres como nas famosas cavernas de Altamira e Lascoux, já era possível localizar a tentativa do homem em representar os movimentos do corpo, como animais de seis patas, por exemplo. No século 3 a.C. Aristóteles já indicava sua preocupação com o que viria a ser no futuro a câmera obscura. Portanto vem de muito longe a invenção do que chamamos hoje de cinema.

O time de cientistas e estudiosos é grande. Desde 1826 o francês Nicéphore Niepce, o primeiro a conseguir reter uma imagem, a famosa foto *View from the Window at le Gras*. Depois vieram William Tabolt, Daguerre, Étienne-Jules Marey e Eadweard Muybridge, que descobriu através das suas experiências na captação de imagens sucessivas o primeiro registro do movimento real ao fotografar o cavalo *Occident*, contrariando a própria representação na pintura no exemplo clássico do quadro O Derby de Epsom, pintado por Géricault em 1821.

Todos esses experimentos pré-figuram e deságuam nos inventos dos irmãos Lumiére, Louis e Auguste, quando registraram o cinematógrafo em 13 de fevereiro de 1895. Numa sequência de 50 segundos de duração, *L'Arrivée d'un train à la Ciotat*, filmada em 1895 assusta uma platéia de 33 espectadores apavorados com a aproximação da locomotiva em sua direção. Para esta exibição a imprensa não compareceu apesar de convidada, mas registrou-se a presença de um gênio do cinema, George Méliès. A partir desse momento emblemático, inicia-se a história do cinema: o que vem antes faz parte da sua pré-história.

No Brasil o cinema chega pelo mar. Foi a *Vista da baia de Guanabara* a primeira imagem filmada no Brasil por Paschoal Segretto e pelo cinegrafista italiano Afonso Segretto em 19 de junho de 1898, quando aportavam no Rio de Janeiro vindos da Europa a bordo do navio Brèsil. 8 de julho de 1896 é a data da primeira exibição de cinema no Brasil. O espetáculo teve endereço na Rua do Ouvidor. A novidade do experimento e o sucesso do Omniographo, um aparelho mais desenvolvido do que o Kietoscópio, depois denominado de Cinematographo, provocou o surgimento de pioneiros em vários pontos do país, que utilizaram câmeras construídas de forma rudimentar, mas que fizeram expressivos e históricos registros do cotidiano. Um exemplo é o caso de Silvino Santos, que se embrenha na selva amazônica em busca de imagens que se tornaram históricas, uma referência permanente para nosso cinema.

Não havia profissionais especializados no exercício das funções técnicas, pelo menos até os anos de 1930. Alguns ciclos regionais tiveram uma importância muito grande. Em Cataguases, tem início o ciclo de Minas Gerais, um dos movimentos mais importantes para a formação de técnicos profissionais, sob a liderança e a inspiração do grande cineasta Humberto Mauro. O que passou a ser chamado de o *Ciclo de Cataguases*. Desse movimento surge o nome do diretor de fotografia, Edgar Brasil, famoso por inúmeros trabalhos, mas que se destaca em 1929 com *Limite* de Mario Peixoto, o mais expressivo trabalho da história na captação de imagem para um filme. *Limite* é um marco do nosso cinema não só pela sua dramaturgia e encenação como pela atuação inaugural de Edgar Brasil. O quadro composto pela integração criativa da dupla coloca o trabalho realizado em Limite como, talvez, o mais expressivo de toda a história do cinema brasileiro. É nesse período que surgem os grandes estúdios da Cinédia e Vera Cruz, passando pela Brasil Vita, Kino Filmes, Herbert Richers e Atlântida.

A era pioneira do nosso cinema registra outros nomes como Thomaz de Tullio, Gilberto Rossi e o de A.P.Castro, que participou de uma infinidade de produções, tendo sido o mais importante diretor de fotografia da Cinédia, de Adhemar Gonzaga.

A fase seguinte do cinema brasileiro marca a chegada de uma verdadeira legião de fotógrafos estrangeiros que passaram a atuar no mercado trabalhando nos estúdios Maristela, Brasil Filmes, mas na verdade são os estúdios Vera Cruz, em São Paulo, e Atlântida, no Rio de Janeiro, os mais atuantes e os que mais produziram filmes. Esse impulso trouxe para o Brasil, convocados por Alberto Cavalcanti, nomes como Chick Fowle, fotógrafo de *O Cangaceiro*, dirigido pelo Lima Barreto, e outros diretores de fotografia como Ray Sturgess, Ugo Lombardi, Rudolph Icsey, Mario Pagés, Amleto Daissé, Ozen Sermet, todos contribuindo para o desenvolvimento da cinematografia brasileira.

Os filmes na sua maior parte eram rodados em estúdios e o cinema brasileiro pode se desenvolver no aprimoramento da fotografia e em técnicas de iluminação de interiores.

Foi nos anos 50 que surge o embrião do Cinema Novo, movimento que provoca uma verdadeira revolução no formato até então adotado pelo cinema de estúdio, revolução esta no campo da técnica e também no que diz respeito à linguagem. O surgimento de novas câmeras de construção mais leve e compactas permitiu, como no movimento neo-realista italiano, um cinema arrojado, saindo dos estúdios, e alguns jovens acabam por provocar, na sua forma de filmar com poucos recursos, uma nova linguagem.

Como os pintores no final do século XIX que saíram dos seus ateliês, os jovens cineastas foram para rua em busca de novas experiências. É assim que *Rio, 40 Graus* (1955), dirigido por Nelson Pereira dos Santos e fotografado por Hélio Silva, representa um marco inaugural do Cinema Novo, uma inovação na maneira de fazer filme naquele momento. *Rio 40 Graus* provoca Glauber Rocha, que no famoso ensaio Revisão Crítica do Cinema Brasileiro, sentencia: *uma câmera na mão, uma idéia na cabeça.*

O cinema documentário tem grande importância nesse período da história do cinema com dois filmes que inauguram, segundo o próprio Glauber, o moderno cinema brasileiro, que são respectivamente *Aruanda*, de Linduarte Noronha, fotografado por Rucker Vieira, e *Arraial do Cabo*, de Paulo César Saraceni, fotografado por Mario Carneiro.

O Cinema Novo é um marco e revela nomes de jovens fotógrafos como Mário Carneiro, Fernando Duarte, Hélio Silva, Ruy Santos, o argentino Ricardo Aronovich, radicado no Rio, Luiz Carlos Barreto, José Rosa, Waldemar Lima, José Medeiros, Hans Bantel, Dib Lutfi, Affonso Beato, João Carlos Horta, entre outros. Esses fazedores de imagem consolidaram uma cinegrafia brasileira que projeta um verdadeiro retrato do País.

Depois desse período fértil surgiram as novas gerações de hoje, nomes como Lauro Escorel, Murilo Salles, Pedro Farkas, Edgar Moura, Antonio Luiz Mendes, Carlos Ebert, entre outros, herdeiros da experiência e do aprendizado dos diretores de fotografia e dos diretores como Nelson Pereira dos Santos, Glauber Rocha, Ruy Guerra, Roberto Santos, Luiz Sérgio Person, Joaquim Pedro de Andrade, Carlos Diegues, Arnaldo Jabor, entre outros.

No quadro atual, a novíssima geração de diretores de fotografia, vem confirmar que a experiência anterior da geração Cinema Novo foi uma peça fundamental para compreender o cinema brasileiro na sua nascente. São jovens que se deparam com as chamadas novas tecnologias e que trazem já com alguns resultados em nossas telas, um frescor e um vigor que apontam para um novo cinema.

Hoje vivemos um momento de transição, como no início da invenção do cinema, vivemos com as novas tecnologias um momento que poderíamos chamar de pós-cinema.

O encontro e a confluência das antigas tecnologias com as novíssimas, a era digital, apontam para resultados promissores, mas é preciso que estejamos conscientes de que toda nova tecnologia traz no bojo da sua descoberta elementos vividos anteriormente. E esta geração de jovens está atenta e mergulhada nas suas propostas, basta observar os resultados nas telas e em todos os veículos de comunicação audiovisual.

Hoje voltamo-nos para as pesquisas na área da tecnologia da imagem da mesma forma que nossos pioneiros se lançaram em busca de novas formas de captação. É provável que nos próximos anos falar de imagem virtual, digital e 3D já não seja nada de novo, pois o cinema nasceu de *novas tecnologias* e continuará assim, já que estamos vivendo o futuro no instante presente.

Daí a importância fundamental desse precioso dicionário, que vem suprir entre nós uma enorme lacuna e que reúne um completo inventário de filmes, trabalhos, filmografias e biografias de realizadores, que deixam um legado para a história do cinema brasileiro por meio do seu trabalho como fazedores de imagem.

Walter Carvalho
Cineasta

# INTRODUÇÃO

Depois de atualizar meus três primeiros livros, entre 2008 e 2010, numa extenuante mas enriquecedora tarefa, lancei-me ao desafio de fazer um livro totalmente inédito, este dicionário de fotógrafos que ora apresento. Desde meu primeiro livro, em 1998, procuro enaltecer o trabalho dos técnicos do cinema brasileiro que, na minha opinião, não são valorizados à altura de seu talento e importância. Vejam que em qualquer publicação em jornais, revistas, *sites*, *blogs*, etc., quando se fala de um filme, na maior parte dos casos somente é mencionado o diretor, ficando para trás uma fila enorme de dezenas, às vezes, centenas de nomes que ajudaram a realizar aquela produção. Sem eles, o filme não teria como ser exibido. Pensando assim, em meus dicionários sempre coloco a ficha técnica completa, conforme as informações que tenho disponibilizadas. Portanto, a partir disso, a ideia deste livro fica mais do que justificada.

Acredito eu, longe de querer ser o dono da verdade, que o diretor de fotografia é o profissional mais importante em um filme depois do diretor, pois seu trabalho se estende desde a concepção até a montagem, passando por câmera, lente, película, iluminação, formato da tela, locações, etc. Alguém já disse que *fotografia é a arte e artesanato da autoria de imagens visuais para o cinema.*

Como sempre, meu ponto de partida foi a filmografia desses profissionais e, nesse sentido, consegui cadastrar e estabelecer a filmografia de quase 1200 fotógrafos que participaram de pelo menos um curta-metragem, entre 1898 e 2010. A segunda tarefa foi bem mais ingrata: biografar esses fotógrafos! Mesmo assim, consegui resenhar 470 profissionais; os que ficaram para trás foi em razão da absoluta falta de informações nas fontes disponíveis que, diga-se de passagem, não são muitas nesse quesito. Assim, meu foco foi mesmo no contato pessoal com cada profissional e me orgulho de dizer que mais de 100 (cem!) resenhas deste livro foram feitas a partir de currículos recebidos. Dei-me ao luxo até de mandar a resenha para revisão de quase todos eles.

Muitos fotógrafos são também diretores (caso de Carlos Reichenbach, Walter Carvalho e outros). Tomei, então, a decisão de incluir na filmografia também os filmes por eles dirigidos. Nesse caso, está especificada entre parênteses a função que tiveram em cada uma dessas obras: (dir., fot.), direção e fotografia ou somente (dir.), direção. Gostaria de esclarecer também que, por ser um dicionário de fotógrafos, quando não houver nenhuma indicação ao lado do filme, significa que o trabalho do profissional é (fot) de fotografia, pela impossibilidade de identificar em separado sua contribuição para cada obra, por falta de tempo e espaço. Também cabe uma explicação quanto à minutagem. Se, dentro da filmografia, ao lado do filme estiver identificado (CM), curta-metragem, significa que os demais são longas; o inverso também é verdadeiro.

Também considerei a filmografia completa do profissional, com curtas, médias e longas-metragens em qualquer suporte, seja película, vídeo ou digital, exibidos nos cinemas e na televisão aberta ou fechada, desde que tenham duração acima de 1 minuto e não se enquadrem como cinejornais, comerciais, videoclipes, DVDs, séries, minisséries, reportagens, telenovelas e casos especiais. Mas, se o profissional dirigiu ou fotografou documentários estanques, com título, começo, meio e fim para uma determinada série, aí considerei como trabalho específico.

Tenho consciência de que a resenha e filmografia daqueles profissionais com os quais não consegui contato, mas estão no livro, poderão e deverão estar incompletas. Nesse caso, não restará outra alternativa a não ser o contato com o autor, por meio do *e-mail* aqui publicado, para correção nas próximas edições. O mesmo se aplica àqueles que ficaram de fora. A todos, meu pedido de desculpas antecipado.

Muitas resenhas foram aproveitadas porém com o acréscimo de informações em publicações já existentes. Nesses casos, cumpre-me destacar pelo menos três livros que usei com frequência: *Dicionário de Cineastas Brasileiros* (1990), de Luiz Felipe Miranda, *Enciclopédia do Cinema Brasileiro* (2002), organizada por Fernão Ramos e Luiz Felipe Miranda e *Quem é Quem no Cinema* (2004), de Paulo Sérgio Almeida e José Maria Oliveira. Mas devo dizer também que muitas resenhas novas estão presentes, com dados inéditos e surpreendentes, frutos de longa e minuciosa pesquisa que, com certeza, a partir de agora alguém utilizará, fazendo girar a roda da informação, tão necessária nesse pequeno mundo da pesquisa cinematográfica brasileira.

É justo mencionar também que muitos profissionais não quiseram ou não tiveram interesse em mandar seus currículos. Em muitos casos, fiz ligações telefônicas (não raro interurbanas) e enviei *e-mails* exaustivamente, sem retorno.

Importante explicar também a inclusão de alguns pioneiros como Botelho, Bonfioli, Leal, Rossi, Silvino, etc. Como então (início do século passado) não existia a figura do fotógrafo, que se chamava *operador* e também não existiam equipes de filmagem, ficava quase sempre a responsabilidade de todas as etapas para o diretor, que roteirizava, fotografava, montava, etc. Embora as informações daquela época sejam escassas, considerei a filmografia disponível tomando como base os dados da Cinemateca Brasileira. Considero este livro também uma homenagem a esses verdadeiros heróis do nosso cinema.

Como pesquisador, dentro das limitações de que dispunha, fiz o que pude. Posso dizer que foi uma experiência maravilhosa e gratificante. Espero que este trabalho seja útil e possa contribuir de alguma maneira para o estudo da importância da fotografia no cinema brasileiro.

*O Autor*

**Siglas adotadas:**

| | |
|---|---|
| CM: | Curta-Metragem (até 30 minutos) |
| Cofot..: | Cofotografado |
| Codir.: | Codirigido |
| Dir.: | Diretor |
| Doc.: | Documentário |
| Fic.: | Ficção |
| Fot.: | Fotografia |
| LM: | Longa-Metragem (acima de 60 minutos) |
| MM: | Média-Metragem (de 31 a 59 minutos) |

## ABDALLA, ZECA

José Augusto Abdalla Saad é formado em cinema pela ECA-USP, em 1982. Inicia sua carreira no cinema, ainda na Universidade, como assistente de som no documentário *Um Musical*, direção de Carlos Alberto Nascimbeni. Na sequência é auxiliar de câmera em *Fuzarca no Paraíso* (1981), de Regina Rheda, auxiliar de produção em *Roma Amor* (1981), de Joel Yamagi e assistente de direção em *Paulo Emilio* (1980), de Ricardo Dias. Em 1981 dirige seu primeiro filme, o curta *Na Corda Bamba*. Realiza exposição de fotografias na Escola de Comunicações e Artes da USP em 1981 e trabalha por muitos anos na Rádio e Televisão Cultura (RTC), como auxiliar de produção. É também fotógrafo *free lance* do jornal *Movimento*.

**Filmografia**: 1981- *Na Corda Bamba* (CM) (dir.); *À Uma da Manhã* (CM) (dir.); 1982- *Homem-Gol* (CM); 1983- *Cora* (CM); 1989- *A Crise do Cinema Brasileiro* (CM); 1997- *Bocage, o Triunfo do Amor* (cofot.. Djalma Limongi Batista); 1998- *Curso Natural* (CM); *Guarapiranga Viva* (CM); *Rio Abaixo, Rio Acima* (CM).

## ABRAHÃO, BENJAMIN

Benjamin Abrahão Botto nasceu em Zahlé, Líbano, em 1890. Fotógrafo sírio-libanês-brasileiro, responsável pelo registro iconográfico e de seu líder, Virgulino Ferreira da Silva, o Lampião, chega ao Brasil em 1915, fugindo da 1ª Guerra Mundial. Passa a comercializar tecidos e miudezas em lombos de burros. Como secretário de Padre Cícero, conhece Lampião em 1926. Após a morte do padre em 1934, recebe autorização para acompanhar e filmar o bando, na caatinga, com equipamentos emprestados por Ademar Bezerra de Albuquerque, da Abafilm. Morre assassinado com 42 facadas em 10 de maio de 1938, em Serra Talhada, PE, aos 48 anos de idade. Todo o material filmado foi apreendido pelo Governo Vargas e depositado no Departamento de Imprensa e Propaganda (DIP), sendo redescoberto somente nos anos 1950, com boa parte já deteriorada. Sua vida foi levada às telas em 1997 no filme *Baile Perfumado*, de Paulo Caldas e Lírio Ferreira, com Duda Mamberti no papel de Benjamin.

**Filmografia:** 1936- *Lampião, o Rei do Cangaço*.

## ABRAMO, LUIS

Luis Abramo Campos forma-se em *Designer* pelo Curso de Desenho Industrial da Escola de Belas Artes da UFRJ. Inicia sua carreira no cinema como assistente de Mário Carneiro no filme *O Mágico e o Delegado*, em 1983. Assistente em produções internacionais como *Luar Sobre Parador (Moon Over Parador)* (1988), de Paul Mazursky e *Orquídea Selvagem* (*Wild Orchid*), (1990), direção de Zalman King. Na televisão, faz a fotografia da série *Mulher*, pela TV Globo, em 1997. Em 1998 dirige seu primeiro e único filme, o curta *Orgasmo Total*, a partir do qual dedica-se totalmente à fotografia. Seu primeiro longa como fotógrafo é *O Trapalhão e a Luz Azul*, em parceria com Nonato Estrela e Cezar Moraes. Assina a fotografia de diversos documentários de diretores como Lucélia Santos em *Timor Lorosae* (2001), Ronaldo Duque em *Araguaya – A Conspiração do Silêncio* (2004), José Jofilly em *Vocação do Poder* (2005) ,etc, assim como outros não menos importantes de ficção como *Querido Estranho* (2002), de Ricardo Pinto e Silva, *Cascalho* (2004), de Tuna Espinheira, *Proibido Proibir* (2007), de Jorge Durán, entre outros. Trabalha também como diretor de fotografia de cinema publicitário. Sobre o cinema atual, Abramo declara *o cinema está, cada vez mais, induzindo a leitura para fora do quadro. O desafio da ficção passa por aí: tentar mostrar aquele momento que não foi filmado, a palavra que não foi dita. Na fotografia, essa preocupação se expressa por meio do desfoque do assunto principal, de quadros mais escuros, de personagens localizados nos cantos da tela, entre outras técnicas. Essa experimentação é sobretudo possível (e ganha força) no formato curta-metragem*. Considerado um dos mais conceituados fotógrafos do cinema brasileiro da nova geração pós-retomada.

**Filmografia**: 1998- *Orgasmo Total* (CM) (dir.); 1999- *O Trapalhão e a Luz Azul* (cofot.. Nonato Estrela e Cezar Moraes); 2000- *Maria Bethânia* (França); *Sargento Garcia* (CM); *Secos & Molhados* (MM) (cofot.. Lucas Gontijo); 2001- *O Homem da Lagoa Santa*; *Todos os Dias São Iguais* (CM); *O Chamado de Deus*; *Timor Lorosae – O Massacre que o Mundo não Viu*; 2002- *Como se Morre no Cinema* (CM); *Querido Estranho*; *Isaura* (CM); *Mundo Cão* (CM); 2003- *A Luz do Silêncio*; *Achados e Perdidos* (CM); *Remédios do Amor* (CM); 2004- *A Idade do Homem* (CM); *Araguaya – A Conspiração do Silêncio* (cofot.. Jacques Cheuiche); *Vida de Palhaço* (CM); *O Quinze*; *Santa Liberdade* (Espanha/Portugal/ Venezuela); *Cascalho*; 2005- *O Segredo dos Golfinhos*; *Vocação do Poder* (cofot.. Ricardo Stein e Guy Gonçalves); *Vinho de Rosas*; *Degraus* (CM); 2006- *A Chuva nos Telhados Antigos* (CM); *Nenhum Motivo Explica a Guerra*; *Sumidouro* (cofot.. Fabian Silbert Boal); 2007- *O Homem da Cabeça de Papelão* (CM); *Proibido Proibir*; *5 Frações de uma quase História* (cofot.. Juarez Pavelak); *Devoção*; 2008- *Escola Eldorado* (CM); *Os Filmes que não Fiz* (CM); *Palavra (En) Cantada*; *Fronteira*; *Pra Ficar de Boa*; 2010- *Serra Pelada*.

## ABREU, ALÊ

Nasceu em São Paulo, SP, em 6 de Março de 1971. Apaixonado por desenho animado desde criança, aos treze anos realiza seu primeiro filme, o microcurta *Memória de Elefante*, em 1984. Forma-se em Comunicação Social e começa a trabalhar com publicidade, criando personagens animados para comerciais de televisão, além de ilustrações para revistas, jornais e livros. Dirige e fotografa mais dois curtas de animação, *Sirius* (1993) e *Espantalho* (1998), até chegar ao seu primeiro longa, o premiado *Garoto Cósmico*, em 2007, lançado inclusive na Venezuela e Índia. Para a AnimaTV, da TV Cultura, em 2009 cria o piloto da série *Vivi Viravento*. Realiza diversas exposições como *Paragens do Acaso* (2002), *Ilustrando em Revista* (2005), *Lado B* (2007), 'Ilustrabrasil5' (2008), etc. Em 2010 lança seu segundo livro infantil *Mas Será Que Nasceria a Macieira?*, em parceria com Priscilla Kellen e trabalha na produção de seu segundo longa, *Cuca no Jardim*, com previsão de lançamento para 2012.

**Filmografia**: 1984- *Memória de Elefante* (CM) (dir., fot..); 1993- *Sirius* (CM) (dir., fot..); 1998- *Espantalho* (CM) (dir., fot.); 2004- *A Luz da Lona* (CM) (dir., fot..); 2005- *Não me Deixe Só* (CM) (dir., fot..); 2007- *Garoto Cósmico* (CM) (dir., fot..); *Passo* (CM) (dir., fot..); 2009- *Vivi Viravento* (CM) (dir., fot.).

## ABRIL, GESVALDO ARJONES

Inicia sua carreira como assistente de câmera. Dirige a fotografia de seu primeiro filme em 1978, no longa *Amantes Latinas*, de Luiz Castillini. A partir dos anos 1980, assina a fotografia de diversos documentários institucionais, quase sempre produzidos pela produtora e atriz Aurora Duarte, em geral feitos sob encomenda. Tem participação efetiva na produção da Boca do Lixo, inicialmente fotografando pornochanchadas, depois filmes eróticos, chegando ao explícito, em meados dos anos 1980. Atualmente está radicado em Salvador, na Bahia trabalhando com o veterano produtor Oscar Santana.

**Filmografia**: 1978- *Amantes Latinas*; 1979- *Flor Cinzenta* (CM) (dir) (codir.) Aurora Duarte); *Porta Para o Mistério* (CM); *Rimas Para a Liberdade* (CM); *Território do Poeta* (CM); *Os Jesuítas e a Arquitetura Religiosa Paulista do Século XVII* (CM); *Flor Cinzenta* (CM); 1980- *Aqui o Bicho é Gente* (M); *Colman, Sonho e Realidade* (CM); *Criança Feliz* (CM) (dir., fot..); *Incesto, Desejo Proibido*; *Sócias do Prazer*; *Orgia das Taras (Depravação)*; *O Archanjo Vingador* (CM); *O Inseto do Amor*; *Revolução 32* (CM); 1981- *Sadismo – Aberrações Sexuais*; *Me Deixa* de Quatro; Em Busca do Orgasmo; A Noite dos Bacanais; 1981- A Insaciável – Tormentos da Carne; 1982- A Arte Fantástica de Mário Gruber (CM); Sexo às Avessas; 1983- Sexo Animal; Ninfetas do Sexo Selvagem; Bacanais das Taradas; Mulheres Eróticas; 1984- Tudo Dentro; Promiscuidade, os Pivetes de Kátia; O Analista de Taras Deliciosas; Bacanais Sem Fim; As Rainhas da Pornografia; As Delícias do Sexo Explícito; 1986- Yamar Mayu – Sangue Andino (cofot. José Roberto Sadek).

## ALMEIDA, JOSÉ DE

Nasceu em Guaxupé, MG, em 1934. Conhecido no meio cinematográfico como Zezé. Jovem, resolve tentar a sorte em São Paulo e, em 1951, consegue emprego na Vera Cruz, como auxiliar de carpinteiro na construção de cenários. Também faz figuração em alguns filmes da companhia como Tico-Tico no Fubá (1952), Sinhá Moça (1953), Florada na Serra (1954), etc. Deslumbrado pelo mundo mágico do cinema, ao acompanhar de perto o funcionamento da chamada Hollywood brasileira' e, apaixonado por tudo que viu, resolve seguir carreira no cinema, inicialmente como eletricista, em filmes como A Estrada (1955), de Oswaldo Sampaio, O Capanga (1958), de Alberto Severi, depois maquinista em Lampião, Rei do Cangaço (1962), de Carlos Coimbra, eletricista em ABC do Amor (1966), episódio O Pacto, de Eduardo Coutinho, Na Onda do Iê-Iê-Iê (1966), de Aurélio Teixeira e Até Que o Casamento nos Separe (1968), de Flávio Tambellini, entre outros. Firma-se como chefe eletricista em Cuidado, Espião Brasileiro em Ação (1966), de Victor Lima, Macunaíma (1969), de Joaquim de Pedro de Andrade, Os Maridos Traem...E as Mulheres Subtraem!, de Victor di Mello. Assistente de fotografia do fotógrafo Leonardo Bartucci em diversos curtas, e, incentivado por Roberto Farias que o presenteia com diversos livros sobre fotografia, resolve ser fotógrafo. Em 1969, substitui David Drew Zingg e finaliza a fotografia de Memória de Helena, de David E.Neves. Seu primeiro filme como diretor de fotografia sozinho é Um Homem Sem Importância (1970), de Alberto Salvá. Sobre esse filme, Zezé comenta: Foi uma experiência muito especial, pois tive que resolver, durante sua filmagem, todos os problemas de fotografia. Foi uma prova de fogo. Além do pouco tempo para as filmagens – somente uma semana – contava com um mínimo de material (apenas 11 latas de negativos), que, por sua vez, era de qualidade híbrida. Tornou-se difícil dar unidade à fotografia. Creio que seria interessante salientar que nossa câmera tinha apenas uma lente – uma zoom que ia de 35 a 135 mm – trecho da entrevista de José de Almeida concedida à revista Filme Cultura n° 21, editada pelo Instituto Nacional de Cinema (INC) em agosto de 1972. Inicia a partir daí sólida carreira de fotógrafo, sendo premiado em 1972 com o Coruja de Ouro do INC como Melhor Fotógrafo em Preto e Branco, pelos filmes Um Homem Sem Importância (1970), de Alberto Salvá, e A Volta pela Estrada da Violência' (1972), de Aécio de Andrade. Seu último filme cadastrado como fotógrafo data de 1982, o episódio A Prisão de J.Carmo Gomes, integrante do longa Insônia, direção de Luiz Paulino dos Santos.

Filmografia: 1969- Memória de Helena (cofot.. David Drew Zingg); 1970- Lúcia McCartney, Uma Mulher de Programa; Um Homem Sem Importância; Projeto Rondon (CM); O Jovem no Campo (CM); Prevenção contra Acidentes de Trabalho (CM); Funcionário Público (CM); 1972- A Volta pela Estrada da Violência; As Quatro Chaves Mágicas; 1973- O Fraco do Sexo Forte (cofot.. Ferdinand Balata); 1974- Um Varão entre as Mulheres; As Mulheres que Fazem Diferente (episódio: Uma Delícia de Mulher); 1975- Com as Calças na Mão; Crime e Castigo; 1976- Confissões de uma Viúva Moça; As Mulheres que Dão Certo; 1977- O Garanhão no Lago das Virgens (cofot.. Affonso Vianna); 1978- Os Melhores Momentos da Pornochanchada; O Namorador (cofot.. Luiz Beja); Elke Maravilha contra o Homem Atômico; Assim Era a Pornochanchada; Manicures a Domicílio; As Taradas Atacam; As 1001 Posições do Amor; 1979- Quanto mais Pelada Melhor; Bonitas e Gostosas; 1982- Insônia (episódio: A Prisão de J.Carmo Gomes).

## ALVARADO, RAMON

Ramon Gonzales Alvarado é diretor e diretor de fotografia capixaba. Inicia sua carreira no cinema em 1966 como diretor e fotógrafo no curta Indecisão, produzido em Vitória, ES. A partir daí, desenvolve carreira regular inicialmente em filmes de curta metragem como O Pêndulo (1967) e Festa da Penha (1967) e

depois em longas, destacando-se Os Senhores da Terra (1970), como assistente de Roland Henze, com quem trabalha em vários filmes, Lua de Mel sem Começo e sem Fim (1975) Estréia a Extraterrestre em Sua Aventura no Rio (1983), etc. Filma no Espírito Santo, Rio de Janeiro e São Paulo. Seu último filme registrado como diretor de fotografia é A Sabotagem da Moqueca Real (2003), direção de Ricardo Salles e Sá.

Filmografia: 1966- Indecisão (CM) (dir., fot..); 1967- Veia Partida (CM) (fot..); O Pêndulo (CM) (dir., fot..); Festa da Penha (CM) (dir., fot..); ); 1973- Lua de Mel sem Começo... e sem Fim (fot.) (cofot.. Afonso Vianna); 1974- Karla, Sedenta de Amor (fot..); A Escola Nova (CM) (dir., fot..); 1975- Campanha Nacional de Escolas da Comunidade (CM) (dir., fot..; 1976- O Mastro de Bino Santo (CM) (dir., fot..); Ecologia de Vetores de Endemias Rurais (CM) (dir., fot..); Sete Mulheres para Um Homem Só (fot..); 1978- Brincadeira dos Velhos Tempos (CM) (dir., fot..) (cofot.. Antonio Segatti); 1980- Almas (CM) (dir., fot..); Os Votos de Frei Palácios (CM) (dir., fot..); Floresta da Tijuca (CM) (dir., fot..); 1981- Lá Dentro, Lá Fora (fot..); Oxumaré, Serpentes e Arco-Íris (CM) (fot..); 1983- Eteia, a Extraterrestre em Sua Aventura no Rio (cofot.. Edson Batista); Taradas no Cio (fot..); 1986- O Preço de Uma Prostituta (cofot.. Nilo Machado); 1987- Black-Out, o General da Banda (CM) (cofot.. Nilo Machado); 1990- Ana, Paixão Selvagem (fot..); O Trikulhão (fot..); 2000- O Ciclo da Paixão (CM) (fot..); 2003- A Sabotagem da Moqueca Real (CM) (fot.).

## ALVES, RENALTO

Nasceu em Paranavaí, PR, em 1950. Produtor, diretor, fotógrafo e ator. Trabalha com o pai na fazenda, quando resolve vir para São Paulo por volta de 1966. Trabalha na Volkswagen e é cobrador de ônibus em São Bernardo do Campo. Interessado por cinema, fica impressionado com o filme O Dólar Furado (Un Dollaro Bucato) (1965), direção de Giorgio Ferroni, com Giuliano Gemma. Resolve estudar cinema e entra para a Academia de Cinema, onde estuda entre 1970 e 1971. Na Boca do Lixo, conhece Rubens Prado e inicia carreira no cinema como ator e assistente de câmera. Em 1974 dirige a fotografia de seu primeiro filme Sadismo de Um Matador, do próprio Rubens e em 1986 estreia na direção, em A Mulher do Touro, a partir do qual se une a Sady Baby na produção, direção e fotografia de vários filmes eróticos e de sexo explícito, aproveitando a liberação da censura. Na sequência passa a assinar a fotografia de algumas produções de Juan Bajon, especialista no gênero. A partir de 1990 abandona a carreira cinematográfica. Hoje sobrevive fazendo reportagens em DVd de casamentos, batizados, aniversários.

Filmografia: 1974- Sadismo de Um Matador (fot..); 1981- A Pistola que Elas Gostam (fot.); 1982- O Menino Jornaleiro (fot.); 1983- Arapuca do Sexo (fot.); 1984- Pic-Nic de Bacanais do Quinto Grau (fot.); 1986- A Mulher do Touro (dir.,fot.) (codir. Sady Baby); A Troca de Óleo (dir.,fot.) (codir. Sady Baby); Emoções Sexuais de Um Cavalo (dir.,fot.) (codir. Sady Baby); A Máfia Sexual (fot.); No Calor do Buraco (dir.,fot.) (codir. Sady Baby); 1987- Emoções Sexuais de um Jegue (dir.,fot.) (codir. Sady Baby); 1988- Soltando a Franga (dir.,fot.) (codir. Sady Baby); 1988- Cresce na Boka (dir.,fot.) (codir. Sady Baby); 1989- Sexo Sem Limite (fot.); Ninfas Pornôs (fot.); Gatinhas Safadas (fot.); Eu, Márcia F, 23 Anos, Louca e Desvairada (fot.); A Vida Privada de Uma Atriz Pornô (fot..); A Ninfeta Sapeca (fot.); Somos Pequenos (CM) (dir., fot.); 1990- O Ônibus da Suruba (dir.,fot.) (codir. Sady Baby); 1992- O Ônibus da Suruba 2 (dir.,fot.) (codir. Sady Baby).

## AMARAL, FERNANDO

Luis Fernando do Amaral Coelho nasceu em Santos, SP, em 1932, mas vive no Rio de Janeiro desde os anos 1950. Iniciou sua carreira como ator, no filme Garota Mineira, em 1951. Depois tornou-se câmera da extinta TV Tupi, nos primórdios da televisão brasileira. Cria e dirige o programa Noturno, onde apresenta música popular e erudita ao vivo, sem locução e sem comerciais, pelo qual recebe o prêmio Antena de Prata, concedido pelo jornal O Globo. Em 1961 dirige e fotografa seu primeiro filme, o curta História da Praia, que em 1970 integraria o longa Quatro contra o Mundo. Esse curta, na época, ganha o 1º Lugar no Festival Internacional de Cinema Documentário de Bilbao, Espanha e Menção Honrosa no Festival de Córdoba, na Argentina. Entre 1965 e 1967 trabalha como fotógrafo no New York Tribune em Paris. Eclético, é diretor, fotógrafo, ator e diretor musical em diversos filmes entre os anos 1960 e 1970. Desenvolve também sólida carreira em publicidade, criando vários personagens de sucesso como o Neves, o Moita e *Seu Amaral* para comerciais de televisão, quer produzindo, dirigindo ou atuando. Nos anos 1970 assina a fotografia de vários longas como *Relatório de Um Homem Casado* (1974), *A Extorsão* (1975) e *Luz, Cama e Ação!* (1976). Como ator, em 1978 faz sua primeira novela, *Maria, Maria*, seguindo-se *Dancin'Days* (1978), *Pai Herói* (1979), *Água Viva* (1980), *Roque Santeiro* (1985), *Anos Dourados* (1986), *Helena* (1987) e *Sorriso do Lagarto* (1991). Em 1981, desempenha sua última função no cinema, como câmera no filme *Solidão, Uma Linda História de Amor* (1981), de Victor di Mello e na televisão numa pequena ponta como o diretor do presídio, na minissérie *Noivas de Copacabana*, pela TV Globo. Morre em 15 de Julho de 1992, aos 60 anos de idade, no Rio de Janeiro.

**Filmografia:** 1961- *História da Praia (CM) (dir.)*; 1965- *Previsão do Tempo (CM) (dir.)*; 1966- *Revolução Francesa (CM) (dir., fot.)*; 1967- *O Livro (CM) (dir., fot.)*; 1968- *Cantores e Trovadores (CM) (fot.)*; 1970- *Um Uísque Antes...Um Cigarro Depois (episódios: Vingança e Ivone) (fot.)*; 1969- *A Penúltima Donzela (dir.)*; 1970- *Quatro Contra o Mundo (episódio: História da Praia) (dir.)*; 1971- *Gaudêncio, o Centauro dos Pampas (dir., fot..)*; 1972- *Onde Mora o Brasileiro (CM) (dir.)*; 1974- *Lisetta (CM) (fot..)*; *Relatório de Um Homem Casado (fot..) (cofot.. Carlos Egberto)*; 1975- *A Extorsão (fot..)*; 1976- *Luz, Cama e Ação! (fot..)*; 1981- *Verão (CM) (fot..) (cofot.. Fernando Duarte)*.

## AMARAL, JOSÉ DO

Um dos mais famosos fotógrafos de *still* do cinema brasileiro começou sua carreira no início dos anos 1950 na Cinematográfica Maristela. Seu primeiro filme como fotógrafo de cena é *Carnaval em Lá Maior* (1955), direção de Adhemar Gonzaga e, entre 1961/62, de toda a série *Vigilante Rodoviário*, com 38 episódios filmados em 35mm, sob a direção de Ary Fernandes. Faz vários filmes para Mazzaropi, participa ativamente do Ciclo do Cangaço nos anos 1960 chegando à pornochanchada dos anos 1970 e aos eróticos dos 1980. Morre em 1996, sem ver pronto seu último filme, *A Grande Noitada* (1997), por coincidência, também o último do diretor Denoy de Oliveira. Sua esposa Isabel do Amaral também é profissional de cinema. Em 2008 a Cinemateca Brasileira homenageia Amaral com um calendário, no qual parte do texto diz: *À Cinemateca Brasileira, Amaral deixa o legado de seus negativos fotográficos: são registros que traduzem o clima das filmagens, a tensão do momento cinematográfico, com belas composições, tomadas precisas, iluminação requintada e processamento químico que nos vale a permanência dessas imagens.*

**Filmografia:** *(still):* 1955- *Carnaval em Lá Maior*; 1956- *Quem Matou Anabela?*; 1960- *Jeca Tatu; Zé do Periquito; As Aventuras de Pedro Malazartes*; 1961- *Tristeza do Jeca*; 1962- *Vigilante Rodoviário (38 episódios); Três Cabras de Lampião*; 1964- *O Lamparina; Lampião, o Rei do Cangaço*; 1965- *Vereda da Salvação; O Homem das Encrencas (Imitando o Sol)*; 1966- *As Cariocas; O Santo Milagroso*; 1967- *Cangaceiros de Lampião*; 1968- *A Madona de Cedro*; 1969- *Corisco, o Diabo Loiro; Cangaceiro Sem Deus*; 1970- *Sertão em Festa; A Moreninha; Se Meu Dólar Falasse; Os Maridos Traem...E as Mulheres Subtraem*; 1971- *Um Certo Capitão Rodrigo; Lua-de-Mel & Amendoim; Paraíso Proibido*; 1972- *A Infelicidade ao Alcance de Todos; Independência ou Morte*; 1974- *Gente Que Transa; O Anjo da Noite; O Signo de Escorpião; Exorcismo Negro*; 1976- *Chão Bruto; As Meninas Querem...Os Coroas Podem; Ninguém Segura Essas Mulheres*; 1978- *o Bem Dotado – O Homem de Itu*; 1979- *O Sol dos Amantes*; 1980- *Convite do Prazer*; 1982- *Bacanal na Ilha das Ninfetas; O Homem do Pau-Brasil; Amor de Perversão; Brisas do Amor; Deu Veado Na Cabeça; O Rei da Boca*; 1984- *A Estrela Nua*; 1997- *A Grande Noitada*.

## AMARAL, SALVADOR DO

Nasceu em Jaboticabal, em 1938. Em 1959 muda-se para São Paulo e começa estudar teatro, mas logo vai trabalhar na TV Excelsior. Sua primeira experiência com cinema acontece em 1968 numa ponta como ator no filme *O Estranho Mundo de Zé do Caixão*, episódio *Ideologia*, direção de José Mojica Marins. Como técnico, estreia em 1969 como gerente de produção de Mazzaropi em *Uma Pistola Para Djeca*. Logo pega gosto pela fotografia e liga-se ao cinema de Francisco Cavalcanti. Dirige três filmes, entre eles *O Poder do Desejo*, um *western spaghetti* italiano e fotografa dezenas de outros, sempre na Boca do Lixo paulistana, como *Desejo Violento* (1978), *A Pelada do Sexo* (1985) e *Lambacetadas*

(1990), seu último filme registrado. A partir de 1990 abandona a carreira no cinema.

**Filmografia:** 1977- *O Poder do Desejo (Na Terra Onde Meu Revólver é Lei) (dir.)*; *Mulheres Violentadas*; 1978- *Desejo Violento*; 1979- *Porão das Condenadas; Eu Compro essa Virgem*; 1980- *Boneca Cobiçada; Os Fabulosos Gigantes da Fórmula 1 (CM); Prisioneiras da Ilha do Diabo*; 1981- *O Filho da Prostituta; Coisas Eróticas*; 1982- *Muitas Taras e um Pesadelo (dir., fot.)*; 1983- *Os Violentadores de Meninas Virgens; Os Tarados; O Cafetão*; 1984- *Sexo, Sexo, Sexo; Padre Pedro e a Revolta das Crianças; Ivone, a Rainha do Pecado; Animais do Sexo*; 1985- *A Pelada do Sexo; Nuas no Asfalto; Que Delícia de Buraco; O Filho do Sexo Explícito; A Vingança do Réu*; 1986- *Os Sequestradores (cofot.. Luis Rossi Neto); O Papa Tudo; O Garanhão Erótico; A Hora do Medo*; 1987- *Horas Fatais*; 1988- *O Instrumento da Máfia*; 1988- *Aberrações de uma Prostituta; Um Homem Diabólico; Rodeio da Sacanagem (dir., fot..)*; 1989- *Garotas do Sexo Livre*; 1990- *Lambacetadas (cofot.. Henrique Borges)*.

## AMON, SÉRGIO

Nasceu em Porto Alegre, RS, em 1960. É jornalista e fotógrafo publicitário. Em 1981, inicia suas experiências em Super 8 e, com a parceria de Roberto Henkin, dirige e fotografa seu primeiro curta, *A Revolução dos Bichos*. Em 1985 dirige seu primeiro e único longa, *Aqueles Dois*, filme polêmico, que, segundo ele *É a história da amizade entre dois homens, talvez um pouco mais que isso, é uma história de identificação, de espontaneidade, da cumplicidade que surge entre duas pessoas solitárias. O filme é urbano, brasileiro, renovador e foi feito com toda vontade que fazer cinema merece.* Em 1989 faz a fotografia para o consagrado curta, de Jorge Furtado, *Ilha das Flores*, quando abandona o cinema.

**Filmografia:** 1981- *A Revolução dos Bichos (CM) (dir., fot..) (codir.e cofot.. por Roberto Henkin)*; 1982- *A Palavra Cão Não Morde (MM) (dir., fot..) (codir.e cofot.. por Roberto Henkin)*; 1983- *Domingão (CM) (dir., fot..); Interlúdio (CM) (cofot.. Norberto Lubisco)*; 1985- *Aqueles Dois (dir.); O Dia que Urânio Entrou en Escorpião (CM) (dir.) (codir. Roberto Henkin)*; 1986- *Oscenidades (CM) (fot..)*; 1988- *Barbosa (CM) (fot..)*; 1989- *Ilha das Flores (fot..) (cofot.. Roberto Henkin)*.

## APOLÔNIO, FREI

Missionário capuchinho. Filma nos sertões do Pará, Maranhão e Ceará o documentário que enfoca o trabalho da catequese da Ordem dos Capuchinhos e sua luta contra a lepra, revertendo o produto líquido deste filme em favor da catequese capuchinha no Norte do Brasil. Segundo a Cinemateca Brasileira, o filme está desaparecido.

**Filmografia:** 1925- *Pela Fé e pelo Brasil*.

## ARANTES, RODRIGO OTÁVIO

Rodrigo Otávio Arantes é fotógrafo pioneiro do cinema de Minas Gerais. Trabalha com produção e atores juntamente com os irmãos João e Pedro Piacenza, quando conhece o argentino Manoel Talon, recém-chegado de seu país, que os anima a produzir um filme, *Entre as Montanhas de Minas*, em 1926. É sua estreia no cinema como fotógrafo. Segundo Paulo Augusto Gomes relata em seu livro *Pioneiros do Cinema de Minas Gerais (...) Em 1926, o argentino Manoel Talon dirigiu* Entre as Montanhas de Minas, *fotografado por Rodrigo Otávio Arantes que, no entanto, não conseguia realizar a contento um difícil plano em movimento com a câmera colocada sobre a capota de um carro, que mostrava o herói, vivido pelo próprio Talon, em desabalada carreira pilotando uma motocicleta, buscando apanhar um trem em movimento. Chamado a colaborar, Bonfioli conseguiu filmar a ação conforme prevista no roteiro. Essa cena foi rodada no então deserto bairro da Gameleira (...)".* Para José Silva, fotografa outro longa *Perante Deus*, em 1930, quando encerra sua curta carreira no cinema, não se tendo notícias de suas atividades posteriores, embora tenha registrado sua marca na história do cinema de Minas e do Brasil. Morre em Belo Horizonte, MG, por volta de 1977.

**Filmografia:** 1926- *Entre as Montanhas de Minas*; 1927- *Boêmios (CM)*; 1930- *Perante Deus*.

## ARAPOFF, CYRIL

Nasceu na Rússia, em 1898. Em 1918, após a Primeira Guerra Mundial, é forçado a abandonar seu país. Radica-se na Inglaterra em 1933. Interessado por fotografia, monta um estúdio em Oxford, tornando-se fotógrafo oficial do *Anton Dolin Ballet*. Passa a trabalhar como *free lance* para várias revistas e começa a desenvolver carreira documental, adotando Londres como grande foco de seu trabalho e usando uma *Rolleiflex* rápida em miniatura, câmera muito popular na época. Suas fotos passam a merecer grandes exposições. Em 1937 muda totalmente o foco de sua carreira, passando a dirigir fotografia de cinema. Seu primeiro filme é um documentário sobre um alambique para a *Strand Film Company*. Passa a trabalhar com diretores importantes de todo o mundo. Arapoff assina a fotografia de dezenas de documentários: para a *Strand Film*, entre 1942/43, fotografa *Nanpower, Cotswold Faph, Seeds of Science, Welcome to Britain e Our Country*; para a *Crown Film Unit, The Land of Promise*; Para a *Paul Rotha Films*: *The City Speaks, History of Writing* (premiado em Veneza) e *Water Ways*; para a *Wandyke Films, The Strangers Came*; para o Exército Inglês, *Health In Our Time* e para a *Public Relations Ship Films: Village In The Sun*. Na Itália, realiza para a Adrien Reed Production, *Naval Artificier* para a *Data Films, Mining Review* e para a *Metronic Factory, World Wide'*, documentário de publicidade. Já consagrado como um dos melhores diretores de fotografia do mundo, em 1952 chega ao Brasil, convidado por Alberto Cavalcanti, para ser o fotógrafo do filme *O Canto do Mar*. Por aqui assinaria a fotografia de mais um filme somente, *Traficantes do Crime*, em 1958. Em 1961 retorna à Inglaterra para trabalhar para a *National Coal Board Film Unit*, até sua morte em 1976, aos 78 anos de idade.

**Filmografia:** 1946- *Land Of Promise* (Inglaterra); 1947- *A City Speaks* (Inglaterra); 1949- *You Can't Fool An Irishman* (Inglaterra/Irlanda); 1952- *O Canto do Mar* (cofot.. Paolo Reale); 1958- *Traficantes do Crime* (cofot.. Afrodísio de Castro, Ângelo Riva, Silvio Carneiro e Dinand).

## ARARIPE, ALEX

Alex Alessandro Jensen Araripe Monteiro da Silva nasceu no Rio de Janeiro, RJ, em 25 de outubro de 1969. Forma-se em Comunicação Social (Cinema e Vídeo) pela Universidade Federal Fluminense (UFF), em 1998. Participa de diversos cursos, oficinas e *workshops* de especialização como oficina de Cinema Experimental, ministrada pelo professor e cineasta da Escola de Artes de Berlim, Cristoph Janetzko, na UFF, em 1990 e curso de Cinematografia Digital com os fotógrafos Carlos Ebert e Flávio Ferreira no 10º Ciclo de Novas Tecnologias organizado pela Stein Produções, SP, em 2005. Inicia sua carreira como operador de controle mestre, na TV Lagos., Cabo Frio, RJ, entre 1988 e 1989 e na sequência cinegrafista da TV Búzios de 1989 a 1990. Em 1991 tem seu primeiro exercício como fotógrafo, no curta *Baia*, em que o diretor de fotografia titular é Marcelo *Guru* Duarte. Sua estreia oficial acontece em 1998 em *Era Arariboia Um Astronauta?*, de Tetê Matos. É professor de Fotografia e Iluminação do curso de Cinema na Universidade Estácio de Sá (2003-2008), professor de fotografia das oficinas de capacitação do Projeto *Revelando os Brasis*, Ano 2 e Ano 3, iniciativa do Instituto Marlin Azul e da TV Futura, entre junho 2006 e junho 2008, além de ser fotógrafo *free lance* e câmera na área de vídeos institucionais, programas de TV, videoclipes, comerciais, documentários, curtas-metragens e campanhas políticas em diversas produtoras do Rio de Janeiro. Profissional eclético, tem destacada atuação também na televisão em séries, programas, campanhas institucionais, etc.

**Filmografia:** 1991- *Baia (Olho que Vagueia pela Baía da Guanabara)* (CM) (dir.) (codir. de Marcelo *Guru* Duarte, Kasuaki e Paola Vieira); 1996- *O Grande Homem* (CM); *Transfiguração* (CM); 1998- *Bela e Galhofeira* (CM); *Era Arariboia um Astronauta?* (CM) (cofot.. Auira Ariak); 1999- *Retrato de um Artista com um 38 na Mão* (CM); 2002- *Liberdade ainda que lá* Tardinha (CM); 2003- *O Resto é Silêncio* (CM); *T.P.M.: Tensão Pré-Matrimonial* (CM); 2004- *A Hora do Galo* (CM); 2005- *E.C.T. Favela ou o Lado Certo da Vida Errada* (CM); 2005- *Brilhante*

(cofot.. Sofia Frederico); 2006- *Ana Maria, Maria e Mariana* (CM); *O Samba é meu Dom* (CM); 2007- *A Maldita* (CM); 2008- *Duas da Manhã; Eu Sou Assim* (CM); 2009- *Sahara, Oásis da Amizade* (CM); *O Comprador de Promessas* (CM); 2010- *Abdias Nascimento; Eis aí a Lapa; Helenita Sá Earp*.

## ARAÚJO, ALCEU MAYNARD

Nasceu em Piracicaba, SP, em 21 de dezembro de 1913. Pesquisador de folclore, professor, escritor, diretor e fotógrafo. Entre 1946 e 1959, dirige e fotografa diversos documentários sob o título *Veja o Brasil*, sobre festas e ritos populares do Brasil, entre eles *Congada – Pau de Sebo – Festa do Divino – Dança de Fitas* (1949), *Bahia, Capoeira de Angola* (1952), *Folguedos e Figuras de Presepe* (1955) e *Ferve o Frevo* (1957). Sua obra fílmica deixa registrada uma parte importante da cultura brasileiro na metade do século passado. Seu acervo, principalmente filmes na bitola 16mm foi doado pela família para a Cinemateca Brasileira. Como escritor, deixa diversas obras importantes como *A Congada, Ciclo Agrícola, Folclore Nacional*, etc. Morre em 1974, aos 61 anos de idade.

**Filmografia:** 1946- *O Popular e o Fantástico* (dir.); 1947- *Folia de Reis* (dir.); 1948- *Coração do Rei Congo* (dir., fot..); *Malhação do Judas* (dir.); 1949- *Festa do Divino (Congada – Pau de Sebo – Dança de Fitas)* (dir., fot..); 1950- *Aquidaban – Propriá* (dir.); *Arte Popular* (dir.); *Bahia Baixa – Itatiaia* (dir.); *Bahia – Cidade Baixa* (dir.); *Bom Jesus da Lapa* (dir.); *Cabedelo* (dir.); *Cana Verde* (dir.); *Cananeia* (dir.); *Candomblé 2* (dir.); *Capital* (dir.); *Carpição* (dir.); *Casa de Farinha 2* (dir.); *Casa dos Bandeirantes* (dir.); *Cateretê* (dir.); *Cerâmica Utilitária* (dir.); *Congada* (dir.); *Congada 3* (dir.); *Messejana* (dir.); *Dança de Crianças* (dir.); *Feliz Deserto – Villa Marituba – Peba e Biri-Biri* (dir.); *Festa da Santa Cruz – Aldeia da Carapicuíba* (dir.); *Festa de Carapicuíba* (dir.); *Festa do Divino 2* (dir.); *Grupo Folclórico Brasileiro* (dir.); *Igreja* (dir.); *Inconfidência* (dir.); *Itanhaém 1* (dir.); *Lins* (dir.); *Macumba 2* (dir.); *Macumba 3* (dir.); *Manaus – Rubens Ferreira* (dir.); *Moçambique* (dir.); *Noite de São João* (dir.); *Nove de Julho* (dir.); *Orquestra Afro-Brasileira* (dir.); *Penedo* (dir.); *Penedo-Colégio* (dir.); *Pesca & Pescadores* (dir); *Pesca de Arrastão* (dir.); *Petróleo, Procissão da Roça* (dir.); *Ribeirão Preto* (dir.); *Ruínas de Bertioga* – Adhemar Chaves (dir.); *São Roque* (dir.); *Sondas e Refinaria* (dir.); *Plantio de Arroz* (dir.); *Tarrafa e Jerere* (dir.); *Terno de Zabumba 2* (dir.); *Viagem ao Passado* (dir.); *Viola Paulista* (dir.); *Vitória* (dir.); 1951- *Agreste* (dir.); *Bahia de Dona Janaína – Jangadas – Mecejanas – Agreste* (dir.); *Batuque* (dir); *Cachoeira de Paulo Afonso* (dir., fot.); *Folcloristas* (dir.); *Jangadas* (dir.); *Jangadas 2* (dir.); *Petróleo – Sondas e Refinaria* (fot.); 1951/52- *Cururu* (dir.); 1952- *Bahia – Capoeira de Angola* (dir.); *Candomblé – Bahianas – Capoeira de Angola* (dir., fot.); *Jangadas e Jangadeiros* (dir., fot.); *O Sagrado e o Profano* (dir.); *Terno de Zabumba* (dir.); *Vitalino e Calungas* (fot.); 1952/54- *Candomblé* (dir.); *Macumba* (dir.); 1952/58- *Candomblé e Casa de Farinha* (dir.); *Casa de Farinha* (dir.); *Crepúsculo de Tupã* (dir.); *Rolete de Cana* (dir.); 1953- *Chapéu de Palha* (dir., fot.); *Itapetininga* (fot.); *Maconha* (dir.); *Mulher Rendeira* (dir.); *Mulher Rendeira – Chapéu de Palha - Maconha* (dir., fot.); 1954- *Da Terra ao Céu* (dir.); *Grupos Folclóricos: Guerreiros e Ticumbi* (dir.); *Maquinaria de Antanho* (dir.); *Maquinaria de Antanho - o Fumo da Terra ao Céu* (dir.); *Museu do Ouro* (dir.); *Ouro Preto* (dir.); *Touradas* – Ricardo Artner (dir.); 1955- *Bahia de Contrastes* (dir.); *Bahia de Contrastes – Festa do Círio* (dir.); *Festa dos Círios* (dir.); *Figureiros e Figuras de Presepe* (dir.); 1956- *Evocações de Anchieta* (dir., fot.); *Irmãos da Canoa* (dir.); *Itanhaém 2* (dir., fot.); 1956/59- *Presença da Cruzada Paulista* (dir.); 1957- *Carnaval Folclórico* (dir.); *Congada* (dir.); *Ferve o Frevo* (dir.); 1959- *Coletânea* (dir.).

## ARAÚJO, LULA

Nasceu no Rio de Janeiro, RJ, em 15 de março de 1947. Inicia sua carreira em 1965, como auxiliar de câmera na extinta TV Rio, em programas como *Noite de Gala*, de Maurício Sherman, jornais com Eron Domingues, humorísticos como *Programa do Chacrinha, Balança Mas Não Cai*, etc. Em 1967 vai para a TV Globo como câmera em telenovelas de sucesso como *Irmãos Coragem, O Homem Que Deve Morrer, Minha Doce Namorada*, etc e também do Festival Internacional da Canção Popular, em 1970, a primeira transmissão a cores. Trabalha na TV Tupi (1972 e 1979), TV Educativa (1972/78), TV Globo (1980/82). diretor de fotografia, câmera e cinegrafista, diversas vezes premiado no Brasil e exterior. No cinema, fotografa seu primeiro curta em 1996, em parceria com Jacques Cheuiche, *Janela para os Pirineus*, de Armando Lacerda. Em 2006 assina a fotografia de seu primeiro longa *O Sol: Caminhando Contra o Vento*, de Tetê Moraes,em parceria com outros fotógrafos e, mais recentemente do documentário *Paulo Gracindo – O Bem Amado* (2008), de Gracindo Jr. Há 45 anos atua na área da comunicação audiovisual, em musicais, novelas, seriados, documentários, jornalismo, comerciais, institucionais, longas e curtas-metragens e há 30 anos como *steadicam* de longas como *Menino Maluquinho – o Filme* (1995), *Uma Aventura de Zico* (1998), *O Casamento de Louise* (2001), *Meu Nome Não É Johhny* (2007), *Se Eu Fosse Você 2* (2008), etc. Tem longa e sólida carreira na televisão, ao fotografar e iluminar séries como *A Vida como Ela É'* (1996), *Rio, Incomparável* (1999), *A Turma do Pererê* (1996/2009), *Xingu – A Terra Ameaçada* (2006), *Por toda minha Vida* (2008/2009), etc. Em 2011 estará nas telas assinando a fotografia do novo longa de Beto Brant, *Eu Receberia as Piores Notícias dos Seus Lábios.*

**Filmografia:** 1996- Janela para os Pirineus (CM) (cofot. Jacques Cheuiche); 1998- *A História Sem Fim, do Rio Paraguai* (CM); *História de Avá – O Povo Invisível* (CM); *Watu, Um Rio Chamado Doce* (CM); 1999- *Rio, Incomparável* (CM) (dir., fot.); 2000- *Ava Canoeiros* (CM); *Via Brasil* (CM); 2001- *O Comendador* (CM) (cofot.. Jacques Cheuiche); 2002- *Amazon Forever*; 2003- *Caue Porã, Como É Bela a Floresta* (CM); *Nós e Não Nós* (CM); *O Bicho Dá, o Bicho Toma* (CM); 2005- *Ruínas* (CM); 2006- *O Sol: Caminhando Contra o Vento* (cofot.. Cezar de Moraes, Reynaldo Zangrandi, Adelson Barreto Rocha, Pedro Urano); 2008- *Paulo Gracindo – O Bem Amado*; *Tamboro*.

## ARAÚJO, ROQUE

Roque Pereira de Araújo nasceu em Salvador, BA, em 1937. Ainda na Bahia conhece Glauber Rocha e torna-se seu fiel escudeiro, com este trabalhando como motorista, eletricista, assistente de câmera, etc. Inicia suas atividades no cinema em 1964, como maquinista em *Deus e o Diabo na Terra do Sol*. Em 1980 dirige seu primeiro curta, *Dendê*. Graças à sua dedicação e amizade a Glauber, foi escolhido pelo próprio, como guardião das sobras de sua última produção: *A Idade da Terra* e com esse material montou o filme-homenagem *No Tempo de Glauber*, em 1986. Atualmente trabalha na Fundação Dimas de Salvador, onde continua a produzir e colaborar com o crescimento do audiovisual baiano.

**Filmografia:** 1980- *Dendê* (CM) (dir.); 1981- *Caprinocultura Brasileira* (CM) (dir., fot.); Onicuri (CM) (dir.); 1982- *Tarados na Fazenda dos Prazeres* (cofot.. Nilton Gonçalves); 1986- *No Tempo de Glauber* (dir.);1997- *Um Hexágono Branco Com Fundo Preto* (CM); 2004- *Ginga: A Capoeira*; 2006- *O Menino do Rio Vermelho*.

## ARONOVICH, RICARDO

Nasceu em Buenos Aires, Argentina, em 4 de janeiro de 1930. Estuda fotografia com o vanguardista húngaro Lazslo Moholy-Nagy em Nova York. De volta à Argentina, inicia sua carreira de fotógrafo trabalhando com filmes publicitários. Totalmente influenciado pela *nouvelle vague* francesa e o neorrealismo italiano, sua primeira experiência em cinema acontece em 1959 com o curta *La Primera Fundación de Buenos Aires* e logo fotografa seu primeiro longa *El Negoción*. Em 1963 chega ao Brasil, convidado por Ruy Guerra, para participar do filme *Os Fuzis*, com excelente resultado técnico. Em São Paulo fotografa dois clássicos do Cinema Brasileiro, *São Paulo S/A*, de Luis Sérgio Person e *Vereda da Salvação*, de Anselmo Duarte, ambos de 1965. A partir de então, faz carreira internacional, sendo hoje um dos mais famosos fotógrafos latino-americanos. Trabalha com cineastas consagrados como Louis Malle em Le Souffle au Coeur (1971), Alain Resnais em *Providence* (1977), Costa-Gravas em *Clair de Femme* (1979), etc. Segundo Aronovich, *Boa fotografia em cinema é a que não se nota durante a projeção do filme, é a que se descobre depois, mediante uma reflexão sobre fatores que produziram um filme expressivo (...).* Para ele, o ideal fotográfico pode ser percebido nos filmes de Ingmar Bergman, como por exemplo *Persona* (idem) (1966), onde Aronovich acha a fotografia de Sven Nykvist *perfeita exatamente por que não se destaca do conjunto do filme, uma obra-prima, sem ela,* Persona *não seria o mesmo*. Ele ainda cita as parcerias perfeitas entre diretor e diretor de fotografia como os trabalhos de Tissé e Eisenstein e todas as obras de Bergman com Gunnar Fischer, um dos fotógrafos que Aronovich admira e se inspira - parte do depoimento e trechos da entrevista extraídos da revista *Filme-Cultura* n° 8, editada em 6-3-1968 pelo Instituto Nacional de Cultura (INC). Em 2005 lança o

livro *Expor Uma História*, livro que expõe princípios da fotografia do cinema. Seu estilo é considerado, segundo Hernani Heffner, *realista, de técnica irrepreensível e rigor formal*. Atualmente mora na França.

**Filmografia:** 1959- *La Primera Fundación de Buenos Aires* (CM) (Argentina); *Buenos Días, Buenos Aires* (CM) (Argentina); *Diario* (CM) (Argentina); *El Negoción* (Argentina); 1960- *Los de La Mesa Diez* (Argentina); 1961- *Tres Veces Ana* (Argentina); 1962- *Los Inconstantes* (Argentina); *Los Venerables Todos* (Argentina); *Crimen* (CM) (Argentina); *El Televisor* (Argentina); *Los Jóvenes Viejos* (Argentina); 1963- *Che Buenos Aires* (Argentina); *Os Fuzis* (Brasil); 1965- *Carta de Fader* (CM) (Argentina); *El Bombero Esté Triste y Llora* (CM) (Argentina); *El Reñidero* (Argentina); *Orden de Matar* (Argentina); *Psique y Sexo* (Argentina); São Paulo S/A (Brasil); *Vereda da Salvação* (Brasil); *Villa Delicia: Playa de Estacionamento, Musica Ambiental* (Argentina);1966- *As Cariocas* (Brasil); *Toda Donzela Tem um Pai que é uma Fera* (Brasil); Buenos Aires (MM) (Argentina); *Buenos Aires en Camiseta* (CM); *Los Anónimos* (MM) (Argentina); *Todo Sol Es Amargo* (Argentina); 1967- *Los Contrabandistas* (CM) (Argentina); *Garota de Ipanema* (Brasil); 1968- *Arte – Comunicação* (CM) (Brasil); *Los Taitas* (CM) (Argentina); *O Homem que Comprou o Mundo* (Brasil); 1969- *Ternos Caçadores* (Sweet Hunters) (França/Brasil/Panamá); *Benito Cereno* (idem) (França/Itália/Brasil); *Invasión* (Argentina); *Tempo de Violência* (Brasil); 1970- *Jumbo – Ein Elefantenleben* (Alemanha/França); 1971- *Papa, Les Petits Bateaux* (França); *Capitães de Areia* (The Sandpit Generals) (Brasil/EUA); *Sopro no Coração* (Le Soufle Au Coeur) (França/Itália/Alemanha); 1972- *Jaune Le Soleil* (França); *L'Humeur Vagabonde* (França); *Chère Louise* (França/Itália); *L'attentat* (França/Itália/Alemanha); 1973- *L'Affaire Dominici* (França/Itália/Espanha); 1974- *Les Autres* (França); 1975- *O Importante é Amar* (L'important c'est d'aimer) (França/Itália/Alemanha); 1976- *Lumière* (França/Itália); *Sérail* (França); 1977- *Providence* (França/Suíça); *Une Femme, Un Jour...* (França); *Je t'aime, Tu Danses* (Bélgica); 1978- *O Recurso do Método* (El Recurso del Método) (França/México/Cuba); *Couleur Chair* (França/Belgica/EUA); 1979- *Écoute Voir...*(França); *Um Homem, Uma Mulher, Uma Noite (Clair de Femme)* (França/Itália/Alemanha); 1980- *The Outsider* (EUA); *Ma Blonde, Entends-tu dans la Ville?* (França); *You Better Watch Out* (EUA); 1981- *Vrijdag* (Bélgica/Holanda); *Die Ortliebschen Frauen* (Alemanha); *Chanel Solitaire* (Alemanha/França/EUA); 1982- *Desaparecido, um Grande Mistério (Missing)* (EUA); 1983- *Le Jeune Marié* (França); *Hughie* (França); *Hanna K* (Israel/França); *O Baile (Le Bal)* (Itália/França/Algéria); 1984- *Stress* (França); 1986- *Les Longs Manteaux* (França/Argentina); *As Veredas de Saturno (Les Trottoirs de Saturne)* (França/Argentina); 1987- *A Família (La Famiglia)* (Itália/França); 1989- *Nunca Estive em Viena* (Espanha/Argentina); 1990- *The Man Inside* (França/EUA); *La Bonne Âme Du Setchouan* (França); 1992- *Le Batteur du Boléro* (França); *La Vie de Galilée* (França); 1994- *Le Mangeur de Lune* (Canadá); *Lumière Noire* (França); *Le Radeau de La Méduse* (França); 1995- *Mécaniques Célestes* (França/Bélgica/Espanha); 1996- *Feliz Aniversário, Urbana* (CM) (Brasil/França); *Désiré* (França); 1997- *El Impostor* (Argentina); 1999- *Le Temps Retrouvé, d'après l'oeuvre de Marcel Proust* (França/Itália/Portugal); *Stranded* (Espanha); 2002- *La Kedada* (Espanha); 2004- *Yo Puta* (Espanha); 2006- *Klimt* Áustria/França/Alemanha); *Moscow Zero* (EUA/Espanha/Inglaterra); 2010- *A Closer Book* (Inglaterra).

## ATTILI, ALBERTO

Nasceu em Roma, Itália, em 25 de novembro de 1918. No cinema italiano participa, como assistente de câmera, de filmes de importantes como *La Corona di Ferro* (1941), de Alessandro Blasetti, *Un Pilota Retorna* (1942), de Roberto Rosselini e *I Tre Aquilotti* (1942), de Mario Mattoli, etc. Produz *Accidenti alla Guerra!* (1948) e *Cavalcata D'Eroi* (1950). No início dos anos 1950 chega ao Brasil para comercializar filmes e italianos e recebe proposta de trabalho da Maristela, como gerente de produção em *Presença de Anita* e *Suzana e o Presidente*, ambos de 1951. Dirige seu primeiro e único longa no Brasil em 1953, *Aí Vem o General*. Nos anos 1960 e 1970, dirige alguns documentários e faz fotografia para Anselmo Duarte no épico *Um Certo Capitão Rodrigo*, usando câmeras 35mm e 70 mm. Morre em Ubatuba, SP, em 2 de setembro de 1989 aos 60 anos de idade.

**Filmografia:** 1953- *Aí Vem o General* (dir.); 1961- *Realidade de um Plano* (CM) (fot.); 1962- *Minérios e Desenvolvimento Econômico* (CM) (dir., fot.); *O que Você não Vê no seu Carro* (CM) (fot.); *Sal: Matéria-Prima Essencial para a Emancipação da Economia Nacional* (CM) (fot.) (cofot. Leonardo Bartucci); *Sistemas de Abastecimento de Águas de São Paulo* (CM) (dir., fot.); 1964- *A.B.C.D.* (CM) (fot.) (cofot. Adolfo Paz Gonzalez); *Bom Amigo* (CM) (fot.); *Conforto em Doze Milímetros* (CM) (fot.); *Fazenda Velha* (CM) (fot.); *O Beijo* (CM) (fot.); *O Milagre da Eletrônica* (CM) (fot.); *Arigó: Fenômenos do Espírito do Dr.Fritz* (fot.) (cofot.. José dias); *Casa Grande e Progresso* (CM) (fot.); 1966- *A Pressa do Futuro* (CM) (fot.); *Arquitetura Forro e Cor* (CM) (fot.); *Subsolo e Desenvolvimento* (CM) (dir., fot.); 1970- *Anhembi Sinal Verde* (CM) (fot.) (cofot. Roberto Buzzini, Waldemar Lima e Jacques Deheinzelin); 1971- *Monteiro Lobato* (CM) (cofot. Pio Zamuner); *Um certo Capitão Rodrigo* (CM) (fot.); 1972- Fechar Um Rio (CM) (cofot. Roberto Buzzini); 1975- *Água Guandu* (CM) (fot.) (cofot.. Pio Zamuner e Christian Lesage); *Manaus Via Aérea* (CM) (fot.) (cofot. Pio Zamuner); 1976- *Urubupungá* (CM) (fot.) (cofot.. Roberto Buzzini e Christian Lesage).

## ATTILI, GIORGIO

Nasceu em Roma, Itália, em 25 de setembro de 1924. Ainda em seu país, aprende o ofício de fotografar. Chega ao Brasil em meados dos anos 1950 e logo junta-se aos produtores de cinema em São Paulo, sendo assistente de câmera em *Uma Certa Lucrécia* (1957), de Fernando de Barros, primeiro filme seu em solos brasileiros, seguindo-se *O Capanga* (1958), *Crepúsculo de Ódios* (1958), *Teus Olhos Castanhos* (1961), etc. Já integrado à turma da Boca do Lixo paulistana, assina a fotografia de seu primeiro filme em 1963, *Lá no Meu Sertão*, ( ) de Eduardo Llorente, aventura sertaneja com a dupla Tonico & Tinoco. Logo conhece José Mojica Marins, o Zé do Caixão, com quem faria longa parceria, assinando a fotografia de vários de seus filmes como *À Meia-Noite Levarei sua Alma* (1963), *Trilogia do Terror* (1968), *Finis Hominis* (1971), *Delírios de uma Anormal* (1978), etc. Seu último filme registrado como fotógrafo é a comédia de sexo explícito *Comer e Gozar é Só Começar* (1987), de Black Cavalcanti. Morre em 30 de setembro de 1987, em São Paulo, aos 63 anos de idade.

**Filmografia:** 1962- *A Voz de Ouro* (CM); *O Voto* (CM); 1963- *À Meia-Noite Levarei sua Alma; As Testemunhas Não Condenam; Lá no meu Sertão; O Trem Paulista* (CM); 1964- *A Conquista do Atlântico* (CM); *Do Atlântico ao Pacífico* (CM); *O Caipora*; 1965- *O Filho do Sol* (CM); *Obrigado a Matar; O Puritano da Rua Augusta; Luta nos Pampas*; 1966- *A Verdade vem do Alto* (cofot. Eliseo Fernandes); 1967- *Esta Noite Encarnarei no Teu Cadáver; O Estranho Mundo do Zé do Caixão*; 1968- *Trilogia do Terror (episódio: Pesadelo Macabro)*; 1970- *O Ritual dos Sádicos; Bahia, Por Exemplo* (cofot. Alfonso Rodrigues); 1971- *Finis Hominis* (cofot. Edward Freund); 1972- *Di, Um Personagem na Vida* (CM) (co-fot. Jorge Bodanzky e Renato Neumann); 1973- *Geração em Fuga* (cofot. por Virgílio Roveda); *Nossa Gente Além do Trópico* (CM) (cofot. Jorge Bodanzky); 1974- *São José dos Campos* (CM); 1975- *Vicente do Rêgo Moneiro* (CM); 1976- *O Conto do Vigário* (cofot.. Júlio Robacio e Eliseo Fernandes); *A Estranha Hospedaria dos Prazeres; Como Consolar Viúvas; Inferno Carnal*; 1976/1987- *Demônios e Maravilhas* (MM); 1977- *A Mulher Que Põe a Pomba no Ar*; 1978- *Perversão!; A Deusa de Mármore – Escrava do Diabo; Delírios de Um Anormal; Mundo - Mercado do Sexo*; 1979- *Estupro!*; 1979/80- *Theatro Municipal de São Paulo* (CM); 1980- *Noite de Orgia; Motel, Refúgio do Amor*; 1982- *Nicolli, a Paranóica do Sexo*; 1983- *Sacanagem (episódio: Vitamina C na Cama)*; 1984- *A Gosto do Freguês*; 1987- *Comer e Gozar é Só Começar*.

## AVELLAR, JOSÉ CARLOS

Nasceu no Rio de Janeiro, RJ, em 15 de dezembro de 1936. Formado em jornalismo, por mais de 20 anos foi crítico de cinema do *Jornal do Brasil*. Dirige seu primeiro filme em 1965, o curta experimental 'Trailer', codirige dois filmes coletivos, assina a fotografia do longa *Triste Trópico* (1974), produz o documentário *Passe Livre* (1974) e monta *Iao* (1976), para Geraldo Sarno. Autor de vários livros, entre eles *O Chão da Palavra: cinema e literatura no Brasil* (1994) e *A Ponte Clandestina* (1995). Ocupou cargos importantes no MAM-RJ, Embrafime, RioFIlme, etc. Avellar é atualmente secretário para a América Latina da Fipresci, associação internacional de críticos de cinema e consultor de vários festivais internacionais como o de Berlim, San Sebastián e Montreal. Dedica grande parte de sua vida à administração cultural do cinema brasileiro. Por suas atividades cinematográficas, recebe, em dezembro de 2006, a condecoração de *Chevalier des Arts et Lettres*, conferida pelo governo francês, através do Cônsul-Geral da França no Rio de Janeiro.

**Filmografia:** 1965- *Trailer* (CM) (dir., fot.); 1966- *A Força do Mar* (CM); 1967- *O Velho e o Novo* (CM) (cofot.. Carlos Egberto e Fernando Duarte); 1969- *Manhã Cinzenta*; 1971- *O Cantor das Multidões* (CM); 1972- *Feira* (CM); *Viver é uma Festa* (CM) (dir., fot., codir. Tereza Jorge, Isso Milan, Manfredo Caldas e Álvaro Freire); 1974- *Triste Trópico* (cofot. Iso Milman e Arthur Omar); 1975- *Espaço Sagrado* (CM) (cofot.. João Carlos Horta); 1976- *Iaô* (cofot.. Geraldo Sarno, João Carlos Horta e Walter Goulart); 1977- *Destruição Cerebral* (CM) (dir.) (codir.. Carlos Fernando Borges, Joatan Vilela Berbel, Nikolau (Nick) Zarvos e Paulo Chaves Fernandes.

## AZULAY, JOM TOB

Jomico Azulay nasceu no Rio de Janeiro, RJ, em 1941. Forma-se em Direito pela UFRJ, sendo diplomata entre 1967 e 1974. Estuda cinema em Los Angeles entre 1971 e 1974. Inicia sua carreira no cinema como fotógrafo de comerciais e documentários. Estreia

na direção em 1974 no curta *Exu-Mangueira* e em 1977 dirige seu primeiro longa, *Os Doces Bárbaros*, que registra a turnê brasileira de Gilberto Gil, Maria Bethânia, Gal Costa e Caetano Veloso. Em 1979 é diretor de fotografia em *Muito Prazer*, de David E. Neves, além de ser o produtor executivo de diversos outros filmes, como *Um Homem e o Cinema* (1977), *O Testamento do Senhor Napumoceno* (1997) e *Estorvo* (2000). Com Gilberto Gil, filma *Corações a Mil*, em 1983, primeira produção nacional em *dolby stereo*. Entre 2003 e 2007 foi superintendente de assuntos estratégicos da Ancine. Em 2010 estreia no Canal Brasil a série *Cinco Vezes Machado* em que é o diretor geral.

**Filmografia:** 1974- *Exu-Mangueira* (CM) (dir.); 1975- *Euphrasya* (CM) (dir.); 1976- *A Exposição Craô* (CM) (dir.); 1977- *Os Doces Bárbaros* (dir.); *Ritmo Alucinante* (co-fot. Gilberto Loureiro); 1979- *Alquimista de Maio* (CM) (dir.); *Muito Prazer* (fot.); *Carioca, Suburbano, Mulato Malandro: João Nogueira* (CM) (dir.); *O Torneio Amílcar Cabral* (CM) (dir., fot.) (codir. Fernando Cabral e Flora Gomes e cofot. Fernando Cabral, Mário da Silva, Flora Gomes e Sunah na N'hada); 1981- *Estações Rodoviárias* (CM) (dir.); *Ilha Grande* (CM) (dir.); *Matadouros* (CM) (dir.); 1983- *Corações a Mil* (dir.); 1986- *Caminhos da Arquitetura Brasileira* (dir.); 1987/96- *O Judeu* (Brasil/Portugal) (dir.); 1994- *Nina's Pressage* (CM) (dir.).

# B

## BAIESTORF, PETER

Nasceu em Palmitos, SC, em 13 de novembro de 1974. É produtor de filmes independentes e editor de fanzines desde 1992. Diretor, produtor, roteirista (de cinema e quadrinhos), escritor, diretor de fotografia em vídeo, distribuidor independente e ator, cria a Canibal Filmes no final de 1991 e desde então produz filmes de baixo orçamento com distribuição independente. Ativo na comunidade cinematográfica *underground* brasileira, é coautor do livro *Manifesto Canibal* (2004), coescrito com o ator Coffin Souza, onde defende a produção independente sem ajuda financeira do Estado. Músico dadaísta, esteve à frente dos grupos anti-musicais *Cadaverous Cloacous Regurgitous* (1993), *Smelling Little Girl's Pussies* (1999) e *Urtigueiros* (2004). É considerado pela imprensa o rei do filme *trash* brasileiro.

**Filmografia:** 1992- *Lixo Cerebral vindo de outro Espaço* (dir.) (inacabado); 1993- *Criaturas Hediondas* (dir., fot.) (psd-fot.: Uzi Uschi); 1994- *Açougueiros* (MM) (dir., fot.) (psd-fot.: Uzi Uschi); *Criaturas Hediondas 2* (dir., fot.) (psd-fot.: Uzi Uschi); 1995- *Detritos* (CM) (dir., fot.) (psd-fot.: Uzi Uschi); *O Monstro Legume do Espaço* (dir., fot.) (psd-fot.: Uzi Uschi); 1996- *2000 Anos Para Isso?* (CM) (dir., fot.) (psd-fot.: Uzi Uschi); *Blerghhh!!!* (MM) (dir.) (psd-fot.: Uzi Uschi); *Bondage* (dir.) (psd: Lady Fuch); *Caquinha Superstar a Go Go* (dir., fot.) (psd-fot.: Uzi Uschi); *Eles Comem sua Carne* (dir., fot.) (psd-fot.: Uzi Uschi); *Speak English Or Die – O Punheteiro Cósmico* (CM) (dir., fot.) (psd-fot.: Uzi Uschi); 1997- *Ácido* (CM) (dir., fot.) (psd-fot.: Uzi Uschi); *Bondage 2: Amarre-me Gordo Escroto* (MM) (dir.) (co-dir.. Susana Mânica, César Souza e Marcus Brasun); *Chapado* (MM) (dir., fot.) (psd-fot.: Uzi Uschi); *Deus – O Matador de Sementinhas* (CM) (dir., fot.) (psd-fot.: Uzi Uschi); *Mulheres Apaixonadas* (CM) (dir., fot.) (psd-fot.: Uzi Uschi); *My Little Blues* (CM) (fot.); *My Little Psycho* (CM) (dir., fot.) (psd-fot.: Uzi Uschi); *O Homem-Cu Comedor de Bolinhas Coloridas* (CM) (dir., fot.) (psd-fot.: Uzi Uschi); *Super Chacrinha e Seu Amigo Ultra-Shit em Crise Vs. Deus e o Diabo da Terra de Glauber Rocha (ou Ainda Bem que Jimi Hendrix Morreu)* (dir., fot.) (psd-fot.: Uzi Uschi); *PVC* (CM) (dir., fot.) (psd-fot.: Uzi Uschi); *Quando os Deuses Choram Sobre a Ilha* (CM) (dir., fot.) (psd-fot.: Uzi Uschi); *Vomitando Lesmas Lisérgicas* (CM) (dir., fot.) (psd-fot.: Uzi Uschi); 1998- *A Despedida de Susana: Olhos e Bocas* (CM) (dir., fot.) (psd-fot.: Uzi Uschi); *A Obra de Jorge Timm* (CM) (dir., fot.) (psd-fot.: Uzi Uschi); *Bagaceiras Mexicanas em Palmitos City* (dir., fot.) (psd-fot.: Uzi Uschi); *Boi Bom* (CM) (dir., fot.) (psd-fot.: Uzi Uschi); *Chumbo* (CM) (dir., fot.) (psd-fot.: Uzi Uschi); *Crise Existencial* (CM) (dir., fot.) (psd-fot.: Uzi Uschi); *Fodendo meu Vitelo* (CM) (fot.); *Gore Gore Gays* (dir., fot.) (psd-fot.: Uzi Uschi); *Homenagem* (CM) (fot.); *O Vinicultor Faz o Vinho e o Vinho Faz o Poeta* (CM) (dir., fot.) (psd-fot.: Uzi Uschi); *Raptores* (CM) (fot.); *Road SM* (MM) (fot.); *Sacanagens Bestiais dos Arcanjos Fálicos* (dir., fot.) (psd-fot.: Uzi Uschi);*The Butterfly Over Sky-Brain* (CM) (dir., fot.) (psd-fot.: Uzi Uschi); 1999- *9.9* (CM) (dir., fot.) (psd-fot.: Uzi Uschi); *Andy* (dir.) (inacabado); *Aventuras do Dr.Cinema na Terra do VHS Vagabundo* (CM) (dir., fot.) (psd-fot.: Uzi Uschi); *Gaykiller* (CM) (fot.); *Pornô* (CM) (dir., fot.) (psd-fot.: Uzi Uschi); *Zombio* (MM) (dir., fot.) (psd-fot.: Uzi Uschi); 2000- *Boni Coveiro: O Mensageiro das Trevas* (MM) (fot.); *Buscando La Fiesta* (CM) (fot.); 2001- *Filme Caseiro Número Um* (CM) (fot.) (psd-fot.: Uzi Uschi); *Raiva* (CM) (fot.) (psd-fot.: Uzi Uschi); *Relembre da Carne* (CM) (fot.); 2002- *Demências do Putrefacto* (CM) (dir., fot.) (psd-fot.: Uzi Uschi); *Fragmentos de Uma Vida* (CM) (dir., fot.) (psd-fot.: Uzi Uschi); *Mantenha-se Demente* (dir.) (inacabado); *Não Há Encenação Hoje* (CM) (dir., fot.) (psd-fot.: Uzi Uschi); *O Dragão da Miséria* (CM) (dir., fot.) (psd-fot.: Uzi Uschi); 2003- *Cerveja Atômica* (dir., fot.) (psd-fot.: Uzi Uschi); *Frade Fraude Vs. O Olho do Razão* (dir., fot.) (psd-fot.: Uzi Uschi); *Privitismo Kanibaru na Lama da Tecnologia Catódica* (CM) (dir., fot.) (psd-fot.: Uzi Uschi); *Trinta e Um de Março para Todos os Santos de Sessenta e Quatro* (CM) (dir., fot.) (psd-fot.: Uzi Uschi); 2004- *Buscando La Película Perdida* (CM) (dir., fot.) (psd-fot.: Uzi Uschi); *Duelando pelo Amor de Teresa* (dir., fot.) (psd-fot.: Uzi Uschi); *Mike Guilhotina* (CM) (fot.); *Olhando a Cor da Melodia de Baixo para Cima com a Cabeça Raspada Parada* (CM) (dir., fot.) (psd-fot.: Uzi Uschi); *Ópio do Povo* (CM) (dir., fot.) (psd-fot.: Uzi Uschi); *Ora Bolas, Vá Comer Um Cu!!!* (CM) (dir., fot.) (psd-fot.: Uzi Uschi); *Poesia Visceral* (CM) (dir., fot.) (psd-fot.: Uzi Uschi); *Predadoras* (CM) (fot.); *Quadrantes* (fot.); *Somos a Ralé* (MM) (fot.); *Vai Tomar no Orifício Pomposo* (CM) (dir., fot.) (psd-fot.: Uzi Uschi); 2005- *Macedüsss Vs. la Invasion de los Mediocres Marcianos Gays* (CM) (fot.);

*Palhaço Triste* (CM) (dir., fot.) (psd-fot.: Uzi Uschi); 2006- *A Curtição do Avacalho* (dir., fot.) (psd-fot.: Uzi Uschi); *Ave Satan* (CM) (dir., fot.) (psd-fot.: Uzi Uschi); *O Monstro Legume do Espaço 2* (dir., fot.) (psd-fot.: Uzi Uschi); *O Nobre Deputado Sanguessuga* (CM) (dir., fot.) (psd-fot.: Uzi Uschi); *Quando Jesus Bate à sua Porta* (CM) (dir., fot.) (psd-fot.: Uzi Uschi); 2007- *Arrombada – Vou Mijar na Porra do Seu Túmulo!!!* (MM) (dir., fot.) (psd-fot.: Uzi Uschi); *Manifesto Canibal – O Filme* (CM) (dir., fot.) (psd-fot.: Uzi Uschi); *Que Buceta do Caralho, Pobre só se Fode!!!* (CM) (dir., fot.) (psd-fot.: Uzi Uschi); 2008- *Vadias do Sexo Sangrento* (CM) (dir., fot.) (psd-fot.: Uzi Uschi); 2009- *Encarnación del Tinhoco* (CM) (dir., fot.) (psd-fot.: Uzi Uschi); *Ninguém Deve Morrer* (MM) (dir., fot.) (psd-fot.: Uzi Uschi).

## BAMBOZZI, LUCAS

Lucas Bambozzi Silveira nasceu em Matão, SP, em 1965. Artista multimídia, documentarista e curador. Ainda criança muda-se com a família para Belo Horizonte. Forma-se em Comunicação Social e Jornalismo pela UFMG. É um dos fundadores do FórumBHZVídeo e curador de vídeo do MIS, em São Paulo. Atua também como crítico, curador, distribuidor de trabalhos criativos em artes eletrônicas e professor do Senac-SP. No cinema, assina a fotografia do curta *Caligrama*, em parceria com Hugo Kovensky. Trabalha em meios diversos como vídeo, cinema, instalação e mídias interativas, com exibições em mostras em mais de 40 países. É um dos coordenadores e curadores do arte.mov Festival Internacional de Arte em Mídias Móveis.

**Filmografia:** 1995- *Caligrama* (CM) (cofot. Hugo Kovensky); 1996- *Mooca, São Paulo* (CM) (co-fot. Paulo Baroukh); 1998- *Otto, Eu Sou Um Outro* (CM) (dir.) (co-dir. Cao Guimarães); 2000- *O Fim do Sem Fim* (dir., fot.) (codir. Beto Magalhães e Cao Guimarães e cofot. Cao Guimarães); 2005- *Do Outro Lado do Rio* (dir.).

## BANTEL, HANS •

Nasceu na Alemanha, onde é repórter cinematográfico. Chega ao Brasil em meados dos anos 1950, faz sua estreia no cinema brasileiro com eletricista no filme *O Grande Pintor* (1955) de Victor Lima, depois auxiliar de câmera no documentário *Rastros na Selva* (1959), de Mário Civelli e Francisco Eicchorn. Na época, era casado com a atriz Anecy Rocha, portanto, cunhado de Glauber Rocha. Como diretor de fotografia, assina seu primeiro filme em 1962 no documentário *Romeiros da Guia* de Vladimir Carvalho e João Ramiro Mello. Na sequência, fotografa seu único longa no Brasil, *Canalha em Crise* (1963), de Miguel Borges, cultuado filme do Cinema Novo, provavelmente perdido. Depois dedica-se somente a documentários institucionais até 1979, a partir do qual, abandona o cinema e torna-se microempresário, proprietário de uma pousada na Região dos Lagos, em Saquarema, RJ.

**Filmografia:** 1959- *Um Homem Fora de Seu Meio* (inacabado); 1962- *Romeiros da Guia* (CM); 1963- *Um Moço de 74 Anos* (CM) (cofot. Luiz Carlos Saldanha); 1963/65- *Canalha em Crise*; 1967- *Cinema Novo (Improvisierst und Zielbewusst)* (CM) (Brasil/Alemanha); *Tirofijo* (MM) (Brasil/Alemanha); 1969- *De Vila Nova à Estância São José* (CM); 1970- *Brasil & Cia. Filme* (CM); *Festival no Rio* (CM); *Francisco Alves (Uma Cruz na Estrada)* (CM); *Poética Popular* (CM); 1973- *ABC do Esporte* (CM) (cofot. Jefferson da Silva); *Atletismo* (CM) (cofot. Jefferson da Silva); 1973- *A Chama do Progresso* (CM) (cofot. André Palluch e Gyula Kolozsvari); *Cidades Históricas do Nordeste* (CM); *O Novo Ensino – Lei 5692* (CM); *Salas de Aula do Brasil* (CM) (cofot. Julio Heilbron); 1974- *Onde a Esperança Mora* (CM); *Paraquedismo Militar: Salto Livre* (CM); 1977- *Eduas contra a Desidratação* (CM); 1979- *De Vila Nova à Estância de São José* (CM).

## BARAT, MUSTAPHA

Stephane Mustapha Barat nasceu em 2 de agosto de 1959 em Oran, Argélia. Diretor de fotografia e operador de câmera com carreira internacional, estuda Cinema, Mídia e História do Oriente Médio no Hunter College, Universidade de NY, Cinema e Televisão no Center for Media Arts, NY e Fotografia no International Center of Photography, NY. Entre 1976 e 1980 colabora com Hélio Oiticica como fotógrafo em vários projetos em Nova York e Rio de Janeiro. Inicia sua carreira no cinema como ator em *La Luna (Mustafá)*, de Bernardo Bertolucci, (1978) e é estagiário do fotógrafo Vitorio Storaro. No Brasil, participa de *Eu Matei Lúcio Flávio* (1979), de Antonio Calmon e *Os Sete Gatinhos* (1980), de

Neville d'Almeida. Nos anos 1980 inicia carreira de assistente de câmera em Nova York trabalhando com fotógrafos como Ed Lachman e Juan Amorós. Seu primeiro filme como fotógrafo é *A Suivre* de Robinson Savary (França) 1988. No mesmo ano, nos Estados Unidos, fotografa o longa *Alien Space Avenger* de Robert Haines, a partir de então reveza sua carreira entre Estados Unidos, Brasil e França alternando entre documentários, filmes publicitários e curtas-metragens. É um dos fotógrafos do documentário Bob Dylan: No *Direction Home* (2005) do Martin Scorcese. Por aqui, tem sólida atuação como operador de câmera de filmes como *Tempos de Paz* (2009), de Daniel Filho, *Destino* (2008) de Moacyr Góes e fotografia adicional em Palavra (En) Cantada, documentário de Helena Solberg. Assina a fotografia do filme *Memória do Movimento Estudantil* (2007), de Silvio Tendler. Fotografa dezenas de videoclipes e DVDs de artistas renomados como Marisa Monte, Titãs, Adriana Calcanhoto, Naná Vasconcelos, Miles Jaye, Iron Maiden, Ronnie Bird, etc. Poliglota, fala português, inglês, francês, italiano, espanhol e árabe. Na televisão, trabalhou como fotógrafo e repórter cinematográfico para Rede Globo (NY), Manchete (NY) ABC, CBS, WGBH (EUA); ARD, WDR (Alemanha); Antenne 2, La Cinq, Canal + (França); RAI (Itália). Foi sócio-fundador da Conspiração Filmes, Rio de Janeiro, Brasil (1991/1993) e da Antares Film & Vídeo, EUA (1988/2001).

**Filmografia:** 1986- *The Cell* (CM) (EUA); 1988- *A Suivre* (França); *Alien Space Avenger* (LM) (EUA); 1989- *Tragedy in New York* (LM) (Itália/Canadá); *Loco 7* (CM) (EUA); 1990- *Café* (CM) (EUA); *Ruggero Raimondi* (doc) (França); *Andy Warhol* (doc.) (EUA/Itália); *Charles De Gaulle* (doc.) (França); 1991- *Maggie and the Pirate* (CM) (EUA); *Mixer: Battered Women* (doc.) (Itália); 1992- *Last Supper* (TV) (Inglaterra/Suíça); *Mysterious Crash of Flight 201* (doc.) (EUA); 1993- *Golden Venture, Chinese Immigrants* (doc.) (EUA); *Going Out* (EUA); 1994- *Late Fall* (CM) (EUA); *Pattonsburgh, Designing a Sustainable Community* (doc.) (EUA); *Das Verruckte Grand Hotel, Das Chelsea Hotel* (doc.) (Alemanha); *Crown Heights, Orthodox Jews* (doc.) (EUA) *Mike Tyson* (doc.) (França); 1995- *Amália – Uma Estranha Forma de Vida* (Portugal); *Haiti's New Police Force* (Alemanha); *Un Marchand, des Artistes et des Collectioneurs* (doc.) (França); *Bosnia's Peacekeepers* (doc.) (Alemanha); 1996- *Stan Getz-People Time* (doc.) (França); *Louis Armstrong* (doc.) (França); *Storming Heaven, LSD & The American Dream* (doc.) (EUA); 1997- *The Traveling Wall, a Vietnam Memorial* (doc.) (EUA); 1999- *The Children of Chabannes* (doc.) (EUA); 2000- *A Arte de Amália* (doc.) (Portugal/EUA); *Paris Was my Liberation* (doc.) (EUA); 2001- *A Pedra do Reino: Mitos e Lendas Brasileiras* (Brasil); 2002- *Despertando Para Sonhar* (Brasil) (CM) (cofot. Jacques Cheuiche); *Mapa da Mina* (Brasil) (doc.) (cofot. Jacques Cheuiche); *O Trem dos Carajás* (Brasil) (doc.) (cofot. Jacques Cheuiche); 2004- *A La Recherche d'Orfeu Negro* (doc.) (França); *Cinegibi – o Filme* (LM) (Brasil); *Estátua de Lama* (CM) (Brasil) (cofot. Jacques Cheuiche); *Metalúrgica Barra do Piraí* (CM) (Brasil); 2005- *Deus Tá Vendo* (Brasil) (CM) (cofot. Jacques Cheuiche); *Giuliani Time* (EUA); *James Thiérrée Invente La Veillée des Abysses* (doc.) (França); No Direction Home: *Bob Dylan* (doc.) (Inglaterra/EUA/Japão); *Cavalhadas de Pirenópolis* (CM) (Brasil); *Samba on Your Feet* (doc) (Argentina/EUA); 2007- *Memória do Movimento Estudantil* (doc.) (Brasil); 2008- *Inclusive* (CM) (Brasil).

## BARBIERI, EMÍLIO

Carlo Emilio Barbieri é diretor de fotografia documental. Cinegrafista da equipe de Rubens Rodrigues dos Santos, proprietário da Jaraguá Filmes, que nos anos 1960/1970 produz dezenas de documentários, em sua maioria institucionais, feitos sob encomenda.

**Filmografia:** 1971- *A Boa Água* (CM) (cofot. Sideval L.Jordão e Concórdio Matarazzo); *Mais Água Para São Paulo* (CM) (cofot. Sideval L.Jordão e Concórdio Matarazzo); *Metrô* (cofot. Sideval L.Jordão e Concórdio Matarazzo); *Metrô: Trecho Norte-Sul* (CM) (cofot. Sideval L.Jordão e Concórdio Matarazzo); *Metrô: Trecho Sete* (CM) (cofot. Sideval L.Jordão e Concórdio Matarazzo); 1973- *Comgás – Distribuição* (CM) (cofot. Sideval L.Jordão e Concórdio Matarazzo); *Dom Pedro Volta ao Ipiranga* (CM) (cofot. Sideval L.Jordão e Concórdio Matarazzo); *Duzentos Milhões de Livros ou Uma História de Amor* (CM) (cofot. Sideval L.Jordão e Concórdio Matarazzo); *Fernando de Noronha* (CM) (cofot. Sideval L.Jordão e Concórdio Matarazzo); *Forma Pneumática Tubular* (CM) (cofot. Sideval L.Jordão e Concórdio Matarazzo); *Gás Canalisado Combustível da Metrópole Moderna* (CM) (cofot. Sideval L.Jordão e Concórdio Matarazzo); *Nordeste* (CM) (cofot. Sideval L.Jordão e Concórdio Matarazzo); *O Metrô de São Paulo* (CM) (cofot. Sideval L.Jordão e Concórdio Matarazzo); *O Novo Galeão* (CM) (cofot. Sideval L.Jordão e Concórdio Matarazzo); *Túnel Sub Aquático Pré-Moldado* (CM) (cofot. Sideval L.Jordão e Concórdio Matarazzo); 1974- *DAEE – Desenvolvimento Para São Paulo* (CM) (cofot. Sideval L.Jordão e Concórdio Matarazzo); *Galeria Com Forma Pneumática Tubular* (CM) (cofot. Sideval L.Jordão e Concórdio Matarazzo); *Light Indústria do Desenvolvimento* (cofot. Sideval L.Jordão e Concórdio Matarazzo); *Pesquisa Hidráulica – Fator de Progresso* (CM) (cofot. Sideval

L.Jordão e Concórdio Matarazzo); *Tecnologia Para o Desenvolvimento* (CM) (cofot. Sideval L.Jordão e Concórdio Matarazzo); 1979- *Amazonas* (CM); *O Príncipe Mascarado* (CM); 1981- *O Grotão* (CM); 1983- *Missa dos Escravos* (CM).

## BARBOSA, ALZIRO

Alziro Barbosa do Nascimento Júnior nasceu em Santo André, SP, em 14 de junho de 1969. É Bacharel em direção de fotografia em 1992 e Mestre, em 1994, ambos pelo Instituto Estatal de Cinema (VGIK), em Moscou, Rússia. Entre 1992 e 1994, período que mora em Moscou, realiza documentários para a TV Cultura e reportagens fotográficas para a revista *Veja* em Moscou e São Petersburgo. De volta ao Brasil, entre 1997 e 1999 é professor universitário de direção de fotografia da Faculdade de Rádio e TV da Fundação Armando Álvares Penteado (FAAP), em São Paulo. Ainda na carreira acadêmica, é professor de *workshops* de fotografia para a Stein Produções entre 1999 e 2006, realiza testes de protótipos de negativo da série Vision 1 e 2 para a Kodak International, professor de oficina de direção de fotografia do 11º Gramado Cine Vídeo. Recebe, ao longo de sua carreira, vários prêmios de direção de fotografia, como Curtas Mercosul e Prêmio ABC de Cinematografia por *Eternamente* (2004), Prêmio ABC de Cinematografia por *A Ira* (2005) e *O Mistério da Japonesa* (2006), Festival de Gramado por *Serras da Desordem* (2006), Prêmio ABC de Cinematografia por *A Cauda do Dinossauro* (2008), Recife-PE e Maringá-PR por *Mystérios* (2009). Em 2010 torna-se membro da diretoria da Associação Brasileira de Cinematografia (ABC), assina a fotografia do seriado *Na Forma da Lei*, de Wolf Maia, exibido pela TV Globo e dos documentários *Ivan – De Volta ao Passado*, de Guto Pasco e *Carlos Marighela* de Isa Ferraz.

**Filmografia:** 1990- *Bar Bosa* (CM) (dir., fot.) (URSS); 1991- *Finales del Siglo XX* (URSS); 1993- *Dobrie Uslugui* (URSS); 1994- *Besame Mucho* (MM) (URSS); 1996- *Reformulando a Criação – Tomada 2* (CM); 1998- *Budismo no Brasil* (CM); *Impressões para Clara* (CM); 1999- *Ano Novo* (CM); *Flores para os Mortos* (CM); 2000- *Café Amargo* (CM); 2001- 20 10 (CM); *Bienal 50 Anos* (CM); *Quero Ser Anjo* (CM); 2002- *A Deus Menino* (CM); *Mater Dei; São Paulo dos Demônios* (CM); *Segundo Ato* (CM) (feito com alunos); *Eternamente* (CM); *Um Dia para Desaparecer* (CM) (cofot. Hans Stempel e Luciano Coelho); 2003- *A Ira* (CM); *Céu de Anil* (CM); *Nem o Céu Nem a Terra* (MM); 2004- *Filme Korda* (cofot. Gustavo Hadba); 2005- *A Origem dos Nomes* (CM); *Gatão de Meia-Idade; No Meio da Rua; Serras da Desordem* (cofot. Aloysio Raulino e Fernando Coster); *O Mistério da Japonesa* (CM); 2006- *A Balada do Vampiro* (CM); *B.End* (CM); *E os Negros do Quilombo Gritam na Cidade; Terra Incógnita* (CM); 2007- *A Cauda do Dinossauro* (CM); *O Encontro das Águas; Memórias de Um Bairro (Jardim São Paulo)* (CM); 2008- *À Flor da Pele* (CM); *Ao Vivo* (CM); *Clima-Antártica; Mapa Imundi* (CM); *Misteryos;* 2009- *Brasileiros que Viveml em Lugares Isolados; Pinball* (CM); *Cia.Paulista de Dança; O Diário de Simonton* (MM); *Bela Noite para Voar;* 2010- *Ivan – De Volta ao Passado; A Tempestade* (CM); *Carlos Marighela.*

## BARBOSA, HÉRCULES

Hércules Barbosa Silva. Fotógrafo de *still*, inicia sua carreira em 1973 no filme *Trindad... É Meu Nome*, de Edward Freund. Ator em *O Supermanso* (1974), *Violência na Carne* (1981), *O Olho Mágico do Amor* (1981), *Fome do Sexo*(1982) e *Forever* (1991). Durante os anos 1970/1980, é um fotógrafos de cena mais requisitados do cinema paulista, participando de inúmeras produções como *Anjo Loiro* (1973), *O Caçador de Esmeraldas* (1979), *Os Campeões, Sexo a Domicílio* (1984), etc. Assina seu primeiro filme como diretor de fotografia, *Cassino dos Bacanais*, de Ary Fernandes, cineasta a quem tem sua carreira muito ligada, ao participar de muitas produções do famoso cineasta.

**Filmografia:** 1981- *Cassino dos Bacanais*; 1982- *As Vigaristas do Sexo; A Fábrica das Camisinhas*; 1983- *Elas só Transam no Disco*; 1985- *Hospital da Corrupção e dos Prazeres.*

## BARBUTO, ADRIANO S.

Adriano Soniano Barbuto nasceu em São Carlos, SP, em 07 de Julho de 1971. É Bacharel em Comunicação com Habilitação em Cinema pela ECA-USP, em 1993, com especialização pela ESCAC (Barcelona, Espanha) e mestrado em Imagem e Som pela DAC-UFSCar. Apaixona-se, particularmente, pela fotografia, fazendo sua estreia em 1992 no curta *A Porquinha*, direção de Cláudio Ferraraz, produzido dentro da Universidade. Durante os anos 90 assina a fotografia de vários curtas e também dedica-se à carreira academia, como professor na área de Direção de Fotografia na UFSCar, desde 1997, e na FAAP, São Paulo, de 2001 a 2007. Na televisão, ilumina e fotografa os programas *Fora de Foco* (1998), pela TVA e *História da Publicidade Brasileira* (2004), pela TV Senac. Destaca-se também no cinema publicitário e de videoclipes. Para o produtor e diretor Penna Filho, fotografa seus dois últimos longas: *Um Craque Chamado Divino* (2006) e *Doce de Coco* (2008).

**Filmografia:** 1992- *Movimentos* (CM) (inacabado); 1994- *A Porquinha* (CM); *Ando Só* (CM); 1995- *O Porão* (CM); *Todo Dia* (CM); 1997- *Clip Institucional O2*(CM); 1999-*The Unfinished Portrait* (CM); 2000- *Sangue Ruim* (CM) (inacabado); 2001- *Causo X: A Verdade Está na Roça* (CM); *Sobrevoo* (CM) (inacabado); 2002- *Amores Avessos* (CM); *Expresso para Aanhangaba*; 2003- *Ainda Somos os Mesmos*; 2004- *Perdidos* (CM); 2006- *São Carlos 1968* (CM); *Um Craque Chamado Divino*; *Tardes Livres*; 2007- *Pneuac* (CM); 2008- *Acessa Física* (CM); *Doce de Coco*; 2008- *Reparação*; 2009- *Parto Natural Humanizado* (CM); *Pandemônia*.

## BARRAGAN, MILTON

Nasceu em Pelotas, RS, em 1928. Estuda fotografia fixaestática e nos anos 1950, ainda em sua cidade natal, inicia experiências cinematográficas em 16mm. A partir de 1957 muda para Porto Alegre e vai trabalhar como técnico na Rádio Gaúcha e logo ingressa na *Wilkens Filmes* onde participa na revelação, cópia, gravação em mais de 150 documentários. Estreia no cinema em 1968, como diretor de fotografia no documentário *Novo Hamburgo – 40 Anos de Exemplo*. Em 1970 dirige seu primeiro curta, *Dinâmico Sul* e no mesmo ano é convidado pelo cantorator, ídolo gaúcho Teixeirinha para dirigir *Motorista sem Limites*, seu primeiro longa. Com Teixeirinha, faria parceria em outros filmes, como a fotografia em *Carmen, a Cigana* (1976) e *Meu Pobre Coração de Luto* (1977). Após dirigir *A Filha de Iemanjá*, último filme de Teixeirinha, afasta-se do cinema, retornando em 1990 para fazer a montagem do curta *Chama Crioula* (1990). Em 1995 retorna à direção no curta *O Velório de Jac*. Morre em 1999, aos 72 anos de idade, em Porto Alegre, RS.

**Filmografia:** 1968- *Novo Hamburgo – 40 Anos de Exemplo* (CM) (fot.); 1970- *Dinâmico Sul* (CM) (dir.); *Motorista Sem Limites* (dir.); *Petróleo Brasileiro, Novos Caminhos* (CM) (dir.); *São Borja a Capital da Produção* (CM) (dir., fot.); 1971- *Assim Se Humaniza Uma Cidade* (CM) (dir., fot.); *Stop* (CM) (dir., fot.) (codir.. Orfelino Mohr); 1972- *Teixeirinha a Sete Provas* (dir.); 1973- *Enquanto os Anjos Dormem* (CM) (dir., fot.); 1975- *Semana Farroupilha* (CM) (dir.); 1976- *Carmen, a Cigana* (fot.); 1977- *Meu Pobre Coração de Luto* (fot.); *Na Trilha da Justiça* (dir.); 1979- *Tropeiro Velho* (dir.); 1981- *A Filha de Iemanjá* (dir.); 1995- *O Velório do Jac* (CM) (dir.).

## BARRETO, LUIZ CARLOS

Luiz Carlos Barreto Borges nasceu em Sobral, CE, em 20 de maio de 1928. Muda para o Rio em janeiro de 1947. Em 1950 é contratado como fotógrafo da revista *O Cruzeiro*, por lá ficando até 1963. Entre 1953 e 1954 foi correspondente da revista na Europa. É graduado em letras pela Sorbonne, em Paris. Como repórter, cobre os mais importantes acontecimentos nacionais e internacionais da época. Em 1961 entra para o cinema, de onde nunca mais sairia. Em 1963, em parceria com José Rosa, é diretor de fotografia no clássico e *Vidas Secas* e depois, sozinho, em *Terra em Transe* (1967). Mesmo tendo fotografado poucos filmes, sua concepção cinematográfica revolucionou o cinema brasileiro, criando um estilo até hoje utilizado, que marcou as principais produções do Cinema Novo. Como produtor, coleciona sucessos como *Dona Flor e Seus Dois Maridos* (1976), até hoje a maior bilheteria do cinema brasileiro, *Memórias do Cárcere* (1984), *O Quatrilho* (1995), etc. tornando-se o mais influente, poderoso e famoso produtor cinematográfico brasileiro.

**Filmografia:** 1963- *Vidas Secas* (cofot.. José Rosa); 1967- *Terra em Transe*; 1974- *Congadas: O Folclore, o Que é, e Como Se Faz* (CM) (dir.); *Isto é Pelé* (dir.) (codir.. Eduardo Escorel); 1975- *Canto Livre* (CM (dir.).

## BARROS, JOSÉ SETTE DE

José Sette de Barros Filhos nasceu em Ponte Nova, MG, em 17 de janeiro de 1948. Produtor, diretor, roteirista e fotógrafo, neto de fazendeiros, vive sua infância no Rio de Janeiro, para onde se muda com seus pais. Ainda criança, aprende os mistérios da fotografia e chega a construir um laboratório fotográfico amador. Na adolescência, em frente a sua casa, em Ipanema, havia dois grandes cinemas, hoje fechados, a Pirajuí e o Pax, que frequentava constantemente. Em 1960, retorna a Belo Horizonte para estudar. O pai, político getulista, vive o dia-a-dia das lutas pelas transformações sociais que se pretendiam no País. Em 1964, quando se prepara para o curso de Medicina, vem o golpe militar que derruba o presidente João Goulart, amigo pessoal de seu pai, que, como muitos na época, vê seus direitos cassados. De volta ao Rio de Janeiro, articula a realização do longa-metragem *Cidade Sem Mar*, em parceria com o poeta Luiz Carlos Dolabella e trabalha na montagem e sonorização do filme *Sagrada Família*, de Sylvio Lanna. Aos 18 anos de idade é diretor de produção do curta *O Bem-Aventurado*, direção de Neville d'Almeida. Em 1968, cria o som direto do curta *Joãozinho e Maria*, de Márcio Borges, além de trabalhar em várias outras produções realizadas em Minas Gerais. Em 1970 produz e dirige seu primeiro longa *Mistérius*, resultado de sua viagem à França, Espanha, Portugal e Marrocos, que resulta inacabado. Na França adquire uma câmera Boulieux e um gravador de som direto, em 16mm, com o qual começa a fotografar. Seu primeiro longa comercial é *Bandalheira Infernal*, em 1976. É premiado duas vezes na Alemanha, em Berlim e Obenhausem. Foi produtor e diretor de diversas campanhas políticas para Tancredo Neves (1982), Silvio Abreu (1992), João Vitor (2004), Brizola Neto (2006) e de comerciais realizados em Minas Gerais e Rio de Janeiro. Entre 1982 e 1985 foi sócio de Helvécio Ratton e Alcino Leite na produtora Primeiro Plano, dirigindo mais de 100 comerciais para empresas como Pif-Paf, Café Toko, Olerol, CEMIG, etc. No teatro, em 1984, é autor e diretor do espetáculo *Eu e os Anjos*, sobre o poeta Augusto dos Anjos e autor da peça *No Balanço das Horas*. Em 1985 recebe diversos prêmios como Rio-Cine e Fortaleza, com o longa *Um Filme 100% Brasileiro*. É convidado a participar do Festival de Berlim em 1987. Também ocupa cargos executivos como assessor do secretário de Cultura de Minas Gerais, diretor do Palácio das Artes da Fundação Clóvis Salgado e assessor da Prefeitura de Ponte Nova, MG. Em 1992 candidata-se a deputado estadual e não vence. Entre 1992 e 2004 produz filmes e vídeos de publicidade na região da zona da mata mineira. A partir de 2003, finaliza quatro longas no suporte digital, sendo dois, com fotografia sua, além da direção, *Liberdade* (2005) e *Paisagens Imaginárias* (2005). " (...) *fazer cinema é ter uma ideia de vida, é convencer primeiro a você e depois a terceiros de que ela é boa e cinematográfica, é trabalhar para dividi-la, estruturando as imagens plano a plano. É desenhar os personagens, redesenhar, ler e reler o texto original, se preciso mil vezes, até o Espírito Santo baixar. É fixar as sequências, é entrelaçar os movimentos até formar a espinha dorsal da composição. É compor e orquestrar a sinfonia, chamar os atores, os técnicos, os músicos, buscar cenários, derramar tintas de várias cores sobre metros e metros de pano. É contar história, brigar, berrar, chorar para que tudo dê certo. É fazer poesia, magia, é vida dura, trabalho exaustivo e muito pouco dinheiro (...)* - trecho da entrevista de José Sette de Barros, concedida à revista *Filme Cultura* n° 48, editada pelo Instituto Nacional de Cinema (INC) em novembro de 1988. Profissional completo, atua em quase todas as áreas técnicas, inclusive tendo elogiado e premiado trabalho como montador dos filmes *Geografia do Som* (2001) e *O General* (2003), ambos de Fábio Carvalho. Em 2010 assina a fotografia de dois documentários para o Canal Brasil, sobre Mário Filho e Carlos Manga, dirigidos por Oscar Maron. Atualmente reside em Cabo Frio, RJ e prepara o lançamento de seu primeiro livro, *Trilogia da Separação*.

**Filmografia:** 1970- *Mistérius* (dir.) (filme inacabado); 1971- *Inside* (CM) (dir.) (inacabado); *Olerol* (CM) (fot.); *Violência no Trem* (CM) (fot.); 1972- *Introdução a Sacanagem Interna* (dir.); 1974- *Inside* (CM) (dir.) (filme inacabado); 1975- *Cidade da Bahia* (CM) (dir., fot.); *O Milagre dos Peixes* (CM) (fot.) (inacabado); 1976- *Bandalheira Infernal* (dir.); 1977- *Casa das Minas* (dir., fot.); 1978- *Interior das Minas – Dr. Lund, o Homem de Lagoa Santa* (CM) (dir.); *Naturalista Krajsberg* (CM) (dir.); *Natureza e Escultura* (CM) (dir.); *Toda a Memória das Minas* (CM) (fot.); 1979- *Natureza Torta* (CM) (dir., fot.); 1979/83- *Eugênio Gudin – o Homem de Dois Séculos* (CM) (fot.) (cofot. Tuker Marçal, Paulo Rufino e Cristiano Requião); 1980- *Nada Além* (CM) (fot.); 1981- *Cinema Inocente* (MM) (fot.); *Um Sorriso, Por Favor – O Mundo Gráfico de Goeldi* (*Goeldi, Um Sorriso Por Favor*) (CM) (dir., fot.); 1983- *Primeiro Plano* (CM) (dir., fot.) (codir. Helvécio Ratton); 1984- *Exu-Piá, Coração de Macunaíma* (fot.) (cofot. Marcelo Coutinho e Flávio Ferreira); 1985- *Um Filme 100% Brasileiro* (dir., fot.); 1999- *Encantamento de Camargo Guarnieri* (CM) (dir., fot.); *O Rei do Samba* (dir.); *Sob a Sombra dos Anjos* (CM) (fot.); 2000-*A Janela do Caos* (dir.); 2001- *Eu e os Anjos* (MM) (dir., fot.); 2002- *O Alferes e o Poeta* (CM) (fot.); *Ver Tigem* (CM) (dir., fot.); 2003-*Labirinto de Pedra* (dir.); 2005- Liberdade (dir., fot.); *Paisagens Imaginárias* (dir., fot.); 2009- *Amaxon* (dir.).

## BARROS, LUIZ DE

Luiz Moretzhon da Cunha e Figueiredo da Fonseca de Almeida e Barros Castelo Branco Teixeira de Barros nasceu no Rio de Janeiro em 12 de setembro de 1893. Usava também os pseudônimos de Teixeira de Barros e Guilherme Teixeira, mas é conhecido no meio cinematográfico como Lulu de Barros. Estuda Direito no Brasil e Artes Plástica na Europa. Aos 18 anos conhece a França, Suíça e Itália e faz estágio nos estúdios da Gaumont francesa. Em 1914 começa a estudar teatro. Depois, já com sua própria companhia, a Rataplan, monta revistas e dirige *shows* no Cassino da Urca e Atlântico. Em 1914 dirige seu primeiro filme, *A Viuvinha* e não para mais, constituindo uma das mais longas filmografias brasileiras entre 1914 e 1977, ano que dirige seu último longa, *Ele, Ela, Quem?*, depois de 15 anos afastado do cinema. Em 1929, dirige o primeiro filme sonoro brasileiro, *Acabaram-se os Otários*. É o fotógrafo de quase todos seus filmes, principalmente os primeiros, produzidos nos anos 1920 e 1930. Morre em 1981, no Rio de Janeiro, aos 88 anos de idade.

**Filmografia:** (dir., fot.): 1914- *A Viuvinha* (dir.); 1915- *Perdida* (LM) (dir.); 1916- *Vivo Ou Morto* (LM) (dir.); 1918- *Zero Treze* (LM) (dir.); 1919- *Alma Sertaneja* (LM) (dir.); *Ubirajara* (LM) (dir.); 1920- *A Jóia Maldita* (LM) (dir.); *Coração de Gaúcho* (LM) (cofot. João Stamato); *As Aventuras de Gregório* (CM) (dir., fot.); 1922- *O Cavaleiro Negro* (LM) (dir.); *O Rio Grande do Sul* (LM) (dir.); *Sacadura Cabral e Gago Coutinho no Rio de Janeiro* (CM) (dir., fot.); *O Exército Brasileiro* (CM) (dir., fot.); *O Cavaleiro Negro* (psd: Guilherme Teixeira); 1923- *A Capital Federal* (LM) (dir., fot., psd: Teixeira de Barros); *Romeu e Julieta* (CM); *Augusto Aníbal Quer Casar* (LM) (dir., fot.); 1924- *A Derrocada* (*A Vingança do Peão*) (LM) (dir.); *Rosa de Sangue* (CM) (dir., fot.) (cofot. Carlo Campogalliani); *A Revolução de 1924* (CM) (dir., fot.); *Hei de Vencer* (LM) (dir., fot.) (cofot. Paulino Botelho); *A Revolução em São Paulo 1 e 2* (CM) (dir., fot.); *Vocação Irresistível* (CM) (dir., fot.); 1925- *Rio Pitoresco* (CM) (dir., fot.); *Quando Elas Querem*; *Pedras Altas* (CM) (dir., fot.); *Flagelo da Humanidade* (LM) (dir., fot.); 1926- *Depravação* (LM) (dir., fot.) (cofot. Victor Del Picchia); 1927- *A Casa de Santos Dumont* (CM) (dir., fot.); 1928- *Criação de Cavalos* (CM) (dir., fot.); *Estradas do Brasil* (CM) (dir., fot.); *O Rio Grande do Sul* (CM) (dir., fot.); *Operação Cesariana* (LM) (dir., fot.); *Operação de Estômago* (LM) (dir., fot.); *Pitoresco da Costa* (CM) (dir., fot.); 1929- *Acabaram-se os Otários* (LM) (dir.); *A Juriti* (CM) (dir., fot.); *Baianinha* (dir.); *Casa de Caboclo* (CM) (dir., fot.); *Cidades de Veraneio* (CM) (dir., fot.); *Como Se Gosta* (CM) (dir., fot.); *Feijoada* (CM) (dir., fot.); *O Amor Não Traz Vantagens* (CM) (dir., fot.); *O Palhaço* (CM) (dir., fot.); 1930- *A Revolução em São Paulo* (CM); *Lua de Mel* (CM) (cofot. Victor Del Picchia) (dir., fot.); *Messalina* (LM) (dir., fot.) (cofot. Victor Del Picchia) (primeiro filme falado de Lulu); *O Babão* (LM) (dir.); *Sobe o Armário* (CM) (cofot. Victor Del Picchia) (dir., fot.); *Tom Bill Brigou com a Namorada* (dir.); 1931- *Tom Bill Brigou Com a Namorada* (CM) (cofot. Victor Del Picchia); *Tango do Amor*; *Alvorada de Glória* (cofot. Victor Del Picchia) (dir., fot.); *Tango Amigo* (CM) (dir., fot.); *Tango de Amor* (CM) (dir., fot.); 1932-*Flagelo da Humanidade* (LM) (dir., fot.) (cofot. Edgar Brasil); 1934- *Carioca Maravilhosa* (LM) (dir., fot.) (cofot. Edgar Brasil); 1935- *Alô, Alô, Brasil* (LM) (cofot. Antônio Medeiros, Afrodísio de Castro, Edgar Brasil, Ramon Garcia e Fausto Muniz); 1936- *O Jovem Tataravô* (LM) (dir., fot.) (cofot. Edgar Brasl); 1937- *Favela* (CM) (dir., fot.); *O Palhaço* (CM) (dir., fot.); *O Samba da Vida* (LM) (dir.); 1938- *Alma e Corpo de Uma Raça* (LM) (dir., fot.) (cofot. Afrodísio de Castro e José Stamato); *Tererê Não Resolve* (LM) (dir.); *Maridinho de Luxo* (LM) (dir.); 1939- *Hangar Caquot* (CM) (dir., fot.); *Ilhas Históricas* (CM) (dir., fot.); *Poeta do Morro* (CM) (dir., fot.); *Serviço Médico da Aviação* (CM); 1940- *Cisne Branco* (LM) (dir.); *Entra na Farra* (LM) (dir.); *E o Circo Chegou* (LM) (dir., fot.); 1941- *Sedução no Garimpo* (LM) (dir.); 1943- *Samba em Berlim* (LM) (dir.); 1944- *Berlim da Batucada* (LM) (dir.); *Corações Sem Piloto* (LM) (dir.); 1945- *O Cortiço* (LM) (dir.); *Pif-Paf* (LM) (dir.); *Fogo na Canjica* (LM) (dir.); 1947- *O Malandro e a Grã-Fina* (LM) (dir., fot.) (cofot. Ruy Santos); 1948- *Esta é Fina* (LM) (dir.); *Inocência* (LM) (dir.) (codir. de Fernando de Barros); *Ladeira de Copacabana* (CM) (dir., fot.); *Ladeira Mundo Novo* (CM) (dir., fot.); *Ladeira dos Guaianases* (CM) (dir., fot.); *Ladeira Indiana* (CM) (dir., fot.); *Prá Lá de Boa* (LM) (dir.); 1949- *Está Com Tudo* (LM) (dir.); *Eu Quero é Movimento* (LM) (dir., fot.); 1950- *Aguenta Firme, Isidoro* (LM) (dir.); *Anjo*

do Lodo (LM) (dir.); 1952- *Era Uma Vez Um Vagabundo* (LM) (dir.); *O Rei do Samba* (LM) (dir.); 1953- *É Pra Casar?* (LM) (dir.); 1954- *Malandros em Quarta Dimensão* (LM) (dir.); *Trabalhou Bem, Genival* (LM) (dir.); 1955- *Como Se Faz Um Filme* (CM) (dir., fot.); 1956- *Quem Sabe...Sabe!* (LM) (dir.); *O Negócio Foi Assim* (LM) (dir.); 1956- *Samba na Vila* (LM) (dir.); 1957- *Um Pirata do Outro Mundo* (LM) (dir.); *Com a Mão na Massa* (LM) (dir.); 1959- *Aí Vem os Cadetes* (LM) (dir.); 1960- *Por Um Céu de Liberdade* (LM) (dir.); 1962- *Vagabundos no Society* (LM) (dir.); 1977- *Ele, Ela, Quem?* (LM) (dir.).

## BARROS, REYNALDO PAES DE

Nasceu na fazenda Pindaiuval, município de Santo Antonio do Leveger, MT, em 1937. Cursa o primário em Campo Grande, ginásio em São Paulo e Científico no Rio de Janeiro. Forma-se pela University of California de Los Angeles (UCLA), EUA. Muda para o Rio de Janeiro em 1958, trabalha na embaixada norte-americana fazendo documentários para o corpo de paz. Em 1965 estreia como fotógrafo no clássico *Menino de Engenho*, de Walter Lima Jr. e em 1967 dirige seu primeiro filme, *Férias no Sul* e em 1969 *Agnaldo, Perigo à Vista*, veículo para o cantor Agnaldo Rayol, na época no auge do sucesso. A partir de 1969 em São Paulo, passa a fotografar pornochanchadas para a Boca do Lixo e, num segundo momento, já com o pseudônimo de Renato Bastos, filmes da fase do erótico explícito. Dirige mais dois filmes, *Pantanal de Sangue* (1971) e *A Noite dos Imorais* (1979). Afastado do cinema desde 1987, retorna 20 anos depois para dirigir o curta *Ninah*, em 2007. Em 2008 é homenageado no 15º Festival de Cinema e Vídeo de Cuiabá.

**Filmografia:** 1965- *Menino de Engenho* (fot.); 1967- *Férias no Sul* (dir.); 1969- *Agnaldo, Perigo à Vista* (dir., fot.) (cofot. Rudolph Icsey); 1971- *Pantanal de Sangue* (dir., fot.) (cofot. Antonio Meliande); 1973- *Anjo Loiro* (fot.); *No Pantanal do Piquiri* (CM) (dir.); *Trindade...É Meu Nome* (fot.); *Uma Nêga Chamada Tereza* (fot.); 1975- *O Supermanso* (fot.); 1976- *Amadas e Violentadas* (fot.); *O Quarto da Viúva* (fot.); *Possuídas pelo Pecado* (fot.); 1977- *Chão Bruto* (fot.); 1978- *Noite em Chamas* (fot.); 1979- *A Noite dos Imorais* (dir., fot.); *Sexo Selvagem* (fot.); 1981- *Delírios Eróticos* (fot.); *Eva, o Princípio do Sexo* (cofot. José Concórdio); *Ressureição* (CM) (fot.); *Sexo Profundo* (fot.); 1983- *Sacanagem* (CM) (episódio: *Gatas no Cio*); 1986- *Duas Mulheres e Um Pônei!* (fot.) (psd: Renato Bastos); *Sexo Doido* (fot.) (psd: Renato Bastos); *Mulheres e Cavalos* (fot.) (psd: Renato Bastos); 1987- *Orgasmo Louco* (dir.) (psd: Renato Bastos); *Fêmeas Que Topam Tudo* (fot.) (psd: Renato Bastos); *Júlia e os Pôneis* (fot.) (psd: Renato Bastos); *Ninfetas Nota Dez* (fot.) (psd: Renato Bastos); *Revelações de Uma Ninfomaníaca* (fot.) (psd: Renato Bastos); *Viciadas em Cavalos* (fot.) (psd: Renato Bastos).

## BARROZO NETTO, HÉLIO

Hélio Beviláqua Barroso Neto nasceu no Rio de Janeiro, RJ, em 1914. Inicia sua carreira na Cinédia como assistente de som de Afrodísio de Castro em 1934. Na lendária companhia, domina o ofício de fotografar, sonorizar e montar um filme. Em 1937 dirige seu primeiro curta, *Canção de Ninar*, em homenagem a seu pai, o maestro erudito Barrozo Netto. A partir de 1940 dirige, roteiriza, fotografa e monta os cinejornais *Notícias da Semana, Repórter da Tela, Esporte em Marcha* e *Cinelândia Jornal*. Com os irmãos Alípio e Eurides Ramos, funda a Cinelândia Filmes em 1949. Nos anos 1950 fotografa, sonoriza e monta diversos filmes, veículos para cômicos da época como Zé Trindade e Ankito. Sua atuação direta nos filmes termina em 1965, a partir do qual funda, no bairro de Botafogo, Rio de Janeiro, a Estúdios Barrozo-Netto, responsável pela sonorização de dezenas de filmes a partir de então e que mais tarde, passaria a ser administrada por seu filho Rodrigo Barrozo Netto. É lendária e importante figura da história do cinema brasileiro. Morre em 1998, no Rio de Janeiro, aos 84 anos de idade.

**Filmografia:** 1937- *Canção de Ninar* (CM) (dir., fot.); 1942- *Semana Santa em Ouro Preto* (CM); *Excursão ao Litoral Fluminense* (CM); *Ouro do Brasil para o Brasil* (CM); *Semana Santa em São João del Rey* (CM); 1949- *A Escrava Isaura;Caminhos do Sul* (cofot. George Fanto); 1950- *O Pecado de Nina*; 1951- *Tocaia*; 1952- *Brumas da Vida; Força do Amor*; 1953- *Perdidos de Amor; Os Três Recrutas*; 1954- *Angu de Caroço; Marujo por Acaso*; 1955- *O Rei do Movimento; O Grande Pintor*; 1956: *Boca de Ouro; O Feijão é Nosso; Quem Sabe...Sabe!; O Noivo da Girafa*; 1957- *Chico Fumaça; Na Corda Bamba; O Barbeiro Que Se Vira*; 1958- *Cala Boca, Etelvina; O Camelô da Rua Larga*; 1959- *Dona Xepa; Minervina Vem Aí; Quem Roubou Meu Samba?; Titio Não é Sopa*; 1960- *A Viúva Valentina; Eu Sou o Tal; Sai Dessa, Recruta*; 1962- *Assassinato em Copacabana*; 1963- *Sonhando Com Milhões*; 1965- *Carnaval Quatrocentão* (CM) (dir.).

## BARTUCCI, LEONARDO

Nasceu em Roma, Itália. Chega ao Brasil em 1960. Trabalha em televisão e empresas de publicidade, antes de ingressar profissionalmente no cinema. Aprende as bases da fotografia com o mestre Hélio Silva, no filme *Vidas Secas*, de Nelson Pereira dos Santos, oficialmente fotografado por Luiz Carlos Barreto e Hélio Silva. Bartucci assume a fotografia do filme na última semana, em virtude do afastamento por doença de Hélio. Sua estreia oficial como diretor de fotografia acontece em 1962 no documentário curto *Sal: Matéria- Prima Essencial para a Emancipação da Economia Nacional*, direção de Rex Endsleigh. Seu primeiro longa é *Um Homem e Sua Jaula* (1969), também de Coni Campos. Nos anos 1970 tem regular carreira em filmes como *Minha Namorada* (1970), de Zelito Vianna, *Barão Otelo no Barato dos Bilhões* (1971), de Miguel Borges, *O Pai do Povo* (1976), de Jô Soares, etc.

**Filmografia:** 1962- *Sal: Matéria-Prima Essencial para a Emancipação da Economia Nacional* (CM) (cofot. Alberto Attili); 1964- *Brasília, Planejamento Urbano* (CM); *O Grito da Terra; Paraná Usina de Trabalho* (CM); 1965- *Rio Maravilha do Mundo* (CM) (cofot. Heinz Forthmann e Renato Russi); 1968- *Pirenópolis, o Divino e as Máscaras* (CM); *Rio Desconhecido* (CM); 1969- *Dramática Popular* (CM); *Um Homem e Sua Jaula; Fragmento de Dois Escritores* (CM); 1970- *O Tempo e o Som* (CM); *Rodar Cativo* (CM); *Massa Inercial* (CM); *Os Imaginários* (CM) (cofot. Afonso Beato e Lauro Escorel Filho); *A Festa da Maldição* (CM); *Minha Namorada; Em Busca do Su$exo*; 1971- *Grande Expo-Goiás 71* (CM); *Jornal do Sertão* (CM) (cofot. Afonso Beato e Thomaz Farkas); *Romualdo e Juliana; Barão Otelo no Barato dos Bilhões; Na Boca da Noite*; 1974- *Close-Up: Um Dia na Vida* (CM); 1975- *O Pistoleiro; Intimidade*; 1976- *E o Mundo Era Muito Maior Que a Minha Casa* (CM); *Tangarela, a Tanga de Cristal; O Pai do Povo*; 1980- *Shin Do Fu Gin* (CM); 1981- *Um Certo Manoelzão* (CM) (dir., fot.); 1982- *Via-Crúcis* (CM) (dir., fot.); 1994- *Veja Esta Canção* (episódio: *Samba do Grande Amor*).

## BATISTA, DJALMA LIMONGI

Nasceu em Manaus, AM, em 9 de outubro de 1947. Em 1965, muda para São Paulo e, entre 1968 e 1971 cursa a faculdade de cinema da ECA-USP. Em 1968, dentro da USP, dirige seu primeiro filme, o curta *Um Clássico, Dois em Casa e Nenhum Jogo Fora*. Em 1970 fotografa, para Suzana Amaral, o curta *Eu Sou Você, Nós Somos Eles*. Seu primeiro longa acontece em 1981, *Asa Branca, Um Sonho Brasileiro*, sobre a vida de um fictício jogador de futebol do interior, depois *Brasa Adormecida* (1985) e *Bocage, o Triunfo do Amor'*(1997). Em 2003 retorna para filmar *Autovideografia*, uma autobiografia do ator Walmor Chagas. Em 2005, a Imprensa Oficial do Estado de São Paulo, através da *Coleção Aplauso*, lança o livro *Djalma Limongi Batista – Livre Pensador*, de autoria de Marcel Nadale. A apresentação de Rubens Ewald Filho o qualifica como *Livre, rebelde, transgressor, até mesmo teimoso e obstinado e também poético, original, sensível, talentoso, apaixonante*.

**Filmografia:** 1968- *Um Clássiso, Dois em Casa, Nenhum Jogo Fora* (CM) (dir.); *Retorna, Vencedor* (CM) (cofot. Aloysio Raulino); 1969- *O Mito da Competição do Sul (The Southern Contest Myth)* (CM) (dir.); 1970- *Eu Sou Você, Nós Somos Eles* (CM) (fot.); *Puxando Massa* (CM) (dir.) (inacabado); 1973- *Porta do Céu* (MM) (dir.); *Rasga Coração – O Teatro Brasileiro de Anchieta* (CM) (dir.); 1975- *Hang Five* (CM) (dir.); 1981- *Asa Branca, Um Sonho Brasileiro* (dir.); 1985- *Brasa Adormecida* (dir.); 1997- *Bocage, O Triunfo do Amor* (dir., fot.) (cofot. Zeca Abdala); 2003- *Autovideografia* (dir., fot.).

## BATISTA, GUALTER LIMONGI

Nasceu em Manaus, AM, em 1946. É irmão do cineasta Djalma Limongi Batista e com ele frequentava os cinemas da cidade, já que em Manaus não havia televisão na época. Juntamente com ele, chega a São Paulo em 1965. Quando Djalma estuda cinema na USP e resolve ser cineasta, o irmão o acompanha, tornando-se seu parceiro inseparável em sua trajetória no cinema. Ator no primeiro filme do irmão, o curta experimental *Um Clássico, Dois em Casa, Nenhum Jogo Fora*, de 1968, assistência de fotografia no média *Porta do Céu* (1973), também de Djalma, fotografia de cena em *Noites Paraguayas* (1982), de Aloysio Raulino, assistência de fotografia em *A Hora da Estrela* (1985), de Suzana Amaral. Em 1969 estreia como diretor de fotografia no curta *O Mito da*

*Competição*, mas seus grandes trabalhos como fotógrafo viriam mais tarde nos longas *Asa Branca, Um Sonho Brasileiro'*(1981) e *Brasa Adormecida*. Deixa praparado o roteiro do filme seguinte de Djalma, *Bocage, o Triunfo do Amor*, mas não vê o filme pronto, pois morre em 1993, em São Paulo, aos 47 anos de idade, por complicações oriundas do vírus da Aids.

**Filmografia:** 1969- *O Mito da Competição do Sul (The Southern Contest Myth)* (CM); 1975- *Hang Five* (CM); 1981- *Asa Branca, Um Sonho Brasileiro*; 1985- *Brasa Adormecida*.

## BATISTA, EDISON

Edison Baptista de Araújo Inicia sua carreia de fotógrafo em 1965 no filme *Escravos de Jó*, um curta-metragem dirigido por Xavier de Oliveira. A partir de então desenvolve longa carreira de fotógrafo. Seu primeiro longa é *Marcelo Zona Sul* (1970), de Xavier de Oliveira. Assina a fotografia de filmes como *Amante Muito Louca* (1973), *Tem Folga na Direção* (1976), *Amor e Traição* (1979), considerado um de seus melhores trabalhos, *Perdidos no Vale dos Dinossauros* (1985), de Michelle Massimo Tarantini,diretor italiano que filmou bastante no Brasil, tendo como Batista seu fotógrafo preferido, além deste, nos filmes *Fêmeas em Fuga* (1985), *O Diabo na Cama* (1988), *La Via Dura* (1989) e *Attrazione Selvaggia* (1990).

**Filmografia:** 1965- *Escravos de Jó* (CM); 1967- *Noturno de Goeldi* (CM); 1968- *João Tem Medo* (inacabado); 1969- *A Cama ao Alcance de Todos* (episódio: *A Primeira Cama*); 1970- *Isto é Lamartine* (CM) (cofot. José Ribeiro da Costa); *Marcelo Zona Sul; A Possuída dos Mil Demônios*; 1971- *André, a Cara e a Coragem*; 1973- *Obsessão; O Marido Virgem; Amante Muito Louca; A Filha de Madame Betina; Par de Bricos com Interferência* (CM); 1974- *O Sexo das Bonecas; O Povo de Antonio Maia; O Mau- Caráter; As Mulheres que Fazem Diferente* (episódio: *A Bela da Tarde*); *Amor e Medo* (cofot. Pedro Moraes); 1975- *Rodolfo Arena, um Ator do Brasil* (CM); *Ukrinmakrinkrin, a Música de Marlos Nobre* (CM); *O Padre que Queria Pecar; O Mundo Maravilhoso da Diversão* (Cineac Trianon) (cofot. Julio Romiti); *O Homem da Cabeça de Ouro; O Esquadrão da Morte; Nós, os Canalhas; As Deliciosas Traições do Amor* (episódio: *Os Divinos Sons da Música do Prazer*); 1976- *Zeca e Juca* (CM); *Tem Folga na Direção; Ninguém Segura Essas Mulheres* (episódios: *Marido Que Volta Deve Avisar e Pastéis para Uma Mulata*); *A Noite dos Assassinos*; 1977- *Os Amores da Pantera; O Lobo do Homem ou Relações Humanas* (CM); *Em Defesa da Natureza* (CM); *A Folia é o Rei* (CM); 1978- *Os Melhores Momentos da Pornochanchada; Augustin Urban, Um Pintor* (CM); *A Deusa Negra*; 1979- *Celacanto Provoca Lerfa-Mú* (CM) (cofot. Jorge Monclar); *Indianidade* (CM) (cofot. Renato Laclete); *Lerfa-Mu; Amor e Traição*; 1980- *Insônia* (episódio: *Dois Dedos*); 1981- *Amor e Traição; Crazy – Um Dia Muito Louco; Memória Cafuza* (CM); *O Voo da Esperança* (CM); 1982- *Orun Mooru* (Nigéria); *Dois Dedos* (CM); 1983- *Ninfetas do Sexo Selvagem* (cofot. André Faria e Gesvaldo Arjones Abril); *Eteia, a Extraterrestre em Sua Aventura no Rio* (cofot. Ramon Alvarado); 1985- *Perdidos no Vale dos Dinossauros (Nudo e Selvaggio)* (Brasil/Itália); *Fêmeas em Fuga (Femmine in Fuga)* (Itália/Brasil); 1986- *Nem Tudo é Verdade* (cofot. José Medeiros, Carlos Alberto Ebert, Edson Santos, Affonso Viana e Victor Diniz); 1987- *É Michelina, Minha Mulher* (CM); 1987- *O Mundo a Seus Pés*; 1988- *O Diabo na Cama*; 1989- *La Via Dura* (1989); 1990- *Attrazione Selvaggia* (Itália); 1992- *Outros Quinhentos* (CM); *S.O.S. Cinema Carioca* (CM); 2002- *Carraspana* (CM) (cofot. André Luiz Fernandez).

## BEATO, AFFONSO

Affonso Henrique Ferreira Beato nasceu no Rio de Janeiro, RJ, em 13 de julho de 1941. No início dos anos 1960 estuda na Escola Nacional de Belas Artes e também a cinemateca do MAM, onde conhece Cacá Diegues e David Neves. Aprende as primeiras lições de fotografia com o fotógrafo argentino Ricardo Aronovich. Em 1965 fotografa seu primeiro filme, o curta *O Circo*, de Arnaldo Jabor. Seu primeiro longa é *Cara a Cara* (1968), de Julio Bressane, com o qual ganha o prêmio de melhor fotografia no Festival de Brasília. Pela fotografia em cores de *O Dragão da Maldade contra o Santo Guerreiro'*, recebe reconhecimento internacional e decide ir morar nos Estados Unidos, onde constitui brilhante carreira, hoje contando com 50 longas, 60 curtas e 300 comerciais. Nos anos 1980 aceita a missão de estruturar o Centro Técnico Audiovisual da Embrafilme, depois transformado em Fundação do Cinema Brasileiro. Trabalha com diretores renomados como Pedro Almodóvar, Sthepen Frear's, Jonathan Lynn's, Mike Newell's, etc. E no Brasil com Cacá Diegues, Walter Salles, Bruno Barreto. É talvez o fotógrafo brasileiro mas conhecido fora de nosso país.

**Filmografia:** 1965- *O Circo* (CM); *Heitor dos Prazeres* (CM); *Memória do Cangaço* (CM); 1966- *O Auto da Vitória* (CM); *Lima Barreto – Trajetória* (CM); 1967- *Brasília, Contradições de Uma Cidade Nova* (CM); *O Povo do Velho Pedro* (CM); 1968- *Brasil Verdade* (episódio: *Memória do Cangaço*); *Cara a Cara*; 1968 (CM) (dir., fot.) (codir. Glauber Rocha); *Copacabana me Engana*; *Viagem ao Fim do Mundo* (co fot. por José Medeiros, Osvaldo de Oliveira e Clinton Vilela); *O Bravo Guerreiro*; 1969- *Macunaíma* (cofot. Guido Cosulich); *Máscara da Traição* (cofot. Pompilho Tostes); *O Dragão da Maldade contra o Santo Guerreiro* (Brasil/França/Alemanha); 1970- *A Cantoria (A Memória de Cavalcante Proença)* (CM); *Frei Damião: Trombeta dos Aflitos, Martelo dos Hereges* (CM) (cofot. Thomaz Farkas e Lauro Escorel Filho); *Erva Bruxa* (CM) (cofot. Thomaz Farkas); *O Engenho* (CM); (cofot. Lauro Escorel Filho); *A Vaquejada* (CM); *Região: Cariri* (CM); *A Morte do Boi* (CM); *A Mão do Homem* (CM) (cofot. Thomaz Farkas); *Viva Cariri* (CM) (cofot. Lauro Escorel Filho); *Pindorama*; *O Homem de Couro* (CM); *Os Imaginários* (CM) (cofot. Lauro Escorel Filho e Leonardo Bartucci); *Jaramantaia* (cofot. Thomaz Farkas); *Padre Cícero* (CM) (cofot. Thomaz Farkas); *Casa de Farinha* (CM) (cofot. Lauro Escorel Filho); 1971- *O Homem das Estrelas (Le Maitre du Temps)* (França/Brasil); *Jornal do Sertão* (cofot. Thomaz Farkas e Leonardo Bartucci); *La Tierra Prometida* (Cuba/Chile); *O Capitão Bandeira contra o Dr. Moura Brasil*; *Supergirl – Das Mädchen Von Den Sternen* (Alemanha); 1972- *A Bandeira do Brasil* (CM) (dir., fot.) (cofot. Renato Neumann e David E.Neves); *De Raízes e Rezas entre Outros* (MM) (cofot. Thomaz Farkas e Jorge Bodanzky); *Herança do Nordeste* (episódios: *Casa de Farinha* e *Erva Bruxa*); 1974- *Hot Times* (EUA); *The Girl with the Incredible Feeling* (EUA); 1975- *O Terceiro Grau*; 1976- *The Double Day (Dupla Jornada)* (MM) (Brasil/EUA) (cofot. Christine Burrill); 1977- *Destino Manifesto* (MM) (Cuba/Porto Rico); 1978- *The Boss' Son* (EUA); 1979- *Terra dos Índios*; *Simplesmente Jenny* (MM) (Brasil/EUA) (cofot. Christine Burrill); 1981- *The Other and I* (CM) (Brasil/EUA); *Lavagem Cerebral (Circle of Power)* (EUA); *Documenteur* (EUA/França); *The Two Worlds of Angelita (Los dos Mundos de Angelita)* (Porto Rico); 1982- *Brazilian Connection: a Struggle for Democracy (Conexão Brasileira)* (MM) (Brasil/EUA) (cofot. Ron Zinnerman e Tom Sigel); 1983- *Routes of Exile: a Moroccan Jewish Odyssey* (EUA); 1984- *Para Viver um Grande Amor*; 1985- *Tropclip*; *Além da Paixão*; 1986- *Acerto de Contas (The Big Easy)* (EUA); 1989- *A Fera do Rock (Great Balls of Fire)* (EUA); *Por Cima do seu Cadáver (Enid Is Sleeping) (Over Her Dead Body)* (EUA); 1991- *Marisa Monte: Mais*; *Blood Ties* (EUA); 1993- *Risco de Vida (The Wrong Man)* (EUA); 1994- *Uncovered* (Inglaterra/Espanha/França); 1995- *A Flor do Meu Segredo (La Flor del mi Secreto)* (Espanha/França); 1996- *Cinco Dias, Cinco Noites* (Portugal); *Mil e Uma* (Brasil/Espanha/França/Portugal); 1997- *Pronto* (EUA); *O Informante (The Informant)* (Irlanda/EUA); *Carne Trêmula (Carne Trémula) (Live Flesh)* (Espanha/França); *Relógio Humano (Dead by Midnight)* (EUA); 1999- *Traição* (episódio: *O Primeiro Pecado*); *Tudo sobre minha Mãe (Todo sobre mi Madre* (Espanha/França); *Orfeu*; 2000- *Price of Glory* (EUA); 2001- *Aprendendo a Viver (Ghost World)* (EUA/Inglaterra/Alemanha); *Adriana Calcanhoto – Público*; 2002- *Deus é Brasileiro*; 2003- *Jogo de Sedução (Dot the I)* (Inglaterra/Espanha/EUA); *Voando Alto (View from the Top)* (EUA); *Resistindo às Tentações (The Fighting Temptations)* (EUA); 2004- *Histórias Divididas (Plainsong)* (EUA); 2005- *Água Negra (Dark Water)* (EUA); 2006- *A Rainha (The Queen)* (Inglaterra/França/Itália); 2007- *O Amor nos Tempos de Cólera (Love in the Time of Cholera)* (EUA); 2008- *Noites de Tormenta (Nights in Rodhante)* (EUA/Austrália).

## BELTRÃO, JOÃO CARLOS

Nasceu em João Pessoa, PB mas é criado em Alagoa Grande. Forma-se jornalista pela Universidade Federal da Paraíba (UFPB) e depois bolsista de extensão do Núcleo de Documentação Cinematográfica. Desde 1997 atua profissionalmente como técnico em audiovisual do Instituto Federal de Educação, Ciência e Tecnologia da Paraíba (IFTPB). Inicia sua carreira no cinema como assistente de câmera em diversos filmes como *A Árvore da Marcação* (1998), de Marcus Antonio Villar, *Passadouro* (1999), de Torquato Joel, *A Canga* (2001), também de Marcus Antonio Villar e o premiado longa *Cinema, Aspirinas e Urubus* (2005), de Marcelo Gomes. Em 2004 fotografa seu primeiro filme, o curta *Alma*, de André Moraes e em 2007 seu primeiro longa, *o Engenho de Zé Lins*, de Vladimir Carvalho, em parceria com Walter Carvalho, Jacques Cheuiche e Valdir de Pina). É sócio da produtora Pigmento Cinematográfico. Conceituado fotógrafo em seu estado, é grande referência da nova geração de cineastas paraibanos, tendo recebido inúmeros prêmios. Em 2010, a direção do 5º Comunicurtas – Festival Audiovisual de Campina Grande, institui o prêmio *João Carlos Beltrão de Melhor Plano Cinematográfico*, em sua homenagem.

**Filmografia:** 2004- *Alma* (CM); 2005- *Caldeamento* (CM); *O Cão Sedento* (CM); 2006- *A Encomenda do Bicho Medonho* (CM); 2007- *Cabaceiras* (CM); *Duas Vezes não se Faz* (CM); *O Engenho de Zé Lins* (cofot. Walter Carvalho, Jacques Cheuiche e Valdir de Pina); *O Teste* (CM); 2008- *Amanda e Monick* (CM); *Beba da Saudade* (CM); *Estibordo* (CM); *O Moido* (CM); 2009- *Água Barrenta* (CM); *Cabra de Peia* (CM); *Flores que Murcham* (CM); *O Apósto do Sertão* (CM); *O Herdeiro de Avôhai*; *O Plano de Cachorro* (CM); *Sanhauá*; 2010- *Corta Essa* (CM); *Enraizados* (CM); *Ivan Cineminha* (CM); *Ler Veredas*; *Minha Bolsa Mágica* (CM); *Tudo que Deus Criou*; *Urânio Picui* (M).

## BENEDETTI, PAULO

Paulo Cianelli Benedetti nasceu em Lucca, Itália, em 1863. O pioneiro dos pioneiros chega ao Brasil junto com o cinema, em 1897 e em 1905 muda para São Paulo onde instala uma sala de exibição e o primeiro laboratório de revelação de filmes da cidade. Cria o sistema *cinemetrofonia*, aparelho que sincroniza o som com o filme na tela. O filme *Uma Transformista Original*, de 1915, era todo cantado e mais da metade sincronizado com um fonógrafo e uma orquestra. A partir dos anos 1920, de volta ao Rio de Janeiro, funda a Benedetti Filme e constrói seu laboratório no bairro do Catete, que revelava e copiava além dos seus, os filmes de outras companhias. Realiza cinerreportagens, inventa processos de gravação e a partir de 1935 dedica seu tempo na descoberta de um novo processo de filme em cores. Morre em 1944, aos 81 anos de idade, no Rio de Janeiro.

**Filmografia:** 1911- *Inauguração da Herma de Correia de Almeida* (CM) (dir.); 1912- *As Lavadeiras* (CM) (dir.); *Canção Popular* (CM) (dir.); *Documentários* (CM) (dir.); *Filme Especialmente Organizado para Demonstração da Cinemetrofonia* (CM) (dir.); *O Guarani* (CM) (dir., fot.); *Raid da Infantaria da Linha de Tiro 81* (CM) (dir., fot.); 1915- *As Cavalhadas* (CM) (dir.); *Uma Transformista Original* (dir., fot.) (cofot. Rosina Cianelli); 1917- *O Cruzeiro do Sul* (fot.); 1919- *Iracema* (fot.) (inacabado); *Iracema* (fot.); 1920- *O Garimpeiro* (fot.); *Cavalhadas em Goiás* (CM) (dir.); 1924- *A Gigolette* (fot.); 1925- *Dever de Amar* (fot.); *Esposa do Solteiro* (fot.) (cofot. Victor Ciacchi e Pedro Scaglione); *La Mujer de Medianoche* (Argentina/Brasil) (fot.) (cofot. Victor Ciacchi e Pedro Sgaglione); 1926- *O Guarani* (fot.) (cofot. Vittorio Capellaro); *Uma Página da Vida* (dir.); 1929- *Barro Humano* (fot.); *Bole-Bole* (CM) (dir.); *Café Com Leite* (CM) (dir.); *Deliciosa* (CM) (dir.); *Estoy Borracho* (CM) (dir.); *Guerra aos Mosquitos* (CM) (dir.); *Iaiá* (CM) (dir.); *Jura* (CM) (dir.); *Mary* (CM) (dir.); *Vamo Falá do Norte* (CM) (dir.); 1930- *Bando dos Tangarás* (CM) (dir.).

## BENIGNO, ANDRÉ

André Benigno Alves Macedo de Oliveira nasceu em Maceió, AL, em 8 de julho de 1963. Gradua-se em Comunicação/Rádio, Cinema e TV pela Universidade de Brasília (UnB), com especialização em fotografiapela própria universidade. Inicia sua carreira profissional em 1989 como câmera da campanha presidencial do Dr. Ulisses Guimarães e Luis Inácio Lula da Silva. É diretor de fotografia e câmera em comerciais para TV e cinema produzidos em Brasília, para clientes do porte da VASP, Ministério da Saúde, Ministério do Esporte, Pão de Açúcar, Banco do Brasil, entre outros. Em 1990 é primeiro assistente de câmera no longa *Uma Escola Atrapalhada*, de Antonio Rangel, com os Trapalhões. Estreia no cinema como dir.etor de fotografiaem 1995 no curta 'Aporo'. diretor de fotografia e câmera em vídeos produzidos em Brasília, curtas-metragens e videoclipes, em 16mm e 35 mm, programas institucionais e vídeos de treinamento da Rede de Hospitais Sarah, documentários para VASP, em viagem a Cuba e Aruba e em documentário para alunos da UnB, em viagem ao Líbano, com produção da Radiobrás. Desde 2009 é diretor de fotografia e câmera do Núcleo de Vídeos Especiais da TV Câmara, em Brasília, DF.

**Filmografia:** 1995- *Aporo* (CM) (cofot. Fernando Duarte e André Luis da Cunha); *Três* (CM); 2002- *Metamorfose* (CM); 2004- *O Anjo* (CM); 2005- *Lauro-Davidson* (CM); 2006- *Borralho* (CM).

## BERARDO, ROSA

Rosa Maria Berardo nasceu em Monte Aprazível, SP, em 18 de dezembro de 1961. Forma-se em Comunicação Social pela Universidade Federal de Goiás (1985), mestrado em artes pela USP-SP (1990), mestrado em Cinema et Audiovisuel – Université de Paris III, Sorbonne-Nouvelle (1993), doutorado em Cinema et Audiovisuel – Université de Paris III, Sorbonne-Nouvelle (2000), pós-doutorado pela Université Du Québec à Montreal. Em 1990 inicia o projeto de ensino de vídeo nas aldeias Kamaiura e Iawalapiti junto com Ianacula Kamaiura e juntos realizam o primeiro vídeo do projeto, sobre a fabricaçãoo da cerâmica Waura. O projeto tem com objetivo realizar uma série de vídeos, dirigidos e roteirizados pelos índios do Xingu sobre sua cultura, mas não pode prosseguir por falta de financiamento. Nesse mesmo ano dirige seu primeiro curta, *André Louco*, na bitola 35mm. Em 1998 realiza um vídeo-documentário-educativo sobre o Pantanal matogrossense. Em 2000 realiza o vídeo *Xingu.com.br*, em que utiliza a internet para mostrar a aculturação e dizimação indígena no Brasil. Em 2002 Rosa Berardo cria a Primeira Escola de Cinema do Estado de Goiás, que chamada *Skopos*. Em julho de 2007 é homenageada com a mais alta condecoração do Estado de Goiás na área de cultura: a *Comenda Anhanguera*, entregue pelas mãos do governador do Estado, Alcides Rodrigues, na cidade de Goiás. Em 2008 organiza, junto a Embaixada do Canadá e do Ministério da Cultura, a vinda de Manon Barbeau e dois cineastas indígenas do Canadá ao Brasil , para visita ao Parque Nacional do Xingu. Professora, cineasta, jornalista e fotógrafa, Rosa viaja por vários países do mundo, desde a Ásia à Antártida e fotografa ainda regiões como a Amazônia, Pantanal e o folclore no Centro Oeste Brasileiro. Atualmente é professora Associada 1 da Universidade Federal de Goiás. Tem experiência na área de audiovisual, cinema e fotografia, com ênfase em linguagem cinematográfica, análise fílmica e representação da alteridade, atuando principalmente nos seguintes temas: fotografia, cinema e educação, cultura indígena e negra, práticas cinematográficas e estudos culturais.

**Filmografia:** 1990- *André Louco* (CM) (dir.); 2000- *Xingu.com.br*; 2006- *Entre Afeições e Afetos* (MM); 2007- *A Religiosidade e a Construção da Identidade em Goiás* (MM); *Cerrado: Quanto Custa* (CM); *Hibridações Culturais nas Religiões Afro-Brasileiras* (MM); 2008- *Abá* (MM); *Hip-Hop em Goiás*; 2009- *Romaria do Vão do Moleque* (CM); 2010- *Matisse* (MM); *Técnicas de Preparação de Telas* (MM); *Pinturas Abstratas* (MM)

## BITTENCOURT, IVAN

Ivan Luis de Castro Bittencourt nasceu em Ponta Grossa, PR, em 9 de dezembro de 1960. Forma-se em publicidade e propaganda na Universidade Federal do Paraná (UFPR), com especialidade em cinema na Escola Internacional de Cinema e Televisão de San Antonio de Los Banhos, Cuba. Em 1979 inicia sua carreira profissional como câmera da TV Paranaense. No mesmo ano assina a fotografia de seu primeiro filme, o curta *Fandango*, de Valêncio Xavier. A partir dos anos 1980 passa a dedicar-se ao cinema publicitário, em filmes institucionais, comerciais e campanhas políticas.

**Filmografia:** 1979- *Fandango* (CM); *Congada da Lapa* (CM); *Festa de Reis* (CM); *Fantasma do Boqueirão* (CM); *Lobisomens* (CM); *Exorcismo* (CM); 1980- *Menonitas* (CM); *Camerata Antiqua* (CM); 1982- *Cabedal* (CM) (cofot. Pedro Merege Filho); *Nunca Mais* (CM); *A Barca* (CM); *Comunidades Urbanas* (CM); *Mostra da Gravura Poty* (CM); *O Cru e o Cozido* (CM) (cofot. Cleumo Segond); 1983- *O Corvo* (CM); *Torre do Silêncio* (CM); 1984- *Virago e a Serpente* (CM);

## BITTENCOURT, MELISSANDRO

Nasceu em Porto Alegre, RS, em 1º de julho de 1969. Fotógrafo gaúcho da nova geração. Estreia em 2001 no curta *Bah!*, de Gustavo Brandau e Fabrício Barros. Melissadro também tem destacada atuação na fotografia de videoclipes.

**Filmografia:** 2001- *Bah!* (CM); 2004- *O Encontro* (CM); 2005- *Café da Tarde* (CM); 2008- *Arroba*; *Manhã Transfigurada* (cofot. Fernando Vanelli); 2009- *Porto dos Mortos*

## BOCA, JORGE HENRIQUE

Jorge Luiz de Freitas Henrique nasceu em Encruzilhada do Sul, RS, em 29 de outubro de 1956. Inicia sua carreira como cinegrafista na RBS TV em 1979 e depois nas produtoras Focal, Árvore Propaganda e Pró-vídeo. Desde 1988 é diretor de fotografia *free lance* em filmes de curta, média e longa-metragem, comerciais, clipes musicais, documentários, programas especiais para televisão e audiovisuais para empresas. Estreia como diretor de fotografia em 1997 no curta *Nós*, de Fabiano Souza. Diretor de fotografia de quatro episódios da Série *Sul sem Fronteiras*, dirigidos por Ângela Pires, produzidos pela Zepelin e exibidos pela TVE–RS.

**Filmografia:** 1997- *Nós* (CM); 1998- *Um Dia no Mercado* (CM); 2001- *A Importância do Currículo na Carreira Artística* (CM) (cofot. Alex Sernambi); *Contos de Inverno* (cofot. Alex Sernambi); 2002- *Melancia, Coco Verde* (CM); *O Bochecha* (CM); 2003- *A Domicílio* (CM); *Encontros pela Internet* (CM); *Mãe Monstro* (CM); 2004- *Messalina* (CM); *Resgatando Sacramento* (CM); 2005- *Mendoza* (CM); *Nossa Senhora do Caravaggio*; 2006- *Sete Pecados* (MM); 2007- *Cultura* (CM); *O Padeiro e as Revoluções* (CM); 2008- *Arroba* (MM); *Perambulantes: A Vida do Povo em Acuab em Porto Alegre; Tango, Uma Paixão (Tango em Porto Alegre)*; 2009- *Coberta da Alma* (CM); *No Balanço* (CM); *Stress* (CM); 2010- *Espia Só* (CM); *Harmatia*.

## BODANZKY, JORGE

Jorge Roberto Bodanzky nasceu em São Paulo, SP, em 22 de dezembro de 1942. Nos anos 1960 se interessa por cinema ao manter contato com Paulo Emílio Salles Gomes, Jean-Claude Bernardet, Nelson Pereira dos Santos, etc. Logo começa a trabalhar com,o fotógrafo da revista *Realidade*. Em 1968 estreia no cinema, como fotógrafo, no filme *Hitler Terceiro Mundo*, de José Agripino de Paula. Estreia na direção em 1971 no média *Caminhos de Valderez* e em 1974 dirige seu primeiro longa, *Iracema – Uma Transa Amazônia*, em parceria com Orlando Senna. A partir de então alterna sua carreira entre Brasil e Alemanha, país a qual fotografa dezenas de documentários, quase todos com alguma ligação com a cultura brasileira como também quase sempre em parceria com o diretor e fotógrafo alemão Wolf Gauer. Seus filmes procuram retratar a realidade dos problemas da população amazônica, suas possibilidades ecológicas, a igreja em sua opção pelos pobres, etc. Seu último filme é um documentário dividido em dez episódios que se chama *Pele Verde*. Cada episódio, filmado pelos habitantes locais, conta a vida e a cultura de comunidades das unidades de conservação florestal no Amazonas. É pai da também cineasta Laís Bodanzky.

**Filmografia:** 1968- *Hitler Terceiro Mundo* (fot.); 1968/69- *Embu* (CM) (fot.); 1969- *O Balcão* (CM) (fot.); *Ensino Vocacional* (CM) (fot.); *Gamal, o Delírio do Sexo* (fot.); *O Profeta da Fome* (fot.); 1969/73- *Compasso de Espera* (fot.); 1970- *Em cada Coração um Punhal* (episódios: *Clepsusana* e *O Filho da Televisão*) (fot.); *Visão de Juazeiro* (CM) (fot.); 1971- *Almir Mavignier* (Alemanha) (CM) (fot.); *Bexiga, Ano Zero* (fot.); *Caminhos de Valderez* (MM) (dir., fot.) (codir. Hermano Penna); *Eterna Esperança* (CM) (fot.); *Museu de Arte de São Paulo* (CM) (fot.); *O Pecado de Marta* (CM) (fot.); 1971/77- *O Dia Marcado* (CM) (fot.); 1972- *A Semana de Arte Moderna* (CM) (dir.); *De Raízes e Rezas entre Outros* (MM) (fot.) (cofot. Thomaz Farkas e Affonso Beato); *Di, Um Personagem da Vida* (CM) (fot.) (cofot. Giorgio Attili e Renato Neumann); *Feira da Banana* (fot.) (cofot. Thomaz Farkas e Guido Araújo); *O Homem que Descobriu o Nu Invisível* (fot.); *Semana de 22* (CM) (fot.); 1973- *Nossa Gente Além do Trópico* (CM) (cofot. Giorgio Attili); *O Fabuloso Fittipaldi* (fot.) (cofot. José Medeiros); *O Pica-Pau Amarelo* (fot.) (cofot. João Carlos Horta); 1974- *Emigrantes Alemães na Jamaica (Deutsche Auswanduer Auf Jamaika)* (CM) (Brasil/Alemanha) (dir., fot.) (codir. e cofot. Wolf Gauer); *Folias do Divino* (MM) (fot.) (cofot. Hermano Penna e Ricardo Stein); *Iracema – Uma Transa Amazônica* (Brasil/Alemanha/ França) (dir., fot.) (codir. Orlando Senna); *O Aluno de Comportamento Problemático (Der Verhaltensgestörte Schüler)* (Alemanha) (fot.); *Operários na Alemanha e no Brasil (Industrialerarbeiter In Deutschland)* (CM) (Brasil/Alemanha) (dir., fot.) (codir. P.Braune e Wolf Gauer); *Perdidos na Bienal com Destino ao Guarujá* (CM) (fot.); 1975- *Escola (Schule)* (CM) (fot.); 1976- *Aprender e Deixar Aprender (Lernen Und Lernen Lassen)* (Alemanha) (CM) (fot.); *Progresso ou Desenvolvimento? (Fortschritt Oder Entwicklung?)* (Alemanha) (CM) (fot.); 1977- *Gitirana* (dir., fot.) (codir.. Orlando Senna); 1978- *Jari* (MM) (dir., fot.) (codir.. Wolf Gauer); *Os Mucker* (Jacobine); (Brasil/Alemanha) (dir., fot.) (codir.. Wolf Gauer); 1980- *Projeto Carajás* (CM) (dir., fot.) (cofot..Pedro Farkas); *Terceiro Milênio (Drittes Jahrtausend)* (Brasil/Alemanha) (dir., fot.) (codir. Wolf Gauer); 1984- *Tiros sobre Santos Dias (Schüsse Auf Santo Dias)* (Alemanha) (CM) (fot.); 1985- *Mais Difícil, Só Voar (Nur Fliegen Ist Schwerer)* (Alemanha) (fot.); 1986- *Igreja dos Oprimidos* (dir.); *Sonhando Com a Sorte na Selva (Der Traum Vom Glük Im Urwald)* (Brasil/Alemanha) (CM) (fot.); *Sonhando Com Um Pedaço de Terra Próprio (Der Traum Von Einem Eigenen Stück Land)* (Alemanha/ Brasil) (CM) (fot.); 1989- *Orí* (MM) (fot.) (cofot. Adrian Cooper, Chico Botelho, Cláudio Kahns, Hermano Penna, Pedro Farkas, Raquel Gerber e Waldemar Tomas); *Os Povos da Floresta (Die Männer Aus Den Wäldern)* (Alemanha/Brasil) (CM) (fot.); 1991- *Contatos Mortais – A Luta Pela Sobrevivência (Tödliche Kontakte – Überlebenskampf Am Amazonas)* (Alemanha/Brasil) (CM) (fot.); 1992- *Chamam-nos de Escravos Brancos (Sie Nennen Uns Weiße Sklaven* (Alemanha/Brasil) (CM) (fot.); 1992/93- *América Latina, O Continente Desenraizado (Lateinamerika, Der Entwurzelte Kontinent)* (Alemanha/Brasil) (MM) (fot.); 1994- *O Milagre de Ronda Alta (Das Wunder Von Ronda Alta)* (Alemanha/Brasil) (CM) (fot.); 1994/95- *O Outro Brasil (Das Andere Brasilien)* (MM) (fot.); 1999- *Os Katukina, Povo do Tigre) (Die Katutina, Volk Der Panther)* (Alemanha/Brasil) (MM) (fot.); 2000- *Os Waiãpi, Povo da Floresta) (Die Waiäpi, Volk Des Dshungels)* (Alemanha/Brasil) (MM) (fot.); 2002- *Sobrevivência no Inferno Verde (Überleben in Der Grünen Hölle)* (Alemanha/Brasil) (MM) (fot.); 2005- *A Margem do Concreto* (fot.); *Os Zuruahá* (Alemanha/Brasil) (MM) (fot.); 2009-*Pele Verde* (MM) (dir.).

## BOGADO, FAUSTO

Victor Carballo é um diretor de fotografia ligado ao produtor e diretor paulista Juan Bajon, que desenvolve sua carreira toda na Boca do Lixo de São Paulo, principalmente entre 1984 e 1988, em filmes de sexo explícito com animais, gênero que especializa-se. Seu primeiro filme é *Sexo dos Anormais*, direção de Alfredo Sternheim e o último registrado *Um Homem, Uma Mulher, Um Cavalo* (1988), dirigido por Bajon. Com o fim do gênero, afasta-se do cinema.

**Filmografia:** 1984- *Sexo dos Anormais*; 1985- *Sexo Livre; Borboletas e Garanhões; Sexo a Cavalo; Sexo Com Chantily; Sexo de Todas as Formas; Colegiais em Sexo Coletivo*; 1986- *Sexo em Festa; Loucas Por Cavalos; Meu Marido, Meu Cavalo; Seduzida Por Um Cavalo; A Garota do Cavalo; A Colegial Sacana*; 1988- *Bonecas do Amor; Gatinhas às Suas Ordens; Um Homem, Uma Mulher, Um Cavalo*.

## BONFIOLI, IGINO

Nasceu em Negrar, Itália, em 11 de dezembro de 1886. Pioneiro do cinema de Minas Gerais, chega ao Brasil em 1897, com 11 anos para morar em São Paulo e em 1904 muda-se para Belo Horizonte. Na capital mineira instala a Foto Bonfioli para consertos de aparelhos fotográficos, copiagem e revelação de filmes, mas ainda de forma rudimentar. Por sugestão de seu padrinho de casamento Aristides Junqueira, começa a filmar em 1919. A partir de então foram dezenas de documentários. Seu primeiro longa é *Canção da Primavera*, de 1923. Filma até 1957, quando passa a dedicar-se somente a fotografia. Segundo José Tavares de Barros, *Apesar da precariedade da infraestrutura técnica e da necessidade de serem construídos os próprios instrumentos de trabalho, foi possível aquilatar a admirável capacidade artesanal e a criatividade de Bonfioli*. Morre em 23 de maio de 1965, aos 78 anos de idade.

**Filmografia:** (direção e fotografia): 1919- *Enterrado Vivo*; 1920- *Bordados a Máquinas da Singer; Aspectos do Match entre o América e o Atlético e o Enterramento do Jejuador Michelin; Visita do Rei Alberto da Bélgica*; 1921- *Chegada de Arthur Bernardes a Belo Horizonte ; Café, Açúcar e Madeira, Seu Cultivo e Sua Evolução no Brasil*; 1923- *Aqui e Acolá em Terra Mineira; Canção da Primavera* (LM) (codir. Cyprien Segur); 1924- *Posse do Presidente do Estado de Minas Gerais; Prolongamento da Estrada de Ferro do Oeste de Minas; O Carnaval de 1924; Febre Amarela; Funerais do Presidente do Estado de Minas Gerais, Dr. Raul Soares de Moura em 6 de agosto de 1924*; 1925- *Viagem Presidencial à Diamantina; As Obras Colossais da Companhia da Eletricidade em Rio das Pedras; Minas Antiga – Aleijadinho; Inconfidência Mineira; Inauguração da Pampulha; Homenagem do Primeiro Batalhão da Força Pública ao Presidente Melo Viana; Minas Antiga* (LM); *Excursão Presidencial à Serra do Cipó*; 1926- *Washington Luis/Melo Viana; Visita do Presidente Washington Luis a Sabará; Inauguração do Isolado de Belo Horizonte; Carnaval de Belo Horizonte*; 1927- *Sétima Exposição Nacional de Animais e Produtos Diversos – Feira Permanente de Animais; Feira Permanente de Amostras*; 1928- *Entre as Montanhas de Minas* (LM) (dir.); *O Corso Infantil da Praça da Liberdade; Congresso Catequístico; Exposição Pecuária Mineira; Minas de Morro Velho*; 1929- *Grande Manifestação das Classes Produtoras do Estado de Minas ao Presidente Antonio Carlos*; 1930- *Solenidades Oficiais de 1930; Casa Lunardi; Tormenta* (fot.); 1932- *Homenagens aos Soldados Mortos na Revolução de 1932 Pertencentes à Força Pública de Minas Geraes; Companhia Fiação e Tecelagem Cedro Cachoeira; Feira Industrial e Agrícola de Minas Gerais*; 1933- *Posse do Governador de Minas Gerais; Bodas de Ouro do Casal Benjamin Ferreira Guimarães*; 1934- *Posse de Benedito Valadares no Governo de Minas*; 1935- *21 de Abril de 1935; Usina Municipal de São João Del Rei; O Carnaval de 1935 em Belo Horizonte*; 1937- *Usina Gorceix; Cidade: Pitangui; Publicidade: Produtos Cacique; Quinze de Novembro em Belo Horizonte*; 1938- *Visita da Missão Argentina à Minas Gerais; Viagem do Presidente da República à Minas; Parada dos Cadetes da Escola Militar em Belo Horizonte; Oitava Exposição Nacional de Artigos e Produtos Derivados*; 1939- *Visita de Benedito Valadares a Montes Claros; Desfile Militar*; 1942- *Visite de Son Altesse Royale Le Prince Jean de Luxembourg au Brésil; Visita de Benedito Valadares a Juiz de Fora; Conselheiro Lafayette*; 1943- *Antenas do Brasil (Inauguração da Rádio Guarani; Comemoração do Aniversário do Dr. Júlio Mourão Guimarães, Diretor da Mina de Passagem, 29 de Junho de 1943; Inauguração – Missa Campal; Fazenda do Doutor Benedicto Valadares em Pará de Minas*; 1944- *Bodas de Diamante do Casal Benjamin Ferreira Guimarães em 26 de Janeiro de 1944*; 1945- *Vistas de Belo Horizonte – Visita de Getúlio Vargas à Belo Horizonte; Visita de Benedito Valadares ao Sul de Minas; Visita de Benedito Valadares a Juiz de Fora; Lançamento da Candidatura Cristiano Machado; Sétimo Campeonato Brasileiro Juvenil de Natação de Niterói*; 1946- *Centenário da Paróquia de Pará de Minas*; 1947- *Eclipse do Sol Observado em Belo Horizonte em 20 de Maio de 1947*; 1950- *Lançamento da candidatura Juscelino Kubitschek – Governador*; 1951- *Posse de Juscelino Kubitschek no Governo de Minas Gerais*; 1954- *Água Limpa; Geografia Infantil*; 1956- *Zé Pindora*; 1957- *Aveia Quaker*.

## BONISSON, MARCOS

Nasceu no Rio de Janeiro, RJ, em 1958. Artista visual, fotógrafo e *videomaker*. Estuda Artes Visuais na escola do Parque Lage, entre 1977 e 1981, sob a orientação de Rubens Gerchmann. Participa no final dos anos 1970 com intervenções urbanas no projeto *Program in Progress*, organizados pelo artista Hélio Oiticica. Em 1978 fotografa o curta *Horror Palace Hotel*, direção de Jairo Ferreira, em parceria com Nélio Ferreira Lima, documentário totalmente experimental realizado em Super-8 durante a mostra *O Horror Nacional*, no 11º Festival de Brasília do Cinema Brasileiro. Mora dez anos em Nova Iorque, onde trabalha em laboratórios fotográficos e na Agência Magnum no setor de arquivo e duplicação. De volta ao Brasil expõem seus trabalhos em galerias e espaços culturais. Participa da comissão de indicação do Prêmio Nacional de fotografia, concedido pela Funarte nos anos de 1997 e 1998, além de ser curador da galeria L.G.C Arte Hoje, de 1998 a 2001. Em 2003, novamente com Nélio Ferreira Lima, assina a fotografa do último filme de Rogério Sganzerla, *Signo do Caos*. Tem seu trabalho representado pela Galeria Artur Fidalgo na cidade do Rio de Janeiro.

**Filmografia:** 1978- *Horror Palace Hotel* (CM) (cofot. Nélio Ferreira Lima) 1986- *H.O.N.Y.* (dir., fot.); 2003- *O Signo do Caos* (cofot. Nélio Ferreira Lima).

## BORGES, HENRIQUE

José Henrique Borges nasceu em Manhuaçu, MG, em 1943. Em São Paulo a partir dos anos 1960, e, desde criança apaixonado por cinema, logo começa a frequentar a Boca do Lixo paulistana. Em 1966 integra a equipe de contrarregras de Ary Fernandes para a série *Águias de Fogo* e no ano seguinte faz uma ponta como ator no episódio *O Acordo*, direção de Ozualdo Candeias para o longa *Trilogia do Terror*. Em 1969 é assistente de som no filme *Meu Nome é Tonho*, do mesmo Candeias e em 1970 já é assistente de câmera em *A Ilha dos Paqueras*, de Fauzi Mansur. Em 1972 estreia como fotógrafo no filme *As Mulheres do Sexo Violento*, direção de Francisco Cavalcanti, a quem acaba se ligando profissionalmente. Em 1978 é convidado por Alberto Rocco para codirigir *Igrejinha da Serra*. Dirigiria mais três filmes, mas dedica-se mesmo à fotografia, principalmente em produções baratas da Boca nos anos 1970/1980. Seu último filme registrado é *No Eixo da Morte*, de 1997, produção e direção de Afonso Brazza, a partir do qual abandona o cinema.

**Filmografia:** 1972/1976- *As Mulheres do Sexo Violento*; 1974- *O Poderoso Machão*; 1975- *Bonecas Diabólicas; Pesadelo Sexual de um Virgem*; 1976- *Socorro! Eu não Quero Morrer Virgem*; 1977- *Será que Ela Aguenta?*; 1978- *Os Depravados; Os Violentadores; Terapia do Sexo*; 1979- *A Dama do Sexo; Igrejinha da Serra* (dir.) (codir. Alberto Rocco); *Liberdade Sexual; Massacre em Caxias; O Erótico Virgem*; 1980- *Meu Primeiro Amante; O Doador Sexual* (dir., fot.); *O Último Cão de Guerra; Tailenders: Com o Rabo Ardente* (cofot. Custódio Gomes); *Tortura Cruel*; 1981- *As Amantes de Helen; Condenadas Por Um Desejo; Sexo e Violência no Vale do Inferno* (cofot. Eliseo Fernandes); *Suzy...Sexo Ardente*; 1982/1985- *Neurose Sexual*; 1983- *Corrupção de Menores; O Início do Sexo*; 1984- *Bacanal na Ilha da Fantasia; Meninas de Programa; O Tônico do Sexo; O Viciado em C...; Prostituídas pelo Vício*; 1985- *A Mansão do Sexo Explícito* (dir.); *A Noite das Penetrações* (cofot. Custódio Gomes); *Aids: Furor do Sexo Explícito; As Ninfetas do Sexo Ardente; Estou Com Aids; Não Mexe que Eu Gozo!; O Mago do Sexo; Obscenidade Total; Os Lobos do Sexo Explícito; Tesão, Ninfetas Deliciosas; Venha Brincar Comigo; Viagem Além do Prazer*; 1986- *A Mulher do Próximo; Meu Cachorro, A Tara do Touro; Aberrações Sexuais de Um Cachorro; Aguenta Tesão (Etesão, Quanto Mais Sexo Melhor); Boca Quente – Quando a Boca Engole Tudo; Devassidão Total; Euforia Sexual; Meu Amante; Quatro Noivas Para Sete Orgasmos* (cofot. Custódio Gomes); *Sexo Cruzado; Troca-Troca do Prazer*; 1987- *Eu Matei o Rei da Boca; Karma – Enigma do Medo; Masculino...Até Certo Ponto; Minha Égua Favorita*; 1988- *A Cama Cor-de-Rosa* (cofot. Custódio Gomes); *Calibre 12; Cio dos Amantes; Lolita a Mulher Fatal* (cofot. Custódio Gomes); *O Preço da Fama* (dir., fot.); 1989- *As Tesudas*; 1990- *A Rota do Brilho; Hospedaria Tieta; Lambacetada* (cofot. Salvador Amaral); *O Gato de Botas Extraterrestre*; 1991- *A Lambada do Sexo Explícito* (cofot. Custódio Gomes); *Alucinações Sexuais de um Macaco; Lambada Erótica 2*: 1993- *Inferno no Gama*; 1997- *Homens Sem Terra; No Eixo da Morte* (cofot. Afonso Brazza).

## BOTELHO, ALBERTO

Alberto Mâncio Botelho nasceu no Rio de Janeiro, RJ, em 1885. Pioneiro do cinema brasileiro, foi um dos primeiros a filmar em escala no Brasil. No começo do século 20 trabalha como repórter em *A Gazeta de Notícias, O Malho, A Careta, Revista da Semana*, etc. A partir de 1908 associa-se ao exibidor Francisco Serrador e começa a filmar sem parar, principalmente documentários sobre aspectos diversos do Brasil. Seu primeiro longa é *O Crime da Mala*, de 1909, filme que retrata o famoso crime ocorrido em São Paulo. Entre 1908 e 1956, são centenas de filmes, em sua maioria curtas de três a dez minutos. Alberto Botelho detém a maior filmografia individual do cinema brasileiro, mas, infelizmente, 97% dos seus filmes estão perdidos. É irmão do produtor, parceiro e ocasionalmente diretor Paulino Botelho. Aposentado, morre em 1973, aos 88 anos de idade. Os registros dos seus filmes na base de dados da Cinemateca Brasileira, em sua maioria aparecem os créditos como *operador*, que equivaleria ao cinegrafista ou o fotógrafo de hoje e assim os considerei, mas é provável que ele também tenha dirigido todos esses filmes.

**Filmografia:** (parcial): 1908-*Atualidades em São Paulo* (fot.); *O Crime da Mala* (fot.) (cofot. G.Sarracino); *Os Funerais do Coronel Melo Oliveira* (fot.); *A Visita do Doutor Afonso Pena a São Paulo* (fot.); 1909- *Circuito de São Gonçalo* (fot.); *Cristino e La Comare* (fot.); *Exéquias do Doutor Afonso Pena* (fot.); *Festa de São Norberto em Pirapora* (fot.); *Festa Esportiva no Parque Antártica (ou Festa no Parque Antártica ou Festival no Parque Antártica)* (fot.); *Os Funerais dos Estudantes* (fot.); *Grande Parada do Prado da Mooca* (fot.); *Incêndio no Clube Germânia* (fot.); *As Inundações em Diversas Ruas de São Paulo* (fot.); *Posse de Nilo Peçanha* (fot.); *A Princesa dos Dólares* (fot.); *A Serra de Santos* (cofot. Paulino Botelho); *Torna a Sorrento* (fot.); *Tosca* (fot.); *Tui-Tui-Tui-Tui-Zi-Zi-Zi* (fot.); *Visita do Conselheiro Ruy Barbosa à Faculdade de Direito* (fot.); *Vistas do Primeiro Prédio de Cimento Armado de São Paulo* (fot.); *Café de Puerto Rico* (fot.); *Cavalleria Rusticana* (fot.); *Chateaux Margaux* (fot.); *La Chicanera* (fot.); *Chiribiribi* (fot.); *Circuito de São Gonçalo* (fot.); *Crispino e La Comare* (fot.); *Duo da Africana* (fot.); *Duo da Mascote* (fot.); *Duo de Amor* (fot.); *Duo de Los Paraguas* (fot.); *Duo de Los Patos* (fot.); *La Educanda di Sorrento* (fot.); *Guitarrico* (fot.); *Passeata dos Batalhões Infantis dos Grupos Escolares de São Paulo em 7 de setembro* (fot.); *O Passeio de Pepa* (fot.); *Las Sapatillas* (fot.); 1910- *Paz e Amor* (LM) (fot.); *Dançarina Descalça* (fot.); *L'airoso, (I Pagliacci)* (fot.); *Amor Ti Vieta* (fot.); *Canción Andaluza (Do Duo da Africana)* (fot.); *Carezze e Baci* (fot.); *Carnaval de São Paulo em 1910* (fot.); *Che Gelida Manina* (fot.); *Dei Miei Collenti Spiriti* (fot.); *Di Quella Pira* (fot.); *La Donna é Mobile* (fot.); *E Lucevan Le Stelle* (fot.); Fedora (fot.); *L'amore é Comme Zuccaro* (fot.); *Los Baturros* (fot.); *Los Boêmios* (fot.); *Logo Cedo* (fot.); *Longe da Lei* (fot.); *Manifestação ao Eminentíssimo Cardeal Arcoverde, Arcebispos e Bispos do Sul do Brasil* (fot.); *Marcha Patriótica* (fot.); *Melodia Napolitana* (fot.); *Os Milagres de Nossa Senhora da Penha* (fot.); *O Novo Governo: Posse do Marechal Hermes* (fot.); *O Sole Mio* (fot.); *A Posse do Marechal Hermes* (fot.); *Questa o Quello* (fot.); *A Regata Organizada pelo Clube de Icaraí* (fot.); *A Saída da nossa Matinê de Domingo, 12 de junho* (fot.); *La Salida de Roberto* (fot.); *Salve Dimora, Casta e Pura* (fot.); *Si Fossi*...(fot.); *Sphinx* (fot.); *A Tempestade* (fot.); *Tomba Degl'avi Miei* (fot.); *Viagem Presidencial ao Estado do Espírito Santo* (fot.); 1911- *Caçada no Rio das Cinzas* (fot.); *O Conde de Luxemburgo* (fot.); *Campeonato do Rio de Janeiro – Regata Realizada em 13 de agosto na Enseada de Botafogo* (fot.) (cofot. Paulino Botelho); *Carnaval no Rio em 1911* (fot.); *Concurso de Aviação: o Voo de Plauchut* (fot.) (cofot. Paulino Botelho); *Inauguração do Novo Material do Corpo de Bombeiros de São Paulo* (fot.); *Match Internacional A.A.Palmeiras Versus Botafogo C.A.* (fot.); *Parada de 11 de junho no Rio de Janeiro* (fot.); *Primeira Regata de 1911 na Praia de Botafogo* (fot.); *Primeiras Jupes-Culottes em São Paulo* (fot.); *Os Primeiros Voos em Aeroplano no Brasil* (fot.); *Rio de Janeiro* (fot.); *Os Voos de Ruggerone no Prado da Mooca* (fot.); *1912-Barão do Rio Branco: a Nação em Luto: os Funerais* (fot.); *A Comemoração da Festa da Bandeira de São Paulo* (cofot. Paulino Botelho); *Parada Militar em 15 de novembro no Rio* (fot.); *1913-Carnaval do Rio em 1913* (fot.) (cofot. Paulino Botelho); *A Estação Hidromineral de Cambuquira* (fot.); *Festejos em Homenagem ao Dr. Lauro Muller* (fot.); *Festival em Benefício das Vítimas do Guarani na Praça da República* (fot.); *A Grande Ressaca de Oito de Março e Seus Efeitos no Rio de Janeiro* (fot.) (cofot. Paulino Botelho); *Preito de Gratidão ao Dr. Pereira Passos* (fot.); *1914-Apoteose do Carnaval de 1914* (fot.) (cofot. Alfredo Musso); *Carnaval de São Paulo em 1914* (fot.); *Chegada do Doutor Santos Dumont* (fot.); *As Grandes Manobras da Esquadra Brasileira* (fot.); *Imponentes Festejos em Honra do Precursor da Aviação Santos Dumont* (fot.); *Passagem de SS.AA. o Príncipe Henrique e a Princesa Irene da Prússia* (fot.); *1915- Funerais do General Pinheiro Machado: do Senado ao Arsenal da Marinha a Bordo do Deodoro* (fot.); *O Grande Prêmio Jockey Club* (fot.); *As Grandes Festas Comemorativas do Aniversário da Independência do Brasil* (fot.); *A Itália na Guerra* (fot.); *A Morte do General Pinheiro Machado, do Morro da Graça ao Senado* (fot.); *Passeio Público* (fot.); *Piquenique Organizado pelos Estudantes de Medicina do Rio de Janeiro na Ilha do Engenho* (fot.); *1916- Chegada ao Rio do Dr. Duarte Leite, Embaixador Português* (fot.); *Cine-Film* (fot.); *A Embaixada Brasileira na Argentina* (fot.); *Exercícios da Flotilha de Submersíveis da Marinha Brasileira* (fot.); *Parada de Sete de setembro no Rio* (fot.); *1917-A Chegada da Esquadra Norte-Americana no Rio de Janeiro* (fot.); *As Grandes Manobras do Exército Brasileiro* (fot.); *Cine-Film* (fot.); *O Patriotismo da Mocidade Brasileira (As Grandes Manobras Militares de 1917)* (fot.) (cofot. Paulino Botelho); *Primeira Exposição Pecuária realizada no Rio de Janeiro* (fot.); *1918- O Castigo do Kaiser (A Vitória dos Aliados)* (fot.); *Cidade Jardim* (fot.); *A Grande Parada de 7 de setembro* (fot.); *Zero-Treze* (LM) (fot.) (cofot. Paulino Botelho); *1919- Argentinos Versus Brasileiros* (fot.); *A Aviação no Brasil* (fot.); *Alma Sertaneja* (LM) (fot.); *Campeonato Sul-Americano de Futebol, Argentinos Versus Uruguaios* (cofot. Paulino Botelho, Joaquim Machado e Cachi); *O Carnaval de 1919 em São Paulo* (cofot. Antonio Campos); *Uruguaios Versus Chilenos* (fot.); 1920- *O Guarany* (LM) (fot.); *A Grande Parada Esportiva no Stadium e a Imponente Festa Hípica no Derby Clube* (fot.) (cofot. Paulino Botelho); *A Grande Parada Militar em Honra dos Soberanos Belgas* (fot.); *O que Foi o Carnaval de 1920!* (fot.); *Viagem dos Reis da Bélgica a Teresópolis e a Petrópolis* (fot.) (cofot. Paulino Botelho); *1921-Araraquara* (fot.); *O Dia da Árvore* (fot.); *Para Ler a Sua Própria Plataforma ao Rio de Janeiro o Futuro Presidente da República Dr. Arthur Bernardes* (fot.); *A Visita do General Mangin ao Brasil* (fot.); *A Visita do Senhor Epitácio Pessoa a Ribeirão Preto* (fot.); *1922-A Apoteose Sublime da Fé – Grande Procissão Eucarística* (fot.); *O Arrasamento do Morro do Castelo* (fot.); *Chegada a São Paulo dos Navegadores do Ar Sacadura Cabral e Gago Coutinho* (fot.); *A Chegada ao Rio do Presidente da República Portuguesa* (fot.); *Chegada ao Rio e Recepção no Catete* (fot.); *Chegada do Senhor Antonio José de Almeida ao Rio de Janeiro* (fot.); *Chegada dos Aviadores Portugueses* (fot.); *Exposição Nacional* (fot.); *Grande Parada Militar do Centenário* (fot.); *A Grande Revista Naval das Esquadras Nacional e Estrangeiras na Baía do Rio de Janeiro* (fot.); *As Grandes Homenagens ao Presidente de Portugal* (fot.); *Grandes Manobras Navais* (fot.); *Inauguração do Pavilhão Italiano* (fot.); *Missa Campal em Homenagem aos Aviadores Portugueses Sacadura Cabral e Gago Coutinho* (fot.); *Procissão Eucarística do Centenário (fot.); Pugna Esportiva entre os Combinados Brasileiro e Paraguaio* (fot.); *1923- Sua Majestade, a Mais Bela* (LM) (fot.); *Brasil Grandioso* (LM) (fot.); *Carnaval de 1923 no Rio – Cantado* (fot.); *Chegada dos Intrépidos Aviadores Hilton e Martins ao Rio* (cofot. Paulino Botelho); *A Cinematografia Nacional da Botelho Filme* (cofot. Paulino Botelho); *1924- A Derrocada (A Vingança do Peão)* (LM) (fot.) (cofot. Paulino Botelho); *O Carnaval de 1924* (fot.); *Como se Faz um Jornal no Brasil* (fot.); *Deem Asas ao Brasil* (LM) (fot.); *As Curas do Professor Mozart (Os Milagres do Professor Mozart)* (fot.); *O Reinado de Adonis* (dir.); *Visita da Missão Britânica às Grandes Usinas da Cia. Eletrometalúrgica de Ribeirão Preto* (fot.); 1925- *Educar* (LM) (fot.); *A La Manière de Los Angeles* (filme inacabado) (fot.); *Ô Abre Alas* (fot.); O Carnaval Carioca de 1925 (cofot. Paulino Botelho); *O Centenário do Imperador* (fot.); *Um Dia na Escola Militar* (fot.); *A Visita do General Pershing* (fot.); *O 21 de abril em Belo Horizonte* (fot.); 1926- *A Malandrinha* (dir.); *1928- O Novo Governo Paranaense* (fot.) (cofot. Paulino Botelho); *O Novo Presidente do Paraná* (fot.) (cofot. Paulino Botelho); 1929-*Educação e Trabalho* (fot.) (cofot. Paulino Botelho); 1930- *Zeppelin no Rio* (dir.); 1934-*Bailes de Carnaval do Odeon* (fot.); 1935- *Assistência ao Estudante* (dir.); 1937-*O Descobrimento do Brasil* (LM) (fot.) (co-fot. Humberto Mauro, Manoel P.Ribeiro e Alberto Campiglia); 1944- *Uruguaios, Hóspedes do Brasil* (dir.).

## BOTELHO, CHICO

Francisco Cassiano Botelho Jr. nasceu em Santos, SP, em 1948. Em 1964 mora em São Paulo e forma-se em fotografia pela ECA-USP em 1973. Estreia no cinema em 1972, como cofotógrafo no filme *Teatro-Educação* e no mesmo ano dirige seu primeiro curta, *Gare do Infinito*, em parceria com Ella Durst, que o acompanharia em vários filmes seguintes. O primeiro longa que fotografa é *As Três Mortes de Solano*, direção de Roberto Santos em 1976. Em 1981 funda a Tatu Filmes, com seis sócios e depois a Orion. Dirige dois longas, *Janete* (1983), sobre a jovem prostituta que sofre maus-tratos em presídios, muito premiado em todo o Brasil e exterior e *Cidade Oculta* (1986), que procura recriar o universo marginal de uma cidade grande. Foi casado com a produtora Maria Ionescu, com quem teve dois filhos, Felipe (1986) e Helena (1988). Morre prematuramente em 8 de novembro de 1991, no Rio de Janeiro, aos 43 anos de idade, onde iria filmar a série para TV, *Paisagens Urbanas*, de Nelson Brissac Peixoto.

**Filmografia:** 1972- *Teatro-Educação* (cofot. Marcos Maia, Gabriel Bonduki e Ella Botelho); *Gare do Infinito* (dir., fot.) (codir. e cofot. Ella Durst); *Última Sequência* (cofot. Ella Durst); *Cinco Patamares* (dir., fot.) (codir. e cofot. Ella Durst); 1973- *Exposição de Henrique Alvin Corrêa* (dir.) (codir. de Ella Durst); *Gravuras de Alvin Corrêa* (dir.) (codir. de Ella Durst); *Sob as Pedras do Chão* (cofot. Ella Durst); *José Bonifácio e a Independência* (cofot. Ella Durst); 1974- *Corpo de Baile do Theatro Municipal de São Paulo* (dir., fot.) (codir. e cofot. Ella Durst); 1975- *Território Livre*; 1976- *As Três Mortes de Solano* (LM); *De Revolutionibus* (cofot. Ella Durst); *São João Del Rey Del Povo* (dir., fot.); 1977- *Daniel, Capanga de Deus* (LM) (cofot. Dib Lutfi); 1978- *Curumim* (LM); *Memória Viva: Caiapó; Parada 88 – Limite de Alerta*; 1978/1980- *Os Italianos no Brasil (Andiamo In'America)* (cofot. Pedro Farkas, Zetas Malzoni, Eduardo Poiano, Cristiano Maciel, Thomaz Farkas, Hugo Gama e Timo de Andrade); 1979- *Kaingang*; 1979/1981- *Estrada da Vida* (LM); 1980- *Fogo Fátuo*; 1981- *Vital Brasil e o Instituto Butantã*; 1982- *Gaviões; Aquarela de São Paulo; Mulheres da Boca; Tribunal Bertha Luz* (cofot. Zetas Malzoni e Adrian Cooper); 1982/1985- *Fala Só de Malandragem* (MM); 1983- *Hysterias* (cofot. José Roberto Eliezer); *Janete* (LM) (dir.); 1983/1985- *Nós de Valor...Nós de Fato*; 1984- *A Longa Viagem* (dir.); *O Evangelho Segundo Teotônio* (LM); 1985- *Céu Aberto* (LM); 1986- *Cidade Oculta* (LM) (dir.); *Prisão Mu-*

*lher* (LM) (episódios: *Fala Só de Malandragem* e *Nós de Valor...Nós de Fato*); 1987- *Arrepio*; *Imagem*; *Canabraba – A Necessidade de Expressão*; 1988- *Rock Paulista* (cofot. Peter Overbeck); 1989- *Orí* (MM) (cofot. Adrian Cooper, Cláudio Kahns, Hermano Penna, Jorge Bodanzky, Pedro Farkas, Raquel Gerber e Waldemar Tomas); *A Arte no Auge do Império*; *Nem Tudo que é Sonho Desmancha no Ar*; *Pós-Modernidade*; 1991- *A Cidade e o Corpo* (dir., fot.); *O Outro*; *O Inventor*; *Jogo da Memória*; *Independência*; 1992- *Jogo da Memória*; *Fronteira Carajás*.

## BOTELHO, PAULINO

Paulino Mâncio Botelho nasceu no Rio de Janeiro, RJ, em 1879. Juntamente com o irmão, Alberto Botelho, em 1905 é fotógrafo do *Gazeta de Notícias*. Com Alberto, funda a Botelho Film. Embora tenha dirigido dezenas de documentários, Paulino dedica-se mais à produção. Filma entre 1908 e 1929, fazendo inclusive fotografia para diretores importantes como Luiz de Barros, em *Perdida* (1916) e *Hei de Vencer* (1924). Morre em 1948, aos 69 anos de idade. Os registros dos seus filmes na base de dados da Cinemateca Brasileira, em sua maioria aparecem os créditos como *produtor*, ou *operador*, que equivaleria ao cinegrafista ou o fotógrafo de hoje e assim os considerei, mas é provável que ele também tenha dirigido todos esses filmes.

**Filmografia:** (parcial): 1908- *As Festas de Nossa Senhora da Penha* (fot.); 1909- *O Enterro de Afonso Pena* (fot.); *Serra de Santos* (fot.) (cofot. Alberto Botelho); 1910- *606 contra o Espiroqueta Pálido* (LM) (fot.); *A Aviação no Rio de Janeiro* (fot.); *A Revolta dos Marinheiros* (fot.); *Inauguração da Quinta da Boa Vista e da Escola Nilo Peçanha* (fot.); *O Balão Militar Pilot* (fot.); *O Couraçado Brasileiro São Paulo* (fot.); 1911- *Campeonato do Rio de Janeiro – Regata Realizada em 13 de agosto na Enseada de Botafogo* (fot.) (cofot. Alberto Botelho); *Concurso de Aviação: O Voo de Plauchut* (fot.) (cofot. Alberto Botelho); 1912- *A Comemoração da Festa da Bandeira de São Paulo* (fot.) (cofot. Alberto Botelho); *Parada Militar da Força Pública* (fot.); 1913- *A Grande Ressaca de Oito de Março e seus Efeitos no Rio de Janeiro* (fot.) (cofot. Alberto Botelho); *As Suntuosas Festas da Mi-Carême no Campo de São Cristóvão* (fot.); *Ascensão ao Corcovado* (fot.); *Carnaval do Rio em 1913* (fot.) (cofot. Alberto Botelho); *Football: os Dois Primeiros Matchs Entre Portugueses e Brasileiros* (fot.); *Manobras da Força Pública do Estado de São Paulo* (fot.); *Um Crime Sensacional (O Hediondo Crime de Paula Matos)* (LM) (fot.); 1914- *A Grande Revista Militar* (fot.); *Inauguração da Escola Naval em Batista das Neves* (fot.); *Exercícios de Barra pela Força Policial do Rio de Janeiro* (fot.); *Inauguração da Estrada de Ferro de Vassouras* (fot.); *Inauguração da Luz Elétrica na Cidade de Varginha* (fot.); 1916-*Perdida* (LM) (fot.) (cofot. João Stamato); *Vivo ou Morto* (LM) (fot.); 1917- *Entre Dois Amores* (LM) (fot.); *O Patriotismo da Mocidade Brasileira (As Grandes Manobras Militares de 1917)* (fot.) (cofot. Alberto Botelho); 1918- *A Derrocada (A Vingança do Peão)* (LM) (fot.) (cofot. Alberto Botelho); *A Parada Militar na Avenida Tiradentes* (fot.); *Zero-Treze* (LM) (fot.) (cofot. Alberto Botelho); 1919- *Campeonato Sul-Americano de Futebol, Argentinos Versus Uruguaios* (fot.) (cofot. Alberto Botelho, Joaquim Machado e Cachi); *Portos e Canais* (fot.); 1920-*Jóia Maldita* (LM) (fot.); *A Grande Parada Esportiva no Stadium e a Imponente Festa Hípica no Derby Clube* (fot.) (cofot. Alberto Botelho); *Viagem dos Reis da Bélgica a Teresópolis e a Petrópolis* (fot.) (cofot. Alberto Botelho); 1921-*O Carnaval de 1921* (fot.); 1922- *O Melhor Amigo do Homem* (fot.); 1923- *A Cinematografia Nacional da Botelho Filme* (fot.) (cofot. Alberto Botelho); *Chegada dos Intrépidos Aviadores Hilton e Martins ao Rio* (fot.) (cofot. Alberto Botelho); *Monumento ao Cristo Redentor no Corcovado* (fot.); *O Fumo* (fot.); *Revolução do Rio Grande* (fot.); 1924- *Hei de Vencer* (LM) (fot.) (cofot. Luiz de Barros); *O Reinado de Adonis* (fot.); 1925- *A Ressaca no Rio de Janeiro* (fot.); *Derby Club* (fot.); *O Brasil Desconhecido (Os Sertões de Mato Grosso)* (LM) (fot.); *O Carnaval Carioca de 1925* (cofot. Alberto Botelho); *Paulistas Versus Cariocas* (fot.); 1928- *O Novo Presidente do Paraná* (fot.) (cofot. Alberto Botelho); *O Novo Governo Paranaense* (fot.) (cofot. Alberto Botelho); 1929-*Educação e Trabalho* (cofot. Alberto Botelho).

## BOTTINO, MARCO

Inicia sua carreira como assistente de fotografia em *Os Monstros de Babaloo* (1970), de Elyseu Visconti e do documentário curto *Volpi* (1971), de Olívio Tavares de Araújo. Estreia como diretor de fotografia em 1972 no curta *O Caminho para Si Mesmo*, de Raimundo Carvalho Bandeira de Mello. Seu primeiro longa é *Amor, Carnaval e Sonhos* (1972), direção de Paulo Cesar Saraceni, profissional a quem se liga em alguns filmes seguintes como *Anchieta, José do Brasil* (1977) e *Ao Sul do meu Corpo* (1981). Seu último filme registrado é *Abrasasas* (1984), de Reinaldo Volpato, em que cofotografa com Nilson Villas-Boas. Algumas fontes anunciam sua morre em 2004, sem confirmação.

**Filmografia:** 1972- *O Caminho para si Mesmo* (CM); *Iberê Camargo – Pintor Brasileiro* (CM); *Amor, Carnaval e Sonhos*; 1973- *Encontro das Águas* (CM); 1974- *O Forte* (cofot. Julio Romiti); 1977- *Anchieta, José do Brasil*; 1982- *Ao Sul do meu Corpo* (cofot. Aluizio Raulino); 1984- *Abrasasas* (cofot. Nilson Villas-Boas).

## BRAGA, ANA LÚCIA

Formada em Comunicação Social com habilitação cinema pela Fundação Armando Álvares Penteado (FAAP), no ano de 2005, em São Paulo. Em 2008 estuda fotografia em Roma, no Centro Sperimentale di Cinematografia. Estreia como fotógrafa no curta *Alfinetes e Agulhas* (2003), de Fernanda Soares. Em 2009 é vídeo assistente no filme *Salve Geral*, de Sérgio Rezende e fotógrafa de cena em curtas e peças teatrais.

**Filmografia:** 2003- *Alfinetes e Agulhas* (CM); 2004- *Gosto não se Discute* (CM); 2005- *Um Salto no Escuro* (CM); 2006- *Versus* (CM).

## BRASIL, GIBA ASSIS

Gilberto José Pires de Assis Brasil nasceu em Porto Alegre, RS, em 5 de abril de 1957. Produtor, diretor, diretor de fotografia e montador, pertence a nova geração gaúcha de cineastas, com formação cineclubista. A partir dos anos 1980 faz experiências com Super-8 em parceria com Nelson Nadotti. Em 1981 dirige seu primeiro longa em Super-8, *Deu Pra Ti, Anos 80* e em 1982 é diretor de fotografia em *Coisa na Roda*. Fotógrafo *free lance* a partir de 1989. Nos últimos anos especializa-se e dedica-se a montagem, sendo muito requisitado a partir de então, como em *Ilha das Flores* (1989), *Deus Ex-Machina* (1995), *Tolerância* (2000), *Ó Paí, Ó* (2007), *Quase um Tango* (2009), em muitos filmes em parceria com Jorge Furtado.

**Filmografia:** 1981- *Deu Pra Ti, Anos 80* (dir.) (codir. Nelson Nadotti); 1982- *Coisa na Roda* (fot.); 1983- *Expedicion Loch Nessi* (CM) (dir.); *Interludio* (CM) (dir.) (codir. Carlos Gerbase); 1984- *Me Beija* (fot.) (cofot. Werner Schünemann e Rudi Lagemann); *Verdes Anos* (dir.) (codir. Carlos Gerbase).

## BRAINTA, MAURO SÉRGIO

Nasceu em Curitiba, PR, em 13 de agosto de 1961. Em 1982 faz curso de cinema na FEMP e na Cinemateca Paranaense. Inicia sua carreira como cinegrafista das TVs Educativa, CNT, Manchete e SBT. Toma contato com os irmãos Schumann e assina a fotografia de vários curtas experimentais dos cineastas paranaenses. Seu primeiro filme como fotógrafo é no longa *Batem os Sinos para os Jacobinos*, em 1981, sob a direção de Werner Schumann. Nos últimos anos auxilia na fotografia de vários outros filmes como *Aldeia* (2000) e *O Traste* (2001).

**Filmografia:** 1984- *Batem os Sinos para os Jacobinos*; *Olhos D'Água* (CM); 1985- *O Vampiro do Amanhecer Subdesenvolvido* (CM); *Melodia* (CM); *Anjo da Escuridão* (CM); 1986- *Erviha da Fantasia* (CM); 1987- *Escorpião* (CM); 1990- *De Banna Caro Name* (CM).

## BRANCO, MIGUEL RIO

Miguel da Silva Paranhos do Rio Branco nasceu em Las Palmas de Gran Canaria, Espanha, em 1946. Pintor, fotógrafo, cineasta e criador de instalações multimídia. Inicia sua carreira em 1964 com uma exposição em Berna, Suíça. Em 1966 estuda no New York Institute of Photography e em 1968 na Escola Superior de Desenho Industrial do Rio de Janeiro. Estreia no cinema em 1972, como diretor de fotografia do filme *Lágrima Pantera*, de Julio Bressane. Desde 1980 é correspondente da Magnum Photos. Ganha vários prêmios melhor direção de fotografia como em *Memória Viva* de Otávio Bezerra e *Abolição* de Zózimo Bulbul no Festival de Cinema do Brasil de 1988. Seu trabalho fotográfico é visto em várias exposições nos últimos 20 anos, como no Centre George Pompidou, Paris, Bienal de São Paulo, Stedelijk Museum, Amsterdam, Magnum Gallery, Paris, Kunstverein Frankfurt, in Prospect 1996, etc e publicada em diversas revistas como *Stern, National Geographic, Geo,*

*Aperture, Photo Magazine, Europeo, Paseante*, entre outras. Paralelamente, perseguindo sua fotografia pessoal, desenvolve um trabalho documental de forte carga poética.

**Filmografia:** 1972- *Lágrima Pantera*; 1973- *Chorinhos e Chorões* (CM); 1975- *Pé Direito* (CM); 1976- *Siesta y Fiesta*; 1977- *Revólver de Brinquedo*; 1978- *Trio Elétrico* (CM) (dir., fot.); 1980- *Aldeia Nova Boa Esperança* (CM); 1981- *Aqueles Que...* (CM) (dir., fot.); *Nada Levarei quando Morrer, Aqueles que mim Deve Cobrarei no Inferno* (CM) (dir., fot.); *Jardim Botânico Real Horto* (CM); *Corações a Mil*; 1987- *Memória Viva*; 1988- *Kultura Tá na Rua* (CM); *Abolição; Uma Avenida Chamada Brasil*; 1992- *Oswaldianas* (episódio: *Daisy das Almas Deste Mundo'*).

## BRASIL, EDGAR

Edgar Hauschildt nasceu em Hamburgo, Alemanha, em 1902. Filho de Cornélio de Souza Lima, fazendeiro brasileiro e da alemã Maria Hauschildt, ainda jovem começa a estudar na Escola de Belas Artes e no Instituto Nacional de Música, onde estuda desenho, pintura e violino. Depois de servir ao exército, em 1924 começa a trabalhar como tradutor no Departamento Nacional de Saúde Pública, tendo como *hobby* e fotografia. Haroldo Mauro, seu colega de repartição e irmão de Humberto Mauro, apresenta Edgar a Mauro, que o convida para fazer a fotografia de *Brasa Dormida*, em substituição a Pedro Comello. O resultado é surpreendente e Mauro logo o convida para o filme seguinte, *Sangue Mineiro*. Em 1930 Edgar faria seu mais importante filme, *Limite*, de Mário Peixoto. A partir daí é contratado pela Cinédia, onde assina a fotografia de muitos de seus filmes, além de dirigir e fotografar dezenas de documentários. Os anos 1940 têm importante passagem pela Atlântida também. Em 1952 é convidado para trabalhar na Vera Cruz, em São Paulo, nos filmes *Veneno* (1952) e *Candinho* (1954). Em seguida aceita o convite de Alberto Cavalcanti para o filme *Mulher de Verdade*. No final de dezembro de 1953 volta ao Rio de Janeiro para passar o natal com a família de Watson Macedo, de quem era muito amigo, mas, na volta a São Paulo, sofre acidente automobilístico fatal, em 4 de janeiro de 1954, vindo a falecer aos 51 anos de idade, próximo à cidade de Cruzeiro, já no Estado de São Paulo. Era o final trágico da história de um dos maiores, mais corretos e mais importantes profissionais da fotografia do cinema brasileiro.

**Filmografia:** 1928- *Brasa Dormida; Visita do Presidente Antonio Carlos a Cataguases e a Phebo Brasil Film* (CM) (dir., fot.); 1929- *Sangue Mineiro*; 1931- *Limite*; 1933- *Como se faz um Jornal Moderno; Marambaia* (CM); *Onde a Terra Acaba; A Première de Grande Hotel* (CM) (cofot. Humberto Mauro); *A Voz do Carnaval* (cofot. Afrodísio de Castro, Ramon Garcia e Victor Ciacchi); 1934- *Banquete ao Dr. Pedro Ernesto, Interventor do Distrito Federal* (CM); *Canção das Águas* (CM); *O Cardeal Pacelli no Rio* (CM) (dir., fot.); *Circuito da Gávea* (CM); *Em Defesa da Saúde* (CM); *Festa de Colégio* (CM) (dir., fot.); *Festa de Pablo Paulo Palitos* (CM); *O Mundo Lotérico* (CM); 1935- *Alô, Alô, Brasil* (cofot. Antônio Medeiros, Luiz de Barros, Afrodísio de Castro, Ramon Garcia e Fausto Muniz); *Belo Horizonte* (CM) (dir., fot.) (cofot. Afrodísio de Castro e João Stamato); *Carioca Maravilhosa* (cofot. Luiz de Barros); *Carnaval de 1935* (CM) (dir., fot.); *Comemorações da Independência* (CM); *Danças Regionais* (CM) (dir., fot.); *Encrenca Musical* (CM); *Estudantes* (cofot. Antonio Medeiros); *Muruby (Serra de Curitiba de Porto Paranaguá)* (CM); *Festa Escolar* (CM); *Jardim Botânico* (CM) (dir., fot.); *Laranjas, Culturas e Doenças* (CM); *Maracatu* (CM) (dir., fot.); *Na Aviação Naval* (CM) (dir., fot.); *Niterói* (CM) (cofot. João Stamato); *O Novo Governo de Minas* (CM); *Observatório Nacional* (CM) (dir., fot.); *Progresso do Rádio* (CM) (dir., fot.); *Santos, Brasil* (CM) (dir., fot.); *Viagem Presidencial ao Prata* (CM) (dir., fot.); *21 de Abril em Ouro Preto* (CM) (dir., fot.); 1936- *Alô, Alô, Carnaval* (cofot. Antonio Medeiros e Victor Ciacchi); *Aviação Naval* (CM); *Bonequinha de Seda; Canção de uma Saudade* (CM) (dir., fot.); *Canção Sertaneja* (CM); *Circo Dudu – Madureira* (CM) (dir., fot.); *Circuito da Gávea* (CM) (dir., fot.); *Dia da Independência* (CM); *Dia da Raça* (CM); *O Jovem Taravô* (cofot. Luiz de Barros); *Melodias de um Sonho* (CM) (dir., fot.); *R.G.Canaua* (CM) (dir., fot.); 1937- *Acrobacias de Aviação (*CM) (dir., fot.); *Correio Aéreo Naval* (CM) (dir., fot.); *Fatir* (CM) (dir., fot.); *A Mulher que Passa* (CM); *Samba da Vida; Tabuleiro da Baiana* (CM) (dir., fot.); *A Voz do Carnaval de 1937* (CM) (dir., fot.); 1938- *Futebol em Família; Grande Hotel* (CM) (cofot. Humberto Mauro); 1939- *Banana da Terra*; 1940- *O Culpado* (CM); *Céu Azul; Direito de Pecar; O Madeireiro* (CM); 1941- *Barulho na Universidade* (MM); *Entra na Farra; São João Del Rey* (CM); 1943- *É Proibido Sonhar; Moleque Tião; Tristezas não Pagam Dívidas*; 1944- *Gente Honesta; Romance de um Mordedor*; 1945- *O Gol da Vitória; Não Adianta Chorar; Vidas Solitárias*; 1946- *Fantasma por Acaso; Segura esta Mulher; Sob a Luz de meu* Bairro; 1947- *Asas do Brasil; Esse Mundo é um Pandeiro; Luz dos meus Olhos*; 1948- *É com este que Eu Vou; E o Mundo se Diverte* (cofot. Georje Jiri Dusek); *Falta Alguém*

*no Manicômio; Inconfidência Mineira; Terra Violenta*; 1949- *Também Somos Irmãos*; 1950- *Aviso aos Navegantes; Não é Nada Disso; A Sombra da Outra*; 1951- *Maior que o Ódio; Barnabé Tu És Meu* (cofot. Amleto Daissé); 1952- *Era uma Vez um Vagabundo; É Fogo na Roupa; O Rei do Samba; Veneno*; 1954- *Candinho; Mulher de Verdade*.

## BRAZZA, AFONSO

José Afonso Filho nasceu em São João do Piauí, PI, em 1945. Na sua terra natal, não perde uma sessão do Cine Amazonas, assistindo os *western spaghetti* italianos. Nessa época vê o filme *Gringo, o Último Matador* e fica fã de Tony Vieira. Resolve então mudar-se para São Paulo, onde faz de tudo um pouco até conhecer Zé do Caixão, com quem começa a trabalhar. Em 1975 estreia como ator numa ponta no filme *A Filha do Padre*, ao lado do ídolo Tony Vieira. Trabalha como ator, roteirista, editor, sonorizador, em quase 50 filmes. Nessa época Brazza conhece Claudete Joubert, então esposa de Tony Vieira e musa dos filmes de baixo orçamento da Boca do Lixo. Anos mais tarde se casaria e viveria com ela até morrer. Na década de 1980, com a derrocada do cinema da Boca, muda-se para Gama, a 30 quilômetros de Brasília, e entra para o Corpo de Bombeiros. Resolve então fazer um filme, com as economias que guardara. Em 1982 fica pronto *O Matador de Escravos*. Em seguida produz *Os Navarros* e *Santhion Nunca Morre*, filmes feitos com parcos recursos financeiros e técnicos, mas que fazem sucesso na região. Brazza costumava dizer que era *o pior cineasta do mundo'*. Não se importava com as críticas às suas produções, famosas pelos erros de continuidade e pela trama recheada de clichês, uma garantia de diversão da plateia. Tiroteios inexplicáveis e mortes postiças. Foi da combinação de imperfeições, pelo orçamento sempre apertado, que Afonso Brazza deixou sua marca. Com espírito de equipe, os colaboradores do cineasta-bombeiro pipocavam às centenas e, com amadorismo delicioso, imprimiam, acima de tudo, diversão. Até recentemente, para economizar, usava negativos velhos. Fez sete filmes assim. Tudo começou a mudar com o bom desempenho de público de *Tortura Selvagem*, lançado em agosto de 2001. O último filme concluído por Brazza, *Fuga sem destino*, tinha estreia prevista para agosto de 2003. O filme, com elenco de 600 pessoas, entre desconhecidos e ilustres como Liliane Roriz e Frank Aguiar, tem trama de ação policial: um condenado foge da prisão e volta à morada (o barco *Titanic*, no Lago Paranoá), mas não consegue se libertar da carreira ilícita. Brazza ainda deixou um filme inacabado: *Candango Jango*. Morre em 29 de julho de 2003, aos 48 anos de idade, vítima de câncer no esôfago, em Gama, cidade-satélite de Brasília.

**Filmografia:** 1982- *Matador de Escravos* (dir., fot.); 1984- *Os Navarros (Em Trevas de Pistoleiros entre Sexo e Violência)* (dir., fot.) (fot.: psd: José Afonso Filho, seu nome de batismo) ; 1991- *Santhion Nunca Morre* (dir., fot.); 1993- *Inferno no Gama* (dir.); 1994- *Gringo Não Perdoa, Mata* (dir., fot.); 1997- *No Eixo da Morte* (dir., fot.) (cofot.. Henrique Borges); 2001- *Tortura Selvagem - a Grade* (dir., fot.) (cofot. Naji Sidki); 2002- *Fuga Sem Destino* (dir., fot.); *Candango Jango* (dir., fot.) (inacabado).

## BREDA, SADIL

Sadil Pedro Breda nasceu em Rondinha, RS, em 6 de julho de 1955. É formado em ciências sociais pela Unisinos-RS. Ainda criança, entre 1964 e 1970, acompanha o pai em projeções itinerantes pelo Rio Grande do Sul. A partir de 1979 trabalha como cinegrafista e iluminador da RBS-TV e, em 1984 estreia como diretor de fotografia no longa realizado em vídeo *Overdose-Beijo Ardente*, direção de Flávia Moraes e Hélio Alvarez. Seus próximos filmes serão produzidos na bitola 16mm, como *Velinhas* (1998), direção de Gustavo Spolidoro, feito em plano sequência, *Disparos* (2000), direção de Tarcísio Puiatti, etc. Em 2002 fotografa seu primeiro filme em 35mm, o curta *Vaga-Lume*, de Gilson Vargas.

**Filmografia:** 1984- *Overdose-Beijo Ardente* (cofot..Jorge Boca e Marcos Vilanova); 1993- *Desejo* (CM) (cofot. Alceu Silveira); 1998- *Velinhas* (CM); 1999- *Fome* (CM); *Até* (MM); 2000- *Disparos* (CM); 2002- *Vaga-lume* (CM); 2005- *O Cárcere e a Rua*; 2009- *Universos Paralelos* (cofot. Wagner da Rosa e Hedson Herdmann).

## BRESCIA, LUIZ RENATO

Nasceu em Juiz de Fora, MG, em 20 de junho de 1903. Entre 1921 e 1922 estuda cinema e química fotográfica na Itália, na escola do professor Rodolfo Namias, mas depois forma-se em medicina veterinária, pois como ele mesmo declarou, não se podia viver exclusivamente de cinema na época. Dirige seu primeiro filme em 1927, *Palestra Itália de São Paulo X Industrial Mineiro de Juiz de Fora*, por encomenda de João Carriço. A partir dos anos 1940 dirige os cinejornais *Mostrando Minas ao Brasil* e *Atividades Cineminas*. Tem duas tentativas frustradas de longa-metragem: *Sambruk* (1945) e *Tronco do Ipê* (1955). Em 1957 finalmente conclui seu primeiro longa-metragem, *Nos Tempos de Tibério César*. Morre em 1988, aos 85 anos de idade.

Filmografia: 1927- *Palestra Itália de São Paulo X Industrial Mineiro de Juiz de Fora* (CM) (dir., fot.); 1945- *Cambuquira* (CM) (dir.); *Cultura do Marmelo* (CM) (dir.); *Lambari* (CM) (dir.); *Sambruk* (dir.) (inacabado); 1946- *Centenário de Pouso Alegre* (CM) (dir.); *Congado* (CM) (dir.); *Camanducaia* (CM) (dir.); *Coqueiral e seu Progresso* (CM) (dir.); 1947- *Conceição do Rio Verde* (CM) (dir.); *São Gonçalo do Sapucai* (CM) (dir.); *Fazenda de São Sebastião da Vargem* (CM) (dir.); 1957- *Nos Tempos de Tibério Cesar* (dir., fot.); 1959- *Mostrando Minas ao Brasil* (CM) (dir.); 1965/71- *Phobus, Ministro do Diabo* (dir.).

## BRUHN, ULI

Nasceu em Hamburgo, Alemanha, em 17 de outubro de 1946. Chega ao Brasil em 1953. Cursa a Escola de Comunicações e Artes da USP (ECA), com extensão na Escola Superior de Cinema São Luiz e Fundação Armando Álvares Penteado (FAAP). Desde 1973 se dedica a realização cinematográfica de cunho institucional, didático e político, tendo recebido premiação nacional neste mesmo ano com o filme *Takes*. Também assina a fotografia dos filmes *Paixão Maria* (1979), de Reinaldo Volpato, com a participação de Nelson Pereira dos Santos, *ABC da Greve* (1979-1980), de Leon Hirszman (2ª unidade), *Interior da Praia* (1984), de Cristina Prato e *Cafundó* (1987), de Joel Yamaji. Realiza trabalhos cine-jornalísticos para BBC, TVS, TV Alemã, Instituto de Biociências – USP, Senac, Banespa, Villares, Dersa, etc. É professor de fotografia e documentação do Instituto de Arte e Decoração (IADE), da FOCA – Escola de Fotografia e Primeira Galeria Fotográfica de São Paulo, Escola Paulista de Medicina e Colégio Equipe. Além de fotógrafo Uli desenpenha outras funções como diretor de som no média *Que Filme Tu Vai Fazer* (1991), de Denoy de Oliveira, levantamento de locação aérea na Amazônia e Venezuela, com a respectiva filmagem de apoio, no filme *Brincando nos Campos do Senhor* (*At Play in the Fields of the Lords*) (1991), de Hector Babenco e desenvolve o *site* para o longa *A Grande Noitada* (1997), de Denoy, com quem também trabalha no teatro, na tradução/adaptação da peça *Turandot*, de Berthold Brecht. Músico, arranjador e dançarino em grupo de música folclórica brasileira. Aluno de dança folclórica e folclore de Wilson Cavalheiro e Barbosa Lessa, realizando *tournées* pela França, Inglaterra, Alemanha, Suíça e Áustria, com apresentações em palcos e TV.

Filmografia: 1973- *Takes* (dir., fot.); 1979- *Pergunta de Amor* (CM) (fot.); 1979- *Paixão Maria* (CM) (fot.); 1984- *Interior da Praia* (CM) (fot.) (cofot.. Chico Botelho e Roberto Santos Filho); 1987- *Cafundó* (MM) (fot.).

## BURTIN, ULI

Ulrich Paul Ferdinand Burtin nasceu na Áustria, em 1940. Aos 16 anos torna-se aprendiz de fotógrafo em um estúdio de Frankfurt. Cursa Escola Superior de Cinema em Berlim e trabalha como assistente de câmera na UFA. Também estuda química e física na Universidade de Berlim, formando-se em engenharia ótica, fototécnica e cinematografia. Seu primeiro filme como fotógrafo é *Schrott* (1964), de Wolfgang Menge e *Bambute* (1965), de Ulrike Meinhof. De 1965 a 1971, assinou a fotografia de oito longas-metragens para cinema em 35 mm, cinco longas para TV em 35 e 16 mm, e três seriados para TV, filmados na Alemanha,

Áustria, Suíça, República Checa, Inglaterra e França. A partir de 1966, trabalha em vários documentários políticos e culturais na África, China, Cuba, Egito, Israel, União Soviética e Mongólia para TV Alemã e CBS/USA. Entre 1971 e 1974 fica no Rio de Janeiro para prestar assessoria técnica à montagem da TV Educativa, então enviado pela Fundação Konrad Adenauer, pertencente ao governo alemão. Em 1979 fixa-se definitivamente no Brasil e vai para a TV Globo, onde cria e administra cursos de iluminação e cinema. Paralelamente passa a fotografar e coproduzir filmes, documentários, comerciais e videoclipes, tornando-se sócio da produtora VPI, em São Paulo, onde radica-se a partir dos anos 1990. Assina a fotografia do primeiro longa de Mauro Lima, *Deus Jr.*, em 1996, tornando-se parceiro constante do diretor em seus filmes seguintes como *Meninos de Deus* (1997), *Tainá 2, a Aventura Continua* (2004) e *Meu Nome não é Johnny* (2007). Em 2001, fotografa o longa *Die Wasserfaelle*, de Peter Patzak, em coprodução Áustria/Alemanha e em 2005 integra a equipe do longa *Journey to the End of the Night*, de Eric Eason, coprodução EUA/Alemanha/Brasil. Já totalmente reconhecido tecnicamente como excepcional fotógrafo, passa a ser requisitado em importantes produções como *Lisbela e o Prisioneiro* (2003), de Guel Arraes, *Tapete Vermelho* (2005), de Luiz Alberto Pereira, *Olho de Boi* (2007), de Hermano Penna e *Salve Geral* (2009), de Sérgio Rezende e *Reflexões de um Liquidificador* (2010), de André Klotzel.

Filmografia: 1996/2000- *Deus Jr.*; 1997- *Meninos de Deus*; 1999- *Hans Staden*; 2002- *Cidades Possíveis* (CM); 2003- *Lisbela e o Prisioneiro*; 2005- *Tainá 2 – A Aventura Continua*; *Tapete Vermelho*; 2006- *Doze Horas Até o Amanhecer* (EUA/Alemanha/Brasil); 2007- *Olho de Boi*; *Meu Nome Não é Johnny*; 2008- *Elvis & Madona*; 2009- *Salve Geral*; 2010- *Reflexões de um Liquidificador*.

## BURURA, ROBERTO

Roberto Gomes de Souza Filho nasceu em Vitória, ES, em 29 de junho de 1964. Fotógrafo, produtor e diretor de rádio, TV e Cinema. Formado em comunicação na UFES e em fotografia no El Camino College, Los Angeles, Estados Unidos, com especialização em cinema e vídeo na UCLA. Trabalha como assistente de fotografia em Los Angeles e fotografa grandes nomes da música americana para revistas e fanzines. É professor da Universidade Federal do Espírito Santo nas áreas de cinema, produção de TV e fotografia além de dirigir emissoras de rádio e fotografar catálogos de moda e campanhas publicitárias. Sua filmografia é basicamente em curtas-metragens onde produz e fotografa os curtas *Escolhas* de Ana Cristina Murta e *Observador* de Alexandre Serafini e fotografa *Pour Elise* de Erly Vieira Jr. Na área de vídeo, fotografa comerciais, documentários institucionais e produz e dirige vários DVDs musicais. Atualmente é o coordenador artístico da TV Gazeta, afiliada da Rede Globo no Espírito Santo, onde dirige os Programas *Em Movimento* e *Conexão Geral*.

Filmografia: 2003- *Escolhas* (CM); 2004- *Pour Elise* (CM); 2005- *Observador* (CM); 2008- *Memórias* (CM).

## CALHADO, RAUL

Nasceu em Olímpia, SP, em 1938. Nos anos 1960, já morando em São Paulo, integra-se ao pessoal de cinema da Boca do Lixo paulistana, particularmente de José Vedovato, de quem se torna muito amigo. Estreia no cinema como câmera no curta *Os Caçadores* (1962), do Vedovato. Em 1971 produz, dirige e fotografa seu único longa, *O Macabro Dr. Scivano*, em parceria com Rosalvo Caçador e Wanderley Silva. Nos anos seguintes desempenha diversas funções, em diversos filmes produzidos na Boca, como câmera em *Tem Piranha no Garimpo* (1978), de José Vedovato, montador em *O Porão das Condenadas* (1979) e *O Filho da Prostituta* (1981), ambos de Francisco Cavalcanti, etc. Entre 1978 e 1981, fotografa diversos documentários para Edson Seretti, em obediência a lei do curta, que abriu novo mercado de trabalho para os profissionais do cinema.

**Filmografia:** 1970- *Um Domingo à Tarde* (CM) (cofot. Carlos J.Muti); 1971- *O Macabro Dr. Scivano* (dir., fot.) (codir. Rosalvo Caçador e cofot. Wanderley Silva); 1977- *O Poder do Desejo (Na Terra Onde Meu Desejo é Lei)*; 1978- *O Canto de Amor da Mãe Madeira* (CM) (fot.); 1979- *Aves Pernaltas Brasileiras* (CM) (fot.); *Ofícios Brasileiros* (CM) (fot.); *Réptil Rastejante* (CM) (fot.); *Verde é o Milagre* (CM) (dir., fot.); 1981- *Meditando* (CM) (fot.); *O Mel do Progresso* (CM) (fot.); *Senhor dos Passos* (CM).

## CAMOZZATO, BENJAMIN

Benjamin Celeste Camozato nasceu em Porto Alegre, RS, em 1895. Desenhista e fotógrafo, possuía um ateliê em Cachoeira do Sul. Dirige e fotografa dois filmes, o longa *A Revolução do Rio Grande do Sul* (1923) e *A Nave Real da Itália* (1924). É um pioneiro do cinema mudo gaúcho. Morre em 1964, aos 69 anos de idade.

**Filmografia:** 1923- *A Revolução do Rio Grande* (dir., fot.); 1924- *A Nave Real da Itália* (CM) (dir., fot.).

## CAMPE, SYLVESTRE

Sylvestre Peter Campe nasceu em Munique, Alemanha, em 1966. É conhecido no meio cinematográfico como *Alemão*. Com o pai, também cineasta, herda o gosto pelo cinema documental de aventuras, ao passar sete anos de sua adolescência num veleiro, como seu assistente, produzindo documentários. Forma-se em cinema pela Rhode Island School of Design. Mora no Brasil desde o início dos anos 1990, onde faz seu QG, mas trabalha para emissoras de vários países, realizando documentários e séries. Seu primeiro filme é o curta *Windwd Gate*, de 1988, em que assina a direção e fotografia. Especialista em filmagens em montanhas de gelo e rocha, dirige séries para canais de todo o mundo, com mais de 200 episódios realizados. É diretor de fotografia para canais de televisão europeus e americanos como Animal Planet, CBS e France 5. Para a TV Globo, produz vários documentários exibidos no programa *Globo Repórter* como *Ilha Trindade* (1994), *Os Esquimós* (1996) e *Mont Blanc* (2000). No cinema, assina a fotografia dos filmes *Extremo Sul* (2005), que recebe os prêmios Grand Prix Graz, no 17º International Mountain & Adventure Film Festival, na Áustria, e o Gran Premio Genziana D'Oro, no 53º Trento Film Festival, na Itália, *O Homem Pode Voar – A Saga de Santos Dumont* (2005), *Kalunga* (2009) e *Claude Lévi-Strauss – Auprès de l'Amazonie* (2009). Com técnica invejável, é imbatível na sua área de atuação.

**Filmografia:** 1988- *Wingwd Gate* (EUA) (CM) (dir., fot.); 1990- *Ascensão do Lhotse Shar* (MM) (Alemanha) (dir., fot.); 1994- *Ilha Trindade* (CM) (fot.); 1996- *Os Esquimós* (MM) (fot.); 2000- *Mont Blanc* (MM) (fot.); 2002- *Groslée Days* (MM) (França) (dir., fot.); 2003- *Casualties of War – Life e Death of Tim Lopes* (CM) (EUA) (dir., fot.); *Surfando a Montanha do Alaska* (MM) (dir., fot.); 2004- *Asas, um Sonho Carioca* (MM) (fot.); *Extremo Sul* (fot.) (codir. Monica Schmiedt e cofot. Reynaldo Zangrandi); 2004/2007- *O Riso* (fot.); 2005- *Destination Beauté, France 5* (MM) (fot.); *O Homem Pode Voar - A Saga de Santos Dumont* (fot.); 2006- *It Could Be Better* (MM) (Inglaterra) (fot.); *The Worlds Biggest Bank Robbery* (Inglaterra) (fot.); 2007- *Café Com Pão Manteiga Não* (fot.); *Hotxuá* (fot.); 2008- *O Outro Lado do Morro* (MM) (Suíça) (fot.); *Vale dos Esquecidos* (fot.); 2009- *Kalunga* (fot.); *Bikini Revolution* (Alemanha/França/Brasil) (fot.); *Claude Lévi-Strauss – Auprès de l'Amazonie* (Brasil/França) (fot.); *Rumo ao NE* (MM) (dir., fot.).

## CAMPOS, ANTONIO

Antonio Romão de Souza Campos nasceu em Silvestre de Ferraz, MG, em 1877. Pioneiro do cinema paulista, muda-se para a capital em 1897, sendo o primeiro a filmar na cidade, em 1905 com uma câmera Pathé. Seu primeiro filme é *O Diabo*, de 1908. Dirige dezenas de filmes curtos e fotografa vários longas, sendo o primeiro *Inocência*, de 1915, sob a direção de Vittorio Capellaro. Seu último filme data de 1924. Não se tem conhecimento da data do seu falecimento. Os registros de seus filmes na base de dados da Cinemateca Brasileira, em sua maioria aparecem os créditos como operador, que equivaleria ao cinegrafista ou o fotógrafo de hoje e assim os considerei, mas é provável que ele também tenha dirigido todos esses filmes.

**Filmografia:** 1908- *O Diabo* (dir., fot.); 1909-*Colocação da Primeira Pedra na Matriz de Santos* (fot.); *Desembarque dos Estudantes Franceses em São Paulo* (fot.); *Desembarque e recepção dos Estudantes Franceses em Santos* (fot.); *Festas em Casa Branca* (fot.); *Funerais do Tenente-Coronel José Pedro* (fot.); *Inauguração da Herma de Cesário Mota por Ruy Barbosa* (fot.); *Inauguração do Ramal da Sorocabana em Itararé* (fot.); *Visita do Senador Ruy Barbosa a São Paulo* (fot.); 1910-*Entrada em Santos do Cruzador Português São Gabriel* (fot.); *Festival Esportivo do Clube Atlético Paulistano* (fot.); *Grande Maratona de 20 Quilômetros* (fot.); *Inauguração da Exposição de Animais no Posto Zootécnico* (fot.); *Match de Futebol entre Corinthians (da Inglaterra) e Paulistas* (fot.); *Segunda-Feira de Páscoa na Cantareira* (fot.); 1911- *Cidade de Bebedouro – Estado de São Paulo* (fot.); *Clube Atlético Paulistano, o Garden Party oferecido às Excelentíssimas Famílias em Nove de Setembro* (fot.); *Five o'clock Tea em 27 de Setembro no Velódromo* (fot.); *Match de Football contra S.C.Americano* (fot.); *Match de Football entre Palmeiras e Paulistano* (fot.); *Primeiro Match de Futebol Uruguaios Versus Paulistano* (fot.); *Sétimo Match do Campeonato de 1911, São Paulo Atlético Clube Versus Clube Atlético Paulistano* (fot.); *Match de Football entre Americano Versus São Paulo Atletic* (fot.); 1912-*Campeonato de 1912* (fot.); *A Chegada do Aviador Brasileiro Edu Chaves* (fot.); *Corso de Carnaval na Avenida Paulista* (fot.); *Corso de Carruagens na Avenida Paulista* (fot.); *Cristo no Júri* (fot.); *Exéquias do Barão do Rio Branco em São Paulo* (fot.); *A Fazenda do Brejão* (fot.); *Festa Esportiva do Club de Regatas São Paulo e Tietê* (fot.); *Festa Esportiva no São Paulo Atlético Clube* (fot.); *Os Festejos Escolares de Sete de Setembro* (fot.); *A Posse do Dr. Rodrigues Alves* (fot.); *Procissão de Corpus Christi* (fot.); *Quermesse no Velódromo em Benefício da Matriz da Consolação* (fot.); *Visita às Grandes Oficinas dos srs. Martins e Barros* (fot.); 1913- *Caça a Raposa* (fot.); *Concurso Hípico no Posto Zootécnico Dr. Carlos Botelho* (fot.); *O Concurso Hípico Realizado no Velódromo* (fot.); *O Corso de 1913 na Avenida Paulista* (fot.); *Uma Excursão a Campinas* (fot.); *Experiência da Dinamite Ideal Fabricada por Scarpia Lima & Cia. de Sorocaba* (fot.); *Festa da Escola Sete de Setembro no Parque Antártica* (fot.); *As Festas do Espéria em 30 de Março* (fot.); *Inauguração da Estátua do dr. João Mendes* (fot.); *Monumento a Feijó* (fot.); *Procissão de Corpus Christi em São Paulo* (fot.); 1914- *A Velha Estrada do Vergueiro* (fot.); *Carnaval de 1914 em São Paulo* (fot.); *Fazenda São José* (fot.); 1915- *Inocência* (LM) (fot.); *Uma Fábrica Original* (fot.); *A Partida para a Itália dos Reservistas no 1º de Julho* (fot.); *Os Três Dias do Carnaval Paulista* (fot.); *O Último Efeito Benéfico do Radium* (fot.); 1916- *O Guarani* (LM) (fot.); *Revista Náutica no Espéria* (fot.); 1917- *O Curandeiro* (LM) (fot.); *O Grito do Ipiranga* (LM) (fot.); *Heróis Brasileiros na Guerra do Paraguai* (LM) (fot.); *O Carnaval de 1917, O Corso na Avenida* (fot.); *Match Internacional Rio Versus São Paulo* (fot.); 1918-*A Desforra do Tira-Prosa* (LM) (fot.); *O Carnaval de 1918 (o Corso na Avenida nos Três Dias)* (fot.); *A Estrada de Ferro Noroeste* (fot.); *Manufatura de Cigarros Pierrot* (fot.); *O Roubo das Jóias da Casa Michel* (fot.); 1919- *A Caipirinha* (LM) (fot.); *Carnaval de 1919 – o Corso na Avenida* (fot.); *O Carnaval de 1919 em São Paulo* (cofot. Alberto Botelho); *Festas em São Roque* (fot.); 1920-*Os Faroleiros* (LM) (fot.); *A Avenida da Independência no Ipiranga* (fot.); *O Carnaval de 1920, o Corso na Avenida Paulista* (fot.); *Imigração e Colonização* (fot.); *Palestra versus Paulistano* (CM); *Um Domingo em Casa de Vovô* (fot.); 1921- *O Carnaval de 1921 em São Paulo* (fot.); *A Chegada em São Paulo de Edu Chaves* (fot.); *A Indústria do Algodão* (fot.); 1924- *Uma Excursão Arrojada* (LM) (cofot. e codir. Francisco Campos).

## CAMPOS, AUGUSTO

Nasceu em São Paulo. Dirige um dos primeiros filmes falados do Brasil, *Casa de Caboclo* em 1931 e faz a fotografia de *Humilhação*, direção de Antonio Dardes Netto. Não se tem notícias da continuidade de sua carreira após isso.

**Filmografia:** 1931- *Casa de Caboclo* (LM) (dir.); *Humilhação* (fot.).

## CAMPOS, DILENY

Nasceu em Belo Horizonte, MG, em 1942. *Videomaker*, diretor de fotografia, artista conceitual e professor de arte para crianças. Forma-se em artes pela Escola de Belas Artes da UnB. Seu primeiro filme como diretor e fotógrafo é *Trabalhar na Pedra* (1972), em parceria com Oswaldo Caldeira. Fez parte da vanguarda carioca nos anos 1960, tendo participado das mostras Vanguarda Brasileira, Reitoria da UFMG, BH (1966), e Opinião 66, MAM-RJ (1966). Participa também das manifestações de arte pública no Aterro do Flamengo, RJ (1968) e do evento Do Corpo à Terra, realizado em Belo Horizonte por ocasião da Semana de Vanguarda (1970). Integra a exposição Formação da Arte Contemporânea em Belo Horizonte, MAP (1997). Tem obras no acervo do MAP. É casado com a artista plástica Maria do Carmo Secco. •

**Filmografia:** 1972- *Trabalhar na Pedra* (CM) (dir., fot.) (codir. Oswaldo Caldeira); 1973- *Tempo Integral* (CM); 1975- *Cultura e Opulência no Brasil* (CM); *Ipanema, Adeus; A Mão do Povo* (CM); 1976- *Eat Me* (CM); *Encarnação* (cofot. Renato Laclette); 1977- *Vivendo os Tombos – Carvoeiros* (CM) (dir., fot.); 1978- *Leucemia* (CM); 1979- *Em Nome da Razão* (CM); *Flor do Mato* (CM) (dir., fot.); *Linguagem Musical: Espontaneidade e Organização* (CM); 1981- *Um Homem Público* (CM); *João Rosa* (CM); 1982- *Cinema na Escola* (CM) (cofot. Maria Amélia Palhares); 1983- *Idolatrada*.

## CAMPOS, FRANCISCO

Francisco José Cabello Campos nasceu em Carmo de Minas, MG, em 1905. É filho do produtor e diretor Antonio Campos, com quem aprendeu tudo sobre cinema. Seu primeiro filme foi feito em parceria com o pai, *Uma Excursão Arrojada*, de 1924, ano em que funda a Campos Filme. A partir dos anos 1930 dirige uma série de documentários sendo o último que se tem registro em 1958, o documentário *Príncipe Mikasa em Capital Bandeirante*. Não se tem conhecimento da data do seu falecimento.

**Filmografia:** (direção e fotografia): 1924- *Uma Excursão Arrojada* (LM) (codir. e cofot. Antonio Campos); 1931- *Casa de Caboclo* (LM) (fot.); 1932- *Canção da Primavera* (LM) (fot.); 1935-*Ação Comunitária*; 1935-*Asilo Santa Terezinha*; 1939-*Agricultura e Pecuária em Batatais, São Paulo*; *Batatais - Cidade dos Jardins*; *Décimo Terceiro Aniversário da Guarda Civil de São Paulo*; *O Interventor Federal em Batatais, São Paulo*; *A Pesca na Praia Grande (Santos)*; *Visita dos Jornalistas do Interior de São Paulo a Capital*; 1940-*Avaré*; *Brasileiros e Argentinos Disputam a Copa Roca*; *Uma Corporação Eficiente*; *Inauguração do Autódromo de Interlagos*; *Inauguração do Estádio do Pacaembu*; *Perdemos a Copa Roca*; *Segundo Aniversário do Governo Ademar de Barros*; 1941-*Águas de Serra Negra*; *Férias em Santos*; *Patrocínio - Estado de Minas Gerais*; *Preventório Nossa Senhora da Conceição*; 1942-*De José Bonifácio a Avanhandava*; *Terceira Consulta de Chanceleres no Rio de Janeiro*; 1943-*A Arte na Cerâmica*; *Cachoeira dos Índios*; *A Cidade da Vida e da Saúde*; *Corintians Versus São Paulo*; *Décima Exposição de Animais e Produtos Derivados*; *O Desfile da Pecuária na Fazenda da Barra*; *Fazenda Cravinhos*; *A Industrialização da Banana*; *Mobilização da Pecuária*; *Ouro Branco e ouro Verde*; *A Pecuária em Desfile na Chácara do Alto*; *Pecuária em Mirasol*; *Primeira Exposição Regional de Animais de Ribeirão Preto*; *Primeiro Clássico de 1943*; *Primeiro Congresso Eucarístico Diocesano de Taubaté*; *Rumo a Mirasol*; *O Segundo Majestoso de 1943*; 1944-*Americana*; *Americana em Foco*; *Araras*; *O Desenvolvimento da Pecuária em São João da Boa Vista*; *Exposição de Orquideas*; *Fazenda Santa Albertina*; *Leme*; *O Progresso da Mecânica no Brasil*; *A Tecelagem em São Paulo*; *Vitalizando o Solo*; 1945-*A Pesca em São Paulo*; 1948-*Presidente Dutra Visita São Paulo*; 1949-*Melhoramentos Urbanos - Inaugurado Pela C.M.T.C. o Serviço de Troleibus*; 1955-*Chuvas de Rosas (38 Milagres)*; *Encanto do Sertão*; 1956- *França – Centenária* (dir.); 1958-*Príncipe Mikasa em Capital Bandeirante*.

## CAMPOS JR, PLÁCIDO DE

Nasceu em Anápolis, GO, em 6 de agosto de 1944. Radicado em São Paulo, forma-se em cinema pela ECA-USP em 1971. Sua primeira experiência como fotógrafo acontece dentro da USP mesmo, em 1969 no curta *A Morte da Strip-Teaser* e no mesmo ano dirige outro, *Rua Cem, Nova Iorque*, em parceria com Aloysio Raulino. É montador e assistente de direção em algumas produções paulistas e, entre 1973 e 1977, fotografa vários documentários para Mário Kuperman, da Futura Filmes. Em 1978 dirige seu único longa, *Curumim*, filme de temática infantil. Paralelamente é professor de cinema da FAAP por muitos anos. Morre de câncer, em São Paulo, em 6 de março de 2008, aos 67 anos de idade.

**Filmografia:** 1969- *A Morte da Strip-Teaser* (CM) (cofot. Aloysio Raulino); *Ensino Vocacional* (CM) (dir.) (codir. Jan Koudela, João Cândido, Aloysio Raulino, Roman Stulbach e Walter Rogério); *Por Exemplo, Butantã* (CM); *Rua Cem, Nova Iorque* (CM) (dir., fot.) (codir. e cofot. Aloysio Raulino); 1970- *Prá Frente Brasil* (CM) (dir.); 1970/74- *Vozes do Medo* (dir.) (episódio: *O Produto*); 1972- *Puxando Massa* (CM) (inacabado); 1973- *Moeda e Crédito* (CM) (dir.); *Porta do Céu* (CM); *Victor Brecheret* (CM) (dir.); 1974- *Moçambique* (CM) (dir.); 1976- *Cubatão* (CM) (cofot. Mário Kuperman e Aloysio Raulino); *Êxodo Rural* (CM) (cofot. Mário Kuperman e Aloysio Raulino); *Madeira* (CM) (cofot. Mário Kuperman); *O Campo e a Cidade* (CM) (cofot. Aloysio Raulino); *Plantando Dá* (CM) (cofot. Mário Kuperman); *São Simão, Adeus* (CM) (cofot. Mário Kuperman); 1977- *O Irmão da Estrada* (CM) (cofot. Mário Kuperman e Aloysio Raulino); *Coloque o Título Aqui* (CM) (cofot. Aloysio Raulino); *Trem Fantasma* (cofot. Adilson Ruiz); 1978- *Curumim* (dir.).

## CANECA, MARITZA

Maritza Caneca De Lamare inicia sua carreira em 1986 como *still* do longa *Cinema Falado*, de Caetano Veloso. Dois anos após, em 1988, é assistente de câmera na produção internacional *Luar Sobre Parador* (*Moon Over Parador*), de Paul Mazursky, engrenando sua carreira. Como operadora de câmera, ganha destaque e prestígio no meio cinematográfico, sendo sempre requisitada em inúmeros filmes como *O Noviço Rebelde* (1997), *Xuxa Requebra* (1999), *Desmundo* (2002) e fotografia da 2ª unidade em *Zuzu Angel* (2006), *Os Desafinados* (2008), *Ó Paí, Ó* (2009), etc. Em 2003 assina a fotografia de seu primeiro filme, o documentário curto *Arquitetura Índio da Costa*, direção de Sérgio Sá Leitão e, a partir de então, dedica-se a comerciais, curtas-metragens, documentários, videoclipes e também segunda unidade de longas.

**Filmografia:** 2003- *Arquitetura Índio da Costa* (CM); 2004- *O Grande Dia* (CM); 2006- *Quintas Intenções* (CM); *Ella* (CM); *Até Quando* (CM); *Urna da Esperança* (CM).

## CANDEIAS, OZUALDO

Ozualdo Ribeiro Candeias nasceu em Cajubi, SP, em 5 de Novembro de 1922. Nos anos 1950 começa a fazer experiências com uma câmera 16mm, filmando festas, casamentos e acontecimentos importantes na cidade. Em 1955 produz seu primeiro filme, o média *Tambaú, Cidade dos Milagres*, sobre o fenômeno Padre Donizetti. Estuda cinema entre 1957 e 1959 e começa a fazer documentários institucionais. Em 1967 produz e dirige seu primeiro longa, *A Margem*, com parcos recursos e atores da Boca do Lixo paulistana. Típico exemplar do cinema marginal paulista, o filme hoje é considerado primitivo, experimental, genial e *cult*. Acostumado a trabalhar com pequenas equipes, Candeias também fotografa, monta, sonoriza quase todos seus filmes, que dificilmente conseguem distribuição, exceção aos que trabalha como ator contratado, quase sempre por David Cardoso, como em *Caçada Sangrenta* (1974) e *A Freira e a Tortura* (1983). Seu último filme, *O Vigilante*, de 1992, permanece inédito, perdido em alguma prateleira. Seu último trabalho no cinema foi a fotografia adicional do filme *Urubuzão Humano*, filme *trash* experimental de Diomédio Piskator. Morre em 8 de fevereiro de 2007, em São Paulo, aos 84 anos de idade, por problemas respiratórios.

**Filmografia:** 1955- *Tambau, Cidade dos Milagres* (MM) (dir., fot.); 1956- *Interlândia* (CM) (dir., fot.); *Poços de Caldas* (CM) (dir.); 1957- *Pleito Municipal em São Paulo* (CM) (fot.) (cofot. Isolino Teixeira, João Cerqueira, Leo Pastro, Alexandre Liphner e Diogenes P.Tavares); 1959- *Escolas Profissionais* (CM) (dir., fot.); 1960- *Polícia Feminina* (CM) (dir.); 1962- *Ensino Industrial* (CM) (dir.); *Rodovias* (CM) (dir., fot.); 1965- *Jogos Nordestinos* (CM) (dir., fot.); *Marcha para o Oeste – Campo Grande* (CM) (dir., fot.); *Marcha para o Oeste – Corumbá* (CM) (dir., fot.); 1967- *A Margem* (dir.); *Casas André Luiz* (CM) (dir.); 1968- *Trilogia do Terror* (dir.) (episódio: *O Acordo*); 1969- *Meu Nome é Tonho* (dir.); 1971- *A Herança* (dir., fot.); *Uma Rua Chamada Triunpho 1969/70* (CM) (dir., fot.); *Uma Rua Chamada Triunpho 1970/71* (CM) (dir., fot.); 1973- *A Noite do Desejo (Data Marcada Para o Sexo)* (cofot. Antonio Meliande); *Brás* (CM) (cofot. Pedro Moraes); *Com a Cama na Cabeça* (cofot. Roland Henze e Afonso Vianna); *Maria... Sempre Maria; Um Intruso no Paraíso* (cofot. Antonio Meliande); 1974- *Caçada Sangrenta* (dir.); *Previdência* (CM) (dir.); *Zézero* (MM) (dir., fot.); 1976- *Visita do Velho Senhor* (CM) (dir., fot.); *Bocadolixonocinema (ou Festa na Boca)* (CM) (dir., fot.); *O Candinho* (MM) (dir., fot.); 1978- *Ninfas Diabólicas*; 1980- *O Cangaceiro do Diabo*; 1981- *A Opção (As Rosas na Estrada)* (dir., fot.); *Manelão, o Caçador de Orelhas* (dir., fot.); 1983- *A Freira e a Tortura* (dir., fot.); 1985- *A Boca do Cinema Paulista* (dir., fot.); 1986- *As Belas da Billings* (dir., fot.); 1988- *Senhor Pauer* (CM) (dir., fot.); *Rastros na Areia*; 1992- *Bastidores das Filmagens de um Pornô* (CM) (dir., fot.); *O Vigilante* (dir., fot.).

## CAPELLA, ANDREA

Andrea Lima Capella nasceu no Rio de Janeiro, RJ, em 6 de março de 1977. Estuda Arquitetura e Urbanismo (1994/97) na UFRJ, Educação Artística e História da Arte (1999/2000) na UERJ e Comunicação Social – Cinema (1999/2003) na UFF. Fotógrafa *still* formada pelo Senac trabalha em editorial desde 1995. Colabora para as principais revistas em circulação, como *Trip, Oi ,Elle, Cláudia, Ocas*, entre outras. Durante o curso de cinema, especializa-se durante o curso em direção de fotografia. Seu primeiro curta é *Por Dentro da Gota D'Água*(2003), direção de Felipe Bragança e Marina Meliande, ganhando, pela fotografia, o Prêmio Kodak Filmshool Competition. É membro da ABC desde 2003. Torna-se professora de direção de fotografia da UFF entre 2004 e 2006. Em 2006, junto com Carolina Durão, Daniel Caetano, Eduardo Valente, Felipe Bragança e Marina Meliande funda a produtora Duas Mariola Filmes. Em 2008, estreia no longa *Ressaca* de Bruno Vianna. No mesmo ano, dirige a fotografia do longa *A Fuga da Mulher Gorila* e em 2009 do longa *A Alegria*, ambos de Felipe Bragança e Marina Meliande. Fotografa para diversos outros meios: videoclipes de artistas como Jards Macalé, Marcelo Bonfá, Zéu Brito e Bruno Morais; comerciais e programas de TV para canais como Futura e Canal Brasil. Colabora com diversos artistas como: André Parente, Niura Bellavinha, Marina Meliande, Gustavo Ciríaco, Fernanda Eugênio, Companhia dos Atores na concepção e fotografia de vídeos e instalações. Realiza suas próprias exposições de fotografia em coletivas como *Estética da Periferia*, curadoria de Gringo Cardia (2005) e *Limiares Urbanos – Fotorio*, curadoria de Joana Mazza (2007). Dirige em parceria com Peter Lucas o filme *Instantâneos da Lapa*, premiado no Edital de Curtas 2008 da Secretaria de Cultura do Estado do Rio de Janeiro e um fragmento do longa *Desassossego*, em parceria com Carolina Durão.

**Filmografia**: 2003- *Por Dentro de Uma Gota D'Água* (CM); 2004- *ID* (CM) (cofot. Camila Freitas); *O Labirinto* (CM); *O Nome Dele (O Clóvis)* (CM); *Samba em Copacabana* (CM); 2005- *Almas Passantes* (CM); *Jonas e a Baleia* (CM); *O Rapto das Cebolinhas* (CM); 2006- *O Dia em Que Não Matei Bertrand* (CM); 2007- *Sistema Interno* (CM); *Tá* (CM); 2008- *A Fuga da Mulher Gorila; Ressaca*; 2009- *A Garrafa do Diabo* (CM); *Beijo Francês* (CM); *Instantâneos* (CM) (dir., fot.) (codir. e cofot. Peter Lucas); *O Teu Sorriso* (CM); 2010- *A Alegria; A, B Ser* (MM).

## CAPELLARO, VITTORIO

Eusébio Vittorio Giovanni Batista Capellaro nasceu em Mongrando, Piemonte, Itália, em 21 de outubro de 1877. Aprende arte dramática com padres salesianos em Turim e depois integra as companhias teatrais de Ernette Zacconi, Eleonora Duse e Tina Di Lorenzo. A partir de 1912 participa de filmes italianos até chegar ao Brasil em 1915, ano que se associa a Antonio Campos para produzir *Inocência*, seu primeiro filme brasileiro. Em 1919 monta seu primeiro laboratório no Rio de Janeiro. Produz e dirige vários filmes nos anos seguintes. Muda definitivamente para São Paulo e monta um grande estúdio em sua residência. Personalidade importante do nosso cinema, não só como realizador mas também como técnico em revelação e copiagem, morre em 6 de agosto de 1943, aos 65 anos de idade.

**Filmografia:** 1915- *Inocência* (dir.); 1916- *O Guarani* (LM) (dir.); *Propaganda do Café Brasileiro na América do Norte* (MM) (dir., fot.); *Butantã* (CM) (dir., fot.); 1917- *O Cruzeiro do Sul* (dir.); 1918- *Iracema* (dir.); 1919- *Iracema, a Virgem dos Lábios de Mel* (dir.); 1920- *O Garimpeiro* (dir.); 1922-*Exposição do Centenário para o Governo do México* (CM) (dir., fot.); *Revolução de 22* (CM) (dir., fot.); 1926- *O Guarani* (dir., fot.) (cofot. Paulo Benedetti); 1928-*Desastre do Monte Serrat em Santos* (CM) (dir., fot.); *Inauguração do Cassino Atlântico em Santos* (CM) (dir.); 1929-*Sabonete Lever* (CM) (dir., fot.); 1932-*Cultura e Comércio do Café* (CM) (dir.); 1933-*O Butantã e Suas Atividades* (CM) (dir.); *O Caçador de Diamantes* (dir.); 1934- *Laranjas do Brasil* (dir.); 1935- *Fazendo Fitas* (dir.); 1936-*Arranha-Céus de São Paulo* (dir., fot.); *Jornaleiros de São Paulo* (CM) (dir., fot.); 1937-*O Castelo São Manoel de Francisco Serrador em Correias* (CM) (dir.); *Jardim Botânico do Rio de Janeiro* (CM) (dir., fot.); *O Museu de Belas Artes do Rio de Janeiro* (CM) (dir., fot.); 1940-*Aspectos Internos do Mosteiro de São Bento* (CM) (dir.); *A Criança Brinca Sempre* (CM) (dir.); *Ecos do Salão de 1939* (CM) (dir., fot.); *Escolas Diversas* (CM) (dir.); *Escultura* (CM) (dir., fot.); *Galerias Diversas* (CM) (dir., fot.); *Mosteiro de São Bento* (CM) (dir.); *Quadros Históricos* (CM) (dir., fot.); *Sala da Mulher Brasileira* (CM) (dir., fot.).

## CARBONARI, PRIMO

Nasceu em São Paulo, SP, em 1º de janeiro de 1920. Nos anos 1930 já trabalhava como fotógrafo lambe-lambe no Jardim da Luz, centro de São Paulo. Na sequência fazia fotos de casamentos e batizados quando é convidado a trabalhar como fotógrafo policial e depois de esportes do jornal *A Gazeta* e dos *Diários Associados*. Ingressa no cinema a convite de Aquille Tartari, para ser assistente de Francisco Madrigano. Depois trabalha como cinegrafista na Cinematográfica Bandeirante, que fazia o cinejornal *Bandeirantes da Tela* e no Departamento de Imprensa e Propaganda (DEIP). Em 1950 funda sua própria companhia, a Primo Carbonari Produções Cinematográficas, inicialmente produzindo documentários, depois cinejornais e longas-metragens. Em 1957 produz e fotografa seu primeiro longa-metragem, *O Circo Chegou à Cidade*, direção de Alberto Severi. Em 1959 filme seu projeto mais ambicioso, *Aí Vem os Cadetes*, direção de Luiz de Barros, que Carbonari *importara* do Rio de Janeiro, em negativo Ferraniacolor, com o ator Adriano Reys, em começo de carreira, no papel principal. De 1964 até 1990 dominou o mercado paulista de complementos cinematográficos, veiculando fatos históricos, como o suicídio do presidente Getúlio Vargas, a construção e a inauguração de Brasília, em 1960, a renúncia do presidente Jânio Quadros, a revolução de 31 de Março de 1964, etc. Nos anos 1970 entra para a política cinematográfica, sendo presidente do Sindicato da Indústria Cinematográfica, membro da Comissão Estadual de Cinema, sempre defendendo a obrigatoriedade de exibição de curtas-metragens nos grandes circuitos de exibição. Carbonari sempre se orgulhou de relatar alguns fatos por ele conquistados como ter sido o primeiro cinegrafista a contornar e filmar a Ilha do Bananal, o primeiro a subir ao pico das Agulhas Negras, além de ter sido pioneiro no Brasil no desenvolvimento da primeira lente anamórfica brasileira, por ele inventada, o sistema Amplavisão,uma versão do Cinemascope americano. Carbonari esteve ligado ao exibidor Paulo de Sá Pinto, dono de várias salas de cinema, entre as quais as salas República e Ritz São João. Durante muitos anos Primo contou, em suas produções, com o apoio de seu irmão mais velho Antonio Carbonari, conhecido como Santó, contador de causos da Itália, sem nunca tê-lo visitado. Teve somente uma filha, Regina, e um neto, Eduardo, que hoje cuidam de seu acervo. Morreu em São Paulo, SP, em 21 de março de 2006, aos 86 anos de idade.

**Filmografia:** (parcial): (produção, direção e fotografia): 1935- *As Crianças Desamparadas em São Paulo* (fot.); *Campanha para Abertura de Asilos para Doentes* (fot.); 1942- *Sertões Bravios* (LM); 1946- *Bandeirantes do Oeste* (LM) (fot.); 1953-*São Paulo Urbanística; Utopia de Anchieta*; 1954- *Atibaia; Biblioteca Nacional; Chamado do Deserto; Desfile de Quatro Séculos; Iguaçu; Mo-*

rumbi Intransponível; 1955-Assim é São Paulo; Conhece o que é Teu; O Dia da Independência; O Dia da Pátria; Festa de Deus; Jubileu do Ouro; Marcha para o Oeste; Marchadores e Trotadores; A Noiva da Colina – Piracicaba; Rio Turístico; 36º Congresso Eucarístico Internacional; Última Bênção em Tambaú; 1956-A Cidade dos Barões; Convênio da Divisa São Paulo-Minas Gerais; Curitiba a Paranaguá; Curitiba em Festa; De Anchieta ao Redentor; Fortes Coloniais; Imigração Colonizadora; Jundiaí na Festa de seus 300 Anos; Metrópole do Sertão; Papai Noel; A Pérola da Central – Quararema; Por Onde Chega a Riqueza; Primeiros Tratores Nacionais; Quinta da Boa Vista; Renascimento da Bahia; São Paulo; Sobre as Ondas; Vamos ao Circo; Vila Velha, Sua Lenda, Sua Beleza (dir., fot.) (cofot. Galileu Garcia); 1957- Brasileiros em Nova York (fot.); O Circo Chegou à Cidade (LM) (fot.); Água para São Paulo; Bahia com H; Cidade de Campinas; Escola Batista das Neves; Paralelas do Progresso; Pioneiros do Espaço; Plantação e Colheita do Trigo; Pleito Municipal em São Paulo; Rodovias do Estado de São Paulo; Usina de Votuporanga; 1958-O Brasil Pedala (dir.); Capital Gaúcha (fot.); Cidade Amiga – Mirassol; Corrida Nove de Julho; O Gigante Terminou - 'Uselpa'; A Máquina Valoriza a Terra; Nova Era da Aviação Comercial; Obras do Aeroporto de Congonhas; Parada da Paz; Paraíso do Ipê; Progresso na Indústria Automobilística; Sinal de Alarme; Sinfonia dos Parreirais; Terra da Saúde e da Beleza; Vale dos Sonhos; Viadutos de São Paulo; Visita do Padre Figgioti a São Paulo; 1959- Aí Vem os Cadetes (LM) (fot.); Bandeira do Progresso (dir.); O Brasil através do Para-brisa; Campeonato Sul-Americano de Futebol (dir.); Cidade de São Vicente; Forja de Campeões (Corintians Paulista); A Industrialização do Algodão de Seridó (dir.); Lavras; Paz, Amor e Carinho; Por Um Mundo Melhor; Prevenção Contra Incêndios; Recuperação do Solo; São Paulo em 365 Dias; 1960- Batalha do Algodão; Braços do Progresso; Carnaval Pepsi-Cola em Porto Alegre; Cultura do Sisal; Eu Sou a Nova Capital; Uma Nação em Marcha; Narcisus (dir.); Nova Fronteira Humana; Rotas da Unidade Nacional; São José do Rio Preto; Seara Abençoada; Visões da Bahia; 1961-Caminho do Mar; Indústria Textil Paulista; Itanhaém; Luta Eder Jofre X Eloy Sanchez; Mundo em Nossos Pés; O Novo Rei do Zoológico; Prótese Moderna; Visita a Joinville; 1962-A Valsa do Espaço (dir.); Bahia, Sol e Mar; Brasil 3 Tchecoslováquia 1; Brasília (dir.); Cidade de Salvador; Coração do Brasil; Eleições de 1962; Obras da Administração Pública Estadual; Obras na Cidade Universitária; O Trigo; Vinho de São Roque; 1963-Agudos; Brasil X Tchecoslováquia; Santos Dumont; 1964-Bandeirante no Ar (dir.); Tecido Polystar; 1965-Carnaval de Itu; Cooperativismo em São Carlos; Coroação do Papa Paulo VI; Eder Jofre X Many Elias; Manchester Mineira; 1966-José Bonifácio; 1968- Bandeirantes do Século XX; Um Salto no Tempo; 1969-Branco e Preto; O Futuro do Brasil Presente em Urubupungá; O Mundo dos Brinquedos; Ponte do Rio Tejo; 1970-Decomposição; 1972- Cento e Cinquenta Anos Depois (dir.); 1973- O Trabalho das Abelhas (dir.); 1978- É Simples Mas... (dir.); 1979-Cavalo Marinho; Como Se Chega a Moda; Dois de Julho a Data Gloriosa; História pela Pintura; Indústria do Chaminé - Turismo; Novo Leito para o Gigante (dir.); Profissionais e Amadores; Rodovia dos Bandeirantes; Semeador de Cultura; Tentáculos Hostis; 1980- O Alvorecer de Uma Nação (LM) (dir.).

## CARDILLO, PEDRO

Pedro Cardillo Moura Neves nasceu em São Paulo, SP, em 11 de fevereiro de 1972, filho de Maurício Accioly Neves, securitário, e Regina Cardillo, socióloga. Estuda sem concluir, entre 1990/92 Administração de Empresas na FGV e depois, entre 1996/98 cinema na Fundação Armando Álvares Penteado (FAAP). Em 2004 conclui a pós-graduação em direção de fotografia cinematográfica pela Escola Superior de Cinema e Audiovisual da Catalunha (ESCAC) – Universitat de Barcelona, Espanha. Inicia sua carreira no audiovisual em 1996. Entre 2001/02, faz a direção de cena e de fotografia em diversas produtoras paulistas para comerciais, videoclipes e curta-metragens. Realiza ensaio fotográfico sobre a população do Capão Redondo (bairro paulistano de população de baixa renda), publicado no livro Capão Pecado, de Ferréz (Ed. Objetiva). Fotografa comerciais desde 2003, no mercado brasileiro e latino-americano, para clientes como Pepsico, Johnson's, Fiat, O Boticário, etc, além de videoclipes para Los Hermanos (2003) e Acústicos & Valvulados (2004), entre outros, realizados em 35mm, 16mm e HD (high definition). No cinema, fotografa seu primeiro filme em 2004, o curta Oficina Liberdade, direção de Kahue Rozzi, participante do Festival Mix Brasil 2005. Depois da experiência em diversos curtas, em 2009 assina a fotografia de seu primeiro longa, Amores Imperfeitos, de Márcio de Lemos.

Filmografia: 2004- Oficina Liberdade (CM); 2005- Três Pés acima da Terra (CM); 2006- Amigas (CM); Oficina Liberdade (CM); 2007- Rita – Uma Homenagem ao Cinema Noir (CM); 2008- Curta de Adeus (CM); Pornô (CM); 2009- Amores Imperfeitos; 2010- Detalhes Conjuntos (CM).

## CARDOSO, ODON

Odon Lima Cardoso Neto nasceu em São Paulo, SP, em 1957. Estuda até o terceiro ano de Engenharia na Universidade Mackenzie junto

com o futuro cineasta Guilherme de Almeida Prado. Abandona a faculdade para estudar fotografia, fazendo sua estreia em 1977 no documentário curto O Apito da Panela de Pressão, sobre os primeiros movimentos estudantis contra a ditadura. O filme foi assinado anonimamente pelo grupo Alegria, e muito procurado pela censura militar. Depois câmera em Sinfonia Sertaneja (1979), de Black Cavalcanti, diretor de som do curta Penacchi (1979), de Aurora Duarte, som direto em Y.Takaoka (1980), de Ary Costa Pinto e fotografia adicional no longa Flor do Desejo (1984), do Guilherme de Almeida Prado. Começa a trabalhar na produtora Spectrus de Sérgio Tufik. Em 1981 assina a fotografia de seu primeiro longa, A Filha de Calígula, de Ody Fraga. Nos anos 1990 muda para Brasília, mas, por motivos desconhecidos, suicida-se em 2007, aos 50 anos de idade. Separado de sua primeira esposa, deixou dois filhos.

Filmografia: 1977- O Apito da Panela de Pressão (CM); 1978- A Vaca Sagrada (CM); Loteamentos Clandestinos (CM); 1978/80- O Homem e o Álcool (CM); 1980- Fazendas (CM); 1981- A Filha de Calígula; As Taras de Todos Nós; Como Sempre (CM); 1982- O Motorista do Fuscão Preto; 1984- Cubatão Transfigurada (CM) cofot. Georges Dimitri); 2002- Um Trailer Americano (CM); 2006- O Chamado das Pedras: Cora Coralina (CM) (cofot. Waldir de Pina).

## CARELLI, VINCENT

Nasceu na França, em 1953. Indigenista e documentarista. Estuda Ciências Sociais na Universidade de São Paulo (USP). A partir de 1973, envolve-se com projetos de apoio a grupos indígenas no Brasil. Trabalha na Fundação Nacional do Índio, é jornalista e repórter fotográfico das revistas Isto É, Repórter Três e do jornal Movimento e editor fotográfico e pesquisador do Projeto Povos Indígenas do Brasil, no Centro Ecumênico de Documentação e Informação. Em 1979 funda o Centro de Trabalho Indigenista (CTI), entidade sem fins lucrativos e é diretor do Programa de Índio, veiculado pela TV Universidade. Funda, em 1987, o Projeto Vídeo nas Aldeias, com o propósito de formar realizadores cinematográficos indígenas e dirige seu primeiro filme A Festa da Moça. Em 1999 recebe o prêmio Unesco pelo respeito à diversidade cultural e em 2000 dirige uma série de dez vídeos com o título Índios no Brasil, veiculados na TV Escola do Ministério da Educação. Seu documentário de longa-metragem Corumbiara (2009), é o grande vencedor do Festival de Gramado. O filme conta sua trajetória junto aos índios isolados na Gleba Corumbiara no sul de Rondônia.

Filmografia: 1987- A Festa da Moça (CM) (dir., fot.); 1988- Pemp (CM) (dir., fot.); 1989- Vídeo nas Aldeias (CM) (dir., fot.); 1990- O Espírito da TV (CM) (dir., fot.); Qual é o Jeito Zé? (CM) (dir.); 1991- Ninguém Come Carvão (CM) (dir.); 1991-Antonio Carelli (CM) (dir., fot.); Mieko e Kimiko (CM) (dir., fot.); 1992- Boca Livre no Sararé (CM) (dir.); 1993- A Arca do Zo'é (CM) (dir., fot.); Eu já Fui seu Irmão (MM) (dir., fot.); 1995- Antropofagia Visual (CM) (dir., fot.); 1996- Placa Não Fala (CM) (dir., fot.); Programa de Índio 1,2,3,4 (CM) (dir.); Yãkwa, o Banquete dos Espíritos (MM) (fot.); 1998- Ou Vai Ou Racha! 20 Anos de Luta (MM) (dir., fot.); Segredos da Mata (MM) (dir., fot.); 2000- Índios no Brasil.1.Quem São Eles (CM) (dir., fot.); Índios no Brasil.2.Nossas Línguas (CM) (dir., fot.); Índios no Brasil.3.Boa Viagem Ibantu! (CM) (dir., fot.); Índios no Brasil.4.Quando Deus Visita a Aldeia (CM) (dir., fot.); Índios no Brasil.5.Uma Outra História (CM) (dir., fot.); Índios no Brasil.6.Primeiros Contatos (CM) (dir., fot.); Índios no Brasil.7.Nossas Terras (CM) (dir., fot.); Índios no Brasil.8.Filhos da Terra (CM) (dir., fot.); Índios no Brasil.9.Do Outro Lado do Céu (CM) (dir., fot.); Índios no Brasil.10.Nossos Direitos (CM) (dir., fot.); Índio na Tevê (CM) (dir., fot.); 2002- Vídeo nas Aldeias Apresenta (MM) (dir., fot.) (codir. Mari Corrêa); 2003- Agenda 31 (MM) (dir., fot.) (codir. Mari Correa); 2004- Jota Borges (CM) (dir., fot.); 2006- Iauaretê, Cachoeira das Onças (MM) (dir., fot.); 2008- De Volta à Terra Boa (CM) (dir.); Filmando Manã Bai (CM) (dir.); Uma Escola Hunikui (CM) (dir.); 2009- Corumbiara (LM) (dir., fot.); 2010- Cineastas Indígenas (MM) (dir.).

## CARNEIRO, HARLEY

Harley Dias Carneiro nasceu em Lima Duarte, MG, em 10 de outubro de 1932. Completa seus estudos normais ainda em sua cidade. Adolescente, vai morar em Juiz de Fora e começa a trabalhar no Banco Nacional do Comércio como escriturário. Estuda cinema com o padre Edeimar Massote na Universidade Católica de Minas Gerais. Padre Massote foi o primeiro a criar uma escola de cinema dentro de uma Universidade. Nesse momento realiza seu primeiro filme, o documentário *A Casa das Irmãs*, em 1965, sobre a vida e peregrinação das irmãs Doroteia e suas obras de caridade por todo o Brasil. No mesmo ano, em São Paulo, é assistente de direção de Roberto Santos em *A Hora e a Vez de Augusto Matraga*. Seu primeiro filme já como fotógrafo profissional é o curta *Interregno* (1966), direção de Flávio Werneck, produção do Centro Mineiro de Cinema Experimental (Cemice). Em 1975, monta os curtas *Veredas Mortas, GTO, Niemeyer*, na *Pampulha,Tiradentes*, e, em 1981, *A Vida na Palma da Mão*. Dirige as fotografias de outros como *Minas, a Nova Terra do Café* (1975), *Graças a Deus* (1978), *Garimpeiro das Gerais* (1980), etc. Seus últimos dois filmes são os longas *Dois Homens para Matar (Vivos ou Mortos)* (1984), de Paulo Leite Soares e *Ela e os Homens* (1985), de Schubert Magalhães. Aposentado do cinema desde 1985, Harley atualmente dedica-se à literatura. Lança seu primeiro livro de contos *Mulher & Livraria*, em 2008.

**Filmografia:** 1965- *A Casa das Irmãs* (CM); 1966- *Interregno* (CM); *Aleluia* (CM); *Onde os Caminhos se Cruzam*; 1968- *Puro Fantasma* (CM) (cofot. Eduardo Ribeiro de Lacerda e João Ribeiro); 1975- *Senai, 30 Anos* (CM) (dir., fot.); *Sesiminas (CM)* (dir., fot.); *50 Anos deuUm Jornal* (CM) (dir., fot.); *Flúor, Uma Conquista da Ciência* (CM) (dir., fot.); *Minas, a Nova Terra do Café* (CM) (dir., fot.); *Vila Rica de Ouro Preto* (CM); *O Último Ferreiro* (CM); 1976- *Morada Antiga* (CM); *Tradição no Serro do Frio* (CM); *Carlos Chagas* (CM) (dir., fot.); 1977- *Oitenta Anos de Belo Horizonte* (CM) (dir., fot.); 1978- *Graças a Deus* (CM); *Sabará* (CM) (dir., fot.); *Tradição no Serro do Frio* (CM); 1979- *Senhor* (CM); 1980- *Garimpeiro das Gerais* (CM) (dir., fot.); *A Região dos Cerrados* (CM); *Minas: O Circuito das Águas* (CM) (fot.); 1984- *Dois Homens para Matar* (Vivos ou Mortos); 1985- *Ela e os Homens*.

## CARNEIRO, MÁRIO

Mário Augusto de Bêrredo Carneiro nasceu em Paris, França, em 26 de julho de 1930. Filho de diplomata, quando tinha oito anos ganhou do seu tio avô um projetor 9,5mm com vários filmes do Chaplin e Gordo & Magro. Foi frequentador assíduo da cinemateca francesa, antes de se formar pela Faculdade Nacional de Arquitetura, em 1955. Arquiteto, pintor e gravador, seu primeiro emprego é com Carlos Niemeyer. Começa a se interessar por cinema na segunda metade dos anos 1950, quando estava sendo gerado o Cinema Novo. Seu primeiro filme é o curta *Arraial do Cabo*, em que dirigiu e fotografou em parceria com Paulo César Saraceni. Participa ativamente do movimento, ao fotografar clássicos como *Porto das Caixas* (1962), *Garrincha, Alegria do Povo* (1962), *O Padre e a Moça* (1965), *Todas as Mulheres do Mundo* (1967), etc. Em 1976 dirige seu único longa, *Gordos e Magros*, que retrata a opulência dos gordos e a miséria dos magros. Em 2005 recebe o prêmio de melhor fotografia pelo filme *500 Almas*, de Joel Pizzini, no 18º Festival de Brasília do Cinema Brasileiro. Seu último filme como fotógrafo é *Bom Dia, Eternidade* (2006), direção de Rogério de Moura. Mário costumava afirmar que *cabe ao diretor de fotografia traduzir visualmente a atmosfera e o estilo da fita. Dele depende toda a genialidade dos cineastas'*. Morre em 2 de setembro de 2007, no Rio de Janeiro, aos 77 anos de idade, de câncer.

**Filmografia:** 1959- *Arraial do Cabo* (CM) (dir., fot.) (codir. e cofot. Paulo César Saraceni); 1961- *Couro de Gato* (CM) (episódio do longa *Cinco Vezes Favela*); 1962- *Porto das Caixas*; *Garrincha – Alegria do Povo*; *Cinco Vezes Favela* (episódio: *Couro de Gato*); 1963- *A Nave de São Bento (A Nave do Mosteiro)* (CM) (dir., fot.); *Gimba, Presidente dos Valentes*; *Crime no Sacopã*; 1964- *A Morte em Três Tempos*; 1966- *A Derrota*; *O Padre e a Moça*; 1967- *O Engano*; *Todas as Mulheres do Mundo*; *Mar Corrente*; *O Povo das Águas* (CM); 1968- *Capitu; Balada da Página Três*; 1969- *José Lins do Rêgo* (CM); *Nelson Cavaquinho* (CM); 1970- *A Dança das Bruxas*; *Farnese: Caixas, Montagens, Objetos* (CM); *Semana Santa em Ouro Preto* (CM); 1971- *A Casa Assassinada*; *Pedro Diabo Ama Rosa Meia-Noite*; 1973- *Comunicação e Expressão no Ensino Fundamental* (CM); *A Máquina das Maravilhas* (CM) (cofot. César Charlone); *Missa do Galo* (CM); *Nelson Cavalcanti – Um Artista Brasileiro* (CM); *Sagarana, o Duelo*; 1974- *Pontal da Solidão* (cofot. Rudolph Icsey); 1975- *Motel*; 1977- *Gordos e Magros* (LM) (dir.); *Vida Vida* (MM); *Di* (CM) (cofot. Nonato Estrela); 1978- *A Batalha dos Guararapes*; *Landi, Arquiteto Régio do Grão Pará* (CM) (dir., fot.); 1979- *Deixa Falar* (CM); 1980- *Dá-lhe Rigoni* (CM) (cofot. Antonio Penido); 1982- *Brasília, Segundo Cavalcanti* (MM); 1983- *Guerra Santa na Avenida* (CM); *Iberê Camargo* (CM) (dir., fot.); *O Mágico e o Delegado*; *Nelson Cavalcanti – Quadro a Quadro* (CM); 1985- *Chico Rei* (cofot. José Antonio Ventura); 1987- *Memória do Sangue* (CM); 1988- *Natal da Portela* (Brasil/França); *A Terra Proibida (The Forbidden Land)* (MM) (Brasil/EUA) (cofot. Gustavo Hadba e Adrian Cooper); 1992- *O Antigo Ministério da Educação e Saúde – Palácio Gustavo Capanema no Relato Pessoal de Lúcio Costa* (CM); *Acesso à Igreja da Glória em Companhia de Lúcio Costa* (CM); 1994- *O Pintor*; 1996- *Enigma de Um Dia* (CM); *O Pintor* (MM); 1998- *Milton Dacosta: Íntimas Construções* (CM) (dir., fot.); 1999- *Iremos à Beirute; O Viajante; Sobras em Obras*; 2001- *Glauces: Estudo de Um Rosto* (CM); *A Revolta do Video-Tape* (CM); 2002- *Banda de Ipanema – Folia de Albino*; 2003- *O Risco, Lúcio Costa e a Utopia Moderna* (cofot. Pedro Ionescu); *Rio de Janô*; 2004- *500 Almas; Seu Chico, Um Retrato* (cofot. Dib Lutfi); 2005- *Carlos Oswald – O Poeta da Luz; Harmada*; 2006- *Bom Dia, Eternidade*.

## CARNEIRO, ROGÉRIO

Rogério Inácio Carneiro nasceu em Goiânia, GO, em 30 de abril de 1968. Inicia sua carreira atuando no cinema publicitário. Em 1992 estreia como fotógrafo no curta *Gyn Tonica*, de Ervilha e depois o longa *O Idiota e o Mentiroso* (2001), de Nilton Pinto e Tom Carvalho.

**Filmografia:** 1992- *Gyn Tonica* (CM); 2001- *O Idiota e o Mentiroso*.

## CARNEIRO, SÍLVIO

Importante fotógrafo e operador de câmera, inicia sua carreira no cinema em 1947, como cofotógrafo do filme *O Homem que Chutou a Consciência*, de Ruy Costa, em parceria com Kurt Borowik. Na sequência, em 1948, é fotógrafo e *still* no filme *Obrigado Doutor*, direção de Moacyr Fenelon, com quem se liga profissionalmente no início de sua carreira em filmes como *Poeira de Estrelas* (1948), como *still*, *Dominó Negro* (1949) como câmera, *O Homem que Passa* (1949), como *still* e *Tudo Azul* (1951), como assistente de câmera. Até 1956 trabalha como câmera em chanchadas famosas da Atlântida como *Carnaval Atlântida* (1952), de José Carlos Burle, *Matar ou Correr* (1954) e *Nem Sansão, Nem Dalila* (1955), ambas de Carlos Manga, etc. Em 1956 estreia como diretor de fotografia solo em *O Negócio Foi Assim*, de Luiz de Barros, a partir do qual, dedica-se a essa função em diversos filmes até 1968, como *Com a Mão na Massa* (1957), *Pista de Grama* (1958), *Na Mira do Assassino* (1968), seu último filme registrado.

**Filmografia:** 1947- *O Homem que Chutou a Consciência* (cofot. Kurt Borowich); 1956- *O Negócio Foi Assim*; 1957- *Com a Mão na Massa*; *Um Pirata do Outro Mundo*; *Samba na Vila*; *Tudo é Música*; 1958- *Pista de Grama (Um desconhecido Bate à Porta)*; *Traficantes do Crime* (cofot. A.P.Castro, Cyril Arapov, Ângelo Riva e Dinand); 1963- *Antonio de Lara – O Bandeirante* (CM); *Borba Gato* (CM); *O Caçador de Esmeraldas* (CM); *Ouro do Brasil* (CM); *Pascoal Moreira e o Ouro de Cuiabá* (CM); 1968- *Na Mira do Assassino*.

## CARON, EDUARDO

Nasceu em São Paulo, SP, em 13 de junho de 1960. O Pai foi cenógrafo da Lynx Films e superoitista. Logo cedo Eduardo se interessa pelo ambiente do cinema, mas ainda não está certo quanto ao seu futuro, quer ser cientista ou arquiteto. Adolescente, começa a trabalhar no Laboratório de Bioquímica da USP e depois ajuda o pai no escritório de arquitetura em vários projetos, entre eles o da torre da TV Cultura na Av. Dr. Arnaldo. Em 1985 decide-se pela carreira e vai estudar cinema na ECA-USP. Seu primeiro curta como diretor de fotografia é *Linha Tênue* (1987), direção de Marcos Escobar, feito ainda na Universidade. Assistente de fotografia de Márcio Langeani no curta *Cidade Sem Razão* (1990), de Mauricio Galvan Abe e de Aloysio Raulino em *Mário*, de Hermano Penna. Dirige a fotografia de vários curtas para amigos como *A Ponte* (1988), de Marcos Escobar, *Século XX, Primeiros Tempos* (1993), de Fernando Severo, etc. Fernando normalmente dirige e também fotografa seus filmes, inclusive seu primeiro longa, *Terra do Mar* (1998), com codireção de Mirela Martinelli. Sobre esse filme, Caron e Mirela comentam: *Terra do Mar é um documentário autoral que aborda a relação entre o homem e a Natureza, privilegiando a observação poética e contemplativa sobre o povo ilhéu e pescador que hoje habita as baías Paranaguá, Guaraqueçaba e Laranjeiras no norte do Paraná e baía de Cananéia, no litoral sul do estado de São Paulo. Numa abordagem cinematográfica poética, inspirada na beleza e harmonia da região, o filme combina detida contemplação ensinada pelos tempos lentos daquele povo sem pressa e pelo movimento de rotação do planeta, com muita informação sobre um modo de vida um tanto desconhecido aos habitantes urbanos, coletada em profunda pesquisa e convivência com a região. Contudo, esta informação não é transmitida de forma jornalística, mas, sim, como resultado de um mergulho de alma na região, que, a nós, autores do filme, influenciou a ponto de transformar radicalmente nossas vidas.*

**Filmografia:** 1987- *Linha Tênue* (CM) (fot.); 1988- *A Ponte* (CM) (fot.) (cofot.. Jorge Mitsuo e Marcos Escobar); 1989- *Cadê a Bolinha* (CM) (dir., fot.); 1991- *Epopeia* (CM) (fot.); *Mano a Mano* (CM) (dir., fot.); 1992- *PR Kadeia* (CM) (dir., fot.); 1993- *Não Matar* (CM) (dir.); *Século XX, Primeiros Tempos* (CM) (fot.); 1994- *Extingue* (CM) (dir., fot.); 1998- *Terra do Mar* (dir., fot.) (codir. Mirela Martinelli).

## CARRARI, ARTURO

Arturo Saffatly Carrari nasceu em Piezemonti, Modena, Itália em 1867. Chega ao Brasil em 1911 já com experiência em fotografia. Em 1917 funda a Carrari Filme com seus filmes Hélio e José, destacando-se como realizador de documentários. Seu filme mais famoso é *O Crime de Cravinhos*, em que retrata um crime ocorrido numa fazenda do interior paulista. Morre em 1935, aos 68 anos de idade.

**Filmografia:** 1916- *Os Milagres de Nossa Senhora de Aparecida* (dir.); 1917- *O Segundo Filme da Exposição Industrial de São Paulo* (CM) (dir.); 1920- *O Crime de Cravinhos* (dir.); 1921- *Um Crime no Parque Paulista* (dir.); *Uma Festa de Caridade* (CM) (dir.); 1922- *Amor de Filha* (CM) (dir., fot.); *O Misterioso Roubo dos Quinhentos Contos no Banco Italiano de Descontos (O Furto dos Quinhentos Milhões de Reis)* (dir., fot.); 1923- *Os Milagres de Nossa Senhora da Penha (A Virgem da Penha e Seus Milagres)* (dir.); 1925- *Manhãs de Sol* (dir.); 1927- *Amor de Mãe* (dir.); 1932- *Anchieta entre o Amor e a Religião* (dir.).

## CARRARI, JOSÉ

Produtor, diretor, cinegrafista, operador e ator, filho de Arturo Carrari, inicia sua carreira no cinema com o pai, Arturo, e o irmão, Hélio, em 1917, na função de cinegrafista. Seu primeiro filme é *Segundo Filme da Exposição Industrial da Cidade de São Paulo* (1917). Através da Carrari Film, participa de produção de dezenas de documentários, entre os anos 1910, 1920, 1930 e 1940, em sua maioria desaparecidos.

**Filmografia:** 1917- *Segundo Filme da Exposição Industrial da Cidade de São Paulo* (CM); 1918- *Grandiosa Manifestação em Regozijo a Vitória dos Aliados* (CM); *Sorteio e Cruz Vermelha Brasileira* (CM); *A Vitória da Palestra* (CM); 1919- *Manifestação dos Alunos* (CM); *Vários e Múltiplos Aspectos da Visita de Sua Excelência, o Embaixador da Itália Nesta Capital* (CM); *A Vitória da Itália* (CM); 1921- *Um Crime no Parque Paulista*; 1922- *O Misterioso Roubo dos 500 Contos do Banco Brasileiro de Descontos*; 1923- *Os Milagres de Nossa Senhora da Penha*; 1924- *A Sertaneja*; 1925- *Manhãs de Sol*; 1926- *O Roubo do Soldado de Itatiba* (cofot. Hélio Carrari); 1929- *Piloto 13* (cofot. Hélio Carrari e Antonio Medeiros); 1930- *Felicidade* (dir., fot.) (codir. Alberto Cerri); 1931- *Anchieta entre o Amor e a Religião* (cofot. Hélio Carrari); 1932-*Na Madrugada* (CM); 1934- 1938- *Primeiro Aniversário do Estado Novo – São Paulo* (CM); *A Visita do Presidente Getúlio Vargas a São Paulo* (CM); 1940- *Cidade de Dois Córregos* (CM); 1943- *Saúde – Chave da Felicidade* (CM); 1944- *Fides Intrépida* (CM).

## CARRIÇO, JOÃO GONÇALVES

Nasceu em Juiz de Fora, MG, em 27 de julho de 1886. Adolescente, vai morar no Rio de Janeiro, fascinado pela chegada do cinema, e começa a aprender fotografia. Trabalha em companhias de teatro e começa a desenhar cartazes para vários cinemas. Com a morte do pai, retorna a Juiz de Fora para assumir os negócios da família. Abre um ateliê de pintura e um estúdio fotográfico. No dia 15 de novembro de 1927 inaugura o Cine-Teatro Popular de Juiz de Fora, uma sala com capacidade para 500 pessoas. A partir de então inicia suas experiências como realizador e distribuidor cinematográfico. Nos tempos do cinema mudo, havia uma orquestra musicada durante a apresentação dos filmes. Na Semana Santa o cinema era enfeitado e o público ia assistir, incansavelmente, todos os anos, ao filme *Paixão de Cristo*, produção americana colonizada a mão. Em 1929 inicia a produção do *Cine-Jornal Carriço*, que cobre a vida política e social de Juiz de Fora e fatos relevantes do Brasil,

além de manifestações populares como festas do Dia do Trabalho, Carnaval, procissões, partidas de futebol, corridas de automóvel, obras públicas, inauguração de cinemas, etc. Funda a Carriço Film em 1934, que dura até 1956 e o Cine Popular até 1966, por seu único filho, Manuel Carriço. Por sua alegria e simpatia, era chamado de *O Amigo do Povo* e ostentava com orgulho o fato de nunca ter filmado um enterro. Amava a vida e o viver. Morre em Juiz de Fora, MG, a cidade que tanto amou e fez o Brasil conhecer, em 26 de junho de 1959, aos 72 anos de idade.

**Filmografia:** 1934-1956- *Cine-Jornal Carriço*; 1941- *Material Bélico* (CM) (dir.); 1951- *O Carnaval em Juiz de Fora* (CM) (dir.); 1952- *O Carnaval em Juiz de Fora* (CM) (dir.); *102 Anos! Mas...Cada Vez Mais Jovem* (CM) (dir.).

## CARRIÇO, MANUEL GONÇALVES

Nasceu em Juiz de Fora, MG, em 1914. Filho único de João Gonçalves Carriço, pioneiro do cinema de Minas Gerais, mais especificamente de Juiz de Fora. Aprende com o pai o ofício de filmar, em todas as suas fases. Seu primeiro filme como diretor é o documentário *O Carnaval em Juiz de Fora*, de 1938. Ajuda o pai durante anos na produção do *Cine-Jornal Carriço*, importante documento que dura de 1929 a 1956. Com a morte do pai em 1959, assume os negócios da família, mantendo, inclusive, funcionando até 1966, o Cine-Teatro Popular. Morre em Juiz de Fora, MG, em 1993, aos 79 anos de idade.

**Filmografia:** 1938- *O Carnaval em Juiz de Fora* (CM) (dir.); 1947- *Coudelaria Minas Gerais* (CM) (dir.); 1951- *13ª Exposição Feira Agro-Pecuária Industrial de Juiz de Fora* (CM) (fot.); *Do Rio a Belo Horizonte* (CM) (dir., fot.); *Festa de N.S.Glória em Rancharia* (CM) (dir., fot.); *Juiz de Fora Inicia Festivamente o Seu Segundo Centenário* (CM) (dir., fot.); *O Carnaval em Juiz de Fora* (CM) (fot.) (cofot. Carlos Alberto); *Romaria ao Santuário de N.S.Aparecida* (CM) (fot.); 1952- *Dia de Festa em Passo da Pátria* (CM) (dir., fot.); *O Carnaval em Juiz de Fora* (CM) (fot.) (cofot. Carlos Alberto); *102 Anos! Mas...Cada Vez Mais Jovem* (CM) (fot.) (cofot. João de Sá Peixoto); 1953-*N.S.Fátima em Juiz de Fora* (CM) (fot.).

## CARVALHEIRA, ANDRÉ

André Carvalheira do Nascimento nasceu em São Paulo, SP, em 1971. É conhecido no meio cinematográfico como *Xará*. Entre 1998 e 2000 faz curso de especialização na École Superieure Libre d'Études Cinématographiques em Paris, França, onde fotografa o seu primeiro filme, o curta *Le Saut*, direção de Jean Pillet. De volta ao Brasil, faz mestrado em cinema pela Universidade de Brasília (UnB). Radicado em Brasília desde 1987, estreia como fotógrafo em 2000 no curta *O Cego Estrangeiro*, de Marcius Barbieri e como diretor em *A Dança da Espera*. Em 2004 assina a fotografia de seu primeiro longa, *Dom Helder Câmara – O Santo Rebelde*, de Erika Bauer. Desde 2006 é professor de fotografia em cinema na Universidade Federal Fluminense (UFF). Dedica sua carreira quase que exclusivamente aos filmes de curta-metragem, alternando-se como diretor, roteirista ou fotógrafo.

**Filmografia:** 1999- *Le Saut ou La Grimace* (CM) (França); *Outra História Diferente* (CM) (Suíça); 2000- *Instante* (CM) (dir.); *A Dança da Espera* (CM) (dir.); *O Cego Estrangeiro* (CM); *Pra Onde* (CM); 2003- *As Incríveis Bolinhas do dr. Sorriso Sarcástico* (CM); *Sexo Virtual Tátil* (CM); *Teodoro Freire – O Guardião do Rito* (CM); *Toda Brisa* (CM) (dir.); 2004- *Água do Divino* (CM); *Contos das Resistências* (CM) (dir.) (codir. Marcya Reis); *Dom Helder Câmara – O Santo Rebelde*; *Danae* (CM); *Entre Um* (CM); *O Pasquim* (CM); 2005- *As Estalactites de Davi* (CM); *A Lente e a Janela* (CM); *Brasil: Solos Ardentes* (CM) (dir.); *Memória e História em Utopia e Bárbarie* (cofot. José Manuel G. de Amorim); *Uma Noite Com Ela* (CM); 2006- *A Vida ao Lado* (CM); *Dia de Folga* (CM) (dir.); *Divino Maravilhoso* (CM); *Uma Questão de Tempo* (CM); 2008- *A Minha Maneira de Estar Sozinho* (CM); *Minami em Close-Up* (CM); *Santa Ifigênia e seus Pecados* (CM); 2009- *Dias de Greve* (CM); *Roteiro para Minha Morte* (CM); 2010- *Nove Crônicas para um Coração aos Berros*; *Rock Brasília – Ninguém Segura a Utopia*; *Tancredo, a Travessia*; *Um Certo Esquecimento* (CM) (dir.).

## CARVALHO, FÁBIO

Fábio Alencar de Carvalho nasceu em Belo Horizonte, MG, em 18 de novembro de 1963. Produtor, diretor e fotógrafo. Apaixonado por cinema desde garoto, a partir dos anos 1980 começa a fazer experiências em Super-8, culminando com a realização de seu primeiro filme, *Imaginação*, em 1984. Em 1988, com o documentário *O Mundo de Aron Feldman*, recebe vários prêmios no V Rio-Cine Festival, VII Festival Fotóptica, etc. Seus filmes seguintes *Ensaio sobre a Razão* (1990) e *O Terreiro de Obá* (1994) também são muito premiados. Tem seus vídeos exibidos em mostras em Portugal, Itália, Alemanha e Estados Unidos. Produz e dirige a série de documentários *Personagens de Belo Horizonte*, exibida pela Rede Minas de Televisão em 1996. Em 1997 leva seu trabalho até o INPUT - Conferência Internacional de Televisões de Serviço Público na cidade de Nantes, França. Em 1998, realiza o Tríptico da Cidade, três curtas-metragens experimentais finalizados em 35 mm, dentre eles *Geografia do Som*, premiado como melhor trilha sonora e melhor montagem no I Festival de Cinema de Parati no ano de 2002. Em 2003 produz, dirige e fotografa seu primeiro longa, *O General*, chamado de filme-experimento e que obteve o seguinte comentário do renomado professor e cineasta mineiro José Américo Ribeiro: *O Olhar é mais importante do que o falar. O último filme de Fábio Carvalho, O General, é um convite à reflexão. É uma obra difícil para um espectador mediano acostumado com a decupagem clássica hollywoodiana, mas instigante para os apreciadores de um cinema reflexivo e inventivo (...)*. Em janeiro de 2007, é homenageado na 10ª Mostra de Cinema de Tiradentes pelo conjunto da obra. Neste mesmo ano, realiza o documentário *Fio Condutor* sobre a cidade de Cataguazes dentro do projeto *Um Olhar Particular* exibido na mesma cidade por ocasião da inauguração do Memorial Humberto Mauro. Em 2008, realiza a exposição de fotografias *1 Segundo de Perto*, dentro do projeto *Fotograma* do Cinema Belas Artes Liberdade/BH. Em 2010 conclui seu segundo longa, *Cinema Nunca Mais*. Para a *internet*, dirige a série *Extravagâncias* com os títulos *Facebook – Torrando Nuvens, Ria Quem Puder* e *Pelos Pubianos Vermelhos*. Ministra oficinas de cinema e vídeo como Curso de Interpretação para Atores, como assistente de Walter Lima Jr. e coprodutor do curso, Belo Horizonte, 1995; *Abordagem do Documentário*, em Betim-MG, 1995; *Introdução à Linguagem Cinematográfica*, Na Escola Caio L. Soares, Belo Horizonte, 1998 e *Cinema: Uma Linguagem a Partir do Pensamento Humano*, FUMEC - Escola de Arquitetura, em 2003. É sócio-fundador da AMC - Associação Mineira de Cineastas, ACM - Associação dos Curta Metragistas/MG, ABD - Associação Brasileira de Documentaristas, Membro do Instituto Imagens em Movimento e da ARFOC - Associação dos Repórteres Fotográficos e Cinematográficos/MG e Colaborador do Jornal *O Tempo - Caderno Opinião*. Casado com a produtora, roteirista e montadora Isabel Lacerda, sua parceira também no cinema, Fábio é um dos mais férteis realizadores do atual cinema mineiro, com capacidade incomum de dizer através das imagens.

**Filmografia:** 1984- *Imaginação* (CM) (dir., fot.); 1987- *Delírios Noturnos de Fausto Verdoux* (CM) (dir., fot.); *Ficção Urbana* (CM) (dir., fot.); 1988- *Luz das Cores* (CM) (dir., fot.); *Mistura das Cores* (CM) (dir., fot.); *O Mundo de Aron Feldman* (CM) (dir., fot.); 1990- *Ensaio Sobre a Razão* (CM) (dir., fot.); *Mata dos Coqueiros* (CM) (dir., fot.); 1991- *Paca de Telhado* (CM) (dir., fot.); *Na Paisagem do Lado Escuro da Rua* (CM) (dir., fot.); *Zoeca* (CM) (dir., fot.); 1992- *Caldas da Rainha* (CM) (dir., fot.); *1921,22, 23* (CM) (dir., fot.); 1993- *Diário da Noite* (CM) (dir., fot.); *O Peso da Informação* (CM) (dir., fot.); *O Santo e o Vazio da Noite* (CM) (dir., fot.); 1994- *Mistérios da Floresta* (CM) (dir., fot.); *La Rapadura es Dulce Pero no es Blanda* (CM) (dir., fot.); *O Dono do Cinema* (CM) (dir., fot.); *O Terreiro de Obá* (CM) (dir., fot.); 1995- *O Boi* (CM) (dir., fot.); *A Esperança Cega* (CM) (dir., fot.); 1996- *Desaforada* (CM) (dir., fot.); *O Espelho* (CM) (dir., fot.) (projeto *Personagens de Belo Horizonte*); *O Lobo Guará* (CM) (dir., fot.) (projeto *Personagens de Belo Horizonte*); *Sentimentos Naturais* (CM) (dir., fot.); 1997- *Outros Templos* (CM) (dir., fot.); *A Luta* (CM) (dir., fot.); 1998- *Encontro com Bardem* (CM) (dir., fot.); *O Segredo* (CM) (dir., fot.); *Trópico da Cidade* (CM) (dir., fot.); 2000- *O Século Passado* (CM) (dir., fot.); 2001- *Geografia do Som* (CM) (dir., fot.); *Obra-Prima* (CM) (dir., fot.); *Bonfim* (CM) (dir., fot.); 2002- *A Ponte* (CM) (dir., fot.); *Vídeo Vertigem* (CM) (dir., fot.); *O Babaca* (CM) (dir., fot.); 2003- *O General* (dir., fot.); 2006- *Gabinete das Figuras Variadas* (CM) (dir.,fot.); *Arquitetura Utopia* (CM) (fot.); *Guará Ladrão de Estrelas* (CM) (dir.); 2007- *Isto é Meu e Morrerá Comigo* (MM) (dir., fot.); *Fio Condutor* (CM) (dir.); 2008- *Casa do Polanah* (CM) (dir.); *Um Filme de Cao Guimarães* (CM) (dir., fot.); *Olhocinefoto* (CM) (dir., fot.); *Sai de Mim Friagem – David Lynch no BH Shopping Center* (CM) (dir., fot.) (cofot. Isabel Lacerda); 2009- *Facebook – Torrando Nuvens* (CM) (dir., fot.); *100% Phoenix* (CM) (dir., fot.) (codir. e cofot. Isabel Lacerda); *Neville de Bracher* (CM) (dir., fot.); *O Filme da Montagem* (CM) (dir., fot.); *O Chamado de Baependi* (CM) (dir., fot.); *Porta de Palco* (MM) (dir.); 2010- *Ria Quem Puder* (CM) (dir., fot.); *Era Ontem* (CM) (dir., fot.) (cofot. Isabel Lacerda, Ricardo Miranda, Clarissa Ramalho e Luiz Rosemberg Filho); *Cinema Nunca Mais* (dir., fot.).

## CARVALHO, LULA

Luiz Gandelman Carvalho nasceu no Rio de Janeiro, RJ, em 2 de agosto de 1977. É filho do cineasta Walter Carvalho e sobrinho de Vladimir Carvalho. Naturalmente seu trabalho recebe a influência desses dois nomes exponenciais do cinema brasileiro ao frequentar logo cedo os *sets* de filmagem. Estreia profissionalmente como operador de câmera em 1998 no filme *Pierre Fatumbi Verger – Mensageiro Entre Dois Mundos*, de Lula Buarque de Hollanda, *Bela Donna*, de Fábio Barreto e vários outros. Foquista em *Lavoura Arcaica* (2001), de Luiz Fernando Carvalho e *Cidade de Deus* (2002), de Fernando Meirelles e assistente do pai em diversos curtas, médias e longas. Em 2001 estreia na direção no curta *Atrocidades Maravilhosas*. Depois de um grande aprendizado como assistente, em filmes importantes como Lavoura Arcaica' (2001), de Luiz Fernando Carvalho, *Cidade de Deus* (2002), de Fernando Meirelles, *Carandiru* (2003), de Hector Babenco, etc, assina seu primeiro longa como fotógrafo em 2005, *Incuráveis*, de Gustavo Accioli. Passa a ser então requisitado com frequência, deixando sua marca nos filmes *Fabricando Tom Zé* (2006), de Décio Matos Jr., *Tropa de Elite* (2007), de José Padilha, *A Festa da Menina Morta* (2008), de Matheus Nachtergaele, pelo qual recebe vários prêmios, entre eles o Kikito de melhor fotografia em Gramado, *Budapeste* (2009), de Walter Carvalho, etc. Em 2008 faz a direção de fotografia e câmera do Dvd musical *Sabe Você, Leo Gandelman*, sob a direção de Renato Martins e Felipe Nepomuceno. Em 2010 estará nas telas com a fotografia de vários filmes, entre eles *Tropa de Elite 2* e *O Início, o Fim e o Meio, Raul Seixas*. Assim como o pai, já é conceituado profissional brasileiro.

•

**Filmografia:** 2001- *Atrocidades Maravilhosas* (CM) (dir., fot.); 2003- *Alô Tocayo* (CM); *Uma Estrela Para Ioiô* (CM); 2005- *Incuráveis; Moacir - Arte Bruta; Pobres-Diabos no Paraíso* (CM); 2006- *Elevado 3.5; Fabricando Tom Zé; Multiplicadores* (CM); 2007- *A Última Fábrica* (CM); *Tropa de Elite; Trópico das Cabras* (CM); *Meu Nome é Dindi*; 2008- *A Festa da Menina Morta; Feliz Natal*; 2009- *Secrets of the Tribe* (Inglaterra/Brasil); *Budapeste; Felicitas* (Argentina); 2010- *Matraga; Tropa de Elite 2; Beira do Caminho; Estamos Juntos; O Início, O Fim e o Meio, Raul Seixas; Povos Selvagens*.

## CARVALHO, WALTER

Walter Carvalho Corrêa nasceu em São Paulo, SP, em 25 de março de 1943. Conhecido no meio cinematográfico como Waltão, inicia sua carreira no final dos anos 1950, como ele diz, dedicando-se à *arte de esculpir imagens com luz*. É assistente do fotógrafo inglês Chick Fowle na Lynx Film, uma das produtoras mais importantes do Brasil na época. Depois, juntamente com Carlos Augusto de Oliveira, o Guga, da Almap, funda a Criasom, que depois se tornaria Blimp Film, outro ícone do cenário cinematográfico nacional. Famosa nas décadas de 1970 e 1980, a Blimp destaca-se na produção de comerciais, documentários para a série *Globo Repórter* e diversos longas-metragens como *Sargento Getúlio* (1978/83), de Hermano Penna e *Sete Dias de Agonia* (1982), de Denoy de Oliveira. Com Otomar Strelow, funda, nos anos 1980, a Multimeios, empresa dedicada especialmente à produção de efeitos especiais. Nessa época ganhou seu primeiro Leão no Festival de Cannes. Posteriormente foi contemplado com mais quatro Leões e um Ouro no Clio Awards. É parceiro do diretor de cena Julio Xavier em grandes campanhas publicitárias como os *50 anos de Sadia* e o *Meninos Garoto*, entre outras. Nos anos 1990, ambos fundam a Julio Xavier Filmes, depois conhecida como JX Plural. Atualmente integra o time de diretores da BossaNovaFilms, dando continuidade a uma carreira consolidada e respeitada no mercado. É considerado um dos principais diretores de fotografia da capital paulistana, principalmente por sua direção em filmes publicitários.

**Filmografia:** 1971- *São Paulo Terra do Amor* (cofot. Hélio Silva e Ronaldo Lucas); *Som Alucinante* (cofot. Peter Overbeck, Ronaldo Lucas e Wanderley Silva); *Lista Negra para Black Medal* (cofot. Carlos Augusto de Oliveira); *Show de Alice Cooper no Anhembi* (MM) (cofot. Francisco Sampaio Leite Jr., Helio Silva e Getulio Alves);1973- *Herói Póstumo da Província* (CM) (fot.) (cofot. Hermano Penna); *O Grande Encontro* (cofot. Getúlio de Oliveira e Francisco de Sampaio Leite Jr.); *Fórmula de um Campeão* (MM) (cofot. Francisco Sampaio Leite Jr. e Hermano Penna); 1975- *O Último Dia de Lampião* (MM); 1977- *Antonio Conselheiro e a Guerra dos Pelados* (cofot. Hermano Penna); 1978/83- *Sargento Getúlio*; 1982- *Sete Dias de Agonia*; 2008- *Diadorim e Riobaldo* (MM); 2010- *Corda Bamba*.

## CARVALHO, WALTER

Walter Carvalho e Silva nasceu em João Pessoa, PB, em 14 de abril de 1947. Inicia no cinema por influência do irmão, o documentarista Vladimir Carvalho, dentro do ciclo do comentário paraibano dos anos 1960. Sua primeira experiência no cinema é como assistente de câmera de Rucker Vieira no documentário curto *Os Homens do Caranguejo – ou a Propósito do Livramento*, em 1968. No mesmo ano muda-se para o Rio de Janeiro para estudar programação visual na Escola Superior de Desenho Industrial. Sua estreia como fotógrafo cinematográfico acontece em 1972 no curta *Incelência para um Trem de Ferro*, direção do irmão Vladimir. Depois de fotografar vários curtas, chega ao longa em 1977, no filme *Que País é Este?*, de Leon Hirszman. A partir dos anos 1980, torna-se um dos fotógrafos mais requisitados do cinema brasileiro, assinando filmes importantes como *Terra para Rose* (1988), *Terra Estrangeira* (1996), *Central do Brasil* (1997), *Abril Despedaçado* (2001), *Veneno da Madrugada* (2004), *Chega de Saudade* (2007), etc. Pela fotografia do curta *Passadouro*, em 1999, recebe diversos prêmios nacionais e internacionais de melhor fotografia. Trabalha com destaque também na televisão, nas minisséries *A Máfia no Brasil* (1984) e *Agosto* (1993), musicais e a novela *O Rei do Gado* (1996), sob a direção de Luiz Fernando Carvalho. Entre os mais de 40 prêmios que já recebeu, destacam-se os troféus em festivais internacionais voltados para fotografia, como o CameraImage, na Polônia, com o Golden Frog por *Central do Brasil* (1997), o Festival da Macedônia, com a Câmera de Prata por *Terra Estrangeira* (1996) e duas Câmeras de Ouro, por *Central do Brasil* (1997) e *Lavoura Arcaica* (2001), de Luiz Fernando Carvalho. Por este filme recebe ainda os troféus de melhor fotografia nos festivais de Cartagena e Havana, o prêmio da Associação Brasileira de Cinematografia (ABC) e o Grande Prêmio BR do Cinema Brasileiro. Paralelamente a carreira de fotógrafo, estreia na direção em 1978 no curta *MAM- SOS*. Chega ao longa em 2001 com *Janela na Alma*, codireção e João Jardim, *Cazuza – o Tempo Não Pára* (2004), codireção de Sandra Werneck e *Budapeste* (2009). É um dos mais importantes fotógrafos brasileiros. Seu filho, Lula Carvalho, seguiu o caminho do pai, sendo também respeitado fotógrafo cinematográfico.

**Filmografia:** 1972- *Incelência para Um Trem de Ferro* (CM); *Velho Chico, Santo Rio* (MM); 1973- *A Gaiola de Ouro* (CM); 1975- *Anatomia do Espectador* (CM); *Quilombo* (CM); *Viola Chinesa – Meu Encontro com o Cinema Brasileiro* (CM); 1976- *Abre-te Sésamo* (CM); 1977- *Brinquedo Popular do Nordeste* (CM); *Jorjamado no Cinema* (CM); *Memória Goitacá* (CM); *Pankararu no Brejo dos Padres* (CM); 1977/81- *Que País É Este?* (*Brasil, da Nação, do Povo*) (*Inchiesta Sulla Cultura Latino-Americana: Brasile*) (Brasil/Itália); 1978- *Boi dos Reis* (CM); *Dia de Erê* (cofot. Ronaldo Forster); *Nelson Pereira dos Santos Saúda o Povo e Pede Passagem* (cofot. Hélio Silva, Sérgio Lins Vertis, Paulo Jorge de Souza e José A.Mauro); *Substantivo* (CM); 1979- *Cinema Brasileiro e Sua Comercialização* (CM); *MAM - S.O.S.* (CM) (dir., fot.); *Waldyr Onofre* (CM); 1980- *Boi de Prata; Cinema e Futebol* (CM); *A Construção do Som* (CM); *O Pulo do Gato; Tempo Quente* (cofot. Douglas Lynch); 1981- *Cinema: Embaixador do Brasil* (CM); (cofotografafo por Tuker Marçal e Chico Drummond); *Cinema, Infância e Juventude* (CM); *Em Cima da Terra, Embaixo do Céu* (CM); *O Homem de Areia; Jubileu* (CM); *Missa do Galo* (cofot. Hélio Silva); 1982- *Só no Carnaval* (CM); 1983- *Cinema Paraibano – Vinte Anos* (CM); *A Difícil Viagem*; 1984- *O Príncipe de Fogo* (CM); 1985- *Brasília, Uma Sinfonia* (CM) (cofot. Fernando Duarte e César Moraes); *Duas Vezes Mulher* (CM) (cofot. Edgar Moura); *Igreja da Libertação* (MM); *Pedro Mico; A Rocinha Tem Histórias* (CM); 1986- *Com Licença, Eu Vou à Luta; A Espera, Um Passatempo do Amor* (CM); *Geléia Geral* (CM); 1986/1988- *Uma Questão de Terra*; 1987- *Churrascada Brasil* (CM); *Dama da Noite* (CM); *O Inspetor* (CM); *João Cândido, Um Almirante Negro* (CM); *Os Trapalhões no Auto da Compadecida; Terra para Rose* (cofot. Fernando Duarte); *No Rio Vale Tudo (Si Tu Vas a Rio...Tu Meurs)* (França/Brasil); 1987/1990- *Césio 137- O Pesadelo de Goiânia; Círculo de Fogo*; 1989- *Brasília, a Última Utopia* (episódio: *A Paisagem Natural* e *A Capital dos Brasis*); *Que Bom Te Ver Viva; Sonhei Com Você*; 1990- *O Mistério de Robin Hood; Uma Escola Atrapalhada; Blues*; 1990/1992- *Conterrâneos Velhos de Guerra* (cofot. Alberto Cavalcanti, David Pennington, Fernando Duarte, Jacques Cheuiche, Marcelo Coutinho e Waldir de Pina); 1991- *Assim na Tela Como no Céu; Nosso Amigo Radamés Gnatalli* (cofot. Fernando Duarte); 1991- *O Canto da Terra* (MM) (dir., fot.) (codir. e cofot. Paulo Rufino e Marcelo Coutinho); *República dos Anjos; Os Trapalhões na Árvore da Juventude*; 1992- *A Babel da Luz* (CM); *Calor Corazón* (CM); *Ecoclip, Planeta Água* (CM); 1994- *Erotique* (episódio brasileiro: *Final Call*); 1995- *Canudos: As Duas Faces da Montanha* (CM); *Cinema de Lágrimas; Socorro Nobre* (CM); *Zweig: A Morte em Cena* (MM); *Todos os Corações do Mundo (Two Billion Hearts)* (Brasil/EUA) (cofot. Cesar Charlone, Pedro Farkas, Carlos Pacheco, José Roberto Eliezer e Lúcio Kodato); 1996-

*Pequeno Dicionário Amoroso; Terra Estrangeira* (Brasil/Portugal); 1997- *Buena Sorte; O Amor Está no Ar; Central do Brasil*; 1999- *Adão, ou Somos Todos Filhos da Terra* (CM); *O Primeiro Dia; Texas Hotel* (CM); *Notícias de Uma Guerra Particular* (MM); 2000- *Amores Possíveis; Passadouro* (CM); *Villa-Lobos – Uma Vida de Paixão*; 2001- *A Canga* (CM); *A Composição do Vazio* (CM) (cofot. Jacques Cheuiche e Dante Peló); *MAM: S.O.S.* (CM) (dir.); *Meu Filho Teu (Um Crime Nobre); Lavoura Arcaica; Abril Despedaçado; Janela na Alma* (dir., fot.) (codir. João Jardim); 2002- *Dercy Beaucoup* (CM); *Madame Satã*; 2003- *Amarelo Manga; Carandiru; Glauber o Filme, Labirinto do Brasil* (cofot. Fernando Duarte, Américo Vermelho, Erick Rocha, Marcelo Garcia, Philippe Constantine, Stephan Hess e Sil); *Lunário Perpétuo* (dir.); 2004- *Entreatos; Cazuza – O Tempo Não Para* (dir.) (codir. Sandra Werneck); *O Veneno da Madrugada*; 2005- *Crime Delicado; A Máquina; Moacir – Arte Bruta* (CM); 2006- *Baixio das Bestas; BerlinBall* (CM); *O Céu de Suely; O Engenho de Zé Lins*; 2007- *Chega de Saudade; Cleópatra; Edu Lobo – Vento Bravo; Nove de Fevereiro* (dir.); *Santiago*; 2008- *A Erva do Rato; O Homem que Engarrafava Nuvens*; 2009- *Budapeste* (dir.); *Sonhos Roubados*; 2010- *O Início, O Fim e o Meio, Raul Seixas* (dir.); *A Grande Jogada*.

## CASTIGLIONI, PAULO

Paulo Castiglioni Lara nasceu no Rio de Janeiro, RJ, em 5 de novembro de 1972. Forma-se em fotografia pelo Senac, em 1992, é bacharel em Ciências Sociais pela UFRJ (1993), Cinema pela UFF (2008) e pós-graduado em Fotografia como Instrumento de Pesquisa pela Universidade Cândido Mendes (2005). Em 1992, como estudante de Ciências Sociais (IFCS-UFRJ), ingressa no Núcleo Audiovisual de Documentação (NAVEDOC – coordenado pela professora Ana Maria Galano), onde realiza diversos tipos de documentação fotográfica, estudando e praticando métodos de pesquisa social com utilização de imagens. Em 1995 como aluno de cinema da UFF atua como assistente de produção em projetos da Escola. Em 1996 trabalha como videoassistente em *Tiradentes*, de Oswaldo Caldeira e em 1997 colabora na gravação de diversos depoimentos para o documentário *Dib*, de Márcia Derraik, sobre o grande fotógrafo e câmera Dib Lutfi, que acaba se tornando sua grande referência. *Dib* é seu primeiro filme como diretor de fotografia. Em 1998 atua como professor de fotografia e vídeo no projeto *Sementes da Imagem* para jovens na Ilha de Paquetá e depois como assistente de câmera em curta-metragens como *De Janela para o Cinema'* (1999), de Quiá Rodrigues e *Coruja* (2001), de Márcia Derraik e Simplício Neto. Também é professor de fotografia no projeto *Olho Vivo* da ONG Bem TV em Niterói de 2003 a 2005. Em 2006 recebe prêmio de Melhor Fotografia pelo curta *O Maior Espetáculo da Terra*, direção de Marcos Pimentel. Desde 2005 tem ativa produção na televisão como diretor de fotografia e câmera em diversos programas como *Afinando a Língua* (2005/06), direção de Rosane Svartman pelo canal Futura, *O Bom Jeitinho Brasileiro* (2008), direção de Márcia Medeiros e Antonio Andrade pelo Canal Futura, *Globo Educação* (2009/10), direção de Fernando Acquarone, pelo Canal Futura e TV Globo, etc. No cinema, destaca-se como diretor de fotografia de curtas como *Cão-Guia* (1998), direção de Gustavo Acioli, *A Distração de Ivan* (2009), direção de Cavi Borges e Gustavo Mello e documentários como *L.A.P.A.*(2007), direção de Cavi Borges e Emílio Domingos e *Tudo sobre Rodas* (2005), direção de Sérgio Bloch. Em 2010 assina a fotografia do documentário *Diário de uma Busca*, de Flávia Castro, que participa da Mostra Competitiva do Festival de Gramado em 2010.

**Filmografia:** 1997- *Dib* (fot.); 1999- *Cão-Guia* (CM) (fot.); 2001- *Numa Noite Qualquer* (fot.) (CM); 2002- *Mesmas Angústias* (CM); 2003- *Nada a Declarar* (CM) (fot.); *Rio dos Trabalhadores* (CM) (dir.) (codir. Maria Ciavatta); 2004- *Canção dos Oprimidos* (CM) (fot.); *Mora na Filosofia* (CM) (fot.); 2005- *Onde a Noite Acaba* (CM) (fot.) (cofot. Camila Marquez); *O Maior Espetáculo da Terra* (CM) (fot.); *Tudo Sobre Rodas* (fot.); 2006- *Pretérito Perfeito* (fot.); *Sobre Rodas* (fot.); 2007- *Anjo Preto* (CM) (dir., fot.); *Criador de Imagens – Ensaio Sobre o Olhar de Mário Carneiro* (CM) (fot.); *Engano* (CM); *Muito Além do Chuveiro* (CM) (fot.); 2008- *Alice* (CM) (fot.); *Presidente Vargas – Biografia de uma Avenida* (fot.); 2009- *A Distração de Ivan* (CM) (fot.); *L.A.P.A.* (fot.) (cofot. Tiago Scorza); 2010- *Diário de uma Busca* (fot.).

## CASTOR, GUI

Guilherme de Oliveira Castor nasceu em Vila Velha, ES, em 8 de janeiro de 1986. Forma-se em Comunicação Social com Habilitação em Publicidade e Propaganda pela Universidade

Federal do Espírito Santo (UFES) – em 2008, com Mestrado em Cinema Documentário – ESAC, em 2008 e Mestrado em Estética e Teoria da Arte pela Universidade Autônoma de Barcelona em 2010. Em 2005 estreia como diretor e fotógrafo, no filme *Lita*, um curta-metragem experimental, em que uma mulher utiliza da memória como alimento para seu espírito, como se a memória desse vida à ela, pelo qual recebe o prêmio de *Melhor Filme Júri Online*, no XII Vitória Cine Vídeo e o Prêmio Especial do Júri por pesquisa de linguagem e expressão poética no V Festival Primeiro Plano, MG, 2006. Praticamente dirige e fotografa todos os seus filmes. Em 2008 dirige seu primeiro longa, *Harmonia do Inferno* **(2008), é um documentário que mostra a vida de Elvira Pereira da Boa Morte, uma catadora de lixo das ruas de Vitória. Segundo Gui:** *O que busco com o filme é provocar uma reflexão sobre a indiferença que a sociedade tem com essa condição de vida presente em nossas cidades. É sobretudo um compromisso do meu papel de realizador/cineasta consciente da realidade em que estou inserido.* Gui Castor é conhecido por produções cinematográficas que costumam explorar aspectos da cultura popular, como brincadeiras, artes e religião. Participa também, entre 2006 e 2008, como monitor, de várias oficinas de vídeo que resultam diversos trabalhos como *Nicole, Pretos, Transporte, A Festa do Princípio do Mundo* e *Reza*. Faz exposições fotográficas e filmes publicitários e em 2010 lança o livro *Behind the Mirror*, livro de fotografia coletivo, editado pela Agência Magnum Photos, de Londres, Inglaterra.

**Filmografia:** (direção e fotografia): 2005- *Lita* (CM); *Lágrima* (CM); 2006- *A Conquista* (CM); *Engendrado* (CM); *O Homem que Não Pode Responder por sua Própria Consciência* (CM); *Maia* (CM) (codir. Orlando Lemos); 2007- *O Interrogatório* (CM); *LG – Cidadão de Cinema* (CM); *Anjo Preto* (CM); 2008- *A Iniciação* (CM); *Harmonia do Inferno* (CM); *Depois* (CM); 2009- *El Chivo a Baco* (CM); 2010- *Café Com Pernas* (CM); *A Cabra* (CM).

## CASTRO, A.P.

Afrodísio Pereira de Castro nasceu em São Félix, BA, em 1893. Nos anos 1930/1940 trabalha em quase todos os filmes da Cinédia, no Rio de Janeiro, tornando-se um dos mais competentes profissionais de sua geração. Inicia sua carreira profissional na Cinédia, em 1931, como assistente de câmera no filme *Mulher*, direção de Octávio Gabus Mendes. Estreia como fotógrafo em 1933, no filme *Ganga Bruta*, direção de Humberto Mauro, este que acabou se tornando o filme mais importante de sua carreira. Durante os anos 1930, 1940 e 1950, participa ativamente como fotógrafo, em dramas, comédias, musicais carnavalescos como *Alma e Corpo de Uma Raça* (1938), *O Ébrio* (1946), *Obrigado Doutor* (1948), *Traficantes do Crime* (1958), *Vagabundos no Society* (1962). Seu último filme registrado é *A Cobra Está Fumando*, de 1974, que na verdade utiliza cenas do anterior *Eles Não Voltaram* (1960), do mesmo diretor, Wilson Silva, drama semidocumental dobre os pracinhas da FEB na 2ª Guerra Mundial, na verdade, então, seu último filme como profissional de fotografia é *No Tempo dos Bravos*, em 1964. Afastado do cinema, morre em 1975 aos 82 anos de idade.

**Filmografia:** 1931/33- *Ganga Bruta*; 1933- *A Voz do Carnaval* (cofot. Edgar Brasil, Victor Ciacchi e Ramon Garcia); 1935- *Alô, Alô, Brasil* (cofot. Antônio Medeiros, Luiz de Barros, Edgar Brasil, Ramon Garcia e Fausto Muniz; 1938- *Tererê Não Resolve; Aruanã* (cofot. Libero Luxardo); *Maridinho de Luxo; Alma e Corpo de Uma Raça* (cofot. José Stamato); 1939- *Está Tudo Aí; Onde Estás Felicidade?; Joujoux e Balangandãs* (cofot. George Fanto); 1941- *A Sedução do Garimpo*; 1943- *Samba em Berlim*; 1944- *Abacaxi Azul; Berlim da Batucada; Corações Sem Piloto; Romance Proibido*; 1945/50- *Loucos Por Música; Pif-Paf; O Cortiço*; 1946- *Caídos do Céu; O Ébrio*; 1948- *Fogo na Canjica* (cofot. Carlos Felten); *Mãe; Obrigado, Doutor; Poeira de Estrelas*; 1949- *Dominó Negro; Estou Aí?; O Homem que Passa; Um Pinguinho de Gente; Vendaval Maravilhoso (Vida e Amores de Castro Alves)* (Brasil/Portugal) (cofot. Francisco Izarrelli, Aquilino Mendes e George Fanto); 1950- *Um Beijo Roubado (Noites de Copacabana)* (cofot. Theodoro Lutz); *O Falso Detetive; A Inconveniência de Ser Esposa; Todos Por Um*; 1951- *Milagre de Amor*; 1952- *Destino*; 1957- *Maluco Por Mulher; Tem Boi na Linha*; 1958- *Hoje o Galo Sou Eu; Minha Sogra é da Polícia; O Batedor de Carteiras; Traficantes do Crime* (cofot. Cyril Arapov, Ângelo Riva, Sílvio Carneiro e Dinand); 1959- *Comendo de Colher; Depois do Carnaval; O Poeta do Castelo* (CM); *O Mestre de Apicucos* (CM); 1960- *Eles*

*Não Voltaram; Pequeno Por Fora; Só Naquela Base*; 1961- *Por Um Céu de Liberdade*; 1962- *Vagabundos no Society*; 1964- *Sangue na Madrugada; No Tempo dos Bravos*; 1974- *A Cobra Está Fumando.*

## CAVERSAN, ALCIDES

Nasceu em Pederneiras, SP, em 1944. Aos 15 anos é projecionista do Cine Central em sua cidade. Muda-se para São Paulo em 1967 e vai estudar na escola de José Mojica Marins. Logo interessa-se por fotografia e monta um estúdio na Boca do Lixo de paulistana. Seu primeiro filme como fotógrafo é *A Vingança de Chico Mineiro*, de Rubens Prado. Depois fotografa para vários outros diretores da Boca como Edward Freund, José Adalto Cardoso, etc. Em 1980 funda a Aces Filmes, em sociedade com Edson Sales e dirige seu primeiro filme, *O Menino Jornaleiro* baseado num sucesso da dupla Tonico & Tinoco.

**Filmografia:** 1979- *A Vingança de Chico Mineiro*; 1982- *O Menino Jornaleiro* (dir.); 1983- *Arapuca do Sexo* (dir.); 1984- *Sedentas de Sexo; Paraíso da Sacanagem* (cofot. Luis Antonio Oliveira); *A Luta Pelo Sexo*; 1985- *A Praia da Sacanagem*; 1986- *Chi! Cometa; O Jumento Gozador*; 1987- *As Taras de Um Puro-Sangue.*

## CERQUEIRA, JOÃO

Fotógrafo português radicado no Brasil, inicia sua carreira como cinegrafista e depois fotógrafo. Entre 1957 e 1976 trabalha como assistente de câmera, câmera (cinegrafista) e diretor de fotografia.

**Filmografia:** 1957- *Pleito Municipal em São Paulo* (CM) (fot.) (cofot. Isolino Teixeira, Ozualdo Candeias, Leo Pastro, Alexandre Liphner e Diogenes P.Tavares); 1960- *O Grande Ciclo* (CM); 1961/71- *O Último Cangaceiro*; 1963- *Américas Unidas* (cofot. Alfonsos Zibas, Ângelo Cipelli, Augusto Correa Filho, Bill Kostal, Esdras Batista, Giuseppe Romeo, Elio Coccheo, Isolino Teixeira, Joseph Illes e Rivair Marques; 1964- *Cooperativismo* (CM); *Mohair, a Fibra Maravilhosa* (CM); *Viajando para Santa Catarina* (CM); 1965- *Morte Por Quinhentos Milhões* (cofot. João Bourdain de Macedo, Ângelo Cipelli, Isolino Teixeira, Rivair Marques Jordão, Nestor Marques, Pedro Carlos Toloni e Guilhermo Lombardi); 1970- *Sinfonia das Mãos* (CM); 1971- *Parabéns, Gigantes da Copa* (cofot. Sebastião de Souza Lima, Francisco de Sampaio Leite Jr. e Giuseppe Romeo); 1972- *Mulher, Sempre Mulher* (cofot. Giuseppe Romeu); 1976- *Meninas dos Sonhos Demais.*

## CESCONETTO, CHARLES

Charles Odair Cesconetto da Silva nasceu em Florianópolis, em 1967. Gradua-se em Letras pela Universidade Federal de Santa Catarina e estuda fotografia em Poitiers (França) e fotografia cinematográfica avançada em Cuba. Inicia sua carreira de fotógrafo em 1985 no curta produzido em vídeo *Loba*, sob a direção de Mauro Faccioni Filho. A partir de então assina a fotografia de dezenas de curtas e médias como *Ponte Hercílio Luz: Patrimônio da Humanidade* (1996). *Roda dos Expostos* (2000), de Maria Emília de Azevedo, que lhe valeu o prêmio de Melhor Fotografia no Festival de Gramado em 2001, *Fritz Müller* (2009), etc. É professor de fotografia cinematográfica nas Universidades Sul de Santa Catarina e Federal de Santa Catarina, onde cria e coordena o curso de graduação em multimídia digital. Foi presidente da Funcine e da Cinemateca Catarinense. É sócio da Geofilmes Produções Audiovisuais.

**Filmografia:** 1985- *Loba* (CM); 1986- *Família* (CM); *Eis* (CM); *O Espelho* (MM); 1987- *Deende* (MM); 1990- *A Farra do Boi* (CM) (cofot. Cido Marques); *O Voo Solitário* (MM); 1996- *Ponte Hercílio Luz: Patrimônio da Humanidade* (CM) (cofot. Rodolfo Ancona Lopes); 1999- *Caronte e a Baleia* (CM); *Fronteira* (CM); 2001- *Ritinha* (CM); *Roda dos Expostos* (CM); 2002- *A Coroa* (CM); 2003- *Batuque de Pirapora* (CM); *Ei Moleque* (CM); *Imigrantes Italianos no Sul de Santa Catarina; MBYÁ Guarani – Guerreiros da Liberdade* (CM) (dir., fot.); 2005- *Um Tiro na Asa* (CM); 2006- *A Antropóloga* (CM); *Sr. e Sra. Martins* (CM); 2009- *Fritz Müller* (CM); *Mulher Azul* (CM).

## CHAGAS, EDSON

Nasceu em Recife, PE, em 1901. Figura importante do Ciclo do Recife, que durou entre 1924 e 1931. Seu primeiro filme como fotógrafo é *Retribuição*, de 1924 e, na sequência, outros importantes como *Jurando Vingar* (1925) e *Aitaré da Praia* (1927).

Em 1930 funda a Alagoas Filmes, com Guilherme Rogatto e passa a produzir cinejornais. Em meados dos anos 1930 muda para o Rio de Janeiro e fotografa o longa *Maria Bonita* (1937). Afastado do cinema, tenta um retorno em 1950 com o filme *O Poder da Santíssima Virgem*, mas não consegue terminá-lo. Morre em 1958, aos 57 anos de idade.

Filmografia: 1924- *Retribuição* (LM) (fot.); 1925- *Um Ato de Humanidade* (fot.); *Jurando Vingar* (LM) (fot.); *Aitaré da Praia* (LM) (fot.); *Inauguração do Hospital Centenário* (fot.) (cofot. Pedro Neves); 1926- *A Filha do Advogado* (LM) (fot.); *Carnaval Pernambucano de 1926* (dir., fot.); *Herói do Século XX* (fot.); *Uma Viagem de Automóvel pelas Estradas de Rodagem de Pernambuco* (dir.); 1927- *Aitaré da Praia* (LM) (fot.); *Dança, Amor e Ventura* (LM) (fot.); *Chegada do Jau a Recife* (dir., fot.); *Higiene e Densidade* (dir.); *O Bairro do Arruda* (dir.); *O Film do Jahú* (dir., fot.); *Os Progressos da Ciência Médica* (dir., fot.); 1930-*Festa em Comemoração á Passagem do 15º Aniversário da Liga Pernambucana de Desportos Terrestres* (dir.); *Inauguração dos Auto-Ônibus em Recife, pela Pernambuco Tramways* (dir.); *No Cenário da Vida* (LM) (fot.); 1931- *Saída dos Espectadores da Matinée do Cine Capitólio* (fot.); 1937- *Maria Bonita* (LM) (fot.); 1950- *O Poder da Santíssima Virgem* (dir.) (LM) (inacabado).

## CHARLONE, CÉSAR

César R. Charlone Herrera nasceu em Montevidéu, Uruguai, em 1958, mas mora no Brasil desde 1970. Estudou na Escola Superior de Cinema São Luiz, em São Paulo. No início, era assistente de Dib Lutfi e Mário Carneiro, fotógrafos consagrados na época. Em 1973 fotografa seu primeiro filme, o documentário curto *Ensino do Primeiro Grau*, direção de Marco Antonio Cury. Em 1984 estreia na direção, no curta *E Quando Eu Crescer?*, rodado no Brasil, Chile, Uruguai e Argentina, sobre crianças desaparecidas na repressão. Em 1985 fotografa seu primeiro longa, a produção gaúcha *Aqueles Dois*, direção de Sérgio Amon. No final dos anos 1980 vai para Cuba lecionar na escola de San Antonio de Los Baños. Mora em São Paulo desde 1996 e associa-se a Fernando Meirelles, sendo seu diretor de fotografia em todos os seus filmes, principalmente *Cidade de Deus* (2002), indicado ao Oscar de melhor fotografia, premiado em Havana, que lhe abre as portas do mercado internacional. Fotografa para Spike Lee, *Sucker Free City* (2004), para a televisão e em 2007 dirige e fotografa seu primeiro longa, *O Banheiro do Papa*, em parceria com Enrique Fernandez.

Filmografia: 1973- *Ensino do Primeiro Grau* (CM); *A Máquina das Maravilhas* (CM) (cofot. Mário Carneiro); 1984- *E Quando Eu Crescer?* (CM) (dir., fot.); *Hia Sá Sá – Hai Yah!* (CM); *Nada Será Como Antes. Nada?* (CM) (cofot. Zetas Malzoni, Aloysio Raulino e Hugo Kouinster; 1985- *Aqueles Dois*; *O Bom Pastor* (CM); 1986- *O Homem da Capa Preta*; 1988- *Feliz Ano Velho*; 1989- *Doida Demais* (cofot. Antonio Luis Mendes); 1995- *Todos os Corações do Mundo (Two Billion Hearts)* (Brasil/EUA) (cofot. Walter Carvalho, Pedro Farkas, Carlos Pacheco, José Roberto Eliezer e Lúcio Kodato); 1996- *Como Nascem os Anjos*; 2000- *Pierre Fatumbi Verger - Mensageiro Entre Dois Mundos*; 2001- *Palace II* (CM); 2002- *Cidade de Deus*; 2005- *O Jardineiro Fiel (The Constant Gardener)* (Inglaterra/Alemanha); 2006- *O Cavaleiro Didi e a Princesa Lili*; 2007- *O Banheiro do Papa (El Baño del Papa)* (Brasil/Uruguai) (dir., fot.) (codir. Enrique Fernandez); 2007- *Stranded: I've Come From a Plane That Crashed on the Mountains* (França); 2008- *Ensaio sobre a Cegueira (Blindness)* (Brasil/Canadá/Japão); *Blackout* (CM); 2009- *Futebol Brasileiro*.

## CHEUICHE, JACQUES

Jacques Cheuiche Coelho nasceu no Rio de Janeiro, RJ, em 8 de junho de 1959. Seu primeiro trabalho no cinema é em 1982 como assistente de câmera no filme *O Sonho Não Acabou*. Faz seu aprendizado em seguida, ainda como assistente, nos filmes *Pedro Mico* (1985), *Avaeté, Semente da Violência* (1985), *Por Incrível Que Pareça* (1986) e *Com Licença eu Vou à Luta* (1986). Estreia como fotógrafo em 1986 no curta *Brasiliários*, produção brasiliense dirigida por Zuleica Porto e Sérgio Bazi. Em 1990 assina a fotografia de seu primeiro longa, *Stelinha*, de Miguel Faria Jr. A partir de então, passa a ser muito requisitado no Brasil e no exterior, porque em 1994, fotografa o documentário *Tigrero: A Film That Was Never Made'*, de Mika Kaurismaki, com quem voltaria a trabalhar em 2002 em *Moro no Brasil*. Faz interessante parceria com Eduardo Coutinho, para quem fotografa os filmes *Babilônia 2000* (2000), *Edifício Master* (2002), *Peões* (2004), *O Fim e o Princípio* (2005), *Jogo de Cena* (2007) e *Moscou* (2009).

Hoje, com importante filmografia constituída, é respeitado com um dos maiores fotógrafos do cinema brasileiro, ao assinar a fotografia de filmes como *Araguaya – A Conspiração do Silêncio* (2003), de Ronaldo Duque, *Hércules 56* (2007), de Silvio Da-Rin e *Oscar Niemeyer – A Vida é um Sopro* (2007), de Fabiano Maciel. Em 2010 fotografa *Uma Professora Muito Maluquinha* e *Bonitinha Mas Ordinária*.

Filmografia: 1986- *Brasiliários* (CM); 1988- *Dinheiro Invisível* (CM); *Por Dúvida das Vias* (CM); 1990- *Stelinha*; 1990/92- *Conterrâneos Velhos de Guerra* (cofot. Alberto Cavalcanti, David Pennington, Walter Carvalho, Fernando Duarte, Marcelo Coutinho e Waldir de Pina); 1992- *O Destino de Sarah* (inacabado); *O Homem que Disse Não*; 1993- *De Sentinela* (CM); *Na Estrada* (CM); 1994- *A Fila* (CM); *Tigrero: A Film That Was Never Made* (Brasil/Finlândia/Alemanha); *Josué de Castro, Cidadão do Mundo* (MM); 1995- *As Filhas de Iemanjá (Yemanján Tyttäret)* (Brasil/Finlândia) (cofot. Pia Tikka); *Formigas & Tao* (CM); *Seu Garçon Faça o Favor de Me Trazer Depressa* (CM); *Susie Q* (CM); 1996- *Burro Sem Rabo* (CM); *Danske Piger Viser Alt* (Dinamarca) (cofot. Victor Buhler e Toca Seabra); *Janela Para os Pirineus* (CM) (cofot. Lula Araújo); *Pão-de-Açúcar* (CM); *Sambólico* (CM) (Brasil/Finlândia/Alemanha); 1997- *Amores*; *Happy Hours* (CM); 1998- *Hiekkamorsian* (Finlândia); *Não Me Condenes Antes Que Me Explique* (CM) (cofot. Antonio Luis Mendes); *A Pessoa é para o que Nasce* (CM) (cofot. Roberto Berliner); *Tempo das Uvas* (CM); *Uma Aventura do Zico*; 1999- *O Ciclo do Caranguejo* (CM); *Copacabana* (CM) (cofot. Helcio Alemão Nagamine); *O Tronco*; 2000- *Babilônia 2000* (cofot. Daniel Coutinho, Eduardo Coutinho e Geraldo Pereira); *Barra 68 (...Sem Perder a Ternura)* (cofot. André Luiz da Cunha e Marcelo Coutinho); *Harmonia* (cofot. Newland Silva e Francisco Alemão Ribeiro); *Brennand – De Ovo Omnia* (CM) (cofot. Heloísa Passos); *Heróica Natureza*; *O Olho da Rua*; 2001- *O Comendador* (CM) (cofot. Lula Araújo); *A Composição do Vazio* (CM) (cofot. Walter Carvalho e Dante Peló); *Histórias do Olhar* (episódios: *Inveja, Rancor, Medo e Amor*); *Urbânia*; 2002- *Afinição da Interioridade* (CM) (cofot. Renato Carlos e Paulo Violeta); *Despertando para Sonhar* (CM) (cofot. Mustapha Barat); *Edifício Master*; *Mapa da Mina* (CM) (cofot. Mustapha Barat); *Moro no Brasil*; *O Trem dos Carajás* (CM) (cofot. Mustapha Barat); 2003- *Araguaya – A Conspiração do Silêncio* (cofot. Luis Abramo); *Bala Perdida* (CM); *O Diabo a Quatro* (cofot. Pedro Farkas); *Eu Vi o Mundo...Ele Começava em Recife* (CM); *Lunário Perpétuo*; *Mini Cine Tupy* (CM); *A Pessoa é para o que Nasce*; *Tapacurá*; 2004- *Estátua de Lama* (CM) (cofot. Mustapha Barat); *Maria Leontina – Gesto em Suspensão* (CM); *Ópera Curta* (CM); *Peões*; *Quase Dois Irmãos* (Brasil/Chile/França) (cofot. Jacob Solitrenik e Hugo Kovensky); 2005- *Brasileirinho – Grandes Encontros do Choro* (Brasil/Finlândia/Suíça); *Deus Tá Vendo* (CM) (cofot. Mustapha Barat); *O Fim e o Princípio*; *Gaijin – Ama-Me Como Eu Sou* (cofot. Edgar Moura e Eloísa Azevedo Passos); *Penélope* (CM); 2006- *A Noite do Capitão* (CM); *Morro da Conceição*; *Oscar Niemeyer – A Vida é um Sopro* (cofot. Marco Oliveira); *Um Brasileiro no Dia D* (MM); *Um Dia de Circo* (MM); *Hércules 56*; 2007- *O Engenho de Zé Lins* (cofot. Walter Carvalho, Valdir de Pina e J.Carlos Beltrão); *O Homem que Desafiou o Diabo*; *Jogo de Cena*; *Nove de Fevereiro*; *Pindorama – A Verdadeira História dos Sete Anões* (cofot. Beto Martins e Ricardo Castro Lima); 2008- *Juruna, o Espírito da Floresta* (cofot. André Lavenère); *Sentidos a Flor da Pele* (cofot. Paulo Jacinto Reis); *Sonic Mirror* (Suíça/Finlândia/Alemanha); 2009- *Destino* (Brasil/China); *Delito*; *Moscou*; *The Sound of Glarus* (MM) (Alemanha); *Malê Debalê* (CM); 2010- *Uma Professora Muito Maluquinha*; *Bonitinha Mas Ordinária*; *Uma Noite em 67*.

## CIAMBRA, TONY

Antonio Ciambra nasceu em Cosenza, em 1947. Chega a São Paulo em 1958 e começa a fazer experiências em 8mm e 16mm. Em 1967 dirige o curta *O Isqueiro*. A partir de 1974 torna-se fotógrafo profissional e acumula dezenas de filmes, quase todos produzidos na Boca do Lixo paulistana. Em 1977 dirige seu único longa, *O Atleta Sexual*. Nos últimos anos tem trabalhado junto ao produtor e diretor Diomedio Piskator.

Filmografia: 1967- *O Isqueiro* (CM) (dir., fot.); 1974- *Travessuras de Pedro Malazartes*; 1978- *O Atleta Sexual* (dir.); *O Estripador de Mulheres*; 1979- *Os Três Boiadeiros*; *Colegiais e Lições de Sexo*; 1981- *Estações* (CM); *Ginástica, Graça e Beleza* (CM); *A Noite das Depravadas*; *O Sexo e as Pipas* (cofot. Nilton Nascimento e Virgílio Roveda); 1982- *Loucuras Sexuais*; *Fantasias Sexuais*; 1983- *Massage For Men*; *Juventude em Busca de Sexo*; *Bacanal de Colegiais*; 1984- *A República dos Cem Dias* (CM); *Transa Brutal (O Fim da Picada)*; *Taras de Colegiais*; *Sexo em Grupo*; *Anúncio de Jornal*; 1986- *Avesso do Avesso*; 2001- *Amor Imortal*; 2003- *Kuatro Pauliceias*; 2006- *Mauá, de Poemas e de Poetas*; 2007- *Fetos Lívidos*; *Filmando um Filme Independente*; 2008- *Caminhos do Cineclubismo*.

## CIAVATTA, ESTEVÃO

Estevão Ciavatta Pantoja Franco nasceu no Rio de Janeiro, RJ, em 1959. Desde criança se interessa pela natureza, chegando a mudar-se para Viçosa, em Minas Gerais, para cursar Engenharia Florestal, mas abandona o curso para estudar cinema na Universidade Federal Fluminense (UFF), formando-se em 1993.

Em 1991 fotografa seu primeiro filme, o curta *Angoscia*, direção de Pablo Torres Lacal, produzido pela Universidade. No mesmo ano estreia na direção, no também curto *Jurujuba*, em direção coletiva com outros colegas de classe. Ainda nos anos 1990 dirige o curta *Nelson Sargento* (1997), sobre a vida do famoso sambista, produção muito elogiada e premiada. Em 2000 funda a produtora Pindorama, em sociedade com sua esposa, a atriz Regina Casé, com quem é casado desde 1999, a partir do qual dedica-se quase que exclusivamente à televisão, produzindo programas para o *Fantástico* da TV Globo, tendo sua esposa como atração principal. Em 2008 dirige seu primeiro longa, *Programa Casé*, uma homenagem ao grande homem da comunicação Adhemar Casé, avô de Regina.

**Filmografia:** 1991- *Angoscia* (CM) (fot.); *Jurujuba* (CM) (dir.) (codir. Bruno Vianna, José Luis Filho, Marcelo Santiago e Marcos Kahtalian); 1992- *Bahia* (CM) (dir.) (codir. Marcelo Augusto, Julio Cesar Carvalho, Olívia Dornelles, Hélio Hara e Flávio Espíndola); *Perdi a Cabeça na Linha do Trem* (CM) (dir.); 1994- *Dilúvio Carioca* (CM) (dir.); Geraldo Voador (CM) (fot.); 1997- 2007- *O Matrimônio* (CM) (fot.) (cofot. Ralf Tambke);2008- *Programa Casé* (dir., fot.) (cofot.

## COELHO, KÁTIA

Kátia Conceição de Carvalho Coelho quando criança morava em cima do Cine Jamour e o som dos filmes invadia o seu apartamento. Assim começou sua paixão pelo cinema. Faz cinema e mestrado em Fotografia Cinematográfica na Universidade de São Paulo (USP), formando-se em 1983. Inicia sua carreira como assistente de câmera. Fotografa seu primeiro curta em 1979, *Evento Fim de Década'*, em Super-8, sobre evento promovido pela Secretaria de Cultura de São Paulo e na sequência *Folias Siderais* (1980), direção de Regina Redha, produzido também na bitola Super-8 ainda dentro da Universidade. Seu primeiro longa como assistente é *Além da Paixão* (1985), de Bruno Barreto. Foi aluna de Chico Botelho, diretor e fotógrafo paulista falecido precocemente. É considerada a primeira diretora de fotografia no Brasil a dirigir a fotografia de um longa-metragem, *Tônica Dominante* (2000), de Lina Chamie, pelo qual recebe os prêmios APCA e o internacional *Kodak Vision Award*. Segundo Kátia, *o roteiro do filme, escrito pela diretora Lina Chamie, era baseado em imagens e música, o que me permitiu, a partir do roteiro, desenvolver um trabalho essencialmente visual em parceria com a direção*. Atualmente faz *workshops* em festivais, palestras no Educine (SP) e dá aulas de fotografia em cinema e vídeo na Universidade de São Paulo no Curso Superior do Audiovisual. Sua competência e aprimoramento podem ser conferidos em seus dois últimos longas *Corpos Celestes* (2006), de Marcos Jorge e Fernando Severo e *A Via Láctea* (2007), novamente com Lina Chamie.

**Filmografia:** 1979- *Evento Fim de Década* (CM); 1980- *Folias Siderais* (CM); *Maravilhas do Espaço* (CM); 1981- *Aleluia* (CM); *Feliz Ano Novo* (CM) (cofot. Dudu Ferreira); *Jogo de Futebol: Fink Panthers x Gladiadores* (CM); *Índios: Direitos Históricos* (CM) 1981- *Índios: Direitos Históricos* (CM) (dir., fot.) (codir. José Luiz Penna, Alba Figueiroa, André Luiz de Oliveira, Hermano Penna, Francisco Jorge Melo, Ricardo Mendes e Rosa Maria Costa Penna); *Semana de Arte e Ensino* (CM); 1981/82- *Fuzarca no Paraíso* (CM); 1983- *Qualquer Um* (CM); 1985- *Boca Aberta* (CM) (cofot. Aloysio Raulino); *Poema: Cidade* (CM); 1985/90- *Real Desejo* (cofot. Augusto Sevá, José Roberto Eliezer, Aloysio Raulino e Dudu Poiano); 1987- *Carlota/Amorosidade* (CM); 1988- *História Familiar* (CM); *Vento Forte* (CM); 1991- *Novos Rumos: O Pós-Guerra* (CM); 1992- *Chuá* (CM); *O Crime da Imagem* (CM); 1993- *A Era JK* (CM); *Opressão* (CM); *Rio de Janeiro-Minas* (CM); 1994- *Úbere São Paulo* (CM) (cofot. Cláudio Portioli); 1995- *Era Uma Vez o Brasil...* (CM); *Eu Sei que Você Sabe* (CM); *Esperando Roque* (CM); *Felicidade É...* (episódio *O Bolo*); *Nelson* (CM); *That's a Lero-Lero* (CM); 1996- *A Alma do Negócio* (CM); 1997- *Átimo* (CM); *Leo-1313* (CM); 1998- *Kyrie ou o Início do Caos* (CM); *A Mãe* (CM); 1999- *The Book is on the Table* (CM); 2000- *Tônica Dominante*; 2001- *O Casamento de Louise*; 2002- *O Encontro* (CM); *Morte* (CM); 2003- *Infinitamente Maio* (CM); 2004- *Como Fazer um Filme de Amor*; 2005- *Leve-me ao seu Líder* (CM); *Memória Sem Visão* (CM); 2006- *Corpos Celestes; Tori* (CM); 2007- *A Via-Láctea*; 2009- *Rosa e Benjamin* (CM).

## COHEN, LISIANE

Cineasta, atriz e professora. Tem especialização em Produção Cinematográfica e mestrado em Ciências da Comunicação. É professora da Unisinos em diversas disciplinas audiovisuais em diferentes cursos. Possui mais de 20 anos de experiência profissional no mercado de produção, roteiro, direção e atuação na área artística no Rio Grande do Sul, Rio de Janeiro e São Paulo. Produziu diversos trabalhos para cinema e televisão, entre curtas e longa-metragem. É roteirista e diretora de dez filmes. Tem na bagagem diversos prêmios na área de cinema, teatro e televisão. Dirige e fotografa seu primeiro filme em 1986, o curta *Gota de Teatro*, em parceria com Caroline Brehmer e Miriam Schreiner.

**Filmografia:** 1986- *Gota de Teatro* (CM) (dir., fot.) (codir. Caroline Drehmer e Miriam Schreiner); 1987- *Acreditem* (CM) (dir.); 1989- Histórias (CM) (dir.) (codir. Caroline Drehmer); 2001- *El Encuentro* (CM) (dir.); *Por um Fio* (CM) (cofot. Ivana Verle, Karine Bertani e Wagner da Rosa); 2002- *Lixo, Lixo Severino* (CM) (dir.); 2004- *Viajantes* (CM) (dir.); 2005- *Hoje Tem Felicidade* (CM) (dir.).

## COMELLI, CARLOS

Nasceu em Bolonha, Itália. Inicia sua carreira como ator na Itália, atuando ao lado de Francesca Bertini e Italia Manzini. Muda-se para o Brasil em 1916 e participa de alguns filmes como ator. Estreia na direção em 1919 no filme *A Culpa do Pai* e a partir daí dirige e fotografa vários filmes, quase sempre com temas ligados às tradições gaúchas. Não se tem informações de datas sobre seu nascimento e falecimento.

**Filmografia:** 1919- *A Culpa do Pai* (CM) (dir., fot.); *Fazenda Ribeiro Guimarães* (CM) (dir., fot.); 1923- *Carnaval Cantado (Viva o Carnaval)* (dir., fot.); *No Pampa Sangrento (No Pampa Ensanguentado)* (CM) (dir., fot.); 1924- *O Desembarque das Tropas Baianas* (CM) (dir., fot.); 1925- *Centenário da Colonização Alemã* (dir., fot.); *Grêmio F.B. Porto-Alegrense e S.C.Pelotas* (CM) (dir., fot.) (codir. e cofot. Ítalo Mangeroni; 1927- *Um Drama nos Pampas* (dir., fot.).

## COMELLO, PEDRO

Nasceu em Novara, Itália, em 1874. Depois de morar no Cairo, chega ao Brasil, mais especificamente Cataguases, Zona da Mata Mineira, em 1914. Homem de mil habilidades, músico, pintor, professor de línguas e fotógrafo, monta, em sua residência, um ateliê de fotografia, quando conhece Humberto Mauro, já interessado em emulsões e revelação de fotos fixas. Os dois tornam-se muito amigos e passam a frequentar quase diariamente o Cine-Teatro Recreio. Resolvem fazer um filme, de ficção, na bitola 9,5mm, *Valadião, o Cratera*, que Mauro dirige e Comello fotografa. No mesmo ano Comello estreia na direção, no filme *Três Irmãos*, em que Mauro é o ator principal, mas o filme fica inacabado. Depois de vários filmes sem conclusão, em 1927 desentende-se com Mauro durante a realização de *Thesouro Perdido* e desliga-se da Phebo Brasil Film, fundando sua própria companhia, a Atlas Film, que produz somente um filme, o curta *Senhorita Agora Mesmo*, em 1928, após o qual, abandona o cinema e volta ao seu ateliê fotográfico. Morre em 19 de agosto de 1954, aos 80 anos de idade. Sua filha, Eva Comello, torna-se atriz e musa dos filmes de Mauro e Comello, conhecida pelo nome artístico de Eva Nil.

**Filmografia:** 1925- *Valadião, o Cratera* (cofot. Humberto Mauro); *Três Irmãos* (dir., fot.) (filme inacabado); 1926- *Na Primavera da Vida* (fot.); *Os Mistérios de São Mateus* (dir.) (inacabado); 1927- *Thesouro Perdido* (cofot. Humberto Mauro e Bruno Mauro); 1928- *Senhorita Agora Mesmo* (CM) (dir., fot.).

## COOPER, ADRIAN

Nasceu em Devon, Inglaterra, em 1945. Em Londres, forma-se em Artes Plásticas, Cinema e Televisão. Inicia sua carreira de fotógrafo em 1969 nos Estados Unidos, México, Chile, Peru e Brasil, país que adota em 1975. Radicado em São Paulo, seu primeiro filme no Brasil é o média *Libertários*, de 1976, direção de Lauro Escorel Filho. Entre 1980 e 1986 foi sócio da Tatu Filmes e em 1983 dirige e fotografa o curta *Chapeleiros*, premiado em inúmeros países. Assina a fotografia de filmes importantes como *O País dos Tenentes* (1987), de João Batista de Andrade, *O Fio da Memória* (1991), de Eduardo Coutinho, *No Rio das Amazonas* (1996), de

Ricardo Dias, etc. A partir dos anos 1990 dedica-se também a direção de arte como em *Memórias Póstumas* (2001), de André Klotzel, *Batismo de Sangue* (2006), de Helvécio Ratton, *O Menino da Porteira* (2009), de Jeremias Moreira Filho, entre outros.

Filmografia: *1972- Poesía Popular: La Teoria y La Práctica* (CM) (Chile); *Los Minuteros* (CM) (Chile); *La Expropiación* (MM) (Chile); *Almoloya de Juárez* (CM) (México); 1976- *Libertários* (MM); 1978/83- *Santo e Jesus, Metalúrgicos (MM) (cofot. Claudio Kahns e Zetas Malzoni)*; 1979/1990- *O ABC da Greve*; 1980- *Sete Quedas* (CM); *O Sonho Não Acabou (Teatro Libertário)* (CM); 1981- *A Primeira Conclat* (CM) *(dir., fot.) (codir. e cofot. Peter Overbeck)*; *Jânio – 20 Anos Depois* (MM); *A Araucária: Memória da Extinção* (CM); 1982- *A Escala do Homem* (CM); *Imigração Polonesa no Paraná* (CM); *Vida e Sangue de Polaco* (MM); *Shell 2 (Competência Técnica; Comportamento Humano; Dinâmica de Grupo; O Cargo de Assessor de Vendas; Orientação Técnica; Segurança; Serviço de Posto na Cidade; Serviço de Posto na Estrada; Técnicas de Consultoria; Técnicas de Marketing)*; *1932/1982 – A Herança das Ideias* (MM); *Tribunal Bertha Luz (cofot. Chico Botelho e Zetas Malzoni)*; 1983- *Chapeleiros (CM) (dir., fot.); Chile: By Reason or by Force (Chile: Por La Razón o la Fuerza)* (CM) (Brasil/EUA); 1984- *A Longa Viagem* (CM); *O Auto-Retrato de Bakun* (MM); *Em Nome da Segurança Nacional (cofot. Cesar Herrera e José Roberto Eliezer)*; 1986- *A Cor da Luz* (CM); *A Bicharada da Doutora Schwartz* (CM); *Ícaro* (CM); *Meninas de um Outro Tempo* (CM); 1987- *O País dos Tenentes*; 1988- *A Terra Proibida (The Forbidden Land)* (MM) *(cofot. Mário Carneiro e Gustavo Hadba)*; 1989- *Orí* (MM) *(cofot. Chico Botelho, Cláudio Kahns, Hermano Penna, Jorge Bodanzky, Pedro Farkas, Raquel Gerber e Waldemar Tomas)*; 1990- *No Tempo da Segunda Guerra* (CM); *Mondjäger (Alemanha)*; 1990/1994- *Beijo 2348/72*; 1991- *Malaria Vacine* (CM); *O Fio da Memória; Parem as Queimadas* (MM) *(cofot. Brian Sewel)*; *São Paulo, SP (Holanda)*; 1994- *Jaguadarte* (CM); *Século XVIII: A Colônia Dourada* (CM); *A Espanha de Maria* (MM) *(cofot. André Macedo)*; 1995- *No Rio das Amazonas; História do Futuro* (CM); 1996- *Brevíssima História das Gentes de Santos* (CM); 1997- *Anahy de Las Misiones; Antártida, o Último Continente* (MM) *(cofot. Monica Schmiedt); Os Camaradas (Die Genossen)* (CM); 1999- *Fé (cofot. Carlos Ebert)*; 2000- *A Negação do Brasil* (cofot. Cleumo Segond); *A Invenção da Infância* (CM) *(cofot. Alex Sernambi)*; 2001- *Malagrida*; 2002- *Mistura e Invenção* (cofot. Carlos Ebert e José Guerra); 2003- *Candiru.doc* (MM) (cofot. Adriana Lohmann); 2004- *Contra Todos* (cofot. Daniel Soro e Newton Leitão); *Cabra-Cega*; 2005- *Em Trânsito*.

## CORPANNI, MARCELO

Marcelo Corpanni de Andrade nasceu em São Paulo, SP, em 1963. Forma-se ator em 1985 e é no teatro que começa seu interesse por iluminação e fotografia. Estreia como assistente, na peça *Rinoceronte*, de Ivan Feijó, produção de Antunes Filho. Em 1988 começa a trabalhar na EB Filmes como assistente de Rui Ribeiro da Luz e depois na Última Filmes na área de efeitos especiais, assistente de montagem, direção e fotografia. Estreia como diretor de fotografia no curta *Dedos de Pianista*, produção gaúcha dirigida por Paulo Nascimento. Em seguida firma parceria com Guel Arraes em três longas, *Contos de Lygia* (1999), *Os Cristais Debaixo do Trono* (2000) e *Contos de Natal* (2001). Por sua fotografia em *Tainá, Uma Aventura na Amazônia* (2001), de Tânia Lamarca e Sérgio Bloch, recebe o prêmio no V Brazilian Film Festival of Miami. Assina a fotografia de dois filmes do renomado diretor Sérgio Bianchi, *Quanto Vale ou é Por Quilo?* (2005) e *Os Inquilinos* (2009). Nos últimos anos tem se dedicado muito à direção de fotografia de videoclipes de bandas famosas como *Os Racionais, Pitty, Capital Inicial, CPM 22*, etc. Em 12 anos de carreira no cinema publicitário, já fotografou mais de 400 comerciais. Em 2010 estará em cartaz com o filme *O Doce Veneno do Escorpião*, que retrata a vida a ex-prostituta Bruna Surfistinha.

Filmografia: 1997- *Dedos de Pianista* (CM); 1999- *Contos de Lygia*; 2001- *Os Cristais Debaixo do Trono; Contos de Natal; Tainá, Uma Aventura na Amazônia*; 2002- *Ex-Inferis* (CM); 2004- *Cada Um Com Seus Problemas* (CM); 2005- *Quanto Vale ou É Por Quilo?*; 2009- *Os Inquilinos*; 2010- *O Doce Veneno de Escorpião*.

## COSTER, FERNANDO

Nasceu em São Paulo, SP, em 12 de outubro de 1971. Diretor, roteirista, montador, diretor de fotografia e animador. Estuda Letras pela Universidade de São Paulo (USP), sem concluir e é aluno ouvinte do curso de cinema da ECA-USP. De 1988 a 1991 é assistente de animação do diretor e animador Cao Hamburger, passando a ser seu assistente de direção. Estreia na direção em 1991 no curta *Leonora Down*, em codireção com Flávia Alfinito e Christiano Metri. Seu segundo curta, *Amassa Que Elas Gostam*,

uma mistura de animação com ficção, é premiado por mais de 20 vezes no Brasil e exterior. Realiza os videoclipes *Trailer* (1995), do grupo Unidade Móvel e *Pra Dar Liga* e *Mutant Break*, ambos de 2003, do grupo DJ Malocca. De 1991 a 2002 é animador (*stop-motion*), tendo realizado mais de 60 trabalhos entre comerciais de TV, vinhetas e séries. Assistente de direção de diversos curtas como *Domingo no Campo* (1994), de André Sturm e *A Alma do Negócio* (1996), de José Roberto Torero. Em 2004 realiza o *making of* do longa-metragem *Amarelo Manga*, do diretor pernambucano Claudio Assis e em 2006 *Vertebrando-se*, documentário sobre *Crime Delicado*, de Beto Brant. Também montador com diversos filmes no currículo, com destaque para o curta *Preciosa*, de Eliane Coster, o média *Eu Vou de Volta* (2007), de Camilo Cavalcante e Claudio Assis e os longas *A Última Palavra é a Penúltima* (2010), de Evaldo Mocarzel e *Por El Camino* (2010), de Charly Braun. Em 2005 é um dos diretores de fotografia do premiado longa-metragem *Serras da Desordem*, direção de Andrea Tonacci, pelo qual ganha o Kikito de Melhor Fotografia no Festival de Gramado, em 2006.

Filmografia: 1991- *Leonora Down* (CM) (dir.) (codir. Flávia Alfinito e Christiano Metri); 1995- *Trailer* (CM) (dir.); 1998- *Amassa Que Elas Gostam* (CM) (dir.); 2004- *Making Of Amarelo Manga* (MM) (dir., fot.); *Registrávicos* (fot.); 2005- *Serras da Desordem* (cofot. Aloysio Raulino e Alziro Barbosa); 2006- *Vertebrando-se* (MM) (dir., fot.); 2007- *Zumbi Somos Nós* (MM) (dir.) (dir. coletiva Frente 3 de Fevereiro); 2009- *Hochtijd – Casamento Pomerano* (fot.) (cofot. Thais Taverna).

## COSULICH, GUIDO

Guido Cosulich De Pecine nasceu em Veneza, Itália, em 1938, onde estuda no Centro Sperimentale de Cinematografia. Em seu país, dirige a fotografia de mais de 100 documentários. Muito jovem fotografa seu primeiro curta, *Abbasso Il Zio*, de Marco Bellocchio, e no ano seguinte seu primeiro longa, *La Vita Provvisoria* (1962), de Enzo Battaglia e Vincenzo Gamna, depois *I Misteri di Roma* (1963), direção coletiva, entre eles Cesare Zavattini, etc. Paulo Cesar Saraceni, após o sucesso do curta *Arraial do Cabo*, em 1959, realiza uma série de contatos com cineastas e profissionais italianos, entre eles Bernardo Bertolucci e Guido, que anos mais tarde é convidado a fotografar *O Desafio* (1965) para Paulo Cesar Saraceni, tendo como operador de câmera nada mais nada menos que Dib Lutfi. Sua filmografia no longa-metragem é curta, mas importante, com filmes do quilate de *Macunaíma* (1969), de Joaquim Pedro de Andrade e *Leão de Sete Cabeças* (1971), de Glauber Rocha. Sobre a fotografia de *Macunaíma*, Carlos Ebert faz o seguinte comentário no artigo *Desafio da Luz Tropical*, disponível no *site* da ABC, em que reproduzimos trecho: *(...) Um ponto de equilíbrio entre estas duas correntes é o trabalho do italiano Guido Cosulich no filme* Macunaíma *1969, de Joaquim Pedro de Andrade. Ali o emprego da cor se destaca como elemento expressivo da narrativa cinematográfica. Um toque tropicalista e uma ligeira superexposição, temperam a efusividade das cores propostas pela direção de arte e pelo figurino. Mas, como uma herança da fase anterior preto e branca do movimento, persiste nos interiores o uso de muita luz rebatida e difusa, um fill light dominante que achata o sujeito contra o fundo, e que será uma característica da fotografia de muitos dos filmes coloridos produzidos nos anos 70 e 80 (...)*. Atualmente Guido mora em Roma.

Filmografia: 1961- *Abbasso Il Zio* (CM); 1962- *La Vita Provvisoria* (Itália); 1963- *Gli Eroi Di Ieri Oggi Domani* (Jasmin) (Itália); *I Misteri di Roma* (Itália); 1965- *O Desafio; Idoli Controluce* (Itália); 1968- *Morire Gratis* (Itália); 1969- *Macunaíma* (cofot. Afonso Beato); *Brasil Ano 2000*; 1971- *O Leão de Sete Cabeças (Der Leone Have Sept Cabeças)* (Brasil/Itália).

## COUTINHO, MARCELO

Marcelo de Braz Coutinho nasceu em Recife, PE, em 31 de dezembro de 1955. Forma-se em TV e Cinema pela Faculdade de Comunicação da Universidade de Brasília – UnB, em 1979. Em

1976 fotografa seu primeiro filme, o curta *Seu Ramolino*, direção de Marcos Mendes, produzido na bitola 16mm e em 1987 assina a fotografia de seu primeiro longa, *Romance*, de Sérgio Bianchi. Em 1991 recebe seu primeiro prêmio de fotografia, no Festival de Brasília, pelo curta *Rota ABC*, de Francisco César Filho. Desenvolve também carreira acadêmica, como diretor e professor do Departamento de Iluminação da The Academia Brasileira de Vídeo, SP, de 1985 a 1990. Ministra curso de extensão de Fotografia de Cinema e Iluminação em Vídeo pela Universidade de Brasília (UnB), em 1990. Inicia sua carreira na televisão em 1993 como diretor de fotografia do programa infantil *Castelo Rá-Tim-Bum*, direção de Cao Hamburger. Em 1997 fotografa a série *Frutas Brasileiras*, em 11 episódios, veiculada pela TV Educativa. Atua também na área de teledramaturgia nas séries *Retrato Falado*, *Copas de Mel*, *Anos de Glória*, *Álbum de Casamento* e *Contando História*, da TV Globo/núcleo Guel Arraes, todas protagonizadas pela com atriz Denise Fraga e direção de Luis Villaça, de 1999 a 2004, produzidas em São Paulo, com uma só câmera, representaram experiência pioneira em captação digital e pós-produção nos Estúdios Mega, padrão que passou a ser adotado por toda a teledramaturgia da emissora. Atualmente responde pela direção de fotografia da TV Brasil, emissora pública. Novamente com Sérgio Bianchi, assina a fotografia do longa *Cronicamente Inviável*, em 2005 e depois *Barra 68* (2005), de Vladimir Carvalho.

**Filmografia:** 1976 - *Seu Ramolino* (CM); *Carolino Leobas* (CM); 1977 - *Escrevendo Certo por Linhas Tortas* (CM); 1978 - *Conversa Paralela* (CM); 1980 - *Papa Lá Que Eu Papo Cá* (CM) (cofot. Tuker Marçal); 1982- *Cruviana* (CM); 1984 - *Exu-Piá, Coração de Macunaíma* (cofot. José Sette de Barros e Flávio Ferreira); 1985 - *A Mensagem do Profeta* (CM); 1986 - *Queremos as Ondas do Ar!* (CM); 1987 - *Mais Luz* (CM); *Romance* (LM); 1988 - *A Caixinha do Amor* (CM); *Bruxa e Fada* (CM); *Romance* (LM); 1990 - *Hip-Hop, SP* (CM); 1990/92- *Conterrâneos Velhos de Guerra* (LM) (cofot. Alberto Cavalcanti, David Pennington, Fernando Duarte, Jacques Cheuiche, Walter Carvalho e Waldir de Pina); 1991- *Michaud* (CM); *O Canto da Terra* (MM) (dir., fot.) (codir. e cofot. Paulo Rufino e Walter Carvalho); *Rota ABC* (CM); 1994 - *O Efeito Ilha* (LM); 1997- *Grafite, 35mm* (CM); 1999/2003- *O Som, as Mãos e o Tempo* (MM); 2005- *Cronicamente Inviável* (LM)(cofot. Antonio Penido); *Barra 68* (LM) (...*Sem Perder a Ternura*) (cofot. André Luiz da Cunha e Jacques Cheuiche).

## CRAVO NETO, MÁRIO

Nasceu em Salvador, BA, em 20 de abril de 1947. É filho do escultor Mário Cravo Jr., que o introduz à arte da escultura e da fotografia aos 17 anos. Realiza suas primeiras experiências em pintura, escultura e fotografia em Berlim, Alemanha, em 1964, retorna ao Brasil em 1965 e em 1968 se estabelece em Nova York onde se forma na Art Students League (Liga de Estudantes de Arte), sob a orientação do artista Jack Krueger. Em 1970 participa da XII Bienal de São Paulo com uma grande instalação e performance alimentada por mostras de fotografia em preto e branco e colorida voltada para a cultura afro-brasileira. Na década de 1970 atua como fotógrafo de cinema, trabalhando em filmes como *A Lenda de Ubirajara* (1975), de André Luiz de Oliveira. Nessa mesma época realiza alguns filmes em Super-8 como *Lua Diana* (1972) e *Luz e Sombra* (1976). Publica os livros *Salvador* com 180 fotografias coloridas de página inteira com texto de Jorge Amado, Padre Antonio Vieira e Wilson Rocha e *Laróyé*, com 140 fotografias em cores e texto de Edward Leffingwell e Mário Cravo Jr. Morre em 9 de agosto de 2009, em Salvador, BA, de câncer.

**Filmografia:** 1972- *Lua Diana* (CM) (dir., fot.); 1975- *A Lenda de Ubirajara*; 1976- *Luz e Sombra* (CM) (dir., fot.); 1979- *Gato/Capoeira* (CM) (dir., fot.); *Iyá-Mi Agbá – Mito e Metamorfose das Mães Nagô (Arte Sacra Negra II)* (MM); 1981- *Ulla* (CM); 1985- *Frankie e Alberto* (CM); 1987- *Maria das Castanhas* (CM).

## CRESCENTI, LEONARDO

Leonardo Crescenti Neto nasceu em São Paulo, SP, em 1954. Começa a fotografar em 1974, desenvolvendo pesquisas que resultaram em exposições de fotografia agrupadas sob títulos temáticos como *Texturas*, *Paisagens* e *A Pedra Ouve o Vento Passar*. Depois realiza documentação de peças teatrais,

espetáculos de dança, obras de arte, arquitetura, indústria e fotografia publicitária, especializando-se na fotografia de produtos. Forma-se arquiteto pela Faculdade de Arquitetura e Urbanismo da USP (FAU-USP) em 1978, ano que passa a dedicar-se à fotografia estática e dinâmica, inicialmente no mercado publicitário e em seguida no cinema de curta-metragem. Faz experiências em Super-8 com o amigo Carlos Porto de Andrade Jr. O Primeiro filme nessa bitola assinado pelos dois é *Arquitetura da Mentira*, em 1978. Com seus filmes, obtém 21 prêmios nacionais, 14 internacionais, 28 participações *hors-concours*, incluindo três participações na Quinzena dos Realizadores no Festival de Cannes, França, em 1982 com os filmes *Grátia Plena* (1980) e *Corações Marinhos* (1981), e em 1983 com o filme *Saudade*. Nos últimos anos tem se dedicado ao cinema publicitário.

**Filmografia:** (curtas-metragens, direção e fotografia, na bitola Super-8, em parceria com Carlos Porto de Andrade Jr.): 1978- *Arquitetura da Mentira; A Primavera de Praga*; 1979- *Ovo de Colombo: Caravelas*; 1980- *Gratia Plena*; 1981- *Corações Marinhos; Ninguém te Ouvirá no País do Indivíduo*; 1982- *História Passional: Hollywood, Califórnia* (codir. tb. Louis Chilson); *Saudade*; 1983- *Rosa de Maio* (curtas-metragens, direção e fotografia, produzidos em vídeo): 1984- *Esqueci o que Sinto* (VHS); 1985- *Meu Desejo é Cansaço (U-Matic)*; 1986- *A Pedra Ouve Passar o Vento* (U-Matic). (direção de fotografia, curtas-metragens produzidos em película cinematográfica): 1989- *Expiação* (35mm) (cofot.. Tonico Mello e Carlos Hebert); 1996- *Doente do Pulmão* (16mm); *Bom Coração* (35mm); 1997- *Coração Denunciador* (35mm); 1998- *E no Meio Passa um Trem* (35mm).

## CUNHA, ANDRÉ LUIS DA

Nasceu em Uberlândia, MG, em 1961. Chega a Brasília em 1965, com a família, com apenas quatro anos de idade. Chega a estudar engenharia elétrica em Uberlândia, mas não conclui. Gradua-se em Comunicação, com ênfase em cinema, pela Universidade de Brasília (UnB), em 1994. Seu primeiro filme como fotógrafo é *O Último Ato* (1991), direção de Joaquim Saraiva. No ano seguinte estreia como diretor no média *Expedição Vilhena-Vialou*. Seu primeiro longa como fotógrafo é *Barra 68* (2001), de Vladimir Carvalho, em parceria com Marcelo Coutinho e Jacques Cheuiche, mas sua carreira é direcionada aos curtas e médias, ora dirigindo, ora fotografando, constituindo ao longo de 20 anos de carreira uma sólida filmografia. Recebe inúmeros prêmios de fotografia, com destaque para o *Candango* em Brasília, 2002, pelo curta *O Perfumado*. *Tatu de Prata* na Bahia por *Os Cinco Naipes*, 2004 e III Prêmio Fiesp/SESI do Cinema Paulista pelo longa *A Concepção*, em 2007. É sócio-proprietário da produtora Start Filmes.

**Filmografia:** 1991- *O Último Ato* (CM); 1992- *Boca de Ouro* (MM); *Expedição Vilhena-Vialou* (MM) (dir., fot.); 1993- *Yoranáwa – Gente de Verdade* (MM) (dir., fot.); 1994- *A Casa da Floresta* (MM); *INPA, 40 Anos* (MM); 1995- *Ami-Jitsu* (MM); *Áporo* (MM) (dir., fot.) (cofot.. Fernando Duarte e André Benigno); *Pintura Corporal* (MM); 1996- *Ariano Suassuna-Aula Espetáculo* (MM); *Graciliano Ramos, o Mestre Graça* (MM) (dir.); *O Ritual das Flautas* (MM); *Saforai* (MM); *Zum Zum (Com os Pés no Futuro)* (CM); 1997- *Cinco Filmes Estrangeiros* (CM); 1999- *Um Estrangeiro em Porto Alegre* (CM); 2000- *Sinistro* (CM); *Outros* (CM); *Dois Filmes em Uma Noite* (CM); 2001- *Baseado em Fatos Reais* (CM); *O Jardineiro do Tempo* (CM); *Barra 68* ("...*Sem Perder a Ternura*") (cofot. por Marcelo Coutinho e Jacques Cheuiche); 2002- *O Perfumado* (CM); 2003- *Cinco Naipes* (CM); *João* (CM); *Sketches* (CM); *O Prisioneiro da Grade de Ferro (Auto-Retratos)* (cofot.. Aloysio Raulino); *Subterrâneos; Um Pingado e Um Pão Com Manteiga* (CM); 2004- *4x4* (CM); *A Oitava Cor do Arco-Íris; Diário Vigiado* (CM); 2005- *A Espera da Morte* (CM) (dir., fot.); *A Concepção* (cofot.. André Lavènere); *O Anjo Alecrim* (CM); 2006- *O Homem* (CM); 2007- *Dia de Visita* (CM) (dir., fot.) (cofot. Ricardo Pinelli); *O Barão do Rio Branco* (CM) (dir., fot.); *O Telefone de Gelo* (CM); *Paralelos* (CM); *Pau-Brasil* (CM) (dir., fot.); *Sapain* (CM); *Simples Mortais*; 2008- *Brasília, Título Provisódio* (CM); *Depois da Queda* (CM); *Dois Coveiros* (CM); *Ñande Guarani (Nós Guarani)* (cofot. Ricardo Pinelli); *Tentáculos* (CM); 2009- *Angélica Acorrentada* (CM); *Hóspedes* (CM); *Procura-se* (CM); 2010- *A Última Estrada da Praia; Food; O Filho do Vizinho* (CM).

## CUNHA, KIKA

Valeska Rodrigues da Cunha forma-se em cinema pela Fundação Armando Álvares Penteado (FAAP) no início dos anos 1990. Inicia sua carreira no cinema como segunda assistente de câmera em *Tieta* (1996), de Cacá Diegues. Operadora de câmera em *Amor & Cia.* (1998), *Sabor da Paixão (Woman on Top)* (EUA) (2000),

*Quincas Berro D'Água* (2010) e *Nosso Lar* (2010). Como diretora de fotografia estreia em 2005 no curta *O Segredo*, de Luis Antonio Pereira. Tem destacada atuação também no cinema publicitário nacional e internacional, em dezenas de comerciais. Em 2008 assina a fotografia de dois curtas *Osório* e *Mãe*.

**Filmografia:** 2005- *O Segredo* (CM) (cofot. Flávio Zangrandi); 2006- *Amélio, o Homem de Verdade;* 2008- *Osório* (CM); *Mãe* (CM).

## CZAMANSKI, IVO

Ivo Ilário Czamanski nasceu em Santo Ângelo, RS, em 21 de abril de 1942. Descende de uma família de fotógrafos, o pai, Daniel Czamanski foi proprietário da Foto Moderna, famoso e tradicional ateliê fotográfico de Passo Fundo, RS, pertencente à família até os dias de hoje. Inicia sua carreira na área do audiovisual em 1959, na antiga TV Piratini, onde permanece até 1964. Depois foi câmera de jornais cinematográficos, técnico de laboratório, montagem, som e roteiro, na empresa Produtora Leopoldis Som. Em 1967 estreia no cinema como câmera no filme *Coração de Luto*, primeiro filme também do cantor Teixeirinha, de quem torna-se muito amigo. Segue como câmera em outras produções gaúchas *Pára, Pedro!'*(1969), *Não Aperta Aparício* (1970), *Gaudêncio, o Centauro dos Pampas* (1971), etc. Estreia como diretor de fotografia no curta *Poema para uma Cidade*,em 1971. Seu primeiro longa é justamente para o cantor Teixeirinha no filme *Ela Tornou-se Freira*, de 1972, para quem ainda faria *Teixeirinha a Sete Provas* (1973) e *Pobre João* (1975), a partir do qual dedica-se somente a curtas-metragens, retornando ao longa em 2008, no filme *Netto e o Domador de Cavalos*, de Tabajara Ruas. É vencedor do prêmio de melhor fotografia em 2007 no título *O Desvio*, da série Histórias Curtas, da RBS TV. Em 2009, recebe Homenagem Especial no 37º Festival de Cinema de Gramado, do qual está presente desde sua primeira edição, em 1973. Atualmente é diretor do Instituto Estadual de Cinema (IECINE) e professor de fotografia da Unisinos, professor na disciplina direção de fotografia, membro do Conselho Estadual de Cultura, Presidente da Associação dos Amigos do IECINE (AAMIECINE) e Coordenador das Salas de Cinema da Casa de Cultura Mário Quintana, além de membro da Academia do Núcleo dos Especiais da RBS e jurado e membro do Festival de Cinema de Gramado.

**Filmografia:** 1971- *Poema Para Uma Cidade* (CM); 1972- *Ela Tornou-se Freira; 1973- A Morte Não Marca Tempo; Enquanto os Anjos Dormem* (CM); *Teixeirinha a Sete Provas;* 1975- *Pobre João; Semana Farroupilha* (CM) (cofot. Carlos Bianchi); 1978- *Uma Cidade Jovem* (CM); 1979- *Domingo de Gre-Nal (Amor e...Bola na Rede);* 1980- *Graff Zeppelin* (CM); *Paralelo 30* (CM) (dir., fot.); 1988- *Legal Paca; Vicious* (CM); 1995- *O Velório de Jac* (CM); 1998- *Paulo e Ana Luiza em Porto Alegre* (CM); 2001- *Snake* (CM); 2004- *Sintomas* (CM); 2007- *A Tragédia da Rua da Praia* (CM); *O Canibal de Erechim* (CM); *Um Aceno na Garoa* (CM); 2008- *Netto e o Domador de Cavalos; O Desvio* (CM).

# D

**Filmografia:** 1949- *Iracema*; 1950- *Écharpe de Seda*; 1951- *Ai Vem Barão*; *Barnabé, Tu És Meu* (cofot. Edgar Brasil); *Meu Dia Chegará*; 1952- *Os Três Vagabundos*; *A Mulher do Diabo*; *Carnaval Atlântida*; *Areias Ardentes*; *Amei um Bicheiro*; 1953- *A Carne é o Diabo*; *A Dupla do Barulho*; 1954- *Guerra ao Samba*; *Matar ou Correr*; *Malandros em Quarta Dimensão*; *Nem Sansão Nem Dalila*; 1955- *O Golpe*; *O Primo do Cangaceiro*; 1956- *Colégio de Brotos*; *Com Água na Boca*; *Vamos com Calma*; 1957- *Com Jeito Vai*; *De Pernar pro Ar*; *Metido a Bacana*; 1958- *E o Bicho Não Deu*; *Pé na Tábua*; *Sherlock de Araque*; 1959- *Espírito de Porco*; *Garota Enxuta*; *Maria 38* (cofot. Konstantin Tkaczenko, Ugo Lombardi e Afonso Viana); *Massagista de Madame*; *Mulheres à Vista*; 1960- *Entrei de Gaiato*; *Pistoleiro Bossa Nova*; *Tudo Legal* (cofot. José Rosa); *Vai que é Mole*; 1961- *Briga, Mulher & Samba*; *Mulheres, Cheguei!*; *Os Três Cangaceiros*; *O Dono da Bola*; *O Viúvo Alegre*; *Um Candango na Belacap*; 1962- *Os Cosmonautas*; *Bom Mesmo é Carnaval*; *Assalto ao Trem Pagador*; 1963- *Bonitinha Mas Ordinária*; *Boca de Ouro*; *O Homem que Roubou a Copa do Mundo*; *Quero essa Mulher Assim Mesmo*; 1964- *O Beijo* (cofot. Tony Rabatoni e Alberto Attili); *Pão de Açúcar (Instant Love)* (Brasil/EUA).

## D'ATRI, MAURIZZIO

Maurizio D'Atri nasceu em Messina, Itália, em 16 de Setembro de 1959. É graduado no Centro di Formazione Professionale per il Cinema e la TV (Milão), com cursos de especialização na Itália, Áustria e Brasil. Inicia sua carreira em 1988 como *cameraman* da RAI – Radio Televisone Italiana, desenvolvendo serviços com equipe externa de atualidade e para o telejornal, ano em que estreia como fotógrafo, num comercial chamado *Chinon*, rodado em 35mm, sob a direção de Claudio Papalia. Em 1993 dirige a fotografia de seu primeiro filme, o curta *Vera*, de Riccardo Giudici. Depois de larga experiência como cinegrafista da RAI, chega ao Brasil em 1996 a convite para realizar uma série de documentários pela produtora Fita Gomada Produções Artísticas, no Rio de Janeiro, sendo seu primeiro trabalho, como operador de câmera do curta *Vox Populi*, de Marcelo Lafitte. Seu primeiro longa é *Expedição em Busca dos Dinossauros*. Paralelamente à sua carreira de diretor de fotografia, de 1997 a 2004 é professor de Noções Básicas de Fotografia Para Cinema, na Universidade Estácio de Sá, em 2006 ministra aulas no âmbito do projeto *Cultura Viva*, promovido pelo Ministério da Cultura e em 2007 no programa *Formação Para Cinegrafistas*, para o Departamento de Jornalismo da TV Globo e desde janeiro de 2009 dá aulas de audiovisual para o Projeto Jovem, promovido pela TheCo2 Crisis Opportunity de Roma, em parceria com a comunidade da Rocinha do Rio de Janeiro.

**Filmografia:** 1993- *Vera I* (CM) (Itália); 1994- *Luna 8* (Itália); 1996- *Road Joke* (Itália); *La Vita Segreta Dei lemuri* (CM) (Itália); 1998- *Manaus: Folia Amazônica* (CM); *Belém Portal da Amazônia* (CM); 1999- *A Onda de Pedra* (CM); *Serra do Cipó* (CM); 2000- *A Truta* (CM); *Mangueira de Amanhã* (CM); *Os Outros* (CM); 2001- *Fuzarca* (CM); *Rio de Cinemas* (MM); 2002- *Porão* (CM); 2003- *Expedição em Busca dos Dinossauros* (dir., fot.) (codir. João Carlos Nogueira e Leonardo Edde e cofot. Marcos Menescal); *Festival do Rio* (CM) (Itália); *Cinema Brasileiro Contemporâneo* (CM) (Itália); *Porão* (CM); 2004- *Festivais de Cinema do Rio* (CM) (Itália); *La Sottile Linea Brasiliana* (CM) (Itália); 2005- *Mãe Baratinha* (CM); *Marketing Político* (CM); 2006- *João Saldanha* (CM); *Teia Cultura Viva* (CM); 2007- *Cultura Viva* (CM).

## DAISSÉ, AMLETO

Nasceu na Itália, em 1906. Inicia sua carreira de fotógrafo na Itália, como câmera de Ugo Lombardi, ambos pertenciam à equipe de icardo Fredda. Quando este veio ao Brasil dirigir *Caçula do Barulho*, trouxe Ugo, que foi fotógrafo do filme e Amleto como câmera. Ambos por aqui ficaram, desenvolvendo notável carreira. O primeiro filme de Amleto como fotógrafo no Brasil é *Iracema*, de 1949, direção de Vittorio Cardinalli e Gino Talamo. Na Atlântida, assume o posto de Edgar Brasil, que se desligara da companhia, para entrar na história como parceiro inseparável de Carlos Manga em inúmeras chanchadas como *Dupla do Barulho* (1953), *Matar ou Correr* (1954), *Colégio de Brotos* (1956) etc. Depois na Herbert RIchers, continua sua carreira de sucesso em *Espírito de Porco* (1959), com Zé Trindade, *Um Candango na Belacap* (1961), com Ankito, *O Dono da Bola* (1961), com Ronald Golias. Em 1962 é diretor de fotografia de seu mais importante filme, *Assalto ao Trem Pagador*, de Roberto Farias. Morre em 1964, aos 56 anos de idade.

## D'ÁVILA, JANICE

Diretora de fotografia e diretora de Arte paulista. Inicia sua carreira em 1994 como diretora de arte no curta *Instruções para Dar Corda no Relógio*, de Eliane Coster. No ano seguinte, cofotografa outro curta, *Jogos de Azar*, de Paulo Bocatto, em parceria com Elizabeth Keiko. Assistente de câmera em filmes importantes como *Árido Movie* (2005), de Lírio Ferreira, *Mutum* (2006), de Sandra Kogut, *Misteryos* (2008), de Beto Carminatti e Pedro Merege e *Linha de Passe* (2008), de Walter Salles e Daniela Thomas. Seu primeiro longa como diretora de fotografia é o experimental *O Fim da Picada* (2008), direção de Christian Saghaard.

**Filmografia:** 1995- *Jogos de Azar* (cofot. Elizabeth Keiko); 1998- *Bom pra Você* (CM); *O Desenho Inacabado* (cofot. Malu Dias Marques); 2003- *Demônios* (CM) (cofot. Christian Saghaard); *O Esbarrão e a Resposta* (CM); 2008- *O Fim da Picada*; *Páginas de Menina* (CM); *Vida*.

## DAVIÑA, FELIPE

Raul Felipe Leopoldo Daviña nasceu na Argentina. Diretor de fotografia de cinema e publicidade, inicia sua carreira no cinema como assistente de câmera no filme *Os Amantes da Chuva* (1979), de Roberto Santos, função que desempenha em filmes importantes como *Os Anos JK – Uma Trajetória Política* (1980), de Silvio Tendler, *O Beijo no Asfalto* (1981), de Bruno Barreto, *Pixote* (1981) e *O Beijo da Mulher Aranha* (1985), ambos de Hector Babenco etc. Estreia como diretor de fotografia em 1989 no curta *Nasce a República*, de Roberto Moreira. Em 1997 assina a fotografia do excelente documentário *O Cineasta da Selva*, de Aurélio Michiles, sobre a vida do pioneiro cineasta amazonense Silvino Santos. Desde 2007 mora em Cachoeira, BA, com a esposa

**Filmografia:** 1989- *Nasce a República* (CM); 1992- *Modernismo: Os Anos 20* (CM); *Oswaldianas (episódio: A Princesa Radar)*; 1993- *O Cão Louco Mário Pedrosa* (CM); 1995- *La Lona* (CM) (cofot. Márcio Langeani); 1996- *Atraídos* (CM); *Irmãos de Navio* (MM); 1997- *O Cineasta da Selva*.

## DEHEINZELIN, JACQUES

Jacques Denis Marc Deheinzelin, nasceu em Hirson, França, em 21 de janeiro de 1928. Forma-se em fotografia de cinema pelo Institut des Hautes Études Cinématographiques (IDHEC). Ainda na França, dirige a fotografia de vários curtas documentais como *Tandem a Trois*, *Ensino Técnico*, *Museu de Louvre*, *Os Pintores Impressionistas*, *As Praias de Desembarque na Normandia*, além de filmes publicitários para a Texaco, indústrias de confecção francesas e Sociedade de Aplicações Cinematográficas (SDAC). Realiza ainda *L'or de La Creuse*, filme de propaganda para a Federação das Colônias de Férias, interpretado por crianças. A chamado de Alberto Cavalcanti, chega ao Brasil em 1950 para ser operador de câmera no filme *Caiçara*, primeiro filme da Companhia Cinematográfica Vera Cruz. Na Maristela, a convite de Marinho Audrá, dirige e fotografa o documentário *O Cinema Nacional em Marcha* (1951), que mostra as atividades da companhia. Dirige a fotografia de seu primeiro longa em 1952, *Modelo 19*, depois, *A Carrocinha* (1955), de Agostinho Martins Pereira, seu último longa. Até meados dos anos 1960 dirige e fotografa documentários institucionais em São Paulo, através de sua produtora, a Jota Filmes. A partir do final dos anos 1950, dedica-se à política cinematográfica: em 1957, é um dos fundadores da Associação dos Técnicos e Artistas Cinematográficos do Estado de São Paulo (ATACESP) e Associação dos Produtores da Indústria Cinematográfica (APICESP), é membro da Comissão Municipal de Cinema, em 1955, da Comissão Estadual de Cinema, em 1956, membro do Grupo de Estudos da Indústria Cinematográfica (GEIC), presidente da Associação Brasileira de Produtores de Filmes de Curta-Metragem em 1960, presidente do Sindicato da Indústria Cinematográfica do Estado de São Paulo, em 1962 etc. É nomeado secretário de Planejamento do Instituto Nacional de Cinema em 1970, participa como relator da Comissão Interministerial para Regulamentação da Profissão de Artista e Técnicos em espetáculos e para regulamentação da Programação de Televisão em 1971. De 1972 a 1982 dedica-se a projetos de residências e às pesquisas econômicas. Em 1982 é secretário-executivo da APRO e em 1990 secretário-executivo e presidente da Associação Brasileira das Produtoras de Fonogramas Publicitários (APRASOM). Funda e é presidente da ABDC (Associação Brasileira dos Diretores de Comerciais).

**Filmografia:** 1951- *O Cinema Nacional em Marcha* (CM) (dir., fot.); 1952- *Modelo 19 (O Amanhã Será Melhor); Volta Redonda* (CM); 1953- *Luzes nas Sombras;* 1955- *A Carrocinha;* 1959- *Numa Cidade do Brasil* (CM) (dir., fot.); *Pastilhas Valda* (CM) (dir., fot.); 1962- *Investir Para Progredir.* (CM) (dir.); 1964- *Brasil Exporta* (CM) (dir., fot.); 1965- *Cooperação com o Produtor* (CM) (dir., fot.); *Cooperativa de Consumo* (CM) (dir., fot.); *Criança Defeituosa* (CM) (dir., fot.); *Luz Nas Trevas (CM)* (dir., fot.); 1970- *Anhembi Sinal Verde* (CM) (fot.) (cofot. Roberto Buzzini, Waldemar Lima e Alberto Attili).

## DEL PICCHIA, JOSÉ

Nasceu em Florença, Itália, em 1883. É irmão do escritor Menotti Del Picchia e pai do cineasta Victor Del Picchia. Foi dono de cinema em Pouso Alegre e Santa Rita do Sapucaí. Em São Paulo, entre 1923 e 1925 trabalha no cinejornal *Sol e Sombra*. Estreia na direção em 1920 no curta *Santa Rita*. No final dos anos 1920 associa-se ao filho Victor e ao cineasta Luiz de Barros na produtora Syncrocinex. Faz a fotografia do primeiro filme sonoro brasileiro, *Acabaram-se os Otários*. Seu último filme é o drama *Mágoa Sertaneja* (1931), sob a direção de Wallace Downey. Morre em 1933, aos 50 anos de idade.

**Filmografia:** 1920- *Santa Rita* (CM) (dir., fot.); 1924- *A Meltralha no Sertão Paulista (O Trem da Morte)* (dir.); 1927- *Abnegação do Gentio* (dir.); *Bem-Te-Vi* (CM) (dir., fot.); *Mocidade Louca* (cofot. Thomáz de Tulio); 1929- *Acabaram-se os Otários; Uma Encrenca no Olimpo;* 1930- *Canções Brasileiras* (CM); 1931- *Mágoa Sertaneja* (CM).

## DEL PICCHIA, VICTOR

Nasceu em Pouso Alegre, MG. É filho do produtor e fotógrafo José Del Picchia. Em 1926 estreia como fotógrafo no filme *Depravação*, em parceria com Luiz de Barros. Ao final dos anos 1920 é sócio do pai e do próprio Lulu de Barros na Syncrocinex, que, entre outras coisas, teve o mérito de produzir o primeiro filme sonoro brasileiro, *Acabaram-se os Otários*. Com Lulu, produz, dirige e fotografa vários filmes, alguns para comediantes famosos da época como Genésio Arruda e Tom Bill. Em 1943 dirige seu último filme, *Modelar Assistência aos Psicopatas'* Não se tem conhecimento das datas de nascimento e falecimento.

**Filmografia:** 1926- *Depravação* (cofot. Luiz de Barros); 1928- *O Crime da Mala* (LM); *Ódio Aplacado* (LM); 1929- *Uma Encrenca no Olimpo* (LM) (dir.); 1930- *Canções Brasileiras* (dir.); *Lua-de-Mel* (cofot. Luiz de Barros); *Minha Mulher me Deixou; O Babão* (LM); *Messalina* (LM) (cofot. Luiz de Barros); *Sobe o Armário* (cofot. Luiz de Barros); *Tom Bill Brigou com a Namorada* (cofot. Luiz de Barros); 1931- *Alvorada de Glória* (MM) (dir., fot.) (codir. Luiz de Barros); *Amor de Perdição* (LM) (dir.); *Campeão de Futebol* (LM); 1936- *O Carnaval Paulista de 1936*

(dir., fot.) (codir. Lima Barreto); 1938- *O Centenário da Freguesia de São João da Boa Vista* (dir., fot.) (codir. Lima Barreto); 1939- *Águas da Prata* (dir., fot.); *A Pecuária do Vale do Paraíba* (dir., fot.); *Às Margens do Sepetuba* (dir., fot.); *A Higienização do Leite em São Paulo* (dir., fot.); *Bandeira Anhanguera* (LM) (dir.); *Prata – Estância de Repouso* (dir., fot.); 1943- *Modelar Assistência aos Psicopatas* (dir., fot.).

## DEL PINO, YANKO

Nasceu em Araranguá, SC, em 1960. Em 1978, em Curitiba, realiza experiências na bitola Super-8 e começa a frequentar a Cinemateca Guido Viaro. Seus primeiros filmes em Super-8 são *Ex-Pantalho* (1980) e *Rei Cavalar* (1981). Em 1980 ingressa na Unisinos e cursa jornalismo, além de desenvolver atividades de extensão universitária relacionadas à produção audiovisual e estagiar na Video-PUC em Porto Alegre, promovendo sessões de cineclube no DCE e no Centro Livre de Cultura em São Leopoldo. Em 1986 muda-se para Brasília para produzir e dirigir cinema e vídeo. Atua em campanhas políticas, institucionais, comerciais, educativo etc. Presta serviços à Universidade de Brasília, ao Banco do Brasil, à Companhia de Água e Esgotos Caesb, à ONU- PNUD, ao Governo do Distrito Federal, a Partidos Políticos e a vários ministérios, estatais e autarquias. Atua em regime de *free lance* em várias produtoras do Distrito Federal. Desde 1995 vive entre o Rio de Janeiro e Curitiba. Possui sólida filmografia principalmente na produção e direção de documentários institucionais.

**Filmografia:** *1980- Ex-Pantalho* (CM) (dir., fot.); 1981- *Rei Cavalar* (CM) (dir., fot.); 1983- *A Sede de Poder Um Dia Morder a Carne Dessa Mulher* (CM) (fot.); *Comportamento Calibre 38* (CM) (dir., fot.); 1985- *O Presidente dos Estados Unidos* (CM) (fot.); 1987- *Habitações Populares* (CM) (dir., fot.); 1988- *Despoluição do Lago Paranoá* (CM) (dir.); *Eutrofização, o que é isso Professora?* (CM) (dir.); *Estação de Tratamento de Esgoto* (CM) (dir.); 1989- *Low Bear S/A* (CM) (dir.); *Resistência de Marechal* (CM) (dir.); *Universidade Construindo o Saber e a Cidadania* (CM) (dir.); *Viu como Funciona minha Empresa* (CM) (dir.); 1990- *Edifícios Inteligentes* (CM) (dir.); *Paisagens Brasileiras* (CM) (dir.); *Segurança de Voo* (CM) (dir.); 1991- *Áreas de Proteção Ambiental* (CM) (fot.); 1992- *Cor* (CM) (dir.); *Para não Entrar pelo Cano!* (CM) (dir.); 1993- *A TV que Virou Estrela de Cinema* (dir.) (codir. Marcio Curi); *Manicômio* (CM); *Inconsciência* (CM); 1994- *Ilhas de Excelência* (CM); *Jaíba* (CM) (dir.); *Padct* (CM) (dir.); *Sangue & Pudins* (CM); 1995- *Borboleta ou Mariposa* (CM); *Quadrinhos* (CM); *Quadro a Quadro* (CM); *Theatro* (CM); *Sete Anos* (CM); 1996- *Campanhas Antifumo* (CM) (dir.); 1997- *Rubens Corrêa* (CM) (dir., fot.) (codir. e cofot. André Andries); 1998- *Ecologia* (MC) (dir.); *Ecossistemas Brasileiros* (CM) (dir.); *Desenvolvimento Sustentável* (CM) (dir.); *Ministério Público do Distrito Federal e Territórios* (CM) (dir.); *Ministério Público do Rio de Janeiro CM)* (dir.); *Retratos e Borboleta* (CM) (dir.); *Sistema Nacional de Áreas Protegidas* (CM) (dir.); 2001- *Supermercado Zona Sul* (CM) (dir.); 2002- *Célula Urbana* (CM); *Museu da Providência* (CM) (dir.); 2003- *Diálogos Estéticos e Inclusão* (CM) (dir., fot.) (codir. e cofot. André Andries); 2006- *Deu no Jornal* (CM) (dir.); 2008- *Beijo na Boca Maldita* (CM) (dir.).

## DELLA ROSA, RICARDO

Nasceu em São Paulo, SP, em 13 de novembro de 1968. Forma-se em cinematografia pela UCLA- Universidade da Califórnia, Los Angeles, EUA, em 1992. Seu primeiro trabalho como fotógrafo de cinema é no curta *Recife de Dentro pra Fora*, de Kátia Messel, em 1997, recebe o prêmio de melhor fotografia de curta-metragem em Recife e Gramado. No longa, assina filmes de sucesso como *Olga* (2004), de Jayme Monjardim, melhor fotografia pela ABC, *Casa de Areia* (2005), de Andrucha Waddington, vencedor do Sapo de Bronze no Camerimage 2006, Polônia, no ACIEF 2006 e nomeado para Melhor Fotografia no Sattelite Awards 2006, *O Passado* (2007), de Hector Babenco e *À Deriva* (2009), de Heitor Dhalia, que lhe rende vários prêmios de fotografia como Havana (Cuba), Grande Prêmio do Cinema Brasileiro, Prêmio ABC etc. Trabalha também com intensidade no cinema publicitário, ao realizar centenas de comerciais para empresas do porte da Grendene, Toyota, Volkswagen, Coca-Cola etc. Nesse segmento, recebe dois prêmios ABC – Associação Brasileira de Cinematografia pelos comerciais *Pepsi – Andes (*2004) e *Xingu* (2007). Com os videoclipes das bandas *Sepultura (Bullet In The Blue Sky)* (2002), recebe o Prêmio ABC 2002 e o VMB - Vídeo Music Brasil – MTV e *Paralamas do Sucesso (Onde Quer que Eu Vá',* o prêmio ABC 2003. Em 2010 está nas telas com *Lope,* novo filme de Andrucha Waddington, produzido pela Conspiração Filmes. Com 15 anos de carreira, é um dos fotógrafos mais conceituados da nova geração pós-retomada.

**Filmografia:** 1997- *Recife de Dentro pra Fora* (CM); 2002- *Outros (Doces) Bárbaros; Os Paralamas do Sucesso – Longo Caminho;* 2004- *Olga;* 2005- *Casa de Areia;* 2006- *Maria Bethânia – Pedrinha de Aruanda* (cofot. Flávio Zangrandi, Fábio Sagattio e Dudu Miranda); 2007- *O Passado (El Pasado)* (Brasil/Argentina); 2009- *À Deriva; 2010- Lope* (Brasil/Espanha).

## DINIZ, VITO

Vitor Diniz Netto nasceu em Salvador, BA. Vive em Roma por oito anos, onde monta estúdio fotográfico nos anos 1960. De volta ao Brasil, em 1969 inicia carreira de fotógrafo de cinema, sendo sua estreia no hoje *cult Meteorango Kid, o Herói Interplanetário*. Participa ativamente do movimento baiano a partir dos anos 1970 ao fotografar dezenas de curtas e longas. Morre na segunda metade dos anos 1990.

**Filmografia:** 1957- *Cangerê: Uma Fantasia Musical* (dir.); 1961- *Paquetá* (CM) (dir.); 1969- *Meteorango Kid, o Herói Interplanetário; Magarogipinho* (CM); 1971- *Akpalô; Universidade da Bahia – 25 Anos Depois* (CM) (dir., fot.); *Vila do São Francisco do Conde* (CM) (dir., fot.); 1972- *Magarefe* (CM) (dir., fot.); *O Anjo Negro; O Mundo Mágico do Doutor Kristophores* (CM); *Visão Apocalíptica do Radinho de Pilha* (CM); 1973- *Pelourinho* (CM) (dir., fot.); 1974- *Simetria Terrível ou Mecânica de João Câmara* (CM); 1974/1975- *Gran Circo Internacional* (CM) (dir.); 1975- *A Commercial Vila dos Lençóis* (CM) (dir., fot.); 1977- *Brennand: Sumário da Oficina Pelo Artista* (CM); *Festa de São João no Interior da Bahia* (CM) (cofot. Edgar Moura e Martin Schafer);1978- *Canudos* (cofot. Julio Romiti e Aloysio Raulino); 1979- *A Face Oculta* (CM); *Bumba-Meu-Boi da Vida (Pereira Reconta)* (CM); *Encontro de Arte Popular do Nordeste* (CM) (dir.); *Oh, Segredos de uma Raça* (CM) (cofot. Rucker Vieira); 1979/1980- *As Últimas Mentiras* (CM); 1980- *Arco e Flexa* (CM); *Cantos Flutuantes* (CM); *Crianças de Novo Mundo* (CM); 1982- *A Musa do Cangaço* (CM); *Transplante de Embriões* (CM); 1983- *Oropa, Luanda e Bahia* (CM); 1986- *A Lenda do Pai Inácio* (CM); *Estrelas de Celulóide* (CM); *Fibra* (CM); *Lin e Katazan* (CM); 1987- *Calazans Neto: Mestre da Vida e das Artes* (CM); *Evocações...Nelson Ferreira* (CM); *A Nova Canaã* (CM); *Porque Só Tatuí?* (CM); 1988- *Anil* (CM); *Kiriri – o Povo Calado* (CM); *Trajetória do Frevo* (CM) (cofot. Pedro Semanovschi); *O Último Boleiro no Recife* (CM); 1989- *A Mulher Marginalizada* (CM) (cofot. Edson Santos e Celso Campinho); *Adeus Rodelas* (CM); *Sorrir* (CM); 1990- *A Chuva que Vem do Chão* (CM); 1995- *Uma Vocação* (CM); 1996- *Capeta Carybé* (CM).

## DUARTE, B.J.

Benedito Junqueira Duarte nasceu em 1910. Começa a se interessar por fotografia aos dez anos, ao morar com um tio em Paris, onde reside de 1921 a 1928. Retorna a São Paulo e começa a trabalhar como repórter fotográfico. Em 1935 é convidado pelo escritor modernista Mário de Andrade, então chefe do Departamento de Cultura da Prefeitura de São Paulo, para gerenciar a recém-criada seção de iconografia. Além de organizar o acervo, também tem a função de fotografar as atividades do departamento e as obras públicas realizadas para modernizar a capital paulista. No período em que por lá permanece registra 2.691 fotografias, retratando momentos importantes de São Paulo como a construção do estádio do Pacaembu, os túneis 9 de Julho, a Av. Rebouças etc. Fotógrafo de visão apurada e sensibilidade aguçada, convive com alguns dos maiores nomes da fotografia da primeira metade do século 20. B.J também publica crítica cinematográfica no *Estadão* (1946/1950), no Grupo Folha (1956/1965) e na revista *Anhembi* (1950/1962). A partir de 1937, com o filme *Parques e Jardins de São Paulo*, produzido pelo Departamento Municipal de Cultura, começa a produzir documentários educativos-científicos realizados inicialmente sobre aspectos da cidade e depois, e principalmente, na Faculdade de Medicina da Universidade de São Paulo (USP), inaugurando o cinema médico-científico no Brasil. Em 1946 funda, com amigos, o 2º Cineclube de Cinema, que realiza exibições e debates. Realiza algo em torno de 600 filmes, entre 1936 e 1974, recebe 49 prêmios nacionais e internacionais. Deixa vasta produção artística e intelectual de indiscutível valor para São Paulo e para o Brasil. Morre em 1995 aos 85 anos de idade. Em 2007 é lançado o livro *B.J.Duarte: Caçador de Imagens*, com 214 fotografias e em 2009, *Críticas de B.J.Duarte*, organizado por Luiz Antonio Souza Lima de Macedo, pela *Coleção Aplauso*, Imprensa Oficial do Estado de São Paulo.

**Filmografia:** (parcial): 1937-*Departamento Municipal de Cultura* (dir., fot.); 1939-*Relíquias Históricas de São Paulo* (dir., fot.); 1940- *Banquete Elegante* (fot.); *Retificação do Rio Tietê* (dir., fot.); 1940/1949- *Campeões de Ginástica* (dir., fot.); 1941-*Habitação Econômica* (dir., fot.); 1941-*Parques e Jardins de São Paulo* (dir., fot.); 1943-*Jóias da Floresta* (dir., fot.); *Orquídeas do Brasil* (dir.); *São Paulo de Ontem 1863... e São Paulo de Hoje 1943* (dir., fot.); 1943/1944- *Viagem ao Redor de São Paulo* (dir., fot.); 1944- *Parques e Jardins de São Paulo* (dir.); *Pequenas Cenas de Uma Cidade Grande* (fot.); 1946- *Festa do Divino em Nazaré Paulista* (dir., fot.); 1947-*Festa da Primavera no Parque Infantil Benedito Calixto* (fot.); *Noiva da Colina* (fot.); 1947/1951- *Caxias* (fot.); 1949- *Apêndicectomia* (dir.); *Esofagectomia por Câncer* (dir.); *Esplenectonia* (dir.); *Gastroduodenectomia* (dir.); *Ligação do Ducto Arterioso* (dir.); *Lobectomia* (dir.); *O Dia do Urbanismo em São Paulo* (dir.); *Pericardite Constritiva* (dir.); *Pneumonectomia Total* (dir.); *Retosigmoidectomia* (dir.); 1950- *Anastomose Porto-Cava* (dir.); *Aneurisma Arterio-Venoso* (dir.); *Decorticação Pulmonar* (dir.); *Habitação Operária* (dir.); *Intervenção Endoscópica* (dir.); *Plástica da Sindactilia* (dir.); *Plástica do Lábio Leporino* (dir.); *Pneumonectomia Total* (dir.); *Pneumonectomia Total Direita, por Câncer Brocogênico* (dir.); *Propaganda Política nas Eleições de 1950* (dir.); *Retração Cicatricial do Pescoço* (dir.); *Retração Cicatricial do Tórax* (dir.); *Rinoplastia* (dir.); 1951-*Aferição de Tonômetros* (dir.); *Amputação Inter-Escapulo-Mano-Toráxica* (dir.); *Angiocardiografia e Aortografia* (dir., fot.); *Coarctação da Aorta* (dir.); *Enxerto Cutâneo em Queimados* (dir.); *Enxerto Cutâneo Toráxico* (dir.); *Hérnia de Disco* (dir.); *Laringectomia* (dir.); *Lucas Nogueira Garcez* (dir., fot.); *Tratamento Cirúrgico do Megaesôfago* (dir.); 1952- *A Metrópole de Anchieta* (dir., fot.); *Aortografia* (dir.); *Câncer de Cólon* (dir.); *Colecistectomia III* (dir.); *Extirpação de Hemangioblastoma do Lobo Frontal* (dir.); *O Fator Rh* (dir.); *Hemocolectomia Esquerda com Anastomose* (dir.); *Laringectomia por Câncer* (dir.); *Ressecção do Reto* (dir.); *Sigmoidectomia – Técnica de Mikulicz Modificada* (dir.); *Tratamento Cirúrgico da Pericardite Constritiva* (dir.); *Tratamento Cirúrgico da Tetralogia de Fallot* (dir.); *Tratamento Cirúrgico do Megacólon* (dir.); 1953- *A Pavimentação com Solo-Cimento da Pista de Rolamento da Base Aérea de Umbica* (fot.); *A Pavimentação com Solo-Cimento do Trecho Presidente Prudente-Pirapozinho* (fot.); *Aneurisma da Aorta Abdominal* (dir.); *Artroplastica em Fratura do Colo do Fêmur* (dir.); *Catarata* (dir.); *Cirurgia da Catarata* (dir.); *Enucleação Cineplástica* (dir.); *Gastrectomia por Úlcera* (dir.); *Gastroduodenectomia Parcial* (dir.); *O Jockey* (dir., fot.); *Ressecção Parcial do Ileo Por Ileite Regional* (dir.); 1954- *Alergias* (dir.) *Atualizações das Anestesias* (dir.); *Cesárea Abdominal* (dir.); *Cesárea Transperitoneal* (dir.); *Documentário sobre São Paulo* (dir.); *Fissurectomia* (dir.); *Um Lençol de Algodão* (dir., fot.) (cofot. Oswaldo Cruz Kemeny); *Ósteo-Síntese Infra-Medular* (dir.); *O Pão Nosso...* (dir.); *Propedeutica e Cirurgia das Varizes do Membro Inferior* (dir.); *Parques Infantis da Cidade de São Paulo* (dir., fot.) (cofot. Oswaldo Cruz Kemeny); *Safenectomia* (dir.); *Tireoidectomia Sub-Total* (dir.); *Tireoidectomia Total* (dir.); *1955-Amputação Abdomino Perinal do Reto* (dir.); *Lábio Leporino Bilateral* (dir.); *Lábio Leporino Unilateral* (dir.); *O Micróbio Mata um Homem* (dir.); *O Pão Nosso* (dir.); *Plástica de Retração Cicatricial por Queimadura* (dir.); *Retosigmoidectomia* (dir.); *Retração Cicatricial* (dir.); *Rinoplastia na Sífilis* (dir.); 1956-*Associação Comercial de São Paulo* (dir.); *Dacriocistorrinostomia* (dir.); *Queratectomia Superficial* (dir.); *Queratoplastia* (dir.);1957- *Cateterismo* (dir.); *Hemorróidas* (dir.); *Sinal de Alarme* (dir., fot.); *Transplante do Cólon Transverso ao Ânus, Com Conservação do Esfinter* (dir.); 1958-*Cesárea Segmentar* (dir.); *Coração-Pulmão Artificial em Cirurgia Experimental* (dir.); *O Menino e o Trator* (dir.); *Obras Públicas no Estado de São Paulo* (dir., fot.); 1959-*Aneurisma da Aorta* (dir.); *Cirurgia da Tetralogia de Fallot* (dir.); *Cirurgia do Ducto Arterioso Persistente* (dir.); *Exame Neurológico do Recém-Nascido Normal* (dir.); *Operação de Brock na Tetralogia de Fallot* (dir.); *Tratamento Cirúrgico da Estenose Mitral* (dir.); *Tratamento Cirúrgico da Síndrome do Escaleno* (dir.); 1960- *Blastomicose Sul-Americana* (dir., fot.); *Cirurgia da Estenose Mitral* (dir.); *Correção Cirurgica de Defeito Septo-Inter-Auricular (dir.); Gastrectomia Transtorácica* (dir.); *Lipectomia* (dir.); *Plástica da Mama* (dir.); *A Saúva* (dir., fot.); 1961-*Cardioplastia, Operação de Heller* (dir.); *Eletricidade para São Paulo* (dir.); *Esofagectomia Transmediastinal Anterior* (dir.); *Gastrectomia* (dir.); *Lábio Leporino e Fissura Palatina* (dir.); *Metodização Cirúrgica* (dir.); 1962- *Cirurgia Cardíaca sob Visão Direta com Circulação Extra-Corpórea* (dir.); *Duodenectonia* (dir.); *Histerectomia Total Abdominal* (dir.); *Lábio Leporino* (dir.); *Megacólon* (dir.); *Nas Ruas e Avenidas de São Paulo* (dir.); *Nefroplexia – Técnica Pessoal* (dir.); *Reconstrução Total do Pavilhão Auricular* (dir.); *Ressecção Anterior do Reto com Anastomose Término-Terminal Imediata* (dir.); *Tireoidectomia* (dir.); *Transplantação do Cólon Transverso* (dir.); *Tratamento Cirúrgico do Megaesôfago* (dir.); 1963- *Cirurgia do Megaesôfago – Técnica de Wendel* (dir.); *Enxerto de Pele* (dir.); *Histerectomia* (dir.); *Histerectomia Prolapso-Uterino* (dir.); *Laringectomia Total* (dir.); *Observação Direta no Indivíduo Vivo de Papila Ileo-Ceco-Cólica e do Funcionamento do Piloro Ileo-Ceco-Cólico* (dir.); *Orientação para o Tratamento das Esofagites, das Estenoses e Atresias Cicatriciais do Esôfago* (dir.); *Rato, Animal de Laboratório* (dir.); *Ressecção de Câncer Adiantado do Maxilar* (dir.); *Sonda Coaxial na Anestesia* (dir.); *Teratologia* (dir.); *Uma Escola de Médicos* (dir.); 1964-*Escola para Educação Integral do Menor Incapacitado* (dir.); *Gastroduodenectomia Parcial* (dir.); *Hipospadia; Operação de Swenson Estrabismo Paralítico* (dir.); *Semiologia Neurológica n° 1 - Movimentos Involuntários Anormais* (dir., fot.); *Semiologia Neurológica n° 2 - Alterações da Marcha* (dir., fot.); *Simpatectomia Lombar* (dir.); *Tratamento de Queimados* (dir.); 1965- *A Desidratação na Criança* (dir.); *Amebíase (Esquistossomiase)* (dir.); *Câncer do Reto* (dir.); *Colangiografia Operatória* (dir.); *Coração Pulmão Artificial na Cirurgia Intra-Cardíaca* (dir.); *Cuidados ao Prematuro* (dir.); *Eletroencefalografia* (dir.); *Eletroestimulação* (dir.); *Hemorróidas (Sutura de Mamilos)* (dir.); *Método Psico-Profilático de Preparo ao Parto* (dir.);*Tratamento Cirúrgico do Megacólon Congênito* (dir.); 1966- *Craniectomia da Fossa Posterior* (dir.); *Esôfago-Laringo-Coloplastia* (dir.); *Filtração do Sangue Preservado* (dir.); *Procidência do Reto – Tratamento pela Sacro-Promontofixação do Reto* (dir.); *Prostatectomia Transvesical com Fechamento Imediato da Bexiga* (dir.); *Ressuscistação Cárdio-Pulmonar Massagem Cardíaca-Externa* (dir.); *Via de Acesso Transtorácica* (dir.); 1967- *Emprego da Pele Total na Neutuboplastia* (dir.); *Emprego da Quemitecina Sucinato em Endodontia* (dir.); *Esplenectomia por Anemia Esferocítica Constitucional* (dir.); *Gastrectomia Subtotal a Billroth* (dir.); *Hipospadia do Terço Anterior do Pênis* (dir.); *Otoplastia* (dir.); 1968- *Colocistoplastia* (dir.); *Cruzada da Saúde Mental* (dir.); *Propedêutica e Clínica Neurológica* (dir.); *Ressecção Etmoido-Maxilar* (dir.); 1969- *Bases Técnicas do Tratamento Cirúrgico da Epilepsia* (dir.,fot.); *Extração do Cisticerco Livre* (dir.); *Hérnia Inguinal Direita* (dir.); *Iridoescrerectomia da Lagrange* (dir.); *Nova Orientação no Tratamento da Hipertensão Porta – Operação Lemos Torres-Degni* (dir.); *Técnica de Coledoscostomia em Casos de Litíase do Coledoco* (dir.); *Transplante Cardíaco Humano* (dir.); *Tratamento Cirúrgico da Hérnia do Hiato Esofageano* (dir.); *Tratamento Cirúrgico do Divertículo Faringo-Esofageano* (dir.); *Vasoepidimostomia* (dir.); 1970- *A Ciência contra a Esquistossomose* (dir., fot.); *Esofagectomia Parcial* (dir.); 1972-*Cretinismo Endêmico em Goiás* (dir., fot.); *Sob a Proteção de São Francisco (dir., fot.)*; 1974-*Revascularização Direta do Miocárdio* (dir., fot.); *Substituição de Valva Cardíaca por Valva de Dura-Mater* (dir., fot.).

## DUARTE, FERNANDO

Fernando Rocha Duarte nasceu no Rio de Janeiro, RJ, em 1937. Em 1961, como cineclubista, frequenta o cineclube da Cinemateca do MAM e trabalha no jornal acadêmico *O Metropolitano*, ao lado de Carlos Diegues, David Neves, Paulo Perdigão etc. Nessa época é convidado para fazer a câmera, ser o auxiliar de Ozen Sermet no filme *Cinco Vezes Favela* e logo fotografa seu primeiro curta, *Aldeia* (1963), direção de Sérgio Sanz. No mesmo ano Carlos Diegues o chama para ser o fotógrafo do então seu primeiro longa, *Ganga Zumba*, e assim vê sua carreira deslanchar, tornando-se, ao lado de Mário Carneiro, dos mais importantes fotógrafos do Cinema Novo. Em 1964 foi o fotógrafo da primeira fase do filme *Cabra Marcado para Morrer*, de Eduardo Coutinho, finalizado somente em 1984. Em 1970 muda-se para Brasília para ser professor da Universidade de Brasília, ao lado de Vladimir Carvalho. Retorna ao Rio de Janeiro em 1975. Dirige, em 1971, dois curtas: *Fecundação Humana* e *Ponto de Encontro*, este último em parceria com Rubens Richter. Nos anos 1980 e 1990 fotografa filmes importantes como *Luz Del Fuego* (1981), *Terra para Rose* (1986), *A Terceira Margem do Rio* (1993/1994), entre outros.

**Filmografia:** 1963- *Aldeia* (CM); 1964- *Ganga Zumba*; 1965- *A Grande Cidade*; 1966- *Alcântara: Cidade Morta* (CM); *Amazonas, Amazonas* (CM); *Maranhão 66 - Posse do Governador José Sarney* (CM); *Quadro (2º episódio do longa Fábulas)*; 1967- *O Velho e o Novo* (cofot. Carlos Egberto e José Carlos Avelar); *Venha Doce Morte* (CM); 1968- *Dezesperato*; 1968/1974- *Itinerário de Niemeyer* (CM); 1969- *A Vida Provisória*; 1970- *Brasília Ano Dez* (CM); *Tostão, a Fera de Ouro*; *Vestibular 70 (CM)* (fot.) (cofot. Heinz Forthmann e Miguel Freire); 1971- *Fecundação Humana* (CM) (dir., fot.); *Polivolume: Ponto de Encontro* (dir., fot.) (codir. Rubens Richter); 1972- *O Espírito Criador do Povo Brasileiro* (CM); 1973- *O Curso do Poeta* (CM); 1976- *Mutirão* (CM); *Soledade*; 1977- *Esse Rio Muito Louco* (episódio: *Fátima Todo Amor*); *O Caso Ruschi* (CM); *Os Doces Bárbaros*; *Barra Pesada* (cofot. José Medeiros); 1978- *Catiti, Catiti* (CM); *Na Boca do Mundo*; 1979- *Morte no Exílio* (CM); *Pão ou Pães é Questão de Opiniães* (CM); 1980- *Certas Palavras* (cofot.. Pedro Farkas); *Flamengo Paixão*; *O Homem do Morcego* (CM); 1981- *O Mundo Mágico dos Trapalhões*; *Quando a Rua Vira Casa* (cofot. Flávio Ferreira e Noilton Nunes); *Verão* (cofot. Fernando Amaral); 1982- *Luz del Fuego*; *Lages, a Força do Povo*; 1983- *Vida de Mãe é Assim Mesmo?* (CM); 1964/1984- *Cabra Marcado para Morrer* (cofot. Edgar Moura); 1984- *Anônimo Número 1: Teresa* (CM); *Chico Caruso* (CM); 1985- *Brasília, Uma Sinfonia* (CM) (cofot. Walter Carvalho e Cezar Moraes); *Um Caso de Vida ou Morte* (CM) (cofot. Gilberto Otero e Tucker Marçal); 1986- *A Dança dos Bonecos*; *Warchavchik* (CM); 1987- *Café Soçaite* (CM); *Terra para Rose* (cofot. Walter Carvalho); *O Bebê* (CM); 1988- *Os Donos da Terra* (CM); *Mulheres: Uma Outra História* (CM); 1989- *Brasília, a Última Utopia* (episódio: *Além do Cinema Além e Suíte Brasília*); 1990/1992- *Conterrâneos Velhos de Guerra* (cofot. Alberto Cavalcanti, David Pennington, Jacques Cheuiche, Marcelo Coutinho e Waldir de Pina); 1991- *Nosso Amigo Radamés Gnatalli* (CM) (cofot. Walter Carvalho); 1992/1997- *O Vidreiro* (CM) (cofot. Juliano Serra Barreto); 1993- *Água Morro Acima* (CM); 1993/1994- *A Terceira Margem do Rio (The Third Bank of the River)* (Brasil/França) (cofot. Gilberto Azevedo); *O País do Carnaval* (CM); 1995- *Áporo* (cofot. André Benigno e André Luis da Cunha); 1998- *O Sonho de Dom Bosco* (CM); *Tangerine Girl* (CM); 2001- *Bolshoi – Dois Séculos de História*; 2003- *Glauber o Filme, Labirinto do Brasil* (cofot. Walter Carvalho, Américo Vermelho, Erick Rocha, Marcelo Garcia, Philippe Constantine, Stephan Hess e Sil); 2005- *O Amigo Invisível*.

## DUARTE, MARCELO (GURU)

Marcelo Henriques Duarte nasceu no Rio de Janeiro, RJ, em 25 de abril de 1968. Cursa cinema na Universidade Federal Fluminense (UFF), com opção em fotografia. Conhecido no meio cinematográfico como *Guru*, inicia sua carreira no cinema em 1991 no curta *Baia*, em que dirige e fotografa, em parceria com Alex Araripe, Kasuaki e Paola Vieira. Assistente de câmera em *Menino Maluquinho – O Filme* (1994) e *O Mandarim* (1995), operador de

câmera em *Anjos Urbanos* (1996) e *Um Crime Nobre*. Em 1998 chega ao longa, em *Como Ser Solteiro*, de Rosane Svartman, depois *O Chamado de Deus* (2001), de José Joffily, *Ônibus 174* (2002), de José Padilha, *O Soldado de Deus* (2004), de Sergio Sanz e *Mulheres Sexo Verdades Mentiras* (2007), de Euclydes Marinho. Na televisão, em 2006 fotografa 25 episódios da novela *Bicho do Mato*, pela TV Record.

**Filmografia:** 1991- *Baia (Olho Que Vagueia Pela Baía da Guanabara)* (CM) (dir., fot.) (codir. de Alex Araripe, Kasuaki e Paola Vieira); *Eros* (CM); 1992- *O Mesmo* (CM); 1993- *Apartamento 601* (CM); 1994- *Dilúvio Carioca* (CM); 1996- *Anjos Urbanos* (CM); 1998- *Como Ser Solteiro*; *Item Número Zero* (CM); *Dedicatórias* (CM); 1999- *Nem Com uma Flor* (CM); 2000- *O Cabeça de Copacabana* (CM); 2001- *Dadá* (CM); *O Chamado de Deus* (cofot. Antônio Luís Mendes, Guy Gonçalves, Luís Abramo e Nonato Estrela); 2002- *A Cobra Fumou*; *Ônibus 174* (cofot. Cezar Moraes); 2003- *Km Zero* (CM); 2004- *Soldado de Deus*; 2007- *Mulheres Sexo Verdades Mentiras*.

## DURST, ELLA

Nasceu em São Paulo, SP. Forma-se em comunicações pela USP, com mestrado em Semiótica. É filha do diretor Walter George Durst e da atriz Bárbara Fázio e irmã do também fotógrafo Marcelo Durst. No início dos anos 1970 conhece Chico Botelho, com quem, por dez anos, realiza uma série de curtas-metragens, entre 1972 e 1982. Seu primeiro filme é *Cinco Patamares*, de 1972, com Chico e o último, *A Morte como Ela É'*, direção do irmão Marcelo. A partir dos anos 1980 descobre sua verdadeira vocação, a fotografia de moda, pelo qual é reconhecida internacionalmente., especializando-se, segundo especialistas, em levar um olhar único para a fotografia, transbordando criatividade, beleza, cores e movimento.

**Filmografia:** 1972- *Cinco Patamares* (dir., fot.) (codir. e cofot. Chico Botelho); *Última Sequência* (cofot. Chico Botelho); 1973- *Exposição de Henrique Alvin Correa* (dir., fot.) (codir. e cofot. Chico Botelho); *Gravuras de Alvin Correa* (dir., fot.) (codir. e cofot. Chico Botelho); *José Bonifácio e a Independência* (dir., fot.) (codir. e cofot. Chico Botelho); *Sob as Pedras do Chão (O Bairro da Liberdade)* (dir., fot.) (codir. e cofot. Chico Botelho); 1974- *Corpo de Baile do Teatro Municipal de São Paulo* (dir., fot.) (codir. e cofot. Chico Botelho); 1976- *De Revolutionibus* (cofot. Chico Botelho); 1982- *A Morte Como Ela É* (cofot. Ronado Quaggio).

## DURST, MARCELO

Marcelo Walter Durst nasceu em São Paulo, SP, em 8 de dezembro de 1962. É filho do diretor Walter George Durst e da atriz Bárbara Fázio. Desde criança frequenta os ambientes de televisão e cinema, mas logo interessa-se especialmente por fotografia. Em 1982 dirige seu primeiro curta, *A Morte como Ela É*, fotografado por sua irmã, a também fotógrafa Ella Durst. Nos anos 1980 faz a fotografia de diversos curtas, alguns premiados como *Frankstein Punk* (1986), de Eliana Fonseca e Cao Hamburger e *Dov'è Meneguetti?* (1989), de Beto Brant. Seu primeiro longa como fotógrafo é *Não Quero Falar sobre Isso Agora* (1991), de Mauro Farias. A consagração vem em 1997 com *Os Matadores*, de Beto Brant, pelo qual recebe o Kikito de melhor fotografia em Gramado. Participa de algumas produções internacionais como *The Lennon Conspiracy* (1996) e *Dead in the Water* (2001). Trabalha também por muitos anos com publicidade. Seu último longa é *1972*, de José Emílio Rondeau, produzido em 2006.

**Filmografia:** 1982- *A Morte como Ela É* (CM) (dir.); 1984- *Paixão XX* (CM); 1985- *Com um Monte de Beijos* (CM); 1986- *Além das Estrelas* (CM); *Frankstein Punk* (CM); *Soneto do Desmantelo Blue*; 1987- *Aurora* (cofot. Carlos Ricci); *O Quadro não Sangra* (CM); 1988- *The Girl From the Screen* (Canadá); *A Garota das Telas* (CM) (cofot. Lito Mendes da Rocha); *O Homem que Sabia Javanês* (CM); *A Voz da Felicidade* (CM); 1989- *Dov'è Meneguetti?* (CM); *Pantanal, Alerta Brasil* (CM); 1990- *Amargo Prazer* (CM); 1991- *Tudo ao Mesmo Tempo Agora* (MM) (cofot. Mustapha Barat, Pedro Farkas e José Roberto Eliezer); *Não Quero Falar Sobre Isso Agora*; 1992- *Zona Leste Alerta* (CM); 1992/1996- *Sigilo Absoluto (Descretion Assured)* (Brasil/EUA); 1996- *The Lennon Conspiracy* (EUA); 1997- *O Pulso* (CM); *Os Matadores*; 1998- *Ação entre Amigos*; *Estorvo*; *Sink or Swim* (CM) (EUA); 1999- *Castelo Rá-Tim-Bum: O Filme* (cofot. George de Genevrage;); 2001- *O Mar por Testemunha (Dead in the Water)* (Brasl/EUA); 2002- *Viva São João!*; *As Três Marias*; 2003- *As Alegres Comadres*; *Benjamim*; *Ana Carolina – Estampado*; 2005- *Um Tiro no Escuro* (Portugal/Brasil); *Curupira* (CM); 2006- *1972*.

## DUSEK, GEORGE (JIRI)

Nasceu em Praga, República Tcheca, em 1920. Chega ao Brasil em 1940 e já se encaixa na turma de cinema do Rio de Janeiro, fazendo sua estreia como fotógrafo no mesmo ano, no filme, *Eterna Esperança*. Em 1942 dirige seu primeiro filme, *Quarto Congresso Eucarístico Nacional de São Paulo*, produção Atlântida, em seu primeiro longa-metragem. Em 1952 produz e dirige o filme *Noivas do Mal* e no ano seguinte *Santa de um Louco*. Em 1962 faz a fotografia do curta *Zé da Cachorra*, de Miguel Borges, integrante do longa *Cinco Vezes Favela*, filme emblemático do Cinema Novo. Em 1964 é fotógrafo de cena e câmera de seu último filme, *Sangue na Madrugada*, direção de Jacy Campos. Morre prematuramente em 1965, aos 45 anos, no Rio de Janeiro.

*Filmografia: 1940- Eterna Esperança (cofot. Sérgio Uzum e Jorge Csukassy); 1941- O Dia é Nosso; 1942- Quarto Congresso Eucarístico Nacional de São Paulo (dir., fot.); 1943- Caminho do Céu; 1946- Cem Garotas e Um Capote; 1947- Sempre Resta Uma Esperança; 1948- E O Mundo Se Diverte (cofot. Edgar Brasil); 1949- Carnaval no Fogo; 1950- Katucha; 1952- Noivas do Mal (dir., fot.); Pecadora Imaculada; O Preço de Um Desejo; 1953- Santa de Um Louco (dir., fot.); 1956- Sai de Baixo; 1958- Nobreza Gaúcha; 1960- Belo Horizonte 1960 (CM); Sai Dessa, Recruta; 1961- Rio à Noite; 1962- Cinco Vezes Favela (episódio: Zé da Cachorra); 1962/1964- Senhor dos Navegantes; 1963- Ritmo (CM) (dir., fot.).*

# E

## EBERT, CARLOS

Carlos Alberto de Azambuja Ebert nasceu no Rio de Janeiro, em 1946. Estagiário no MAM e cineclubista na Universidade Federal do Rio de Janeiro (UFRJ), onde estuda arquitetura. Em 1966, em São Paulo, cursa a Escola Superior de Cinema São Luis. Inicia sua carreira como repórter fotográfico. Seu primeiro filme é um curta mudo em 16mm, *Passes*, em que produz, dirige, fotografa e monta. Apaixonado por fotografia, logo começa a ser muito requisitado para diversos curtas, tendo sido câmera de um dos mais importantes filmes dos anos 1960, *O Bandido da Luz Vermelha* (1968), de Rogério Sganzerla. Participa da primeira fase das filmagens de *O Rei da Vela*, em 1971, de José Celso Martinez Correa, concluído somente em 1982. Em 1970 dirige seu único longa, *República da Traição*, filme censurado por muitos anos. Trabalha também em televisão, sendo que o documentário *O Povo Brasileiro* (2000), foi o ganhador do Grande Prêmio Cinema Brasil de TV em 2001. Também dedica-se à política cinematográfica, como vice-presidente da Associação Brasileira de Cinematografia e professor de fotografia. Pela fotografia do curta *Carolina*, recebe prêmio no Festival de Gramado. Fotógrafos de muitas qualidades, está sempre em atividade em filmes importantes como *Nem Tudo é Verdade* (1986), *A Margem da Imagem* (2001), de Evaldo Mocarzel, *Vlado – 30 Anos Depois* (2005), de João Batista de Andrade e *Um Homem de Moral* (2009), de Ricardo Dias.

**Filmografia:** 1963- *Passes* (CM) (dir., fot.); 1966- *Pierre Si Fou* (CM) (cofot. Carlos Reichenbach) (filme inacabado); *O Lobisomem* (CM); 1968- *Lavra Dor* (CM) (cofot. Thomaz Farkas); 1969- *Indústria* (CM); *Carnaval São Paulo* (CM); 1969- *Mar Morto* (CM) (dir., fot.); 1970- *República da Traição* (dir., fot.) (codir. e cofot. Claudio Polopoli); *Elas*; 1971- *Júlia Pastrana* (CM); 1971/1982- *O Rei da Vela* (cofot. Rogério Noel, Pedro Farkas, Adilson Ruiz e Jorge Bouquet); 1972- *Naná* (CM); *Documentarios sobre o Teatro Oficina* (dir., fot.) (codir. de José Celso Martinez Correa); 1974- *Astor Piazzola* (MM); 1976- *Siesta y Fiesta* (CM); 1984- *Uma Obra de Amor* (CM); 1986- *Nem Tudo É Verdade* (cofot.: José Medeiros, Edson Santos, Edson Batista, Affonso Viana e Victor Diniz); 1987- *Deus É Um Fogo* (Brasil/Cuba) (cofot. Lauro Escorel Filho, Tadeu Ribeiro, Nonato Estrela, João Carlos Horta e Pedro Farkas); 1989- *Macromicron* (CM) (dir., fot.); 1991- *A Versão Oficial* (CM) (dir., fot.); 1992- *SP 3 Pontos* (CM); *Dudu Nasceu* (CM); 1993- *Noite Final, Menos Cinco Minutos* (CM); 1999- *Fé* (cofot.. Adrian Cooper); 2000- *O Surfista Invisível* (CM) (Brasil/EUA); 2001- *A Margem da Imagem* (CM) (cofot. João Pedro Hirszman); *Carrego Comigo* (MM); 2002- *Mistura e Invenção* (cofot. Adrian Cooper e José Guerra); 2003- *A Margem da Imagem; A Mulher e o Mar* (CM); *Carolina* (CM); *Narciso Rap* (CM); *Seu Pai Já Disse Que Isso Não É Brinquedo* (CM); *Rua Seis, Sem Número; Vale a Pena Sonhar*; 2004- *Primeiros Passos* (CM); 2005- *Do Luto à Luta; Vlado – 30 Anos Depois* (cofot. Fabiane Pierri); 2006- *A Ilha do Terrível Rapaterra; Satori Uso* (CM); 2007- *Dia de Graça*; 2009- *Topografia de Um Desnudo; Um Homem de Moral; Um Homem Qualquer.*

## EGBERTO, CARLOS

Carlos Egberto Rocha Faria da Silveira nasceu no Rio de Janeiro, RJ, em 25 de janeiro de 1946. É conhecido no meio cinematográfico como *Eg*. Formado pelo London International Film School, em 1971 e M.A. pela London University, em 1975. Em 1958, aos 12 anos ganha uma Kodak Magazine 16mm e com ela realiza seu primeiro filme, em 16mm reversível, já com trucagens em câmera, em que personagens se transformam em outros, pessoas surgem em meio da fumaça, como ele mesmo diz, uma espécie de *Méliès Infanto-Juvenil*. Em 1962, então com 16 anos, consegue seu primeiro emprego como câmera na extinta TV Continental, usando uma enorme Auricon que incorpora o som direto óptico na película, ou seja o operador é também responsável pelo som, uma enorme responsabilidade para um garoto. Poucos meses depois demite-se da Continental e consegue vaga de estagiário no JB conhecendo as Leicas, as primeiras Nikon, etc. Depois, no Estúdio JB, que pertencia ao jornal, vai trabalhar como fotógrafo, Nessa época tem a oportunidade de trabalhar por uma semana, como *press officer*, com a atriz Joan Crawford, que estava de visita ao Rio de Janeiro para lançamento de mais uma fábrica da Pepsi-Cola. Todas as manhãs, às oito em ponto, *Eg* entrava timidamente em sua suíte no Copa, para, junto com ela, analisar as fotos dos eventos que a atriz participara, antes de liberar para a imprensa. Em 1964 assina a fotografia de seu primeiro filme, o curta *O Parque*, de Maria J.S.Alvarez. Depois de mais alguns curtas, ganha uma bolsa para estudar em Londres, onde fica por quatro anos. Ainda em Londres, recebe o convite de Rodolfo Nanni para fotografar *Cordélia, Cordélia*. Para trabalhar no filme teve que trancar matrícula no LIFS e, antes de terminar a filmagem volta correndo para Londres, cabendo a Lúcio Kodato rodar a última semana do filme. Sobre sua experiência nesse filme, Eg comenta: *Foi um dos últimos filmes rodados na Vera Cruz. Arcos, Mitchell BNC, dollys de 200kg, e um negativo de 100 ASA (ou ISO). Tal como tinha aprendido na escola, resolvi fazer como o Gregg Toland e em vez de fotografar os interiores a f.2.8 ou f.4 como era praxe, usei f.8 e até f.11. Para isso, luz e mais luz e ainda mais luz! Troquei a potência dos refletores, mas não sua posição. Aonde tinha um 2 mil W, coloquei um 5 mil W, onde estava o 5 mil W troquei por um 10 mil W e os 10 mil W foram substituídos por arcos. Em vez de lanternas chinesas o fill light de cima era feito com enormes sky-pans de 2 mil W. Em interior sim, senhor ! Só não morremos de calor porque era inverno. A Mitchell tinha que esquentar o motor antes de começar o dia de trabalho. Altri tempi !!!"*. De volta, vai para São Paulo trabalhar com publicidade, até ser convidado por Bruno Barreto para ser o diretor de fotografia de *Menino do Rio*. Faz fotografia adicional nos filmes *Gabriela* (1983), de Bruno Barreto, *Águia na Cabeça* (1983), de Paulo Thiago e *Tamboro* (2008), de Sérgio Bernardes Filho. Na televisão, sua única experiência é na série *Armação Ilimitada*, direção de Guel Arraes, pela TV Globo, entre 1985 e 1988, além de vários *clips* musicais com astros da MPB como Fagner, Fábio Jr., etc. e dezenas de comerciais para clientes de peso como Banco do Brasil, Bradesco, Coca-Cola, etc.). Dirige a fotografia de dois filmes de Ivan Cardoso, *As Sete Vampiras* (1986) e *Escorpião Escarlate* (1990). Após trabalhar no filme *Boca de Ouro* (1990), de Walter Avancini, afasta-se do cinema, a partir do qual dedica-se a ver filmes, ler e estudar as novas tecnologias, como a cinematografia digital. Vinte anos depois, em 2010, retorna para assinar a fotografia do longa *Insensatez*, novo filme de Ricardo Bravo.

**Filmografia:** 1964- *O Parque* (CM); 1967- *O Velho e o Novo* (CM) (cofot. José Carlos Avelar e Fernando Duarte); 1968- *Os Vencedores: 1952-1965* (CM); 1971- *Cordélia Cordélia*; 1974- *Relatório de Um Homem Casado* (cofot. Fernando Amaral); 1977- *Finlândia, Um País Quente (Finlândia); A Finlândia Industrial (Finlândia)*; 1981- *Menino do Rio*; 1982- *Aventuras de um Paraíba*; 1983- *Garota Dourada; O Trapalhão na Arca de Noé*; 1984- *Espelho de Carne* (cofot. Ney Fernandes); *Lá* (CM); *Os Bons Tempos Voltaram: Vamos Gozar Outra Vez (episódio: Sábado Quente)*; 1984- *Areias Sagradas (Parábola em Ipanema)* (CM); 1986- *Artes nas Cidades* (CM); *As Sete Vampiras*; 1989- *Corpo em Delito*; 1990- *Escorpião Escarlate; Boca de Ouro*; 2010/2011- *Insensatez (em produção).*

## EICHHORN, EDGAR

Nasceu em Ansbach, Alemanha. É irmão do diretor Franz Eichhorn, dupla que fez carreira no Cinema Brasileiro dos anos 1950/1960. Edgar inicia sua carreira como diretor de fotografia em 1938 no filme *Kaustschuk*, direção de Eduard Von Borsody. Em companhia do irmão Franz, deixa a Alemanha depois da 2ª Guerra. No Peru, participa da expedição para atravessar os Andes e descer o Rio Amazonas até Belém. Seu primeiro filme no Brasil é *No Trampolim da Vida* (1946), exatamente dirigido pelo irmão Franz. Em dois filmes Edgar também é diretor-geral, além de assinar a fotografia: *Mundo Estranho* (1952), e *Paixão nas Selvas* (1955). Participa de vários filmes da Atlântida e alterna sua carreira entre Alemanha, Brasil e Argentina. Seu último filme registrado é *Férias no Sul* (1967), direção de Reynaldo Paes de Barros.

**Filmografia:** 1938- *Kautschuk (Alemanha)*; 1940- *Eine Brasilianische Rhapsodie (Alemanha)*; 1946- *No Trampolim da Vida*; 1949- *Esperanza (Argentina/Chile)*; 1950- *Mundo Estranho (Die Göttin vom Rio Beni)* (Brasil/Alemanha); 1952- *João Gangorra*; 1953- *Rebelión em los Llanos* (Argentina); *A Família Lero-Lero; Las Tres Claves* (Argentina); 1954- *Paixão nas Selvas (Conchita Und Der Ingenieur)* (Brasil/Alemanha) (cofot. Franz Weihmayr); 1955- *Carnaval em Marte* (cofot. Giulio de Luca); *O Diamante; Eva no Brasil* (cofot. Juan Carlos Landini); 1956- *Fuzileiro do Amor; Papai Fanfarrão*; 1957- *Treze Cadeiras; Garotas e Samba*; 1958- *Rastros na Selva*; 1959- *É Um Caso de Polícia*; 1960- *Homens do Brasil (Manner Von Rio)* (Brasil/Alemanha); 1962- *Nordeste Sangrento*; 1963- *Manaus, Glória de Uma Época (Und der Amazonas Schweigt)* (Brasil/Alemanha); 1964- *Os Selvagens (Die Goldene Göttin vom Rio Beni)* (Brasil/Alemanha/Espanha/França); *Lana, Rainha das Amazonas (Lana – Königin der Amazonen)* (Brasil/Alemanha); 1967- *Férias no Sul*.

## ELEUTÉRIO, RUBENS

Nasceu em São Paulo, SP, em 1948. Repórter fotográfico do *Jornal da Cidade de Guarulhos* e câmera da TV Cultura, junta-se ao pessoal de cinema da Boca do Lixo, fazendo sua estreia em 1970 como eletricista em *Betão Ronca-Ferro*, produção de Mazzaropi. Acaba sendo chamado para outros filmes do grande astro como *O Grande Xerife* (1971), ainda como eletricista, *Um Caipira em Bariloche* (1972) e *Portugal...Minha Saudade* (1974), já como assistente de câmera. Em 1979 dirige seu primeiro filme, o curta *Museu Ferroviário Barão de Mauá* e, em 1981, seu primeiro longa, *Volúpia do Prazer*. A partir dos anos 1980 é requisitado como fotógrafo em diversos filmes, em sua maioria produções baratas da Boca como *A B...Profunda* (1983) e *As Taras de uma F...* (1987). Morando em Curitiba, depois de alguns anos afastado do cinema, retorna em 2004 para fotografar o curta *Vovó Vai ao Supermercado*, produção curitibana dirigida por Valdemir Milani, câmera em *Descobrindo Waltel* (2005), de Alessandro Gamo e a fotografia de *Em Busca de Curitiba Perdida* (2008), de Estevan Silveira.

**Filmografia:** 1979- *Museu Ferroviário Barão de Mauá* (CM) (dir., fot.); 1980- *A Saga de Fernão Dias* (CM) (fot.); *Amantes de Verão* (dir., fot.); *Lar Ideal* (CM) (dir., fot.); 1981- *Volúpia ao Prazer; Homenagem à Colheita* (CM) (dir., fot.); 1983- *A B...Profunda*; 1984- *O Orgasmo de Miss Jones* (dir., fot.); 1986- *Apólice Vencida* (CM); *Delírios de Dar...Amor; Por Um Dia de Graça* (CM) (dir., fot.); *Mulheres Taradas por Animais*; 1987- *As Taras de Uma F...*; 1989- *Apólice Vencida* (CM); 1991- *A Flor* (CM) (fot.); 1995- *Eternidade* (Portugal/Brasil); 2004- *Vovó Vai ao Supermercado* (CM); 2008- *Em Busca de Curitiba Perdida* (CM) (fot.).

## ELIAS, CÉSAR

César Antonio Elias estuda fotografia no National Film Board of Canadá e Richter, na Alemanha e em 1986 faz curso na Panavision Cameras em Nova Iorque. Inicia sua carreira como assistente de câmera no filme Na Boca do Mundo, em 1978. Como diretor de fotografia, estreia em 1981 no filme *Eu Te Amo*, de Arnaldo Jabor. Fotografa curtas e longas como *Cadê a Massa?* (1992), *Navalha na Carne* (1997). Foi gerente de serviços técnicos e superintendente do Centro Tecnológico Audiovisual da Embrafilme e diretor de fotografia do Instituto Brasileiro de Arte e Cultura.

**Filmografia:** 1981- *Eu Te Amo; O Segredo da Múmia* (cofot. João Carlos Horta e Renato Laclette); 1992- *Cadê a Massa?* (CM); 1994- *Gramado: Três Décadas de Cinema* (CM) (cofot. Antonio Oliveira e Alexandre Ostrowsky); 1997- *Bárbara Heliodora* (CM); *Campo Branco* (CM) (cofot. Raul Perez Ureta); *Navalha na Carne*; 1998- *Gramado: 25 Anos de Cinema* (CM); 1999- *De Janela para o Cinema* (CM); 2001- *Conexão Brasil* (cofot. César Pilatti); 2004- *Relâmpago* (CM); 2005- *Carta Marcada* (CM); *Relâmpago II* (CM).

## ELIEZER, JOSÉ ROBERTO

José Roberto Albert Eliezer nasceu em Santos, SP, em 1954. É conhecido no meio cinematográfico como *Zé Bob*. Aos dez anos já mora em São Paulo. Estuda na Escola Superior de Propaganda

e depois na ECA-USP, graduando-se em cinema em 1979. Dos grandes fotógrafos paulistas da nova geração, no início de sua carreira especializa-se em fotografar curtas, como assistente de Adrian Cooper e depois como fotógrafo, pelos quais foi muitas vezes premiado. Sua primeira experiência acontece em 1976, em *Tem Coca-Cola no Vatapá*, em parceria com Pedro Farkas e André Klotzel. Em 1983 é convidado por Chico Botelho para ser o diretor de fotografia de *Janete* e depois em *Cidade Oculta* (1985), do mesmo diretor. Nos dois filmes surpreende ao trabalhar com as luzes artificiais da cidade. Seu trabalho como fotógrafo cresce a cada filme, sendo que, pelo filme *A Grande Arte* (1991), de Walter Salles, recebe o prêmio APCA de melhor fotografia, tanto que, a partir de 2004 passa a ser requisitado por grandes diretores, em filmes de muito sucesso como *Nina* (2004), *O Coronel e o Lobisomem* (2005), *O Cheiro do Ralo* (2006), pelo qual recebe o prêmio ABC, *Encarnação do Demônio* (2008), *Cabeça a Prêmio* (2009), estreia de Marco Ricca na direção, *Hotel Atlântico* (2009), etc. Atua também no cinema publicitário, tendo realizado mais de uma centena de comerciais. É hoje dos mais respeitados profissionais da fotografia cinematográfica do Brasil, sendo um dos fundadores da Associação Brasileira de Cinematografia.

**Filmografia:** 1976- *Tem Coca-Cola no Vatapá* (CM) (cofot. Pedro Farkas e André Klotzel); 1977- *Artesanato no Rio Grande do Norte* (CM); *Festa da Cavalhada em Nova Ponte* (CM); 1978- *Roças Comunitárias* (CM) (cofot. Pedro Farkas); *32x78 - (A Respeito da Revolução Constitucionalista de 1932)* (CM); *Um Filme como os Outros* (CM) (cofot. André Klotzel); 1982- *Por Puro Prazer* (CM); *Terceira Idade* (CM); 1983- *Diversões Solitárias* (CM); *Divina Providência* (CM); *Hysterias* (CM); *Janete; Verão* (CM) (cofot. Antonio Carlos D'Ávila); 1984- *Em Nome da Segurança Nacional* (CM) (cofot. César Herrera e Adrian Cooper); *Ilha da Esperança* (CM); *O Incrível Senhor Blois* (CM); *Piscina* (CM); *Punks* (CM); *Folguedos no Firmamento* (CM); 1985- *Made in Brazil (episódio: Furacão Acorrentado)*; *Negra Noite* (CM); *O Que Move?*; *Real Desejo* (cofot. Augusto Sevá, Kátia Coelho, Eduardo Poiano, Aloysio Raulino); *A Rifa* (CM); *The Swarch for Mengele* (MM) (EUA); 1985/1987- *Filme Demência*; 1986- *Antes do Galo Cantar* (CM) (cofot. Ricardo Mendes); *Cidade Oculta; Ondas* (CM); 1987- *A Mulher Fatal Encontra o Homem Ideal* (CM); *Anjos da Noite; A Dama do Cine Shangai* (cofot. Claudio Portioli); *Rádio Pirata*; 1988- *Branco e Preto (Norte & Sul)* (CM); *Frio na Barriga* (CM); *Marisa Monte; A Mulher do Atirador de Facas* (CM); 1989- *Mentira* (CM); 1990- *Aquele Breve Recanto* (CM); 1991- *A Grande Arte; Olímpicos* (CM); *Tudo ao Mesmo Tempo Agora* (MM) (cofot. Mustapha Barat, Pedro Farkas e Marcelo Durst); 1994- *Amor!* (CM); 1995- *Todos os Corações do Mundo (Two Billion Hearts)* (Brasil/EUA) (cofot. Walter Carvalho, Pedro Farkas, Carlos Pacheco, César Charlone e Lúcio Kodato); 2000- *Conceição* (CM); 2002- *Amor Só de Mãe* (CM); 2003, *Chatô, o Rei do Brasil (Inacabado)*; 2004- *Nina; A Dona da História*; 2005- *Cafundó; O Coronel e o Lobisomem*; 2006- *Person; Se Eu Fosse Você; O Cheiro do Ralo*; 2007- *Ópera do Malandro; Caixa Dois*; 2008- *A Encarnação do Demônio*; 2009- *Cabeça a Prêmio; Hotel Atlântico*; 2010- *High School Musical: O Desafio*; *Família Vende Tudo*; *Luz Nas Trrevas (A Volta do Bandido da Luz Vermelha)*; 2011- *Assalto ao Banco Central*.

## ESCOREL, LAURO

Lauro Escorel de Moraes Filho nasceu em Washington, EUA, em 5 de janeiro de 1950, enquanto o pai, o embaixador Lauro Escorel servia naquela cidade. É irmão do montador e diretor Eduardo Escorel. Inicia sua carreira como *co-still* em filmes importantes como *Terra em Transe* (1966), de Glauber Rocha, *Cara a Cara* (1968), de Julio Bressane, *Capitu* (1968), de Paulo Cesar Saraceni, *O Bravo Guerreiro* (1968), de Gustavo Dahl, *Macunaíma* (1969), de Joaquim Pedro de Andrade, etc. Fotografa vários documentários, muitos para o produtor Thomaz Farkas em parceria com Affonso Beato entre eles *A Mão do Homem* (1970), de Paulo Gil Soares, *O Engenho* (1970), de Geraldo Sarno, *Padre Cícero* (1971), de Geraldo Sarno ,etc . Estreia como fotógrafo em 1967 no curta *A Falência*, direção de Ronaldo Duarte que vence o Festival de cinema amador do Jornal do Brasil daquele ano. Os filmes *São Bernardo*, de Leon Hirszman e *Toda Nudez será Castigada* de Arnaldo Jabor, o qualificam a, a partir de então, ser um dos mais requisitados fotógrafos do cinema brasileiro, ao assinar filmes importantes como *Lúcio Flávio, o Passageiro da Agonia* (1977), *Bye Bye Brazil* (1980), *Eles não Usam Black-Tie* (1981), *Dias Melhores Virão* (1989), *Coração Iluminado* (1998), *Vinicius* (2005), etc. Em 1985 dirige seu único longa, *Sonho Sem Fim*, que conta a história do pioneiro do cinema gaúcho Eduardo Abelim. Fotografa dois longas internacionais para Hector Babenco

*Ironweed* (1988) e *Brincando nos Campos do Senhor* (1991). Na televisão, entre 1992 e 1996, dirige a fotografia de diversos trabalhos para a TV americana, como *Indecency* (1992), de Marina Silver, *Amelia Earhart – The Final Flight* (1994), de Yves Simoneau, *Critical Choices* de Caludia Weill (1996), etc. Na área do restauro, em 2004 foi consultor técnico do restauro de *Terra em Transe*, de Glauber Rocha, e foi supervisor técnico e produtor do projeto de restauro digital da obra de Leon Hirszman, entre 2006 e 2009. Como diretor de fotografia, recebe inúmeros prêmios ao longo de sua carreira, como Gramado (1974) por *São Bernardo*, Gramado (1978) por *Lúcio Flávio, o Passageiro da Agonia*, Festival de Recife (2001) por *Domésticas*, Cine-Ceará (2002) por *Uma Vida em Segredo*, Prêmio do Cinema Paulista, em 2005 por *Acquária* e 2006 por *Jogo Subterrâneo* e Festival Cineport (2006) pelo documentário *Vinicius*. Como diretor recebe o Margarida de Prata (1977) por *Libertários*, Prêmio Especial do Júri – Gramado (1986) e melhor filme do ano da crítica cinematográfica do Rio de Janeiro por *Sonho Sem Fim*. Em 2010 assina a fotografia do filme *Suprema Felicidade* que marca o retorno de Arnaldo Jabor ao cinema.

**Filmografia:** 1967- *A Falência* (CM); 1969- *América do Sexo* (2º e 4º episódios); *Festas Populares da Bahia* (CM); 1970- *A Família do Barulho* (co-fot.. Renato Laclette); *Casa de Farinha* (CM) (co-fot.. Affonso Beato); *Festas na Bahia de Oxalá* (CM); *O Engenho* (CM) (co-fot.. Affonso Beato); *Os Imaginários* (CM) (co-fot.. Affonso Beato e Leonardo Bartucci); *Viva Cariri* (co-fot.. Affonso Beato); 1972- *Aldeia Global* (MM); *Gafieira* (CM); *Herança do Nordeste* (episódio: 'Casa de Farinha'); *Ida e Volta* (CM); *São Bernardo; Toda Nudez Será Castigada*;1974- *Queridos Compañeros (Dear Comrades) (Chile); Teatro de La Calle* (CM) (dir., fot.); 1975- *Choque Cultural* (CM); *O Rei da Noite*; 1976- *Aukê* (CM); *Libertários* (CM) (dir.); 1977- *Morte e Vida Severina* (co-fot.. Francisco Balbino Nunes e José Medeiros); *Mar de Rosas; Lúcio Flávio, o Passageiro da Agonia*; 1978- *Amor Bandido; Coronel Delmiro Gouveia*; 1979- *Arraes de Volta* (CM) (dir., fot.); *Bye Bye Brasil*; 1980- *Prova de Fogo; Ato de Violência*; 1981- *Eles Não Usam Black-Tie*; 1984- *Quilombo*; 1986- *Eu Sei Que Vou Te Amar; Sonho Sem Fim* (dir.); 1987- *Deus é um Fogo (Brasil/Cuba) (co-fot.. Carlos Ebert, José Tadeu Ribeiro, Nonato estrela, João Carlos Horta e Pedro Farkas); Ironweed* (EUA); 1989- *Dias Melhores Virão*; 1990- *Ilé Aiyé (The House of Life)* (EUA); 1991- *Brincando nos Campos do Senhor (At Play in the Fields of the Lord) (Brasil/EUA)*; 1992- *Indecency* (EUA); 1994- *Dangerous Heart* (EUA); *Amelia Earhart: The Final Flight; (EUA)*; 1995- *Stuart Saves His Family (EUA/Alemanha); Voices From a Locked Room (EUA/ Inglaterra)*; 1996- *Critical Choices* (EUA); 1998- *Coração Iluminado (Corazón Iluminado) (Brasil/Argentina/França)*; 2001- *Domésticas, o Filme; O Xangô de Baker Street; Uma Vida em Segredo*; 2003- *Acquaria*; 2004- *Jogo Subterrâneo*; 2005- *Vinicius*; 2006- *Irma Vap – O Retorno; O Maior Amor do Mundo; Batismo de Sangue*; 2007- *A Casa da Mãe Joana*; 2009- *O Contador de Histórias*; 2010- *A Suprema Felicidade; Não Se Preocupe, Nada Vai Dar Certo*.

## ESTRELA, NONATO

Raimundo Nonato Estrela Filho nasceu em Teresina, PI, em 1953. Muda-se para o Rio de Janeiro com a família no início dos anos 1960. Inicia sua carreira como fotógrafo no curta *Di*, de Glauber Rocha, auxiliando Mário Carneiro. Em 1981 faz a fotografia adicional do longa no filme *O Mundo Mágico dos Trapalhões*, em parceria com outros profissionais. Seu primeiro filme como fotógrafo principal é *Rock Estrela* (1985), de Lael Rodrigues. Com Renato Aragão, além do já citado, assina a fotografia de *Os Fantasmas Trapalhões* (1987), *O Casamento dos Trapalhões* (1988), *Heróis Trapalhões – Uma Aventura na Selva* (1988), *A Princesa Xuxa e os Trapalhões* (1989), *Os Trapalhões na Terra dos Monstros* (1989) e *O Trapalhão e a Luz Azul* (1999). Requisitado, não para de trabalhar, com diretores importantes como Luiz Carlos Lacerda (*Leila Diniz*, 1987), José Joffily, em longa parceria (*Quem Matou Pixote*, 1996, *O Chamado de Deus*, 2001, *Dois Perdidos numa Noite Suja*, 2002, *Achados e Perdidos*, 2005 e *Olhos Azuis* 2009), Daniel Filho (*Primo Basílio* (2007), *Se Eu Fosse Você 2*, 2009, *Chico Xavier*, 2009), etc.

**Filmografia:** 1977- *Di* (CM) (cofot. Mário Carneiro); 1979- *Caieiras Velhas* (CM) (dir., fot.); (codir..Ângela Cozetti e Ney Sant'Anna); *Paulo Emílio Salles Gomes* (cofot. David E.Neves); *Preto no Branco* (CM) (cofot. Anselmo Serrat); 1982- *A Fabulosa Amazônia* (CM); *Taguatinga em Pé de Guerra* (CM); 1984- *Falando de Por Incrível Que Pareça* (CM) (cofot. Zé Mariani, Gilberto Otero e Flávio Ferreira); *Memória de Deus e do Diabo em Monte Santo e Cocorobó* (CM); 1985- *Rock Estrela*; 1987- *Deus é Um Fogo (Brasil/Cuba) (cofot. Carlos Ebert, Lauro Escorel Filho, José Tadeu Ribeiro, João Carlos Horta e Pedro Farkas); Leila Diniz; Os Fantasmas Trapalhões*; 1988- *O Casamento dos Trapalhões; Heróis Trapalhões – Uma Aventura na Selva; Sexo Frágil*; 1988- *Super Xuxa Contra o Baixo Astral*;

1989- *O Grande Mentecapto; A Princesa Xuxa e os Trapalhões; Os Trapalhões na Terra dos Monstros*; 1990- *O Macaco e o Candidato* (CM); 1991- *Gaúcho Negro* (cofot. Nélio Ferreira Lima); *A Viagem de Volta*; 1990/1992- *A Maldição do Sampaku*; 1992- *Os Moradores da rua Humboldt* (CM); 1995- *As Meninas; Biu, a Vida Real Não Tem Retake* (CM); 1996- *Quem Matou Pixote?; Sem Canhão Não se Fala aos Céus* (CM); 1997- *Dois na Chuva* (CM); *O Homem Nu*; 1998- *Zoando na TV*; 1999- *O Trapalhão e a Luz Azul* (cofot. César de Moraes e Luis Abramo); 2000- *Condenado à Liberdade*; 2001- *O Chamado de Deus* (cofot. Antônio Luís Mendes, Guy Gonçalves, Luís Abramo e Marcelo Duarte); *Vestido de Noiva*; 2002- *Apolônio Brasil, Campeão de Alegria; Dois Perdidos Numa Noite Suja (Brasil/Chile)*; 2003- *Oswaldo Cruz – O Médico do Brasil*; 2005- *Achados e Perdidos; Depois Daquele Baile*; 2006- *Muito Gelo e Dois Dedos D'Água*; 2007- *Primo Basílio; Sem Controle*; 2009- *Se Eu Fosse Você 2; Divã; Olhos Azuis; Histórias de Amor Duram Apenas 90 Minutos*; 2010- *Chico Xavier*; 2011- *Syndrome; Quem Tem Medo de Fantasma?*.

## EUFRASINO, JOAQUIM

Joaquim Eufrasino Neto nasceu em Guaraciaba do Norte, CE, em 1957. É conhecido no meio cinematográfico como *Babá*. Chega ao Rio de Janeiro em 1971, com 14 anos. Trabalha como balconista de uma pensão até conseguir um emprego na Zoom Cinematográfica, em 1974, na área de produção, participando de vários filmes como *A Queda*, de Ruy Guerra, *Se Segura, Malandro*, de Hugo Carvana, e *Um Homem Célebre*, de Miguel Farias. Entra na Embrafilme em 1978 especializando-se em *table-top*, sendo um dos fundadores do primeiro núcleo de animação brasileiro, com filmes premiados em diversos festivais. Em 1985, com a criação do CTAv, transfere-se para a nova empresa. Seu primeiro filme como diretor de fotografia é o curta de animação *Estrela de Oito Pontas* (1996), direção de Fernando Diniz e Marcos Magalhães. Babá acompanha o desenvolvimento do cinema brasileiro nos últimos 20 anos. Hoje participa de todas as produções de animação ligadas ao CTAv.

**Filmografia:** 1996- *Estrela de Oito Pontas* (cofot. Marcelo Marcilac); *Uma Casa Muito Engraçada* (CM); *Voo da Imaginação* (CM); 1997- *Pai Francisco Entrou na Roda* (cofot. Sérgio Arena, Ana Rita Nemer e Marcelo Marcilac); 1998- *Castelos de Vento* (CM) (cofot. Sérgio Arena e Ana Rita Nemer); *O Nordestino e o Toque de Sua Lamparina* (cofot. Telmo Carvalho); *Retratos de Borboleta* (cofot. Silas Siqueira e Dizo Dal Mor); 2000- *Chifre de Camaleão* (CM) (cofot. Sérgio Arena); 2002- *Em Busca da Cor* (CM); 2003- *Engolervilha* (CM); *Vrruummm!!!* (CM); 2004- *O Arroz Nunca Acaba* (CM); 2008- *Djin*.

## FABRÍCIO, TADEU

Inicia sua carreira em 1993 no curta *Para o Perdão dos Pecados*, direção de Marta Neves. Depois de vários curtas, em 2008 dirige a fotografia de seu primeiro longa, *Praça Saenz Peña*, de Vinicius Reis.

**Filmografia:** 1993- *Para o Perdão dos Pecados* (CM); 1995- *Bem-Vindo a Sal Grosso* (CM) (cofot. Christian Johnson e Janice Miranda); 1996- *O Palhaço Xupeta* (CM); 1998- *Polêmica* (CM); 2000- *Ficha Completa* (CM); *Para Ser Feliz Para Sempre* (CM); 2002- *Me Erra!* (CM); 2004- *A História do Menino e da Menina* (CM); *A Missa dos Mortos* (CM); 2006- *Maré Capoeira* (CM); *Picolé, Pintinho e Pipa* (CM); 2008- *Ficha Completa* (CM); *Praça Saens Peña;Tira os Óculos e Recolhe o Homem* (CM); 2009- *Irmãos (CM)*.

## FACÓ, JOÃO

Nasceu no Rio de Janeiro, RJ, mas é radicado em Brasília. Ingressa na Faculdade de Comunicação da UnB para estudar Rádio, Televisão e Cinema. Em 1978, com o fotógrafo Marcelo Coutinho e o cineasta Pedro Anísio monta a produtora Pedra Produções Cinematográficas. Em 1978 dirige seu primeiro filme, *Os Três Poderes São Um Só: o Deles*, que ironizava a eleição do Presidente Figueiredo. Seu filme *Coração do Brasil*, é um documentário sobre a reserva indígena Menkragnoti, uma das maiores do Brasil. Seu último filme é *Terra*, de 2004, uma biografia de Raoni. Em 2003 lança o livro de fotografias *Nas Asas de Brasília*. Segundo Facó, *definiria a cinema como pura teimosia e vontade de cutucar vespeiro*.

**Filmografia:** 1978- *Os Três Poderes São Um Só: o Deles* (CM) (dir.); 1979- *Escrevendo Certo Por Linhas Tortas* (CM) (dir.); 1980- *Papa Lá Que Eu Papo Cá* (CM) (codir. Pedro Anísio); 1994- *Explosão Aborígene* (CM) (cofot. Arthur Costa e Marcelo Coutinho); 1994/1995- *Gianni* (CM); 1995/1997- *Coração do Brasil* (CM) (dir., fot.) (codir. Rodrigo Roal); 2004- *Terra* (CM) (dir.).

## FAISSAL JR., ROBERTO

Nasceu no Rio de Janeiro, RJ, em 20 de agosto de 1955. Produtor, diretor e fotógrafo aéreo e subaquático. Estuda desenho industrial entre 1975 e 1976 e depois permanece durante quatro anos na Suécia, formando-se técnico em Promoção Comercial na Embaixada do Brasil, em Estocolmo, em 1981. Em 1982 já é professor de Imagem Subaquática no Sindicato dos Mergulhadores Profissionais (Sintasa). Inicia sua carreira como fotógrafo de cena em produções internacionais filmadas no Brasil como *Feitiço do Rio (Blame It on Rio)* (EUA), de 1983, direção de Stanley Donen, *Maré de Azar (Running Out of Luck)* (EUA), de 1985, direção de Julien Temple, com Mick Jagger e *Floresta de Esmeraldas* (Emerald Forest) (EUA), de 1985, direção de John Boorman. Em 1985 produz e dirige seu primeiro filme, o documentário científico *Um Mergulho na Ciência*, premiado na XVI Mostra Internacional do Filme Científico com o troféu Fritz Fiegl e no Museu de Astronomia como Melhor Contribuição Técnica. Em 1986 é fotógrafo da Fiat no Brasil para Ufficio Stampa Fiat, Itália, em 1989 funda a produtora Hydratec Tecnologia Submarina, com Arduino Colasanti e AC.Jacques e participa do Seminário Internacional de Fotografia Comercial e Industrial, patrocinado pela Kodak. Em 1990 participa I Encontro Brasileiro de Mergulho Amador, Itapema, SC e em 1996, já desligado da Hydratec, funda a Cinemar – W.Faissal Produções Artísticas e Comerciais, a partir do qual desenvolve sólida carreira como fotógrafo submarino em comerciais, videoclipes, aberturas de novelas, documentários institucionais, curtas e longas-metragens, etc, tendo seu trabalho reconhecido internacionalmente, pela excelência dos resultados.

**Filmografia:** (fotografia aérea ou subaquática): 1985- *Um Mergulho na Ciência* (dir.); 1987- *Ele, o Boto*; 1988- *Cuba Jardim de Corais* (dir.); 1994- *Ilhas Oceânicas Brasileiras* (dir., fot.); *Squalo Yachts* (dir.); *Atol das Roças*; *Educação Ambiental no Sul da Bahia* (dir.); 1995- *Cobra* (dir.); *Cobra Quiosques Rio Orla* (dir.); *Cobra 54 Technema* (dir.); 1996- *Bardot Residence* (dir.); *Vale do Rio Doce; Iemanjá*; 1997- *Acquamarinha; Nordeste; Conservadora Luso- Brasileira* (dir.); 1998- *Abrolhos* (cofot. Augusto Sevá e Arduino Colassanti); *Bossa Nova*; 1999- *Baleias* (CM) (dir., fot.); 2000- *Mortos na Água*; 2002- *Diabo a Quatro*; *L'Amar* (CM); 2003- *Tainá 2*; 2004- *Semana Pré-Olímpica de Vela em Búzios* (CM) (dir., fot.); *Galo de Ouro* (dir., fot.); *Pro-Rede* (dir., fot.); *Nova Faetec* (fot.); 2005- *Schlumberger 60 Anos de Brasil* (CM) (dir., fot.); *Segurança nos Portos* (CM) (dir., fot.); *Santa Maria* (CM) (dir., fot.); 2006- *Trair e Coçar é Só Começar*; 2007- *Diesel Verona* (CM) (dir., fot.); *Sorriso; Vida nos Recifes* (CM) (dir., fot.); 2008- *o Homem e os Recifes* (CM) (dir., fot.); *Arraial D'Ajuda'* (CM) (dir., fot.); *Amazônia Caruana*; 2009- *Stargate; Claude Troisgros* (CM) (dir., fot.); *Abasel* (CM) (dir., fot.); *A Primeira Vez de Priscila*; 2010- *Aparecida, Padroeira do Brasil*; *Jacumã* (CM) (dir., fot.); *Amor*.

## FALCÃO, RENATO

Nasceu em Porto Alegre, RS, em 1964. Fotógrafo de formação, está radicado nos Estados Unidos desde 1993, mas estreitamente ligado ao cinema gaúcho. Dirige seu primeiro filme, o curta *Presságio*, em 1993. Na sequência, dirige e fotografa diversos curtas até chegar em seu primeiro longa, em 2002, *A Festa de Margarette*, um projeto experimental com orçamento de apenas US$ 100 mil, que levou vários anos para ser concluído.

**Filmografia:** 1993- *Presságio* (CM) (dir.); 1995- *Save Me* (CM) (dir.); 1996- *Little India* (CM) (EUA); *O Chapéu* (CM); *The Mating Game* (EUA); 1997- *Neptune's Rocking Horse* (EUA); 1998- *A Agenda* (CM); *Gat Crazy* (CM); 2000- *Heart of Gold* (CM) (EUA); 2001- *American Desi* (EUA/Índia); 2002- *A Festa de Margarette* (*Margarette's Feast*) (Brasil/EUA) (dir., fot.); 2004- *Diário de um Novo Mundo*; 2006- *Hiding Divya* (EUA); 2007- *Sinal dos Tempos* (dir., fot.); 2008- *Dias e Noites*; 2009- *Enquanto a Noite não Chega* (dir., fot.) (codir. Beto Souza).

## FANTIM, E.

Euclides Fantim nasceu em Itá, SC, em 25 de agosto de 1944. Em 1968 inicia seu aprendizado no cinema, no Instituto Nacional de Cinema (INC), onde conhece Humberto Mauro e passa a familiarizar-se com câmeras e equipamentos de edição. Em 1969 vai para a TV Iguaçu de Curitiba e em 1970 recebe proposta de trabalho do Laboratório Líder, em São Paulo. Entre 1972 e 1978 trabalha na Lynx Film, produtora paulista de comerciais. Seu primeiro filme como fotógrafo é *E Ninguém Ficou em Pé*, direção de José Vedovato, direcionando-se inicialmente para o cinema popular. A partir dos anos 1980, já morando em Curitiba, passa a fotografar inúmeros curtas para cineastas consagrados locais como Nivaldo Lopes, assim como para a nova geração que chega, em película 35mm ou mesmo em digital, transferindo sua vasta experiência para a formação de novos profissionais do cinema.

**Filmografia:** 1974- *E Ninguém Ficou em Pé*; 1978- *Ah! Essa é Boa* (CM); *Os Galhos do Casamento; Tem Piranha no Garimpo*; 1980- *Caminhos Contrários; Deu a Louca em Vila Velha*; 1982- *Campeonato de Sexo*; 1983- *Bacanal do Terceiro Grau*; 1986- *A Guerra do Pente* (cofot. Aparecida Bueno Marques); 1987- *O Milagre das Águas – A História de Nossa Senhora Aparecida*; 1989- *Lápis, de Cor e Salteado* (CM); *O Candidato* (CM); 1990- *Vamos Juntos Comer Defunto* (CM); 1997- *Pela Porta Verde* (CM) (cofot. Cido Marques); 2000- *Aldeia* (CM) (cofot. Celso Kava); 2001- *Bento Cego* (CM) (cofot. Celso Kava); *Cine Paixão* (CM) (cofot. Marcos Santana); *Logo Será Noite* (CM); *O Poeta* (CM); *O Traste* (CM); 2002- *Agora é Que São Elas*; *Na Linha do Trem* (CM); 2006- *Madeinucrania – Os Ucranianos no Paraná* (cofot. Lurivalde Neto Vieira).

## FANTO, GEORGE

Györfy Fantö nasceu em Budapeste, Hungria, em 4 de agosto de 1911. Inicia sua carreira de fotógrafo profissional em 1937, no filme *Il Corsaro Nero*, produção italiana. Em 1939, chega ao Brasil para auxiliar Afrodísio de Castro na fotografia de *Joujoux e Balangandãs*, em seguida assume a fotografia de Dir*eito de Pecar*, produção Cinédia. Em 1942 Orson Welles o chama para fotografar o episódio *Jangadeiros* do lendário *It's All True*, com excepcional resultado e fotografia fortemente contrastada. Nos anos 1940 trabalha muito no Brasil, em filmes como *Mãe* (1948) e *Almas Adversas* (1949). Acaba ficando amigo de Welles, que o convida para fotografar *Othelo* em 1952, quando fixa residência em Londres. Esteve no Brasil em 1986 para participar do Rio Cine Festival e em 1993 é dos fotógrafos da remontagem feita do filme *It's All True*, sob a direção de Bill Krohn, Michael Meisel e Richard Wilson. Morre no início dos anos 1990.

**Filmografia**: 1937- *Il Corsaro Nero* (Itália); 1939- Joujoux e Balangandãs (cofot. A.P.Castro); 1940- *Direito de Pecar*; *Recenseamento em Marcha* (CM); 1941- *24 Horas de Sonho*; 1943- *Samba em Berlim* (cofot. Afrodísio de Castro); 1944- *Indústrias de Lembrança* (CM) (dir., fot.); *Operários da Ilusão (CM) (dir., fot.)*; *Pincéis, Cinzéis e Penas* (CM) (dir., fot.); 1945- *Fortaleza da Saúde* (CM) (dir., fot.); 1946- *Aeroclube do Brasil* (CM) (dir., fot.); *O Cavalo 13*; *O Anjo Desnudo (El Ángel Desnudo)* (Argentina) (cofot. Alfredo Traverso); 1948- *Mãe* (cofot. Afrodísio de Castro, Léo Marten e Theodoro Lutz); 1949- *Caminhos do Sul* (cofot. Helio Barrozo Netto); *Almas Adversas; Inocência; Vendaval Maravilhoso* (Brasil/Portugal) (cofot. Francisco Izarrelli, Aquilino Mendes e Afrodísio de Castro); 1952- *Othelo* (*The Tragedy of Othelo: The Moor of Venice*) (EUA/Itália/França/Marrocos) (cofot. Anchise Brizzi, Alberto Fusi, Aldo Graziati e Oberdan Troiani); 1993- *It's All True* (França/EUA) (cofot. Gary Graver).

## FARIA, LÁZARO

Lázaro Raimundo Faria nasceu em Lambari, MG, em 8 de dezembro de 1956. Inicia sua carreira como produtor de rádio, cinema e televisão em Belo Horizonte. Muda-se para a Bahia em 1976. Dirige e fotografa seu primeiro filme em 1977, o curta *Arembepe* e não para mais, constituindo sólida filmografia, quase sempre com temas ligados a cultura afro, uma especialidade sua, sendo hoje profundo conhecedor do espírito do povo baiano. No cinema publicitário, destaca-se como RTVC em importantes agências, como a *Divisão* primeira agência do importante publicitário Sergio Amado e Sydney Resende e na Norton Propaganda do saudoso Geraldo Alonso e a Propeg de Rodrigo Sá Menezes, dirigindo mais de mil comerciais para clientes importantes como Correios e Telégrafos, Governo da Bahia e de Pernambuco, Fundação Roberto Marinho, etc. Recebe muitos prêmios ao longo de sua carreira, destacando-se o *Prêmio Profissionais do Ano*, da Rede Globo, em 1988, 1989 e 1990, *Prêmio Colunistas* e sendo indicado também para Cannes onde ganha o Leão de Ouro. Em 1989 dirige a fotografia do média *O Superoutro*, aclamado como o último filme do Cinema Novo e em seguida participa da produção e faz a direção de fotografia aérea do filme *Baile Perfumado* Produz, dirige e fotografa, em 2000, na bitola 16mm, a série *Orixás da Bahia*, sobre os mais importantes Orixás do Candomblé, veiculada na TVE e TVs a cabo internacionais. Seu primeiro longa, *Cidade das Mulheres* (2005), trata a vida das mulheres de terreiro da Bahia conhecidas por mulheres do partido alto. O filme ganha o prêmio *Tatu de Ouro* de melhor filme da 32 Jornada de Cinema da Bahia e Prêmio BNB de melhor documentário. Atualmente está envolvido com a produção de *Maracas*, primeiro filme de ficção sobre *Carmen Miranda*, do filme *Dois de Julho a Guerra da Independência da Bahia* e do Projeto *Roda do Mundo*, com previsão de filmagens em mais de 20 países onde chegou a capoeira, além de produzir o Bahia Afro Film Festival, que acontece todos os anos em Cachoeira.

**Filmografia**: 1977- *Arembepe* (CM); 1978- *Ilha da Maré* (CM); 1979- *Futebol na Praia* (CM); 1980- *A Comunidade no Poder* (CM); 1981- *O Cometa Harley* (CM); 1982- *Lágrima de Crocodilo (CM)*; 1983- *Minha Vó em Pituaçu (CM)*; *Anjos e Demônios* (CM); 1986- *Ecologia e o Polo Petroquímico de Camaçary* (CM); 1988- *Centenário da Abolição* (CM); 1989- *O Superoutro* (MM) (fot.); 1992- *Cosme e Damião* (CM); *Ya Omi Karodo* (CM); 1994- *Mensageiro* (CM); 1998- *Satytananda* (CM); 2000- *O Segredo do Faraó* (CM); *Orixás da Bahia* (CM); 2001- *Lua Violada* (CM) *(fot.)*; *Moacir de Ogum* (CM); *Amazonias* (CM); 2002- *Mãe Bida* (CM); 2003- *Okaronjé* (CM); *O Corneteiro Lopes* (CM) (dir.); 2005- *Cidade das Mulheres* (dir., fot.) (cofot. Maoma Faria; *Mandinga em Manhattan* (MM) (dir., fot.) (cofot. Maoma Faria; 2006- *Seu Mané Quem Quer e o Demo* (CM); 2007- *A Psicanálise e o Filme* (CM); 2008- *O Negro e o Cinema* (CM); 2009- *Mandinga en Colombia* (MM); 2010- *Saudação*.

## FARIA JR., ANDRÉ

André Luiz de Souza Faria nasceu em Ourinhos, SP, em 2 de abril de 1944. Vive no Rio de Janeiro desde 1966. Inicia sua carreira no cinema em 1969, como assistente de câmera em *Dragão da Maldade contra o Santo Guerreiro'*, de Glauber Rocha. No mesmo ano divide a fotografia de *América do Sexo*. Em 1971 dirige seu primeiro e único filme, *Prata Palomares*, mas o filme fica mais de dez anos proibido pela censura, segundo os censores, por conter cenas que agridem princípios religiosos, família e sociedade, sendo lançado somente em 1984. A partir de 1985 muda-se para Curitiba, ministrando na cidade, por um ano, um curso prático de cinema, direção, interpretação e fotografia. Radicado na cidade, integra a equipe de diversas produtoras paranaenses como Exclam, Guaíra, Sir, trabalhando mais com filmes institucionais e comerciais. Faz parte da IESDE, uma entidade paranaense especializada em ensino à distância. Depois de vários anos afastado, retorna à direção de fotografia em 1999, no filme *Visioni 3 Rappresentazioni Del Desiderio*, de Marcos Jorge.

**Filmografia**: 1969- *América do Sexo* (episódio: *Antropofagia*); *Ligou, Ligado* (CM); 1971/1984- *Prata Palomares* (dir.); 1972- *Roleta Russa*; 1973- *Festival Internacional de Ginástica Olímpica* (cofot. André Palluch e Jorge Ventura) (CM); *Os Melhores do Mundo* (cofot. André Palluch e Jorge Ventura) (CM); 1979- *Barco de Iansã* (CM); 1980- *Ave Soja, Santa Soja* (CM); 1981- *São Miguel dos Sete Povos* (CM); 1983- *Ninfetas do Sexo Selvagem* (cofot. Edson Batista e Gesvaldo Arjones Abril); 1999- *Visioni 3 Rappresentazioni Del Desiderio* (MM); 2000- *O Medo e Seu Contrário* (CM)

## FARKAS, PEDRO

Nasceu em São Paulo, SP, em 1954. Filho do produtor e fotógrafo húngaro Thomaz Farkas. Muito cedo frequenta a loja da Fotóptica da rua Conselheiro Crispiniano, em São Paulo, de propriedade do pai e se vê rodeado de dezenas de câmeras fotográficas de todos os tipos e localidades do mundo. Estuda cinema pela Escola de Artes e Comunicação da Universidade de São Paulo (ECA-USP). Começa a trabalhar com fotografia em 1974 e logo fot.grafa seu primeiro curta, *Ensaio* (1975), direção de Roberto Duarte, ainda dentro da USP, em parceria com o pai Thomaz. Experimenta e direção coletiva em *Tem Coca-Cola no Vatapá* (1976), filme de final de curso, em parceria com Rogério Corrêa, André Klotzel e José Roberto Eliezer, todos em começo de carreira. Mas encanta-se mesmo com a fotografia e logo mostra talento e a sensibilidade que a função exige. Faz seu aprendizado nos anos 1970 em diversos curtas até chegar a seu primeiro longa, em 1980, *O Boi Misterioso e o Vaqueiro Menino*, direção de Maurice Capovilla. Logo é descoberto por Walter Lima Jr., que faz dele seu fotógrafo preferido, como podemos confirmar em *Inocência* (1983), *Ele, o Boto* (1988), *O Monge e a Filha do Carrasco* (1996), *A Ostra e o Vento* (1997) e *Os Desafinados* (2008). É considerado pelo meio como refinado e sofisticado fotógrafo, tanto que é requisitado pelos mais representativos diretores do cinema brasileiro, como em *Dois Córregos – Verdades Submersas no Tempo* (1999), de Carlos Reichenbach, *Memórias Póstumas* (2001), de André Klotzel, *Desmundo* (2002), de Alain Fresnot, *Zuzu Angel*, de Sérgio Rezende, *O Menino da Porteira* (2009), de Jeremias Moreira Filho.

**Filmografia**: 1973- *Teatro: Esporte das Multidões* (CM); 1975- *Ensaio* (CM) (cofot. Thomaz Farkas); *Roças* (CM); *Nitrato* (CM); 1976- *Congada de Ilhabela* (CM); *Tem Coca-Cola no Vatapá* (CM) (dir., fot.) (codir. de Rogério Corrêa e cofot. André Klotzel e José Roberto Eliezer); 1977- *A Segunda Besta* (CM); 1977/1989- *Gilda* (CM); 1978- *Os Queixadas* (CM); *Projeto Pequenos Produtores* (CM); *Rio de Contas* (CM); *Roças Comunitárias* (CM) (cofot. José Roberto Eliezer); 1978/1980- *Os Italianos no Brasil (Andiamo In'America)* (cofot. Eduardo Poiano, Zetas Malzoni, Chico Botelho, Cristiano Maciel, Thomaz Farkas, Hugo Gama e Timo de Andrade); *Todomundo* (cofot. Eduardo Poiano, Nilo Mota, Zetas Malzoni, André Klotzel, Gilberto Otero e Thomaz Farkas); 1979- *Elomar do Rio Gavião* (CM); 1980- *A Voz do Brasil* (CM); *Certas Palavras* (cofot. Fernando Duarte); *Curimins e Cunhantãs* (CM); *Estranho Sorriso* (CM); *O Boi Misterioso e o Vaqueiro Menino*; *Oro* (CM); *Periferia* (CM); *Projeto Carajás* (CM) (cofot. Jorge Bodanzky); *Raso da Catarina, Reserva Ecológica* (CM); 1981- *Boa Noite* (CM); *Hermeto Campeão* (CM); *Idos com o Vento* (CM); *Maldita Coincidência, República* (cofot. Edgar Moura); *Um Raio de Luz* (CM); *Ylê Xoroquê* (CM) (cofot. Hermano Penna e Raquel Gerber); 1982- *A Caminho das Índias; In Vino Veritas;*

*Índia, a Filha do Sol; Só* (CM); 1983- *Ecos Urbanos* (CM); *Inocência; Mato Eles?* (CM); 1971/1982- *O Rei da Vela* (cofot. Carlos Ebert, Rogério Noel, Adilson Ruiz e Jorge Bouquet); *Pura Violeta* (CM); 1984- *A Terra Queima* (CM) (cofot. José Antonio Ventura); *Diacuí, a Viagem de Volta; Ilê/Aiyê Angola* (CM); (cofot. José Ventura e Roberto Pires); 1985- *A Marvada Carne; Karai, o Dono das Chamas* (CM); *Sprayjet* (CM); 1986- *Amor que Fica* (CM); *Cinema Falado; Ufogão* (CM); 1987- *Catehe* (CM); *Deus é um Fogo* (cofot. Carlos Ebert, Lauro Escorel, Tadeu Ribeiro, Nonato Estrela e João Carlos Horta); *Ele, o Boto; Fonte da Saudade;* 1988- *Adultério* (CM); *Caramujo-Flor* (CM); *Fogo e Paixão;* 1989- *Anos 30: Entre Duas Guerras, Entre Duas Artes* (CM); *Lua Cheia; Orí* (MM) (cofot. Adrian Cooper, Chico Botelho, Cláudio Kahns, Hermano Penna, Jorge Bodanzky, Raquel Gerber e Waldemar Tomas); *Paraty Mistérios* (CM); *Porta Aberta* (CM); 1990- *Diário Noturno* (CM); 1991- *Manobra Radical; O Drama da Polônia* (CM); *Tudo ao Mesmo Tempo Agora* (MM) (cofot. Mustapha Barat, Marcelo Durst e José Roberto Eliezer); 1992- *Abá* (cofot. Raquel Gerber e Hermano Penna); *As Três Mães* (CM); *Marie-Galante (França);* 1993- *Capitalismo Selvagem (Brasil/Alemanha/França); Era uma Vez no Tibet...* (CM); *Oceano Atlantis* (cofot. Dib Lutfi); 1994- *Boca (Brasil/EUA); Encanto* (CM); *Pé de Pato* (CM); 1995- *Criaturas que Nasciam em Segredo* (CM); *Entusiasmo e Fome* (CM) (cofot. Dib Lutfi); 1996- *Jenipapo; O Monge e a Filha do Carrasco, (The Monk And The Hangman's Daughter) (Brasil/EUA); Todos os Corações do Mundo (Two Billion Hearts) (Brasil/EUA)* (cofot. Walter Carvalho, César Charlone, Carlos Pacheco, José Roberto Eliezer e Lúcio Kodato); 1997- *Ed Mort; A Ostra e o Vento; Pobres por um Dia* (CM); 1999- *Celebração – Cem Anos de Cinema* (CM) (cofot. Dib Lutfi e Toca Seabra); *Um Copo de Cólera; Dois Córregos – Verdades Submersas no Tempo;* 2001- *Memórias Póstumas;* 2002- *Desmundo; Lara* (cofot. José Guerra); 2003- *Diabo a Quatro (Brasil/Portugal)* (cofot. Jacques Cheuiche); *O Santo Mágico* (CM); *Um Cavaleiro de Fina Estampa;* 2004- *Thomaz Farkas, Brasileiro* (CM); *Vida de Menina;* 2006- *Andar às Vozes; Zuzu Angel; O Passageiro – Segredos de Adulto;* 2007- *Iluminados (depoimento); O Crime da Atriz* (CM); *Não por Acaso;* 2008- *Os Desafinados; Palavra (En) Cantada;* 2009- *O Menino da Porteira.*

## FARKAS, THOMAZ

Thomaz Jorge Farkas nasceu em Budapeste, Hungria, em 17 de outubro de 1924. Chega ao Brasil com seis anos, em 1930. Forma-se engenheiro pela USP mas logo começa a trabalhar na loja do pai, a Fotoptica, pioneira na comercialização de equipamentos fotográficos e cinematográficos. Com a morte do pai, Thomaz assume os negócios da família. Nos anos 1940 faz parte do Foto Clube Bandeirantes. Em 1948 faz sua primeira exposição fotográfica no MASP, tem contato com Chick Fowle na Vera Cruz. Dirige diversos filmes amadores, seu primeiro registro profissional data de 1950, no curta *Estudos*. Nos anos 1960 produz 33 documentários curtos sobre o Brasil, num projeto intitulado *Caravana Farkas*, que gerou dois longas: *Brasil Verdade* (1968) e *Herança do Nordeste* (1972), em que a maioria dos filmes trabalha com entrevistas e som direto e ajudaram a redescobrir o Brasil através do cinema. Nos anos 1970 Farkas também foi coprodutor de vários longas, professor de fotografia, fotojornalismo e jornalismo cinematográfico na Escola de Comunicações e Artes da USP (ECA-USP) e presidente, em 1999, da cinemateca brasileira. Em 1997 lança o livro *Thomaz Farkas, Fotógrafo*, quando o Museu de Arte de São Paulo (MASP) organiza uma mostra retrospectiva de seu trabalho como fotógrafo e cineasta. Por suas lentes o Brasil viu as realidades do sertão, do Recôncavo Baiano, do samba carioca, etc. Como diz Eduardo Giffoni Flórido no livro *As Grandes Personagens da História do Cinema Brasileiro, A obra de Thomaz Farkas é um tributo à cultura brasileira e a um Brasil que teima em ser brasileiro... E verdadeiro...*

**Filmografia:** 1950- *Estudos* (CM) (dir., fot.); 1965- *Nossa Escola de Samba* (CM) (cofot. Alberto Salvá) (episódio do longa *Brasil Verdade); Subterrâneos do Futebol* (CM) (cofot. Armando Barreto) (episódio do longa *Brasil Verdade); Viramundo* (CM) (cofot. Armando Barreto) (episódio do longa *Brasil Verdade);* 1968- *Lavra-dor* (CM) (cofot. Carlos Ebert); 1969- *Rastejador S.M.* (CM) (episódio do longa *Herança do Nordeste); Vitalino Lampião* (cofot. Geraldo Sarno); 1969/1970- *A Mão do Homem* (CM) (cofot. Affonso Beato); 1970- *Beste* (CM); *Erva Bruxa* (CM) (cofot. Affonso Beato); *Homem de Couro* (CM); *Jaramantaia* (cofot. Affonso Beato); *Padre Cícero* (CM) (cofot. Affonso Beato); 1971- *Jornal do Sertão* (CM) (cofot. Affonso Beato e Leonardo Bartucci); 1972- *De Raízes e Rezas Entre Outros* (CM) (cofot. Affonso Beato e Jorge Bodanzky); *Feira da Baiana* (CM) (cofot. Jorge Bodanzky); 1974- *Petroquímica da Bahia* (CM) (cofot. João Carlos Horta); 1975- *Ensaio* (CM) (cofot. Pedro Farkas); 1976- *A Morte das Velas no Recôncavo* (CM); *Cheiro-Gosto: Um Provador de Café* (CM); 1977- *Um a Um* (CM); 1978- *Paraíso Juarez* (CM); *Os Queixadas* (CM) (cofot. André Klotzel); *Trio Elétrico* (CM) (cofot. Miguel Rio Branco); 1978/1980- *Os Italianos no Brasil (Andiamo In'America)* (cofot. Pedro Farkas, Zetas Malzoni, Chico Botelho, Cristiano Maciel, Eduardo Poiano, Hugo Gama e Timo de Andrade); *Todomundo* (CM) (dir., fot.) (cofot. Pedro Farkas, Eduardo Poiano, Nilo Mota, Zetas Malzoni, André Klotzel e Gilberto Otero); 1981- *Hermeto Campeão* (CM) (dir.).

## FAVILLA, RICARDO

Nasceu no Rio de Janeiro, RJ. Estuda engenharia na Universidade Estadual do Rio de Janeiro, onde conhece Clóvis Molinari e seu ateliê de Super-8. Os dois, mais alguns amigos, criam o *Dastrixuplas*, grupo que entre 1978 e 1984 documenta, no Rio de Janeiro, fatos como o incêndio do Museu de Arte Moderna em 1978, a eleição de Brizola para o Governo do Estado em 1982 e a Campanha das Diretas Já em 1984. Depois forma-se em cinema pela Universidade Federal Fluminense (UFF). Seu primeiro filme como fotógrafo é *Cine-Jornal Lente Divergente Número 3*, direção de Molinari e amigos. Seu curta *Mamãe Parabólica* (1989) foi especialmente pensado para o transformista Laura de Vison, sendo ganhador de vários prêmios no Festival de Brasília daquele ano. Diretor-assistente em vários filmes como *O Quinto Macaco (The Fifth Monkey)* (EUA) (1990); *O Quatrilho* (1995), *Sambolico* (1996), *O Que é Isso Companheiro?* (1997) e assistente técnico em *Tiradentes* (1999). Dirige em 2004, novamente com Clovis Molinari, o curta *A Degola Fatal*. É sóciodiretor da produtora Rio de Cinema.

**Filmografia:** 1981- *Cine-Jornal Lente Divergente Número 3* (CM) (cofot. Clóvis Molinari e Antonio Garcia); *Praia do Flamengo, 132* (CM) (cofot. Clóvis Molinari); 1982- *A Fala do Simulacro* (CM) (dir., fot.); *Céu em Transe* (CM) (dir., fot.) (codir. e cofot. Clóvis Molinari); *Degola Fatal* (CM) (dir., fot.) (codir. e cofot. Clóvis Molinari); *D'Olhos* (CM) (dir., fot.); 1983- *Na Terra da Mintchura* (CM); 1985/1999- *Archives Impossibles* (CM) (dir.); 1986- *Impresso a Bala* (CM) (cofot. Guilherme Fassheber e Juliano Serra); 1989- *Mamãe Parabólica* (CM) (dir., fot.); 1999- *A Cartomante* (CM) (cofot. Juliano Serra); 2004- *A Degola Fatal* (CM) (dir., fot.) (codir. Clóvis Molinari).

## FEKETE, FERENC
•

Nasceu em Budapeste, Hungria, em 27 de março de 1914. Em 1933 já trabalha como laboratorista e câmera de cinejornais. Em 1940 estreia como fotógrafo no filme *Erdélyi Kastély*, ao lado de Rudolph Icsey, que também faria carreira no Brasil. Depois de trabalhar muitos anos como fotógrafo em seu país, chega ao Brasil em 1951, contratado por Alberto Cavalcanti, que realizava *Simão, o Caolho* pela Cinematográfica Maristela e por aqui fica até o final de sua vida. Em 1956 estreia na direção, no filme *Pensão da Dona Estela*, em parceria com Alfredo Palácios e em 1957 dirige seu segundo filme, *A Doutora é muito Viva*. Seu último filme registrado como fotógrafo é *A Quadrilha do Perna Dura*, de 1976, produção gaúcha com o astro dos pampas Teixeirinha. Morre em São Paulo, Brasil, em 24 de julho de 1981, aos 67 anos de idade.

**Filmografia:** 1940- *Erdélyi Kastély* (Hungria) (cofot. Rudolf Icsey); 1942- *Emberek a Havason* (Hungria); *Isten Rabjai* (Hungria) (cofot. József Bécsi); *Üzenet a Volgapartról* (Hungria) (cofot. László Tubay); 1943- *Egér a Palotában* (Hungria) (cofot. Barnabás Hegyi); *Orient Express* (Hungria) (cofot. Rudolf Icsey); *Zenélö Malom* (Hungria) (cofot. István Eiben); *Ágrólszakadt Úrilány* (Hungria) (cofot. Arpád Makay); 1944- *Ördöglovas* (Hungria) (cofot. Barnabás Hegyi); *És a Vakok Látnak...; Viharbrigád; Szerelmes Szívek* (Hungria) (cofot. István Berendik, Jenö Dulovits e Árpád Makay); *Menekülö Ember* (Hungria) (cofot. István Eiben); 1952- *Simão, o Caolho;* 1953- *Carnaval em Caxias;* 1954- *Toda a Vida em Quinze Minutos;* 1955- *Carnaval em Lá Maior;* 1956- *Getúlio: Glória e Drama de um Povo; A Lei do Sertão; A Pensão da Dona Estela* (dir., fot.) (codir. Alfredo Palácios); 1957- *A Doutora é Muito Viva* (dir.); 1961- *Terra Própria* (CM); 1962- *Figuração* (CM); 1970- *Salário Mínimo;* 1975- *Bastidores de Cinema* (CM) (codir. Adolfo Paz Gonzalez); 1976- *A Quadrilha do Perna Dura* (cofot. Erwin Rheinheimer e Sidnei Scur).

## FELZEN, SALO

Salo Felzenswalbe nasceu em São Paulo, SP, em 1951. Estuda cinema em Nova Iorque entre 1967 e 1973 e chega a ser assistente de direção de Stanley Kubrick em *Laranja Mecânica (A Clockwork Orange)*, em 1971. De volta a São Paulo, dirige o curta *Busby Berkeley Passa pelo Teste do Ácido*, em 1973. Dirige seu primeiro longa em 1978, o musical sertanejo *Chapéu de Couro*. Praticamente fotografa somente os filmes que dirige, exceção a *Pecado Sem Nome*, do diretor Juan Siringo, em que produz e fotografa.

**Filmografia:** 1973- *Busby Berkeley Passa pelo Teste do Ácido* (CM) (dir., fot.); 1977- *Missa do Vaqueiro* (CM) (fot.); 1978- *Pecado Sem Nome; Chapéu de Couro* (dir., fot.); 1980- *Missa e Vaquejada* (CM) (dir.); 1981- *Papel Usado Não é Lixo* (CM) (dir.); 1984- *Reciclar: A Salvação das Nossas Florestas* (CM) (dir., fot.).

## FERNANDES, ELISEO

Eliseu Fernandes Nord nasceu em Rio Claro, SP, em 1932. Aos três anos, em 1935, muda com a família para São Paulo. Nos anos 1950 começa a se interessar por cinema e é aluno no Seminário de Cinema. Em seguida vai trabalhar na Maristela, onde faz seu aprendizado. Em 1956 estreia como fotógrafo no filme *Madrugada de Sangue*, em parceria de Stefan Muller. Especializa-se em filmes de temáticas rurais, fotografando mais de uma dezenas deles como *Mágoas de Caboclo* (1970), *O Menino da Porteira* (1976), *Filho Adotivo* (1984), etc. Nos anos 1980 trabalha em produções baratas da Boca do Lixo de São Paulo como *Procuro uma Cama* (1982) e *Gata sem Pudor* (1987). Em 1984 dirige seu único filme, *Sexo a Domicílio* (1984). Seu último filme como fotógrafo é *Horas Ardentes*, em 1992, pornô dirigido por Carlos Nascimento. Aposentado e afastado do cinema, morre em 2007, aos 75 anos, em São Paulo.

**Filmografia:** 1956- *Madrugada de Sangue* (cofot. Stefan Müller); *Poços de Caldas* (CM); 1957- *O Preço da Ilusão*; 1959- *O Diamante Grão-Mongol* (1º episódio da série *Vigilante Rodoviário*); 1962- *Ensino Industrial* (CM); 1964- *Seu Talão Vale o Progresso* (CM); 1965- *O Diabo de Vila Velha* (cofot. George Pfister); 1966- *A Verdade Vem do Alto* (cofot. Giorgio Attili); *Max* (CM); 1967- *Casas André Luiz* (CM); 1970- *Mágoas de Caboclo*; 1971- *Etnias: Integração em São Paulo* (CM) (cofot. Antonio Moura); *Noites de Iemanjá*; *Fora das Grades*; *Até o Último Mercenário*; 1972- *O Jeca e o Bode*; 1973- *Meu Brasil Brasileiro* (cofot. Nilton Nascimento); 1974- *A Última Ilusão*; *As Mulheres Sempre Querem Mais (Desejo Insaciável de Amar)*; 1974- *As Cangaceiras Eróticas*; *A Virgem e o Machão*; 1975- *Ladrão de Galinhas*; 1976- *O Menino da Porteira*; *O Conto do Vigário* (cofot. Julio Robacio e Giorgio Attili); *...E as Pílulas Falharam*; *Como Consolar Viúvas* (cofot. Giorgio Attili); 1977- *Garimpeiras do Sexo*; 1978- *Mágoa de Boiadeiro*; *O Atleta Sexual*; 1979- *Por um Corpo de Mulher*; *Milagre, O Poder da Fé*; 1980- *Cabocla Teresa*; 1981- *Aluga-se Moças*; *Sexo e Violência no Vale do Inferno* (cofot. Henrique Borges); *Os Insaciados* (cofot. Sérgio Mastrocolla); 1982- *Procuro uma Cama*; *O Inferno Começa Aqui*; 1983- *Aluga-se Moças 2*; 1984- *Sexo a Domicílio* (dir., fot.); *O Filho Adotivo*; 1985- *Edifício Treme-Treme*; *Tentações* (cofot. Carlos Nascimento); *Miss Close*; *Vem Que Tem!*; 1986- *Carnaval do Sexo*; *Gata Sem Pudor*; 1987- *Carnaval 87 – Só Deu Bumbum*; *Tráfico de Menores*; 1989- *A Vida Íntima de uma Estrela de TV*; *Ou Vai ou Racha*; 1990- *Nero, a Loucura do Sexo*; 1992- *Horas Ardentes*.

## FERRAZ, VICENTE

Vicente Ferraz Gonçalves nasceu no Rio de Janeiro, RJ, em 1965. Estuda no Escola Internacional de Filme e TV (EICTV), San Antonio de Los Baños, em Cuba entre 1981 e 1991. Seu primeiro filme como diretor e fotógrafo foi realizado ainda em Cuba, o cura *Perdidos em El Camino*, sendo selecionado para alguns festivais internacionais. No Brasil, seu primeiro longa é *Soy Cuba – O Mamute Siberiano* (2004), sobre a produção do filme cubano-soviético Soy Cuba, do início dos anos 1960, dirigido pelo russo Mikhail Kalatozov. Consolida sua carreira ao dirigir filmes no Brasil, Cuba, Costa Rica e Nicarágua.

**Filmografia:** 1991- *Perdidos en El Camino* (CM) (Cuba) (dir., fot.); 1995- *O Amor não Acaba as Quinze e Trinta* (CM); 1997- *Taxi Brasil*; *A Wedding in Havana*; 2004- *Soy Cuba - o Mamute Siberiano* (Brasil/Cuba) (dir., fot.) (cofot. Tareq Daoud); *O Estado do Mundo* (episódio brasileiro: *Germano*) (dir.); 2010- *O Último Comandante (El Ultimo Comandante)* (dir., fot.).

## FERREIRA, FLÁVIO

Flávio Augusto Ferreira da Costa nasceu no Rio de Janeiro, RJ, em 14 de janeiro de 1958. Estuda Comunicação na Faculdade Hélio Alonso sem concluir. Especializa-se em cinematografia através de diversos cursos técnicos, fotografia e iluminação com Fernando Duarte na Escola de Artes Visuais do Parque Lage-RJ, Estética Fotográfica com Constance Brenner na E.A.V. do Parque Lage-RJ, Curso Avançado de Laboratório Fotográfico no Centro Universitário de Fotografia da PUC-RJ, roteiro na PUC-Rio com Alfredo Oros e na Aliança Francesa com Ilias Evremidis, assistência de direção e de câmera no SATED, além de ter estagiado na Herbert Richers como assistente de montagem e câmera. É diretor de fotografia, professor Cinematográfico e consultor de Cinematografia Digital. Inicia sua carreira cinematográfica como assistente de câmera

no curta *Infinitas Conquistas* de Enrica Bernadelli, em 1976 e na sequência é assistente de fotógrafos consagrados como Walter Carvalho, Zequinha Mauro, Fernando Duarte, José Medeiros e Ronaldo Nunes, com quem faz seu aprendizado e aprende os truques da profissão. Estreia como Diretor de Fotografia em 1979 no documentário *A Lenda do Rei Sebastião*, de Roberto Machado Jr. Em 1982 chega ao longa, coproduzindo e fotografando o filme *Terra, a Medida do Ter*, de Maria Helena Saldanha. Desde os anos 1980 ministra palestras, cursos e oficinas sobre fotografia e cinematografia digital. Está presente em programas de dezenas de canais a cabo como: Discovery Channel, GNT, Canal Brasil, BBC, ITV, Futura, NGC, AXN e a PBS. Seu currículo conta com trabalhos e parcerias bem-sucedidas com diretores como Walter Avancini, Eduardo Escorel, Zelito Viana, Sérgio Bernardes Filho, Maria Luiza Aboim, Walter Campos, Sandra Werneck, Belisário Franca, Richard Lester, João Alegria, André Horta, Roberto Berliner, Sandra Kogut, Adolfo Rosenthal, *Jonathan Curling*, Pompeu Aguiar, Fernando Severo, Katia Lund, Tisuka Yamasaki, entre outros. Também participa de vários documentários e clipes musicais para artistas como Gilberto Gil, Paul McCartney, Paulo Moura, Sting, Paralamas do Sucesso, *Dionne Warwick*, Paula Toller, Caetano Veloso, Rush, O Rappa, Maria Bethânia e Gabriel, O Pensador. Nos últimos anos têm destacada atuação como consultor de cinematografia digital em filmes como *Separações* (2002), de Domingos Oliveira, *Língua - Vidas em Português* (2003), de Victor Lopes, *Justiça* (2004), de Maria Augusta Ramos, *Gatão de Meia Idade* (2005), de Antonio Carlos Fontoura, *Meu Primeiro Contato* (2007), de Mari Corrêa e Karané Ikpeng, *Atabaques Nzinga* (2008), de *Octávio Bezerra*, *Brasileirinho* (2009), de Mika Kaurismäki, entre muitos outros. Tem carreira de destaque na televisão desde os anos 1990, ao assinar a fotografia de programas, novelas e minisséries de sucesso como *Xica da Silva*, pela TV Manchete, *O Cravo e a Rosa* e *Brasil Legal*, *Brava Gente Brasileira* pela TV Globo, *Free Jazz Festival*, pelo Multishow, *Passagem Para*, pela Futura, *Letras Brasileiras*, pelo Canal Brasil, etc. Participa como finalista do EMMY Internacional (2000) com as séries internacionais *Eco Aventura Amazônica*, pela Discovery e *Música do Brasil*, pela MTV. Também é diretor de fotografia e câmera em aberturas e vinhetas da TV Globo como da minissérie *Queridos Amigos*, série *Sitio do Pica-Pau Amarelo*, do programa *Globo Esporte*, da novela *Esplendor* e *Passione*, etc. No mercado publicitário, dirige a fotografia de dezenas de comerciais para clientes de peso como Petrobrás, Avon, Coca-Cola, Embratur, Esso, Odebrecht. Dirige a fotografia para TVs internacionais como a RAI-Itália, CBC-Canadá, TVE-Espanha, NOS-Holanda, FR3 e TF1-França, BBC e ITV-Inglaterra, ZDF, WDR, ARD e Transtel-Alemanha e NGC, Discovery Channel, AXN, NBC, CBS, ABC e PBS-EUA.

**Filmografia:** 1979- *A Lenda do Rei Sebastião* (CM); *Cinemação Curtametralha* (CM); *Ritos de Passagem (CM) (cofot. Noilton Nunes)*; *Rota Nordeste* (CM); *Teu Nome Veio da África* (CM); 1980- *Como Sempre* (CM) (cofot. Ronaldo de Souza); *Curto-Circuito* (CM); *Contradições Urbanas* (CM); *Nova Estrela* (CM); *Transportes Urbanos* (CM); *ZN-ZS* (CM);1981- *ABC Brasil* (CM); *Quando a Rua Vira Casa* (CM) (cofot. Fernando Duarte e Noilton Nunes); *Jheracua – Sete Quedas por Nós Passaram* (CM); 1982- *Anjos da Miséria* (CM); *Terra, a Medida do Ter*; 1983- *Cry of the Muriqui* (CM) *(EUA)*; *Salve a Mocidade* (cofot. Marco Antonio Cury) (MM); *Setembro Negro de 83* (CM); *The Bug* (CM) *(Inglaterra)*; 1984- *Beco Sem Número* (CM); *DDD-Dose Diária Aceitável* (Alemanha/Brasil) (MM); *Exu-Piá, Coração de Macunaíma* (cofot. José Sette de Barros e Marcelo Coutinho); *Falando de Por Incrível Que Pareça* (CM) (cofot. Zé Mariani, Nonato Estrela e Gilberto Otero); 1985- *Vam' Pra Disneylândia?* (CM); *A Classe Roceira* (CM); 1986- *Cooperação Internacional* (MM); *Leaving Home For Sugar* (MM) (Inglaterra); 1987- *Ecologia* (CM); *Os Paralamas do Sucesso V o Vídeo* (MM); *Thomas de La Rue* (CM); *Um Novo Eldorado* (CM) (EUA); 1988- *Bitter Orange* (CM) (Alemanha); *Oscar Niemeyer* (CM); *Touche Pas à Mon Pote* (CM) (dir.) (codir. Beth Formagini, Henri Gervaiseau e Solange Padilha); 1989- *Alles Ist Nicht Möglich* (CM) (Alemanha); *Get Back-Paul McCartney* (EUA); *Petrobrás 90* (CM); 1991- *A Loira Fantasma* (CM); *Os Desertos Dias* (CM); *Luzes de Outuno* (CM); *Pipeline Engineering* (Alemanha/Brasil); *Rio* (CM) (Inglaterra); 1992- *Mico Leão Dourado* (CM) (EUA); *Estrada de Ferro Vitória-Minas* (CM); *Os Reinados* (CM); *Vinte Anos de Ditadura Militar* (CM) (Alemanha/Brasil); 1993- *Fine Preservation in Fossils an Evolutionary Bonanza* (CM) (Inglaterra); *Boys From Brazil* (Inglaterra); *Reina a Calma no País* (CM) (Alemanha/Suíça); *Ressureição Brasil* (CM); 1993/1994- *Zero* (CM); *Habitação – Pelourinho* (CM) (Alemanha/Brasil); *Dr.Fritz* (CM) (Alemanha/Brasil); 1994- *Vala Comum* (CM); 1995- *Discovery* (Inglaterra); *Meninos de Rua* (CM) (Dinamarca); *Anita Studer* (CM) (Inglaterra); *Território do Invisível* (CM); 1995/1996- *Noturno* (MM); *Farewell to the Flesh* (MM) (Inglaterra); *Violência no Rio* (CM); *Nobistor* (CM); 1996- *Fica Comigo; Pomeranos no Brasil* (CM) (Alemanha/Brasil); 1997- *Televisões em Destaque – TV Globo* (CM) (Alemanha/Brasil); 1999/2000- *Improviso n° 1; Além Mar* (MM); 2000- *Facing the Jaguar* (MM) (EUA); *Carne de Carnaval* (CM); *Samba* (CM); 2001- *Cantão, Rocinha* (MM); *Driven* (EUA/Canadá/Austrália) (cenas aéreas); *Mike Bassett: England Manager* (Inglaterra); *Making It – Pipa* (CM); *Canção Brasileira* (CM); 2002- *25 Anos da Bacia de Campos* (CM); *Cremilda e o Fantasma* (MM); *Amazônia: Mother of Nature* (MM) (EUA/Brasil); *Botando pra Quebrar* (CM) (cofot. Elton Menezes); *Que País é Este* (CM); 2003- *Banquete* (CM); *The Boys In Brazil* (MM) (Brasil/Canadá/EUA) (cofot. Jennifer Dahl, Andrew MacNaughtan, Leonardo Meri e James Reid); *30 Anos de Engenharia* (CM); *Dude, We're Going to Rio* (MM) (EUA); 2004- *Amigas* (CM); 2005- *Intervalo Clandestino; O Desafio do Ar* (MM); 2007- *Caminho Niemeyer* (CM); 2008- *1958, o Ano em que o Mundo Descobriu o Brasil;* 2010- *Despedida* (CM).

## FERREIRA, JAIRO

Jairo Ferreira Pinto nasceu em São Paulo, SP, em 24 de agosto de 1945. A partir de 1963 passa a frequentar a Cinemateca Brasileira como cineclubista e em 1964 é contratado como coordenador de cinema do Centro Dom Vital, onde conhece e fica amigo de futuros cineastas como Carlos Reichenbach e Rogério Sganzerla que darão origem ao núcleo paulistano do Cinema Marginal. Crítico de cinema de 1966 a 1980, só para *São Paulo Shimbum*, jornal da Colônia Japonesa, escreveu 252 artigos, em que acompanha o surgimento do Cinema Marginal, tornando-se uma espécie de cronista do movimento. Em 1967 dirige, juntamente com Orlando Parolini, o curta *Via-Sacra*, filme inacabado, que teve seus negativos picotados por Parolini e que seria, segundo Reichenbach, a primeira experiência *underground* do cinema brasileiro. Em 1975 dirige e fotografa seu primeiro curta em Super-8, *O Ataque das Araras* e em seguida, ainda em super-8, experimenta no longa com *O Vampiro da Cinemateca*, em que homenageia clássicos do cinema mundial como *Cidadão Kane* (*Citizen Kane*), 1941, *A Câmara de Horrores do Abominável Dr. Phibes* (*Dr. Phibes Rises Again*), 1972, *Taxi Driver*, 1975, etc. Une-se a Carlos Reichenbach em vários projetos, como assistente de produção, de câmera, de montagem, fotógrafo de *still*, continuista, etc. Em 1986 escreve o livro *Cinema de Invenção*. Figura genial e controversa do cinema paulista, hoje *cult* tardiamente, Morre em 25 de agosto de 2003, em São Paulo, SP, um dia após completar 58 anos de idade.

**Filmografia:** 1967- *Via Sacra* (CM) (codir. Orlando Parolini); 1975- *O Ataque das Araras* (CM) (dir., fot.); *Ecos Caóticos* (CM) (dir., fot.); 1975/1977- *O Vampiro da Cinemateca* (dir., fot.); 1977- *Antes que Eu me Esqueça* (MM) (dir., fot.); *O Guru e os Guris* (dir.); *Umas e Outras* (dir., fot.); 1978- *Horror Palace Hotel* (MM) (dir.); 1978/1980- *O Insigne Ficante* (dir.); 1978/1981- *Nem Verdade Nem Mentira* (CM) (dir., fot.)

## FERREIRA, LEO

Leonardo de Resende Ferreira nasceu em São Paulo, SP, em 14 de abril de 1974. Gradua-se em fotografia pelo Centro Acadêmico SENAC-SP. Inicia sua carreira no cinema como videoassistente no filme *Os Matadores* (1997), de Beto Brant. Na sequência, já como assistente de câmera nos longas *Ação entre Amigos* (1998), *Kenoma* (1998), *Castelo Rá-Tim-Bum – o Filme* (1999), *Um Copo de Cólera* (1999), *Dois Córregos – Verdades Submersas no Tempo* (1999); *Oriundi, o Verdadeiro Amor é Imortal* (2001). Estreia como diretor de fotografia no média *Curra Urbana*, direção de Tiago Mata Machado e rodado em Belo Horizonte. Atua também como fotógrafo para publicações da Editora Abril, Trip, Globo, etc, como fotografia industrial e, desde 2004, profissionalmente como diretor de fotografia em filmes publicitários, documentários e filmes de ficção.

**Filmografia:** 1998- *Curra Urbana* (MM); 2000- *Quadrado de Joana;* 2001- *Esse Deserto* (CM); 2004- *Viva Cassiano* (CM) (cofot. André Lavenère e Roger Madruga); 2007- *Outono* (CM); *Aqui Favela, o Rap Representa;* 2008- *Dona Clotilde* (CM); *Fofo* (CM); 2009- *Caminho do Meio* (CM); *O Filme mais Violento do Mundo* (CM); 2010- *Um Sentido Bélico para Coisas Belas* (CM).

## FERREIRA, MANOEL R.

Manoel Rodrigues Ferreira nasceu em Itapuí, SP, em 1915. Apaixonado por cinema desde criança, no final dos anos 1920 muda para São Paulo e passa a interessar-se por temas históricos indígenas. Publica, nos anos 1940, vários livros sobre o assunto e filma, com uma câmera 16mm, em cores, a vida e os costumes da tribo Xingu, em *Aspectos do Alto Xingu,* provavelmente o primeiro longa-metragem colorido do Cinema Brasileiro.

**Filmografia:** 1948- *Aspectos do Alto Xingu* (dir., fot.)

## FERREZ, JULIO

Julio Marc Ferrez nasceu no Rio de Janeiro, RJ, em 1881. Filho de Marc Ferrez, pai e filho foram pioneiros na importação de filmes e aparelhos de projeção através de contratos com as francesas Gaumont e Pathé-Frères. Inauguram em 1907 o segundo cinema do Rio de Janeiro, o cine Pathé. Em 1907 Julio inicia a produção de documentários curtos feitos sob encomenda, operetas, policiais, comédias, entre elas, *Nhô Anastácio Chegou de Viagem* (1908), talvez a primeira realizada no Brasil. Morre em 1946, aos 65 anos de idade.

**Filmografia:** 1907-*O Café em São Paulo* (dir., fot.); *Cataratas do Iguaçu* (dir., fot.); *Colheita* (dir., fot.), *Preparação e Embarque do Café* (dir., fot.); *Estrada de Ferro de Paranaguá* (dir., fot.); *Extração de Pinho no Paraná* (dir., fot.); *Indústria de Madeira no Paraná* (dir., fot.); *Matadouro do Rio de Janeiro* (dir., fot.); *Viagem de Sua Excelência Paul Doumer ao Brasil* (dir., fot.); *Viagens de Paul Doumer pelo Brasil em Diversas Estradas de Ferro* (dir., fot.); *Vistas do Paraná* (dir., fot.); 1908-*Barcarola* (dir., fot.); *Centenário do General Osório* (dir., fot.); *De Barra a Juiz de Fora* (dir., fot.); *De Belém a Palmeiras* (dir., fot.); *De Souza Aguiar a Juiz de Fora* (dir., fot.); *Duo de Los Patos* (dir., fot.); *Os Exercícios de Esgrima da Baioneta Executados pelos Marinheiros Nacionais de Villegaignon* (dir., fot.); *Exercícios dos Bombeiros do Rio de Janeiro* (dir., fot.); *Festa do Jubileu da Estrada* (dir., fot.); *Festa Rio-Grandense* (dir., fot.); *Festival em Honra do Marechal Hermes* (dir., fot.); *Inauguração da Estátua de Cristiano Ottoni* (dir., fot.); *Inauguração das Linhas Elevadas* (dir., fot.); *A Mala Sinistra (II)* (dir., fot.); *Margem do Rio das Velhas* (dir., fot.); *A Mascote* (dir., fot.); *Nhô Anastácio Chegou de Viagem* (dir., fot.); *Ramal de Ouro Preto* (dir., fot.); *Triunfo de Nero* (dir.); 1909- *A Gueixa* (LM); *Aspectos Populares do Carnaval do Rio* (dir., fot.); *Chateau Margaux* (I) (dir., fot.); *Chiribiribi* (I) (dir., fot.); *Couplets Delcafé de Puerto Rico* (*Caracolillo*) (dir., fot.); *Eri Tu Chemanchiave* (dir., fot.); *Fandanguaçu* (dir., fot.); *La Nina Pancha* (dir., fot.); *Sphinx* (dir., fot.); *Valsa da Viúva Alegre* (dir., fot.); 1910-*Aspectos do Dreadnought Minas Gerais* (dir., fot.); *O Cometa* (LM); *Os Efeitos do Maxixe* (dir., fot.); *La Madrileña* (dir., fot.); *I Pagliacci; Sonho de Valsa; Vissi D'arte, Vissi D'amore* (dir., fot.); 1911- *A Serrana* (LM); *Águas Virtuosas de Lambari* (dir., fot.); *O Conde de Luxemburgo* – (I) (dir., fot.); *O Cordão; Cordão Carnavalesco* (LM); *Cultura da Cana-de-Açúcar no Estado de São Paulo* (dir., fot.); *Honrosa Visita do Presidente da República ao Cinema Pathé* (dir., fot.); *Revista Náutica na Enseada de Botafogo* (dir., fot.); *Theatro Municipal de São Paulo* (dir., fot.); 1913-*Ascensão em Funicular da Montanha Corcovado do Rio de Janeiro* (dir., fot.); *Passeio na Baía do Rio de Janeiro* (dir., fot.); 1915- *Caçador de Esmeraldas* (LM).

## FERREZ, MARC

Nasceu no Rio de Janeiro, RJ, em 7 de dezembro de 1843. Fotógrafo pioneiro, retrata cenas dos períodos do Império e início da República, entre 1865 e 1918. Suas obras retratam o cotidiano brasileiro na segunda metade do século 19. Juntamente com o fotógrafo alagoano Augusto Malta, registra imagens das transformações decorrentes da reurbanização empreendida pelo prefeito do Rio, Francisco Pereira Passos no início do século 20. Depois, com seu filho Júlio, foi pioneiro na importação de filmes e aparelhos de projeção através de contratos com as francesas Gaumont e Pathé-Frères. Inauguram em 1907 o segundo cinema do Rio de Janeiro, o cine Pathé. Aventura-se pouco no cinema, deixando essa função para seu filho, mas fotografa *O Triunfo de Nero*, em 1908 e dirige *O Caçador de Esmeraldas*, em 1915. Morre em 12 de janeiro de 1923, aos 79 anos de idade, no Rio de Janeiro.

**Filmografia:** 1908- *O Triunfo de Nero* (fot.); 1915- *O Caçador de Esmeraldas* (dir.)

## FIRMO NETO

Manuel Firmo da Cunha Neto nasceu em Providência, AM, em 7 de outubro de 1916. Cineasta, cinegrafista, laboratorista, montador e fotógrafo. Em 1931 muda-se para o Ceará e, em 1932 compra sua primeira máquina fotográfica. Em 1936 forma-se engenheiro agrimensor no Colégio Militar do Ceará. Em 1937 transfere-se para o Recife e em 1939 ingressa na Meridional Filmes, realizando seu primeiro filme, *Saída dos Alunos do Ateneu Pernambucano*. Em 1941 faz o primeiro documentário totalmente sonorizado em Recife, *Festa de Arte do Colégio Vera Cruz*. Assina a fotografia, em 1942, do primeiro longa-metragem sonoro do Norte/Nordeste brasileiro, *Coelho Sai*. O diretor de cinema norte- americano Orson Welles, de passagem pelo Recife, é convidado a visitar o estúdio da Meridional Filmes, onde assiste parte do filme ainda em fase de montagem, ficando encantado com as imagens do Caboclinho e o Maracatu. Em 1945 funda sua própria produtora, a Cinetécnica Firmo Neto. De 1948 a 1954 produz os cinejornais *Notícias do Recife, Pernambco em Marcha* e *Folha da Manhã na Tela*. Pioneiro também na produção de comerciais para a televisão, usando a técnica de animação e filmagens de bonecos, filma a primeira propaganda exibida na televisão, feita em Pernambuco. A partir de 1970 começa a filmar em Super-8 e em 1972 monta laboratório para revelação de filmes nessa bitola. A partir de 1975 inicia o curso Firmo Neto de Cinema no Recife. Em 1981 recebe congratulações da Câmara Municipal do Recife pelos seus 40 anos de dedicação ao cinema em Pernambuco. Em 1984 é agraciado com a Medalha do Mérito da Fundação Joaquim Nabuco por sua relevante contribuição à cultura brasileira. Em 1987 é criada a Associação Firmo Neto de Fotógrafos e Cineastas, iniciativa de seus ex-alunos. Morre em 10 de fevereiro de 1998, em Recife, aos 81 anos de idade, de infecção respiratória, cardiológica e hipertensão.

**Filmografia:** 1939- *Saída dos Alunos do Ateneu Pernambucano*; 1940- *Calçamento da Avenida Caxangá; Chegada do Interventor Agamenon Magalhães ao Recife; Inauguração do Museu do Estado de Pernambuco; Exposição Nacional de Pernambuco; Quarenta Horas de Vibração Cívica – Visita do Presidente Getúlio Vargas a Pernambuco; Festa de Arte do Colégio Vera Cruz;* 1942- *O Coelho Sai* (LM) (dir., fot.) (codir. Newton Paiva e cofot. João Stamato); 1944- *Exaltação da Raça (Corrida do Fogo Simbólico);* 1946- *Shistosomose Mansoni;* 1947- *Tyrone Power em Natal-RN;* 1948- *Anel Vermelho do Coqueiro; Esquistossomose de Manson;* 1948/1954- *Primeiro Congresso das Municipalidades;* 1950- *Esquistossomose; Bouba;* 1952- *A Morte de Agamenon Magalhães; XXX Exposição Nordestina de Animais em Pernambuco;* 1964- *Salvador;* 1982- *Helenos* (cofot. J.A.Moreiras).

**Filmografia:** (institucionais, sem especificar datas): *A Prefeitura a serviço do povo – 1º aniversário do Governo Pelópidas da Silveira (Empresa Técnica Cinematográfica); Anel Vermelho do Coqueiro (Instituto de Pesquisas Agronômicas); Bonecos animados (Delta Turismo – comercial); Carnaval do Recife – cenas de rua, Dona Santa Rainha do Maracatu Elefante. (Empresa Técnica Cinematográfica); Carnaval do Recife (Prefeitura Municipal do Recife); Caroá (José de Vasconcelos); Centenário de Cajazeiras (Prefeitura Municipal de Cajazeiras); Centenário de Dantas Barreto; Centenário de Joaquim Nabuco (Secretaria da Educação); Centenário do Santa Isabel; Cheia do Capibaribe – Ponte do Derby em Construção; Coelho sai (Meridional Filmes); Comercial para televisão (Aguardante de cana Pitú); Compromissos de novos conscritos sediados no Recife (Empresa Técnica Cinematográfica); Concerto Popular no Jardim 13 de maio (Diretoria de Documentação e Cultura); Concurso de Papagaios; Congresso das Municipalidades (Empresa Técnica Cinematográfica); Congresso de Tuberculose (Comissão Executiva – Dr. Miguel Arcanjo); Cortume São Francisco (Rio Grande do Norte); Desaparece Um Escritor, Mário Sette; Desenhos animados (Biscoitos Sagres – comercial); Dia da Marinha; Doces Gaibú (Comerciais para cinema); Documentário para Aurora Duarte; Documentário sobre o calçamento da Avenida Caxangá; Escolas Profissionais Dom Bosco (Diretoria de Documentação e Cultura); Espetáculo do Teatro de Estudante (Diretoria de Documentação e Cultura); Esplenectomia (Filme de intervenções cirúrgicas); Exposição Nordestina de Animais (Departamento da Produção Animal); Festa da Conceição; Festa de Nossa Senhora do Carmo (Empresa Técnica Cinematográfica); Festa do Algodão – Serra Talhada/PE (Secretaria de Agricultura); Festa do tomate (Carlos de Brito S.A.); Filme de longa metragem Coelho Sai (Meridional Filmes); Folha da Manhã na Tela (Nº 1 ao 8) (Governo de Agamenon Magalhães); Homenagem a Bernardo Vieira de Melo (Diretoria de Documentação e Cultura); Homenagem a heróis; Inauguração da Discoteca Pública Municipal (Diretoria de Documentação e Cultura); Inauguração da Ponte do Derby; Notícias do Recife I; Notícias do Recife II; Notícias do Recife III; O Fumo em Arapiraca (Cultivadores de Fumo de Alagoas); O trote (Diretoria de Documentação e Cultura); Pernambuco em Marcha (nº 1 ao 11) (Secretaria da Agricultura); Por que o SESI (Documentário para televisão); Posse do Governador Agamenon Magalhães (Partido Social Democrático); Posse do Governador Flavio Ribeiro Coutinho (Governo da Paraíba); Prefeito Mendes de Morais no Recife; Primeiro aniversário do Governo Barbosa Lima Sobrinho (Empresa Técnica Cinematográfica); Procissão dos passos; Reação de Galli Mainini (Legião Brasileira de Assistência); Recenseamento; Reunião do BNN (Banco Nacional do Norte); Uma intérprete de Mozart; Usina Higienizadora do Leite (Brasilco S.A.); Visita do Ministro da Marinha a Pernambuco (Meridional Filmes).*

## FLEMING, ALMEIDA

Francisco de Almeida Fleming nasceu em Ouro Fino, MG, em 8 de julho de 1900. Aos dez anos, em 1910, vê um filme pela primeira vez, e fica maravilhado com aquilo que chamavam, *as fotografias que se movimentavam*. Seus irmãos, proprietários da empresa *Almeida & Cia.*, cuidam da instalação de cinemas na cidade e em outras vizinhas e Fleming vai ajudar os irmãos. Em 1917 muda-se para Pouso Alegre e consegue emprego como gerente do cine Íris, propriedade da família e monta seu primeiro laboratório. Realiza então seu primeiro filme, o documentário curto *Pouso Alegre*, com vistas da cidade. Em 1920 funda a América Filme produzindo documentários, mas seus dois primeiros longas resultam inacabados, *Coração de Bandido* (1920) e *In Hoc Signo Vinces* (1921). Em 1924 conclui seu primeiro longa, *Paulo e Virgínia* e, em 1925 seu mais famoso filme *O Vale dos Martírios*. Em 1936, vai para o Rio de Janeiro gerir o laboratório da recém-fundada Sonofilms, a convite de Wallace Downey. Em 1939 fixa-se definitivamente em São Paulo, produzindo documentários e executando trabalhos de laboratório para terceiros. Ao longo de sua existência, entre 1920 e 1953, a América Filme produz mais de 200 documentários. Ainda ocupou-se por anos prestando serviços em seu laboratório instalado na Av. Lacerda Franco, em São Paulo, ainda com um grande letreiro que dizia *AMERICA FILMES*. A partir dos anos 1970, com os avanços tecnológicos e vendo seus equipamentos cada vez mais obsoletos, aposenta-se definitivamente. Acalentava o sonho de realizar o longa *Deus e a Natureza*, a qual tinha o roteiro pronto para ser filmado. Morre em São Paulo, SP, em 10 de fevereiro de 1999, aos 98 anos de idade.

**Filmografia:** (parcial): 1919-*Pouso Alegre;* 1920- *Coração de Bandido* (LM) (filme inacabado); *Canção de Carabu; Capital Federal; Desafio de Caipiras; Minha Cara Bô;* 1921-*Apresentação do Processo de Filme Sonoro América-Cine-Fonema;; In Hoc Signo Vinces* (LM) (dir.) (filme inacabado); *Noite de São João;* 1922- *O Centenário da Independência em São Paulo;* 1924-*Na Manhã de Cinco de Julho; Paulo e Virginia* (LM) (dir.); 1925/1926- *O Vale dos Martírios* (LM) (dir.); 1927- *Céus do Brasil; Como se Fabrica a Banha; Como se Fabrica a Manteiga; Ouro Fino;* 1936- *Fabricação da Banha; Pouso Alegre;* 1937-*Ouro Fino;* 1940-*A Cultura da Videira em São Paulo; Inauguração do Estádio Municipal do Pacaembu;* 1941- *Novo Interventor em São Paulo;* 1942-*Campeonato Intercolegial;* 1944-*Excursionando;* 1946- *Araras;*1956- *Amparo em Festa; Analfabetismo.*

## FORTES, JULIANO LOPES

Fotógrafo gaúcho, inicia sua carreira em 1998 no curta *Nocturnu*, direção de Dennison Ramalho. Assistente de câmera em diversos longas importantes como *Tolerância* (2000), *Netto Perde Sua Alma* (2001), *Sal de Prata* (2005), *As Tentações de São Sebastião* (2006), *Saneamento Básico, o Filme* (2007) e *Estômago* (2007). Depois de dirigir a fotografia de diversos curtas, chega ao primeiro longa, em 2007, *Ainda Orangotangos*, de Gustavo Spolidoro. É competente profissional da nova geração gaúcha de fotógrafos.

**Filmografia:** 1998- *Nocturnu* (cofot. Alex Sernambi); 2000- *A Verdade às Vezes Mancha* (CM); 2001- *Club* (CM); *Identidade* (CM); *Suco de Tomate* (CM); *Surto* (CM); *The Beginning* (CM); 2003- *O Beijo no Esboço* (cofot. Carlos Carrion); *Miriam* (CM); *Pesadelo* (CM); 2004- *Colapso* (CM) (dir., fot.) (codir. Lena Maciel); *Ponto de Vista* (CM); 2005- *Canto de Cicatriz* (CM); 2006- *Cuidado que Mancha;* 2007- *Ainda Orangotangos;* 2009- *A Invasão do Alegrete* (CM); *Orgulho e Tradição* (MM).

## FÖRTHMANN, HEINZ

Nasceu em Hannover, Alemanha, em 1915. Muda-se com a família para o Brasil em 1932, estabelecendo-se em Porto Alegre, onde Heinz inicia seus estudos. Em 1940 muda-se para o Rio de Janeiro para aperfeiçoar seus estudos em fotografia. Em 1942 ingressa no Serviço Nacional de Proteção aos Índios (SPI), então presidido pelo Marechal Rondon, quando começa a participar de expedições, iniciando sua carreira de fotógrafo e documentarista. Filma com Darcy Ribeiro e Orlando Villas-Boas.

Nos anos 1950/1960, preside o SPI, mora nos Estados Unidos por dois anos e trabalha com Carlos Gaspar e I.Rozemberg e Henri Persin fazendo cinejornais. Seu curta *Kuarup*, de 1962, foi muito premiado na época, sendo considerado o melhor curta brasileiro do ano. Muda-se para Brasília para implantar o Ateliê de Fotodocumentação e trabalha como professor da UnB. Seu último filme *Rito Krahô*, iniciado em 1971 e filmado na aldeia de Pedra Branca, norte do Estado de Tocantins, ficou inacabado. Em 1993, Marcos de Souza Mendes finaliza o filme, obedecendo à cópia pré-ordenada e a fragmentos de gravações de cânticos originais deixados por seu realizador. O filme é apresentado no Festival de Brasília de 1993. Morre em 1978, aos 63 anos de idade.

**Filmografia:** 1947- *Guido Marliére Um Posto Indígena de Nacionalisação* (CM) (fot.); *Entre os Índios do Sul* (CM) (dir., fot.); *Os Carajá* (CM) (dir., fot.); *Rio das Mortes* (CM) (dir., fot.) (cofot. Pedro Neves e Lincoln M.Costa); *Simões Lopes* (CM); 1950- *Os Índios Urubu (Um Dia na Vida de uma Tribo da Floresta Tropical)* (CM) (dir., fot.); 1952- *Mimoso - Mato Grosso* (CM) (dir., fot.) (cofot. Nilo de Oliveira); 1953- *Funeral Bororó* (CM) (dir., fot.) (codir. Darcy Ribeiro); 1962- *Kuarup (CM)*; 1964- *Angoti* (CM) (dir.); 1965- *Brasil Pitoresco* (CM) (dir.); *Rio Maravilha do Mundo* (CM) (fot.) (cofot. Leonardo Bartucci e Renato Russi); 1966-*Jornada Kamayurá* (CM) (dir., fot.); 1970- *Brasília Ano Dez* (CM) (fot.) (cofot. Fernando Duarte); *Vestibular 70* (CM) (fot.) (cofot. Fernando Duarte e Miguel Freire); 1971/1993- *Rito Krahô* (CM) (cofot. Carlos Augusto Ribeiro Jr.); 1976- *Os Mensageiros da Aldeia* (CM) (fot.).

## FOWLE, CHICK

Henry Edward Fowle nasceu Londres, Inglaterra, em 1915. Inicia carreira em 1930 no departamento de documentários dos correios da Inglaterra, o General Post Office Film Unit, onde conhece Alberto Cavalcanti em 1933. Seu primeiro filme como fotógrafo é o documentário curto *Night Mail*, produzido em 1936. Fowle desenvolve regular carreira de fotógrafo nos anos 1930 e 1940, até ser convidado a vir para o Brasil pelo mesmo Cavalcanti, agora produtor geral da recém-fundada Companhia Cinematográfica Vera Cruz. Estreia junto com todos em *Caiçara*, primeira produção da companhia. Logo o talento de Fowle é reconhecido e mesmo com a saída de Cavalcanti em 1951, continua na empresa até o final, fotografando inclusive seu último filme, *Floradas na Serra*. Continua com a Brasil Filmes, espécie de continuação da Vera Cruz. É fato comum dizer que a fotografia de Fowle contribui e muito para o sucesso dos filmes da Vera Cruz principalmente no exterior, como *Tico-Tico no Fubá* (1952) e *O Cangaceiro* (1953). Para Anselmo Duarte, fotografa seu primeiro longa, *Absolutamente Certo* e depois *O Pagador de Promessas*, em 1962, ganhador da Palma de Ouro em Cannes. A partir dos anos 1960, associa-se a Roberto Santos, César Mêmolo Jr e Sady Scalante para fundar a Lynx Film, maior produtora de comerciais do Brasil durante muitos anos. Seu trabalho faz escola e seu nome é respeitado até os dias de hoje, tanto que, em 1981 Roberto Santos homenageia-o com o documentário curto *Chick Fowle, o Faixa Preta em Cinema*. (...) *A fotografia é um dos maiores trunfos do filme de Anselmo Duarte: o preto e branco expressa todas as suas possibilidades plásticas, uma riqueza de nuances e tons que não limita mais os movimentos dos intérpretes e figurantes, conforme acontecia numa época recente. A fusão é perfeita entre os rostos anônimos e os atores vindos do palco do TBC – Teatro Brasileiro de Comédia, como Leonardo Villar, ou o teatro baiano, como Gerado Del Rey, Othon Bastos e Antonio Pitanga. Nesse momento Fowle não revela apenas a plenitude dos seus recursos técnicos: o inglês mostra que é um dos autênticos descobridores da luz brasileira, o homem que representa a transição entre o alemão Edgar Brasil e o argentino Ricardo Aronovich. Isso não se chama mais competência e profissionalismo, isso é sensibilidade e talento: a fotografia concebida como uma grande arte no processo de criação coletiva do cinema.* - trecho final extraído do verbete de Chick Fowle assinado por Paulo Antonio Paranaguá, sobre a fotografia do filme *O Pagador de Promessas*, integrante do livro *Enciclopédia do Cinema Brasileiro*, Fernão Pessoa Ramos

e Luiz Felipe Miranda (organizadores), Editora Senac, São Paulo, 2000. Chick, com seu estilo clássico e perfeccionista, contribui de forma decisiva para a qualidade da fotografia do cinema brasileiro. Morre em Londres, Inglaterra, em 16 de junho de 1995, aos 80 anos de idade.

**Filmografia:** 1936- *Night Mail* (CM) (Inglaterra) (cofot. Jonah Jones); 1937- *News For the Navy* (CM) (Inglaterra) (cofot. Fred Gamage); 1938- *North Sea* (MM) (Inglaterra) (cofot. Jonah Jones); 1940- *Spring Offensive* (CM) (Inglaterra); *Air Communique* (CM) (Inglaterra); 1941- *The Heart of Britain* (Inglaterra); *Merchant Seamen* (Inglaterra); 1942- *Listen to Britain* (CM) (Inglaterra) (cofot. Fred Gamage); 1944- *The True Story of Lili Marlene* (CM) (Alemanha); 1946- *Child on Trial* (Inglaterra); 1947- *The Woman in the Hall* (Inglaterra) (cofot. C.M.Pennington-Richards); 1948- *Esther Waters* (Inglaterra) (cofot. C.M.Pennington-Richards); 1949- *Once a Joly Swagman* (Inglaterra); *Dear Mr. Pohack* (Inglaterra); 1950- *Caiçara*; 1951- *Ângela*; 1952- *Terra é Sempre Terra*; *Tico-Tico no Fubá* (cofot. José Maria Beltran); 1953- *O Cangaceiro*; 1954- *São Paulo em Festa* (MM) (cofot. Nigel C.Huke, Ray Sturgess, Ronald Taylor e Jack Lowin); *Na Senda do Crime*; 1956- *O Gato de Madame*; *O Sobrado*; 1957- *Paixão de Gaúcho*; *Osso, Amor e Papagaios*; *Absolutamente Certo*; *Rosa dos Ventos (Die Windrose)* (Brasil/Alemanha) (episódio brasileiro: *Ana*); 1959- *Ravina*; 1960- *A Primeira Missa*; *O Menor* (CM); *O Vale do Paraíba* (CM); 1962- *A Gravata* (CM); *Celulose Brasileira* (CM); *O Pagador de Promessas*; *O Mosteiro de São Bento do Rio de Janeiro* (CM); 1961/1965- *O Pescador e sua Alma (The Fisherman and his Soul)* (Brasil/EUA) (cofot. Haskel Wexler).

## FREDERICO, SOFIA

Sofia Pedreira Frederico nasceu em Salvador, BA, em 26 de outubro de 1971. Forma-se em jornalismo pela UFBA. Dirige seu primeiro filme em 1998, o curta *Truques para Lembrar*. Assina a fotografia do longa *Brilhante* (2005), de Conceição Senna. Dirige outros curtas como *Vermelho Rubro do Céu da Boca* (2004), *Caçadores de Saci* (2004), *O Teatro Dança* (2007), *Dona Araci* (2010), etc. Sofia tem marcante atuação também na política cinematográfica da Bahia, tendo sido, entre 1999 e 2006, membro da diretoria e vice-presidente da Associação Baiana de Cinema e Vídeo (ABCV), diretora de audiovisual da Fundação Cultural do Estado da Bahia em (FUNCEB) 2008 e atualmente é diretora do Departamento de Imagem e Som da Bahia (DIMAS).

**Filmografia:** 1998- *Truques para Lembrar* (CM) (dir.); 2000- *Marias do Charuto* (CM) (dir.); *Prêmio Coelba de Reportagem* (CM) (dir.); 2003- *E os Anjos, de Onde Vêem?* (CM) (dir.) (codir. Celso Jr.); *Cega Seca* (CM) (dir.); 2004- *Vermelho Rubro do Céu da Boca* (CM) (dir.); *Caçadores de Saci* (CM) (dir.); 2005- *Brilhante* (fot.); 2007- *O Teatro Dança* (CM) (dir.); 2010- *Dona Araci* (CM) (dir.).

## FREITAS, CLEMENTE

Nasceu em Maruim, SE, em 18 de janeiro de 1899. Criança ainda, muda-se para Estância, onde ficaria pelo resto de sua vida. Pioneiro do cinema de Sergipe, trabalha como chefe do escritório da Fábrica Santa Cruz por 22 anos, e depois dirigiu a Sulgipe, ambas pertencentes ao senador Julio Leite, que tinha Clemente como seu homem de confiança. Fotógrafo amador, tinha laboratório próprio instalado em sua residência. Fazia diversas experiências na confecção de equipamentos, como ampliadores e tanques de revelação, para filmes em cores. A partir de 1958 passa a filmar em 8mm e depois 16mm, aspectos diversos da cidade. Os filmes eram exibidos em colégios e igrejas. Clemente também gravava o som de pássaros raros. Demonstrando habilidade técnica e sensibilidade artística, contribuiu para o registro da memória sergipana. Na década de 1960 ajuda a fundar o Lions Clube de Estância. Morre em 1 de janeiro de 1974, aos 74 anos de idade, em Estância, SE.

**Filmografia:** (na bitola 8mm): 1958- *Parada de Sete de Setembro (s/título n° 1)*; 1961/1962 – *Aspectos Diversos da Cidade (s/título n° 2)*; 1962- *Grupo Escolar Senador Julio Leite/Desfile de Sete de Setembro de 1962 (s/título n° 3)*; 1963/1964 – *Festa de São João/Caravana da Cultura (s/título n° 4)*; 1964- *Peixes de Aquário/As Enchentes dos Rios Piauí e Piauitinga (s/título n° 5)*; 1969- *Jogo de Futebol no Campo do Santa Cruz/Desfile de Sete de Sembro de 1969/Desfile Infantil no Cruzeiro Esporte Clube (s/título n° 6)*; na bitola 16mm, sem identificação de ano: 1- *Cenas de Igreja/Hospital/Sete de Setembro*; 2-*Pescaria de Arrastão/Grupo Escolar Senador Julio Leite/Vistas da Cidade de Estância*; 3- *Cenas Noturnas da Cidade/festa do Interior/Vistas da Cidade/Ponte da Cachoeira*; 4- *Bem Vindo a Estância/Vistas da Cidade de Estância*; 5- *Cenas de Solenidades/Coquetel/Missa*; 6- *Cenas de um Desfile Escolar*; 7- *Desfile de Casal a Fantasia*.

## FREUND, EDWARD

Nasceu em Varsóvia, Polônia, em 1927. Cinerrepórter de guerra e câmera de filmes italianos, chega ao Brasil em 1947. Desempenha várias funções durante os anos 1950, inclusive como câmera de televisão. Em 1961 estreia como diretor no filme *Férias no Arraial*. A partir de então alterna suas atividades como diretor e fotógrafo em produções na Boca do Lixo paulistana. Morre em 1982, em São Paulo, aos 55 anos de idade.

**Filmografia:** 1961- *Férias no Arraial* (dir., fot.); *A Proteção de Santo Antonio (Santo Antonio e a Vaca); A Lei dos Fortes;* 1962- *Isto é Streap-Tease;* 1967- *A Vida Quis Assim* (dir.); *Diversões Naturistas;* 1970- *Tentação Nua* (Brasil/Argentina); 1970/1971- *Finis Hominis* (cofot..Giorgio Attili); 1971- *A Virgem e o Bem- Dotado* (dir., fot.); *D'Gajão Mata para Vingar;* 1972- *A Mulher Pecado; Quando os Deuses Adormecem; Enquanto Houver Esperança* (dir., fot.); *Quatro Pistoleiros em Fúria* (dir., fot.); *Um Pistoleiro Chamado Caviuna* (dir., fot.); 1973- *Trindade...é Meu Nome* (dir.); 1975- *Ainda Agarro Esse Machão* (dir.); *O Fracasso de um Homem nas Duas Noites de Núpcias* (cofot. Guglielmo Lombardi); 1976- *Fruto Proibido; Guerra é Guerra* (episódio: *Ver Para Crer : Macho & Fêmea);* 1978- *No Tempo dos Trogloditas (Quando as Mulheres Tinham Rabo)* (dir., fot.); 1979- *Cristal, Arte Secular* (CM) (dir., fot.); *Manga Larga – O Cavalo de Sela Brasileiro* (CM) (dir., fot.); *Museu do Telefone* (CM) (dir., fot.); *Patty, Mulher Proibida* (cofot. Arcângelo Mello Jr) ; 1980- *Diário de uma Prostituta* (dir., fot.); 1981- *A Virgem e o Bem- Dotado* (dir., fot.).

## FRITSCHER, RÔMULO

O gosto pela fotografia começa ainda criança, nos anos 1960. Inicia carreira no cinema como fotógrafo de *still* em 1980 no filme *Os Três Mosquiteiros Trapalhões*. São seis longas como still, três para os Trapalhões, *Tensão no Rio* (1982), de Gustavo Dahl, *Os Três Palhaços e o Menino* (1982), de Milton Alencar Jr. e *Índia, a Filha do Sol* (1982), de Fábio Barreto. Mora três anos em São Paulo na produtora Ciclo Filmes de Romain Lesage, realizando documentários sobre barragens e hidroelétricas. Produz vários vídeos de sucesso como *Imagens Roubadas* (1986) e *Pohemia* (1991). Diretor de fotografia no curta *Boato, Uma Autodefinitude*, direção coletiva do Grupo Boato, rodado em 16mm, que lhe vale vários prêmios de melhor fotografia. Edita o vídeo *Zambabuê*, em 1992. Em 2003 dirige, fotografa e edita o *making of* do filme *Garrincha, Estrela Solitária*, de Milton Alencar Jr.. Em 2007 fotografa e edita a série de dez programas para o Canal Brasil, *Assalto à TV* e em 2008 também fotografa e edita documentário para o Centro de Cultura e Memória do Jornalismo patrocinado pela Petrobras e realizado pelo Sindicato dos Jornalistas do Rio de Janeiro. Fotografa para os encartes de CDs de diversos artistas como Antonio Nóbrega, Gilberto Gil e Paralamas do Sucesso. Morre em 16 de fevereiro de 2010 no Rio de Janeiro.

**Filmografia:** 1978- *Bye Bye Miséria* (CM) (fot.); 1985- *Administração de Aeroportos (*CM) (fot.); *CELPA – Centrais Elétricas do Pará* (CM) (fot.); *Hidroelétrica de Tucuruí – Impacto Ambiental* (CM) (fot.); 1986- *Alice* (CM) (dir., fot.); *Imagens Roubadas* (MM) (dir., fot.); 1989- *A Menina e o Vento* (CM) (fot.); *A Paixão Segundo São Matheus* (CM) (fot.); *Equitana* (MM) (dir., fot.); *Kadinsky* (MM) (dir., fot.); *Rosa Coisa Nenhuma* (CM) (fot.); *Talassoterapia* (MM) (dir., fot.); 1990- *Bakxai – Oficina 1987 (*MM) (dir., fot.); *Shopping Centers* (MM) (dir., fot.); *Uma Rosa é uma Rosa* (CM); 1991- *Drunk Memories* (MM) (fot.); *Pohemia* (CM) (dir., fot.); 1992- *Boato - Uma Autodefinitude* (CM); *Cogumelo, Perfis de Fibra de Vidro* (MM) (fot.); *Haco, Etiquetas* (MM) (fot.); 1994- *3ª Guerra Mundial* (MM) (fot.); 2003- *Making of Garrincha, Estrela Solitária* (MM) (fot.).

# G

## GAGLIARDI, HELIO MÁRCIO

Diretor e fotógrafo mineiro, parceiro de José Tavares de Barros e do padre Massote. Em 1963 dirige e fotografa seu primeiro filme, o documentário *Rio São Francisco*. Em 1966, não consegue concluir seu primeiro longa, *Amores e Desamores de Paul*, mesmo tendo 80% das cenas filmadas, os negativos foram abandonados no laboratório e se perderam. Nos anos 1960 e 1970, produz, dirige e fotografa dezenas de documentários curtos. Em 1982 também não consegue concluir aquele que seria seu segundo longa, *O Hóspede*, por causa do falecimento da atriz principal Márcia Ruas. Além dos documentários, realiza dezenas de filmes publicitários, sempre rodados em película 16 ou 35mm, como *Campanha da Bíblia* (1976), *Tecnologia de Alimentos* (1976), etc. Durante anos é professor da Universidade Federal de Minas Gerais (UFMG) e Programador do Cineclube Universitário, pertencente à Universidade. Também renomado professor de cinema, das cadeiras de técnica e realização cinematográfica e linguagem cinematográfica da antiga Escola Superior de Cinema da Universidade de Minas Gerais. Professor dos cursos de extensão universitária programados pela Universidade Católica de Minas Gerais, Fotografia e Cinema. Professor de cinema nos colégios Helena Guerra, Santa Maria, Pio XII e Santa Dorotéia. Supervisor técnico do Centro de Audiovisual de Minas Gerais.

**Filmografia:** 1963- *Rio São Francisco* (CM) (dir., fot.); 1964- *Doença de Chagas* (CM); 1965- *Colégio Universitário* (CM); *Elas Trabalham na Simplicidade* (CM) (dir., fot.); *Irmãs Dorotéias* (CM); 1966- *Cidade Universitária* (CM); 1967- *Ácido Sulfúrico* (CM); *Novos Caminhos da Universidade* (CM); *O Rabo do Gato* (CM); *Primeiro Festival de Inverno em Ouro Preto* (CM) (inacabado); 1968- *A Criação Literária em João Guimarães Rosa* (CM); *Polícia Militar* (dir., fot.), *137 Anos de Existência* (CM) (dir., fot.); *Roteiro Turístico de Caeté* (CM) (dir., fot.); 1971- *Fazendas Mineiras do Século XVIII* (CM); *Segunda Feira de Ciências* (CM) (dir., fot.); 1972- *Viagem de D.Pedro I a Província de Minas Gerais em 1822* (CM); 1973- *Criança e Argila* (CM); *Morro Velho* (CM); *Vestibular 73* (CM); 1974- *Colégio Santa Dorotéia* (CM) (dir., fot.); *Escola Polivalente* (CM); 1974/1979 – *Caraca, a Montanha Viva* (CM) (dir.); 1975- *A Indústria do Açúcar em Minas Gerais* (CM); *Festa do Serro* (CM); *Uma Maravilhosa Realidade* (CM) (dir., fot.); 1976- *Cerâmica do Vale de Jequitinhonha* (CM) (cofot. Eduardo Ribeiro de Lacerda); *Congados* (CM); 1977- *Arqueologia no Brasil* (CM); *Clubes Quatro S* (CM); *Ouro Preto: Festival de Dez Invernos* (CM); 1979- *Como Servir?* (CM) (dir., fot.); 1981- *A Quem Possa Interessar* (CM); *Formatura 1981* (CM) (dir., fot.); 1982- *Clubes Quatro S* (CM) (dir.); *Guiatel* (CM) (dir., fot.); *Museu de Arte em Pampulha* (CM) (dir., fot.); *Parada de Sete de Setembro* (CM) (dir., fot.); 1983- *Querida Maria Alice* (CM); 1985- *Histórias da Pedra* (CM); *Memória* (CM) (dir., fot.); *Treze Pontos*; 2003- *Cenas da Memória* (CM); 2005- *Crônicas Brasileiras* (CM) (dir., fot.).

## GAITÁN, PAULA

Paula Maria Gaitán Moscovici nasceu em Paris, França, em 1954. Gradua-se em Artes Visuais e Filosofia na Universidade de Los Andes de Bogoyá, Colômbia. Muda-se para o Brasil em 1977 para dar aulas de cinema e vídeo na Escola de Artes Visuais do Parque Lage, no Rio de Janeiro. Em 1984 é a protagonista de *Amenic – Entre o Discurso e a Prática*, ao lado de Joel Barcellos. Em 1989 dirige seu primeiro longa-metragem, *Uaká*, filme etnográfico feito em 16mm sobre uma aldeia Xingu, onde todos os anos se celebra na aldeia kamaiurá o Quarup. Trabalha com vídeoarte e instalações artísticas. Realiza em 2004 uma exposição no Museu de Arte Latino-americano de Buenos Aires e uma videoinstalação no Castelinho Rio de Janeiro. Em 2007 dirige *Diário de Sintra*, sobre as andanças de Glauber Rocha pela cidade de Sintra em Portugal. É sócia da produtora Aruac, juntamente com os cineastas Eryk e Ava Rocha.

**Filmografia:** 1987- *Agosto Kuarup* (CM) (dir.); *Olho D'Água* (CM); 1989- *Uaká* (dir.); 1991- *Lygiapape* (CM); 1996- *Presença/Ausência* (CM); 1999- *Leomatiz, Profeta de Imagens* (CM); 2004- *Pela Água* (CM);. 2007- *O Diário de Sintra* (dir., fot.) (cofot. Pedro Urano); *Pelo Rio* (CM); 2008- *Monsanto* (CM); *Vida* (dir., fot.) (cofot. Janice D'avila e Eryk Rocha); 2009- *Kogi (CM).*

## GERBER, RAQUEL

Nasceu em São Paulo, SP. Socióloga, cineasta, pesquisadora e historiadora de cinema, ensaísta e fotógrafa. Escreve para as revistas *Argumento* e *Brasiliense* e para os jornais *Movimento* e *Opinião*. Dedica 11 anos de sua vida à realização de *Orí*, que significa *Cabeça*, consciência negra na sua relação com o tempo, a história e a memória - um termo de origem Yorubá, povo da África Ocidental. Foi a única cineasta brasileira no Fespaco, cuja abertura ocorreu num estádio com a presença de 50 mil pessoas, entre eles 5 mil convidados estrangeiros. Publica os livros *O Mito da Civilização Atlântica – Glauber Rocha e o Cinema Novo, Cinema e Sociedade*, 1978 e *Cinema Brasileiro e Processo Político e Cultural*, 1982.

**Filmografia:** 1977-1988- *Orí* (dir., fot.) (cofot. Adrian Cooper, Chico Botelho, Cláudio Kahns, Jorge Bodanzky, Pedro Farkas, Hermano Penna e Waldemar Tomas); 1981- *Ylê Xoroquê* (CM) (dir., fot.) (cofot. Hermano Penna e Pedro Farkas); 1992- *Abá* (CM) (dir., fot.) (codir. Cristina Amaral e cofot. Hermano Penna e Pedro Farkas).

## GERICKLE, WILLIAM

Nasceu na Dinamarca, em 1891. Muda-se para o Brasil, mais especificamente em São Paulo, no final dos anos 1920, vai trabalhar como cinegrafista da empresa Byington. Fascinado pelas selvas e tribos indígenas brasileiras, realiza muitos trabalhos de alto valor documental nessa área. Seu primeiro filme como diretor é *Oito Mil Quilômetros pelas Estradas do Céu*, encomendado pela Panair, em 1933. Seu filme *Minha Vida no Sertão*, realizado em 1951, foi realizado em 16mm, em cores, e retrata a vida do caçador letoniano Sacha Siemel (1890-1970), que passou 30 anos de sua vida nas selvas brasileiras. Morre em 1981, aos 90 anos de idade.

**Filmografia:** 1933-*Oito Mil Quilômetros Pelas Estradas do Céu* (dir.); 1935- *Como se Faz um Jornal* (dir., fot.); 1938-*Aeroporto Santos Dumont* (dir., fot.); *Aspectos Goianos* (dir., fot.); *Uma Aventura Aérea* (dir., fot.); *Cachoeira de Goiás* (dir., fot.); *Cachoeira Dourada* (dir., fot.); *Canal de São Simão* (dir., fot.); *Cinquentenário de Uberlândia* (dir., fot.); *Citricultura em Limeira* (dir., fot.); *Clube de Campo* (dir., fot.); *Fazenda Paineiras* (dir., fot.); *Garimpo do Rochedo* (dir., fot.); *A Instrução em Minas Gerais* (dir., fot.); *Município do Rio Verde* (dir., fot.); *O Ninho dos Clippers* (dir., fot.); *Quarta Exposição Agropecuária do Triângulo Mineiro* (dir., fot.); *Rumo ao Oeste* (dir., fot.); *Urbanização de Goiânia* (dir., fot.); 1939-*Aniversário de Goiânia* (dir., fot.); *Balisa, Cidade do Diamante* (dir., fot.); *Caldas Novas* (dir., fot.); *Caminho Aéreo* (dir., fot.); *Caprichos da Natureza* (dir., fot.); *Contrastes do Litoral* (dir., fot.); *Descendo o Alto Araguaia* (dir., fot.); *Descendo o Rio Paraguai* (dir., fot.); *Esportes Populares* (dir., fot.); *Estação de Águas Paulistas* (dir., fot.); *O Estado Novo no Triângulo Mineiro* (dir., fot.); *Fontes da Saúde* (dir., fot.); *O Gigante Adormecido* (dir., fot.); *Goiás em Revista* (dir., fot.); *Instrução dos Recrutas do Sexto B.C.* (dir., fot.); *Lapidação de Diamantes* (dir., fot.); *Melhoramentos de Uberaba - Estado de Minas Gerais* (dir., fot.); *Município de Frutal* (dir., fot.); *Município de Ituiutaba* (dir., fot.); *Município de Rio Bonito* (dir., fot.); *No Sertão de Goiás* (dir., fot.); *Pesca de Arrastão* (dir., fot.); *Pescando no Paranaíba* (dir., fot.); *Pires do Rio* (dir., fot.); *Policultura em Itaboraí* (dir., fot.), *Goiás* (dir., fot.); *Rodovias Areias Cacambu* (dir., fot.); *Serra Negra* (dir., fot.); *Cidade da Saúde* (dir., fot.); *Sudoeste Goiano* (dir., fot.); *Terra da Banana* (dir., fot.); *Visitando o Triângulo Mineiro* (dir., fot.); *O Zebu em Uberaba - Estado de Minas Gerais* (dir., fot.); 1940-*A Casa do Operário* (dir., fot.); *Como se Projeta uma Cidade* (dir., fot.); *Corumbá – Cidade Branca* (dir., fot.); *Cuiabá, Cidade Verde* (dir., fot.); *O Diamante Getúlio Vargas* (dir., fot.); *Estrada da Marcha para Oeste* (dir., fot.); *Estrada de Ferro Brasil-Bolívia* (dir., fot.); *Estrada de Ferro Noroeste* (dir., fot.); *Visita do General Rego Barros ao Comando Naval de Mato Grosso em Ladário* (dir., fot.); 1941-*Aquidauana 'Estado de Mato Grosso'* (dir., fot.); *A Cachoeira de*

*Urubupungá* (dir., fot.); *A Nossa Maior Ponte* (dir., fot.); *O Pantanal de Mato Grosso* (dir., fot.); *Paracatu* (dir., fot.); *Porto Esperança* (dir., fot.); *Estado de Mato Grosso* (dir., fot.); *O Rio Negro, Estado de Mato Grosso* (dir., fot.); *Riquezas do Solo; Rondônia* (dir., fot.); *1942-Campo Grande, Estado de Mato Grosso* (dir., fot.); *Construção da Ferrovia Transcontinental* (dir., fot.); *As Enchentes do Rio Paraguai* (dir., fot.); *Entre Rios* (dir., fot.); *Os Ervais de Mato Grosso* (dir., fot.); *Estrada de Ferro Noroeste do Brasil* (dir., fot.); *Ferrovia Brasil-Bolívia* (dir., fot.); *Fronteira Brasil-Paraguai* (dir., fot.); *Itapecirica* (dir., fot.), *Estado de São Paulo* (dir., fot.); *No Sul de Mato Grosso* (dir., fot.); *Petróleo da Bolívia para o Brasil* (dir., fot.); *O Portal do Oeste* (dir., fot.); *Ramal de Ponta Porã* (dir., fot.); *Rumo às Charqueadas* (dir., fot.); *1943-A Capital de Mato Grosso* (dir., fot.); *Cidades do Oeste: Conheça Mato Grosso* (dir., fot.); *Cuiabá* (dir., fot.); *Minérios Estratégicos - Conheça Mato Grosso* (dir., fot.); *O Paraíso do Caçador* (dir., fot.); *Rumando ao Pacífico* (dir., fot.); *Transcontinental Santos-Arica* (dir., fot.); *1944-Cristal de Rocha* (dir., fot.); *Cristalina* (dir., fot.); *O Diamante em Poxorêu* (dir., fot.); *Enchentes e Vazantes* (dir., fot.); *A Festa do Pantanal* (dir., fot.); *Garimpos e Garimpeiros* (dir., fot.); *Saltos do Rio Paraná* (dir., fot.); *Soldado dos Seringais* (dir., fot.); *1945-Estrada de Ferro Madeira-Mamoré* (dir., fot.); *Garimpagem Mecânica* (dir., fot.); *Uma Grande Obra Nacional; Montes Claros, a Princeza do Sertão* (dir., fot.); *No Eldorado da Mica* (dir., fot.); *Teófilo Otoni - Minas Gerais* (dir., fot.); *O Território de Guaporé* (dir., fot.); *Velovolismo* (dir., fot.); *1946-Desvendado o Mistério do Trigo* (dir., fot.); *Marabá* (dir., fot.); *O Vale do Tocantins* (dir., fot.); *1947-Belém - Pórtico da Amazônia* (dir., fot.); *Conheça Belém do Pará* (dir., fot.); *Ferrovia das Selvas* (dir., fot.); *Fronteira do Oeste* (dir., fot.); *Guajará-Mirim* (dir., fot.); *Indústria de Material Ferroviário no Brasil* (dir., fot.); *Jacarézinho, a Cidade Rainha do Norte do Paraná* (dir., fot.); *Manaus - a Cidade Risonha* (dir., fot.); *A Metrópole do Brasil Central* (dir., fot.); *Ouro e Diamantes* (dir., fot.); *Ponta Porã* (dir., fot.); *Riquezas da Amazônia* (dir., fot.); *1948-Aspectos da Capital Capichaba* (dir., fot.); *Carvão de Santa Catarina* (dir., fot.); *Crisciúma - a Capital do Carvão* (dir., fot.); *Encantos do Pantanal Mato-Grossense* (dir., fot.); *Ilhéus* (dir., fot.); *Indústria Regional do Norte* (dir., fot.); *Minério de Ferro para Volta Redonda* (dir., fot.); *Terra de Alagoas* (dir., fot.); *Traço de União Brasil-Bolivia* (dir., fot.); *Vitoria, Cidade do Presépio* (dir., fot.); *1951- Minha Vida no Sertão* (dir.); *1954-Dois Dias no Ibirapuera* (dir., fot.); *1955-Expresso do Petróleo* (dir., fot.); *Kalapalo* (dir., fot.); *1958-Construindo Hoje o Brasil de Amanhã* (dir., fot.); *Eletrificação do Vale do Ribeira* (dir., fot.); *Ilhabela, Paraíso Turístico* (dir., fot.); *Missão de um Rio* (dir., fot.); *1959-Batalha da Energia Elétrica* (dir., fot.); *1960- O Segredo de Diacuí* (dir.); *1969/1971- O Gigante (A Hora e Vez do Cinegrafista)*.

## GIANNELLI, DILO

Nasceu em São João da Boa Vista, em 25 de dezembro de 1922. Com o pai, aprende a arte da fotografia fixa. Faz curso de cinema por correspondência no Instituto de Artes e Ciências Cinematográficas de Hollywood, nos EUA. Em 1938 tem seu primeiro contato com a profissão, ao acompanhar as filmagens de um documentário sobre as comemorações da elevação de São João da Boa Vista à Freguesia, sob a direção de Luiz Del Picchia e Lima Barreto. Realiza seu primeiro filme em 1945, *O Dia da Vitória*, onde registra as comemorações do fim da Segunda Guerra Mundial, surgindo nesse momento a Giannelli Filmes. Através de sua empresa, filma diversos documentários, quase sempre encomendados pela prefeitura ou comércio local. Muito amigo de Lima Barreto, em 1953 participa ativamente das filmagens de *O Cangaceiro*, em Vargem Grande do Sul, cidade vizinha, colaborando na parte fotográfica. A partir dessa experiência, sente-se incentivado a produzir seu primeiro longa, *João Negrinho*, baseado na obra de Jaçanã Altair. Finalizado nos estúdios da Vera Cruz, estreia na cidade em 4 de dezembro de 1957 no cine Avenida. Em 1958 lança seu segundo e último longa, *Chão Bruto*, a partir do qual volta a dedicar-se somente a documentários curtos, feitos por encomenda. Em 1979 registra seu último filme, *Gente Boa*, sobre o cotidiano do bóia-fria sanjoanense, tendo recebido menção honrosa no Festival de Bilbao, Espanha. Casado com Marina Célia em 1950, com quem tem dois filhos, os gêmeos, Ramiro e Antonino, morre em 21 de outubro de 1981, aos 58 anos de idade. Como reconhecimento ao seu talento, tenacidade e pioneirismo, hoje é nome de rua e de uma sala do Teatro Municipal da cidade.

**Filmografia:** 1945- *o Dia da Vitória* (CM) (dir., fot.); 1946- *Exposição Regional de Animais* (CM) (dir., fot.); 1947- *Serviço de Abastecimento de Água* (CM) (dir., fot.); 1948- *Concentração Mariana* (CM) (dir., fot.); *São João Industrial Número 1 – Fiatece* (CM) (dir., fot.); 1949- *A Enchente do Córrego São João* (CM) (dir., fot.); *São João Industrial Número 2 – Domingues* (CM) (dir., fot.); 1950- *Futebol: Palmeiras e Desportiva* (dir., fot.); 1958- *Chão Bruto; Trailer: João Negrinho* (CM) (dir., fot.); 1979- *Gente Boa (CM)* (dir., fot.).

## GOLDMAN, ADRIANO

Nasceu em São Paulo, SP. Inicia sua carreira em 1987 na produtora paulista Olhar Eletrônico, ano em que dirige e fotografa seu primeiro curta, *E o Zé Reinaldo Continua Nadando?*, premiado em Cuba. Pela MTV, dirige os primeiros *Acústico MTV*. Depois de dirigir dezenas de comerciais e videoclipes, a partir de 1995 dedica-se mais à fotografia. Seu primeiro longa como fotógrafo é *Surf Adventures – o Filme*, de Arthur Fontes, em parceria com Mauro Pinheiro Jr. A partir de então, assina a fotografia de filmes importantes como *O Casamento de Romeu e Julieta* (2005), de Bruno Barreto, *O Ano em que meus Pais Sairam de Férias* (2006), de Cao Hamburger, *Romance* (2009), de Guel Arraes, etc. A partir de 2009 dedica-se à carreira internacional com *Sin Nombre* (México/EUA) e *Betty Anne Waters* (EUA).

**Filmografia:** 1989- *E o Zé Reinaldo Continua Nadando?* (CM) (dir., fot.) (codir. e cofot. Hugo Prata); 1997- *Lápide* (CM); 2001- *Surf Adventures – o Filme* (cofot. Mauro Pinheiro Jr.); *Gilberto Gil – Kaya N'Gandaya*; 2003- *Casseta & Planeta -A Taça do Mundo é Nossa*; 2005- *O Casamento de Romeu e Julieta*; 2006- *O Ano em que Meus Pais Saíram de Férias*; 2007- *Cidade dos Homens – o Filme*; *Romance*; 2009- *Sin Nombre* (México/EUA); 2010- *Betty Anne Waters* (EUA); 2011- *Jane Eyre* (Inglaterra).

## GOMES, CUSTÓDIO

Custódio da Silva Gomes nasceu em Lins, SP, em 1942. Em 1962 muda-se para São Paulo e começa a frequentar o curso do ator Renato Ferreira. Inicia sua carreira de fotógrafo na TV Excelsior, fazendo *still* em telenovelas. Estreia como ator em 1969 no filme *Uma Pistola para Djeca*, direção de Ary Fernandes, com o astro Mazzaropi. No mesmo ano dirige seu primeiro filme, *Meu Filho, Cruel Aventureiro*, um faroeste em preto e branco, rodado em 16mm. Em 1976 dirige *Terra Quente* e a partir daí integra-se definitivamente à turma da Boca do Lixo, como diretor ou fotógrafo. A partir de 1985 começa a trabalhar quase que exclusivamente com Fauzi Mansur. Em 1996 faz a fotografia de *Os Indigentes*, produção em digital de Francisco Cavalcanti.

**Filmografia:** 1969- *Meu Filho, Cruel Aventureiro* (dir.); 1976- *Terra Quente* (dir.); 1980- *Tailenders: Com o Rabo Ardendo* (dir., fot.) (codir.. de Gregori Dark e cofot. Henrique Borges); 1983- *As Taras das Sete Aventureiras* (dir.); 1984- *O Vale das Taradas* (dir.); 1985- *A Noite das Penetrações* (dir., fot.) (cofot. Henrique Borges); 1986- *Aguenta Tesão (Etesão, Quanto Mais Sexo Melhor)* (dir.); *Aberrações Sexuais de um Cachorro* (dir.); *Meu Cachorro, Meu Amante* (dir.); *Quatro Noivas para Sete Orgasmos* (cofot. Henrique Borges); 1987- *A Noite do Troca-Troca* (fot.); *Delírios de Marilyn* (fot.); *Fogo e Prazer* (dir.); *Tesão da Minha Vida*; 1988- *A Cama Cor-de-Rosa* (dir., fot.) (cofot. Henrique Borges); *Carícias Ardentes* (dir., fot.); *Cio dos Amantes* (dir.); *Devassa e Ordinária* (fot.); *Escuridão* (fot.); *Lolita a Mulher Fatal* (dir., fot.); *Noite de Luxúria* (fot.); *Visões Eróticas de Belinda* (dir., fot.); 1989- *Vespânia, a Prefeita Erótica* (dir., fot.); 1990- *Hospedaria Tieta* (dir., fot.) (psd: Stuart Roark); (cofot. Henrique Borges); *Lambada Erótica* (dir.); *Lambada Erótica II: A Lambada do Sexo Explícito* (dir., fot.) (cofot. Henrique Borges); *Nove Semanas e Meia de Sexo Explícito* (dir.); *Todas as Mulheres do Universo* (dir.); 1991- *Alucinações Sexuais de um Macaco* (dir.); *Delírios Sexuais* (dir.); *Momentos de Prazer* (dir.); 1996- *Os Indigentes* (fot.).

## GONÇALVES, ANTONIO

Nasceu em Porto, Portugal, em 1924. Em 1939, com 15 anos, muda-se para o Rio de Janeiro. Estuda radiotelegrafia e fotografia e logo já tem seu próprio laboratório, especializando-se em fotos de cavalos de corridas. Passa a frequentar o Beco da Fome na Cinelândia, onde trava amizade com o pessoal de cinema. Estreia como assistente de som em *Cavalo 13* (1946) e *O Homem que Chutou a Consciência'* (1947). Em 1948, a convite de Luiz de Barros, estreia como fotógrafo em *Esta é Fina*. Firma-se como fotógrafo nos anos seguintes, como em *Trabalhou Bem Genival* e *Genival é de Morte*, ao lado de Ronaldo Lupo. Em 1954 é contratado pela Atlântida, trabalhando inicialmente com documentários, depois fazendo *still*. Em 1967 inicia parceria com Renato Aragão em *Adorável Vagabundo*. Gonçalves seria o fotógrafo de inúmeros filmes dos Trapalhões nos anos 1970/1980. Constitui longa e bonita filmografia ao longo de mais de 40 anos de profissão, sendo seu último filme, *Solidão, Uma Linda História de Amor* (1989), que não viu pronto. Morre em 1988, aos 64 anos de idade.

**Filmografia:** 1948- *Esta é Fina;* 1949- *Prá Lá de Boa; Eu Quero é Movimento;* 1950- *Lampião, o Rei do Cangaço; A Serra da Aventura;* 1952- *Está Com Tudo;* 1953- *É pra Casar?;* 1954- *Tragado pela Amazônia (No Rastro de Maufrais);* 1955- *Como Nasce um Filme (CM); Monumentos Históricos do Rio, Cidade Maravilhosa (CM); Trabalhou Bem, Genival; Genival é de Morte;* 1956- *Paquetá, a Mais Bela Ilha da Guanabara (CM); Prevenção de Acidentes (CM); Um Domingo nos Esportes (CM);* 1959- *Sexo e Vida;* 1962- *Entre Mulheres e Espiões; Os Apavorados;* 1967- *O Menino e o Vento; Adorável Trapalhão;* 1968- *Jovens pra Frente* (cofot. Ozen Sermet)*; Enfim Sós...Com o Outro; Como Matar Um Playboy;* 1969- *Anjos e Demônios; Pobre Príncipe Encantado; O Impossível Acontece* (episódio: *Eu, Ela e o Outro); Helga und die Männer – Die Sexuelle Revolution* (Alemanha) (cofot. Adi Gürtner e Hans Jura); 1970- *Vida e Glória de um Canalha; Uma Garota em Maus Lençóis; Amor em Quatro Tempos; Motorista Sem Limites;* 1971- *O Bolão* (cofot. Affonso Vianna)*; Rua Descalça; Os Amores de um Cafona* (cofot. Carlos Reichenbach)*; Como Ganhar na Loteria sem Perder a Esportiva; Bonga, o Vagabundo;* 1972- *A Judoka; Joana Angélica (CM); Som Amor e Curtição; Ali Babá e as Quarenta Ladrões;* 1972/1974- *24 Horas no Rio* (cofot. Ângelo Riva)*;* 1973- *Caingangue, a Pontaria do Diabo; Café na Cama; Aladim e a Lâmpada Maravilhosa;* 1974- *Assim Era Atlântida; Enigma para Demônios; Robin Hood, o Trapalhão da Floresta; O Filho do Chefão; O Comprador de Fazendas;* 1975- *O Trapalhão na Ilha do Tesouro* (cofot. Almir A.Ribeiro)*; O Estranho Vício do Dr. Cornélio; Costinha, o Rei da Selva; Com um Grilo na Cama;* 1976- *Simbad, o Marujo Trapalhão; O Trapalhão no Planalto dos Macacos; Essa Mulher é Minha... e dos Amigos;* 1977- *A Mulher do Desejo; Um Marido Contagiante; O Trapalhão nas Minas do Rei Salomão* (cofot. Hugo Pavanelo)*; Os Sensuais; Uma Aventura na Floresta Encantada* (cofot. Afonso Vianna); 1978- *Fim de Festa; A Morte Transparente;* 1979- *Copa 78, O Poder do Futebol* (cofot. Roland Henze, José Rosa, Luiz Carlos Saldanha e Hélio Silva)*; Violência e Sedução; Vamos Cantar Disco Baby; O Coronel e o Lobisomem; As Borboletas também Amam* (cofot. J.B.Tanko)*; A Intrusa;* 1980- *O Rei e os Trapalhões; Sofia e Anita, Deliciosamente Impuras; Os Paspalhões em Pinóquio 2000; Três Meninos do Brasil (CM); Giselle;* 1981- *O Sequestro; Os Saltimbancos Trapalhões;* 1982- *Os Vagabundos Trapalhões; Os Trapalhões na Serra Pelada;* 1983- *Atrapalhando a Suate;* 1984- *Os Trapalhões e o Mágico de Oroz;* 1987- *Johnny Love; A Filha dos Trapalhões;* 1989- *Solidão, Uma Linda História de Amor.*

## GONÇALVES, GUY

Guy Eduardo Lyra Gonçalves nasceu no Rio de Janeiro, RJ, em 18 de abril de 1955. Em 1977 estuda na New England School of Photography – Boston/EUA. Assistente de câmera em *Espelho na Carne* (1984), *Quilombo* (1984), *Noite* (1985), fotografa seu primeiro filme em 1987, o curta *Alice na Cidade Maravilhosa*, de Alvarina Souza Silva. Seu primeiro longa é a produção inglesa *Boys from Brazil* (1993), de John-Paul Davidson. Entre 1995 e 1996 é diretor de fotografia da série de filmes comerciais *Gente que Faz* para o Banco Bamerindus. Em 1998 assina a fotografia de seu primeiro longa brasileiro *For All, o Trampolim da Vitória*, de Luiz Carlos Lacerda e Buza Ferraz. Sua parceria com Paulo Thiago rende quatro filmes, os últimos do diretor, *O Poeta de Sete Faces* (2002), *O Vestido* (2003), *Coisa Mais Linda* (2005) e *Orquestra de Meninos* (2008).

**Filmografia:** 1987- *Alice na Cidade Maravilhosa (CM);* 1988- *Com o Andar de Robert Taylor (CM); Retratos Rasgados (CM)* 1990- *Diálogo de Todo Dia (CM);* 1991- *A Verdade (CM); Bahia of all Saints* (Inglaterra)*; Guerra dos Meninos* (MM)*; Sem Cor (CM);* 1993- *Boys from Brasil* (Inglaterra)*;* 1995- *Chuvas e Trovoadas (CM); Negócio da China (CM); Vejo o Rio de Janeiro (CM);* 1997- *For All, O Trampolim da Vitória; São Jorge na Lua (CM);* 1998- *Athos (CM);* 2000- *A Hora Marcada; Quase Nada;* 2001- *O Chamado de Deus* (cofot. Antônio Luís Mendes, Luís Abramo, Marcelo Duarte e Nonato Estrela); 2002- *Poeta de Sete Faces (Vida e Poesia de Carlos Drummond de Andrade);* 2003- *O Vestido* (Brasil/Chile)*; Onde Anda Você;* 2005- *Coisa Mais Linda - Histórias e Casos da Bossa Nova; O Retrato do Artista (CM); Rubi (CM); Vocação do Poder* (cofot. Ricardo Stein e Luis Abramo); 2006- *Fúria (CM); O Longo Amanhecer – Cinebiografia de Celso Furtado; La Gran Final* (Espanha); 2007- *Condor; Juízo;* 2008- *Mais uma História no Rio (CM); Orquestra dos Meninos;* 2010- *Capitães de Areia.*

## GOZZE, DIEGO

Diego Melem Gozze nasceu em São Paulo, SP, em 23 de abril de 1980. Diretor, diretor de fotografia, câmera, roteirista e montador, é filho do Professor José Gozze, Coordenador do Departamento de Cinema da FAAP. Gradua-se em cinema pela Faculdade de Comunicação da Fundação Armando Álvares Penteado (FAAP) em 2003. Ainda na faculdade, fotografa seu primeiro curta, *Olhos*

*Pasmados*, direção de Jurandir Muller e Kiko Goifman. No mesmo ano estreia na direção, no também curto *Premissa*. Parceiro de Kiko Goifman, monta o longa *33* (2003), e assina a fotografia e a montagem do documentário *Atos dos Homens* (2006), pelo qual recebe prêmio de Melhor Montagem de Documentário no IV Festival de Cinema de Maringá, PR. Em 2005 assina a fotografia da série de documentários portugueses/espanhóis *Andar com as Próprias Pernas*. Funda, em 2007, juntamente com Karina Fogaça a produtora Toleima!Fitas, que produz o curta *Um Ridículo em Amsterdã* (2007), além do documentário *Programa Acompanhante de Idosos*, em 2009, para a Secretaria Municipal da Saúde de São Paulo. Em 2008 é assistente de direção no longa *Filmefobia*, de Kiko Goifman. Monta vários capítulos da série *Nova África* (2009/2010), direção de Henry Daniel Ajl e Luiz Carlos Azenha veiculada pela TV Brasil, *Teatro e Circunstância* (2009), direção de Amilcar M.Claro, veiculado pelo SESC-TV.

**Filmografia:** 2000- *Olhos Pasmados* (CM) (fot.)*; Premissa* (CM) (dir.); 2001- *Arte e Rua* (CM) (dir.)*; Lettera 22* (CM) (dir.); 2002- *Medo* (CM) (fot.); 2004- *Território Vermelho* (CM) (fot.); 2005- *Andar com as Próprias Pernas* (MM) (episódios: *Andar a Romper Limites e Andar a Reinventar o Amor)* (MM) (Brasil/Portugal/Espanha) (fot.)*; Shakespeare en Passant* (CM) (fot.); 2006- *Atos dos Homens* (fot.)*; Culpados* (CM) (fot.)*; Negro e Argentino* (CM) (fot.); 2007- *Depois da Festa* (MM) (fot.)*; Um Ridículo em Amsterdã* (CM) (dir.); 2008- *Phedra* (CM) (fot.)*; Transbordando* (CM) (fot.); 2009- *Programa Acompanhante de Idosos* (CM) (fot.).

## GROFF, J.B.

João Baptista Groff nasceu em Curitiba, PR, em 13 de dezembro de 1897. Pioneiro do cinema do Paraná, foi diretor documentarista, fotógrafo, editor, pintor, autodidata e empreendedor. Na década de 1920 era proprietário de uma loja de equipamentos fotográficos no centro da cidade e trabalha ainda e somente com fotografia fixa. Cria e edita a revista *Ilustração Paranaense*, publicada entre 1927 e 1930 e é fotógrafo do jornal *A Gazeta do Povo* e da revista *O Cruzeiro*. Funda a Groff-Film, que começa a produzir em 1926, sendo o primeiro filme *Iguaçu e Guaíra*, é um registro das cataratas de Iguaçu e Guaíra. Seu primeiro longa, *Pátria Redimida*, de 1930, mostra com realismo as mobilizações e os acontecimentos atinentes à Revolução de 1930. No novo governo, passa a ser cinegrafista do Departamento Estadual de Imprensa e Propaganda (DEIP). Como era comum na época, assume as funções de diretor e fotógrafo em quase todos seus filmes, até 1944, data de seu último filme, *Partida dos Pracinhas*. Seus filmes foram depositados na Cinemateca Brasileira em São Paulo nos anos 1950, mas um incêndio ocorrido na entidade em 1957, destruiu quase todos seus filmes. Aposentado, morre em 28 de junho de 1970, aos 72 anos de idade

**Filmografia:** 1926- *Iguaçu e Guaira; Manobras Militares de Ponta Grossa; Carnaval de 1926 em Curitiba; Actualidades Paranaenses n° 7;* 1930- *Patria Redimida (LM);* 1931- *O Dia do Paraná; A Revolta da Penitenciária;* 1932- *Cinejornal n° 92 (Revolução Constitucionalista de 1932);* 1932/1945- *Grandes Realizações do Sr. Manoel Ribas no Paraná (LM);* 1934- *Inauguração das Cidades do Norte do Paraná; Sagração do Bispo João Braga; Cultura do Trigo no Paraná; Estrada da Ribeira; Carnaval de Curitiba de 1934; Porto de Paranaguá;* 1935- *Homenagem a Santos Dumont na Inauguração de seu Busto; Visita do Interventor Manoel Ribas à Ponta Grossa;* 1936- *Cidades do Paraná; Inauguração da Escola de Aprendizes de Ferroviários; Zeppelin em Curitiba; Cidades do Paraná;* 1937- *Comício Integralista – Década de 1930; Trigo no Paraná; Linho no Paraná;* 1944- *Partida dos Pracinhas.*

## GUERRA, JOSÉ

José Guilherme Guerra Cavalcanti nasceu no Rio de Janeiro, RJ, em 17 de setembro de 1950. Era conhecido no meio cinematográfico como Guerrinha. Juntamente com o tio cinéfilo, começa a frequentar as salas de cinema ainda criança. Aos 15 anos começa a interessar-se por fotografia e faz um curso na ABAF, tendo como professores mestres como George Racz e Maureen Bisilliat. Inspirado por Dib Lutfi, aos 19 anos já faz assistência de câmera. No Canadá estuda e faz câmera para a *National Geographic* e em Nova York e faz estágio com o mestre Haskell Wexler. De volta ao Brasil vai ser cinegrafista na TVE sendo operador de câmera da série *O Sitio do Pica-Pau Amarelo*, em 1975. Na TV, juntamente com grandes diretores, assina a fotografia de programas importantes como *Conexão Internacional*, documentários sobre Japão, China, etc. A primeira metade de sua carreira é dedicada somente à televisão. Em 1994 estreia como fotógrafo de cinema, no filme *Veja Esta Canção*, de Cacá Diegues. Seu primeiro longa é *Outras Estórias* (1999), de Pedro Bial. Trabalha na Argentina em filmes como *Um Dia de Suerte* e *Bajar Es Lo Peor*, ambos de 2002 e *La Hermana Menor* (2008) e *Zenitram* (2010). Com Nelson Pereira dos Santos, filme *Casa Grande & Senzala* (2001), série em capítulos para televisão. É um dos sócios fundadores da Associação Brasileira de Cinematografia (ABC). Morre em 28 de outubro de 2008, aos 58 anos, no Rio de Janeiro.

**Filmografia:** 1994- *Veja esta Canção* (episódios: *Drão* e *Você é Linda)*; 1996- *O Amor Natural* (Holanda); *Metal Guru* (CM); 1997- *A Sede do Peixe* (cofot. Lúcio Kodato e André Horta); *Amar* (CM); *24 Horas (Algo Está por Explotar)* (Argentina); 1998- *O Enfermeiro – Um Conto de Machado de Assis* (MM); 1999- *Outras Estórias*; 2000- *Buenos Aires Plateada* (Argentina); *Le Voyeur* (CM); 2001- *A Breve História de Cândido Sampaio* (CM); *Duas Vezes Com Helena*; 2002- *Mistura e Invenção* (cofot. Adrian Cooper e Carlos Ebert); *Um Dia de Suerte* (Argentina/Itália/França); *Bajar Es Lo Peor* (Argentina); *Lara* (cofot. Pedro Farkas); 2004- *Helena Meirelles – A Dama da Viola*; *Ratoeira* (CM); *18-j* (Argentina); *Irmãos de Fé*; 2005- *Coisa de Mulher*; *Um Lobisomem na Amazônia*; 2006- *A Grande Família – O Filme*; *Nzinga* (cofot. Hélio Silva); 2008- *La Hermana Menor* (Argentina); *Verônica*; 2010- *Zenitram* (Argentina/Espanha)

## GUERRA, OTTO

Nasceu em Porto Alegre, RS, em 1957. Aos 13 anos, franzino e com óculos de grau, já desenha quatrinhos durante 18 horas por dia. Em 1978 funda a Otto Desenhos Animados, inicialmente produzindo comerciais e em 1984 inicia a produção de curtas de animação, sendo seu primeiro título, *O Natal do Burrinho*, em parceria com José Maia e Lancast Mota, foi selecionado para diversos festivais. Na publicidade, cria o personagem Zé Gotinha, protagonista de campanhas institucionais de saúde infantil. Em 1994 produz e dirige seu primeiro longa, *Rockt & Hudson*, baseado nas tiras do cartunista Adão Iturrusgarai. Em 2006 lança seu segundo longa de animação, *Wood & Stock: Sexo, Orégano e Rock'n'Roll*, baseado nos personagens dos quadrinhos criados por Angeli. Desenvolve atualmente dois filmes: *A Cidade dos Piratas*, baseado em tirinha do cartunista Laerte, e *Fuga em Ré Menor* para Kraunus e Pletskaya. Hoje é considerado e respeitado como um dos maiores criadores e produtores de cinema de animação do Brasil, com reconhecimento internacional.

**Filmografia:** 1984- *O Natal do Burrinho* (CM) (dir.) (codir. José Maia e Lancast Mota); 1985- *As Cobras, o Filme* (CM) (dir.) (codir. José Maia e Lancast Mota); 1986- *Treiler – a Última Tentativa* (CM) (dir.) (codir. José Maia e Lancast Mota); 1989- *O Reino Azul* (CM) (dir., fot.) (codir. José Maia, Lancast Mota e Eloar Guazzelli Filho e cofot. José Maia, Geraldo Leonetti, Eliar Guazzelli, Tadao Miaqui e Roberto Leal); 1990- *Zé Gotinha Contra o Perna de Pau* (CM) (dir.) (codir. José Maia e Lancast Mota); 1992- *Novela* (CM) (dir., fot.) (cofot. Tadao Miaqui, Adalgiza Luz e Daniel Uriat); 1993- *O Batismo* (CM) (dir.); 1994-*A Pistola Automática do Dr. Brain* (CM) (dir.); Pé na Estrada (CM) (dir.); 1995- *Rocky & Hudson* (dir.); 1997- *Arraial* (CM) (dir.) (co-dir.. Adalgisa Luz); 1999- *Deus é Pai* (CM) (fot.) (cofot.. Alan Sieber); 2000- *Cavaleiro Jorge* (CM) (dir.); 2004- *Nave Máe* (CM) (dir.) (co-dir.. Fábio Zimbres); 2006- *Wood & Stock: Sexo, Óregano e Rock'n'Roll* (dir.).

## GUIMARÃES, CAO

Nasceu em Belo Horizonte, MG, em 1965. Cursa jornalismo na PUC-MG e Filosofia na Universidade Federal de Minas Gerais. Estuda em Londres, obtendo o título *Master of Arts in Photographic Studies* pela Universidade de Westminister, onde realiza seu primeiro filme, o curta *Between – Inventário de Pequenas Mortes*. Produz, dirige, roteiriza e fotografa quase todos seus filmes, impondo aos mesmos características mais do que pessoais, trabalhos simples do ponto de vista tecnológico e que partem de experiências do dia-a-dia, revelando no cotidiano dimensão poética e reflexiva. Seu primeiro longa é *O Fim do Sem-Fim*, produzido em 2000. Participa da 25ª Bienal Internacional de São Paulo, em 2002, com a vídeo-instalação *Rua de Mão Dupla*. Nesse projeto, três duplas de pessoas que não se conhecem trocam de casa por algumas horas e tentam imaginar algumas características do morador daquele espaço. Em 2006, o documentário *Acidente*, dele e de Pablo Lobato, foi exibido no Festival de Locarno, na Suíça.

**Filmografia:** 1996- *Between - Inventário de Pequenas Mortes* (CM) (Brasil/Inglaterra) (dir., fot.); 1998- *Otto-Eu Sou Um Outro* (CM) (dir.) (codir. Lucas Bambozzi); 1999- *The Eye Land* (CM) (Brasil/Inglaterra) (dir., fot.); 2000- *O Fim do Sem-Fim* (dir., fot.) (codir. e cofot. Lucas Bambozzi e Beto Magalhães); *Sopro* (CM) (dir., fot.) (codir. Rivane Neuenshwander); 2001- *Coletivo* (CM) (dir., fot.); *Hypnosis* (CM) (dir., fot.); *World, World* (CM) (dir., fot.) (codir. Rivane Neuenshwander); 2002- *Volta ao Mundo em Algumas Páginas* (CM) (Brasil/Suécia) (dir., fot.); 2003- *Aula de Anatomia* (CM) (dir., fot.); *Nanofania* (CM) (dir., fot.); 2004- *Concerto para Clorofila* (CM) (dir., fot.); *Da Janela do meu Quarto* (CM) (dir., fot.); *A Alma do Osso* (dir., fot.) (cofot. Beto Magalhães e Marcos M.Marcos); *Rua de Mão Dupla* (dir., fot.; 2006- *Acidente* (dir., fot.) (codir. e cofot. Pablo Lobato); *Andarilho* (dir., fot.); *Atrás dos Olhos da Oaxaca* (CM) (dir., fot.) (cofot. Marcos M.Marcos); *Partitura* (CM) (dir.); *Peiote* (CM) (dir., fot.); *Quarta-Feira de Cinzas* (CM) (dir., fot.) (codir. e cofot. Rivane Neuenshwander); 2007- *Sin Peso* (CM) (dir., fot.); 2008- *Mestres e Gambiarras* (CM) (dir., fot.); *O Sonho da Casa Própria* (CM) (dir., fot.); *El Pintor Tira El Cine a La Basura* (CM) (dir., fot.); *Memória* (CM) (dir., fot.).

## GUIMARÃES, EUDALDO

Nasceu em Goiânia, GO, em 14 de outubro de 1960. Inicia suas atividades no cinema muito jovem, aos 14 anos, em 1974, ao participar das filmagens de *A Lenda de Ubirajara*, de André Luiz de Oliveira. Em 1978 já é assistente de câmera da Makro Filmes, depois Filme Produções Cinematográficas e Kino Filmes. Nessas empresas faz seu aprendizado em cinema. Dirige seu primeiro filme em 1975, o documentário curto *O Mundo da Juventude*, na bitola Super-8. A partir de então, constitui longa filmografia de mais de 40 filmes como produtor, diretor, fotógrafo, iluminador e câmera, nos formatos Super-8, 16mm, 35mm, VHS, Betacam, Mini-DV. Em 2006 dirige e fotografa o longa *A Casa da Senhora Marley*.

**Filmografia:** 1975- *O Mundo da Juventude* (CM) (dir.); 1979- *O Homem Primitivo* (CM) (dir.); 1980- *Geração Jovem 80* (CM) (dir.); 1981- *Nosso Cinema, Aspectos e sua Gente* (CM) (dir.); *O Fanático* (CM) (fot.); 1982- *Passeata de 1º de Maio* (CM) (fot.); *Sonhos e Fantasias* (CM) (dir.); 1982/1995- *Os Ventos de Lizarda* (fot.); 1985- *As Gatas do Verão* (CM) (dir.); *Cenário Campestre* (CM) (dir.); *Fantasia do Ar* (CM) (dir.); *O Dedo de Deus* (CM) (fot.); *Recordações de um Presídio de Meninos* (CM) (fot.); 1986- *Férias de Verão* (CM) (dir.); 1987- *Aids o que Você Precisa Saber* (CM) (fot.); *Dianara* (CM) (fot.); *Miragem* (CM) (dir.); 1988- *Draid's D.C.* (CM) (dir.); 1989- *A Lenda dos Kirirás* (CM) (fot.); 1990- *Avá, a Fuga dos Canoeiros* (CM) (fot.); 1998- *Uma Saga Brasileira* (CM) (fot.); 1999- *Agente Fazendário, Uma Classe Ocupa o seu Espaço* (CM) (fot.); *Bennio, o Inesquecível Alquimista das Artes* (CM) (dir.); *Making Of de O Tronco* (CM) (fot.); *Pescador de Cinema* (CM) (fot.) (cofot. Antonio Segatti); *Uma Saga Brasileira* (fot.); 2000- *Pai Norato* (CM) (fot.); 2001- *Anjos da Floresta* (CM) (dir.); 2006- *A Casa da Senhora Marley* (dir., fot.); *Nossas Férias de Verão* (MM) (fot.); 2007- *João Bennio, o Pioneiro do Cinema Goiano* (MM) (fot.); 2008- *Antes do Anoitecer* (MM) (fot.); 2010- *Campininha das Flores* (MM) (fot.).

## GUIMARÃES, JOÃO LANDI

João Carlos Landi Guimarães nasceu em Caldas, MG, em 23 de Janeiro de 1959. Forma-se em cinema pela Fundação Armando Álvares Penteado (FAAP), em 1999. Em 1997 dirige e fotografa o vídeo *Um Caso de Body Art*, vencedor do prêmio de Melhor Fotografia de Vídeo Brasileiro no I Festival Ibero-Americano de Estudantes de Cinema no MIS, SP, em 1998. Em 2003 funda a produtora PicSímile Audiovisual e passa a produzir, dirigir e fotografar vídeos institucionais, educativos, documentários, publicitários e para eventos. Em 2010, dirige e fotografa uma série de 15 vídeos chamada *Conhecendo Museus*, gravados em HD para o IBRAM.

**Filmografia:** *Um Caso de Body Art* (CM) (dir., fot.); 1998- *Perseguição Melodramática* (CM); *Uma Questão de Bom Senso* (CM); 1999- *Ardil* (CM); *1+1* (CM) (dir., fot.) (cofot.. Eduardo Mattos); *25 de Dezembro...* (CM) (cofot.. Eduardo Mattos e Henrique Rodriguez); 2000- *Filme de Família* (CM) (cofot.. Rodrigo Moreira, Fabiana Leite e André Finotti); 2002- *Assis & Aletéia* (CM); 2005- *A Carne é Fraca* (MM) (cofot. Denise Gonçalves); 2010- *Conhecendo Museus* (dir., fot.).

# H

## HADBA, GUSTAVO

Luiz Gustavo Hadba nasceu no Rio de Janeiro, RJ, em 1961. Em 1988, aos dezessete anos, é um dos fotógrafos do media *A Terra Proibida*, de Helena Solberg, numa co-produção EUA/Brasil. Passa a trabalhar como operador de camera official de Cacá Diegues nos filmes *Veja Esta Canção* (1994), *Tieta do Agreste* (1996), *Orfeu* (1998) e *Deus é Brasileiro* (2003). Por quarto anos, entre 1990 e 1994, fica contratado pela TV Globo, fotografando series e especiais, além de realizar filme publicitários e comerciais. Em 2002 é diretor de fotografia de seu primeiro longa, *Seja o Que Deus Quiser!*, de Murilo Salles. É operador de câmera e de *steadicam* na produção americana *O Amor Nos Tempos do Cólera* (Love in the Time of Cholera) (2009), de Mike Newell, que teve Fernanda Montenegro no elenco. Hoje fotógrafo do primeiro time, tem em seu currículo filmes importantes como *Polaróides Urbanas* (2007), *A Margem do Lixo* (2008) e *Lula, o Filho do Brasil* (2009).

**Filmografia:** 1988- *A Terra Proibida* (The Forbidden Land) (MM) (Brasil/EUA) (cofot. Mário Carneiro e Adrian Cooper); 1991- *Angola* (MM); 1998- *Além Mar - A Casa Portuguesa* (MM); 2001- *Chame Gente - A História do Trio Elétrico* (MM) (co-fot. Dudu Miranda e Isabela Fernandes); *Os Pantaneiros* (co-fot. Marcos Prado); *Samba* (MM) (co-fot. Dib Lutfi e Reynaldo Zangrandi); 2002- *Seja o Que Deus Quiser!*; 2003- *Marina* (CM); *O Caminho das Nuvens*; 2004- *Korda* (co-fot. Alziro Barbosa); 2005- *Pro Dia Nascer Feliz*; 2006- *Casseta & Planeta - Seus Problemas Acabaram!* (co-fot. Paulo Santos); 2007- *Podecrer!*; *Polaróides Urbanas*; 2008- *A Mulher do Meu Amigo*; *A Margem do Lixo* (co-fot. André Lavènere); *Simonal - Ninguém Sabe o Duro Que Dei*; 2009- *Lula, o Filho do Brasil*; *Bróders; Marina; Malu de Bicicleta*.

## HBL, LEANDRO

Leandro Henrique Bezerra Lara nasceu em Belo Horizonte, MG, em 9 de setembro de 1977. Diretor de criação, fotógrafo, artista gráfico e *videodesigner*. Forma-se em Comunicação e Artes pela PUC-MG em 1999. Começa sua carreira em Cuba, em 1998, com o projeto Mira (documentário e mostra fotográfica sobre os 40 anos da Revolução Cubana). Lá também estuda direção de fotografia na Escola Internacional de Cinema e TV de Cuba, em San Antonio de Los Baños. Cocriador do Grupo Queima Filmes em Belo Horizonte onde desenvolve vários trabalhos com Armando Mendzz, Lucas Gontijo, Macau, entre outros, e também criador e fundador do estúdio Mosquito Vídeo e Design, onde trabalha como diretor criativo e comunicador audiovisual desenvolvendo projetos para cinema, vídeo, *design* gráfico, fotografia, ilustração e internet. Em 1998, fotografa seu primeiro filme, o curta *Macarrão com Cachaça*, de Pablo Lobato. É professor de Linguagem Audiovisual da PUC-MG em 2002. Realiza trabalhos autorais/experimentais em vídeo, tem parceria com o departamento de cinema da produtora italiana Fabrica e especializa-se como *design* gráfico, fotografia, vídeo, cinema e instalações. Seu longa *Favela on Blast*, de 2008, percorre dezenas de festivais no Brasil e no mundo e ganha inúmeros prêmios. É colaborador da revista *Colors Magazine*. Está radicado em São Paulo.

**Filmografia:** 1998 – *Macarrão com Cachaça* (CM); 1999 – *Cenarium* (CM) (dir., fot.) (codir. e cofot. Conrado Almada); *El Buteco* (CM) (dir., fot.); (codir. e cofot. Conrado Almada); *Helio Hawk* (CM) (dir., fot.) (codir. e cofot. Conrado Almada); 2000 – *Inside My Mind Again* (CM) (dir., fot.) (codir. e cofot. Conrado Almada); *Maiorais* (CM) (dir., fot.) (codir. Queima Filmes); *Merréis* (CM) (dir., fot.); 2001 – *Imagens de Domingo* (CM) (dir., fot.); *Mira* (MM) (dir., fot.) (codir. outros); *Oxalá* (CM) (codir. Queima Filmes); *Pequenos Mosquitos* (CM) (dir., fot.) (codir. Conrado Almada); *Recortes* (CM) (codir. Queima Filmes); *Bandeira 2* (CM) (dir., fot.) (codir. Queima Filmes); *4d* (CM) (dir., fot.) (codir. e cofot. Conrado Almada); 2002 – *20 de novembro* (CM) (dir., fot.) (codir. Conrado Almada e Helvécio Marins); *A Casa* (CM) (dir., fot.) (codir. e cofot. Conrado Almada); *Afluente* (CM) (dir., fot.) ( codir. Fred Paulino e Ana Siqueira); *Cama Mesa e Banho* (CM) (dir., fot.) (codir. Conrado Almada); *Ciranda* (CM) (dir., fot.) (cofot. Ana Siqueira); *Nu Banheiro* (CM) (dir., fot.) (codir. Conrado Almada e Marília Rocha); *Oito Mosquitos* (CM) (dir., fot.) (codir. Conrado Almada e outros); *Outro Lugar* (CM) (dir., fot.) (codir. Conrado Almada); *Tá Tudo Esquematizado* (CM) (dir., fot.); 2003 – *Fome de Quê?* (CM) (dir., fot.) (codir. Fred Paulino); Ochio Per Ochio (CM) (dir., fot.); *Jonas* (CM); *Partida* (CM) (dir., for); *Tripas Coração* (CM) (dir., fot.); 2005 – *Aboio* (cofot. Marília Rocha); *Margens* (MM) (dir., fot.); 2007 – *Cenas Amazônicas* (CM) (dir., fot.); *Descaminhos* (dir.) ( codir. Marília Rocha, Luiz Felipe Fernandes, Alexandre Baxter, João Flores, Maria de Fátima Augusto, Armando Mendz e Cristiano Abud); *Telefunken & Funken Stein* (MM); 2008 – *Favela Bolada* (Favela on Blast) (Brasil/EUA) (dir., fot.) (codir. Wesley Pentz); *Waldick, Sempre no Meu Coração* (cofot. Miguel Vassy e Pedro Urano).

## HENKIN, ROBERTO

Nasceu em Porto Alegre, RS, em 22 de janeiro de 1960. Bacharel em jornalismo pela PUC-RS, em 1983. Inicia sua produção em cinema na bitola super-8, estreando em 1981 no curta *A Revolução dos Bichos*, em parceria com Sérgio Amon. Seu primeiro longa como fotógrafo, ainda em super-8, é *Inverno* (1983), de Carlos Gerbase. Em 1984, faz a montagem de *Aqueles Dois*, seu primeiro filme em 35 milímetros. A partir de 1986, passa a fotografar filmes publicitários. Em 1987 é um dos sociosfundadores da Casa de Cinema de Porto Alegre. Pelo curta *A Hora da Verdade* (1988), de Henrique de Freitas Lima, recebe seu primeiro prêmio, de melhor fotografia de curta gaucho, em Gramado. Em 1990, ganha seu segundo prêmio, pela fotografia do curta *O Corpo de Flávia*, de Carlos Gerbase, e é professor de direção de fotografia no 1º curso de extensão em cinema pela Casa de Cinema e UFRGS. De 1992 a 2000, atua no cinema publicitário. Em 2001, é premiado em Huelva, Espanha, pelo longa *Netto Perde Sua Alma*, de Beto Souza e Tabajara Ruas. E em 2003 assina a fotografia da minissérie *Cena Aberta*, dirigida por Jorge Furtado e Guel Arraes, produção da Casa de Cinema e exibido pela TV Globo, ano em que ganha seu último prêmio, em Gramado, pela fotografia do curta *Lótus*, de Cristiano Trein. Sobre a fotografia de *Por Trinta Dinheiros*, produção de 2005 dirigida por Vânia Perazzo Barbosa e Ivan Hlebarov, Vânia comenta: Roberto saiu de um universo de produção de alto orçamento, comum no Rio Grande do Sul, onde existe um polo cinematográfico brasileiro muito bem organizado, para cair em uma produção de baixo orçamento no Nordeste, e teve de improvisar. Por exemplo, tem um monólogo no final do filme que para realizá-lo necessitávamos de trilho e carrinho com a câmera. Como não tínhamos nada disso, ele teve a ideia de fazer um balanço com as cordas do circo e que as pessoas girassem em torno do ator com ele. Ficou belíssimo. Figura importante e ativo participante do movimento cinematográfico ocorrido em Porto Alegre a partir dos anos 1980, Henkin atualmente é fotógrafo *freelancer* em Porto Alegre, atuando como fotógrafo publicitário ou como diretor de fotografia de filmes em curta, média e longa-metragem.

**Filmografia:** 1981 – *A Revolução dos Bichos* (CM) (dir., fot.) (codir. e cofot. Sérgio Amon); 1982 – *A Palavra Cão Não Morde* (MM) (dir., fot.) (codir. e cofot. Sérgio Amon); 1983 – *Inverno*; 1985 – *O Dia Que Urânio Entrou em Escorpião* (CM) (dir., fot.) (codir. Sérgio Amon); 1986 – *Obscenidades* (CM) (dir.); 1987 – *Prazer em Conhecê-la* (CM); 1988 – *A Hora da Verdade* (CM); 1989 – *Ilha das Flores* (cofot. Sérgio Amon); *Memória* (CM) (dir.); 1990 – *A Coisa Mais Importante da Vida* (CM) (cofot. Sérgio Amon); *Blecaute* (CM); *O Corpo de Flávia* (CM); 1992 – *A Morte no Edifício Império* (CM); *Batalha Naval* (CM); 2001 – *Netto Perde Sua Alma*; 2003 – *Lótus* (CM); 2005 – *Cerro do Jarau*; *Por Trinta Dinheiros*; 2007 – *O Parque Eólico de Osório*; 2010 – *O Carteiro*.

## HENZE, ROLAND

Roland Werner Henze nasceu em Nova Friburgo, RJ, em 14 de abril de 1937. Seu pai Helmut, alemão, químico industrial e músico amador, toca violino acompanhando filmes mudos em Dresden, Alemanha, e vem para o Brasil para trabalhar na Fabrica de Filó. Em sua cidade, tem saudável infância com boa música e muita arte. Nos anos 1950, faz experiências na bitola 8 mm, sendo seu primeiro filme de 1949, com 12 anos de idade. Depois escreve críticas no jornal *A Paz* e funda um clube de cinema, onde organiza festivais e mostras de filmes. Aos 14 anos vai para o Rio de Janeiro estudar teatro na Escola Martins Pena com os mestres Renato Viana, Hélio Oiticica e Viriato Correia. Chega a trabalhar como ator em peças ao lado, inclusive, da atriz Tereza Raquel, no Teatro Municipal e João Caetano. Trabalha como supervisor de bilheteria na Fox do Brasil até ir para a Baviera, em 1965, na Alemanha, fazer estágio como auxiliar de assistente de câmera em uma emissora de TV local, no setor de produção de documentários e jornalismo. De volta ao Rio de Janeiro, passa a ser correspondente das redes estrangeiras CBS dos Estados Unidos e BBC de Londres. Em 1968 filma, amadoristicamente, os movimentos estudantis e o fechamento do Congresso em Brasília. Profissionalmente, seu primeiro filme é o documentário *A Lavagem do Cristo*, em que produz, dirige e fotografa em parceria com a Grupo Filmes. Ao mostrar os dois irmãos lavando a estátua sem nenhuma segurança, como cordas e equipamentos apropriados, fica conhecido em todo o Brasil, ganhando inclusive a Coruja de Ouro, prêmio instituído pelo INC (Instituto Nacional de Cinema). Em 1970, fotografa seu primeiro longa, *Um É Pouco...Dois É Bom*, de Odilon Lopes. Nos anos 1970 é frequentemente requisitado para curtas e longas. A partir dos anos 1980 dedica-se a filmes institucionais para a Petrobras, Hidrelétrica de Itaipu, etc. Em 1995 muda-se para o Rio das Ostras, desfazendo-se de seu estúdio no Rio de Janeiro. Em 2003, registra em vídeo o curta *As Quatro Estações* e, em 2007, é homenageado com moção de aplausos nas Câmaras de Valença e Casimiro de Abreu pelo reconhecimento dos seus filmes. Morre em 20 de setembro de 2007, aos 73 anos, no Rio de Janeiro.

Filmografia: 1969 – *A Lavagem do Cristo* (CM) (dir., fot.); 1970 – *Com Um Pouquinho de Sorte* (CM); *Os Três Mitos* (CM) (dir.); *Um é Pouco... Dois é Bom*; *Os Senhores da Terra*; *Vida Nova Por Acaso* (CM); 1971 – *A Cidade Cresce Para a Barra* (CM); *Em Ritmo Jovem*; 1971 – *Pequena História da Independência do Brasil* (CM) (dir.); 1972 – *O Grande Gozador*; *Quando as Mulheres Paqueram*; 1973 – *A Jangada* (CM) (dir., fot.); *Com a Cama na Cabeça* (cofot. Ozualdo Candeias e Afonso Vianna); *Um Virgem na Praça*; 1974 – *Brutos Inocentes* (cofot. Fernando Melo); *Poluição Sonora* (CM); 1975 – *Onanias*, *O Poderoso Machão* (cofot. Affonso Vianna); *Uma Mulata Para Todos*; *À Sombra da Violência* (cofot. Roberto Mirili); *As Desquitadas*; 1977 – *Deu a Louca Nas Mulheres*; 1978 – *A Banda* (CM) (dir.); *A Volta do Filho Pródigo*; *Cavalhadas de Pirenópolis* (CM); (cofot. Euclides Neri e Martins Muniz); *Fortaleza de Santa Cruz* (CM) (dir., fot.); 1979 – *Copa 78* – *O Poder do Futebol* (cofot. Hélio Silva, José Rosa, Luiz Carlos Saldanha e Antônio Gonçalves); *Laranjeiras*, *O Curso da Vida* (CM) (dir.); *O Grito do Rio* (CM) (dir.); *Uma Fêmea do Outro Mundo*; 1980 – *Casemiro, o Poeta* (CM) (dir.); *Depravação*; *Itaipu: a Força da Amizade* (CM) (dir., fot.); *Curió, o Amigo do Homem* (CM) (dir.); *Memória de Uma Época* (codir. Cristiano Requião); 1981 – *Brasil* (CM) (cofot. Renato Laclete); *Itaipu: A Força do Homem* (CM) (dir., fot.); 1983 – *Estranho Jogo do Sexo*; 1985 – *A Nova Era*; 2003 – *Quatro Estações* (dir., fot.).

## HORTA, ANDRÉ

André Carneiro Horta inicia sua carreira como assistente de câmera em 1988 em filmes como *Kuarup* (1989), de Ruy Guerra, *Lili, A Estrela do Crime* (1989), de Lui Farias, *Carlota Joaquina, Princesa do Brazil* (2005), de Carla Camurati, assistindo excelentes profissionais como Edgar Moura, Antonio Luiz Mendes, etc. Em 1993, estreia como diretor de fotografia no curta *Calendas*, de Isaac Chueke. Especializa-se em videoclipes e comerciais para televisão, sendo muito requisitado por isso e também premiado, como em *A Minha Alma* (1999), com o *Rappa* e *Cidades* (2000), com Chico Buarque. Em 2001, recebe o prêmio de diretor revelação pela ADP (Associação Brasileira de Propaganda), pelo comercial da TIM. Ao longo de sua carreira, assina a fotografia em mais de 200 comerciais. Entre 1996 e 2006 é sócio da VFilmes & Comunicação. Atualmente é sócio da VProduções, responsável pelo *site VRio*, pioneiro na divulgação através de vídeos, do turismo e entretenimento no Rio de Janeiro. No cinema, tem destacada atuação como diretor de fotografia nos filmes *O Rap do Pequeno Príncipe Contra as Almas Sebosas* (2000), *Dois Filhos de Francisco* (2005) e *Xuxa em Sonho de Menina* (2007).

Filmografia: 1993 – *Calendas* (CM); 1997 – *A Sede do Peixe* (cofot. Lúcio Kodato e José Guerra); 1998 – *O Esôfago da Mesopotâmia* (MM); *Paralamas em Close-Up* (cofot. Breno Silveira); *Pastinha, Uma Vida Pela Capoeira* (CM); 1999 – *Lightmotiv* (CM); 2000 – *Filhos de Ghandy*; *O Rap do Pequeno Príncipe Contra as Almas Sebosas*; 2005 – *Dois Filhos de Francisco* (cofot. Paulo Souza); 2007 – *Chico Buarque – Carioca ao Vivo* (dir.); *Xuxa em Sonho de Menina* (cofot. Paulo Souza); 2008 – *O Corpo do Rio* (Brasil/Argentina/França); 2009 – *Xuxa e o Mistério da Feiurinha*.

## HORTA, JOÃO CARLOS

João Carlos de Alencar Parreira Horta nasceu em Petrópolis, RJ, em 1946. Produtor, diretor e fotógrafo, inicia sua carrreira no cinema em 1964, tendo participado ativamente da segunda fase do movimento denominado *Cinema Novo*. É assistente de câmera nos curtas *O Circo*, de Arnaldo Jabor, *Em Busca do Ouro*, de Gustavo Dahl e *Mauro, Humberto*, de David Neves, todos de 1965. Em 1966, dirige e fotografa seu primeiro filme, o documentário curto *Pixinguinha*. Seu primeiro longa é *Perdidos e Malditos* (1970) direção

de Geraldo Veloso. Entre 1970 e 1982 é assessor técnico de Centro de Tecnologias Educacionais da Secretaria de Educação do Rio de Janeiro, supervisionando a realização de aproximadamente 30 filmes de curta-metragem em programas que visam a dar treinamento a professores da rede pública do Estado. Produz, dirige e fotografa mais de 90 filmes, na sua maioria curtas, médias e vídeos, no período 1966/1987, com destaque para O Pica-Pau Amarelo (1973), de Geraldo Sarno, *Diamante Bruto* (1977), de Orlando Senna, *O Segredo da Múmia* (1981), de Ivan Cardoso e *Deus é Um Fogo* (1987), de Geraldo Sarno, seu último filme registrado, fotografado em parceria com outros profissionais. A partir de 1985 passa a atuar na área da fotografia fixa e da pesquisa e ensino das técnicas fotográficas. De 1993 a 1999 trabalha no Instituto do Patrimônio Histórico e Artístico Nacional, no Departamento de Informação e Divulgação/DID como consultor fotográfico da instituição e participa, em 2007 no IMS, da equipe que realizou a impressão em albumina e platina dos originais de Marc Ferrez.

Filmografia: 1965 – *Comunidade Carioca* (CM); 1966/67 – *Pixinguinha* (CM) (dir., fot.); 1967 – *Os Últimos Heróis* (CM) (inacabado); 1968 – *Bla...Bla...Blá...* (CM); *Faculdade Cândido Mendes* (CM); *Os Saltimbancos* (CM); *Utilização da Favela de Brás de Pina* (CM); 1969 – *Les Indiens* (França); 1970 – *O Abre Ala*: J, Carlos no Carnaval Carioca (CM); Cinema Brasileiro: *Eu e Ele* (CM) (Brasil/Itália); *Eu Sou Vida, Eu Não Sou Morte*; *Pecado Mortal* (cofot. Celso Silva); *Perdidos e Malditos*; 1971 – *Matei Por Amor*; *Mestre Valentim* (CM); *Pintores de Engenho de Dentro* (CM); 1972 – Cinema Brasileiro (CM); *Museu Nacional de Belas Artes* (CM) (codir. Gustavo Dahl, Hugo Carvana, Antônio Penido, Eduargo Gomes dos Santos e Nelson Honorino); *Semana de Arte Moderna* (CM); *Um Mundo Novo* (CM) (cofot. Rogério Noel); *Vida de Artista*; *Saravah*; 1973 – *A Garganta do Diabo* (CM); *A Matemática no Ensino Fundamental* (CM); *Estádios do Brasil* (CM); *Ciências Naturais no Ensino Fundamental* (CM); *O Pica-Pau Amarelo* (cofot. Jorge Bodanzky); *Museu Nacional de Belas-Artes* (CM); *Terra Brasilis* (CM); 1974 – *A Baiana* (CM); *Azulejos do Brasil* (Azulejaria no Brasil) (CM) (dir., fot.); *Casa Grande e Senzala*; *Ciências e Matemática* (CM); *Joaquim Cardoso* (CM); *Rendeiras do Nordeste* (CM); *Petroquímica da Bahia* (CM) (cofot. Thomaz Farkas); *Um Homem Célebre*; 1975 – *Espaço Sagrado* (CM) (cofot. José Carlos Avellar); *Opération Séduction* (CM) (França); *Segunda-Feira* (CM); 1976 – *Brasil em Cannes* (CM) (cofot. Geraldo Sarno, José Carlos Avellar e Walter Goulart); *Igrejas de Pretos e Pardos* (CM); *Metrô* (CM); *Noel Nutels* (cofot. Dib Lutfi, Pedro de Moraes, Murilo Salles e Cleber Lima; Perimetral (CM); 1977 – *Academia Brasileira de Letras* (CM) (cofot. José A. Mauro e Antônio Penido); *O Grande Circo Místico* (CM) (dir., fot.); *Diamante Bruto*; *Murilo Mendes: Poesia em Pânico* (CM) (codir. Mário Gianini); 1978 – *Lição de Piano* (CM) (dir., fot.); *PhD da Selva* (CM); *Rio, Carnaval da Vida* (CM); *Waldemar Henrique Canta Belém* (CM); *Xarabovalha* (CM); 1979 – *Litografia* (CM) (dir., fot.) (codir. Elmer Corrêa Barbosa, Vera de Paula e Heloísa Guimarães); *República dos Assassinos*; 1980 – *Estratégias do Abrigo: Sistemas Construtivos em Diferentes Regiões do Brasil* (CM); *Mira, Um Imigrante* (CM) (dir., fot.) (codir. Rubens Gerchmann); *Nilton Bravo* (CM); 1981 – *Dr. Alceu* (CM); *Qualquer Semelhança É Mera Coincidência* (CM) (cofot. Paulo Roberto Martins); *O Segredo da Múmia* (cofot. César Elias e Renato Laclette); 1982 – *Perto de Clarice* (CM) (dir.); 1983 – *Visita ao Presidente* (CM); 1984 – *Assaltaram a Gramática* (CM); 1987 – *Deus É Um Fogo* (Brasil/Cuba) (cofot. Carlos Ebert, Lauro Escorel, Tadeu Ribeiro, Nonato Estrela e Pedro Farkas).

## HUKE, NIGEL C.

Robert Huke nasceu em Londres, Inglaterra, em 31 de maio de 1920. Inicia sua carreira como câmera no filme musical *My Ain Folk*, em 1945, direção de Germain Burger, fotografado por Ernest Palmer. No mesmo ano já divide a fotografia de *The Facts of Love*, com o mesmo Palmer. Durante o periodo da 2ª Guerra, não se tem notícia da continuidade de sua carreira, pois em sua filmografia o filme seguinte já é no Brasil, pela Vera-Cruz, *Sai da Frente*'. Em 1952, estreia de Mazzaropi no cinema. No Brasil chega com o pseudônimo de Nigel C. Huke, mas no resto do mundo sempre foi Bob Huke. Veio para cá na leva de estrangeiros que rechearam as equipes da Vera-Cruz. Por aqui dirige cinco filmes, entre 1952 e 1956, quando retorna à Inglaterra e retoma sua carreira. Tem uma nova passagem pelo Brasil em 1972, requisitado por Oswaldo Sampaio para o filme *A Marcha*, com Pelé como protagonista principal. Seus últimos filmes foram feitos na China entre 1983 e 1988. Em 1992 assina a fotografia do filme inglês *To Be the Best*, feito para a televisão, a partir do qual se aposenta. Morre em Dezembro de 2002, aos 82 anos de idade.

Filmografia: 1945 – *The Facts of Love* (Inglaterra) (cofot. Ernest Palmer); 1952 – *Sai da Frente* (Brasil); *Nadando em Dinheiro* (Brasil); 1953 – *Luz Apagada* (Brasil); 1954 – *São Paulo em Festa* (MM) (Brasil) (cofot. Chick Fowle, Ray Sturgess, Ronald Taylor e Jack Lowin); 1956 – *A Estrada* (Brasil); 1959 – *Virtaset ja Lahtiset* (Finlândia); 1962 – *Reach for Glory* (Inglaterra); *The Brain* (Inglaterra/Alemanha); *The War Lover* (Inglaterra/EUA); 1963 – *The Very Edge* (Inglaterra); *Sanders* (Inglaterra); 1964 – *Ballad in Blue* (EUA); 1970 – *The Virgin and the Gipsy* (Inglaterra); 1972 – *A Marcha* (Brasil); *Under Milk Wood* (Inglaterra); 1973 – *The Lovers!* (Inglaterra); 1975 – *Conduct Unbecoming* (Inglaterra); 1979 – *Doing Time* (Inglatgerra); 1983 – *Shen Tan Guang Tou Mei* (China/EUA); *Nam Yi Nui* (China); 1986 – *Guo Fu Sun Zhong Shan Yu Kai Quo Yung Xiong* (China) (cofot. Te-Wei Chang, Bao-Yao-Ho e Ching Piao Yeh); 1988 – *Ai Qing Mi Yu* (China).

# I-J

## ICSEY, RUDOLF

Rudolf Icsey de Szabadhegy nasceu em Popradfelka, Hungria, em 18 de maio de 1905. Fotógrafo com longa carreira em seu país, onde é conhecido como Icsey Rezsõ. Seu primeiro filme data de 1936, *Szenzáció*, em parceria com Károly Kurzmayer. Chega ao Brasil em 1955 com dois compatriotas: o também fotógrafo Ferenc Feket e o diretor D. A. Hamza, a convite de Mário Audrá Jr., para trabalhar na Maristela, em São Paulo. Por aqui, seu primeiro filme é *Quem Matou Anabela*, de 1956. Como tantos outros técnicos que chegaram nessa época, se encanta com o nosso País e por aqui fica, constituindo sólida carreira nos anos seguintes. Torna-se parceiro de Walter Hugo Khouri, com quem fez *Estranho Encontro* (1958) e *Noite Vazia* (1964) e de Mazzaropi, para quem assina a fotografia de diversos filmes como *Jeca Tatu* (1959), *Casinha Pequenina* (1963), *O Jeca e a Freira* (1967), entre tantos outros. No final dos anos 1960, início da década de 1970, dirige comédias, musicais e eróticas, o início da pornochanchada, como *A Arte de Amar Bem* e *Lua de Mel & Amendoim*, ambas de 1970, água com açúcar perto do que viria pela frente em nosso cinema. Em 1972, fotografa talvez seu mais importante filme, *Independência ou Morte*, superprodução paulista de Oswaldo Massaini, onde pode demonstrar todas as suas habilidades com as cores, tanto que, a seu respeito, Aníbal Massaíni Neto, filho de Oswaldo, declarou: "Icsey age, durante as filmagens, como um verdadeiro membro de equipe, dirigindo a fotografia efetivamente com o diretor e transmitindo experiência aos auxiliaries". Em 1974 faz seu último filme, *Pontal da Solidão*, a partir do qual se aposenta. Morre em São Paulo, em 13 de julho de 1986, aos 81 anos de idade.

**Filmografia**: (Hungria): 1936 – *Szenzáció* (cofot. Károly Kurzmayer); *Café Moszkva* (cofot. Willy Goldberger); *Ember a Híd Alatt* (cofot. Károly Kurzmayer); *Pókháló*; 1938 – *A Papucshös*; *A Leányvári Boszprkány*; 1939 –*Tökéletes Férfi*; *Szervusz Péter!*; *Mátyás Rendet Csinál* (cofot. István Somkúti); *Pusztai Királykisasszony*; *Magyar Feltámadás*; *Bors István*; *Pénz Áll a Házhoz*; *Nem Loptam én Életemben*; *Hölgyek Elönyben*; 1940 – *Sok Hühó Emmiért*; *Bercsenyi Huszárok*; *Az Utolsó Vereczkey*; *Párbaj Semmiért*; *Erdélyi Kastély*; *Pénz Beszél*; *Te Vagy a Dal*; *Zavaros Éjszaka*; *Erzsébet Királyné*; *Zárt Tárgyalás*; *Hétszilvafa*; 1941 – *Európa nem Válaszol*; *A Szüz és a Gödölye*; *Eladó Birtok*; *A Kegyelmes úr Rokona*; *Édes Ellenfél*; *Életre Itéltek!*; *Régi Keringö*; 1942 – *Sziriusz*; *Szeptember Végén*; *Annamária*; *Fráter Loránd*; *Szabotázs* (cofot. István Berendik); *Fértihüség*; *Szép Csillag*; *Bajtársak*; 1943 – *Sziámi Macska*; *Álomkeringö*; *Egy Szoknya, Egy Nadrág*; *Ragaszkodom a Szerelemhez*; *Orient Express* (cofot. Ferenc Fekete); *Boldog Idök*; 1944 – *Szováthy Éva* (cofot. Rudolf Piller); *Madách: Egy Ember Tragédiája*; *Fiú Vagy lány?*; *Egy Pofon, Egy Czók*; *A Három Galamb*; *Muki*; *Fotótüz*; *Machita*; *Sárga Kaszinó* (Hungria/França); *Magyar Sasok*; *Nászinduló*; 1946 – *Aranyóra*; 1947 – *Der Hofrat Geiger* (Áustria) (cofot. Ladislaus Szemte); 1948 – *Der Leberfleck* (Áustria); 195 – *Sangue Sul Sagrato* (Itália/EUA); (no Brasil): 1956 – *Quem Matou Anabela?*; *Curuçu, o Terror do Amazonas* (*Curucu, Beast of the Amazon*) (Brasil/EUA); 1957 – *A Doutora é Muito Viva*; *Arara Vermelha*; *Casei-me Com Um Xavante*; 1958 – *Estranho Encontro*; *Cara de Fogo*; *Chofer de Praça*; *Vou Te Contá*; 1959 – *Jeca Tatu*; *Moral em Concordata*; *Na Garganta do Diabo*; *O Preço da Vitória*; 1960 – *As Aventuras de Pedro Malazartes*; *Mistério na Ilha de Vênus* (*Macumba Love*) (Brasil/EUA); *Zé do Periquito*; 1961 – *Mulheres e Milhões*; *O Vendedor de Linguiças*; 1963 – *Casinha Pequenina*; *A Ilha*; 1964 – *O Lamparina*; *Noite Vazia*; *Técnica e Organização* (CM); *Tristeza do Jeca*; 1965 – *Meu Japão Brasileiro*; 1966 – *Corpo Ardente*; *Mário Gruber* (CM); *Noturno* (CM); *O Corintiano*; *Perto do Coração Selvagem* (CM); *Tempo Passado* (CM); 1967 – *O Jeca e a Freira*; 1968 – *O Quarto*; *Até Que o Casamento Nos Separe*; 1969 – *A Compadecida*; *Agnaldo, Perigo a Vista*; *Pára, Pedro!*; 1970 – *Janjão Não Dispara, Foge*; *Cléo e Daniel*; *A Moreninha* (cofot. Oswaldo Cruz Kemeny); *A Arte de Amar Bem*; *Lua de Mel & Amendoim* (episódio: *Lua de Mel & Amendoim*); 1972 – *As Deusas* (cofot. Antônio Meliande); *Independência ou Morte*; *O Grito* (CM) (codir. Antônio Meliande e Osvaldo de Oliveira); 1974 – *Pontal da Solidão* (cofot. Mário Carneiro).

## IONESCU, PEDRO

Pedro Vargas Ionescu nasceu em São Paulo, SP, em 20 de fevereiro de 1964. Operador de câmera com longa filmografia no cinema brasileiro. Inicia sua carreira como assistente de câmera, em 1988, no filme *Fogo e Paixão*, de Isay Weinfeld e Márcio Kogan. Em pouco mais de 20 anos de carreira são dezenas de filmes, produções importantes como *Capitalismo Selvagem* (1993), de André Klotzel, *Dois Córregos – Verdades Submersas no Tempo* (1999), de Carlos Reichenbach, *Cabra-Cega* (2004), de Toni Venturi, *Os Desafinados* (2008), de Walter Lima Jr., entre tantos outros. Estreia como diretor de fotografia em 1995 no filme *Enredando as Pessoas*, em parceria com Adam Cohen.

**Filmografia**: 1995 – *Enredando as Pessoas* (*Enredando a La Gente*) (Brasil/Dinamarca) (cofot. Adam Cohen); 1998 – *Até Logo, Mamãe* (CM); 2002 – *Plano-Sequência* (CM); *O Risco: Lúcio Costa e a Utopia Moderna* (cofot. Mário Carneiro); 2003 – *Dois em Um* (CM).

## IURI, ROBERTO

Roberto Iuri Almeida Pereira nasceu em Catolé da Rocha, PB, em 20 de fevereiro de 1970. Estuda Filosofia sem concluir. Inicia sua carreira em 1991, na Casa Amarela Eusélio Oliveira, em Fortaleza, CE, como estudante e posteriormente estagiário, onde realiza seu primeiro trabalho, o vídeo *Meu Pe-sadelo*, filmado e editado em VHS, em que dirige, fotografa e edita, como projeto para o fim do curso de cinema de extensão da Casa Amarela, orgão voltado para o estudo do audiovisual da Universidade Federal do Ceará. O vídeo recebe menção honrosa por 'inovação na linguagem cinematográfica' no Festival Vídeo Mostra Fortaleza, que depois mudou para Cine-Ceará. Em 1993, vai trabalhar em um canal de TV local, exercendo várias funções, de assistente de edição a editor e cinegrafista, quando passa a interessar-se particularmente pela fotografia. Entre 1997 e 1999 faz assistência de câmera em diversos curtas como *A Árvore da Miséria* (1997), *O Náufrago* (1998), *Clandestina Felicidade* (1998), *Vitrais* (1999), *O Pedido* (1999), *Funesto* (1999), etc. A partir de 1999, como diretor de fotografia, estreia no curta *Uma Nação de Gente* (1999), de Margarita Hernández e Tibico Brasil, função que passa a dedicar-se exclusivamente a partir de 2001. Muda-se para Recife em 2005, atuando tanto em cinema como em publicidade. Recebe vários prêmios por seu trabalho como Melhor Fotografia de curta 35 mm no 38º Festival de Brasília por *O Meio do Mundo* (2005) e de Melhor Fotografia 35 mm no 15º Cine-Ceará e Melhor Fotografia na 32a. Jornada Internacional de Cinema da Bahia, pelo curta *Canoa Veloz*.

**Filmografia**: 1991 – *Meu Pe-sadelo* (CM) (dir., fot.); 1999 – *Uma Nação de Gente* (CM); 2000 – *A.M.A. Ceará* (CM); *Não Deu Tempo* (CM); 2001 – *Patativa* (CM) (cofot. Fernando Micelo); 2002 – *A Ordem dos Penitentes* (CM); *No Passo da Veia* (CM); *O Prisioneiro* (CM); 2003 – *Rua da Escadinha 162* (CM); 2004 – *A Velha e o Mar* (CM); *Achados e Perdidos* (CM); *Cine Hóliudy – O Astista contra o Caba do Mal* (CM); *Imagem Peninsular* (MM); *Riso das Flores* (CM); *Sunland Heat* (EUA); 2005 – *Canoa Veloz* (CM); *Cultura do Açúcar* (MM); *História Brasileira da Infâmia – Parte 1* (MM); *O Meio do Mundo* (CM); *Virando a Página* (CM); 2006 – *Cine Tapuia*; *Orange de Itamaracá*; *Poetas do Repente* (MM); 2007 – *Dim* (CM); *Natal 2007* (CM); *No Rastro do Camaleão* (CM); *Torpedo* (CM); 2008 – *Geração 65: Aquela Coisa Toda*.

## JACKO, ADAM

Fotógrafo tcheco, chega ao Brasil em 1935, para cofotografar o filme *Noites Cariocas*, em parceria com Antônio Medeiros. Entre 1935 e 1950, desenvolve carreira no Brasil, Argentina e Venezuela. Na Argentina, é câmera em *Puente Alsina* (1935), *El Ángel de Trapo* (1940) e diretor de fotografia em *De la Sierra al Valle* (1938), *Un Bebé de Contrabando* (1940), *La Novia de Minha Mulher* (1942), etc. na Venezuela, faz a fotografia artística do filme *Amanecer a* la Vida (1950) e a fotografia em *Seis Meses de Vida* (1951). No Brasil, é câmera em *Bobo do Rei* (1936), de Mesquitinha, *O Grito da Mocidade* (1936), de Raul Roulién e *Quando a Noite Acaba* (1950), de Fernando de Barros. Diretor de Fotografia em *Jangada* (1949), filme inacabado de Raul Roulién, *O Noivo da Minha Mulher* (1950), de Ferrucio Cerio e *Coração Materno* (1951), de Gilda de Abreu, após o qual não se tem notícia da continuidade de sua carreira.

**Filmografia**: 1935 – *Noites Cariocas* (Brasil/Argentina) (cofot. Antônio Medeiros); 1938 – *De la Sierra al Valle* (Argentina); 1940 – *Un Bebé de Contrabando* (Argentina); *Caprichosa y Millonaria* (Argentina); 1941 – *En La Luz de Una Estrella* (Argentina); 1942 – *La Novia de Minha Mulher* (Argentina); 1949 –*Jangada* (inacabado); 1950 – *O Noivo da Minha Mulher*; 1951 – *Seis Meses de Vida* (Venezuela); *Coração Materno* (Brasil).

## JOFFILY, JOSÉ

José Joffily Bezerra Filho nasceu em João Pessoa, PB, em 27 de novembro de 1945. Radicado no Rio de Janeiro, forma-se em Direito pela UFRJ. Trabalha como fotógrafo *freelancer* para diversas revistas, entre elas *Realidade* e *Placar*. Inicia suas atividades cinematográficas em 1975, como fotógrafo de *still* no filme *O Casamento*, de Arnaldo Jabor e câmera no curta *Catete a Meu Ver*, de Sebastião de França. Em 1977, estreia como fotógrafo no curta *P.S.: Te Amo*, de Sérgio Rezende. No mesmo ano dirige seu primeiro filme, o curta *Praça Tiradentes*. Como diretor de *Fotografia*, passa a ser bastante requisitado inicialmente em curtas como *Raimundo Fagner* (1977), *Ato Delituoso Impune* (1981), *A Fabulosa Amazônia* (1982), etc., e depois em longas como *Até a Última Gota* (1980), de Sérgio Rezende e fotógrafo adicional em *Avaeté – Semente da Violência* (1985), de Zelito Viana. Em 1987, dirige seu primeiro longa, *Urubus e Papagaios*, uma comédia ambientada numa cidade do interior. A partir dos anos 1990 prioriza a direção nos seus trabalhos, como em *Quem Matou Pixote?* (1996), *Achados e Perdidos* (2005) e *Olhos Azuis* (2009).

**Filmografia**: 1977 – *Palmas e Bolas* (CM) (fot.); *P.S.: Te Amo* (CM); *Praça Tiradentes* (CM) (dir.); *Raimundo Fagner* (CM) (fot.); 1978 – *Alô Teteia* (CM) (dir., fot.); *Associação dos Moradores de Guararapes* (CM) (fot.); *Circos e Sonhos* (CM) (fot.); *Duas Histórias Para Crianças* (CM) (fot.); 1979 – *A Venda* (CM) (fot.); *As Paralelas* (CM) (fot.); *Babilônia Revisitada* (CM) (fot.); *Copa Mixta* (CM) (dir., fot.); *Curta Sequência: Galeria Alaska* (CM) (dir.); *Era Uma Vez* (CM) (fot.); *Na Realidade* (CM) (fot.); 1980 – *Até a Última Gota* (fot.); *Na Era do Álcool* (CM) (fot.) (cofot. Eduardo Clark); *Nascimento e Morte – História dos Anos 80* (CM) (fot.); 1981 – *Ato Delituoso Impune* (CM) (fot.); *Lygytymah Dephezah* (CM) (fot.); 1982 – *A Fabulosa Amazônia* (CM) (dir.); 1987 – *Urubus e Papagaios* (dir.); 1990/92 – *A Maldição do Sampaku* (dir.); 1993 – *O Homem Sentado na Escada* (CM) (dir.) (codir. José Roberto, Marcellus Agostini, Marcelo Hipólito, Marcelo Santiago e Suzana Silva); 1996 – *Quem Matou Pixote?* (dir.); 2001 – *O Chamado de Deus* (dir.); 2002 – *Dois Perdidos Numa Noite Suja* (dir.); 2005 –*Achados e Perdidos* (dir.); *Vocação do Poder* (dir.) (codir. Eduardo Escorel); 2008 – *A Paixão Segundo Callado* (dir.); 2009 – *Olhos Azuis* (dir.).

## JORDÃO, REVAIR

Revair Marques Jordão nasceu em Patrocínio Paulista, SP, em 31 de julho de 1941. Cinegrafista da equipe de Jean Manzon, com quem trabalha por mais de 20 anos. Seu primeiro filme como fotógrafo é *Américas Unidas*, produção de Primo Carbonari de 1963. Todos os filmes em que participa são documentários, em sua maioria institucional.

**Filmografia**: 1963 – *Américas Unidas* (cofot. Alfonsos Zibas, Ângelo Cipelli, Augusto Corrêa Filho, Bill Kostal, Esdras Batista, Giuseppe Romeo, Elio Coccheo, Isolino Teixeira, João Cerqueira e Joseph Illes); 1965 – *Morte Por 500 Milhões* (cofot. João Bourdain de Macedo, João Cerqueira, Ângelo Cipelli, Isolino Teixeira, Nestor Marques, Pedro Carlos Toloni e Guilhermo Lombardi); 1973 – *O Voo do Silêncio* (CM); 1975 – *A Marcha do Tempo* (CM); 1985 – *Uma Canção Brasileira* (cofot. Antonio Estevão, Pompilho Tostes, Wilson Rocha, Allan Estevão, Nilton Gomes, Roberto Stajano e Philippe de Genouillac).

## JORDÃO, SIDEVAL

Sideval Luís Jordão é cinegrafista da equipe de Rubens Rodrigues dos Santos, proprietário da Jaraguá Filmes, que nos anos 1960/70 produz dezenas de documentários, em sua maioria institucional, feitos sob encomenda.

**Filmografia**: 1971 – *A Boa Água* (CM) (cofot. Emílio Barbieri e Concórdio Matarazzo); *Mais Água Para São Paulo* (CM) (cofot. Emílio Barbieri e Concórdio Matarazzo); *Metrô* (cofot. Emílio Barbieri e Concórdio Matarazzo); *Metrô: Trecho Norte-Sul* (CM) (cofot. Emílio Barbieri e Concórdio Matarazzo); *Metrô: Trecho Sete* (CM) (cofot. Emílio Barbieri e Concórdio Matarazzo); 1973 – *Comgás – Distribuição* (CM) (cofot. Emílio Barbieri e Concórdio Matarazzo); *Dom Pedro Volta ao Ipiranga* (CM) (cofot. Emílio Barbieri e Concórdio Matarazzo); *Duzentos Milhões de Livros ou Uma História de Amor* (CM) (cofot. Emílio Barbieri e Concórdio Matarazzo); *Fernando do Noronha* (CM) (cofot. Emílio Barbieri e Concórdio Matarazzo); *Forma Pneumática Tubular* (CM) (cofot. Emílio Barbieri e Concórdio Matarazzo); *Gás Canalizado Combustível da Metrópole Moderna* (CM) (cofot. Emílio Barbieri e Concórdio Matarazzo); Nordeste (CM) (cofot. Emílio Barbieri e Concórdio Matarazzo); *O Metrô de São Paulo* (CM) (cofot. Emílio Barbieri e Concórdio Matarazzo); *O Novo Galeão* (CM) (cofot. Emílio Barbieri e Concórdio Matarazzo); *Túnel Subaquático Pré-Moldado* (CM) (cofot. Emílio Barbieri e Concórdio Matarazzo); 1974 – *DAEE – Desenvolvimento Para São Paulo* (CM) (cofot. Emílio Barbieri e Concórdio Matarazzo); *Galeria Com Forma Pneumática Tubular* (CM) (cofot. Emílio Barbieri e Concórdio Matarazzo); *Light Indústria do Desenvolvimento* (cofot. Emílio Barbieri e Concórdio Matarazzo); *Pesquisa Hidráulica – Fator de Progresso* (CM) (cofot. Emílio Barbieri e Concórdio Matarazzo); *Tecnologia Para o Desenvolvimento* (CM) (cofot. Emílio Barbieri e Concórdio Matarazzo); 1976 – *Ruas Para Pedestres* (CM) (cofot. Juan Carlos Landini); *São Paulo – Centro – 1841/1977* (CM) (cofot. Concórdio Matarazzo e Juan Carlos Landini); 1979 – *O Príncipe Mascarado* (CM); *Viagem ao Mundo da Língua Portuguesa*; 1981 – *O Grotão* (CM); 1983 – *Missa dos Escravos* (CM).

## JUNQUEIRA, ARISTIDES

Aristides Francisco de Castro Junqueira nasceu em Ouro Preto, MG, em 28 de agosto de 1879. Pioneiro do cinema de Minas Gerais, inventava e criava equipamentos, somente as lentes eram importadas. Em 1908 instala, já em Belo Horizonte, o ateliê FotografiaArtística e inicia suas experiências cinematográficas. Seu primeiro filme, *Reminiscências* é um documentário de crônica familiar. Depois aventura-se na Amazônia e Pará, torna-se amigo dos índios e tenta uma aproximação com Lampião, nunca confirmada. Seu primeiro longa é *Minas Gerais*, de 1910, e o segundo *Minas em Armas*, de 1933. Todos os outros foram de curta duração. Foi um pioneiro na acepção da palavra, um profissional, dos primeiros do Brasil. Consta seu último filme ser *Aspectos do Nordeste do Brasil*, de 1943, após o qual se dedica apenas a fotografias. Morre em 22 de maio de 1952, aos 72 anos, em Belo Horizonte, de câncer no pulmão.

**Filmografia**: 1907 – *Paes Leme*; 1909 – *Reminiscências*; *Território do Acre*; 1910 –*Aspectos da Inauguração da Estrada de Rodagem Belo Horizonte-Barreiro*; *Minas Gerais* (LM) (dir.); *O Presidente do Estado e seus Familiares*; 1913 – *A Excelentíssima Família Bueno Brandão em Belo Horizonte no Dia 11 de Junho de 1913*; *Propaganda de Lançamento da Revista Vita*; 1914 – *Operação Cirúrgica de Dois Xifópagos*; 1915 – *Jardim Zoológico de Belém do Pará*; 1917 – *Ouro Velho*; *Ouro Velho*; 1918 – *Engenho de Cana-de-Açúcar*; 1919 – *Mineração no Espírito Santo*; 1920 – *Chegada de SS.MM. os Reis da Bélgica no Rio de Janeiro* (codir. João etc. **hebehere**); 1921 – *O Rio das Velhas*; 1924 – *Em Pleno Coração do Brasil*; 1925 – *Às Margens do Araguaia*; 1928 – *Aspectos da Excursão Presidencial à Zona da Mata*; *Excursão Presidencial à Zona da Mata*; *Visita do Presidente da República à Cidade de Juiz de Fora*; 1930 – *No Coração do Brasil*; *Revolução de 1930 – I*; 1933 – *Minas em Armas* (LM) (dir.); 1935 – *Cine Jornal Amazonense*; 1936 – *A Cidade de Ouro Preto*; *O Dia da Pátria em Belo Horizonte*; *Penedo*; *Rio São Francisco*; *Segundo Congresso Eucarístico Nacional*; *O Segundo Congresso Eucarístico*; 1937 – *Aves e Animais do Museu Goeldi*; *Mossoró, na Terra do Sol*; *Palmeira dos Índios*; *Serviço de Fruticultura – Minas Gerais*; 1938 – *Cine Cruzeiro*; *Congresso Eucarístico Debelo Horizonte*; 1940 – *Excursão do Presidente Getúlio Vargas ao Estado do Pará*; *Visita do Presidente da República à Amazônia*; 1941 – *Evolução do Rio de Janeiro no Estado Novo*; *Getúlio Vargas, o Homem Providencial*; *As Grandes Realizações do Estado Novo*; *Presidente Getúlio Vargas Criador do Estado Novo*; *Riquezas da Fauna da Amazônia*; 1943 – *Aspectos do Nordeste do Brasil*.

## KANJI, TUFY

Cinegrafista e diretor de fotografia da equipe de Mário Kuperman, especializado em documentários institucionais, mas sua filmografia como fotógrafo, embora extensa, dura apenas dois anos, entre 1969 e 1970.

**Filmografia**: 1969 – *A Alimentação* (CM) (cofot. José Marreco); *Arrumando a Mesa* (CM) (cofot. José Marreco); *A Organização da Cozinha* (CM) (cofot. José Marreco); *A Pesquisa de Mercado* (CM) (cofot. José Marreco); *As Cinco Fases da Venda* (CM) (cofot. José Marreco); *O Cabelo* (CM) (cofot. José Marreco); *O Comércio Mercantil* (CM) (cofot. José Marreco); *O Escritório Comercial* (CM) (cofot. José Marreco); *O Funcionamento da Cozinha* (CM) (cofot. José Marreco); *O Serviço no Restaurante* (CM) (cofot. José Marreco); *Obstáculos na Venda* (CM) (cofot. José Marreco); 1970 – *A Maquilagem* (CM) (cofot. José Marreco); *A Pele* (CM) (cofot. José Marreco); *A Propaganda no Comércio* (CM) (cofot. José Marreco); *Conheça Seu Cliente* (CM) (cofot. José Marreco); *Manequim, os Primeiros Passos* (CM) (cofot. José Marreco); *O Cartaz* (CM) (cofot. José Marreco); *O Folclore* (CM) (cofot. José Marreco); *Vitrina e Comunicação* (CM) (cofot. José Marreco).

## KAVA, CELSO

Celso Kava Filho nasceu em Curitiba, PR, em 20 de outubro de 1969. Forma-se em desenho industrial pela UFPR – Universidade Federal do Paraná, em 1992, com pós-graduação em Marketing e Propaganda. Inicia sua carreira no cinema como *cameraman* na Rede OM de televisão, hoje CNT. Estreia como fotógrafo no filme *Tesouro Verde* (1995), curta dirigido por Eloy Ferreira. Em 2001 chega ao seu primeiro longa, *Onde os Poetas Morrem Primeiro*, dos Irmãos Schumann. Bebe na fértil fonte do veterano fotógrafo Euclides Fantim, com quem trava grande amizade. É um dos grandes talentos da nova geração do cinema paranaense.

**Filmografia**: 1995 – *Tesouro Verde* (CM); *Mulheres do Reino* (MM); 2000 – *Aldeia* (CM) (cofot. E. Fantim); 2001 – *Bento Cego* (cofot. E. Fantim); *Onde os Poetas Morrem Primeiro*; *Polaco da Nhanha* (CM); 2002 – *www.virtualidadereal.com.br* (CM); *Os Primeiros Desertores* (CM); 2005 – *Cachorro Não, Chichorro!* (CM); *Devoção* (CM); *O Homem dos Olhos Mortos* (CM); *Templo das Musas* (CM); 2007 – *Os Heróis da Liberdade*; 2008 – *O Sal da Terra*.

## KEMENY, ADALBERTO

Nasceu em Budapeste, Hungria, em 1901. Em seu país, especializa-se em fotografia, iluminação, efeitos especiais de fotografia, etc. Já associado ao inseparável amigo Rudolph Rex Lustig, trabalha na Pathé francesa e depois na UFA da Alemanha. Muda-se para o Brasil em 1926 e, no mesmo ano, em São Paulo, funda, em sociedade com Lustig, a Rex Film, empresa que dominaria a revelação e sonorização de filmes no Brasil nas décadas seguintes. Em 1929, dirige com Lustig *São Paulo, a Sinfonia da Metrópole*, filme que registra a cidade, no fim da década de 1920, como o cotidiano da metrópole, a vida das pessoas e o ritmo frenético das ruas, além dos primeiros indícios de crescimento da capital, e um hino de amor à terra que acolhera os dois cineastas. Além de suas funções no laboratório, ainda dirigem a fotografia de alguns filmes, sendo os últimos registrados *Luar do Sertão*, de 1949, como fotógrafo, *Caiçara* (1950), como câmera e o documentário *Assistência ao Litoral de Anchieta* (1955/60) como fotógrafo. Importante personalidade do cinema brasileiro, principalmente o paulista, morre em 1969, aos 68 anos de idade.

**Filmografia**: 1929 – *São Paulo, a Sinfonia da Metrópole* (dir., fot.) (codir. e cofot. Rudolf Rex Lustig); 1930 – *A Segunda Sinfonia* (CM) (dir., fot.) (inacabado); *São Paulo Através da Sua Capital e do Seu Interior* (fot.) (cofot. Rudolf Rex Lustig); 1931 – *Coisas Nossas* (fot.) (cofot. Rudolf Rex Lustig); 1933 – *A Aranha* (CM) (dir.); *O Caçador de Diamantes* (fot.) (cofot. Rudolf Rex Lustig); 1934 – *São Paulo em 24 Horas* (dir., fot.) (cofot. Rudolf Rex Lustig); 1935 – *Fazendo Fitas* (fot.); 1942 – *Civilização e Sertão* (MM) (dir.); 1949 – *Luar do Sertão* (fot.); 1955-1960 – *Assistência ao Litoral de Anchieta* (CM) (fot.).

## KEMENY, OSWALDO CRUZ

Filho de Adalberto Kemeny, pioneiro laboratorista húngaro, fundador da Rex Filme, Oswaldo logo cedo começa a trabalhar com o pai no laboratório, dominando todas as técnicas da cinematografia, principalmente revelação. No início dos anos 1950 vai para a Vera-Cruz, já em sua última fase, como assistente de câmera nos filmes *O Cangaceiro* (1953) e *Na Senda do Crime* (1954) e foquista em *Floradas na Serra* (1954). Com o pai, introduz no Brasil, em 1956, a revelação colorida, começando por pequenos filmes publicitários e, depois, em escala comercial, em curtas e longas. Nos anos 1960 trabalha ativamente em diversas funções ligadas à fotografia – técnico de cor em *A Morte Comanda o Cangaço* (1960), técnico de som em vários documentários como *O Fio Que Tece Milagres* (1961), *O Jubileu do Ferro Maleável* (1962), efeitos especiais de fotografia em *O Alfabeto Animado N° 3*, etc. e, principalmente, como consultor de cor em dezenas de produções, entre elas várias de Amácio Mazzaropi como *Tristeza do Jeca* (1961), primeiro filme colorido do famoso cômico, *Casinha Pequenina* (1963), *Meu Japão Brasileiro* (1964), *No Paraíso das Solteironas* (1969) e outras, principalmente ligadas ao cinema produzido na *boca do lixo* de São Paulo, entre elas *Madona de Cedro* (1968), de Carlos Coimbra, *Rifa-se Uma Mulher* (1969), de Célio Gonçalves, *A Moreninha* (1970), de Glauco Mirko Laurelli, *O Exorcismo Negro* (1974), de José Mojica Marins, *Ninguém Segura Essas Mulheres* (1976), direção coletiva, *A Noite das Fêmeas* (1976), de Fauzi Mansur, etc. Com a morte do pai em 1969, assume sua parte da Rex Filme já em final de carreira, que depois seria vendida a Jean Manzon. Nos anos 1970, funda seu próprio laboratório, a Revela, no bairro da Barra Funda, em São Paulo, onde hoje estão sediados os estúdios da TV Record. Em 1980 é produtor associado do filme *Certas Palavras*, direção de Mauricio Beiru, sobre a vida e obra do compositor e cantor Chico Buarque de Hollanda, uma de suas últimas passagens pelo cinema. Já doente, vai morar nos EUA para tratar-se, onde morre aos 90 anos de câncer.

**Filmografia**: 1954 – *Um Lençol de Algodão* (cofot. B. J. Duarte); *Parques Infantis da Cidade de São Paulo* (cofot. B. J. Duarte); 1970 – *A Moreninha* (cofot. Rudolf Icsey).

## KIM-IR-SEM

Kim-Ir-sen Pires Leal nasceu em Anápolis, GO, em 06 de Abril de 1951. É pós-graduado em Antropologia e Recursos Audiovisuais em Etnologia pela Universidade Católica de Goiás. Entre 1972 e 2009 é professor de fotografia, no Colégio Pré-universitário de Brasília, Centro de Realização Criadora - CRESÇA-DF, SESC - Pompéia-SP, Faculdade Araguaia-GO e na Faculdade Alfa - GO. De 1980 a 1986 é fotógrafo e editor de fotografia da RBT Revista Brasileira de Tecnologia do Conselho Nacional de Desenvolvimento Científico e Tecnológico - CNPq. Em 1980 funda a Ágil Fotojornalismo, agência de fotografia, onde fica até 1988, em 1982 faz ponta como ator no filme *O Sonho Não Acabou*, de Sérgio Rezende e em 1999 finaliza seu primeiro curta metragem em 16 mm: *Santo Antonio do Olho D'Água*, iniciado em 1972. Em 2001 finaliza seu documentário mais premiado, *Passageiros da Segunda Classe*, em parceria com Waldir de Pina, e Luiz E. Jorge, em 16 mm, iniciado em 1985. Em 2001 produz e dirige para televisão, o piloto de série *Estórias do Cerrado*, de cunho ecológico, para o público infantil, com bonecos e atores. Em Goiânia, por dez anos (1997-2007) dirige a MidiaMix Imagem e Informática, sendo um de seus sócios fundadores; Fotógrafo especializado em antropologia visual e cine-foto documentarismo. Vive e trabalha entre Brasília, Goiânia e São Paulo, à frente de agências que foram referência no jornalismo investigativo no Brasil. Entre 1972 e 2010 é repórter *freelancer* das principais revistas e jornais do país, como: Revista Nova Escola (Abril), Folha de S. Paulo, Isto É, Marie Claire, Caras, Época, PEGN, Forbes, Globo Rural, Jornal Informática Hoje, Revista Best Seller's, Anuário Informática Hoje, Guia do Fax, Correio Braziliense. Participa de 44 exposições coletivas e 17 individuais no Brasil e no exterior. Ministra 47 palestras e conferências em diversas universidades brasileiras, em encontros e seminários. Recebe 14 prêmios em cinema documental e experimental, e a Comenda do Mérito Cultural, na área do audiovisual-2007, entregue pelo Conselho Estadual de Cultura, Goiânia, em maio de 2008. É curador dos acervos dos fotógrafos das agências Ágil Fotojornalismo, Ikso, Ikso/Reflexo, Verbimagem, MidiaMiX e Stokimage. Tem centenas de fotografias publicadas, principalmente em editoras didáticas e paradidáticas. No cinema alterna-se como diretor e fotógrafo. Atualmente administra o site kimage, onde pretende disponibilizar toda sua obra, e de alguns amigos.

**Filmografia:** 1999 - *Santo Antonio do Olho D'Água* (Curta Metragem/Documentário) (dir, fot); 2000 - *Anhangá* (MM) (dir); 2001 - *Goiânia Conturbada* (CM) (dir); *Passageiros da Segunda Classe* (CM) (co-fot. Waldir de Pina, e Luiz E. Jorge); *Uma Nova Cidade* (CM) (dir); 2004 - *Roque Pereira, Mobiliário Eco-sustentável* (CM) (dir); 2005 - *Esse Menino é Meu Avô* (CM) (fot); 2007 - *Cine Goiânia* (CM) (fot); *Lamento* (CM) (dir).

## KLOTZEL, ANDRÉ

Nasceu em São Paulo, em 1954. Cursa cinema na ECA-USP entre 1973 e 1978, depois faz experiências em Super-8 e depois 16 milímetros. Estreia na direção em 1975 no curta *EVA*, produzido pela própria universidade. A partir de então passa a fotografar seus curtas e dos amigos, constituindo razoável filmografia. Com Pedro Farkas, José Roberto Eliezer e Zita Carvalhosa, em 1983 constitui a Superfilmes, da qual se desliga em 2001. Em 1985 dirige seu primeiro longa, *Marvada Carne*, comédia sertaneja ao melhor estilo de Mazzaropi, inclusive contando no seu elenco com Geny Prado, atriz de quase todos os filmes do famosos cineastas. O filme faz muito sucesso em todo o Brasil. Depois dirige *Capitalismo Selvagem'* (1993), *Memórias Póstumas* (2001) e *Reflexões de Um Liquidificador* (2010). Hoje é proprietário da Brás Filmes.

**Filmografia:** 1975 – *Eva* (CM) (dir., fot.); 1976 – *A* (CM) (fot.) (cofot. Albert Roger Hemsi); *Os Deuses da Era Moderna* (CM) (dir., fot.); *Hoje Tem Futebol* (CM); *Tem Coca-Cola no Vatapá* (CM) (fot.) (cofot. Pedro Farkas e José Roberto Eliezer); 1977 – *Cidade Irreal* (CM) (cofot. Cristina Amaral); *Perus* (CM); 1978 – *Os Queixadas* (CM) (fot.) (cofot. Thomaz Farkas); *Um Filme Como os Outros* (CM) (fot.) (cofot. José Roberto Eliezer); 1978/80 – *Todomundo* (CM) (fot.) (cofot. Pedro Farkas, Eduardo Poiano, Nilo Mota, Zetas Malzoni, Gilberto Otero e Thomaz Farkas); 1979 – *Eleições: São Paulo – 1974* (CM) (dir.) ( codir. Adilson Ruiz e Albert Roger Hemsi); 1980 – *Bandhã* (CM) (fot.); 1982- *Gaviões* (CM) (dir.); 1985 – *A Marvada Carne* (dir.); 1990 – *No Tempo da II Guerra* (CM) (dir.); 1993 – *Capitalismo Selvagem* (dir.); 1994 – *Jaguadarte* (CM) (dir.); 1996 – *Bravíssima Histórias das Gentes de Santos* (CM) (dir.); 2001 – *Memórias Póstumas* (dir.); 2010 – *Reflexões de Um Liquidificador* (dir.).

## KODATO, LÚCIO

Nasceu em São Paulo, SP, em 25 de março de 1947. Inicia carreira de fotógrafo em 1969 nos jornais: *Jornal das Artes, O Estado de S. Paulo, Jornal da Tarde* e *Bondinho*. Em 1970 dirige e fotografa seu primeiro filme, o curta *O Demônio*. E em 1974 assina a fotografia de seu primeiro longa, *O Segredo da Rosa*,

em parceria com Carlos Tourinho, no único longa dirigido pela atriz Vanja Orico. Pela fotografia do filme *Xingu Terra* (1981), direção de Maureen Bisilliati, recebe o Candango no 14º Festival de Cinema de Brasília, em 1981. Na TV Globo, Kodato foi diretor de fotografia dos pilotos das séries *A Diarista* (2003) e *Sob Nova Direção* (2003). É um dos membros fundadores da ABC (Associação Brasileira de Cinematografia), da qual foi presidente no biênio 2006/2007. Trabalha em inúmeros longas, videoclipes, curtas-metragens, comerciais e documentários e atua ao lado de renomados fotógrafos internacionais, entre eles Oscar Philippe Rousselot, um dos principais parceiros do cineasta americano Tim Burton. Constitui longa filmografia, principalmente de curtas e médias, mas registra seu talento em longas importantes como *Os Anos JK, Uma Trajetória Política* (1980), compõe a equipe de fotógrafos de *Todos os Corações do Mundo* (1995), *Canta Maria* (2006) e produções internacionais como *Maré, Nossa História de Amor* (2007) e *A Ilha dos Escravos* (2008).

**Filmografia:** 1970 – *O Demônio* (CM) (dir., fot.); 1971 – *Reticências* (Corte no Ar) (CM); *Amazônia* (CM); 1972 – *Estilingue* (CM); *Gracias Señor* (cofot. Getúlio Alves e Celso Fukuda); *O Comércio da Fé* (CM); *O Pão Nosso de Cada Dia* (CM); 1973 – *O Começo Antes do Começo* (CM) (cofot. Paulo Sérgio Muniz e Zetas Malzoni); 1974 – *O Segredo da Rosa* (cofot. Carlos Tourinho); 1975 – *Nordeste: Cordel, Repente e Canção*; 1976 – *A Flor da Pele*; *Sabendo Usar Não Vai Faltar*; *Teatro Guaíra* (CM); 1976/78 – *Trindade, Curto Caminho Longo* (cofot. Tânia Quaresma, Gilberto Otero e Antonio Luiz Mendes); 1976/82 – *Partido Alto* (CM); 1978 – *A Terra do Sapaim* (CM) (cofot. Tânia Quaresma, Antonio Luiz Mendes Soares e Gilberto Otero); *Agreste* (CM) (cofot. Tânia Quaresma, Antonio Luiz Mendes Soares e Gilberto Otero); *Baião do Acordar* (CM) (cofot. Tânia Quaresma, Antonio Luiz Mendes Soares e Gilberto Otero); *Caminhos do Rio Mar* (CM) (cofot. Tânia Quaresma, Antonio Luiz Mendes Soares e Gilberto Otero); *Herança das Senzalas* (CM) (cofot. Tânia Quaresma, Antonio Luiz Mendes Soares e Gilberto Otero); *Memória das Minas* (CM) (cofot. Tânia Quaresma, Antonio Luiz Mendes Soares e Gilberto Otero); *Minuano* (CM) (cofot. Tânia Quaresma, Antonio Luiz Mendes Soares e Gilberto Otero); *Novos Tempos* (CM) (cofot. Tânia Quaresma, Antonio Luiz Mendes Soares e Gilberto Otero); *Pirapora* (CM) (cofot. Zetas Malzoni e Celso Fukuda); *Três Cantos do Rio* (CM) (cofot. Tânia Quaresma, Antonio Luiz Mendes Soares e Gilberto Otero); *Um Brasil Diferente* (CM); *Viagem ao Ninho da Terra* (CM) (cofot. Tânia Quaresma, Antonio Luiz Mendes Soares e Gilberto Otero); 1980 – *Os Anos JK, Uma Trajetória Política*; 1981 – *Xingu Terra*; 1983 – *Quebrando a Cara* (cofot. Rodolfo Sanches, George Pfister II e Renato Lucas); 1984 – *Jango*; 1985 – *O Turista Aprendiz* (CM); 1989 – *O Brinco* (CM); 1995 – *Todos os Corações do Mundo* (Two Billion Hearts) (Brasil/EUA) (cofot. Walter Carvalho, Pedro Farkas, Carlos Pacheco, José Roberto Eliezer e César Charlone); 1997 – *A Sede do Peixe* (cofot. José Guerra e André Horta); 1999 – *Ela Perdoa* (CM); 2005 – *De Morango* (CM); 2006 – *Canta Maria*; 2007 – *Maré, Nossa História de Amor* (Brasil/França/Uruguai); 2008 – *A Ilha dos Escravos* (Brasil/Cabo Verde/Portugal/Espanha); 2009 – *Aranceles* (CM).

## KOEHLER, PAULO SOARES

Nasceu em Curitiba, PR, em 2 de agosto de 1948. Inicia sua carreira como diretor de TV, na TV Paraná, no final dos anos 1960. Em 1969, dirige e fotografa seu primeiro curta, *Ciclo*, documentário sobre um poema gráfico, de Hugo Mund Jr. Forma-se em Psicologia na UFPR (Universidade Federal do Paraná) em 1976. Realiza experiências na bitola Super-8. Em 1979 é professor no curso de Comunicação Social da UFPR (Universidade Federal do Paraná), sendo orientador do curta *Vitrines*, de Ruy Vezzaro. Nos anos 1980 trabalha como fotógrafo do jornal *Voz do Paraná* e da revista *Construção*. No ano 2000 expõe suas fotografias na Sece e no Museu da Fotografia, em Curitiba.

**Filmografia:** 1969 – *Ciclo* (CM) (dir., fot.); 1970 – *O Ovo, Experiência de Uma Criança* (CM) (dir., fot.); 1972 – *Apague Meu Spotlight* (CM) (dir.); 1976 – *Curitiba Desvairada* (CM) (inacabado); 1978 – *Catadores* (CM); 1980 – *Vitae Somnlum* (CM)

## KOHAN, MIGUEL

Nasceu em Buenos Aires, Argentina, em 1957. Forma-se psicanalista e depois estuda cinema e televisão na UCLA, em Los Angeles. Assistente de direção do documentarista americano Ross McElwee, no filme *Six O'Clock News* (1996). Em 1998, trabalha como produtor e diretor de programas para a TV Cultura, em Salvador. Seu documentário *Salinas Grandes* (2004) é exibido em diversos festivais internacionais. Em 2008 dirige e fotografa seu primeiro longa, *Café dos Maestros*, que reúne num concerto grandes nomes do tango argentino.

**Filmografia**: 2004 – *Salinas Grandes* (MM) (dir., fot.) (cofot. Federico Gómez e Emiliano López); 2008 – *Café dos Maestros* (Brasil/Argentina/EUA) (dir., fot.) (cofot. Gabriel Pomeraniec, Federico Gomezdiego Poleri, Gaston Delecluze e Carolina Graña).

## KOLOZSVARI, GYULA

Nasceu em Debrecen, Hungia, em 1940. Desembarca em São Paulo em 1958 e faz seu aprendizado com seu conterrâneo, o mestre Rudolph Icsey, então perfeitamente integrado na capital paulista. Sua primeira experiência no cinema acontece em 1967 como assistente de câmera no filme *O Corintiano*, de Milton Amaral. No ano seguinte fotografa o curta *Portinari, Um Pintor de Brodósqui*, de João Batista de Andrade. Em 1976 dirige o longa *Um Golpe Sexy*. Constitui longa filmografia como câmera, assistente de câmera, foquista e fotógrafo entre 1967 e 1986. No final dos anos 1970, dirige a fotografia de vários documentários institucionais feitos para cumprir a lei do curta.

**Filmografia**: 1967/71 – *Museus de São Paulo: Museu Paulista e Museu de Arte de São Paulo Assis Chateaubriand* (CM); 1968 – *Cândido Portinari, Um Pintor de Brodósqui* (CM); *Issei, Nissei, Sansei* (CM); 1969 – *A Batalha dos Sete Anos* (CM) (cofot. Júlio Heilbron); 1970 – *Enlace Ana Maria e Jesus* (CM); *Humberto Mauro* (CM); *Votuporanga 30º Aniversário* (CM); 1972 – *Os Desclassificados*; *As Mulheres Amam Por Conveniência*; 1973 – *A Chama do Progresso* (CM) (cofot. Hans Bantel e André Palluch); *A Virgem*; *A Pequena Órfã*; 1974 – *Pensionato de Mulheres*; 1976 – *Realizações Públicas em S. J. do Rio Preto* N.4 (CM); *Um Golpe Sexy* (dir., fot.); *Traição Conjugal*; 1977 – *Bandeira* (CM); 1978 – *As Trapalhadas de Dom Quixote & Sancho Pança*; *Guilherme de Almeida* (CM); 1979 – *A Arte na Madeira* (CM); *A Arte no Mármore* (CM); *A Ciência Milenar da Acupuntura* (CM); *A Índia na Porta do Brasil* (CM); *O Outro Lado do Crime*; *Peixes a Baila* (CM); 1986 – *Preguiça: Imagens Para Mário Andrade* (CM); *Um Dia, Um Circo* (CM).

## KOVENSKY, HUGO

Nasceu em Buenos Aires, Argentina, em 1952. Estuda direção fotográfica no Institut National Supérieur des Arts du Spectacle et Techniques de Diffusion, na Bélgica, onde faz sua primeira experiência como fotógrafo, no filme *Maedeli La Breche* (1980), de Jaco Van Dormael. Muda-se para o Brasil em 1981, e em 1982 é assistente de câmera no filme *Ao Sul do Meu Corpo*, de Paulo Cezar Saraceni. Como diretor de fotografia, seu primeiro filme é o curta *Alfredinho Canibal*, de Inácio Zatz e Ricardo Dias. Leciona fotografia na Escuela Internacional de Cine y Televisión de San Antonio de los Baños, em Cuba, entre 1987 e 1989 e na Escola de Comunicação e Artes da USP, entre 1994 e 1997. Em 1996 assina a fotografia de seu primeiro longa, o premiado *Um Céu de Estrelas* e depois *Através da Janela* (1998), ambos de Tata Amaral. Mas o seu grande momento acontece em 2001 com o excepcional *Bicho de Sete Cabeças*, de Laís Bodanzky. Nos últimos anos tem se dedicado a fotografia de algumas coproduções latino-americanas como *Piazzola em Buenos Aires* (2003) e *Bajo El Mismo* (2009).

**Filmografia**: 1980 – *Maedeli La Breche* (Bélgica); 1989 – *Alfredinho Canibal* (CM); 1990 – *Arabesco* (CM); *Memórias de Um Anormal* (CM); 1992 – *Oswaldianas* (episódio: *Uma Noite Com Oswald*); *Quando os Metódicos Não Têm o Que Fazer* (CM); 1995 –*Caligrama* (CM) (cofot. Lucas Bambozzi); *O Menino, A Favela E As Tampas Da Panela* (CM); 1996 – *Um Céu de Estrelas*; 1998 – *Kenoma*; *O Trabalho dos Homens* (CM); 2000 – *Através da Janela*; 2001 – *Artesãos da Morte* (CM); *Bicho de Sete Cabeças*; 2002 – *Narradores de Javé*; 2003 – *El Corazón de Jesús* (Bolívia/Alemanha/Chile); 2003/2006 – *Veias e Vinhos: Uma História Brasileira*; *Piazzola em Buenos Aires* (Argentina); 2004 – *Quase Dois Irmãos* (Brasil/Chile/França) (cofot. Jacques Cheuiche e Jacob Solitrenik); 2006 – *Cavallo Entre Rejas* (MM) (Mexico/Argentina/Espanha); 2009 – *Bajo El Mismo Sol* (México/Espanha).

## KOZÁK, WLADIMIR

Nasceu em Bystrice Pod Hostynem, Tchecoslováquia, em 19 de abril de 1897. Técnico em eletromecânica, mas profundamente

apaixonado por cinema, Kozák chega ao Brasil em 1924, aos 27 anos de idade. Depois de passar por vários Estados, radica-se em Curitiba em 1938, para trabalhar na Companhia Força e Luz do Paraná. Profundamente interessado pela vidas dos nossos indígenas, paralelamente ao seu trabalho inicia suas pesquisas nessa área. Passa a fazer diversos registros sobre o patrimônio ambiental paranaense. Seu primeiro registro fílmico conhecido é o documentário *Cavalhada de Palmas*, em 1950. Fazendo tudo sozinho, sempre com recursos próprios, entre 1950 e 1967, registra aspectos de suma importância da vida dos índios paranaenses. Em 1954 realiza seu único longa, *Índios Xeta na Serra dos Dourados*, em parceria com o antropólogo José Loureiro Fernandes, hoje considerado um clássico do documentário étnico brasileiro. Depois passa a trabalhar como diretor da seção de cinema educativo do Museu Paranaense, além de técnico cinematográfico na UFPR. Não teve em vida o reconhecimento que merecia. Morre esquecido e pobre em 3 de janeiro de 1979, em Curitiba, aos 81 anos de idade. Fernando Severo realiza o documentário *O Mundo Perdido de Kozák*, em 1988, em sua homenagem.

**Filmografia**: 1950 – *Cavalhada de Palmas*; 1951 – *Índios Kaingang/Palmas*; *Congada da Lapa*; 1952 – *Índios do Alto Xingu*; 1953 – *Artesanato no Litoral do Paraná*; *Comemoração do Centenário do Paraná*; 1954 – *Índios Kaingang/Chapecó*; *Índios Carajás*; *Índios Xeta na Serra dos Dourados* (LM); 1955 – *Caiapós*; 1956 – *Funeral Bororó*; *Santa Felicidade*; *Cestaria, Carroças, Ferreiro, Vinha*; 1958 – *Inauguração da Reitoria da UFPR*; 1967 – *Botocudos*.

## KOZEMJAKIN, DIMITRY

Nasceu em Zaovine, Iuguslávia, em 17 de dezembro de 1931. Em seu país natal trabalha na produtora Bosna Filmes, no laboratório de som e imagem. Chega ao Brasil em 1951. Na Flamma Filmes, a partir de 1952, monta laboratório cinematográfico e competente equipe especializada na produção de cinejornais. Em 1957 assina a fotografia de seu primeiro filme brasileiro, o documentário *Curitiba Cidade Sorriso*, muito premiado em festivais da época. Funda a sua própria produtora, a Taty Produções Cinematográficas, empenhado em realizar cinema publicitário em 16 mm, tendo produzido centenas de comerciais. Sua empresa é utilizada até hoje por jovens cineastas.

**Filmografia**: 1957 – *Curitiba Cidade Sorriso* (CM) (fot.); 1959 – *Paraná Equipamentos* (CM) (dir.); *Seu Último Segredo* (dir.) (inacabado).

## LA SALVIA, ALBERTO

Alberto Arnt La Salvia nasceu em Porto Alegre, RS, em 20 de fevereiro de 1978. É bacharel em Comunicação Social, com habilitação em Publicidade e Propaganda, pela PUC-RS, em 1999. Realiza diversos cursos de especialização, entre eles, *Cinematography*, câmera, *lighting and DP master class*, pela Florida State University, USA, em 2000 e especialização em direção de fotografia cinematográfica pela PUC-RS, ministrada por Jaime Lerner em 1999. Estreia como diretor de fotografia em 1998 no curta *Ana Carolina*, de Cristiano Baldi. A partir de 1999 passa a destacar-se no mercado publicitário gaúcho, já tendo fotografado mais de 500 comerciais em 16mm, 35mm e VT. Para a RBS-TV de Porto Alegre, assina a fotografia de várias séries e documentários como *Mundo Grande do Sul*, em vários episódios e *Vinte Gaúchos que Marcaram o Século 20*, episódio *Marta Rocha*. Diretor de fotografia de documentários e especiais para a RBS TV/TV Globo, como a série *O continente de São Pedro* e *Mundo Grande do Sul*, dirigidos por Roberto Tietzman. Diretor de fotografia dos vídeo clipes, em 16 e 35 mm: *Merda de Bar*, da banda Comunidade Nin-Jitsu, *Você* da banda Vídeo Hits, *Dívida*, da banda Ultraman e *Do Outro Lado da Esfera*, da banda Space Rave. Diretor de Fotografia de oito episódios da série *Histórias Curtas*, rodados em HDcam e DVcam, entre eles os premiados *De 10 a 14 anos*, de Márcio Shoenardie (melhor fotografia 2004) e *É Pra Presente?*, de Camila Gonzatto (melhor fotografia em 2006). Paralelamente, organiza diversos *workshops* de cinema, como Workshops de Cinema em Super-8, na PUC-RS, 1998, 1999 e 2000, Workshop de Cinema Digital, na UFRGS, setembro de 2001, Workshop de Cinema Digital, na Unisinos, outubro e novembro de 2002 e como professor universitário da disciplina Direção de Fotografia do curso de Realização Audiovisual da Unisinos, entre 2004 e 2006. Em 2010 assina a fotografia dos curtas *Amigos Bizarros de Ricardinho* e *Traz um Amigo Também*.

Filmografia: 1998- *Ana Carolina* (CM); *Delirium* (CM);*Hélio* (CM); *O Ateliê* (CM); 1999- *A Vingança de Kali Gara* (CM); *Caminhos, Salões Cristalinos* (CM); *Ensaio* (CM) (dir., fot.); *O Dia Anterior* (CM); *Réquiem* (CM); 2000- *Intestino Grosso* (CM) (cofot. Luciana Lima); *O Fim* (CM); *O Novíssimo Testamento* (CM); *Só Algumas Cenas para Mostrar a Vocês* (CM); 2001- *Antes que Esfrie* (CM); *João* (CM); *Miss* (CM); *Tortura* (CM); 2002- *Circo* (CM); *Justiça Infinita* (CM); *Lembra, Meu Velho?* (CM); *Na Batida* (CM); *O Homem da Lua* (CM); *Voltas* (CM); 2004- *A Porta* (CM); *Ano Novo* (CM); *De 10 a 14 Anos* (CM); *Intimidade* (CM); *Quase Tudo, Quase Todos* (CM); 2005- *A Barbearia* (CM); *Futurologia* (CM); 2006- *É pra Presente?* (CM); *Peste de Janice* (CM); *Vera Lúcia* (CM) (cofot. Erik Wilson); *Os Sete Trouxas* (CM); 2010- *Amigos Bizarros de Ricardinho* (CM); *Traz um Amigo Também* (CM); *Amores Passageiros* (CM).

## LABORNE, PAULO

Nasceu em Abaeté, MG, em 17 de setembro de 1956. Cursa desenho e cinema na Escola de Belas Artes da UFMG, complementando depois com cursos de artes plásticas com Arlinda Correia Lima, fotografia avançada na PUC-MG, cinema brasileiro na Fundação Clóvis Salgado, roteiro, fotografia e câmera na Embrafilme e iluminação Lous Sucle na New York University. Trabalha inicialmente com fotografia industrial e assistência para vários filmes documentais do governo de Minas Gerais. Faz experiências em Super-8 e nessa bitola, dirige e fotografa seu primeiro filme em 1975, o curta *Ego Filho da Égua*. Seu filme *Lua em Aquário* é premiado pelo Modern American Institute. Até 1983 tem atuação constante no cinema mineiro, dirigindo curtas e fazendo a fotografia para outros cineastas importantes mineiros como Helvécio Ratton, Paulo Augusto Gomes, etc. Nos últimos 20 anos realiza várias exposições individuais sobre diversos temas: Art Déco, Miami Beach, Automóveis Antigos, Teatro Mineiro, Mulheres, Drag Queen e cerca de 50 exposições coletivas, além de participações em festivais de cinema e vídeo por todo o País, conquistando inúmeros prêmios. Suas fotos têm sido incluídas entre as 50 melhores de publicidade no Brasil pela FCW.

Filmografia: 1975- *Ego Filho da Égua* (CM) (dir., fot.); 1976- *Cine Olho* (CM) (dir., fot.); 1977- *Músicos do Jequitinhonha* (CM) (dir., fot.); *As Criadas* (CM) (dir., fot.); 1978- *O Pintassilgo* (CM) (dir., fot.); *Zacarias* (CM) (dir., fot.); 1979- *Lua em Aquário* (CM) (dir., fot.); *Habitação e Abstração* (CM) (dir., fot.); 1980- *Sinais da Pedra* (CM) (fot.); *O Vernissage* (CM) (dir.); *Encontro com Minas* (CM) (dir., fot.); 1982- *Solidão* (CM) (fot.) (cofot. Cristiano Quintino, Maurício Andrés Ribeiro e Maria Amélia Palhares); 1983- *A Relação entre o Estado e as Comunidades Periféricas* (CM) (fot.) (cofot. Cristiano Quintino).

## LACERDA, EDUARDO RIBEIRO DE

Forma-se em cinema pela Escola Superior de Cinema da Universidade Católica de Minas Gerais em 1967, ano em que assina a fotografia de seu primeiro filme, o curta *Ruptura*, de José Américo Ribeiro. É assistente de Dib Lutfi no longa *Os Marginais* (1968), episódio *Papo Amarelo*, de Moisés Kendler e de Rudolph Icsey, em *Cleo e Daniel* (1970), de Roberto Freire. Em 1969 dirige e fotografa o curta *Um Caso de Peru*. Dedica sua carreira mais aos documentários curtos.

Filmografia: 1967- *Ruptura* (CM); *Voragem* (CM); 1968- *Anjo Torto* (CM); *Ciclo Cego* (CM); *Puro Fantasma* (CM); 1969- *A Vida Apenas* (CM); *Um Caso do Peru* (CM) (dir., fot.); 1970- *Artesanato Mineiro* (CM) (dir., fot.); *Uma Cooperativa Habitacional* (CM); 1971- *A Causa Secreta* (CM); 1976- *Cerâmica no Vale do Jequitinhonha* (CM) (cofot. Hélio Márcio Gagliardi); 1977- *Artesanato do Centro-Oeste* (CM); *Universidade Integrada* (CM); *Ziraldo* (CM); 1978- *Festa no Pais das Gerais* (CM); 1979- *Giramundo* (CM); 1980- *Experiência Cinematográfica* (CM) (cofot. Silvino José de Castro e Maria Amélia Palhares); 2003- *Castigo* (CM).

## LACLETTE, RENATO

Nasceu no Rio de Janeiro, RJ, em 1942. Inicia sua carreira como assistente de câmera em diversos filmes de diretores como Pierre Kast, Roberto Pires, Andrea Tonacci. Estreia como fotógrafo em 1970 no filme *Copacabana, Mon Amour*, de Rogério Sganzerla. Liga-se à turma do cinema marginal carioca fotografando filmes expressivos do movimento, principalmente do cineasta Julio Bressane, com quem trabalha em vários filmes como *O Rei do Baralho* (1973), *O Monstro Caraíba* (1977), *O Gigante da América* (1980), etc. Em 1990 assina a fotografia de *Escorpião Escarlate*, de Ivan Cardoso, em parceria com José Tadeu Ribeiro e Carlos Egberto. Nos últimos anos dedica-se à direção de fotografia de curtas-metragens.

Filmografia: 1970- *Copacabana, Mon Amour*; *Barão Olavo, o Horrível*; *A Família do Barulho* (cofot. Lauro Escorel Filho); *Os Monstros de Babaloo*; 1971- *Rua das Palmeiras, 38* (CM); 1973- *Moreira da Silva* (CM); 1973/1974- *O Rei do Baralho*; 1974- *Museu Goeldi* (CM); *O que Eu Vi, o que Nós Veremos* (CM); *Passe Livre*; *Ruínas de Murucutu* (CM); 1976- *Encarnação* (cofot. Dileny Campos); *Suely* (CM); 1977- *O Monstro Caraíba*; 1978- *Abismu*; *Agonia*; *O Universo de Mojica Marins* (cofot. Aloisio Araújo); 1979- *Aimbarê, Tuxaua do Brasil*(CM); *Indianidade* (CM) (cofot. Edson Batista); *Jacarezinho* (CM); *Mudanças* (CM); 1980- *O Gigante da América*; *Por que as Mulheres Devoram os Machos?* (cofot. Werner Stahelin, Michel Daschov e Alan Pek); 1981- *Brasil* (CM) (cofot. Roland Henze); *Lívio Abramo: Gravuras* (CM). Anselmo Serrat); *Noel por Noel* (CM); *O Segredo da Múmia* (cofot. João Carlos Horta e César Elias); 1982- *Fala Mangueira!* (CM) (cofot. Fred Confalonieri e José Sette de Barros); 1983- *Balada para Tenório Jr.* (CM); 1990- *O Escorpião Escarlate* (cofot. Carlos Egberto e José Tadeu Ribeiro); 2001- *Gosto que me Enrosco* (CM); 2002- *Na Idade da Imagem ou Projeção das Cavernas* (CM); 2003- *A Grande Jogada* (CM); 2004- *Cada Um por Si* (CM); 2005- *Três Tesouros Perdidos* (CM); 2008- *Conquistas* (CM).

## LAGUNA, ROBERTO

Roberto Laguna Ditleff nasceu em Ribeirão Preto, SP, em 2 de fevereiro de 1956. É sobrinho de Walter Hugo Khouri. Muito jovem frequenta os *sets* de filmagem do tio, iniciando por aí seu gosto pelo cinema. Forma-se Engenheiro de Produção em 1979 pela Escola Politécnica da Universidade de São Paulo (USP), depois, entre 1981/1982, cursa direção cinematográfica na Faculdades Integradas Alcântara Machado (FIAM). Em 1982, morando em Paris, é assistente de direção de Bernard Lutic, renomado fotógrafo francês. De volta ao Brasil, em 1985, vai trabalhar na produtora Última Filmes, onde fica por dez anos, nas funções de assistente de montagem, montador, assistente de direção e diretor, em filmes publicitários, para clientes de peso como Penalty e Bayer. Nessa empresa, acumula as habilidades necessárias para o mercado publicitário. A partir de 1997 realiza vários cursos de especialização em Maine, USA, como *Advanced Cinematography*, com Jeffrey Seckendorf, ASC, *Location Lighting*, com Claudia Raschke, ASC e *Feature Film Lighting*, com Sol Negrin, ASC. Diretor renomado no mercado publicitário brasileiro, acumula prêmios e uma sólida reputação baseada na qualidade de seu trabalho, atuando para as mais importantes agências de publicidade brasileiras e internacionais, através de produtoras como *5.6 Produções Cinematográficas* (1995-1997), *Movi&arte Produtora Cinematográfica* (1997/2000), *Companhia de Cinema* (2000/2001) e *Cinema Centro* (2004/2005). No intervalo entre 2001-2004 esteve morando nos EUA, Boca Raton, onde atuou como fotógrafo *still* e fez diversos *workshops* de fotografia, em 2003 inicia suas primeiras exposições fotográficas nos Estados Unidos, como *Exhibition Kapz Artmosphere* e *Exhibition Latin America Art Museum*, ambas em Miami em 2003. Em 2005 funda sua própria produtora, a Befilmes, com estúdio fotográfico próprio, onde atua como diretor, diretor de fotografia e fotógrafo *still*, para clientes como Sadia, Unilever, Meias Lupo, Imprensa Oficial do Estado de SP, etc. Estreia no cinema em 2006 como 2ª unidade de câmera no documentário *O Mundo em Duas Voltas*, de David Schürmann. A partir de 2007 dirige a fotografia de três longas do diretor Paulo Nascimento, *Valsa para Bruno Stein* (2007), *Casa Verde* (2008) e *Em Teu Nome* (2009). Ao longo de sua carreira, recebe os prêmios: London International Advertising Award (1986), The 75th Art Dir.ectors Annual and The 10th International Exhibition (1996), Leo Award - Henkel – Loctite (1997), 19º Profissionais do Ano Rede Globo - Região Sul (1998) e New York Festival (2003). Muito requisitado, pela excelência dos seus trabalhos, hoje alterna sua carreira entre o mercado publicitário e o cinema, com igual talento e sucesso.

**Filmografia:** 2007- *Valsa para Bruno Stein*; 2008- *Casa Verde*; 2009- *Em teu Nome*; 2010- *Amélia e Pippo* (CM).

## LANDINI, JUAN CARLOS

Nasceu em Concordia, Argentina, em 24 de abril de 1915. O pai gostava de fotografia e Juan, logo cedo, começa a se interessar também. Com a morte do pai, trabalhar como vendedor na rua, para ajudar em casa. Nas vizinhanças se instala o estúdio cinematográfico *SIDE Produciones*. Juan já fazia revelações de fotos em casa e um dia recebe o convite para ser auxiliar de câmera no filme *Da Serra ao Vale*, que estava sendo rodado. O ano era 1938 e Landini inicia assim sua carreira de fotógrafo. Nos anos seguintes trabalha nos estúdios *Metropolitan* e depois no *San Miguel*, um dos maiores da Argentina, que tinha em seu *cast* estrelas como Libertad Lamarque e Eva Duarte, mais tarde conhecida em todo o mundo como Evita Perón. Trabalha por 12 anos como auxiliar de câmera, câmera e foquista, em filmes como *Todo Un Hombre* (1943) e *Escuela de Campeones* (1950). Quando estava perdendo as esperanças na profissão, como mercado argentino em crise, ele sem receber por seus trabalhos, já casado, no Natal, sem dinheiro, recebe o convite salvador de Mário Pagés para ser seu assistente no Brasil, na Cinematográfica Maristela. Chega no Rio de Janeiro em 13 de janeiro de 1951 e em São Paulo dois dias depois. Como câmera, inicia sua carreira

no Brasil em filmes *Suzana e o Presidente* (1951), *Simão, o Caolho* (1952), *Meu Destino é Pecar* (1952), etc. Em 1953 vai trabalhar na Musa Filmes, fazendo a fotografia de vários documentários e seu primeiro longa *Se a Cidade Contasse*, em 1954. No final dos 1950 já era fotógrafo conceituado em São Paulo, assinando a fotografia de diversos filmes como *Sós e Abandonados* (1954) e *Homens Sem Paz* (1957). No Rio de Janeiro, assina a fotografia de dois filmes de Roberto Farias, *Rico Ri à Toa* (1957) e *No Mundo da Lua* (1958). Entre 1959 e 1963 trabalha na Jota Filmes de John Waterhouse e Jacques Deheinzelins fazendo filmes publicitários. Entre 1966 e 1967 fotografa os 26 episódios da segunda série feita para TV Brasileira, *Águias de Fogo*, produção e direção de Ary Fernandes. Nos anos 1970 e 1980 continua se dedicando ao cinema publicitário, ora em estúdios, ora como *free lance*, período em que fotografa vários curtas como *A Conquista da Qualidade* (1977), *Flávio de Carvalho em Traços e Cores* (1986), *Parentes que Vem pra Jantar* (1997), seu último filme. Morre em 18 de outubro de 1999, aos 84 anos de idade, em São Paulo.

**Filmografia:** 1951- *Dia da Criança* (CM) (dir., fot.); *Parques e Jardins* (CM) (inacabado); 1953- *Inimigo Invisível* (CM); *Luta pela Liberdade* (CM) (dir., fot.); 1954- *Arrozina* (CM); *A Batalha pelo Alumínio* (CM); *A Máquina Valoriza a Terra* (CM); *Se a Cidade Contasse...*; *Sós e Abandonados*; 1955- *Eva do Brasil* (cofot. Edgar Eichhorn); 1957- *Homens sem Paz*; *Rico Ri à Toa*; 1958- *No Mundo da Lua*; 1962- *Investir para Progredir.* (CM) (cofot. J.B.Macedo); 1964- *Sic Transit* (CM); 1966- *Reforma Agrária no Brasil* (CM); 1966/1967- *Águias de Fogo* (cofot. Ângelo Rossi Neto, série cinematográfica em 26 episódios); 1967- *Diversificação Agrícola* (CM) (cofot. Peter Overbeck); 1969- *Águias em Patrulha (4 episódios da série Águias de Fogo)*; 1970- *Sentinelas do Espaço (4 episódios da série Águias de Fogo)*; 1970/1974- *Vozes do Medo* (cofot. Hélio Silva, Geraldo Gabriel, Wanderley Silva, Marcelo Primavera e Peter Overbeck); 1975- *São Paulo – Centro 1841-1977* (CM) (cofot. Concórdio Matarazzo e Sideval L.Jordão); 1976- *Itapeva Florestal* (CM); *Pirelli* (CM); *Ruas Para Pedestres* (CM) (cofot. Sideval Jordão); *Tintas Coral* (CM); 1977- *A Conquista da Qualidade* (CM); 1986- *Flávio de Carvalho em Traços e Cores* (CM); 1989- *O Nascimento de uma Montagem* (CM); 1992- *A Fuga* (CM) (cofot. Alexandre Dias da Silva); 1997- *Parentes que Vem pra Jantar* (CM).

## LANGDON, ALAN

Nasceu na Pensilvânia, EUA, em 23 de fevereiro de 1977. Mora no Brasil desde 1983. Em 1996 dirige e fotografa seu primeiro curta, *Quick*, um vídeo experimental. Entre 1997 e 2000 é coordenador e projecionista em 16mm do Cineclube RISD Film Society nos EUA. Em 1998 á ator principal na peça *Cabaret of Dead Souls*, de Szymon Bojko, nos EUA. Em 2000 forma-se em Belas Artes: Cinema/Animação/Vídeo na Rhode Island School of Design, EUA. Realiza diversas curadorias de mostras de vídeos catarinenses independentes como *7º Catavideo* (2005), *8º Catavideo* (2006), *Cineclube Sopão de Filmes* (2003-2007), etc. Profissionalmente trabalha como montador, animador gráfico e autorador de DVD. Recebe dois prêmios internacionais por seus trabalhos, em 2002 e 2003 pela Annual Telly Awards. Realiza diversas exposições e mostras de arte como *As Pessoas das Árvores* (1996), *FAV Bienal* (1997), *Woods-Gerry Exhibition* (1998), *A Cidade Imaginária* (2004), entre outras. Em 2009 finaliza seu primeiro longametragem, o premiado documentário *Sistema de Animação*. Seus filmes autorais têem caráter documental/experimental, abordando temas pessoais onde executa quase todas as funções técnicas como produção, direção, fotografia, montagem, etc.

**Filmografia:** (diretor e fotógrafo): 1996- *Quick* (CM); *Sleeping City* (CM); *Na Estrada da Vida* (CM); *O Poeta* (CM); 2000- *Esta Casa Nico* (CM); 2001- *Em Busca da Saleira Perdida* (CM); *Viva Cabo Verde* (CM); 2004- *Animus* (CM); *Hey! Tu! Todo Mundo!* (CM); *Providência: Como Fazer um Comercial de Cassacha* (CM); 2005- *O Fim do Mundo – Flashback Society* (CM); 2006- *Cadê Chiva Knevil?* (MM); *O Retrato de Doriana Extra Cremosa com Sal* (CM; Sistema de Animação (dir.) (codir. Guilherme Ledoux), *O Retrato de Doriana Extra Cremosa com Sal* (CM); 2008- *O Ano da Cachorra* (CM); *Sistema de Animação* (dir.) (codir. de Guilherme Ledoux); 2009- *Deslize* (CM) (codir. Bianca Scliar); 2010- *O Ano da Cachorra* (CM).

## LANGEANI, MÁRCIO

Márcio Silva Langeani nasceu em São Paulo, SP, em 11 de maio de 1964. No colégio estuda exatas, quer ser engenheiro, chegando a cursar um semestre de Física na USP, mas abandona tudo para estudar cinema, formando-se em 1987 na Escola de Comunicação e Artes da Universidade de São Paulo (ECA-USP). No mesmo ano faz estágio em montagem com Idê Lacreta no longa *O País dos Tenentes*, direção de João Batista de Andrade. Em 1989 fotografa seus primeiros filmes, os curtas *O Homem Certo* de Antonio Carlos Vilela dos Reis, *Sexo e Caratê*, de Tales Ab'Saber, produzidos pela USP. Participa do programa *Glub Glub* na TV Cultura, filmado durante o ano de 1990 com aproximadamente 23 filminhos de *stop motion* com bonecos e direção de Cao Hamburger. Depois faz uma vinheta para a inauguração da nova antena na Sumaré da TV. Retorna para fotografar em vídeo as maquetes do programa *Castelo Rá-Tim-Bum* com versões de noite de lua cheia, neve, etc. Já decidido pela fotografia, faz assistência de câmera em diversos filmes como *Sábado* (1994), de Ugo Giorgetti, *O Cineasta da Selva* (1997), de Aurélio Michiles, *A Hora Mágica* (1998), de Guilherme de Almeida Prado, *Anésia, um Voo no Tempo* (2000), de Ludmilla Ferola, etc. Funda com sua esposa a Cinepro em 1996, empresa locadora de câmeras de cinema. Atua também como diretor de fotografia em publicidade, realizando dezenas de comerciais para clientes como Khelf, Kibon, Archor (Tortuguitas), Maggi, GM, Renault, M Officer, etc. e videoclipes de astros de nossa música como Jota Quest, Lulu Santos, Angra, Ratos do Porão, Andréa Bocceli, Sandy, etc. Na televisão, faz fotografia adicional para o Projeto Clarice Lispector, uma série de filmes baseados em contos da autora, dirigidos por Roberto Talma para HBO.

**Filmografia:** 1989- *O Homem Certo* (CM); *Sexo e Caratê* (CM); *Quase Tudo* (CM); 1990- *A Idade Sem Razão* (CM); 1991- *História de Crianças* (CM); *Os Urbanóides* (CM); *Vamos Dançar* (CM); 1993- *A Mo Criada* (CM); *Tietê* (CM) (cofot. Lito Mendes da Rocha); 1994- *Expresso* (CM); 1995- *La Lona* (cofot. Felipe Daviña); 1996- *Cine Jornal* (CM); *Isabella in Blue* (CM); 1997- *... E o Craque Marcou* (CM) (cofot. Cláudio Portioli); *Voraz* (CM); 1999- *A Idade do Coração* (CM); *Amassa que Elas Gostam* (CM) (cofot. Jacob Solitrenick); *O Dia de Amanhã* (CM); 2002- *Mutante...* (CM); *Olhos Mortos* (CM); 2004- *O Moleque* (CM); 2005- *6 Tiros, 60 ml* (CM) (cofot. André Sigwalt); *Manual para Atropelar Cachorro* (CM); 2007- *Corpo*.

## LATINI, MÁRIO

Mário Carayadozzi Latini nasceu em Nova Friburgo, RJ, em 1924. Os primeiros aprendizados com cinema acontecem no Departamento de Imprensa e Propaganda (DIP), ao lado do irmão, Anélio. Em 1952, Anélio dirige e Mário fotografa *Sinfonia Amazônica*, o primeiro longa de animação feito no Brasil, em projeto que foi iniciado em 1947, com 500 mil desenhos feitos a mão e concluído somente cinco anos depois. Ao contrário do irmão, que seguiu o caminho da animação, Mário partiu para o cinema comercial, dirigindo em 1958 o policial *Traficantes do Crime*. Faz fotografia somente nos seus próprios filmes. O último filme seu cadastrado é *Na Trilha dos Assassinos*, de 1989 em que dirige em parceria com Agenor Alves.

**Filmografia:** 1951- *Sinfonia Amazônica* (fot.); 1958- *O Vale da Serra* (CM) (dir., fot.); *Traficantes do Crime* (dir.); 1968- *Na Mira do Assassino* (dir.); 1977- *Uma Aventura na Floresta Encantada* (dir.); 1978- *A Dama de Branco* (dir.); 1979- *Um Artesão do Desenho Animado* (CM) (dir., fot.); 1981- *Japu, Um Bravo Guerreiro* (CM) (dir., fot.); 1989- *Na Trilha dos Assassinos* (dir.) (codir. Agenor Alves).

## LAVENÈRE, ANDRÉ

André Lavenère de Menezes Bastos nasceu em Brasília, DF, em 7 de Junho de 1967. Desde 1995 trabalha como *free lance* nas funções de dir.etor de fotografiae operador de câmera em várias produtoras, tais como: Fábrika Filmes, Cara de Cão, GW Comunicação, Asa Cinema e Vídeo, Ema Vídeo, AB Produções, Start filmes, Filme Noise, 34 Filmes, Anhangabau produções, Pá Virada Filmes, Aquarela Produções, Raiz Produções, etc. Fazendo publicidade, clipes musicais, institucionais, documentários, curtas e longas-metragens, vídeos educativos, campanha política, etc (vídeo e película). De 1988 a 1990 é operador de VT na Fundação Bem-Te-Vi, sob a direção de Tânia Quaresma. Em 1990 é laboratorista da Faquine Produções Fotográficas e de 1992 a

1995 dirige a fotografia de uma série de documentários para o programa *Estação Ciência*, produção da Ema Vídeo. Fotografa seu primeiro filme em 2002, o curta *Dez Dias Felizes*, de José Eduardo Belmonte. Logo chega ao seu primeiro longa, *Subterrâneos*, em parceria com André Luiz da Cunha, também de Belmonte e em menos de dez anos de carreira constitui sólida filmografia, em filmes como *A Concepção* (2005), *Meu Mundo em Perigo* (2007), *Se Nada mais Der Certo* (2009), com vários prêmios de fotografia em sua curta carreira como Prêmio ABCV por *Momento Trágico* (2004), Melhor Direção de Fotografia em Belém e Brasília por *O Último Raio de Sol* (2005), Melhor Direção de Fotografiano XI FAM por *Dia de Folga* (2007), Melhor Direção de Fotografia em Brasília e ABC por *A Margem do Lixo* (2008) e Melhor Direção de Fotografia no Cine-PE 2010 por *A Noite por Testemunha*.

**Filmografia:** 2002- *Dez Dias Felizes* (CM); 2003- *Momento Trágico* (CM); *Subterrâneos* (cofot. André Luiz da Cunha); 2004- *O Último Raio de Sol* (CM); *Viva Cassiano!* (MM) (cofot. Leonardo Ferreira e Roger Madruga); 2005- *Comprometendo a Atuação* (CM) (cofot. Joel Sagardia); *O que Eu Faço com este Sentimento* (CM); 2005- *A Concepção* (cofot. André Luiz da Cunha); 2006- *Bem Vigiado* (CM); *Dia de Folga*; 2007- *Entre Cores e Navalhas* (CM); *Eu Personagem* (CM); *Juruna – O Espírito da Floresta* (cofot. Jacques Cheuiche); *Meu Mundo em Perigo*; *Para Pedir. Perdão* (CM); *Pequena Paisagem no meu Jardim* (CM); *Sabor Açaí*; 2008- *A Margem do Lixo* (cofot. Gustavo Hadba); *A Noite por Testemunha* (CM); *Sagrado Segredo*; 2009- *Se Nada mais Der Certo*; *O Homem Mau Dorme Bem*.

## LAZARETTI, WILSON

Wilson Antonio Lazaretti nasceu em Valinhos, SP, em 15 de março de 1953. Antes de trabalhar com animação trabalha na iniciativa privada em empresas como Gessy Lever, Simplex e Serpro. Na TV Cultura de São Paulo, é desenhista auxiliar e em 1978 cursa cinema no Sindicato da Indústria Cinematográfica do Estado de São Paulo e no mesmo ano inicia suas experiências com animação, fazendo sua estreia no curta de 4 minutos *Pronto-Socorro de Valinhos*, em que dirige e fotografa na bitola Super-8. Em 1975 começa o embrião do Núcleo de Animação de Campinas, formalizado em 1980, em parceria com Mauricio Squarisi, núcleo especializado no desenvolvimento de oficinas de cinema de animação, com realização de filmes, com crianças. Em 1979 funda, juntamente com Mauricio Squarisi, o Núcleo de Animação de Campinas, especializado no desenvolvimento de oficinas de cinema de animação, com realização de filmes, com crianças. Nestas oficinas o grupo de crianças é o autor do filme. Desenvolvem a criação, roteiro, grafismo e animação sob orientação dos diretores do Núcleo. Desde 1990 é professor do Instituto de Artes e Departamento de Artes Plásticas da Universidade Estadual de Campinas (Unicamp). Dirige dezenas de filmes de animação, muitos deles premiados em festivais nacionais e internacionais. É membro de júri de Seleção de Curtas-Metragens, Embrafilme, em 1988, Cartão de Natal, Cohab, Campinas, em 1991, Júri Internacional do Festival de Cinema de Animação de Espinho, Portugal, em 1994 e Animaweb, Anima Mundi em 2001. Em 1999 é homenageado no Anima Mundi.

**Filmografia:** 1978- *Pronto-Socorro de Valinhos* (CM) (dir., fot.); 1979- *As Vogais do Português Brasileiro* (CM) (dir., fot.); 1980- *Ensaboa Mulata* (CM) (dir., fot.); 1981- *Cenas Domésticas* (CM) (dir., fot.); *Moda da Pinga* (CM) (dir., fot.); 1982- *Boas Festas* (CM) (dir., fot.); *Vira e Mexe* (CM) (dir., fot.); 1983- *I World Something Now* (CM) (dir., fot.); 1984- *Núcleo de Animação de Campinas* (CM) (dir., fot.); 1985- *Antartica* (CM) (dir., fot.) (codir. e cofot. Maurício Squarisi e Wilson Limongelli Jr.); 1987- *Cidade* (dir., fot.) (cofot. Mauricio Squarisi); 1988- *Animando o Pantanal* (dir., fot.) (codir. e cofot. Maurício Squarisi e crianças pantaneiras de Poconé, MT); *Nossos Conflitos Exteriores* (CM) (dir.); 1991- *Cuikíri* (CM) (dir.); 1992- *Nascidos para Amar* (dir.); *Todos Devemos Amar* (dir.); *Wirandé* (CM) (dir.) (codir. Mauricio Squarisi); 1994- *Aventuras da Família na Lua* (CM) (dir., fot.); *Dona Ambrosia, Doces! ou Frutas?* (CM) (dir., fot.); 1995- *Kamená* (CM) (dir.) (codir. Mauricio Squarisi); *Prontos para Amar* (CM) (dir., fot.); 1996- *Adeste Fideles* (CM) (dir.); *Distrito da Paz* (CM) (dir.); 1997- *Afastem-se Vacas que a Vida é Curta* (CM) (dir.); *Cuidando, Dá Linha* (CM) (dir.); *Navegar é Preciso* (CM) (dir.) (codir. Mauricio Squarisi); 1998- *Os Melhores Amantes Bebem Café (CM)* (dir.); 1999- *Os Melhores Amantes Bebem Café* (CM) (dir.); 2000- *A Gota Borralheira* (CM) (dir.); 2002- *A Mulher Volátil* (CM) (dir., fot.); *Obrigado Dalva* (CM) (dir.); *Quem Sabe* (CM) (dir.); *Um Novo Começo* (CM) (dir.); 2003- *A Família Desperdício* (CM) (dir., fot.) (codir. Mauricio Squarisi); 2004- *BR-365* (CM) (dir., fot.) (codir. e cofot. *Maurício Squarisi*).

## LAZZARINI, PEDRO PABLO

Nasceu em Buenos Aires, Argentina, em 26 de novembro de 1943. Inicia sua carreira junto ao cineasta e diretor de fotografia Juan José Stagnaro. Faz sua estreia em 1970 como seu assistente no longa *Juan Lamaglia y Señora*, direção de Raul de la Torre, vencedor do prêmio Opera Prima do festival de Mar del Plata. Toda sua experiência inicial se faz no cinema publicitário. Seu primeiro filme como diretor de fotografia é *Las dos Culpas de Bettina* (1972), direção de Ignacio Tankel. Em 1972 chega ao Brasil, contratado como diretor de fotografia efetivo pela produtora de comerciais Zodíaco Filmes, sediada no Rio de Janeiro. Em 1978 naturaliza-se brasileiro e assina a fotografia de seu primeiro filme em nossas terras, o documentário curto *A Banda da Pedra de Guaratiba*, direção de José Maria Bezerril. No início dos anos 1980 muda-se para São Paulo e assina a fotografia de seu primeiro longa, o musical-sertanejo *Fuscão Preto* (1983), de Jeremias Moreira Filho. Une-se ao cineasta paulista Ugo Giorgetti, trabalhando em vários de seus filmes como *Jogo Duro* (1985), *O Príncipe* (2002) e *Boleiros 2* (2006). No cinema publicitário, realiza mais de 1500 comerciais, sendo premiado por diversas vezes como a melhor fotografia pelo prêmio *Colunistas*. Desde 2001 é presidente do Sindicato dos Trabalhadores da Indústria Cinematográfica e do Audiovisual do Estado de São Paulo (Sindcine). Lazzarini, além de ser humano espetacular, é profundo conhecedor de seu ofício e transfere parte de seu conhecimento aos jovens, futuros cineastas ou fotógrafos, em oficinas e *workshops* por todo o Brasil, sendo respeitado e querido por toda classe cinematográfica brasileira.

**Filmografia:** 1972- *Las dos Culpas de Bettina* (Argentina); 1978- *A Banda da Pedra de Guaratiba* (CM); 1982- *Fuscão Preto*; 1985- *Jogo Duro*; 2000- *Uma Outra Cidade*; 2002- *O Príncipe*; 2006- *Boleiros 2 – Vencedores e Vencidos* (cofot. Rodolfo Sanchez).

## LEAL, ANTONIO

Nasceu em Viana do Castelo, Portugal, em 1876. Chega ao Brasil no final do século 19 e monta ateliê fotográfico no Rio de Janeiro. Passa a trabalhar como fotógrafo da revista *O Malho*. Com Giuseppe Labanca funda o cinema Palace e inicia suas experiências cinematográficas. Dirige seu primeiro filme em 1905, *Inauguração da Avenida Rio Branco*. Em 1906 dirige e fotografa *Os Estranguladores*, aquele que é considerado o primeiro filme brasileiro de longa-metragem, baseado num crime que abalou a opinião pública carioca. O filme tinha três rolos, hoje seria considerado um longa, mas temos que considerar que na época os filmes tinham no máximo um rolo. Produz dezenas de documentários e filmes de ficção entre 1903 e 1927. Faz a fotografia do filme *Uma Aventura aos 40*, de Silveira Sampaio, mas não vê o filme pronto, pois morre em 1946 aos 70 anos de idade, sendo o filme concluído por F.M.L.Mellinger. Antonio Leal é considerado, oficialmente, o primeiro cinegrafista do cinema paulista. Os registros de seus filmes na base de dados da Cinemateca Brasileira, em sua maioria aparecem os créditos como *operador*, que equivaleria ao cinegrafista ou o fotógrafo de hoje e assim os considerei, mas é provável que ele também tenha dirigido todos esses filmes.

**Filmografia:** 1903-*Inauguração da Avenida Rio Branco* (fot.); *Inauguração da Fonte Ramos Pinto* (fot.); *Primeiros Documentários do Novo Rio de Janeiro* (fot.); *Tomadas da Avenida Central* (fot.); 1906- *Aspectos do Rio de Janeiro* (fot.); *Atividades do Governo Afonso Pena* (fot.); *Dia da Independência* (fot.); 1907-*Baía da Guanabara* (fot.); *Movimento do Rio de Janeiro e do seu Porto* (fot.); *Operação das Marias Xifópagas pelo Dr. Chapot Prevost* (fot.); 1908-*Aspectos da Avenida – o Padre Vendedor de Fósforos* (fot.); *Barroso e Saldanha, Trasladação e Homenagens da Marinha Brasileira* (fot.); *Bombeiros do Rio* (fot.); *Os Capadócios da Cidade Nova* (fot.); *Centenário do Primeiro Regimento de Cavalaria* (fot.); *O Circuito de Itapecerica* (fot.); *Comemoração da Batalha do Riachuelo* (fot.); *Como se Glorifica um Herói – o Centenário de Osório* (fot.); *O Comprador de Ratos* (LM) (fot.); *O Corso de Botafogo* (fot.); *O Corso de Carruagens na Exposição* (fot.); *Corso e Passeata do Colégio Militar* (fot.); *Duelo de Cozinheiras* (fot.); *Elixir da Juventude* (fot.); *Entrada da Esquadra Americana na Baía do Rio de Janeiro* (fot.); *Os Estranguladores* (MM) (dir., fot.); *A Festa Campestre de Famílias Cariocas* (fot.); *Uma Festa Gaúcha no Leme* (fot.); *O Flagrante pelo Cinema* (fot.); *A Força de uma Criança* (fot.); *Os Guaranis* (fot.); *Inauguração da Exposição Nacional* (fot.); *A Mala Sinistra* (fot.); *Match Internacional de Futebol entre Brasileiros e Argentinos* (fot.); *As Modas da Quinzena* (fot.); *Um Rapto no México* (fot.); *Sô Lotero e Siá Ofrásia com seus Produtos na Exposição* (fot.); *As Últimas Regatas* (fot.); 1909- *A Cabana do Pai Tomás* (fot.); *A Viúva Alegre* (fot.); *Amor e..Piche* (fot.); *Aqui Não! Não Pode!* (fot.); *Às Portas do Céu* (fot.); *Aspectos da Capital Paulista* (fot.); *A Batalha de Flores no Parque da República* (fot.); *O Buraco do Rezende* (fot.); *A Carta da Terra* (fot.); *Casamento Apressado* (fot.); *Danças Características Nacionais* (fot.); *Um Cavalheiro Deveras Obsequioso* (fot.); *Um Drama na Tijuca* (fot.); *O Fósforo Eleitoral* (fot.); *João José* (MM) (fot.); *Os Milagres de Santo Antonio* (fot.); *Nas Entranhas do Morro do Castelo* (fot.); *Noivado de Sangue (Tragédia Paulista)* (fot.); *Nono Mandamento* (fot.); *Aspectos da Avenida: O Padre Vendedor de Fósforos* (fot.); *Passaperna & Cia. ou Traz-se a Fazenda e... o Dinheiro* (fot.); *O Professor de Dança Nacional (Uma Lição de Maxixe)* (fot.); *Pega na Chaleira* (fot.); *Pela Vitória dos Clubes Carnavalescos* (fot.); *Ser ou Não Ser... Reconhecido* (fot.); *Sua Excelência na Intimidade* (fot.); *O Telefonema n° 9 (O Caso do Rio)* (fot.); *Zé Bolas e o Famoso Telegrama n° 9* (fot.); 1910- *Mil Adultérios* (LM) (fot.); 1912-*A Vida do Barão do Rio Branco* (fot.); 1915- *A Moreninha* (fot.); *Cana-de-Açucar* (fot.); 1916- *Lucíola* (LM) (fot.); 1917- *Jardins Modernos* (fot.); 1918- *Pátria e Bandeira* (LM) (fot.); 1925-*Nas Selvas do Extremo Norte (Amazonas Desconhecido)* (dir.); 1926- *O Fantasma da Montanha* (LM) (fot.); 1927-*Belezas Brasileiras (Chegada a New York de Liá Torá e Olympio Guilherme)* (fot.); 1947- *Uma Aventura aos Quarenta* (LM) (fot.) (cofot. F.M.L.Mellinger).

## LEITE, DANIEL

Daniel Leite da Silva nasceu no Rio de Janeiro, RJ, em 1978. Em 1998 recebe o 1º Prêmio de Fotografia do Congresso de Comunicação Gama Filho – UGF e em 2000 o Prêmio Intercom pela projeção de *slides* da Produção Cultural audiovisual YOJOE. Em 2000 dirige a fotografia de seu primeiro filme, *A Máquina*, recebendo o 1º Prêmio Concurso Beta Digital e Res Fest. Forma-se em 2001 em Comunicação Social/Publicidade pela Universidade Gama Filho, com especialização em Londres, Portrait Photography, Saint Martin College of Art and Design em 2003 e cinema pela Université Lumière Lyon II, em Paris, França, em 2007. Ainda na França trabalha como fotógrafo de moda e assistente de renomados profissionais locais, além de realizar várias exposições de fotografia fixa como *Portraits du Brésil* e *Médiathèque de Bron*. Pela fotografia do curta *Parafuso* (2001), recebe vários prêmios como 1º Prêmio Concurso Universitário UGF e prêmio Intercom. Em 2006, no Senegal, África, realiza o projeto *Kabadio*, que inclui documentário e exposição fotográfica. Poliglota (português, inglês, francês e espanhol), atualmente participa da oficina de direção de fotografia da TV Globo.

**Filmografia:** 2000- *A Máquina* (CM); 2001- *Parafuso* (CM); *Rally Internacional dos Sertões* (CM); *Travessia Petrópolis x Teresópolis* (dir., fot.); 2003- *Pigeons* (CM); 2006- *Dans les Fers* (CM) (França); *Melissa* (CM); 2009- *O Papel e o Mar* (CM).

## LEITE JR., FRANCISCO SAMPAIO

Francisco de Sampaio Leite Junior nasceu em São Carlos, SP, em 23 de outubro de 1949. Ainda criança muda-se com a família para Marília, interior de São Paulo, onde faz curso de cinema administrado pelo Clube de Cinema de Marília, com o professor Ademar Carvalhaes e inicia seu gosto pelo cinema ao participar de atividades cineclubistas, que incluíam projeções de filmes em 16mm. Já em São Paulo, participa de diversos cursos como *Iluminação para TV e Cinema*, promovido pela Rosco Iluminação da Espanha, *Operador de Câmera*, promovido pela Associação dos Repórteres Fotográficos e Cinematográficos do Estado de São Paulo e *Operação de gravador Nagra*, promovido pela TV Cultura de São Paulo. Em 1969 fotografa seu primeiro filme, o documentário *Aniversário de Catanduva*. Atuante também no cinema publicitário, fotografa diversos comerciais de TV Como Mappin, Gabriel Gonçalves, Caixa Econômica do Estado de São Paulo, Exposição Cliper, Inglês FISK, Vienatone, Ar Aid, Balas Ailiram, Circo Thyany, Circo Vostok, Campanha Guie Sem Ódio Unibanco, Banco Sul Brasileiro, Lojas a Modelar de Manaus, Bebe Gatinhando da Estrela e muitos outros. Nos anos 1970 trabalha como cinegrafista das produtoras Souza Lima e Blimp Filmes, assinando a fotografia de dezenas de documentários, principalmente os envolvendo os grandes incêndios no edifício

Andraws (1972) e Joelma (1974). A partir dos anos 1980, já na TV Cultura, faz a fotografia de diversos documentários captados em película e vídeo e exibidos pela emissora.

**Filmografia:** 1969- *Aniversário de Catanduva* (CM); *Corrida de São Silvestre* (CM) (cofot. Sebastião de Souza Lima); *Descobrindo o Xingu* (CM); *Fundação Pestalozi (Fraternidade à Base da Evolução)* (CM); 1970- *Campeões do Futuro* (MM) (cofot. Sebastião de Souza Lima e Adilson Nucci); *Minhocão (Viaduto Costa e Silva)* (CM) (cofot. Walter Borges); 1971- *Parabéns, Gigantes da Copa* (cofot. João Cerqueira, Sebastião de Souza Lima e Giuseppe Romeo e Walter Borges); *Um Cruzeiro pelos Mares da Bahia* (CM) (cofot. Edgar Mamini); 1972- *Aconteceu em São Paulo (Incêndio no Edifício Andraws)* (CM); *Minha Cidade (Crônica de São Paulo)*; *Procissão dos Navegantes* (CM) (cofot. Sebastião de Souza Lima); 1973- *Águas do Norte* (CM); *Aniversário de São José dos Campos* (CM); *Exposição Aeroespacial de São José dos Campos* (CM); *Fórmula de um Campeão* (MM) (cofot. Walter Carvalho Corrêa e Hermano Penna); *O Grande Encontro* (CM) (cofot. Walter Carvalho e Getúlio Alves); *Metrópoles* (MM); *Moeda e Crédito* (MM); *Piracema (Cachoeira de Emas)* (CM); *Reinauguração do Teatro Guaíra* (CM); *Show de Alice Cooper no Anhembi* (MM) (cofot. Walter Carvalho Corrêa, Helio Silva e Getulio Alves); *Turismo para Milhões* (CM); 1974- *Volta ao Brasil em 60 Minutos* (MM) (cofot. André Dugo, Wilson de Miranda e Francisco L. Ribeiro; 1974- *A Tragédia do Fogo (Incêndio no Edifício Joelma)* (cofot. João Cardoso e Nilton Gresler); 1977- *Pantanal do Mato Grosso* (CM) (cofot. João Cardoso); 1979- *A História da Arte no Brasil* (CM); *Santa Catarina Tradições e Costumes* (MM); *Tecnologia para uma Sociedade em Desenvolvimento* (CM); 1980- *Vigorelli* (CM); *Zeferino Vaz* (MM); 1982- *Lisboa e Seus Arredores* (MM); *O Circo (Primeiro Encontro Brasileiro)* (MM); *Portugal (Imagens de Abril)* (MM); 1983- *Cinema Sampa* (MM); 1984- *Rádio AM (Perfil da Cidade)* (MM); 1985- *Barbosa Lima Sobrinho* (MM); 1989- *IMPE (Geo Física e Geo Magnetismo)* (CM); *IMPE (Satélite)* (CM); *Um Banho de Aventura* (MM); 1990- *Bandeirantes do Século XX* (MM); 1992- *O Outro Lado do Espelho* (MM); 2008- *Empresa Familiar e seus Desafios* (CM).

## LEONE, CLAUDIO

Claudio Luiz Leone nasceu em São Paulo, SP, em 29 de abril de 1954. Formado como técnico de comunicação, desenho, fotografia e história da arte. Diretor de fotografia com longa carreira em cinema e principalmente publicidade, com muitos prêmios nacionais e internacionais em festivais de São Paulo, Rio de Janeiro, Recife, Brasília, Gramado, Cannes e Nova York. Em televisão, dirige a fotografia para especiais, aberturas de novelas e programas, para TV Cultura, Rede Bandeirantes e Globo. Estreia no cinema como diretor de fotografia em filmes de ficção para cinema em 2004, no curta *Dalva*, direção de Caroline Leone.

**Filmografia:** 2004- *Dalva* (CM); 2006- *Histórias do Rio Negro*; *Joyce* (CM); 2007- *Perto de Qualquer Lugar* (CM).

## LERNER, JAIME

Nasceu em São Paulo, SP, em 26 de outubro de 1959. Com 12 anos, morando em Israel, se inscreve num curso de cinema e começa a fazer experiências em Super-8. Forma-se em cinema e TV em Israel, mora um ano em Londres, chegando a participar da equipe da super-produção *LifeForce*, de Tobe Hooper. Em Londres, fotografa o média *Nicole and Adel* e dirige *Young Jon Watchin'Time*. Volta ao o Brasil em 1985, radica-se em Porto Alegre e fotografa *Diário – Capítulo Brasil*, de Davi Perlov. Seu primeiro sucesso como diretor acontece em 1990, em *Mazel Tov*, que dirige em parceria com Flávia Seligman e em 2000 dirige e fotografa seu primeiro longa *Harmonia*. Também leciona na PUC-RS no curso de especialização em Produção Cinematográfica e na Unisinos, no CRAV, além de trabalhar com publicidade e clipes de música. Publica dois livros: *Entre 4 Paredes* e *Grupo de Risco*. É presidente da APTC/ABD-RS em duas ocasiões e participa de suas diretorias em outras três gestões. Foi convidado pela Casa das Culturas do Mundo para o seminário Latino America in Berlin (Berlim 1994). Na televisão, assina a fotografia de diversas séries, documentários e especiais como *O Comprador de Fazendas*) (parte da série *Brava Gente* da Globo), *Faustina* (parte de *Contos de Inverno* da RBSTV), *O Povo do Livro* (parte do *Povo Grande do Sul*, também, pela RBSTV e *Garibaldi* (especial RBSTV). Seus filmes são premiados em vários festivais no Brasil e exterior (Gramado, Brasília, RioCine, Toronto, entre outros).

**Filmografia:** 1984- *Nicole and Adel* (MM) (fot.); *Young Jon Watchin'Time* (CM) (dir.); 1985- *Diário – Capítulo Brasil* (MM) (fot.); 1986- *O Gato* (fot.); 1988- *Casa Albergue* (CM) (dir., fot.); *Creche* (CM) (dir., fot.); 1989- *Platina* (CM, fot.); 1990- *Mazel Tov* (dir., fot.) (codir. *Flávia Seligman*); 1992- *Vista da Janela* (CM) (fot.); 1993- *A Pequena Vida das Pessoas Grandes* (CM) (fot.); *Miragem* (CM) (dir., fot.); 1994- *A Festa* (CM) (dir., fot.); 1995- *Tempo Urbano* (CM) (dir., fot.); 1997- *A Vida do Outro* (CM) (fot.); 1998- *Duelo* (CM) (dir., fot.); 2000- *Harmonia* (dir., fot.); 2003- *A Noite do Senhor Lanari* (CM) (fot.); 2004- *A Feijoada* (CM) (dir., fot.); *Rosinha da Galícia (Reisele)* (CM) (fot.); 2005- *Passagem (CM) (dir., fot.)*; 2006- *Porto Alegre – Meu Canto do Mundo* (dir., fot.) (codir. Cícero Aragon); 2008- *Subsolo* (CM) (dir., fot.); 2010- *Referendo* (LM) (dir., fot.); 2010 - *Caxias – Inovação e Tradição de um Povo* (LM) (fot.).

## LERRER, SÉRGIO

Sérgio Daniel Lerrer nasceu em Porto Alegre, RS, em 28 de junho de 1958. Começa a se interessar por cinema antes mesmo de entrar na faculdade. No científico, ao se envolver com o grêmio estudantil do Colégio Júlio de Castilhos, como coordenador da parte de promoções culturais. Forma, dentro do colégio, um tipo de cineclube, o promover projeções de filmes e palestras para os alunos da escola. Estuda jornalismo e faz cursos complementares de História e Linguagem de Cinema. Em 1976, No último ano do científico, através de um anúncio de jornal, começa a frequentar o Clube de Cultura de Porto Alegre e participa da criação do Grupo de Cinema Humberto Mauro, atividade cineclubista que exibe filmes nacionais e produz curtas em Super-8. O grupo tinha inicialmente entre 30 e 40 pessoas, mas ao final ficam apenas seis pessoas realmente interessadas em seguir a carreira cinematográfica, além de Lerrer, Rosângela Meletti, Alberto Groisman, Nelson Nadotti, Jacqueline Vallandro e Manoel Antonio Costa Jr. O grupo passa a exibir filmes brasileiros, utilizando basicamente o antigo depósito da Difilm. O primeiro filme do grupo, produzido em Super-8, é um documentário feito na Vila Restinga, mostrando a realização de uma sopa comunitária para as crianças da Restinga Velha. É exatamente nessa bitola que dirige seu primeiro curta, *Km Zero*, em 1976, em parceria com Alberto Groisman, premiado no 1º Festival de Super-8 de Gramado. O grupo funda a produtora Sequência e passam a produzir curtas em grande quantidade, em que Lerrer, produz, dirige ou fotografa. Em 1984 é produtor executivo dos três filmes gaúchos mais importantes da década, *Verdes Anos*, de Carlos Gerbase de Giba Assis Brasil, *Me Beija*, de Werner Schünemann e *Aqueles Dois*, de Sérgio Amon. Dirige apenas um longa, *Quero Ser Feliz* (1986), filme sobre a juventude de Porto Alegre nos anos 1980. No final dos anos 1980, muda-se para São Paulo, quando passa a dedicar-se ao cinema publicitário. Em 2000 retorna e inova com o longa *De Cara Limpa*, primeiro filme brasileiro de dramaturgia feito em câmeras digitais, com posterior transfer para a bitola 35mm. Sérgio Lerrer resolve dispensar a ajuda das leis de incentivo ao cinema e, para economizar na produção, escala no elenco sua própria filha e alguns nomes conhecidos da TV brasileira, como o apresentador Marcos Mion.

**Filmografia:** 1976- *Km Zero* (dir.) (codir. Alberto Groisman); 1977- *Nas Ruas* (CM) (fot.);*O Fim do Filme* (CM) (fot.); *Inventário de Sombras* (CM) (fot.); *Tá na Mesa* (CM) (dir.) (inacabado); *Vida Filme* (CM) (fot.); *Putzgirl* (CM) (fot.); *Câncer* (CM) (fot.); *Agá* (CM) (fot.); *História: A Música de Nelson Coelho Castro* (CM) (fot.); 1978- *Sob Pressão* (CM) (dir.); 1979- *Ana* (CM) (fot.); *Titulação* (CM) (fot.); 1981- *Deu Pra Ti, Anos 70* (fot.) (cofot. Nelson Nadotti); 1986- *Quero Ser Feliz* (dir.); 2000- *De Cara Limpa* (dir.).

## LESAGE, CHRISTIAN

Nasce no Rio de Janeiro, RJ, em 8 de março de 1955. Filho do produtor, diretor e fotógrafo francês Romain Lesage, acompanha o pai nos estúdios Cinecastro (RJ) e Ciclo Filmes (SP), chegando inclusive a fazer pontas em comerciais e no longa *Pluft, o Fantasminha*, como dublê do fantasma. Aos 16 anos conclui curso de fotografia no Senac e começa a trabalhar como repórter fotográfico em jornais e revistas do bairro. Em seguida, vai auxiliar o pai em São Paulo na produção de documentários institucionais. Fotografa seu primeiro filme em 1975, o curta institucional *Água Gandu*, direção de Romain. Com o pai, produz aproximadamente

30 documentários, principalmente sobre engenharia, (grandes barragens, como Tucurui, Itaipu, Salto Santiago, Balbina, minerações como Serra Pelada e Serra dos Carajás, Metrô de São Paulo, Interceptor Oceânico de Santos, Aeroporto Internacional de Manaus), entre os anos de 1976 e 1983, para clientes como Camargo Correa, Eletronorte, CNEC, etc. A partir daí, passa a trabalhar em publicidade em Porto Alegre, cidade que adota, onde se casa e tem seu primeiro filho. Assistente de direção em *P.S. – Post-Scriptum* (1981), de Romain Lesage, assistente de fotografia em *Me Beija* (1984), de Werner Schünemann e assistente de câmera em *Aqueles Dois* (1985), Sérgio Amon. Em 1984 assina a fotografia do seu primeiro longa, *Verdes Anos*, de Carlos Gerbase e Giba Assis Brasil. Em 1986, depois de muita publicidade e vários curtas e mais um longa, *Super Colosso* (1996), volta a São Paulo, onde trabalha em publicidade até os dias de hoje. Fotografa os videoclipes *10 por 100* (1993), com Paulo Ricardo, *Aziz Amazônica* (2004), com Mundo Livre S/A e *Tempo* (2009) com Diego Poças.

**Filmografia:** 1975- *Água Gandu* (CM) (cofot. Alberto Attili e Pio Zamuner); 1976- *Urubupungá* (CM) (cofot. Roberto Buzzini e Alberto Attili); 1984- *Temporal* (CM)*; Verdes Anos;* 1986- *O Dia em que Dorival Encarou a Guarda* (CM)*; O Hemisfério de Sombra* (CM)*;* 1987- *O Mentiroso;* 1989- *Memória* (CM)*;* 1996- *Super Colosso;* 1997- *Delivery* (CM); 2000- *O Branco* (CM); 2001- *Do Amor* (CM) (cofot. Lula Maluf).

## LESAGE, ROMAIN

Jean Romain Lesage nasceu em Lyon, França, em 22 de dezembro de 1924. Nos anos 1940 estuda cinema com René Clement e Alain Resnais e depois integra a primeira turma do IDHEC. Ator em *Les Cadets de L'ocean* (1946), de Jean Dreville e *Lumière d'Été* (1947), de Jean Gremilton. Em seguida torna-se repórter internacional de *France Dimanche*, em 1948, ano em que aporta no Rio de Janeiro para fixar residência. Em 1951 dirige seu primeiro longa, *A Beleza do Diabo*. Nos anos 1960 funda sua própria companhia a Romain Lesage Produções Cinematográficas e produz dezenas de documentários institucionais, tendo seu filho, Christian Lesage, como diretor de fotografia. Também foi sócio da Cinecastro no Rio de Janeiro, uma das primeiras produtoras de comerciais do Brasil. Morre em 15 de janeiro de 1996, em São Paulo, aos 71 anos de idade.

**Filmografia:** 1951- *A Beleza do Diabo* (dir., fot.); 1953- *Bumba-Meu-Boi* (CM) (dir., fot.)*;* 1964- *A.B.C.D.* (CM) (dir.)*; Sic Transit* (CM) (dir.)*;* 1965- *Pluft, o Fantasminha* (dir.); 1971- *Médio São Francisco* (CM) (dir.); 1975- *Água Gandu* (CM); 1980- *P.S.: Post Scriptum* (dir.)*;* 1988- *Mão Branca* (CM) (dir.).

## LIMA, DELLANI

Nasceu em Campina Grande, PB, MG, em 1975. Cineasta, músico e produtor, forma-se em cinema na Universidade Federal Fluminense (UFF), mas é radicado em Belo Horizonte. Seu primeiro filme é *Casulo*, em 2000. Curador e jurado de projetos no Brasil: Mostra Vídeo do Itaú Cultural, Indie - Mostra de Cinema Mundial, Mostra do Filme Livre e III DOCTV (MG). Nos últimos dez anos, atua em cinco projetos de intervenção musical, *Madame Rrose Sélavy*, *Em Dias de Surto*, *r3c3ptador*, *Splishjam* e *E Disse que Era Economista'*.

**Filmografia:** 2000- *Casulo* (CM); 2001- *Alvorecer* (CM)*; Entremeio* (CM)*;* 2002- *Spencer, Ontem, Hoje e Sempre* (CM)*; Tudo que não é C[r]io é F[r]iccção* (CM); 2003- *Plano Sequência para os Amigos* (CM)*; Sobre o Amor em Tempos Difíceis* (dir., fot.) (cofot. Rodrigo Lacerda Jr.)*; Tesouro do Samba* (CM); 2004- *Canção de Amor* (CM)*; Cinediário* (CM); 2006- *O Céu Está Azul com Nuvens Vermelhas* (dir., fot.) (cofot. Tarley Mccartiney e Gabras)*; Quando Morri na Baia da Guanabara* (CM)*; Quando Navega no Mar sempre Encontra um Lugar* (CM)*;* 2007- *Inquietude* (CM)*; O Amor e o Desejo podem ter Excesso* (CM)*; Sonho segue sua Boca* (dir., fot.) (cofot. Gabras, Ilan Waisberg, Sérgio Ribeiro e Tarley Mccartiney); 2009- *El Dia Que Me Quieras* (CM) (dir., fot.) (codir. e cofot. Ana Moravi).

## LIMA, WALDEMAR

Nasceu em Aracaju, SE, em 1934. O cinema entra em sua vida como mero espectador. Ainda em sua cidade torna-se sócio do Cine Clube Aracaju. Muda-se para a Bahia, onde trabalha inicialmente como fotógrafo de jornal. Participa ativamente do movimento baiano de cinema ocorrido no final dos anos 1950. Estreia como fotógrafo em 1956 no curta *Um Dia na Rampa*, em parceria com Marinaldo da Costa Nunes. Depois é assistente de Glauber Rocha nos curtas *A Cruz da Praça* (1958) e *Pátio* (1959). Já morando no Rio de Janeiro, é diretor de fotografia no clássico *Deus e o Diabo na Terra do Sol* (1964), estreia na direção em 1965 no filme *Society em Baby Doll*. A partir de 1966 em São Paulo, dá continuidade de sua carreira de fotógrafo em filmes como *Bebel, Garota Propaganda* e *Anuska, Manequim e Mulher*, ambos de 1968. Nos anos 1970, à frente de sua empresa, a Jota Filmes, produz centenas de comerciais. Também foi sócio da Publifilms e da Publivideo, através do qual ministra curso itinerante de fotografia, com ensinamentos teóricos, práticos e artísticos para centenas de alunos, por todo o Brasil, como na Fundação Nacional da Arte (Funarte), Estúdio Fátima Toledo, Espaço Cultural Planeta Tela, UNITRI, MIS-Campinas-SP, etc.

**Filmografia:** 1956/60- *Um Dia na Rampa* (CM) (cofot. Marinaldo da Costa Nunes); 1958- *Cruz na Praça* (CM); 1962- *Festival de Arraias* (CM); 1964- *O Tropeiro; Deus e o Diabo na Terra do Sol;* 1965- *Society em Baby-Doll* (dir., fot.) (codir. Luiz Carlos Maciel); 2000: *Cidade Aberta* (Brasil/EUA); 1968- *Bebel, Garota Propaganda; As Libertinas; As Aventuras de Chico Valente; Anuska, Manequim e Mulher;* 1969- *As Armas;* 1970- *Anhembi Sinal Verde* (CM) (fot.) (cofot. Roberto Buzzini, Alberto Attili e Jacques Deheinzelin).

## LOMBARDI, GUGLIELMO

Irmão dos fotógrafos Ugo e Rodolfo Lombardi, conhecido carinhosamente no meio cinematográfico como Memmo Lombardi ou Guilherme Lombardi. Na Itália trabalha como assistente de câmera, sendo que seu primeiro filme é dirigido por Roberto Rosselini, *L'Uomo Dalla Croce*. Chega ao Brasil no final dos anos 1950, apoiado pelo irmão Ugo. Seu primeiro filme no Brasil é *Bahia de Todos os Santos* (1961), de Trigueirinho Neto, a partir do qual constitui sólida carreira de fotógrafo no cinema paulista, até 1981, incluindo-se também documentários institucionais, além de ter sido um dos fotógrafos da série *Vigilante Rodoviário*, realizada em película 35mm. Seu último filme brasileiro como fotógrafo data de 1981. Aposentado, retorna à Itália, por lá falecendo.

**Filmografia:** 1943- *L'Uomo Dalla Croce* (Itália); 1946- *Aquila Nera* (Itália) (cofot. *Rodolfo Lombardi);* 1950- *Il Leone di Amalfi* (Itália) (cofot. Rodolfo Lombardi); 1954- *L'Amante di Paride* (Itália) (cofot. John Allen, Desmond Dickinson e Fernando Risi); 1961- *Bahia de Todos os Santos; Bruma Seca;* 1962- *O Vigilante Rodoviário* (série brasileira em 38 episódios) (co-fot. Osvaldo Oliveira e Ary Fernandes); 1963- *O Cabeleira;* 1964- *O Jovem na Força Aérea Brasileira* (CM)*; O Vigilante e os Cinco Valentes* (4 episódios da série Vigilante Rodoviário) (cofot. Osvaldo Oliveira e Ary Fernandes)*; O Vigilante contra o Crime* (4 episódios da série *Vigilante Rodoviário*) (cofot. Osvaldo Oliveira e Ary Fernandes)*; Seara Vermelha;* 1965- *O Mistério do Taurus 38* (4 episódios da série *Vigilante Rodoviário*) (cofot. Osvaldo Oliveira e Ary Fernandes)*; Morte por 500 Milhões* (cofot. por João Bourdain de Macedo, João Cerqueira, Ângelo Cipelli, Isolino Teixeira, Rivair Marques Jordão, Nestor Marques e Pedro Carlos Toloni); 1967- *Os Incríveis neste Mundo Louco* (cofot. João Bordain de Macedo); 1969- *O Agente da Lei* (4 episódios da série *Vigilante Rodoviário*) (cofot. Osvaldo Oliveira e Ary Fernandes)*; Golias contra o Homem das Bolinhas; Sou Louca por Você;* 1970- *Balada dos Infiéis* (cofot. Vitalino Muratori)*; Não Aperta Aparício;* 1970- *Dois Mil Anos de Confusão; Marcado para o Perigo* (4 episódios da série Vigilante Rodoviário) (cofot. Osvaldo Oliveira e Ary Fernandes); 1972- *A Herdeira Rebelde; A Marca da Ferradura; Desafio a Aventura; Duas Lágrimas de Nossa Senhora Aparecida; Os Três Justiceiros; Paixão de um Homem; Pânico no Império do Crime* (4 episódios da série *Vigilante Rodoviário*) (cofot. Osvaldo Oliveira e Ary Fernandes); 1975- *Fracasso de um Homem nas Duas Noites de Núpcias* (cofot. Edward Freund); 1978- *O Dia da Independência* (CM)*; Os Cangaceiros do Vale da Morte;* 1979- *Bico de Pena* (CM)*; Tradições* (CM); 1981- *A Filha de Iemanjá; Conflito em San Diego.*

## LOMBARDI, UGO

Nasceu em Roma, Itália, em 19 de julho de 1911. É irmão dos fotógrafos Guglielmo e Rodolfo Lombardi. Inicia sua carreira em 1930, como assistente de câmera nos primeiros filmes italianos sonoros, nos estúdios da Cines. Em 1936 estreia como fotógrafo no filme *Joel Il Rosso*. Depois de regular carreira na Itália, chega ao Brasil em 1948, como fotógrafo do filme *O Guarany*, de Ricardo Freda, em coprodução Itália/Brasil, com quase todas as filmagens sendo feitas no Brasil e por aqui resolve ficar. Seu primeiro filme por aqui é *Caçula do Barulho*, em 1949. Estreia na direção em 1951 no filme *Hóspede de uma Noite* e em 1952 é contratado pela Vera Cruz e muda-se para São Paulo, por aqui se estabelecendo. O último filme cadastrado em seu nome é *A Desforra*, de 1965. Bruna Lombardi, a atriz, declarou, poucos meses antes da morte do pai: *Meu pai tem três características: é um cara muito intelectual, racional e culto. Leu muito. O escritório dele é uma enciclopédia. Por outro lado, é um aventureiro. Se você falar: Vamos para o Taiti, ele é capaz de ir agora. E também é um inventor. Adora inventar. Tem uma aptidão técnica, mecânica excepcional, aliada a uma grande criatividade. Poderia perfeitamente ter nascido na Renascença....* Morre em São Paulo, Brasil, em 6 de julho de 2002, 13 dias antes de completar 91 anos.

**Filmografia:** Itália: 1936- *Joel Il Rosso;* 1938- *Pietro Micca; Unsere Kleine Frau* (Itália/Alemanha) (cofot. Carlo Montuori); *Il Suo Destino; Mia Moglie si Diverte* (Itália/Alemanha) (cofot. Carlo Montuori); 1939- *Terra di Nessuno* (cofot. Fernando Risi e Augusto Tiezzi); *La Grande Luce; Equatore; Piccolo Hotel; Montevergine; Lo Vedi Como Sei.Lo Vedi Come Sei?;* 1940- *Validità Giorni Dieci; La Danza Dei Milioni; Il Capitano Degli Ussari;* 1941- *La Forza Bruta* (cofot. *Rodolfo Lombardi e Arturo Gallea); Notte di Fortuna; I Mariti; Luna di Miele; L'Amore Canta (co-fot.. Carlo Montuori e Giovanni Vitrotti);* 1942- *Margherita Fra i Ter; La Principessa Del Sogno; La Guardia Del Corpo;* 1943- *Mater Dolorosa; Due Cuori Fra Le Belve* (cofot. Guido Serra); *La Vispa Teresa* (cofot. Charles Suin); *Il Fidanzato di Mia Moglie;* 1944- *La Prigione; Gran Premio* (cofot. Giovanni Pucci); 1946- *Nono Mandamento: Não Desejar (Desiderio)* (cofot. Rodolfo Lombardi); *O Águia Negra (Aquila Nera);* 1948- *Maria de los Reyes (*Espanha); 1948- *L'Urlo* (Itália/Espanha) (cofot. Carlos Pahissa) *O Guarani (Guarany)* (Itália/ Brasil); Brasil: 1949- *Caçula do Barulho;* 1950- *Somos Dois;* 1951- *Hóspede de uma Noite* (dir., fot.); 1952- *Areão (La Priggione di Sabbia)* (Brasil/Itália); 1953- *Esquina da Ilusão; Uma Pulga na Balança; El Curioso Impertinente (Espanha);* 1954- *É Proibido Beijar* (dir., fot.); 1958- *Rebelião em Vila Rica;* 1959- *Maria 38* (cofot. Konstantin Tkaczenko, Amledo Daissé e Afonso Viana); *O Preço da Vitória;* 1960- *Dona Violante Miranda; Samba em Brasília;* 1961- *Teus Olhos Castanhos; Três Colegas de Batina; Virou Bagunça;* 1963- *Um Morto ao Telefone;* 1965- *A Desforra.*

## LOPES, JOÃO

Juan Martinez Martins Lopez nasceu em Almeria, Espanha, em 1910. No final dos anos 1920 estuda cinema em Hollywood. Muda-se para São Paulo no inicio dos anos 1930 e vai trabalhar na Rádio Record. Passa a cantar tangos nas rádios Cajuti e Mayrink Veiga. Em 1952 dirige seu primeiro filme *O Tigre*. Entre os anos 1950 e 1960 dirige os cinejornais *Notícias de Última Hora* e *Fatos Diários em Foco*. Foi casado com a atriz Landa Lopes. Morre em 1975, aos 65 anos de idade.

**Filmografia:** 1952- *O Tigre* (dir.); 1956- *Paixão de Bruto* (dir., fot.) (cofot. Elio Cocheo); 1963- *Rapsódia do Brasil* (CM) (dir., fot.).

## LOPES, JOEL

Joel Alves Lopes nasceu em Canoas, RS, em 23 de março de 1957. Cursa técnico em Administração de Empresas. É diretor de fotografia com larga experiência no mercado publicitário, com um histórico de mais de mil filmes publicitários realizados renomadas empresas brasileiras como Banco do Brasil, Bradesco, Itaú, Brahma, Carrefour, Fiat, etc. Tem experiência internacional também, realizando trabalhos publicitários em diversos países como Argentina, Espanha, EUA, Inglaterra, Itália, etc. Como fotógrafo de *still*, assina diversas campanhas, entre elas a Tess Celular e Topper. É responsável pela fotografia de diversos videoclipes para artistas renomados como Arnaldo Antunes, Chico César, entre outros. Dirige e fotografa as campanhas políticas de Miguel Arraes, Humberto Costa, Eduardo Campos, Márcio Lacerda, etc. No cinema, é assistente do diretor de fotografia Kimihiko Kato no filme *O Homem do Pau Brasil* (1981), de Joaquim Pedro de Andrade. Joel Lopes possui arquivo de mais duas mil fotos que registram a cultura e arte do povo brasileiro. Ao longo de sua carreira, recebe muitos prêmios em publicidade como Leão de Bronze em Cannes, em 1989/1991/1994, etc, sendo que, especificamente em cinema, pela fotografia dos curtas *Três Moedas na Fonte* (1988) e *Wholes* (1991).

**Filmografia:** 1983- *Estranhos Prazeres de Uma Mulher Casada;* 1988- *Três Moedas na Fonte* (CM); 1991- *Wholes* (CM); 1993- *Superagui: Um Paraíso Ecológico* (CM); 1995- *A Cruz* (episódio do longa *Felicidade É); Sonho* (CM) (episódio do longa *Felicidade É);* 1997- *Os Três Zuretas (Reunião de Demônios)* (cofot. Aloysio Raulino); 2000- *Coda* (CM); 2005- *Quart4B* (cofot. Paulo de Tarso).

## LOPEZ, RODOLFO ANCONA

Nasceu em São Paulo, SP, em 9 de junho de 1962. Conhecido no meio cinematográfico como Ruda, forma-se em Comunicação Social pela Fundação Armando Álvares Penteado (FAAP), em 1983. Particularmente interessado em fotografia, realiza vários cursos de especialização como Curso Básico de Ampliação e Processamento, em 1985 pela Kodak, O Tratamento das Cores na Fotografia Cinematográfica, *workshop* com o fotógrafo norte-americano John Bailey, em L'Aquilla, Itália, entre muitos outros. De 1980 a 1986 trabalha como fotógrafo laboratorista autônomo, prestando serviços para diversas agências de publicidade. Em 1982 dirige seu primeiro filme, o curta *Game Over*, rodado em Super-8, ainda na FAAP, em parceria com Luciano Zuffo. Em 1988 monta seu próprio estúdio, o Ruda Fotografia, realizando serviços para agências de propaganda, com ênfase na área de hotelaria e turismo. Diretor de Fotografia de filmes publicitários desde 1987, contabilizando mais de 200 comerciais em seu currículo. A partir de 1993 inicia sua carreira acadêmica como professor de fotografia cinematográfica na Faculdade de Comunicação da FAAP. Assina a fotografia de diversos filmes, todos curtas quase sempre premiados como *Os Calangos do Boiaçu* (1992), de Ricardo Dias e *Alma Açoriana* (2001), de Penna Filho. É assessor técnico da Cooperativa Cinematográfica italiana *La Lanterna Magica*, entre 1986 e 1987. Com sede na cidade italiana L'Aquila, esta Cooperativa é responsável pela organização e promoção de cursos técnicos e festivais cinematográficos, assim como pela tutela de um Centro de Pesquisas e produções chamado *Instituto Cinematografico Dell'Aquila*. Em 1998 é organizador e instrutor do *workshop* de Fotografia Cinematográfica realizado em dezembro de 1998 durante o 1° Festival Ibero Americano de Estudantes de Cinema promovido pelo MIS-SP, FAAP e Kodak. Participa da exposição *Ancona/Solsona/Zuffo*, mostra coletiva de três fotógrafos realizada no Cinearte, em São Paulo, em 1986 e a mostra individual de dez fotocolagens em preto e branco inspiradas em cenários da capital paulista, em Barcelona, Espanha, em 2005.

**Filmografia:** 1982- *Game Over* (CM) (dir.) (codir. Luciano Zuffo); 1983- *No Vai da Vázea* (CM) (dir.); 1985- *Momentos de Mar* (dir.); 1987- *Vozes* (CM); 1989- *Cruzeiros Costas* (CM) (dir., fot.); 1992- *Squich!* (CM); *Tempo* (CM); *Os Calangos do Boiaçu* (CM); 1993- *Jardim da Luz* (CM); 1994- *Alva Paixão* (CM); 1995- *Naturezas Mortas* (CM); 1996- *Ponte Hercílio Luz: Patrimônio da Humanidade* (CM); *Victor Meirelles – Quadros da História* (CM); 1997- *Cobrindo o Céu de Sombras* (CM); 1998- *Bruxa Viva* (CM); 2000- *A Caravela* (CM) (dir., fot.); *Os Irmãos Willians* (CM); 2001- *Alma Açoriana* (CM); 2004- *Brasil, Uma Novela Mexicana* (CM); *O Número* (CM); *Sexo Zero* (CM) (cofot. Newton Leitão, Thiago Dottori e Isabel Ribeiro); 2005- *Pugile* (CM).

## LORENZO, PETER

Nasceu em Centenário do Sul, PR, em 21 de fevereiro de 1958. Em Londrina, inicia sua caminhada no cinema, acompanhando a produção dos filmes do pai, José Lorenzo. A partir de 1976 em Curitiba, forma-se em Comunicação Visual pela UFPR. Integra o grupo de cinema *Primeiro Plano* e inicia atividades cineclubísticas, realizando experiências na bitola Super-8. Assim, em 1979 surge seu primeiro filme *Sempre Engraxando*. Seu segundo filme, *A luminosa Espera do Apocalypse*, foi realizado no mesmo ano e muito premiado em diversos festivais e mostras Super-8. A partir de então, muito requisitado, torna-se um dos principais fotógrafos da nova geração de cineastas paranaenses. Em 1992 recebe o prêmio de melhor fotografia em Gramado pelo curta *Desterro*, de Eduardo Paredes. Mestrando e professor de cinema e vídeo na Unisul, em Florianópolis, é dos mais respeitados profissionais de cinema do Paraná.

**Filmografia:** 1979- *Sempre Engraxando* (CM) (dir.); *Aluminosa Espera do Apocalypse* (CM) (dir., fot.) (codir. e cofot. Fernando Severo e Rui Vezzaro); 1980- *A Cor do Gravo por entre Cinzas* (CM) (dir.); 1983- *Noturno* (CM); *O Foguete Zé Carneiro* (CM); 1984- *Londrina* (CM); 1987- *O Mundo Perdido de Kozák* (CM); 1992- *Desterro* (CM); 1994- *Vítimas da Vitória* (CM). 1998- *Rosinha, Minha Sereia* (CM); 2000- *Uma Luta de Todos*.

## LUBISCO, NORBERTO

Nasceu em Porto Alegre, RS, em 1947. Fotógrafo gaúcho de grande expressão no cinema de Porto Alegre. Ex-estudante de física, adolescente integra o Centro de Estudos Cinematográficos (CECIN) de Porto Alegre. Inicia sua carreira em 1965, aos 18 anos, como fotógrafo do filme *A Última Estrela*. Em 1967 fotografa o curta *A Conquista do Espaço*, de Luiz Maciorowski, em que um homem tenta montar uma cadeira preguiçosa no canteiro central da Avenida Farrapos. Sobre o filme, dizia Lubisco: *Era uma reflexão simbólica sobre o estado de coisas da época*. É assistente de fotografia de Antonio Carlos Textor no inacabado *O Marginal*, de Alpheu Ney Godinho, em 1968. Em 1981 assina a fotografia do curta *No Amor*, de Nelson Nadotti, que, segundo Tuio Becker, em matéria publicada no jornal *Zero Hora* de 4 de setembro de 1993, diz *(...) marca a ascensão do cinema gaúcho, de um período em que a chamada bitola nanica do Super-8 domina a produção local, para o florescimento de um ciclo de longas-metragens, semelhante ao que marcou a primeira metade dos anos 1970. Lubisco ilumina com fortes contrastes de preto e branco esse pequeno filme que, de um certo modo, se coloca como o manifesto de maioridade de toda uma equipe egressa do Super-8. As sóbrias imagens de Lubisco dão um equilíbrio clássico a irreverência da narrativa*. Por três vezes recebe o prêmio de melhor fotografia em Gramado, respectivamente por *Urbano* (1983), de Antonio Carlos Textor, *Madame Cartô* (1985), de Nelson Nadotti e *Carrossel* (1985), novamente de Textor. Em 1990 dirige a fotografia de seu único longa, *Nostalgia*, de Sérgio Silva e Tuio Becker. Seu último filme o curta *Presságio*, de Renato Falcão, lhe rende um prêmio póstumo em Gramado. *(...) Um dos mais estimados e experientes fotógrafos, Norberto Lubisco alia, em sua trajetória, profundo conhecimento de cinema como cultura e como técnica. Desta fusão resulta um artista extremamente original que é o primeiro dos Pintores da Luz de sua geração no cinema do Rio Grande do Sul (...)* – parte do texto extraído do site *Cine Revista*, na internet. Morre em Porto Alegre, em 2 de agosto de 1993, aos 46 anos de idade.

**Filmografia:** 1965- *A Última Estrela* (CM); 1966- *O Gesto Essencial* (CM); *O Marginal* (CM) (cofot. Antonio Oliveira); 1967- *A Conquista do Espaço* (CM); *Bom Dia, Você Está Mudando* (CM); 1968- *Os Bondes* (CM); 1969- *Hoje, o Susto Eletrônico* (CM); *O Mosca* (CM); 1973- *A Cidade e o Tempo* (CM); 1974- *A Colonização Alemã no Rio Grande do Sul* (CM) (cofot. Marcel Gautier); *A Senhora do Rio* (CM); 1975- *As Colônias Italianas no Rio Grande do Sul* (CM); 1982- *No Amor* (CM); 1983- *Interlúdio* (CM) (cofot. Sérgio Amon); *Urbano* (CM); 1984- *Grafite* (CM); 1985- *Ano Novo, Vida Nova* (CM); *Carrossel* (CM); *Madame Cartô* (CM) (cofot. Hélio Alvarez); 1988- *Crônica de um Rio* (CM); 1989- *Um Distante Tempo de Amar* (CM); 1990- *Nostalgia (Heimweh)*; 1990- *Festa de Casamento*; 1992- *Amigo Lupi* (CM); *As Flores do Mal* (CM); 1993/1998- *Presságio* (CM); *O Zeppelin Passou por Aqui* (CM).

## LUCINI, LYONEL

Ignácio Lyonel Lucini nasceu em Tamangueyú, Patagônia, em 8 de outubro de 1939. Cineasta, cineclubista e professor. Forma-se em Belas Artes/Cinema pela Universidade de Buenos Aires. Em 1963 muda-se para o Brasil, inicialmente no Rio de Janeiro e, a partir de 1967 em Brasília, cidade pela qual era apaixonado, por causa da sua concepção estética e humanista. Seu primeiro emprego no Brasil é o de professor do antigo Instituto de Artes da Universidade de Brasília – UnB, mas é expulso alguns anos depois pela ditadura militar. Dirige seu primeiro filme em 1968, o documentário

*Pirenópolis, o Divino, as Máscaras*. Faz poucos filmes, atuando mais como professor e fomentador cultural do Festival de Cinema de Brasília, a Associação Brasileira de Documentaristas (ABD) e a Associação Brasileira de Cinema e Vídeo (ABCV). Dedica-se a projetos como Cinema na Praça, em Santa Maria, Recanto das Emas e Gama. Preside a Associação Brasileira de Documentaristas e dedica especial carinho à revitalização do cineclubismo no País, através do Centro de Estudos Cineclubistas de Brasília-CECIBRA, do qual é um dos fundadores. Em dezembro de 2004, participa ativamente do I Encontro Ibero-americano de Cineclubes em Rio Claro e da XXV Jornada Nacional de Cineclubes onde é um dos homenageados. Nos últimos anos buscava apoio para a realização de seu grande sonho, o longa-metragem *Berocan*, ou *Água Grande* sobre temas indígenas com locação no Rio Araguaia, e cujo roteiro fora premiado pela Embrafilme nos anos 1990. Grande incentivador e colaborador na formação de vários artistas e cineastas da nova geração, morre em Brasília, DF, em 30 de março de 2005, aos 64 anos de idade. Sobre cinema, costumava dizer: *Não faço cinema como quem produz linguiça. Dispenso a temática do tédio burguês ou os populares filmes-piada. Cinema é uma arte especial, na qual busco uma reflexão profunda*.

**Filmografia:** 1968- *Pirenópolis, o Divino e as Máscaras* (CM) (dir.); 1970- *Açorianos e o Divino* (CM) (dir.); *As Folias que Faltavam* (CM); 1971- *O Santo Protetor* (CM) (dir., fot.); 1974- *Caminho Aberto* (CM) (dir., fot.); 1979- *Taim* (CM) (dir., fot.); 1984- *Antártida* (MM) (dir.); 1986- *Carnaval, Pela Força do Amor e do Carinho* (CM) (dir.); 1994- *Babaçu* (CM) (dir.); 2001- *Eu Sou o Cerrado* (CM) (dir., fot.)

## LUSTIG, RUDOLPH REX

Nasceu em Budapeste, Hungria, em 1901. Em sua cidade, associa-se a Adalberto Kemeny na filial húngara da Pathé. No início da década de 1920, já como cineastas, estebelecem-se em Berlim. Kemeny muda-se para o Brasil, em São Paulo, no ano de 1922 e Lustig em 1926. Aqui fundam a Rex Film e produzem, em 1929, aquele que seria um dos mais preciosos documentos sobre a capital paulista, *São Paulo, Sinfonia da Metrópole*. Depois associa-se a Gilberto Rossi e funda a Rossi-Rex Film. A dupla dirige a fotografia de *Coisas Nossas* (1931) para Wallace Downey e *O Caçador de Diamantes* (1934), para Vittorio Capellaro, partir do qual dedicam-se somente ao laboratório Rex, um dos maiores do Brasil durante décadas, sendo inclusive o laboratório oficial da Companhia Cinematográfica Vera Cruz, entre 1949 e 1954. Morre em São Paulo, SP, em 1970 aos 69 anos.

**Filmografia:** 1929- *São Paulo, Sinfonia da Metrópole* (dir.); 1931- *Coisas Nossas*; 1934- *O Caçador de Diamantes*; *São Paulo em 24 Horas* (CM) (dir., fot.) (codir. e cofot. Adalberto Kemeny).

## LUTFI, DIB

Nasceu em Marília, SP, em 1936. Descendente de sírios, muda-se para São Vicente, formando-se em contabilidade. Depois, faz curso de técnico de rádio. Ao servir o exército, em 1954, desempenha a função de radiotelegrafista. Nos anos 1950 muda com a família para o Rio de Janeiro e, em 1957, através do irmão, o cantor e compositor Sérgio Ricardo (João Mansur Lutfi), consegue entrar para a TV Rio para fazer um curso de cinegrafista por três meses. Fica fascinado pelo enquadramento, movimento de câmera, etc. Efetivado como cinegrafista, trabalha em muitos programas como *Preto no Branco*, *Noite de Gala*, etc. Começa então a interessar-se pela fotografia, primeiro com uma câmera Leica e depois uma Rolleiflex. Em 1961 fotografa seu primeiro filme, o curta *O Menino da Calça Branca*, dirigido pelo irmão Sérgio. No ano seguinte, participa do seminário *Documentário e Novas Técnicas de Filmagem* ministrado por Arne Sucksdorff, onde conhece inúmeros futuros cineastas como Arnaldo Jabor, Eduardo Escorel, Alberto Salvá, Domingos Oliveira. Todos ficam extasiados com os equipamentos trazidos pelo professor sueco, coisa que nunca tinham visto antes. Do curso, resulta o filme-laboratório *Marimbás*, direção de Vladimir Herzog, em que faz a fotografia e câmera. Toda a equipe é chamada para participar do longa que Arne estava fazendo, *Uma Fábula em Copacabana* e Dib faz a assistência de câmera. Seu primeiro longa é *Este Mundo é Meu* (1963), também sob a direção do irmão e sua carreira deslancha, tornando-se um dos mais respeitados fotógrafos e câmeras do cinema brasileiro. Nunca quis dirigir, como outros colegas, preferindo fazer com perfeição seu trabalho de fotografia. Ficou conhecido no meio cinematográfico como *a grua humana* por suas notáveis habilidades com a câmera na mão e também admirado por sua simplicidade como pessoa e pelas qualidades de companheiro de equipe. Ao longo de mais de 40 anos, constitui longa filmografia entre curtas, médias e longas. Em 1978 é contratado pela TV Globo, para organizar as equipes de fotografia do programa *Globo Repórter*, com o objetivo de formar equipes que não só saibam manejar bem a câmera mas também tenham bons conhecimentos de fotografia, para dar aos filmes do programa, tratamento fotográfico o mais próximo possível do cinema, inovando o sistema adotado convencionalmente pela TV. Trabalha com todos os grandes diretores brasileiros como Domingos de Oliveira em *Edu, Coração de Ouro* (1968), Nelson Pereira dos Santos em *Azyllo Muito Louco* (1971), Arnaldo Jabor em *O Casamento* (1975), Roberto Farias em *Pra Frente, Brasil* (1982), Hugo Carvana em *Vai Trabalhar Vagabundo II – a Volta* (1991), etc. Trabalha também na televisão, na TV Globo, Manchete e TVE. Premiado por 16 vezes, sendo o primeiro em 1967, concedido pela Editora Civilização Brasileira, pela fotografia dos filmes *Opinião Pública*, mas o que guarda com especial carinho é o Prêmio Humberto Mauro pela câmera de *Terra em Transe*.

**Filmografia:** 1961- *O Menino da Calça Branca* (CM) (episódio do longa *Quatro Contra o Mundo*); 1962- *Marimbás* (CM); 1963- *Esse Mundo é Meu*; 1965- *O Aleijadinho* (CM); 1966- *Fala Brasília* (CM); *Cruzada ABC* (CM); *Oitava Bienal de São Paulo* (CM); 1967- *Carnaval Barra Limpa*; *ABC do Amor* (Brasil/Argentina/Chile) (episódio brasileiro: *O Pacto*); *Opinião Pública*; 1968- *Domingo no Parque* (CM); *Edu, Coração de Ouro*; *Fome de Amor*; *Jardim de Guerra*; *Os Marginais*; 1969- *Copacabana me Aterra* (CM) (cofot. *Edson Santos*); *As Duas Faces da Moeda*; 1969/1971- *Azyllo Muito Louco*; 1970- *Catástrofe* (CM); *Como Era Gostoso o meu Francês*; *É Simonal*; *Festival do Rio* (CM); *Kimel* (CM); *Juliana do Amor Perdido*; *Os Deuses e os Mortos*; *Quatro contra o Mundo* (episódio: *O Menino da Calça Branca*); *Os Herdeiros*; *Som e Forma* (CM) (cofot. Juarez Dagoberto da Costa, Rogério Noel e Joaquim Assis; *Terra dos Brasis* (MM); 1971- *Alimentação* (MM); *Frei Ricardo Pilar* (CM) (cofot. José Antonio Ventura); *Origem do Negro no Brasil* (MM);*Viagem ao Xingu* (CM); 1972- *Arte Popular* (MM); *Os Sinos de Baviera* (ou *A Desgraça*) *Das Unheil* (Alemanha/França); *Quem é Beta? (Pas de Violence entre Nous)* (Brasil/França); *Quando o Carnaval Chegar*; *Procura-se uma Virgem*; *Sob o Signo de Aquário* (CM); *Viver de Morrer*; 1973- *Azarento, Um Homem de Sorte*; *Joanna Francesa*; *Os Condenados*; 1973/1978- *A Lira do Delírio*; 1974- *A Noite do Espantalho*; *Cinema Íris* (CM); 1975- *As Aventuras de um Detetive Português*; *Nem os Bruxos Escapam*; *Noel Nutels* (CM); *O Casamento*; 1976- *A Nudez de Alexandra (Un Animal Doué de Déraison)* (Brasil/França); *Crueldade Mortal* (cofot. Hélio Silva); 1977- *Daniel, Capanga de Deus* (cofot. Chico Botelho); *Jogo da Vida*; *Costinha e o King Mong*; 1978- *Ponto das Ervas* (CM); *Teodorico, o Imperador do Sertão* (MM); *Tudo Bem*; *Samba da Criação do Mundo* (cofot. Peter Sova); 1980- *Estrelas de Papel* (CM); 1981- *Memória de São Luis e Alcântara* (CM); 1982- *Pra Frente, Brasil*; 1983- *Aguenta Coração*; 1984/1996- *Bahia de Todos os Sambas* (cofot. Tonino Nardi e Luiz Carlos Saldanha); 1987- *Der Al Capone Von Der Pfalz* (Alemanha) (cofot. Peter Fleischmann e Klaus Müller-Laue); 1990- *Isto é Noel, Brasil* (CM); 1991- *Olhos, Luz e Espelho* (CM); *Povos Unidos* (CM); *Vai Trabalhar Vagabundo II - a Volta* (cofot. Edgar Moura); 1992- *A Serpente*; *As Andorinhas* (CM); 1993- *Oceano Atlantis* (cofot. Pedro Farkas); 1994- *Dente por Dente* (CM); 1995- *Entusiasmo e Fome* (CM) (cofot. Pedro Farkas); 1996- *Povos Unidos II* (CM); 1998- *Retrato Falado do Poeta Castro Alves*; 1999- *Celebração – Cem Anos de Cinema* (CM) (cofot. Pedro Farkas e Toca Seabra); 2001- *Eu Sou o Servo* (CM); *O Jeito Brasileiro de ser Português* (CM); *Samba* (MM) (cofot. Reynaldo Zangrandi e Gustavo Hadba); 2002- *As Vozes da Verdade* (CM); *Parias* (CM); *Vida e Obra de Ramiro Miguez*; 2003- *A Bala na Marca do Pênalti* (CM); 2004- *Batuque na Cozinha* (CM) (cofot. Batman Zavareze, André Vieira e Anna Azevedo); *Feminices*; *O Jaqueirão do Zeca* (CM); *Seu Chico, Um Retrato* (cofot. Mário Carneiro); 2005- *Carreiras*; 2006- *Mein Freund, Der Mörder* (Alemanha); *Remissão*; 2007- *Castelar e Nelson Dantas no País dos Generais*; 2008- *Juventude*; *Reidy, a Construção da Utopia*.

## LUTZ, THEODOR

Nasceu em Kuremaa, Estonia, em 14 de agosto de 1896. Conhecido no Brasil como Theodoro Lutz, inicia sua carreira em sua terra natal, em 1926, no filme *Kaitseliidu Paraad*. Depois muda-se para Finlândia, até chegar ao Brasil em 1948 convidado por Adhemar Gonzaga para compor a equipe de fotógrafos do filme *Mãe*. Dirige a fotografia de mais alguns filmes no Brasil e afasta-se do cinema. Foi casado por 42 anos (1938-1980) com a roteirista Aksella Lutz, sua parceira em vários filmes ainda na Finlândia. É irmão de Oskar Lutz. Morre em São Paulo, em 24 de setembro de 1980, aos 84 anos de idade.

**Filmografia:** 1926- *Kaitseliidu Paraad* (Estônia) (dir., fot.); 1927- *Noored Kotkad* (Estônia) (dir., fot.); 1931- *Ruhnu* (Estônia) (dir., fot.); *Kihnu* (Estônia) (dir., fot.); *Kas Tunned Maad...* (Estônia) (dir., fot.); *Haapsalu* (Estônia) (dir., fot.); *Gaas! Gaas! Gaas!* (Estônia) (dir., fot.); 1932- *Päikese Lapsed* (MM) (Estônia/Finlândia); (dir., fot.); 1933- *Meidän Poikamme Merellä* (Finlândia) (cofot. Eino Kari); *Voi Meitä! Anoppi Tulee* (Finlândia) (cofot. Eino Kari); *Ne 45000* (Finlândia) (cofot. Eino Kari); *Pikku Myyjätär* (MM) (Finlândia); *Herrat Täysihoidossa* (Finlândia); 1934- *Minä Ja Miniteri* (Finlândia); *Siltalan Pehtoori* (Finlândia); 1935- *Kaikki Rakastavat* (Finlândia); 1936- *VMV 6* (Finlândia) (cofot. Erik Blomberg); *Vaimoke* (Finlândia); *Mieheke* (Finlândia); 1937- *Koskenlaskijan Morsian* (Finlândia); *Kuin Uni Ja Varjo* (Finlândia); *Lapatossu* (Finlândia); 1938- *Tulitikkuja Lainaamassa* (Finlândia); *Olenko Minä Tullut Haaremiin* (Finlândia); *Rykmentin Murheenkryyni* (Finlândia); 1939- *Eteenpäin – Elämään* (Finlândia); *Helmikuun Manifesti* (Finlândia); *Jumalan Tuomio* (Finlândia); *Takki Ja Liivit Pois!* (Finlândia); *Lapatossu Ja Vinski Olympia-Kuumeessa* (MM) (Finlândia); 1940- *SF-Paraati* (Finlândia); *Yövartija Vain* (Finlândia) (cofot. Armas Hirvonen); *Jos Oisi Valtaa* (Finlândia) (cofot. Felix Forsman); 1943- *Salainen Ase* (Finlândia) (dir.); *Varjoja Kannaksella* (Finlândia) (dir.); 1944- *Hiipivä Vaara* (CM) Finlândia) (cofot. Auvo Mustonen); 1948- *Mãe* (Brasil) (cofot. Afrodísio de Castro, George Fanto e Léo Marten); 1950- *Caraça, Porta do Céu* (Brasil) (dir., fot.); *Um Beijo Roubado* (Brasil) (cofot. Afrodísio de Castro).

## LUXARDO, LIBERO

Nasceu em Sorocaba, em 1908. Seu pai, Julio Luxardo, era proprietário de um laboratório em Sorocaba, onde inicia seu aprendizado em cinema. Muda-se para São Paulo em 1922 e vai trabalhar na Independência Filme. Estreia na direção em 1932 no filme *Alma do Brasil*. Radica-se no Pará em 1941 onde passa a dirigir documentários curtos como *O Círio* (1941) e *Belém Saúda Getúlio* (1942). Por lá dirige os longas *Marajó, Barreira do Mar* (1964) e *Um Diamante e Cinco Balas* (1966). Pioneiro, teve grande importância no cinema brasileiro e principalmente no paraense. Morre em 1980, aos 72 anos de idade.

**Filmografia:** 1932- *Alma do Brasil* (dir); *Novidades Regionaes* (CM) (dir) (co-dir. Alexandre Wulfes); 1936- *Caçando Feras* (dir); *Fragmentos da Vida* (CM) (dir, fot); 1937- *A Luta Contra a Morte* (dir); *Aruanã* (CM) (dir, fot) (co-fot. Afrodísio de Castro); 1941- *Amanhã Nos Encontraremos* (dir, fot); *Aniversário do Presidente Vargas no Amazonas* (CM) (dir, fot); *Navegação na Amazônia* (CM) (dir, fot); *No Campo das Planícies* (CM) (dir, fot); *Nos Domínios do Pai Tuna* (CM); *O Círio* (CM) (dir, fot); *O Pará na Semana da Pátria* (CM) (dir, fot); 1942- *Assistência a Infância* (CM) (dir, fot); *Belém Saúda Getúlio Vargas* (CM) (dir, fot); 1946- *Assistência a Infância em Belém do Pará* (CM) (dir, fot); 1962- *Um Dia Qualquer* (dir); 1967/69- *Um Diamante e Cinco Balas* (dir); 1964/67- *Marajó, Barreira do Mar* (dir); 1974- *Brutos Inocentes* (dir).

## MACEDO, ANDRÉ

André Luis Viegas de Macedo forma-se em cinema em 1984 pela ECA – Escola de Comunicações e Artes de São Paulo. Estreia como diretor de fotografia em 1992 no curta *Rapsódia Para Cinema e Orquestra*. Seu primeiro longa é *Vôo Cego Rumo Sul* (2004), de Hermano Penna. Tem destacada atuação no mercado publicitário, ao fotografar dezenas de comerciais para empresas de renome.

**Filmografia**: 1992- *Rapsódia Para Cinema e Orquestra* (CM); 1994- *A Espanha de Maria* (MM) (cofot. Adrian Cooper); *Dizem Que Sou Louco* (cofot. Cássio Maradei); *Parecer* (CM); *Mais Um Homem Desinfeliz* (CM); 1995- *A História do Rock Brasileiro* (CM); 1996- *Ex-Mágico da Taberna Minhota* (CM); 1999- *A Cilada Com Cinco Morenos* (CM); 2002- *Mestres da Literatura; Paradise Around the Corner*; 2003- *Gerações; O Universo do Petróleo*; 2004- *Família Alcântara* (MM); *Vôo Cego Rumo Sul*; 2008- *Bibliografia* (CM).

## MADRUGA, ROJER

Roger Garrido de Madruga nasceu no Rio de Janeiro, RJ. Estuda fotografia com Ricardo Aronovich na França e com Danald Strine nos Estados Unidos. Radicado em Brasília, no final dos anos 1970 inicia sua carreira no cinema como assistente de câmera e câmera em filmes como *Horror Palace Hotel* (1978), de Jairo Ferreira. Integra o *boom* do cinema brasiliense, grupo de jovens cineastas que em 1990 começam a pensar e fazer cinema em Brasília, como José Eduardo Belmonte, Luis da Cunha, Mauro Giuntini, Érika Bauer, René Sampaio, Afonso Brazza, Vladimir de Carvalho, e muitos outros. Auxiliar de câmera no longa *O Calor da Pele* (1994), de Pedro Jorge de Castro e em 1996 estreia como fotógrafo de cinema no curta *Dennis Movie*, de João Lanari e em 2000 ganha seu primeiro prêmio como melhor fotógrafo, no Festival de Brasília, pelo curta *Cem Anos de Perdão*, de William Alves. Como produtor, fotógrafo, assistente de câmera e outros cargos afins, participa de mais de oitenta filmes, entre longas curtas, telefilmes, publicidade, videoclipes, etc. É câmera em *Signo do Caos* (2003), de Rogério Sganzerla e produtor executivo de *Fuga do Destino* (2003), de Afonso Brazza. Pela fotografia do curta *Mamãe Tá na Geladeira* (2005), de Douro Moura, recebe prêmio no Festival do Cinema Brasileiro de Miami, EUA. Seu último curta é *Dez Reais*, coprodução Brasil-Cuba.

**Filmografia**: 1996- *Dennis Movie* (CM); 1998- *Papua, o Teatro do Crime* (CM); 1999/2000- *Um Sonho de Ícaro* (CM); 2000- *A Dança da Espera* (CM); *Cem Anos de Perdão* (CM); *Dente Podre do Lavador de Pratos* (CM); 2004- *Só Sofia* (CM); *Viva Cassiano* (CM) (cofot. André Lavenére e Leonardo Ferreira); 2005- *Mamãe Tá na Geladeira* (CM); 2007- *Dez Reais* (CM) (Brasil/Cuba).

## MAGALHÃES, BETO

Beto Magalhães é documentarista, diretor e produtor de cinema e vídeo, bacharel em economia pela FACE-UFMG (1987). Produtor e diretor de vídeos institucionais para empresas. Foi diretor de produção do curta metragem *Otto* (1997) e idealizador, diretor e produtor do documentário de longa *O Fim do sem Fim* e do curta *Restos do Ofício*. É parceiro de Lucas Bambozzi e Cao Guimarães.

**Filmografia**: 2000- *O Fim do Sem Fim* (dir.) (codir Lucas Bambozzi e Cao Guimarães); *Rastros do Ofício* (CM) (dir., fot.) (codir e cofot. Cao Guimarães e Lucas Bambozzi); 2004- *A Alma do Osso* (cofot. Cao Guimarães e Marcos M. Marcos); *Do Outro Lado do Rio*; 2006- *Andarilho* (cofotografado por Cao Guimarães); 2007- *Memórias e Improvisos de Um Tipógrafo Partideiro* (cofotografado por Pedro Portella); 2008- *O Sonho da Casa Própria*.

## MALAQUIAS, JANE

Jane Cristina Malaquias de Almeida nasceu em Fortaleza, CE, em 25 de Novembro de 1962, onde vive até 1985. Seu primeiro contato com o cinema foi na bitola Super-8, aos doze anos de idade, nas aulas de educação artística da professora Izaíra Silvino no Instituto Educacional João XXIII. Com seus colegas de turma realiza um filme de criação coletiva chamado *O Assalto*, onde faz o papel de caixeira do banco assaltado. Aos 18 anos de idade passa a freqüentar o cineclube do Cinema de Arte Universitário, atualmente conhecido como Casa Amarela Eusélio Oliveira. Lá é estagiária da biblioteca, cursa uma oficina de fotografia de cinema com José Medeiros e outra de direção de atores com Walter Lima Junior. Teve então o segundo e decisivo contato com o cinema Super-8 através de um curso conveniado com os Ateliers Varran de Paris graças ao qual escreve e dirigiu o seu primeiro filme, *Jardim dos Mortos*, documentário sobre as zeladoras do cemitério São João Batista, em Fortaleza. Em 1986 presta concurso e é aprovada para integrar a primeira turma da Escuela Internacional de Cine y Televisión de San Antonio de los Baños em Cuba, a EICTV. Termina em 1990 o curso regular de cinema diplomando-se em cineteleasta, com especialização em direção de fotografiao. Continuando sua formação como diretora de fotografia o, participa de duas oficinas ministradas por Ricardo Aronovich em 1992 e 1994 em Brasília, promovidas pelo Pólo de Cinema do Distrito Federal, Universidade de Brasília e École Nationale Supériore des Métiers de LImage et du Son, La Fémis. Com longa filmografia, é muito requisitada principalmente pelo cinema feito no nordeste do país como Ceará e Pernambuco. Em 1994 ganha seus primeiros prêmios como fotógrafa por *Cachaça*, no Festival de Cinema do Maranhão e *Maracatu, Maracatus* no Festival de Cinema e Vídeo de Fortaleza, depois, em 1997, pelo curta *Clandestina Felicidade*, é premiada em Recife e Maranhão, em 1998, o curta *A Árvore da Miséria* arrebata diversos prêmios de fotografiacomo no Festival do Cinema de Vitória, Jornada da Bahia, VIII Cine-Ceará, Festival de Cinema e Vídeo do Maranhão e no II Festival de Cinema do Recife, em 1999 *O Pedido* é premiado em Gramado. Já como realizadora, seu curta *No Passo da Véia*, é também muito premiado como em Vitoria, Maranhão São Paulo, Florianópolis, Portugal, França e Miami. Em 1997 é operadora de câmera no longa *Iremos a Beirute* de Marcus Moura. Entre 2003 e 2005 ocupa o cargo de Coordenadora Técnica na produtora de vídeos educativos Massangana Multimídia, pertencente à Fundação Joaquim Nabuco, sediada em Recife. Morando em Brasília desde 2005, em 2008 fotografa e ilumina a série musical *Clube do Choro* para a TV Brasil, num total de 19 programas. Realiza oficinas por todo o Brasil como Roteiro, no Ceará em 1991, Direção Fotográfica no Recife em 1994, Iluminação Para Cinema e Vídeo, em 2006 na República Dominicana, Linguagem Cinematográfica, em 2009 no EICTV, em Cuba, etc. Em 2009 dirige seu primeiro longa *Resto de Deus Entre os Dentes*. Jane considera-se cria e tem profunda admiração por seus professores e mestres diretores de fotografia José Medeiros, César Charlone, Mario Carneiro, Ricardo Aronovitch e também Euselio Oliveira fundador do cinema de arte universitário da UFC.

**Filmografia**: 1982- *Jardim dos Mortos* (CM) (dir., fot.); 1987- *Tiempo* (CM) (dir., fot.); *Um Dia Para Rodar* (CM); 1988- *La Ciudad Inconclusa* (CM); *Odelin Cumpe* (CM) (dir.); 1989- *La Pesadilla Dilla* (CM); 1990- *El Pudor* (CM); *Mágico Encanto* (CM); *Oscuros Rinocerontes Enjaulados* (CM); 1991- *Azul Caixão de Anjo* (CM) (dir.); *Liquidifica a Dor* (CM); *O Preso* (CM); 1992- *Annie, Anik, Aline e Auriverde Vão à Praia* (CM); *Seams* (CM); 1993- *O Recruta* (CM); *Pinto, Preto, Pobre* (CM) (dir.); *Um Corpo na Multidão* (CM); 1994- *Cachaça* (CM); *Maracatu, Maracatus* (CM); *Paixão Nacional I - Choque Metabólico Irreversível* (Brasil/Canadá/EUA); (CM); 1995- *Chuva de Pedra* (CM); 1996- *Musa da Ilha Grande* (CM); 1997- *A Árvore da Miséria* (CM); *Clandestina Felicidade* (CM); *O Verme na Alma* (CM);

1998- *Durvalina* (CM); *Funesto: Farsa Irreparável em Três Tempos* (CM); *O Pedido* (CM); *Vitrais* (CM); 1999- 2000- *A Sintomática Narrativa de Constantino* (CM); *Mulheres Choradeiras* (CM); *Rifa-me* (CM); 2001- *No Passo da Véia* (CM) (dir.); 2002- *Yo Soy La Salsa* (CM); 2003- *Coco Que Roda* (CM); *Copo de Leite* (CM) (cofot. Pedro Urano); *Os Restos Continuam* (CM) (cofot. Cristina Mature, Pablo Lobato, Joana Oliveira, Clarissa Campolina e Marcelle Lawson-Smith; 2004- *Êxito drua* (CM); Koster (CM); *Recife* 3x4 (CM); *Véio* (CM); 2005- *O Coco, a Roda, o Pneu e o Farol; Letras Verdes* (CM); *Tantas e Tantas Cartas* (CM); 2006- *Divino Maravilhoso* (CM); *Iroco, a Árvore Sagrada* (CM); *Memórias Clandestinas* (CM); *Um Certo Esquecimento* (CM); 2007- *Xifópagas Capilares Entre Nós* (CM); *Vida Fuleira* (CM); 2009- *Resto de Deus Entre os Dentes* (dir.).

## MALZONI, ZETAS

Roberto Zetas Malzoni nasceu em São Paulo, SP, em 7 de Maio de 1949. Inicia suas atividades em 1969 com o Grupo de Teatro Tuca, na montagem da peça Pedro Paramo, sob a direção de Marinho Piassentini e no cinema em 1973, como diretor de fotografiano curta *O Começo Antes do Começo*, de Márcio Souza e Roberto Kahané. Nos anos 1970/80 tem destacada atuação como fotógrafo, principalmente em curtas-metragens institucionais.

**Filmografia**: 1973- *O Começo Antes do Começo* (CM) (cofot. Gilberto Otero e Paulo Sérgio Muniz); *Praça da Sé* (CM); *Rio Negro* (MM); 1974- *Os Índios* (CM); 1976- *Sabendo Usar Não Vai Faltar* (cofot. Gilberto Otero); 1978- *Berimbau* (CM); *J. S. Brown, o Último Herói; O Cortiço; Teatro Operário* (CM); 1978/80- *Os Italianos no Brasil* (Andiamo InAmerica) (cofot. Pedro Farkas, Eduardo Poiano, Chico Botelho, Cristiano Maciel, Thomaz Farkas, Hugo Gama e Timo de Andrade); *Todomundo* (cofot. Pedro Farkas, Eduardo Poiano, Nilo Mota, André Klotzel, Gilberto Otero e Thomaz Farkas); *Pirapora* (CM) (cofot. Gilberto Otero e Celso M.Fukuda); 1978/83- *Santo e Jesus, Metalúrgicos* (cofot. Cláudio Kahns e Adrian Cooper); 1979- *A Cuíca* (CM); *É o Circo de Novo* (CM); *Estação da Luz* (CM); *Greve de Março* (CM); *Igarassu* (CM); *Judas na Passarela* (CM); *Linda Vila, Linda Cidade* (CM); *O Mundo Mágico de Aldemir Martins* (CM); *Paula, a História de Uma Subversiva; Tem Tudo Pra Gente Ver* (CM); *Tacunhaém* (CM); *Tradições de Uma Praça* (CM); *Uma Estanha História de Amor*; 1980- *A Luta do Povo* (CM); *A Revista do Henfil* (CM); *Francisco Brennand* (CM); *Gigantes do Sertão* (CM); *Mercado Público Freguesia de São José* (CM); *Os Amantes da Chuva; Panela de Formiga* (CM); 1981- *Jota Soares, Um Pioneiro do Cinema* (CM); *Os Engenhos de Pernambuco* (CM); *Retratos de Hideko* (CM); 1982- *Linha de Montagem; Tribunal Bertha Luz* (CM) (cofot. Chico Botelho e Adrian Cooper); *Vento Contra* (MM) (cofot. Eduardo Poiano); 1983- *Como Um Olhar Sem Rosto* (As Presidiárias) (CM); *Nasce Uma Mulher; O Último Vôo do Condor*; 1984- *Nada Será Como Antes. Nada?* (CM) (cofot. César Charlone, Aloysio Raulino e Hugo Kouinster); 1986- *Santo Remédio* (CM); 1987- *Memórias do Aço* (CM).

## MAJERONI, ÍTALO

Pioneiro do cinema gaúcho, nasceu em Nápoles, Itália, em 23 de Outubro de 1888. Educado em Milão, artista prodígio, aos 12 imitava o transformista italiano Leopoldo Fregoli, de quem tinha grande admiração, por isso, adota o pseudônimo de Leopoldis. Já artista de teatro completo, chega ao Brasil pela primeira vez em 1915, para uma temporada de espetáculos em Porto Alegre e no ano seguinte estreia no cinema, no filme *Vivo ou Morto* (1916), de Luiz de Barros e a partir de 1917, em Recife, começa a produzir o cinejornal *Pernambuco - Jornal*, depois retorna à Itália, até instalar-se definitivamente em Porto Alegre em 1921. Funda a Leopoldis-Filme e passa a produzir documentários sobre temas diversos, ligados ao estado do Rio Grande do Sul e o cinejornal *Atualidades Gaúchas*, que seria produzido até 1979, somando 477 números, um diário audiovisual da história gaúcha do século 20. A Leopoldis tem produção regular e sistemática até 1981, mas infelizmente a produção da Leopoldis anterior a 1961 foi perdida num incêndio em 1965 num dos dois depósitos, naquele que concentrava os nitratos. Produz cinco longas de ficção, entre os quais os megassucessos *Coração de Luto* (1967), de Eduardo Llorente e *Pára, Pedro!* (1969), de Pereira Dias. Produz também propaganda política, trailers e muitos comerciais para a TV. No total – silencioso e sonoro, documentário, cinejornal, ficção, comercial – sua filmografia chega a cerca de mil títulos. É provável que o velho Leopoldis tenha se aposentado nos anos 1950. Morre em Porto Alegre, RS, em 21 de Fevereiro de 1974, aos 85 anos de idade. O que sobrou dos seis filmes está sendo recuperado na RBS TV.

**Filmografia**: (básica e parcial): 1924-*O Cais do Porto; Obras do Cais do Porto*; 1925-*Grêmio F.B. Porto-Alegrense e S.C. Pelotas* (codir Carlos Comelli); 1930- *A Revolução de 3 de Outubro* (LM); 1933-*Porto Alegre Moderno*; 1934-*O Coronel Theodomiro Porto da Fonseca; Novos Horizontes* (LM); *Passagem do Zeppelin por Porto Alegre* (Graff Zeppelin Sobre Porto Alegre); 1937-*Bento Gonçalves; Festa da Uva de 1937* (primeiro filme sonoro da Leopoldis); *Treinos Esportivos; Viagem Pitoresca*; 1938- *Porto Alegre, a Rainha do Sul*; 1939-*A Cidade do Rio Grande*; 1940-*Acolhida ao Presidente Getúlio Vargas em Porto Alegre; Asfalto Brasileiro; Cachorricídio; Incentivo da Viticultura no Rio Grande do Sul; Noite de Gala; A Parada Militar em Caxias, Rio Grande do Sul; Roteiro Turístico: Porto Alegre e seu Segundo Centenário; A Semana da Pátria em Caxias, Rio Grande do Sul; A Urbanização de Porto Alegre*; 1941-*Arredores de Porto Alegre; O bicentenário de Porto Alegre – Apoteose de Vida, Civismo e Cultura da Grande Cidade do Sul; O Flagelo da Enchente Assola Porto Alegre; Porto Alegre, Retrato de uma Cidade; Remodelando Porto Alegre; Segunda Exposição Brasileira de Gado Holandês; A Vida na Escola Preparatória de Cadetes de Porto Alegre; Visitando Porto Alegre*; 1942-*Comemorações da Segunda Semana do Engenheiro; Grande Páreo "Bento Gonçalves de 1942"; Maternidade "Mário Totta"; Parada da Mocidade de 1942 - Semana da Pátria em Porto Alegre; Primeira Exposição Riograndense de Gado Leiteiro; Terceira Olimpíada da Terceira Região Militar; A Viti-Vinicultura no Rio Grande do Sul*; 1943-*Amparo as Crianças; Centenário de Uruguaiana e sua VII Exposição Estadual de Animais e Produtos Derivados; Colônia Itapoã; Confraternização Brasil-Uruguai; A Cultura do Arroz no Rio Grande do Sul; O Incentivo da Cultura do Trigo; Novos Rumos Sanitários; Sinfonia dos Parreirais; Verão Gaúcho*; 1944-*Da Paz Para a Guerra; Os Ovinos e a Lã no Rio Grande do Sul; Semana da Pátria em Porto Alegre*; 1945-*Instrução na Brigada Gaúcha*; 1946-*A História da Aviação Comercial no Brasil; Metrópole Gaúcha; Noite de Gala no Clube do Comércio; Olimpíadas na Brigada Gaúcha; Rio Pardo - Cidade Histórica* (Rio Pardo – Cidade Histórica); 1947-*Cocktail de Campeões; Manobras no Terceiro Regimento Militar; Turfe Gaucho*; 1948- *V Congresso Eucarístico Nacional; Aspectos Riograndenses; A Mais Bela Gaucha; Preparando a Juventude; Vila dos Industriários de Porto Alegre*; 1949- *I Centenário de Encruzilhada do Sul*; 1950- *O Parque da Redenção; O Rio Guaíba; Majeroni, Italo; Rua da Praia*; 1951- *Plano de eletrificação do Rio Grande do Sul – Comissão Estadual de Energia Elétrica – Rio Guaiba; Torres, Rainha das Praias do Sul*; 1953-*A Leite e a Teoria de Pasteur; Novos Métodos Agrícolas*; 1955-*Colônias de Férias; Era uma Vez...; Universidade Federal do Rio Grande do Sul*; 1956-*O Dia do Colono em São Leopoldo; Ijui – Cidade de Tradição e Progresso; Mostrando o Rio Grande - Documentário N.1; Mostrando o Rio Grande - Documentário N.2; Vigésima Terceira Exposição Nacional de Animais e Produtos Derivados*; 1957-*Vigésima Primeira Exposição Estadual de Animais e Produtos Derivados*; 1958-*Os Dir.eito da Criança*; 1959-*Homens de Amanhã*; 1962- *A XXV Exposição Estadual de Animais e Produtos Derivados; I Centenário de São Jerônimo*; 1963- *IV Feira Nacional de Utilidades Domésticas; Alicerces de Uma Coletividade; Nas Asas da Varig*; 1964- *O Município de Osório*; 1965- *Farroupilha; Fenac 1965; Rumos da Riqueza*; 1966- *Lenda e Progresso; Uma Comunidade Científica*; 1967- *Ibirubá – O Município Modelo*; 1968- *Gaúchos em Portugal*.

## MANZON, JEAN

Nasceu em Paris, França, em 2 de Fevereiro de 1915, no bairro de Saint-German-des-Prés. Em seu pais, inicia sua carreira como fotógrafo das revistas *Vu, Paris Match* e *Paris Soir*. Aos 22 já era conhecido por sua ousadia e capacidade profissional, fazendo verdadeiras proezas, tipo fotografar uma execução na guilhotina. Quando o Duque de Windsor abdicou e foi com sua senhora para um castelo em Tours, havia 300 repórteres querendo entrar e 5000 policiais guardando o local, mas Manzon conseguiu fotografar o casal, pelo qual foi processado por violação de domicílio. Toda reportagem considerada impossível era dada a Manzon, que ficou sendo o homem de jornal mais bem pago na França. Foi preso pelos nazistas em Dantzig mas fugiu, viaja por toda a Europa. Faz instantâneos sensacionais de Hitler, Mussolini, Selassié e fotografa sozinho o salvamento de um submarino inglês em alto mar. Na guerra vai para a Marinha, para dirigir o serviço cinematográfico, realizando 18 missões oficialmente consideradas perigosas. Convencido por Alberto Cavalcanti, aceita convite para trabalhar como diretor de fotografia no DIP – Departamento de Imprensa e Propaganda, órgão oficial ligado ao Governo Vargas. Em 1943 vai para a revista *O Cruzeiro*, ao lado do jornalista David Nasser. As reportagens feitas pela dupla entre 1943 e 1951 foram fundamentais para o sucesso de vendas da revista. Manzon inova o fotojornalismo brasileiro, com novos enquadramentos, closes extremos e ângulos bizarros. Foi um dos primeiros fotógrafos, junto com Henri Ballot e José Pinto, a revelar ao mundo as diversas faces dos índios do Xingu. A partir de 1950 começa a nova fase de Manzon, abandonando a fotografia fixa, passa a produzir documentários em sua maioria por encomenda, institucionais, mantendo seu padrão de qualidade agora no cinema, por intermédio de sua empresa, instalada em São Paulo, a Jean Manzon Produções Cinematográficas. Com uma equipe afinada, como o mais famoso *cameraman* francês René Persin, a voz de Luiz Jatobá, as legendas de Paulo Mendes Campos e à vezes Millôr Fernandes e Fred Chateaubriand como diretor de produção, Manzon cria um padrão de qualidade em seus filmes nunca visto por aqui. Cobrava caro por um documentário institucional, mas serviço não lhe faltava. Produz mais de 900 documentários, filmando os quatro cantos do Brasil. Seu primeiro documentário de longa-metragem é *Samba Fantástico*, em 1955, e foi premiado em Cannes, França. Seus filmes sobre o Amazonas fizeram sucesso em todo o mundo. Em 1960 produz para Marcel Camus, o documentário *Os Bandeirantes* (Les Pionniers). Nos anos 1960 associa-se a Varig, com seus documentários sendo exibidos nas viagens da companhia, dentro dos aviões, em velhos projetores 16mm. Documenta a viagem do presidente Costa e Silva ao redor do mundo. Em 1972 é chamado para ser o diretor da revista *Paris Match*, ajudando o seu proprietário, Jean Provoust, seu velho amigo, a reestruturar a revista. Mesmo viajando todo ano à França, adota o Brasil como pátria, pois, segundo suas próprias palavras, o que mais aprecia por aqui *é uma certa margem humana de tolerância nas relações que perturba a rigidez dos horários e dos esquemas porém faz a vida mais suave.* Casa-se três vezes e teve dois filhos. Seu primeiro casamento foi em 1944 com uma chilena, com quem teve seu primeiro filho, Jean-Pierre. Morre em Reguengos de Monsaraz, Portugal, em 1º de Julho de 1990, aos 75 anos de idade.

**Filmografia**: (parcial): 1950-*Alagoas*; 1951-*Deem Casas Populares ao Brasil*; 1952-CMTC; *Foz do Iguaçu; Fundação da Casa Popular; Light Power Co.*; 1955-*Acabemos com os Barbeiros; Acesita um Programa de Redenção; Assim é Volta Redonda; Atrás do Disco; Espírito de Bandeirante; Flagrantes do Brasil; No Caminho das Conquistas Brasileiras; O que é o Sesi; São Paulo Luta Contra o Câncer; O Vale da Redenção*; 1955- *Samba Fantástico* (LM) (codir René Persin); 1956-*O Bonde esse Eterno Sofredor; O Brasil em 80 Minutos* (LM); *A Central se Renova; Conquistando Divisas; Homenagem a Santos Dumont; Na Cidade Encantada um Samba Maravilhoso; Plantar Para Colher; O Problema da Expansão do Serviço Telefônico; Protejamos os Brasileiros de Amanhã; Silêncio do Mar; Tronco Principal do Sul*; 1957-*Alcalis - Esteio Econômico do Brasil; Asas Para Nossas Forças Navais; Br 3 - Record Rodoviário; F.A.B.; Kilowatts de Peixoto Para o Progresso do Brasil; Mais Aço Para o Brasil; Manganês Desperta a Amazônia; Marinheiros na Batalha do Petróleo; Nasci em Volta Redonda; A Petrobrás em Cubatão; As Primeiras Imagens de Brasília; Renasce a Leopoldina; Rio de Janeiro, Cidade dos Esportes; Rio São Francisco e a Barragem de Três Marias; A Roupa do Homem; Se Pero Vaz Voltasse; Sombras que se Desfazem; Visita ao Rio de Janeiro de Craveiro Lopes, Presidente da República Portuguesa; 1958-Abc da Economia; O Açúcar no Brasil; Águas que Geram o Progresso; Amazônia Vai ao Encontro de Brasília; O Bandeirante de Hoje; A Batalha do Leite; Brasil Século 20; O Cumprimento de uma Missão; A Engrenagem do Comércio; Era do Estanho; Ferro e Fogo de Faz a Riqueza do Brasil; Flagrante da Família Brasileira; Uma Indústria de Libertação; Marinha do Brasil; A Meta do Petróleo; No Cinturão Verde de Brasília; No Recôncavo Baiano; O Nordeste Não quer Esmolas; O que Foi Feito do seu Dinheiro; São Paulo não Para; Sentinelas da Saúde; O Tesouro do Amapá; Tudo por um Menino; Unamo-Nos Todos Para Salvar o Rio; União Brasil-Bolívia; Viajando por Santa Catarina*; 1959-*Abrindo os Caminhos do Espaço; Aços Finos Para o Brasil; Alcalis, Indústria de Base; Átomos Para a Paz ou Para a Guerra; Celeiros da Economia; Da Jardineira ao Diplomata; Enriquecimento Nossa Terra; Exército de Especialistas; Fazedores de Desertos; Goiás, Celeiro do Brasil; Guerra do Abastecimento; Uma Indústria que Lidera o Progresso; A Juventude Assume seu Posto; Luz - Energia – Progresso; A Mentalidade Nova; A Missão de Nossa Marinha; Nobreza de um Esporte; Pioneiro Bernardo Sayão; Plantando o Progresso; Um Porto Movimenta um País; Renasce o Rio de Janeiro; Uma Revoada de Arte; Rodovia Caminhão Petróleo; Saudades do Carnaval; A Saúde Vence a Miséria; A Sublime Meta da L.B.A.; A Técnica Transforma a Nossa Agricultura; Técnica, a Chave da Economia; O Vale do Rio Doce*; 1960-*Admirável Mundo Novo; As Águas; Babaçu; Br2 - Nova São Paulo – Curitiba; O Caminho da Tranquilidade; Caminho de Alta Tensão; Colheita Certa; Drama ao Amanhecer; Eisenhouer no Brasil; Estrada Moderna, Vida Moderna; Estradas Montanhesas; O Exemplo Vem do Clima; Fabricando Indústrias; Fernando de Noronha; Furnas; Harmonia nas Américas; Uma Indústria Integrada; Kilowatts Para São Paulo; Mentalidade Nova - a Betta Tomorrow; Metas do Aço e do Alumínio; O Milagre do Vidro; A Pasárgada do Paraná; Patrulha do Mar e do Céu; O Progresso por um Fio; A Reconquista da Terra; Revolução na Raça; Rio, a Mais Bela Cidade do Mundo; A Teia do Progresso; Três Marias; Três Marias em Marcha; Utilizando Riquezas; Valorização do Homem; Ver; Urubupungá: Obra de Redenção Nacional*; 1964-*Amazonas; Arco Íris no Amapá; Barragem de Furnas; Bem-Vindo ao Rio; A Cidade de Belo Horizonte; Líder da Indústria Eletrônica; Pesquisa e Saúde; Sermão de Campinas*; 1965- *A Indústria que Faz Plantar*; 1966-*Caminho de Maquiné*; 1966- *Portugal do Meu Amor* (LM); 1967- *Do Brasil Para o Mundo* (LM); 1969-*Minas Gerais e o Mundo Fantástico do Alumínio*; 1970-*Amazônia* (LM); *Sudene; Usiminas; Vinte Anos em Três*; 1972-*Santista Têxtil*; 1973-*Um Passeio na Amazônia; Sobrevoando a Cidade Maravilhosa*; 1975-*Aquarela do Brasil; General Eletric; Grupo Sadia; Imagens de São Paulo; Pedras Brasileiras*; 1977-*Amazônia; Conheça a Varig; Floresta Amazônica*; 1979-*O Círio de Nazaré; Concerto em Ré Maior; Di Cavalcanti; O Eldorado Brasileiro; Maranhão Histórico; Rio São Francisco*; 1981-*O Brasil da Brasilit*; 1985- *Uma Canção Brasileira* (LM); 1988- *Brasil, Terra de Contrastes* (LM).

## MARÇAL, TUKER

Tuker José Marçal Filho nasceu no Rio de Janeiro, RJ, em 24 de Abril de 1952. É Bacharel em cinema e jornalismo pelo Centro Unificado Profissional-RJ. Realiza vários cursos de especialização, entre eles, *Especialização em Fotografia para Cinema*, no Institut de Formation et Enseignement Pour les Méties de Limage et du son (Femis), Paris, ministrado por Ricardo Aronovich. Inicia sua carreira trabalhando como primeiro assistente de fotografiae câmera dos diretores de fotografiaWalter Carvalho e Fernando Duarte. Seu primeiro filme como fotógrafo profissional é o documentário de média-metragem *Eugênio Gudin – O Homem de Dois Séculos*, sob a direção de Hilton Kauffmann, Júlio Wolhgemuthe e Sylvio Lanna. Produz, roteiriza e co-fotografa o média *Acredito Que o Mundo Será Melhor* (1982), pelo qual recebe inúmeros prêmios. Elabora para o Museu do Índio RJ projeto de recuperação do acervo fotográfico da missão do Marechal Rondon, participa de pesquisas e laboratório fotográfico do projeto *Fotógrafos Pioneiros do Brasil*, de Fernando Duarte para a Funarte-RJ, coordena o departamento de realização do Centro de Produção Cultural e Educativa da UnB (Universidade de Brasília).

**Filmografia**: 1979/83- *Eugênio Gudin – o Homem de Dois Séculos* (CM) (cofot. José Sette de Barros, Paulo Rufino e Cristiano Requião); 1980- *Papa Lá Que Eu Papo Cá* (CM) (cofot. Marcelo Coutinho); 1981- *Cinema, Embaixador do Brasil* (cofot. Walter Carvalho e Chico Drummond); 1982- *Acredito Que o Mundo Será Melhor* (MM) (cofot. Flávio Chaves); 1985/90- *Heinz Forthmann* (MM) (cofot. Waldir. Pina de Barros); 1986- *Um Certo Meio Ambiente* (CM); 1993- *A Árvore da Marcação* (cofot. Nélio Ferreira Flávio Chaves); 1999- *Uma Vida Dividida* (cofot. Luiz Carlos Saldanha e Jan Lindlad); 2000- Contatos (CM).

## MARKÃO

Marco Antonio Oliveira Santos é um competente e requisitado diretor de fotografia da nova geração mineira. Seu primeiro longa é *Confronto Final* (2005), de Alonso Gonçalves. Em 2008 cofotografa o documentário *Programa Casé*, de Estevão Ciavatta.

**Filmografia**: 2005- *Confronto Final*; 2006- *Acredite! Um Espírito Abaixou Em Mim*; 2008- *Morrinho – Deus Sabe Tudo Mas Não é X9* (dir., fot.) (codir Fábio Gavião) (cofot. Equipe TVM); *Programa Casé* (co-fot. Dudu Miranda, Gian Carlo Bellotti, Estevão Ciavatta, Roberto Riva e Fred Rangel).

## MARQUES, MARCELLO

Marcelo Amaral Marques nasceu em Belo Horizonte, MG, em 1978. Forma-se em publicidade e propaganda em 2000, com pós-graduação em cinema em 2002, ambas pela PUC-MG. Entre 2000 e 2006 faz diversos cursos de especialização como *FotografiaStill* na Studio Image-MG em 2000 e *Direção Fotográfica*, na Stein-SP, em 2005. Inicia sua carreira como fotógrafo *freelancer* para produtoras e cineastas independentes. Entre 2004 e 2007 foi sócio-diretor da produtora Paldéia Cinema e atualmente da produtora Sui Generis. Estreia como Diretor de Fotografiaem 2002 no curta *Olho de Sogro*. Atua também no mercado publicitário, com comerciais, institucionais, documentários e videoclipes, produzidos nos novos formatos da cinematografia digital (DVCam, HDV, Betacam, DV24P, HD).

**Filmografia**: 2002- *Olho de Sogro* (CM); 2003- *Retrato Inacabado* (CM); *Confiança* (CM); *Jogando Pelo Amanhã* (CM); *Vão (Da Solidão)* (CM); 2004- *Eterno Efêmero* (CM); *Mais Um Dia* (CM); *Vivalma* (CM); *Antropofágica* (CM); *Fim das Coisas* (CM); *Cemitério do Peixe* (CM); 2005- *A Entrega* (CM); *Dejavu* (CM); *Contemporâneo* (CM); 2006- *Nauze* (CM); *Brincadeira de Criança* (CM); *Ilusão de Ótica* (CM) (dir.) (codir José Inácio Garcia); 2007- *A Última Valsa* (CM) (dir.); *Fora de Ordem*.

## MARRECO, J.

José Marreco da Silva Filho nasceu em Belo Horizonte, MG, em 1946. Muda-se para São Paulo nos anos 1960 e começa a fazer teatro com Chico de Assis, aprendendo direção e movimentação de atores. Estreia como Diretor de Fotografia em 1967 no curta *Um Por Cento*, direção de Renato Tapajós. No Senac, fotografa uma série de documentários para Mário Kuperman, entre 1969 e 1970. Em 1971 dirige seu primeiro longa, *Fantastikon, os Deuses do Sexo*. Dirige a fotógrafa todos seus filmes na sequência, quase todos produzidos na Boca do Lixo paulistana, aproveitando a fase áurea das comédias eróticas pós pornochanchadas. A partir de 1983, após dirigir *A Mulher, a Serpente e a Flor*, se afasta do cinema.

> **Filmografia**: 1967- *Um Por Cento* (CM) (fot.); *Sandra Sandra* (dir.) (inacabado); 1969- *A Alimentação* (CM) (cofot. Tufy Kanji); *A Organização da Cozinha* (CM) (cofot. Tufy Kanji); *A Pesquisa de Mercado* (CM) (cofot. Tufy Kanji); *As Cinco Fases da Venda* (CM) (cofot. Tufy Kanji); *Arrumando a Mesa* (CM) (cofot. Tufy Kanji); *Bárbaro e Nosso* (CM); *Meio Dia* (Noon) (CM); *O Cabelo* (CM) (cofot. Tufy Kanji); *O Comércio Mercantil* (CM) (cofot. Tufy Kanji); *O Escritório Comercial* (CM) (cofot. Tufy Kanji); *O Funcionamento da Cozinha* (CM) (cofot. Tufy Kanji); *O Serviço no Restaurante* (CM) (cofot. Tufy Kanji); *Obstáculos na Venda* (CM) (cofot. Tufy Kanji); 1970- *A Maquilagem* (CM) (cofot. Tufy Kanji); *A Pele* (CM) (cofot. Tufy Kanji); *A Propaganda no Comércio* (CM) (cofot. Tufy Kanji); *Conheça Seu Cliente* (CM) (cofot. Tufy Kanji); *Flauta das Vértebras* (CM) (cofot. Celso Fukuda); *Manequim, os Primeiros Passos* (CM) (cofot. Tufy Kanji); *O Cartaz* (CM) (cofot. Tufy Kanji); *O Folclore* (CM) (cofot. Tufy Kanji); *O Que Você Pensa?* (CM) (cofot. Tufy Kanji); *Os Caminhos de Fang* (CM) (dir., fot.); *Vitrina e Comunicação* (CM) (cofot. Tufy Kanji); 1971- *Fantastikon, os Deuses do Sexo* (dir., fot.) (cofot. Antonio Meliande); 1974- *Núpcias Vermelhas* (dir., fot.); 1975- *Quando Elas Querem...e Eles Não*; *Os Pilantras da Noite*; *O Incrível Seguro da Castidade*; *A Carne* (Um Corpo em Delírio) (dir., fot.); 1976- *Bacalhau*; *Quem é o Pai da Criança?*; *Passaporte Para o Inferno* (dir., fot.); 1977- *Emanuelle Tropical* (dir., fot.); 1978- *Encarnação* (dir., fot.); 1979- *A Virgem Camuflada*; *O Inimigo do Homem* (CM) (dir., fot.); 1980- *Gugu, o Bom de Cama*; *Renot Bahia Brasil* (CM) (dir., fot.); 1981- *A Realidade de Lourenço* (CM) (dir., fot.); *Cláudio Tozzi* (CM); *Os Camnhos de Fang* (CM) (dir., fot.); 1983- *O Universo Lírico de Orlando Teruz* (CM); *A Mulher, a Serpente e a Flor* (dir.).

## MARTINIANO, SIMIÃO       ●

Nasceu em União dos Palmares, AL, em 1935. É criado por Manuel Gomes na Usina Santa Tereza, em Colônia Leopoldina, ainda em Alagoas. Figura singular do Cinema Brasileiro, chega ao Recife aos 27 anos, em 1962 e começa a trabalhar como ajudante de pedreiro. O ano seguinte casa-se com Noêmia Lídia de Araújo, com quem tem cinco filhos. É promovido a pedreiro e depois mestre de obras. Aos 55 anos, em 1990, vai ser camelô no Cais de Santa Rita, no Trianon, Mercado São José e Rua da Palma, até chegar ao Camelódromo da Dantas Barreto. Inicia sua carreira no cinema fazendo ponta como ator no filme *Quando O Gigante Desperta*, de Pedro Teófilo, no papel de um soldado holandês, mas o filme não é concluído por falta de dinheiro. Depois atua em *Luciana, a Comerciária*, em 1976, de Mozart Cintra, mas a censura não permite a sua exibição. Depois de fazer um curso de seis meses sobre direção de cinema, arrisca sua primeira produção a radionovela *Minha Vida é Um Romance*, prevista para cem capítulos, teve apenas cinco, que serviram de base para seu primeiro filme, *Traição no Sertão* (1995/96), originalmente filmado em Super-8, em 1979, e que custa cerca de R$ 1,5 mil. Seus filmes sempre correram à margem do sistema, nunca chegaram em circuito comercial e normalmente são exibidos em colégios, associações e cinemas municipais. Neles Simião faz tudo, produz, dirige, roteiriza, fotografa, sonoriza e monta. Exibindo e comercializando suas produções num box que mantém no Camelódromo do Recife, no Centro, Simião vive de uma aposentadoria de um salário mínimo e da venda de seus filmes no camelódromo. Em 1998, Clara Angélica e Hilton Lacerda produziram e dirigiram o documentário curto *Simião Martiniano – O Camelô do Cinema*, que conta sua vida. Faz ponta como ator em três filmes do diretor Heitor Dhalia: *Conceição* (2000), *Nina* (2004) e *O Cheiro do Ralo*, além dos curtas *O Homem da Mata* (2004), de Antonio Luiz Carrilho de Souza Leão e *Percepção* (2005), de Luanda Lopes. Seu último filme, o média *O Show Variado* (2010), é um musical, fugindo um pouco de seu gênero habitual.

> **Filmografia**: 1979/96- *Traição no Sertão* (filmado em Super-8 em 1979 e concluído em 1996 em VHS); 1988/89- *O Herói Trancado*; 1990/91- *A Rede Maldita*; 1992- *O Vagabundo Faixa Preta*; 1993/94- *A Mulher e o Mandacaru*; 1997/99- *A Moça e o Rapaz Valente*; 2007- *A Valise Foi Trocada*; 2008/10- *O Show Variado* (MM).

## MARTINS, PAULO ROBERTO

Paulo Roberto de Souza Martins nasceu no Rio de Janeiro, RJ, em 1942. Dirige seu primeiro curta em 1968, *Arte Pública*, em parceria com Jorge de Vives. Seu primeiro e único longa acontece em 1975, *Ipanema Adeus*, após o qual, dirige e fotografa somente curtas, sendo o último em 1992, *Carta dos Confins do Inferno*.

> **Filmografia**: 1968- *Arte Pública* (CM) (dir.) (codir Jorge de Vives); 1971- *A Cidade Cresce Para a Barra* (CM) (dir.); 1975- *Ipanema, Adeus* (dir.); 1977- *Corpos* (CM) (dir.); 1978- *Paulo Moura* (CM) (dir.); 1979- *Canoa Quebrada* (CM); 1981- *Qualquer Semelhança é Mera Coincidência* (CM) (cofot. João Carlos Horta); 1992- *Carta dos Confins do Inferno* (CM).

## MATANÓ, CAETANO

Nasceu em Itu, SP, em 1890. Em 1915, já na capital paulista, é gerente do Cinema Coliseu  Faz suas primeiras experiências no cinema como fotógrafo do curta *A Pomba Casamenteira*, direção de Pascoal de Lorenzo. Seu longa *Mocidade Inconsciente* de 1931, de temática religiosa, foi considerado ousado para a época. Morre em 1961, aos 71 anos de idade.

> **Filmografia**: 1916- *A Pomba Casamenteira* (CM); 1919- *A Caipirinha* (dir.); 1923- *O Carnaval de 1923 em São Paulo* (CM) (dir., fot.); 1926- *Caminhos do Destino* (dir.); 1930- *Erros da Mocidade* (dir.); *Rosas de Nossa Senhora* (fot.); 1931- *Mocidade Inconsciente* (dir.); *Mulher de Santa Terezinha* (dir.); *O Preço de Um Beijo* (dir.); 1950- *A Vida é Uma Gargalhada* (fot.); 1951- *O Segredo de Uma Confissão* (dir.).

## MATARAZZO, CONCÓRDIO

Nasceu em Salermo, Itália, em 1949. Chega ao Brasil com seis anos de idade, radicando-se em São Paulo. Conhecido no meio cinematográfico como Conca. Forma-se eletricista e eletrotécnico pelo Senai e logo começa a trabalhar em uma das empresas do grupo Matarazzo. Por intermédio de sua irmã, consegue uma vaga de auxiliar geral na Jaraguá Filmes, de Rubens Rodrigues dos Santos, no filme *Da Estrada a Rodovia*, em 1968. Seu primeiro filme como fotógrafo é o documentário *História de São Paulo*, em que inicia longa parceria com Emilio Barbieri e Sideval Jordão, também fotógrafos. Juntos fariam dezenas de documentários institucionais na Jaraguá até 1974. Desligado da Jaraguá, é fotógrafo de cromo na George Henry Associados e em seguida inicia sua carreira de assistente de câmera na Boca do Lixo, sendo seu primeiro filme *A Árvore dos Sexos* (1977), de Sílvio de Abreu, contabilizando cerca de 60 longas até 1982. Em1990, pela produtora Palavra Viva, pertencente à Igreja Católica, fotografou e iluminou 280 filmetes em vídeo que eram exibidos diariamente na TV Globo nas primeiras horas. Seu último filme como assistente de câmera é *Ilha Ra-Tim-Bum: O Martelo de Vulcano* (2003), de Eliana Fonseca. Afastado do cinema hoje administra uma imobiliária.

> **Filmografia**: 1970- *História de São Paulo* (CM) (cofot. Emílio Barbieri e Sideval L. Jordão); 1971- *A Boa Água* (CM) (cofot. Emílio Barbieri e Sideval L.Jordão); *Mais Água Para São Paulo* (CM) (cofot. Emílio Barbieri e Sideval L. Jordão); *Metrô* (CM) (cofot. Emílio Barbieri e Sideval L.Jordão); *Metrô: Trecho Norte-Sul* (CM) (cofot. Emílio Barbieri e Sideval L.Jordão); *Metrô: Trecho Sete* (CM) (cofot. Emílio Barbieri e Sideval L. Jordão); 1972- *Dom Pedro Volta ao Ipiranga* (CM) (cofot. Emílio Barbieri e Sideval L. Jordão); *Duzentos Milhões de Livros ou Uma História de Amor* (CM) (cofot. Emílio Barbieri e Sideval L. Jordão); 1973- *Comgás - Distribuição* (CM) (cofot. Emílio Barbieri e Sideval L. Jordão); *Comgás - Usina* (CM) (cofot. Emílio Barbieri e Sideval L. Jordão); *Fernando de Noronha* (CM) (cofot. Emílio Barbieri e Sideval L. Jordão); *Forma Pneumática Tubular* (CM) (cofot. Emílio Barbieri e Sideval L. Jordão); *Gás Canalizado Combustível da Metrópole Moderna* (CM) (cofot. Emílio Barbieri e Sideval L.Jordão); *Nordeste* (CM) (cofot. Emílio Barbieri e Sideval L. Jordão); *O Metrô de São Paulo* (CM) (cofot. Emílio Barbieri e Sideval L. Jordão); *O Novo Galeão* (CM) (cofot. Emílio Barbieri e Sideval L. Jordão); *Túnel Sub-Aquático Pré-Moldado* (CM) (cofot. Emílio Barbieri e Sideval L. Jordão); 1974- *DAEE – Desenvolvimento Para São Paulo* (CM) (cofot. Emílio Barbieri e Sideval L.Jordão); *Galeria Com Forma Pneumática Tubular* (CM) (cofot. Emílio Barbieri e Sideval L.Jordão); *Light, Indústria do Desenvolvimento* (CM) (cofot. Emílio Barbieri e Sideval L.Jordão); *Pesquisa Hidráulica – Fator de Progresso* (CM) (cofot. Emílio Barbieri e Sideval L.Jordão); *Tecnologia Para o Desenvolvimento* (CM) (cofot. Emílio Barbieri e Sideval L.Jordão); 1975- *São Paulo – Centro 1841-1977* (CM) (cofot. Juan Carlos Landini e Sideval L.Jordão); 1978- *Bela Vista* (CM) (cofot. Sideval L.Jordão*)*; *Paulicéia* (CM); 1979-

*A Obra de Samsom Flexor* (CM); *Aldeia de Arcozelo* (CM); *Maysa* (CM); *Tiradentes Barroco* (CM); *Veneta* (CM) (cofot. Sideval L. Jordão); *Tolousse-Lautrec* (CM); 1980- *As Cidades Históricas do Rio das Mortes* (CM); *Os Pastores da Cor* (CM); 1982- *As Safadas; A Menina e o Estuprador; As Viúvas Eróticas* (cofot. Cláudio Portioli e A. J. Moreiras).

## MATTOS, EDUARDO

Nasceu em Salvador, BA, em 21 de Maio de 1965. Forma-se em cinema pela FAAP – Fundação Armando Álvares Penteado, em 1999, quando dirige a fotografiade seu primeiro filme, *1+1*, direção de João Landi Guimarães. Em 2002 dirige seu primeiro filme, o curta *A Mona do Lotação*.

**Filmografia**: 1999- *1+1* (CM) (cofot. João Landi Guimarães); *Vinte e Cinco de Dezembro...* (CM) (cofot. Henrique Rodriguez e João Landi Guimarães); 2002- *A Mona do Lotação* (CM) (dir.) (codir Daniel Ribeiro); 2008- *Cigano* (CM) (dir.); 2009- *Suspeito* (CM) (dir.).

## MAURO, HUMBERTO

Humberto Duarte Mauro nasceu em Volta Grande, MG, em 30 de Abril de 1897. Em 1910 muda-se para Cataguases e em 1914 já é ator de teatro amador na revista *Ao Correr da Fita*. Estuda mecânica e radioamadorismo. Com uma câmera 9,5mm começa a fazer experiências e em 1925 dirige seu primeiro filme, *Valadião, o Cratera*, em parceria com Pedro Comello. Assim surge o Ciclo de Cataguases. Em 1930 transfere-se para o Rio de Janeiro a convite de Adhemar Gonzaga. Seu primeiro filme na então capital de república é *Lábios Sem Beijos*. Em 1936 é contratado por Edgar Roquette-Pinto para trabalhar no Ince – Instituto Nacional de Cinema Educativo e, a partir de então dirige mais de 300 documentários, entre 1936 e 1964, retratando aspectos diversos do Brasil. Em 1952 dirige seu último longa, *O Canto da Saudade* e em 1974, seu último filme, e o primeiro colorido, o curta *Carro de Bois*. É considerado o mais brasileiro dos cineastas brasileiros e por todos respeitado. Casa-se em 1920 com a atriz Lola Lys, com quem teve três filhos, entre eles o fotógrafo e diretor, José de Almeida Mauro, o Zequinha, parceiro do pai em dezenas de filmes. Paulo Emílio Salles Gomes disse: *Humberto Mauro é a primeira personalidade de primeiro plano revelada pelo cinema brasileiro*. Morre em 15 de Novembro de 1983, em Volta Grande, MG, aos 86 anos de idade.

**Filmografia**: 1925- *Valadião, o Cratera* (dir., fot.) (cofot. Pedro Comello); 1926- *Na Primavera da Vida* (LM) (dir.) (psd: Reinaldo Mazzei); 1927- *Thesouro Perdido* (LM) (cofot. Bruno Mauro e Pedro Comello); 1928- *Brasa Dormida* (LM) (dir.); *Symphonia de Cataguases* (dir., fot.); 1929- *Sangue Mineiro* (LM) (dir.); 1930- *Lábios Sem Beijos* (LM) (dir., fot.) (cofot. Paulo Morano); 1931- *Mulher* (LM) (fot.); 1932-*A Ameba* (dir., fot.); 1933- *A Première de Grande Hotel* (dir.r, fot.) (cofot. Edgar Brasil); *A Voz do Carnaval* (LM) (dir.) (codir Adhemar Gonzaga); *Como se faz um Jornal Moderno* (dir.); *Ganga Bruta* (dir.); *Honra e Ciúmes* (LM) (fot.) (cofot. Antonio Medeiros); *Marambaia* (dir.); 1934-*Feira de Amostras do Rio de Janeiro* (dir.); *General Osorio* (dir., fot.); *Inauguração da Sétima Feira Internacional de Amostras da Cidade do Rio de Janeiro* (dir., fot.); *Sete Maravilhas do Rio de Janeiro – Primeira e Segunda Maravilha* (dir., fot.); *Sete Maravilhas do Rio de Janeiro – Quarta Maravilha* (dir., fot.); *Sete Maravilhas do Rio de Janeiro – Quinta Maravilha* (dir., fot.); *Sete Maravilhas do Rio de Janeiro – Setima Maravilha* (dir., fot.); *Sete Maravilhas do Rio de Janeiro – Terceira Maravilha* (dir., fot.); *Sete Maravilhas do Rio de Janeiro –Sexta Maravilha* (dir., fot.); 1935- *Favela dos Meus Amores* (LM) (dir.,fot.); *Pedro II* (dir., fot.); *Tabatinga* (dir., fot.); *Taxidermia* (dir., fot.); 1936- *Apólogo* (Machado de Assis) (dir., fot.) (codir Lúcia Miguel Pereira); *Ar Atmosférico* (dir., fot.); *Aventuras de Lulu* (dir.); *Barômetros* (dir., fot.); *Benjamin Constant* (dir., fot.); *Céu do Brasil na Capital da República* (dir.); *Cidade Mulher* (LM) (dir.); *Colônia de Psicopatas em Jacarepaguá* (dir.); *Corrida de Automóveis* (dir., fot.); *O Cysne* (dir., fot.); *Dia da Bandeira de 1936* (dir., fot.); *Dia da Pátria de 1936* (dir., fot.); *Dia do Marinheiro* (dir., fot.); *Exercícios de Elevação* (dir., fot.); *Os Inconfidentes* (dir.); *Lição Prática de Taxidermia* (I) (dir., fot.); *Lição Prática de Taxidermia* (II) dir.); *Os Lusíadas* (dir.); *Manômetros* (dir., fot.); *Máquinas Simples – 1ª O*(dir., fot.); *Máquinas Simples – 2ª Parte - Roldanas, Plano Inclinado e Cunha* (dir., fot.); *Medida da Massa: Balanças* (dir., fot.); *A Medida do Tempo* (dir., fot.); *Microscópio Composto – Nomenclatura* (dir., fot.); *O Ministro da Educação Dr. Gustavo Capanema Recebe as Instalações da Rádio Sociedade PRA-2* (dir.); *Os Músculos Superficiais do Corpo Humano* (dir., fot.); *Os Músculos Superficiais do Homem* (dir.); *Um Parafuso* (dir., fot.); *Preparo da Vacina Contra a Raiva* (dir., fot.); *Ribeirão das Lages* (dir., fot.); *O Telégrafo no Brasil* (dir., fot.); *Um Apólogo* (Machado de Assis) (dir., fot.) (codir Lúcia Miguel Pereira); *Visita do Presidente Franklin Roosevelt ao Brasil* (dir.); 1937-*Academia Brasileira de Letras* (dir., fot.); *Apendicite* (dir., fot.); *Os Centros de Saúde do Rio de Janeiro* (dir.); *Céu do Brasil no Rio de Janeiro* (dir., fot.) (cofot. Manoel P.Ribeiro); *Circulação do Sangue na Cauda do Gerino* (dir., fot.); *Corpo de Bombeiros do Distrito Federal* (dir.); *Dança Regional Argentina - Escola Sarmiento* (dir.); *O Descobrimento do Brasil* (LM) (dir., fot.) (cofot. Manoel P. Ribeiro, Alberto Botelho e Alberto Campiglia); *Dia da Pátria de 1937* (dir., fot.) (cofot. Manel P. Ribeiro); *Eletrificação da Estrada de Ferro Central do Brasil* (dir.); Equinodermes (dir.); *Hidrostática - Propriedade e Equilíbrio dos Líquidos)* (dir., fot.); *Itacurussá – Baía de Sepetiba – Estado do Rio* (dir.); *Jogos e Danças Regionais - Escolas Primárias* (dir.); *Juramento a Bandeira - Batalhão de Guardas; Lotus do Egito* (dir., fot.); *Luta Contra o Ofidismo* (dir., fot.); *Magnetismo* (dir., fot.); *Medida de Comprimento* (dir., fot.); *Método Operatório do Dr. Gudin* (I) (dir., fot.); *Orchídeas* (dir., fot.); *Outono* (dir., fot.); *Papagaio* (dir., fot.); *Pedra Fundamental do Edifício do Ministério da Educação* (dir., fot.); *Peixes do Rio de Janeiro* (dir., fot.); *Planetário* (dir., fot.); *Telúrio* (dir., fot.); *Universidade do Brasil* (dir., fot.); *Victoria-Régia* (I) (dir., fot.); *Victoria-Régia* (II) (dir.); 1938-*Aranhas* (dir., fot.); *Bronze Artístico – Moldagem e Fundição – Cada da Moeda – Rio* (dir., fot.); *Combate a Praga do Algodoeiro em Minas Gerais – Cataguazes* (dir., fot.); *Dia da Bandeira de 1938* (dir.); *Dia da Pátria de 1938* (dir.); *Engenhoca e Sovaca* (dir., fot.); *Exposição José Bonifácio* (dir.); *Extirpação do Estômago* (dir., fot.); *Febre Amarela - Preparação da Vacina Pela Fundação Rockfeller* (dir.); *Grande Hotel* (fot.) (cofot. Edgar Brasil); *Hérnia Inguinal* (dir., fot.); *Hino a Vitória* (dir.); *O João de Barro* (dir., fot.); *Laboratório de Física na Escola Primária – Aparelhos Improvisados* (dir.); *Método Operatório do Dr. Gudin* (II) (dir., fot.); *Milão – Agosto 1938* (dir., fot.); *A Moeda* (dir., fot.); *Moinho de Fubá* (dir., fot.); *Monitor Parnaíba – Construção Naval Brasileira* (dir.); *Morfogênese das Bactérias – Origem e Formação das Colônias* (dir., fot.); *Paris* (dir., fot.); *Pompéia* (dir., fot.); *Roma – Agosto 1938* (dir., fot.); *Serviço de Saúde Pública do Distrito Federal* (dir.); *Talha* (Escultura em Madeira) (dir., fot.); *Toque e Refinação do Ouro – Casa da Moeda – RJ* (dir., fot.); *Veneza* (dir., fot.); *Vistas de São Paulo* (dir.); 1939-*Acampamento de Escoteiros* (dir.); *Cerâmica de Marajó* (dir., fot.); *Copa Roca – Primeiro Jogo – Brasil X Argentina – 8 de Janeiro de 1939* (dir., fot.); *Copa Roca – Segundo Jogo – Brasil X Argentina – 15 de Janeiro de 1939* (dir., fot.); *Corrida Rústica de Revezamento (dir.); Dança Clássica* (dir.); *Dia da Bandeira de 1939* (dir.); *O Dia da Pátria* (dir.); *Esterilização Total do Meio Operatório* (dir.); *Estudo das Grandes Endemias – Aspectos Regionais Brasileiros* (dir., fot.) (cofot. Prof. Evandro Chagas); *Fluorografia Coletiva - Método do Dr. Manuel Abreu* (dir., fot.); *Hospital Colônia de Curupaity* (dir.); *Instituto Oswaldo Cruz – Rio de Janeiro* (dir., fot.); *Jardim Zoológico do Rio de Janeiro* (dir.); *Leischmaniose Visceral Americana* (dir., fot.); *Parada da Mocidade e Raça* (dir.); *Propriedades Elétricas do Puraquê* (dir.); *O Puraquê – Electrophorus Eletricus – Peixe Elétrico* (dir.); *Serviço de Esgotos do Rio de Janeiro – Fundição* (dir.); *Serviço de Esgotos do Rio de Janeiro – Tratamento dos Esgotos* (dir.); *Serviço de* Salvamento (dir., fot.); *Tripanozomíase Americana* (dir., fot.); *Uma Excursão a Barão de* Javari (Estado do Rio) (fot.); *Um Apólogo - Machado de Assis* (1839-1939) (dir.); *Visita ao Primeiro B.C. de Petrópolis* (dir.); 1940-Araras (dir., fot.); *Argila* (LM) (dir., fot.) (cofot. *Manoel* P.Ribeiro); *Arremesso do Martelo* (dir., fot.); *Bandeirantes; Coreografia Popular no Brasil* (dir., fot.); *O Cristal* (dir.); *Dia da Bandeira de* 1940 (dir.); *Lagoa Santa – Minas Gerais* (dir., fot.); *Os Bandeirantes* (LM) (dir.); *Parada da Juventude- Setembro de 1940* (dir.); *Pavilhão da DASP na Feira de Amostras de 1940* (dir., fot.); *Peixes Larvófagos* (dir., fot.); *Provas de Salto de Professor Japonês* (dir., fot.); 1941-*Cerâmica Artística no Brasil – Itaipava – Estado do Rio* (dir.); *Faiscadores de Ouro* (dir.); *Lapidação de Diamantes* (dir.); *Ponteio – Segundo Movimento do Concerto Para Piano e Orquestra de Heckel Tavares* (dir.); 1942-*Avenida Tijuca* (dir.); *Carlos Gomes* – 1836-1896 - *O Guarani – Ato Terceiro – Invocação dos Aimorés* (dir.); *Cidades de Minas – Cataguazes* (dir.); *Coração Físico de Ostwald* (dir., fot.); *O Despertar da Redentora* (dir.); *O Dragãozinho Manso – Jonjoca* (dir., fot.) (cofot. Manoel P.Ribeiro); *Exposição de Brinquedos Educativos* (dir., fot.); *Fisiologia Geral – Prof. Miguel Osório – Instituto Manguinhos – Rio de Janeiro* (dir., fot.); *Henrique Oswald* (dir.); *Miocardio em Cultura – Potenciais de Ação* (dir., fot.); *Museu Imperial de Petrópolis* (dir.); *Reação de Zondek* (dir.); *Relíquias do Império* (dir.); 1943-*Aspectos de Minas* (dir., fot.); *Convulsoterapia Elétrica* (dir., fot.); *Exposição* do D.A.S.P.(dir.); *Fantasia Brasileira - Concerto Para Piano e Orquestra de J.Otaviano* (dir.); Fernão Dias (dir.); *Flores do Campo – Zona do Mata – Minas Gerais* (dir.); *Fontes Ornamentais – Antiqualhas Cariocas* (dir., fot.); *Grafite* (dir.); *Jardim Botânico do Rio de Janeiro* (dir., fot.); *Judas, em Sábado de Aleluia* (Martins Penna) (dir.); *Manganês* (dir., fot.) (cofot. José A. Mauro); Sifilis Cutânea (dir.); 1944-*Aspectos de Resende – Estado do Rio* (dir., fot.); *Carlos* Gomes (dir.); Cristal de Rocha (dir.); O Escravo (dir.); *Euclydes da Cunha – 1866-1909* (dir.); *Farol* (dir.); *Melros de Cantagalo* (dir.); *Mica* (dir.); *Pólvora Negra* (dir.); *O Segredo das Asas* (dir., fot.) (cofot. Manoel P. Ribeiro); 1945-*Aspectos do Sul de Minas* (dir.); *Barão do Rio Branco* (dir.); *Canções Populares - Chuá Chuá e Casinha Pequenina* (dir., fot.); *Carro de Bois* (dir.); *Cataguases nas Comemorações do Dia Primeiro de Maio de 1945* (dir.); *Combate a Lepra no Brasil – Serviço Nacional de Lepra –* M.E.S.(dir.); *Engenho Industrial no Brasil* (dir.); *Ensino Industrial no Brasil* (dir.); *Marambaia - Escola de Pesca Darcy Vargas* (dir.); *O Mate* (dir.); *Serviço de Febre Amarela* (dir.); *Serviço do Patrimônio Histórico e Artístico* (dir.); *Serviço Nacional de Tuberculose* (dir., fot.) (cofot. Manoel P.Ribeiro); *Vicente de Carvalho – 1866-1924 – Palavras ao Mar – Fragmentos* (dir., fot.); 1946-*Aspectos da Baia da Guanabara* (dir.); *Assistência Hospitalar no Estado de São* Paulo (dir.); *Cidades de São Paulo – Campinas* (dir.); *Fabricação de Ampolas* (dir., fot.); *Jardim Zoológico* (dir.); *Leopoldo Miguez – 1850-1902 – Hino da República* (dir.); 1947-*Campos do Jordão – Estado de São Paulo* (dir.); *Coreografia – Posições Fundamentais da Dança Clássica* (dir.); Cristal Oscilador – Industrialização do *Quartzo no Brasil* (dir.); *Fabricação da Manteiga* (dir.); *Fabricação da Penicilina no Brasil* (dir.); *Fabricação do Queijo* (dir.); *Gramíneas e Flores Silvestres* (dir.); *Heliotipia* (fot.); *Martins Penna* (dir.); *Pasteurização* (dir.); 1948-*Berço da Saudade* (dir.); *Caldas da Imperatriz* (dir.); *Canções Populares - Azulão e Pinhal* (dir.); *Castro Alves – 1847-1871* (dir.); *Indústria*

Farmacêutica no Brasil (dir.); Jardim Botânico do Rio de Janeiro (dir.); 1949-Baía da Guanabara (dir.) (filme inacabado); Cidade de São Paulo (dir.); Cidade do Rio de Janeiro – Brasil (dir.); Cidade do Salvador – Bahia (dir.); Métodos de Diagnóstico Biológico de Gravidez (fot.); Ruy Barbosa – 1849-1923 – Primeiro Centenário de Nascimento (dir.); 1950-Alberto Nepomuceno (dir.); Assistência aos Filhos dos Lázaros (dir.); Eclipse (dir.); Ginásio Nova Friburgo da Fundação Getúlio Vargas (dir.); Tratamento Cirúrgico da Sinusite (dir.); 1951-Cerâmica (dir.); Conjunto Coreográfico Brasileiro (dir.); Cultura Musical (dir., fot.); Escola Preparatória de Cadetes (dir.); Evolução dos Vegetais (dir.); Micromanipulação (fot.); 1952-Cerâmica – Escola Técnica Nacional – Ministério da Educação e Saúde – 1951 (dir.); Cidade do Aço, Coqueria, Alto Forno e Acearia (dir.); A Cirurgia dos Seios da Face (Via Transmaxilar) (dir.); Cloro – Produção e Aplicações (dir.); Gravuras: Água Forte (dir.); Gravuras: Buril, O Canto da Saudade (LM) (dir.); Ponta Seca, Água-Tinta (dir.); 1953-Academia Militar das Agulhas Negras (dir.); Alimentação e Saúde (dir.); Instituto de Puericultura Martagão Gesteira da Universidade do Brasil (dir.); Lentes Oftalmicas – Indústria (dir.); O Minério e o Carvão (dir.); Refração Ocular – Correção Ocular (dir.); 1954-Aboio e Cantigas - Música Folclórica Brasileira (dir.); Captação da Água (dir.); Cultura Física - Saúde e Energia (dir.); Escorpionismo (dir.); Expansão de Volta Redonda (dir.); Higiene Rural – Fossa Seca (dir.); Lundu do Negro Velho (dir.); Manhãs de Sol (dir.); Molestia de Chagas (dir.); Movimentos Protoplasmáticos do Vegetal (dir.); Museu do Ouro em Sabará (dir.); Nem Tudo é Aço (dir.); Nhambikuaras (dir.); Volta Redonda como é Hoje (dir.); 1955-Associação Cristã Feminina do Rio de Janeiro – Brasil (dir.); Cantos de Trabalho – Música Folclórica Brasileira (dir.); Engenhos e Usinas – Música Folclórica Brasileira (dir.); Higiene Doméstica (dir.); Preparo e Conservação dos Alimentos (dir.); Silo Trincheira – Construção e Ensilagem (dir.); 1956-Biblioteca Demonstrativa Castro Alves – uma Biblioteca Modelo (dir.); Construções Rurais – Fabricação de Tijolos e Telhas (dir.); Ipanema (dir.); O João de Barro (dir.); Manhã na Roça – o Carro de Bois (dir.); Meus Oito Anos – Canto Escolar (dir.); Sabará (dir.); 1957-Belo Horizonte – Minas Gerais (dir.); Congonhas do Campo (dir.); Escola Caio Martins (dir.); Jardim Zoológico do Rio de Janeiro (dir.); Pedra Sabão – Seu Uso e suas Aplicações (dir.); 1958-O Café - História e Penetração no Brasil (dir.); Cantos de Trabalho Número Dois (dir.); Cidade de Caeté – Minas Gerais (dir.); Fabricação da Rapadura - Engenho e Monjolo (dir.); Largo do Boticário (dir.); O Oxigênio – Suas Aplicações (dir.); São João Del Rey (dir.); 1959-Cidade de Mariana – Minas Gerais (dir.); Machado de Assis (dir.); Poços Rurais – Água Subterrânea (dir.); Visita ao D.A.S.P. (dir.); 1960-Bacia Longa e Assimilida (dir.); Brasília (dir.) (filme inacabado); Endemias Rurais – Seus Produtos Profiláticos e Terapêuticos (dir.); Hemostase Cutânea (dir.); O Refugiado (dir.); Técnicas Exteriotáxicas no Estudo das Regiões Subcorticais (dir.); 1961-Engenho Velho (dir.); Obra de Aleijadinho (dir.); O Papel – História e Fabricação (dir.); 1962-Lições de Química N° 1 – Misturas e Combinações (dir.); Lições de Química N° 2 – Processo de Separação das Misturas e Combinações (dir.); Lições de Química N° 3 – Processos Industriais Para Separação das Misturas (dir.); 1964-A Velha a Fiar (dir.); 1966-Velhas Fazendas Mineiras (dir.); 1974-Carro de Bois (dir.).

## MAURO, JOSÉ A.

José de Almeida Mauro nasceu em Cataguases, MG, em 22 de Março de 1921. É filho do produtor/diretor Humberto Mauro e Dona Bebe. Em 1930, com nove anos de idade muda-se com a família para o Rio de Janeiro. Zequinha, como era conhecido, logo cedo aprende com o pai o oficio de fotografar e, com as câmeras deste, faz experiências amadoras, gosta de experimentar. Deixa o 2º ano de engenharia para trabalhar com Mauro, o pai. Estreia profissionalmente em 1938 no filme Febre Amarela – Preparação da Vacina pela Fundação Rockfeller, direção de H. Mauro para o Ince. Auxilia Manoel Ribeiro, fotógrafo oficial de Mauro. Em 1946 dirige seu primeiro filme, o documentário curto Salinas de Cabo Frio, ainda no INCE. Nos anos 1960 vai trabalhar no INC – Instituto Nacional de Cinema, que viera substituir o INCE – Instituto Nacional de Cinema educativo, depois CTAv, onde aposenta-se. Dirige a fotografia de dezenas de curtas, sendo o último, A Linguagem de Orson Welles (1990), direção de Rogério Sganzerla. Num tempo que a tecnologia estava distante, Zequinha podia ser considerado quase um alquimista, ao captar imagens e driblar dificuldades do pouco recurso técnico, com muito talento e criatividade, a exemplo do pai. Morre em 23 de Dezembro de 2002 no Rio de Janeiro, aos 81 anos de idade.

Filmografia: 1938- Febre Amarela – Preparação da Vacina pela Fundação Rockfeller; 1942- Relíquias do Império; 1943- Manganês (cofot. Humberto Mauro); 1944- Cristal de Rocha; Mica; Pólvora Negra; 1945- Carro de Bois; Ensino Industrial no Brasil; Marambaia – Escola de Pesca Darcy Vargas; 1946- Farol (cofot. Nelson Hatem); Jardim Zoológico (cofot. Nelson Hatem); Salinas de Cabo Frio (dir., fot.); 1947- Campos do Jordão – Estado de São Paulo; Cristal Oscilador – Industrialização do Quartzo no Brasil; Fabricação da Manteiga (cofot. Nelson Hatem); Fabricação da Pinicilina no Brasil; Fabricação do Queijo; Jardim Botânico do Rio de Janeiro (cofot. Nelson Hatem); Pasteurização (cofot. Nelson Hatem); 1948- Berço da Saudade (cofot. Manoel P.Ribeiro); Indústria Farmacêutica no Brasil (cofot. Jurandyr Passos Noronha); 1949- Cidade de Salvador – Bahia (cofot. Manoel P.Ribeiro); Cidade do Rio de Janeiro – Brasil (cofot. Manoel P.Ribeiro); 1950- Alberto Nepomuceno (cofot. Manoel P.Ribeiro); Eclipse; Tratamento Cirúrgico da Sinusite; 1952- Cerâmica – Escola Técnica Industrial – Ministério da Educação e Saúde; Cidade do Aço – Coqueria, Alto Forno e Acearia; Cloro – Produção e Aplicações; Gravuras: Água Forte; Gravuras: Buril, Ponta Sêca, Água-Tinta; 1953- Lentes Oftálmicas - Indústria; O Minério e o Carvão; 1954- Aboio e Cantigas – Música Folclórica Brasileira; Captação da Água (cofot. Luiz Mauro); Escorpionismo (cofot.Manoel P.Ribeiro); Higiene Rural – Fossa Seca; 1955- Higiene Doméstica; Preparo e Conservação de Alimentos; Silo Trincheira – Construção e Ensilagem; 1956- Construções Rurais – Fabricação de Tijolos e Telhas; Fabricação da Champagne no Brasil (dir., fot.); Meus Oito Anos – Canto Escolar; O João de Barro; Sabará; 1957- Congonhas do Campo; Escola Caio Martins; Pedra-Sabão – Seu Uso e Suas Aplicações; 1958- Fabricação da Rapadura – Engenho e Monjolo; O Café – História e Penetração no Brasil; 1959- Poços Rurais (Água Subterrânea); 1960- Endemias Rurais – Seus Produtos Profiláticos e Terapêuticos; Museu Nacional – Rio de Janeiro; Técnicas Esteriotáxicas no Estudo das Regiões Subcorticais; Técnicas Macro e Micro Fisiológicas no Estudo da Excitabilidade Cardíaca (dir., fot.); 1961- O Papel – Sua História e Fabricação; 1962- Condenados Pelo Progresso (cofot. Manoel P.Ribeiro); Investimento (dir., fot.); 1964- A Medida do Tempo; A Seda; A Velha a Fiar; Angoti; Capital do Ouro; 1965- Previsão do Tempo; 1966- Heitor Villa-Lobos (dir., fot.); Rio, Uma Visão do Futuro; 1967- Dia da Criação (dir., fot.); O Extraordinário Mundo da Natureza (dir., fot.); 1973- Catete a Meu Ver; Enfoque I – Participação; Os Brasileiros e a Conquista do Ar (cofot. Paulo Jorge de Souza); Oswaldo Cruz; Programa de Ação Cultural (cofot. Paulo Jorge de Souza, Renato Neumann, Eduardo Ruegg e Czamausk Tanasiuk); 1974- A Face e a Máscara; Reflexos do Impressionismo (dir.,fot.) (dodir. e cofot. Paulo Jorge de Souza); 1975- Festa de São Benedito (dir., fot.) (codir e cofot. Paulo Jorge de Souza); 1976- Humberto Mauro; Laço de Fita (Folclore do Piauí); Salvamento no Mar (cofot. Paulo Jorge de Souza); 1977- Academia Brasileira de Letras (CM) (cofot. João Carlos Horta e Antonio Penido); Canção de Amor (cofot. Antonio Silva); Conversa Com Cascudo; 1978- Nelson Pereira dos Santos Saúda o Povo e Pede Passagem (cofot. Hélio Silva, Sérgio Lins Vertis, Paulo Jorge e Walter Carvalho); Orixá Nimu Ilê (Arte Sacra Negra I) (cofot. Carlos Alberto Galdenzi e Marcos Maciel); 1979- O Cinegrafista de Rondon; 1982- Perto de Clarice; 1985- História da Rocinha (cofot. José Tadeu Ribeiro e Toca Seabra); 1988- Histórias do Cotidiano-Brasil Século 20; 1990- A Linguagem de Orson Welles.

## MAURO, LUIZ

Luiz de Almeida Mauro nasceu em Cataguases, MG, em 29 de Novembro de 1923. Filho do grande cineasta brasileiro Humberto Mauro e de dona Bebe, é conhecido no meio cinematográfico como Lulu. Chega ao Rio de Janeiro em 1930, aos 7 anos de idade. Assim como seu irmão José, ou Zequinha, aprende cedo a arte de fotografar com o pai. Seu primeiro filme como fotógrafo é o documentário Euclydes da Cunha (1944), direção de Humberto Mauro para o Ince. Ao contrário do irmão, dedica-se mais a produção, sendo um dos proprietários da Pró-Filmes no Rio de Janeiro, mesmo assim dirige a fotografiade vários documentários, quase todos dirigidos pelo pai e dois longas, Tudo Acontece em Copacabana (1980) e As Aventuras de Sérgio Mallandro (1988), os dois dirigidos por Erasto Filho. Morre em Volta Grande, MG, em 24 de Janeiro de 2006, aos 82 anos de idade.

Filmografia: 1944- Euclydes da Cunha – 1866 – 1909; Melros de Cantagalo; 1948- Castro Alves – 1847-1891 (cofot. Manoel P.Ribeiro); 1953- Refração Ocular – Correção Ocular; 1954- Captação de Água (cofot. Luiz A. Mauro); Expansão de Volta Redonda; Nem Tudo é Aço; Volta Redonda Como é Hoje; 1955- Engenhos e Usinas – Música Folclórica Brasileira; Preparo e Conservação dos Alimentos (cofot. José A.Mauro); 1957- Belo Horizonte – Minas Gerais; 1958- Cidade de Caetes – Minas Gerais; O Oxigênio – Suas Aplicações; São João Del Rey; 1959- Cidade de Mariana – Minas Gerais; 1979- Saudosa Gamboa; 1980- Tudo Acontece em Copacabana (LM); 1988- As Aventuras de Sérgio Mallandro (LM) (cofot. Cristiano Requião).

## MAXX, MATIAS

Matias Maximiliano Acevedo nasceu em São Paulo, SP, em 23 de Agosto de 1980. Fotojornalista, Cineasta e Editor de HQs, é formado em Jornalismo na PUC-RJ. Publica na Showbizz, Veja, VIP, CMJ, Jornal O Globo e JB dentre outros veículos. Através de sua produtora independente, a Tarja Preta, produz e dirige diversos vídeos. Produz, dirige e fotografa os videoclipes Ontem eu Sambei (Wado), Monstros L.A.P.A (Inumanos) e Eu Te Amo (mim) exibidos na MTV. Dirige diversos curtas, sendo sua estreia em 2001, Ontem Eu Sambei. Pela produtora Toscographics, assina a fotografia dos documentários Sou Feia Mas Tô na Moda (2005) sobre a funkeira Tati Quebra Barraco, o ainda inédito

*Peréio Eu Te Odeio,* além de coletar material para produzir um documentário em longa sobre *hip-hop* e outros movimentos culturais dos subterrâneos da cidade.

**Filmografia**: 2001- *Ontem Eu Sambei* (CM) (dir.); *Operação Free Jazz* (CM) (dir., fot.) (codir Remier); 2002- *Eu Te Amo* (CM) (dir.) (codir Christian Caselli); *Monstros L.A.P.A.* (CM) (dir.); 2003- *A Batalha do Real* (CM) (dir., fot.); *Apartamento 206* (CM) (dir.) (codir Daniel Juca Garcia); *No a La Guerra* (CM) (dir., fot.); *Superstição*; 2004- *Bonde do Brejo – Engolindo Sapos* (CM) (dir.) (co-dr. Daniel Juca Garcia); *Catchy Chorus* (CM) (dir.) (codir Christian Schumacher); *Dominação Bizarra* (CM) (dir., fot.) (codir Zé Colméia); 2005- *Sou Feia Mas Tô na Moda* (cofot. Paulo Camacho); 2010- *Peréio* Eu Te Odeio.

## MEDEIROS, ANTONIO

Nasceu em Santos, SP, em 1900. Adolescente já é projecionista de cinema. Depois ingressa na francesa Pathé-Frères, onde aprende o ofício de consertar máquinas de cinema, profissão que exerce durante algum tempo. Torna-se autodidata em cinema, aprendendo de tudo um pouco, literalmente *com a cara e a coragem.* Seu primeiro filme como cinegrafista é a comédia curta *A Desforra do Tira-Prosa,* produção de Antonio Campos, filmado no bairro do Bosque da Saúde, em São Paulo. Seu filme seguinte é também seu primeiro longa, *Como Deus Castiga,* direção de Antonio Leite e Miguel, refilmagem, visto que o anterior de 1919 teve seus negativos incendiados. Em meados dos anos 1920 funda sua própria produtora, a Medeiros Filmes. No inicio dos anos 30 muda-se para o Rio de Janeiro e participa dos dois filmusicais carnavalescos clássicos da Cinédia *Alô, Alô, Brasil* e *Alô, Alô, Carnaval.* Em 1936, para Mesquitinha fotografa *João Ninguém,* em que a sequencia final é colorida, pela primeira vez no Brasil e no ano seguinte seu último filme é o curta *Amor Contrariado,* direção de Aquile Tartari. Não se tem notícia da data de seu falecimento.

**Filmografia**: 1918- *Desforra do Tira Prosa;* 1920- *Como Deus Castiga* (CM); 1926- *Filmando Fitas; Rumo ao Céu da Pátria* (CM) (dir., fot.); *Vício e Beleza;* 1928- *Morfina; O Orgulho da Mocidade* (cofot. Carmo Nacarato); 1929- *O Carnaval de São Paulo em 1929* (CM) (fot.); *Piloto 13* (cofot. Helio Carrari e José Carrari); 1930- *As Armas; Amor e Patriotismo;* 1933- *Honra e Ciúmes* (cofot. Humberto Mauro); 1935- *Alô, Alô, Brasil* (cofot. Luiz de Barros, Afrodísio de Castro, Edgar Brasil, Ramon Garcia e Fausto Muniz); *Estudantes* (cofot. Edgar Brasil); 1936- *Alô, Alô, Carnaval* (cofot.Edgar Brasil e Vitor Ciacchi); *João Ninguém;* 1937- *Amor Contrariado* (CM).

## MEDEIROS, JOSÉ

José Araújo de Medeiros nasceu em Teresina, PI, em 1921. Aos cinco anos de idade presencia uma filmagem amadora em 9,5mm, feita por vizinhos numa Pathé-Baby. É seu primeiro encanto com o cinema. Depois, aos dez anos ganha uma câmera caixote do padrinho e passa a reproduzir fotografia de artistas de cinema de artistas da época para vender. Fazia a revelação em sua casa mesmo, aproveitando equipamento que pai, fotógrafo amador, possuía. Usando seu talento e criatividade, ilumina uma sala e tira a luz para fotografar o pai, a mãe, os irmãos, etc. Termina o colégio ainda no Piauí e depois muda-se para o Rio de Janeiro para estudar arquitetura, juntamente com irmão, o cenógrafo Anísio Medeiros, mas não conclui o curso. Em 1941, então com 20 anos, interessado em fazer cinema, e, de posse de um cartão de apresentação de um político influente piauiense, resolve procurar Roquette-Pinto no INCE, na sala ao lado dele ficava Humberto Mauro, mas Roquette o desaconselha a seguir a profissão. Diante da negativa, começa a tirar fotografia de famosos como a atriz Cacilda Becker, o pianista Arnaldo Estrella, etc, influenciado pelo trabalho que Cecil Beaton fazia na revista de moda *Vogue.* Depois vai trabalhar na revista *Rio-Magazine,* onde conhece a alta sociedade carioca, ao fotografar acontecimentos sociais, coquetéis, recepções. Em janeiro de 1947, convidado por Jean Manzon, vai ser fotógrafo da revista *O Cruzeiro.* Em cada evento que ia levava uma câmera Bell & Howell 16mm e registrava, em filme, as partes mais interessantes. Em uma das viagens com o indianista Dr. Nutels, usa sua câmera. Esse filme depois é usado

num documentário sobre Nutels. Em 1958 dirige e fotografa seu primeiro filme, *os Kubenkraukein* e na sequência *Os Profetas de Aleijadinho.* Em 1962, depois de 15 anos, desliga-se da revista *O Cruzeiro.* Em 1965 é Diretor de Fotografia da Guthering Millions (TV Americana) e The Red Road (TV Sueca). Seu primeiro trabalho como fotógrafo de cinema é no filme *A Falecida* (1965), de Leon Hirszman. A partir de então torna-se importante profissional do Cinema Brasileiro, computando em seu currículo filmes como *Liberdade de Imprensa* (1966), *A Rainha Diaba* (1974), *República Guarani* (1982), etc. Na TV Globo, foi iluminador do programa *Quarta Nobre.* Em 1986 é professor de fotografia na Casa Amarela da Universidade Federal do Ceará e em 1988/89 da Escola de Cinema de Santo Antonio de Los Baños, em Cuba. Em 1987 a Funarte faz uma exposição em sua homenagem chamada *José Medeiros, 50 Anos de Fotografia o,* ocasião em que um livro com o mesmo título é lançado. Glauber Rocha, sobre Medeiros, declarou: *José Medeiros é o único diretor de fotografia que sabe fazer uma luz brasileira.* Recebe diversos prêmios de melhor fotografia ao longo de sua carreira, como o Festival de Brasília em 1975 por Rainha Diaba, Gramado em 1977 por *O Seminarista* e *Aleluia, Gr,etchen,* Coruja de Ouro em 1975 por *Xica da Silva,* entre outros. Conhecido no meio cinematográfico como Poeta da Luz, morre em LÁquila, Itália, em 1990, aos 69 anos de idade.

**Filmografia**: 1958- *Os Kubenkraukein* (dir., fot.); *Os Profetas de Aleijadinho* (CM) (dir., fot.); 1965- *A Falecida; Migrações Internas* (CM) (dir., fot.); 1966- *Liberdade de Imprensa* (MM) (cofot. Armando Barreto); 1967- *A Mulher* (CM) (dir., fot.); *Explosão Demográfica no Brasil* (CM) (dir., fot.); *Proezas de Satanás na Vila do Leva-e-Traz; Rodovia Belém-Brasília* (CM) (dir., fot.); 1968- *Roberto Carlos Em Ritmo de Aventura; Viagem ao Fim do Mundo;* 1969- *Os Paqueras; Meu Nome é Lampião;* 1970 A *Vingança dos Doze; Roberto Carlos e o Diamante Cor-de-Rosa;* 1971- *Em Família; Faustão* (cofot. José A.Ventura); *As Aventuras Com Tio Maneco; Pra Quem Fica, Tchau!;* 1972- *Eu Transo... Ela Transa; Os Machões; Roberto Carlos a 300 Quilômetros Por Hora; Von Martius* (CM) (dir., fot.);1973- *O Fabuloso Fittipaldi* (cofot.Jorge Bodanzky); *Reisados em Alagoas* (CM) (dir., fot.); *Vai Trabalhar, Vagabundo;* 1974- *A Rainha Diaba; Quem tem Medo de Lobisomem?;* 1975- *O Caçador de Fantasma;* 1976- *Aleluia Gr,etchen; O Seminarista; Padre Cícero; Xica da Silva;* 1977- *Chuvas de Verão; Quem Matou Pacífico?; Morte e Vida Severina* (cofot. Francisco Balbino Nunes e Lauro Escorel); *Ódio; Barra Pesada* (cofot. Fernando Duarte); 1978- *Maneco, o Super Tio;* 1980- *Dia de Alforria* (CM); *Parceiros da Aventura* (dir., fot.); 1981- *A Ponte que Caiu – Estudo Cinematográfico Sobre a Ponte Rio Poty II* (CM)( (dir.); *Cry Freedom* (Nigéria); 1982- *República Guarani;* 1984- *Amor Maldito* (cofot. Paulo César Mauro); *Memórias do Cárcere* (cofot. Antonio Luiz Mendes); 1985/87- *Jubiabá;* 1986- *Nem Tudo É Verdade* (cofot. Carlos Alberto Ebert, Edson Santos, Edson Batista, Affonso Viana e Victor Diniz); 1987- *Fugindo do Passado* (cofot. Jefferson Silva); *Guerra do Brasil* (cofot. José Francisco dos Anjos); 1988- *Romance da Empregada* (cofot. José Tadeu Ribeiro); *Tecnicas de Duelo: Uma Cuestión de Honor* (Colômbia/Cuba).

## MEDEIROS, MAURICIO

Maurício Borges de Medeiros nasceu em Porto Alegre, RS, em 4 de Junho de 1975. Forma-se em 1998 em Comunicação Social – Publicidade e Propaganda e em 1999 Pós-Graduação/ Especialização em Produção Cinematográfica, ambas na PUC-RS. Realiza vários cursos de aperfeiçoamento como *Curso de Assistência de Câmera* promovido pela Fuji Filmes e Martins Produções (2000), em Porto Alegre, ministrado pelo Diretor de Fotografia Alziro Barbosa, *Oficina de Técnicas Laboratoriais* (2001) promovida pela Fuji Filmes, ABC, Labocine e Martins Produções, em Porto Alegre, *Oficina de Fotografia Cinematográfica* (2002) com Mestre Raúl Rodríguez, na Escuela Internacional de Cine y Televisión de San Antonio de los Baños, La Habana, Cuba, etc. Em 1998 produz os curtas *Da Menor Importância* e *O Negócio,* ambos direção coletiva de alunos da PUC-RS e em 1999 dirige e fotografa seu primeiro filme, o curta *Fora de Controle.* Como Diretor de Fotografiao, participa de inúmeros curtas como *Amor* (2001), *Os Olhos do Pianista* (2005), *República dos Ratos* (2008), *Marlene* (2010), etc. De 2004 a 2006 leciona Direção de Fotografiana Universidade Luterana do Brasil e desde 2009 Direção de Fotografia I e II, na Universidade do Vale do Rio dos Sinos. Também é Diretor de Fotografia e Iluminador em diversas peças de teatro como *Encontros* (2000), *Lixo Lixo Severino* (2002), *Limites* (2006), *Ilusão Coletiva* (2006), etc. e de videoclipes dos artistas César Figueiredo (2005), Banda Tribuwudu (2006/2008), Giovani Borba (2006), Negobrando (2009). Na televisão, assina a fotografia da série *Quintana Inventa o Mundo* (2006), a minissérie A Ferro e Fogo (2006) e da série *A Loja da Esquina* (2008), todas veiculadas pela RBS-TV. É assistente de direção no longa *Valsa Para Bruno Stein* (2007), direção de Paulo Nascimento.

**Filmografia**: 1999- *Fora de Controle* (CM) (dir., fot.) (cofot. Márcia Milagre); 2001- *Amor* (CM) (fot.); 2002- *Miopia* (CM); *Orangotangos* (CM) (fot.); 2004- *Viajantes* (CM) (fot.); 2005- *Hoje Tem Felicidade* (CM) (fot.); *Os Olhos do Pianista* (CM); *Foi Onde Deu Pra Chegar de Bicicleta* (CM) (fot.); *Making-Of V Bienal do Mercosul* (MM) (fot.); *Pedra 90* (fot.); *Super Flufi* (CM) (fot.); 2006- *Desaparecido* (CM) (fot.); *Diferente* (CM) (fot.); *Terra Prometida* (CM) (fot.); *Verso em Verso* (fot.); 2008- *O Atirador* (CM) (fot.); *Penalidade Máxima* (CM) (fot.); *República dos Ratos* (CM) (fot.); *Tratado de Liligrafia* (CM) (fot.); 2010- *A Melhor Parte de Adão* (CM) (dir., fot.) (codir Manuela Rodrigues Furtado); *Marlene* (CM) (fot.).

## MEDINA, JOSÉ

Nasceu em Sorocaba, SP, em 14 de Abril de 1894. Importante pioneiro do cinema paulista, aos dezesseis anos de idade, em 1910, já é projecionista de um dos primitivos cinemas da pequena cidade de Votorantim, interior de São Paulo. Nessa época, segundo Medina, quase todos os cinemas eram equipados com projetores Pathé Frères, que sofriam de trepidação, tanto que alguns proibiam os filhos de ir ao cinema com medo que essa trepidação lhes machucasse a vista. Chega em São Paulo em 1912, já muito interessado em fazer cinema. Em 1919 conhece Gilberto Rossi, com quem se associa para realizar seu primeiro filme, *Como Deus Castiga*, cuja filmagem havia sido iniciada por Eugenio Fonseca Filho, mas no meio dos trabalhos havia morrido um dos atores e Rossi deixara o filme de lado. Reiniciada a produção agora como José Medina como o novo diretor, as filmagens foram completadas mas o filme não chegou a ser copiado, pois foi destruído num incêndio antes da estreia. Seu segundo filme, *Exemplo Regenerador*, lançado em 14-03-1919, com a atriz Lúcia Laes, com filmagens na Avenida Paulista, em frente ao Trianon e Parque Siqueira Campos, fez tanto sucesso que os anima a fundar a Rossi Filme, com estúdios e laboratórios onde produziriam, a partir de então, filmes de ficção, o cinejornal Rossi Jornal e documentários. O *Rossi-Jornal* é produzido ininterruptamente por cinco anos, até o dia 5 de Julho de 1924, quando estoura a revolução comandada pelo General Izidoro Dias Lopes. Em 1929 faria seu mais importante filme, *Fragmentos da Vida*, lançado em 06-12-1929 no cine Odeon, em São Paulo, dos poucos preservados de sua filmografia. Com um incêndio ocorrido nos estúdios, chateia-se e resolve abandonar o cinema, indo trabalhar no rádio, onde permanece por 26 anos. "José Medina está com 78 anos. É o mais idoso cineasta brasileiro. Além de pioneiro, é um artista sensível, cujos filmes são, na produção brasileira, os menos desgastados pelo tempo. Ainda hoje é incrível a força e natural modernidade, a poderosa fluência de *Exemplo Regenerador* (1919) e *Fragmentos da Vida*. - techo da matéria assinada por Alfredo Sternheim, com José Medina, concedida à revista Filme Cultura Nº 23, editada pelo INC – Instituto Nacional de Cinema em Fevereiro de 1973." (...) Para mim, o melhor filme que fiz foi *Gigi*. Naquele tempo era uma superprodução. O argumento, muito bom, de Viriato Correia, era bem cinematográfico. Originalmente era um conto. Eu li, me entusiasmei e procurei o autor. Viriato deu a licença para filmar. E depois disse ter gostado muito do filme. Pena que o negativo pegou fogo. Gosto de *O Canto da Raça*, que fiz em 1942. A Censura apreendeu o negativo e o positivo porque, segundo eles, o filme elogiava muito São Paulo e por isso era muito bairrista. No filme, uma moça ia recitando a poesia de Cassiano Ricardo. Conforme ela ia recitando, iam aparecendo as imagens. Era um filme-poema. Foi a primeira fita sonora que fiz, embora nos meus filmes mudos eu fizesse os atores falarem os diálogos (...) - techo da entrevista concedida a Alfredo Sternheim, por José Medina, extraída da revista Filme Cultura N° 23, editada pelo INC – Instituto Nacional de Cinema em Fevereiro de 1973.

Morre em São Paulo, em 25 de Agosto de 1980, aos 86 anos de idade, sem realizar seu sonho, retornar ao cinema com um filme sobre a cleptomania.

**Filmografia**: 1919- *Como Deus Castiga* (Quando Deus Castiga) (LM) (dir.) (codir Eugênio Fonseca Filho) (inacabado); *Exemplo Regenerador* (Prelúdio Que Regenera) (CM) (dir.); 1921- *Assuntos e Atualidades de São Paulo* (CM) (dir., fot.); *Carlitinho* (CM) (dir.); *Fundação da Cruz Vermelha* (CM) (dir.); *Perversidade* (LM) (dir.); 1922- *A Culpa dos Outros* (CM) (dir.); *Centenário da Independência do Brasil* (CM) (dir.); *Do Rio a São Paulo Para Casar* (LM) (dir.); 1923- *Fábrica do Guaraná Zanota* (CM) (dir.); 1924- *No Silêncio da Noite* (LM) (dir.); 1925- *Gigi* (LM) (dir.); *Nos Pantanais de Mato Grosso* (CM) (dir.); *Primeiras Locomotivas Elétricas da Companhia Paulista* (CM) (dir.); 1926-*Passando o Conto* (CM) (dir., fot.); *Vida* (LM) (dir.); 1927- *Melancololia* (LM) (dir.); *Regeneração* (LM) (dir.); 1929- *Fragmentos da Vida* (LM) (dir., fot.) (cofot. Gilberto Rossi); 1930- *Crise* (LM) (dir.); *Gatuninha do Brás* (LM) (dir.); *Luzes Que Se Apagam* (LM) (dir.); *O Dedo da Previdência* (LM) (dir.); 1932- *Nas Serras de Paranapiacaba* (LM) (dir.); 1941/43- *O Canto da Raça* (CM) (dir.).

## MELIANDE, ANTONIO

Nasceu em Lucania, Itália, em 1945. Em 1956, com 11 anos de idade, muda-se com a família para o Rio de Janeiro. Em 1965 ingressa na Herbert Richers e dois anos depois estreia como assistente de câmera no filme *Jerry, a Grande Parada*. Auxilia o fotógrafo Ruy Santos, com quem aprende a arte. Em 1968, já em São Paulo, novamente assistente em *Cangaceiro Sanguinário* e outros produzidos na Boca. Em 1971 fotografa seu primeiro longa, *Fantastikon, os Deuses do Sexo*. Dirige seu primeiro filme em 1977, *Escola Penal de Meninas Violentadas*. A partir de 1980 constitui longa filmografia na Boca do Lixo de São Paulo, dirigindo ou fotografando, ora como Antonio Meliande e mais tarde, no explícito, sob o pseudônimo de Tony Mel ou Gildo Mariano, já com sua produtora, a Meliande Produções. Também fotografa para diretores importantes do Cinema Brasileiro como Walter Hugo Khouri, João Batista de Andrade, Adriano Stuart, Ícaro Martins, etc. Meliande é considerado um dos mais criativos fotógrafos do Cinema Brasileiro, adaptando-se com facilidade a gostos e estilos diferentes. Em 1995 afasta-se do cinema vai para a televisão, estando em atividade até os dias de hoje.

**Filmografia**: 1971- *Ipanema Toda Nua*; *Paixão na Praia*; *Pantanal de Sangue* (cofot. Reynaldo Paes de Barros); *Fantastikon, os Deuses do Sexo* (cofot. Marreco); 1972- *O Grito* (CM) (codir Rudolf Icsey e Osvaldo de Oliveira); 1973- *A Noite do Desejo* (Data Marcada Para o Sexo) (cofot. Ozualdo Candeias); *As Delícias da Vida* (cofot. A.J.Moreira); *Um Intruso no Paraíso* (cofot. Ozualdo Candeias); *O Último Êxtase*; 1974- *O Leito da Mulher Amada*; *Trote de Sádicos* (cofot. Cláudio Portioli); *O Signo do Escorpião*; *O Anjo da Noite*; *Exorcismo Negro*; 1975- *O Sexualista*; *O Desejo*; *Lucíola, o Anjo Pecador*; *Cada Um Dá o Que Tem* (episódio: *O Despejo*); 1976- *Ninguém Segura Essas Mulheres* (episódios: *O Desencontro* e *O Furo*); 1977- *Paixão e Sombras*; *Esse Rio Muito Louco* (episódio: *Kiki Vai a Guerra*); *Escola Penal de Meninas Violentadas* (dir., fot.); *Desenove Mulheres e Um Homem*; 1978- *Bandido! - Fúria do Sexo*; *O Vigilante Rodoviário* (MM); *Mulher Desejada*; *Doramundo*; *Damas do Prazer* (dir., fot.); *Como Matar Uma Sogra*; *A Noite dos Duros*; *Amada Amante*; 1979- *Embalos Alucinantes* (A Troca de Casais); *O Cinderelo Trapalhão*; *O Caçador de Esmeraldas*; *Nos Tempos da Vaselina*; *O Prisioneiro do Sexo*; *Mulheres do Cais*; *Iracema, a Virgem dos Lábios de Mel* (cofot. Pio Zamuner); *Herança dos Devassos*; *Essas Deliciosas Mulheres*; *Alucinada Pelo Desejo* (cofot. Pio Zamuner); *O Prisioneiro do Sexo*; 1980- *Ariella*; *As Intimidades de Analu* e *Fernanda*; *Bacanal* (dir., fot.); *Caminho das Pedras* (CM); *Convite ao Prazer*; *Os Rapazes da Difícil Vida Fácil*; *Os Três Mosquiteiros Trapalhões*; *Sinfonia das Estátuas* (CM); *Vestígios de Um Passado Explêndido* (CM); 1981- *Devassidão, Orgia do Sexo*; *Eros, O Deus do Amor*; *Lilian, a Suja* (dir., fot.); *Mulher Objeto*; *Ninfas Insaciáveis*; *O Incrível Monstro Trapalhão*; *Os Indecentes* (dir., fot.); *Ousadia*; 1982- *Anarquia Sexual* (dir., fot.); *Prazeres Permitidos* (dir., fot.); *As Viúvas Eróticas* (episódio: Silvia) (dir., fot.); *Vadias Pelo Prazer* (dir., fot.); *Um Casal... de Três* (Carícias Eróticas); *Bonecas da Noite* (dir., fot.) (cofot. A.J.Moreira); As Safadas (episódio: *Belinha, a Virgem* (dir., fot.); *As Gatas, Mulheres de Aluguel* (episódio: Aretuza) (dir.); *O Olho Mágico do Amor*; *A Primeira Noite de Uma Adolescente* (dir., fot.); *Amor, Estranho Amor*; *Amado Batista em Sol Vermelho* (dir., fot.); 1983- *As Aventuras de Mário Fofoca*; *Tudo Na Cama* (dir., fot.); *O Delicioso Sabor do Sexo* (dir., fot.) (psd: Tony Mel); *Onda Nova*; *Estranho Desejo*; *Curras Alucinantes* (dir., fot.); *A Próxima Vítima*; 1984- *A Flor do Desejo*; *Sexo Proibido* (dir., fot.) (psd: Tony Mel); *Quando Abunda Não Falta* (dir., fot.) (psd: Tony Mel); *Meu Homem, Meu Amante*; *Jeitosa, Um Assunto Muito Particular*; *De Pernas Abertas* (dir., fot.) (psd: Tony Mel); *Bobeou...Entrou* (dir., fot.) (psd: Tony Mel); *Amor Voraz*; 1985- *A Estrela Nua*; *Sexo Total* (dir., fot.) (psd: Tony Mel); *Prazeres Proibidos* (dir., fot.) (psd: Tony Mel); *Amante Profissional* (dir., fot.) (psd: Tony Mel); *A Grande Trepada* (A Grande Suruba* (dir., fot.) (psd: Tony Mel); 1986- *Um Pistoleiro Chamado Papaco* (Os Amores do Pistoleiro); *Um Jumento na Minha Cama*; *Sandra, a Libertina* (dir., fot.) (psd: Tony Mel); *Patrícia, Só Sacanagem* (dir., fot.) (psd: Gildo Mariano-dir.

e Tony Mel-fot.); *Turbilhão dos Prazeres* (cofot. Tony Mel); 1987- *Monica e a Sereia do Rio; Eu; A Vingança de Uma Mulher* (psd: Tony Mel); 1988- *Strip-Tease* (CM); 1989- *Atração Satânica; Jorge, Um Brasileiro;* 1990- *As Gatas do Sexo* (dir., fot.) (psd: Tony Mel); The Guest (Italia); 1991- *Bastidores* (CM); *Forever* (Per Sempre) (Brasil/Itália) (cofot. Antonio Nardi); *Ritual Macabro;* 1991/96- *O Corpo;* 1995/2001- *As Feras* (cofot. A.J.Moreira).

## MELLINGER, F.M.L.

Fritz Meldy Lucien Mellinger nasceu em Paris, França, em 1914. Radica-se no Brasil a partir de 1938 e logo integra-se a turma de cinema do Rio de Janeiro. É assistente de câmera em *E O Circo Chegou* (1940) e *Entra na Farra* (1941). Em 1947 tem sua primeira experiência como fotógrafo no Brasil, ao completar o filme *Uma Aventura aos Quarenta*, de Silveira Sampaio, uma vez que o fotógrafo oficial, Antonio Leal, havia falecido sem completar o filme. Nos anos 60 acumula alguns cargos e, em 1971 dirige seu primeiro curta, *O Incrível Luiz de Barros*. Em 1974 produz, dirige e fotografa seu único longa metragem, *A Transa do Turfe.*

**Filmografia**: 1947- *Uma Aventura aos* Quarenta (cofot. Antonio Leal); 1968- *Panorama do Cinema Brasileiro* (cenas adicionais); 1971- *O Incrível Luiz de Barros* (CM) (dir., como Lucien Mellinger); 1972- *É Isso Aí, Bicho!* (Geração Bendita); 1973- *Ambição e Ódio* (cofot. Affonso Vianna); 1974- *A Transa do Turfe* (dir.).

## MELNECHUKY, ALBERTO

Estuda filosofia na PUC/Curitiba, sem concluir. Inicia sua carreira cinematográfica na cinemateca, como cinegrafista e fotógrafo. Em 1977 fotografa seu primeiro filme, o documentário curto *A Margem de Belém*, direção de F. . antos e em 1980 participa da montagem de *Maldita Coincidência*, de Sérgio Bianchi. Forma-se em jornalismo em 1993, pela UFPR. Trabalha na Emater/PR, no setor de vídeo educativo e leciona no curso de Comunicação Social na UTP. Nos últimos anos tem trabalhado no departamento fotográfico do jornal *O Estado do Paraná*, como repórter fotográfico.

**Filmografia**: 1977- *A Margem de Belém* (CM); 1978- *Ana Carolina* (CM); *Na Santa Felicidade* (CM); 1979- *Palavra de Ordem* (CM); 1981- *Franz Krajcberg*; 1994- *O Pão Negro* (MM); 1995- *Os Onze de Curitiba, Todos Nós* (MM).

## MENDES, ANTONIO LUIZ

Antonio Luiz Mendes Soares inicia sua carreira em 1970, dirigindo e fotografando o curta *Pestalozzi*. Seu primeiro longa é *Trindade: Curto Caminho Longo*, de 1976, sob a direção de Tânia Quaresma, tornando-se muito requisitado a partir de então. Fotografa quase todos os filmes de Sérgio Rezende como *Doida Demais* (1989), *Guerra de Canudos* (1997), *Mauá, o Imperador e o Rei* (1998), etc. É o diretor de fotografiado último longa de Walter Hugo Khouri, *Paixão Perdida*, em 1999. Em 40 anos de carreira, constitui invejável carreira com mais de 30 longas, fora os curtas, os médias e os vídeos, por isso é considerado um de nossos melhores profissionais.

**Filmografia**: 1970- *Pestalozzi* (CM) (dir., fot.); 1972- *Itaunas* (CM); 1973- *Loucura & Cultura* (cofot. Julio Romiti); 1974- *Ikatena* (Vamos Caçar) (CM); 1976/78: *Trindade: Curto Caminho Longo* (co-fot.;Tânia Quaresma, Gilberto Otero e Lúcio Kodato); 1977, *Diga Aí, Bahia* (CM); *Wilson Grey* (CM); 1978- *A Terra do Sapaim* (CM) (cofot. Tânia Quaresma, Gilberto Otero e Gilberto Otero); *Agreste* (CM) (cofot. Tânia Quaresma, Gilberto Otero e Gilberto Otero); *Baião do Acordar* (CM) (cofot. *Tânia Quaresma, Gilberto Otero e Gilberto Otero*); *Caminhos do Rio Mar* (CM) (cofot. Tânia Quaresma, Gilberto Otero e Gilberto Otero); *Crônica de Um Industrial; Herança das Senzalas* (CM) (cofot. Tânia Quaresma, Gilberto Otero e Gilberto Otero); *Memória das Minas* (CM) (cofot. Tânia Quaresma, Gilberto Otero e Gilberto Otero); *Minuano* (CM) (cofot. Tânia Quaresma, Gilberto Otero e Gilberto Otero); *Novos Tempos* (CM) (cofot. Tânia Quaresma, Gilberto Otero e Gilberto Otero); *Três Cantos do Rio* (CM) (cofot. Tânia Quaresma, Gilberto Otero e Gilberto Otero); *Viagem ao Ninho da Terra* (CM) (cofot. Tânia Quaresma, Gilberto Otero e Gilberto Otero); 1980- *Teu Tua* (episódio: *Oráculo*); *Memórias do Medo;* 1981- *Alegria de Papel* (CM); Câmera Baixa (CM); *Filhos e Amantes; Já Dá Pra Entender* (CM); 1982- *Das Tripas Coração; Uraí – Boca de Bronze* (CM) (cofot. Roberto Machado Jr.); 1983- *Amor Carioca* (CM); *ena Prisão* (MM); 1984- *Memórias do Cárcere* (cofot. José Medeiros); *O Som, ou Tratado de Harmonia* (CM); *Pantanal, Vida ou Morte?* (CM); *Tensão no Rio* (co-

fot. Murilo Salles); 1985- *A Proposito do Rio* (CM); *Areias Escaldantes; Ópera do Malandro* (Brasil/França); *Pantanal, Equilíbrio Ameaçado* (CM); 1986- *A Cor do Seu Destino* (cofot. José Tadeu Ribeiro); *Um Dia...Maria* (CM); *Vento Sul;* 1987- *Fronteira das Almas; A Menina do* Lado; 1988- Eternamente Pagu; Mistério no *Colégio Brasil;* 1989- *Lili, a Estrela do Crime; Doida Demais* (cofot. César Charlone); 1990- *Lambada em Porto Seguro* (CM); *Mais Que a Terra;* 1992- *A Floresta da Tijuca* (CM); *Estação Aurora* (CM); *Katharsys – Histórias dos Anos 1980* (cofot. Cléber Cruz); 1994- *Lamarca;* 1995- *Louco Por Cinema;* 1996- *O Guarani; O Sertão das Memórias; Doces Poder;* 1997- *Guerra de Canudos es;* 1998- *Mauá, o Imperador e o Rei; Não Me Condenes Antes Que Eu meu Explique* (CM) (cofot. Jacques Cheuiche); 1999- *Laurindo Almeida, Muito Prazer; Paixão Perdida; Tiradentes;* 2000- *Brava Gente Brasileira; Cruz e Souza – O Poeta do Desterro;* 2001- *Bendito Fruto; Ilha* (CM); *Nelson Gonçalves – O Filme; Onde a Terra Acaba; O Chamado de Deus; Três Histórias da Bahia* (cofot. Hamilton Oliveira); 2002- *Lost Zweig; Lua Cambará – Nas Escadarias do Palácio; O Céu de Iracema* (CM); 2003- *Cega Seca* (CM); 2004- *Dona Carmela* (CM); *O Casamento de Iara* (CM); *O Anjo Daltônico* (CM); *Procuradas; Vermelho Rubro no Céu da Boca* (CM); 2005- *As Tentações do Irmão Sebastião; O Amor do Palhaço* (CM); *O Segredo dos Golfinhos; Regatão, o Shopping da Selva* (MM); 2007- *Iluminados; Inesquecível; Pampulha ou a Invenção do Mar de Minas* (cofot. Antonio Peñido); *Pequenas Histórias* (cofot. Paulo Jacinto dos Reis); 2008- *Adágio Sustenuto; Children of the Amazon* (Brasil/EUA); *Velhas Guardas;* 2009- *Estranhos; O Despertar das Amazonas;* 2010- *SexDelícia.*

## MERCÊS, RODRIGO

Rodrigo Fonseca Carvalho de Mercês nasceu em São Paulo, SP, em 15 de Setembro de 1980. Forma-se em Comunicação Social com Habilitação em Cinema pela FAAP – Fundação Armando Álvares Penteado, em 2003. No cinema desde 2001, nas funções de eletricista, chefe eletricista, Gaffer, Assistente de Fotografia o, Câmera e Diretor de Fotografiao. Seu primeiro filme como técnico é O Caso (2001). Como diretor de fotografiao, estreia no curta *Noite de Sol* (2003), de Marcela Arantes. Desde 2001 trabalha na Cinemateca Brasileira no Laboratório de Restauração, tendo feito parte do Setor de Vídeo e Telecine e Setor de Incorporação e Catalogação de Filmes, motivo pelo qual, está afastado do cinema desde 2005.

**Filmografia**: 2003- *Noite de Sol* (CM); 2004- *Institucional Congás – Departamento de recursos Humanos* (CM); *Institucional Congás – Segurança no Trabalho* (CM); *Noventa Milhões em Ação* (CM).

## MEREGE FILHO, PEDRO

Nasceu em Itapeva, SP, em 3 de Fevereiro de 1957. Morando em Curitiba, passa a freqüentar a cinemateca e interessa-se particularmente por cursos de cinema ligados a fotografiae montagem. Faz experiências em Super-8. Em 1979 dirige seu primeiro filme, o curta experimental *Morfeu e Minerva*, uma experiência *underground* sobre um estranho relacionamento, o que lhe causa alguns problemas com a censura. Forma-se engenheiro cartográfico pela UFPR em 1982. Além de diretor, revela-se fotógrafo e montador. Monta seu primeiro filme em 1979, *A Margem de Belém*, de F. A. Santos, sendo seu principal trabalho nessa área o longa Guerra do Pente, em 1985, direção de Nivaldo Lopes. A partir dos anos 1990, dedica-se a cartografia no Nordeste e Argentina, sendo empresário e professor na UFPR, abandonando o cinema.

**Filmografia**: 1979- *Morfeu e Minerva* (CM) (dir.); 1980- *Desenhos de Rones Dumke* (CM); *Mostra de Gravura* (CM); *Sonatas de Natal* (CM) (dir.); *TV WC* (CM); 1982- *Cabedal* (CM) (dir., fot.) (cofot. Ivan Bittencourt); *Cicatrizes* (CM);

## MESSIAS, GEL

Gercino Messias Cândido nasceu em Goiânia, GO, em 9 de Dezembro de 1964. Documentarista, diretor de fotografia e editor. Especializa-se em fotografia em cursos promovidos pela TV Bandeirantes, Digital Produção, RC Produções, Universidade Católica de Goiás, TV Brasil Central, etc.

**Filmografia**: 1999- *Making of de O Tronco;* 2001- *Antecipando o Absurdo* (CM); 2002- *Imagem na Ação* (CM); 2003- *TTN Muito Mais Brasil; Krahò Os Filhos da Terra;* 2005- *O Grito das Águas; A Janela;* 2006- *Coque do Buriti* (CM) (dir., fot.); *O Circo e os Sonhos* (cofot. Ronan Rodrigues); 2007- *A Promessa* (CM) (dir., fot.) (codir Ângela Torres).

## MIAQUI, TADAO

Edison Tadao Miaqui nasceu em Curitiba, PR, em 15 de Junho de 1963. Diretor de animação, animador, roteirista e fotógrafo. Cursa Engenharia Civil e Comunicação Visual na UFPR em 1987 sem concluir ambas. Em 1983 faz experiências com bitola super-8 no Clube de Cinema do Centro Federal de Educação Tecnológica do Paraná. Já muito interessado pelo cinema de animação, em 1986 cursa desenho animado com Jaime Brustolinn, em 1987 realiza estágio no Núcleo de Cinema de Animação de Campinas e em 1988 trabalha como animador na Otto Desenhos Animados em Porto Alegre, onde cofotografa o curta de animação *Reino Azul* (1989). Em 1986 faz seu primeiro filme como animador, o curta *Brasileiros*, que recebe o Prêmio do Concine. Como realizador, seu primeiro filme é *Projeto Pulex*, em direção, produção da Casa de Cinema de Porto Alegre e Otto Desenhos Animados, com premiações em vários festivais como Brasília, Gramado, Maranhão, etc. A partir de então, torna-se um dos maiores animadores do País, com trabalhos reconhecidos internacionalmente, inclusive participando da série de TV *Aladdin* da Walt Disney Productions, trechos do Programa Muvuca da Regina Casé, além de ter animado mais de 500 comerciais publicitários. Possui diversas obras em cinema e vídeo, com seleções e prêmios nacionais e internacionais. Professor ministrante de cursos e oficinas de animação em universidades e centros culturais, Ilustrador, caricaturista e desenhista de HQ em jornais e revistas. Sócio-proprietário da Produtora Frankenstoon desde 1997 juntamente com Dalva Paulista, produtora.

Filmografia: 1989- *Reino Azul* (CM) (fot.) (cofot. José Maia, Geraldo Leonetti, Eliar Guazzelli, Otto Guerra e Roberto Leal); 1991- *Projeto Pulex* (CM) (dir., fot.) (cofot. Janice Calvete, Kyoko Yamashita e Norton Simões); *Txau* (CM) (dir., fot.) (codir. Eloar Guazelli Filho e cofot. Rossana Prado); 1992- *Novela* (CM) (cofot. Otto Guerra, Adalgiza Luz e Daniel Uriat); 1994- *Cá Entre Nós* (CM); 2001- *O Tamanho Não Cai Bem* (dir., fot.); 2004- *Quando Jorge Foi a Guerra* (CM) (dir., fot.); 2006- *Brichos* (dir.) (codir Paulo Munhoz). 2008- *Em 1972* (CM) (dir.)

## MILLET, GUGA

Gustavo Millet Camarda Corrêa nasceu no Rio de Janeiro, RJ, em 01 de Maio de 1976. Inicia faculdade de Comunicação Social em 1997, mas forma-se em Comunicação Visual pela PUC-Rio em 2001, depois Tecnólogo em Cinema pela UNESA em 2004 e diversos cursos de especialização. Inicia sua carreira de fotógrafo estático em 1995 em Machu Pichu, no Peru e em 2000 começa a filmar. Estreia como diretor e fotógrafo em 2001 no curta *Story#4*. Em 2005 recebe dois prêmios pela fotografiado curta *Homens Pequenos no Ocaso Produzem Grandes Sombras*, direção de Tim Gerlach, entre eles o ABC e em 2009 os prêmios ABC (Brasil) e Maverick Movie Award (EUA) pela fotografiado curta *Casulo*, de Bernardo Uzeda. Realiza também inúmeras exposições de fotografia fixa como Exposição fotográfica *A Luz dos Olhos Dela* (2005), Exposição fotográfica *Arraial* (2007), Exposição Fotográfica *Solar* (2008) e Exposição coletiva *Domingo no Parque* (2010), além de fazer a iluminação de diversas peças teatrais. Tem projeto de Bacharelado em Comunicação Visual intitulado *Umbra*, Uma Breve Análise da Sombra no Cinema Expressionista Alemão. Em sua carreira de menos de dez anos, já constitui sólida carreira como assistente de câmera, operador de câmera, diretor de fotografiaem cinema em cinema, televisão, publicidade e de videoclipes.

Filmografia: 2001- *Story#4* (CM) (dir., fot.); 2002- *The Writer* (CM) (dir., fot.); *Jardim do Nego* (CM); *A Fazenda Maldita* (CM); *O 7º Circulo* (CM); 2003- *A Visita* (CM); *Aconcágua* 2003 (CM); *Contidasentida* (CM); *Crepúsculo de Odin* (CM); *Durvalino* (CM); *Um Mundo Secreto* (CM); 2004- *Deesvinculo* (CM); *Intimidade* (CM); 2005- *Capítulo Primeiro* (CM); *Homens Pequenos no Ocaso Produzem Grandes Sombras* (CM) (cofot. Tim Gerlach); *Mais Ninguém* (CM) (dir., fot.); *Pai Mãe Filha* (MM); *Passional* (CM); *Uma Visita* (CM); 2006- *Projeto Dinossauro* (MM); *School Day* (MM) (EUA/Brasil); *Um Dia* (CM); 2007- *5 Minutos* (CM); *Cultura Viva* (MM); *Surf Adventures 2*; 2008- *As Dunas do Barato; Cold Night* (Dinamarca/Brasil); 2009- *1468973512 ou o Homem Inacabado* (CM); *Casulo* (CM); *Direita é a Mão Que Você Escreve* (CM); *Muheres e Homens Apaixonados* (CM); *Nessa Data Querida; Obrigada* (CM); *Rio Carioca* (CM); *Vida Vertiginosa* (CM); 2010- *Eu Mereço*.

## MIRANDA, DUDU

Luiz Eduardo Cupertino de Miranda nasceu no Rio de Janeiro, RJ, em 13 de Fevereiro de 1969. Dudu começa a trabalhar no cinema em 1989 como assistente de câmera do cineasta Walter Carvalho. Seu primeiro trabalho como diretor de fotografia acontece em 1991 no curta *Numa Beira de Estrada*, de Marcos Gutman. Depois de vários curtas, estreia como fotógrafo no longa *Olhar Estrangeiro* (2005), de Lúcia Murat, em que também é coprodutor. Com sua carreira consolidada, passa a ser requisitado para filmes importantes como *Ó Paí, Ó* (2007), *Era Uma Vez* (2008) e o *Bem Amado* (2010). Tem grande atuação também no mercado de videoclipes, a partir de 1998, para artistas brasileiros de renome como Caetano Veloso, Zeca Pagodinho, Ana Carolina, etc, sendo indicado para o prêmio de vídeo MTV-Brasil de música. Poliglota, dirige também documentários, filmes publicitários e vídeos musicais, sendo dos mais competentes profissionais da nova geração da fotografia do cinema brasileiro.

Filmografia: 1991- *Numa Beira de Estrada* (CM); 1992- *Lapso* (CM); 1997- *Nelson Sargento* (CM); *Os Filhos de Nelson* (CM); 1998- *Puerpério* (CM); *White Poney* (CM); 2000- *Um Dia Qualquer* (MM); 2001- *Chame Gente - A História do Trio Elétrico* (MM) (cofot. Gustavo Hadba e Isabela Fernandes); *Mar Sem Fim; Um Branco Súbito* (CM); 2003- *A Incrível História da Mulher Que Mudou a Cor* (CM); *Nevasca Tropical* (CM); 2004- *Capital Circulante* (CM); 2005- *Olhar Estrangeiro*; 2006- *Grupo Corpo 30 Anos – Uma Família Brasileira; Maria Bethânia – Pedrinha de Aruanda* (cofot. Ricardo Della Rosa, Flávio Zangrandi e Fábio Sagattio);*Sonhos e Desejos*; 2007- *Ó Paí, Ó*; 2008- *Era Uma Vez; Programa Casé* (cofot. Estevão Ciavatta, Fred Rangel e Markão Oliveira); 2009- *Waste Land* (Brasil/Alemanha); 2010- *O Bem Amado*.

## MIRILLI, ROBERTO

Nasceu na França. Nos anos 1940 chega ao Brasil para trabalhar na Atlântida, inicialmente como câmera em *Segura Esta Mulher* (1946), *Fantasma Por Acaso* (1948), *Obrigado Doutor* (1948) e outros, para depois ser promovido a fotógrafo, estreando em *Dentro da Vida* (1951), direção de Jonald.

Filmografia: 1951- *Dentro da Vida* (Quando Morre o Dia); 1965- *O Rio de Machado de Assis* (CM) (cofot. Hélio Silva); 1966- *A Sétima Vítima* (cofot. Edson Rosa); *O Sabor de Pecado*; 1968- *Chegou a Hora, Camarada!*; 1973- *Playboy Maldito* (cofot. Afonso Viana); *Um Macho a Prova de Bala; 1975- A Sombra da Violência* (cofot. Roland Henze).

## MIYASAKA, LUIZ

Luiz Yukio Miyasaka nasceu em Ribeirão Preto, SP, em 19 de Junho de 1962. Forma-se em Fotografia Estática e Ciências Sociais. Trabalha como diretor de fotografia e cinegrafista de documentários, comerciais e vídeos didáticos e institucionais desde 1987. Realiza, para a Rede SESC-SENAC, mais de quarenta documentários para a série *Mundo da Arte*, mostrando os trabalhos de artistas plásticos como Tomie Ohtake, Francisco Brennand, Wesley Duke Lee, Luiz Paulo Baravelli, etc, produzidos pela Documenta. Em 2008 assina a fotografiada minissérie ficcional *Mina e Lisa*, produzida especialmente para internet e vista por mais de 2.000.000 de espectadores, sobre as duas amigas que compartilham as descobertas de seus relacionamentos e experiências sexuais. Em 2009 dirige a fotografia de seu primeiro longa, *Fiel*, de Andrea Pasquini, sobre a saga do Esporte Clube Corinthians Paulista na segunda divisão do Campeonato Brasileiro.

Filmografia: 1988- *Caminho da Memória; 1992- Retrato em Preto e Branco; 1994- Súbito Stacatto* (CM); 1997- *Antes & Depois: Os Bastidores de Um Projeto* (CM) (cofot. Danilo DallAqua Neto); *Os Interiores de Paraty* (CM); *Restaurante Verde* (CM) (cofot. Mauro Martins); 1998- *A Bahia de Todos os Estilos* (CM); *Comida Libanesa: Delícias do Vale do Bekaa* (CM); *Matas do Atlântico – Parte I* (CM); *Matas do Atlântico – Parte II* (CM); *Mutirão Que Salva Morros* (CM); *Órfãos da AIDS* (CM); *Os Olhos da Amazônia* (CM); *Recantos de Boa Mesa* (CM); *São Paulo: Crônicas da Periferia* (CM) (cofot. Danilo DallAqua Neto); *São Paulo: Crônicas de Um Grande Centro* (CM) (cofot. Danilo DallAqua Neto); 1999- *A Arte Engajada de Siron Franco* (CM); *Alcachofra - Flor à Mesa* (CM); *As Trutas de Petrópolis* (CM); *Campos do Jordão – Uma Cidade Que Respira Turismo* (CM); *Cem Anos de Fio Cruz* (CM); *Fernanda Montenegro: Arte, Técnica e Talento* (CM) (cofot. Edson Ganymedes e Arnaldo Ouro); *Imagem de Cinema* (CM);

*O Desafio da Água Limpa* (CM); 2000- *A Dança Afro da Bahia* (CM); *Banheiros - Intimidade Com Estilo* (CM) (cofot. Danilo DallAqua Neto); *Lagoas do Rio: a Volta dos Manguezais* (CM); *Petiscos e Prosa* (CM); *Projeto Destino Exportador Alemanha*; 2001- *A Filha do Pavor; CUT – 10 Anos* (CM); *As Feijoadas do Brasil* (CM); *Fundação Oswaldo Cruz; Gustavo Rosa: Um Artista Versátil* (CM) (cofot. Danilo DallAqua Neto); *Parques Paulistanos - Aprendendo Com a Natureza* (CM) (cofot. Arnaldo Ouro); *SOS Sagüis* (cofot. Mauro Martins); *Tietê-Paraná: a Rota do Desenvolvimento* (CM); *Tietê-Paraná: o Novo Caminho do Brasil* (CM); 2002- *Biota; Cipriani: Garcia e Rodrigues - Gastronomia no Leblon* (CM); *Glamour Italiano no Copacabana* (CM); *O Teatro Segundo Antunes Filho; Tomi-ês;* 2003- *A Ilha dos Golfinhos* (CM); *Gengibre* (CM), *Exotismo Oriental* (CM); 2004- *Guarapiranga: a Fonte paulistana* (CM); 2009- *Fiel;* 2010- *Areia dos Lençóis* (MM).

## MOLINARI JR., CLÓVIS

Nasceu em Catanduva, SP, em 25 de Setembro de 1953. Chega ao Rio de Janeiro em 1974 para estudar história na UERJ - Universidade Estadual do Rio de Janeiro. Diretor, Diretor de Fotografia o, Pesquisador e Curador. No Departamento Cultural da Universidade, sob a supervisão de Silvio Correia Lima, é realizado um curso de cinema para os estudantes de diversas disciplinas, em que é professor. Uma das etapas do curso seria a realização de um filme em Super-8 com equipamentos amadores da UERJ. O primeiro da série foi *A Gaiata Ciência*, produzido sob a inspiração e o impacto das aulas do Professor Cláudio Ulpiano. Desse movimento, nasce a ideia de criar, com alguns amigos, o grupo *Ateliê Super-8*. Estreia como Diretor de Fotografia em 1974, no filme Cacos, em Super-8, que mostras aspectos da cidade do Rio de Janeiro em tempos de construção do Metrô. Depois, na esteira do ateliê, nasce o *Das Trixuplas*, cuja inauguração se deu na ESDI – Escola Superior de Desenho Industrial. Primeira e única sessão, pois o grupo seria expulso do espaço pela direção da escola em decorrência do escândalo provocado pelo filme de estreia: *Nosferato do Brasil*, de Ivan Cardoso, com Torquato Neto. Entre 1978 e 1984 documenta, sempre em Super-8, no Rio de Janeiro, fatos marcantes como o incêndio do Museu de Arte Moderna em 1978, a eleição de Brizola para o Governo do Estado em 1982, a Campanha das Dir.etas Já em 1984, etc. Entre 1981 e 1982, produz, dirige, fotografa e monta diversos filmes nessa bitola, alguns em parceria com Ricardo Favilla.Trabalha há muitos anos no Arquivo Nacional. Em 2002 cria o Recine – Festival de Cinema de Arquivo, que, a partir de 2004 passa a ser internacional e, em 2010 leva ao ar um antigo projeto, o programa *Super-8 – Tamanho Também é Documento*, veiculado pelo Canal Brasil, que resgata imagens raras registradas na bitola Super-8 na década de 70.

**Filmografia**: 1974- *Cacos* (CM) (fot.); *Made in Glória* (CM) (fot.); *Cinelândia* (CM) (fot.); 1977- *A Gaiata Ciência* (CM) (fot.); *Estudantes nas Ruas, Polícia nos Calcanhares* (CM) (fot.); 1978- *Lissergia* (CM) (fot.); 1979- *A Descrição Parintins* (CM) (fot.); *Discurso de Formatura* (CM) (dir., fot.); 1980- *Sinais de Pólvora* (CM) (dir., fot.); 1981-*A Degola Fatal* (CM) (dir., fot.) (codir. e cofot. Ricardo Favilla); *Brizola na Cabeça* (CM) (fot.); *Cine-Jornal Lente Divergente Número 1* (CM) (dir., fot.) (codir André Andries, Antonio Garcia, Rudi Santos e Maurício Lissovsky e cofot. Antonio Garcia); *Cine-Jornal Lente Divergente Número 2* (CM) (dir., fot.) (codir André Andries, Antonio Garcia, Rudi Santos e Maurício Lissovsky e cofot. Antonio Garcia); *Cine-Jornal Lente Divergente Número 3* (CM) (dir., fot.) (codir André Andries, Antonio Garcia, Rudi Santos e Maurício Lissovsky e cofot. Antonio Garcia e cofot. Ricardo Favilla e Antonio Garcia); *Praia do Flamengo, 132* (CM) (dir., fot.) (cofot. Ricardo Favilla); 1982- *Céu em Transe* (CM) (dir., fot.) (codir. e cofot. Ricardo Favilla); *Na Zona do Agrião* (CM) (dir., fot.); *Parada de Lucas* (CM) (fot.); 1983- *A Redemocratização Vista de Casa* (CM) (fot.); 1998- *A UERJ e Seu Tempo* (MM) (fot.).

## MONCLAR, JORGE

Graduado pelo Institute des Hautes Études Cinematografiques (Idhec) de Paris, inicia sua carreira como desenhista de animação e operador de truca, câmera e em seguida diretor de fotografia o. Assistente de direção em 1971 na novela *Le Bouton de Rose*, de François Gir, para o Ère Chaîne ORTF francês. De volta ao Brasil, no mesmo ano estreia como fotógrafo no documentário curto *O Ensino Artístico*, direção de Gerson Tavares e em seguida é assistente de câmera em *Os Inconfidentes*, de Joaquim Pedro de Andrade. Divide sua carreira entre o fotógrafo e professor. É autor de vários livros, entre eles *O Assistente de Direção Cinematográfica*

e *O Diretor de Fotografia o*, instrutor dos Centros de Formação Profissional das emissoras de TV, universidades e pólos de cinema e vídeo e professor da Academia Internacional de Cinema – AIC. Entre 1991 e 1994 foi presidente do Sindicato dos Trabalhadores na Indústria Cinematográfica. Na televisão, fotografa para os programas *Fantástico*, pela TV Globo e *Bar Academia*, pela TV Manchete. Assina a fotografia de curta e longas como *O Cego Que Gritava Luz* (1996), *Garrincha – Estrela Solitária* (2003) e *Memórias da Chibata* (2006).

**Filmografia**: 1973- *O Ensino Artístico* (CM); *Como Nos Livrar do Saco*; 1975- *As Deliciosas Traições do Amor* (episódio: *Dois é Bom...Quatro é Melhor*); 1976- *Tem Alguém na Minha Cama*; 1978- *Ouro Sangrento* (cofot. Gilles Cazassus); 1978-*Todo Dia é Dia D* (CM); 1979- *Acupuntura* (CM); *Celacanto Provoca Lerfa-Mú* (CM) (cofot. Edson Batista); *Comissão de Defesa dos Favelados na Area da Maré – Codefam* (CM); *Vôo Livre* (CM); 1979/80- *Traineira e Pescaria* (CM) (dir., fot.); 1980- *O Bandido Antonio Dó; O Som Nosso de Cada Dia* (CM); 1982- *Insônia (episódio: Um Ladrão)*; 1992- *S.O.S. Cinema Carioca* (CM) (dir.); 1995- *Jogos* (CM); 1996- *Antonio Carlos Gomes* (CM); *Depois do Escuro* (CM); *O Cego Que Gritava Luz*; 1998- *Labirintos Moveis* (CM); *Novembrada* (CM); 2000- *Terra de Deus*; 2001- *Saringangá* (CM); 2003- *A Partida* (CM); *Garrincha - Estrela Solitaria*; 2006- *Memórias da Chibata* (CM).

## MONTE, RODRIGO

Rodrigo Silveira Monte nasceu no Rio de Janeiro, RJ, em 25 de Fevereiro de 1972. Começa a estudar fotografia em 1988 e em 1990 já trabalha num estúdio no Rio de Janeiro. Sua primeira experiência prática acontece em 1991 no filme *Era Uma Vez...* de Arturo Uranga, em que estagia em vários setores de produção. Em 1993 muda-se para Nova Iorque para aperfeiçoar seus conhecimentos. Lá assina a fotografia de três curtas e faz assistência para os fotógrafos Cláudio Edinger e James Moore. De volta ao Brasil em 1997 trabalha ativamente no cinema publicitário e faz fotografiade 2ª unidade do filme *Deus é Brasileiro* (2002), de Cacá Diegues. Em 2000 assina seu primeiro longa como fotógrafo, o documentário *2000 Nordestes,* de Vicente Amorim. Em 2006 recebe vários prêmios, entre eles o ABC de Fotografia *pelo curta Balada das Duas Mocinhas de Botafogo*, de João Caetano Feyer e Fernando Valle. É operador de câmera em *Última Parada 174* (2006) de Bruno Barreto e nas produções internacionais *Amor em Tempos de Cólera* (Love in the Time of Cholera) (2006), neste assina a segunda unidade, de Mike Newell e *Hulk* (2007), de Louis Leterier. Fotografa, em 2009, para a MTV, a série *Os Descolados*, direção de Luis Pinheiro, Luiza Campos e Zaracla. Em 2011 estará nas telas com o filme *Corações Sujos*, de Vicente Amorim.

**Filmografia**: 2000- *2000 Nordestes*; 2005- *A Cartomante; Desejo* (CM); *Jongo – Danse dês Âmes* (CM) (França); 2006- *Balada das Duas Mocinhas de Botafogo* (CM); *Nenhum Motivo Explica a Guerra*; 2008- *Domingo de Páscoa* (CM); *Cotidiano* (CM); 2009- *O Nome do Gato* (CM); *O Inventor de Sonhos; Corações Sujos; Gregório Bezerra, A História de Um Valente*.

## MONTI, FÉLIX

Nasceu no Brasil em 1938 mas está radicado na Argentina desde o início dos anos 1960. Seu primeiro filme como fotógrafo é o curta *Los Que Trabajan* a partir do qual torna-se um dos mais importantes fotógrafos da Argentina. Em 1986 ganha seu primeiro prêmio como fotógrafo pelo filme *A História Oficial* (La Historia Oficial), de Luiz Puenzo no Argentinean Film Critics Association Awards, realizado em Buenos Aires e no ano seguinte recebe, no mesmo festival, o prêmio pelo filme *Tangos, LExil de Gardel*, de Fernando Solanas. Seu primeiro filme no Brasil é *O Quatrilho* (1995), de Fábio Barreto, que concorre ao Oscar de Filme Estrangeiro. Com Fábio, estabelece parceria em outros filmes como Bela Donna (1998) e *Paixão de Jacobina* (2002). O longa-metragem *O Segredo de Seus* Olhos (El Segreto de Sus Ojos), de Juan José Campanella, vencedor do Oscar de Melhor Filme Estrangeiro, lhe garante mais três prêmios. Sobre nosso cinema, Monti declara: *O cinema brasileiro foi crucial na minha carreira e na minha formação. Foi com o Cinema Novo que percebi que um outro cinema era possível. Que nem tudo precisava ser tão linear e esquemático.*

**Filmografia**: 1964- *Los Que Trabajan* (CM) (Argentina); 1965- *Después de Hora* (CM) (cofot. Esteban Courtalon); 1973- *Juan Carlos Onetti, um Escritor* (Argentina); 1974- *La Civilización Está Haciendo Masa y no Deja Oir* (Argentina); 1975- *Las Sorpresas* (episódio: *Los Pocillos*) (Argentina); 1976- *Juan Que Reía* (Argentina); 1983- *Espérame Mucho* (Argentina); 1985- *La Historia Oficial* (Argentina); *Tangos, LExil de Gardel* (Argentina/França); 1988- *Sur* (Argentina/França); 1989- *Old Gringo* (EUA); 1990- *Yo, La Peor de Todas* (Argentina); 1992- *El Viaje* (Argentina/Brasil/Mexico/Espanha/França/ Inglaterra) (cofot. Fernando Solanas); *La Peste* (França/Inglaterra/Argentina); 1993- *Convivencia* (Argentina); *De Eso no se Habla* (Argentina/Itália); *Un Muro de Silencio* (Argentina/Mexico/Inglaterra); 1994- *Uma Som, bra Ya Pronto Serás* (Argentina) (cofot. Eduardo López); *Of Love and Shadows* (Argentina/EUA); 1995- *O Quatrilho* (Brasil); 1997- *O Que é Isso,Companheiro?* (Brasil); *Momentos Robados* (Argentina); 1998- *Bela Donna* (Brasil); 2000- *Eu Não Conhecia Tururu* (Brasil); *O Auto da Compadecida* (Brasil); 2001- A Partilha (Brasil); *Rosarigasinos* (Argentina); *Caramuru, A Invenção do Brasil* (Brasil); 2002- *Paixão de Jacobina* (Brasil); *Assassination Tango* (EUA/Argentina); 2004- La Niña Santa (Argentina/Itália/Holanda/ Espanha); *Peligrosa* Obsesión (Argentina); 2005- *Nordeste* (Argentina/França/Espanha/Bélgica) (cofot. Juan Diego Solanas); 2007- *Luz de Domingo* (Espanha); 2008- *Aniceto* (Argentina) (cofot. Alejandro Giuliani); *Sangre de Mayo* (Espanha); 2009- El Secreto de Sus Ojos (Argentina/Espanha); 2010- *El Mural* (Argentina/Mexico); *Igualita a Mi* (Argentina).

## MORAES, CÉZAR

Inicia sua carreira como assistente de fotografia o. Em 1985, estreia como fotógrafo no curta *Brasília: Uma Sinfonia*, juntamente com Walter Carvalho e Fernando, sob a direção de Regina Martinho da Rocha. Fotografa seu primeiro longa em 1993, *Era Uma Vez...*, direção de Arturo Uranga. Especializa-se em filmes de temática infantil, sendo muito requisitado, a partir de *O Noviço Rebelde* em 1997, para quase todos os filmes de Renato pós Trapalhões, como, *Didi – O Cupido Trapalhão* (2003), *Didi Quer Ser Criança* (2004), *Didi – O Caçador de Tesouros* (2005), etc. Para Tetê Moraes, fotografa os documentários *O Sonho de Rose – Dez Anos Depois* (1997) e *O Sol, Caminhando Contra o Vento* (2005), em parceria com outros profissionais. Seus últimos trabalhos são *Cantoras do Rádio* (2008) e *Federal* (2010).

**Filmografia**: 1985- *Brasília: Uma Sinfonia* (CM) (cofot. Fernando Duarte e Walter Carvalho); 1986- *Avante Camaradas* (CM) (cofot. Gilberto Otero); 1987- *Cajueiro, Um Quilombo na Era Espacial* (CM) (cofot. Cristiano Requião); 1990- *Vaidade!* (CM); 1992- *Krajcberg a Chico Mendes* (CM); 1993- *Era Uma Vez...*; *O Guarda-Linhas* (CM); 1996- *Razão Para Crer* (CM); *Sombras de Julho*; 1997- *No Coração dos Deuses*; *O Sonho de Rose – 10 Anos Depois*; *O Noviço Rebelde*; 1998- *Simão, o Fantasma Trapalhão*; 1999- *Senta a Pua!*; *Xuxa Requebra*; *Um Certo Dorival Caymmi*; 2000- *É o Bicho* (CM); *Xuxa Popstar*; 2001- *Retrato Pintado* (CM); *Xuxa e os Duendes*; 2002- *Zico* (cofot. Gilberto Otero); *Ônibus 174* (cofot.Marcelo Guru); 2003- *Didi: O Cupido Trapalhão*; *Xuxa e os Duendes 2 – No Caminho das Fadas* (cofot. Gilberto Otero); 2004- *Didi Quer Ser Criança*; 2005- *Didi – O Caçador de Tesouros*; *O Sol – Caminhando Contra o Vento* (cofot. Pedro Urano, Reynaldo Zangrandi, Adelson Barreto Rocha, Lula Araújo); 2006- *Trair e Coçar é Só Começar*; 2008- *Cantoras do Rádio*; *O Guerreiro Didi e a Ninja Lili*; 2010- *Federal*.

## MORAES, PEDRO DE

Pedro de Mello Moraes nasceu no Rio de Janeiro, RJ, em 23 de Outubro de 1942. É filho de Vinicius de Moraes com sua primeira esposa, Beatriz Azevedo de Mello, pai da atriz Mariana de Moraes e irmão de Susana de Moraes. É conhecido no meio cinematográfico como Pedrinho de Moraes. Estreia como Diretor de Fotografia em 1965 no curta *Em Busca do Ouro*, de Gustavo Dahl e nessa função desenvolve regular carreira nas décadas seguintes. Foi casado com a atriz Vera Barreto Leite.

**Filmografia**: 1965- *Em Busca do Ouro* (CM); 1968- *Cordiais Saudações* (CM); 1970- *Mangue Bangue*; 1971- *Tempo do Mar* (CM) (dir., fot.) (codir Dora de Oliveira e Gilberto Loureiro); 1972- *Carlos Leão* (CM); *Dom Orione - Uma Pequena Obra* (CM); *Homem e Profissão* (CM) (dir., fot.); *Os Inconfidentes* (cofot. José Antonio Ventura); *Wanda Pimentel* (CM); 1973- *Arquitetura de Morar* (CM); *Brás* (CM) (cofot. Ozualdo Candeias); *Rodovia Belém-Brasília* (CM); 1974- *Amor e Medo* (cofot. Edson Batista); *As Mulheres Que Fazem Diferente* (episódio: *Flagrante de Adultério*); *Guerra Conjugal*; *O Tempo e a Forma* (CM); *O Tempo e o Dinheiro* (CM); 1975- *Noel Nutels* (cofot. Dib Lutfi, João Carlos Horta, Murilo Salles e Cleber Lima); 1977- *A Memória Viva de Leandro Joaquim* (CM) (dir., fot.); *Gordos e Magros*; 1978- *Assim Era e Pornochanchada* (cofot. Luiz Beja e José de Almeida); *Nas Ondas do Surf* (Brasil/EUA) (cofot. Curtis Mastalka); *O Aleijadinho* (CM); *Origem dos Quadrinhos no Brasil*; 1980- *A Idade da Terra* (cofot. Roberto Pires); *Porque Jangada?* (CM) (dir., fot.) (codir. e cofot. Eduardo Clark); 1982- *O Santo e a Vedete*; 1983- *Vinícius de Moraes, Um Rapaz de Família* (CM); 2000- *Gnossien* (CM).

## MORAES, TUCA

Paulo Moraes de Souza Dantas inicia sua carreira como primeiro assistente de câmera no filme *Sonho Sem Fim* (1985), de Lauro Escorel. Estreia como diretor e fotógrafo em 1996 no curta *Tudo Cheira a Gasolina* Câmera em *Xangô de Baker Street* (2001), de Miguel Faria Jr, *A Partilha* (2001), de Daniel Filho e *Zuzu Angel* (2006), de Sérgio Rezende. Na televisão, assina a fotografia da série *Mulher* (1997) e dos programas *A Diarista* (2007), em um episódio, *Separação?!* (2010), dois episódios e *Força-Tarefa* (2009/10), sete episódios. Estreia no longa em 2003, no filme *Os Normais – o Filme*, de José Alvarenga Jr. e, a partir de então, vê seu trabalho reconhecido ao ser chamado para dirigir a fotografiade filmes importantes como *Anjos do Sol* (2006), de Rudi Lagemann *Tempos de Paz* (2009), de Daniel Filho e *Os Nomais 2 – A Noite Mais Maluca de Todas* (2009), também de Alvarenga Jr. É dos mais respeitados fotógrafos da nova geração.

**Filmografia**: 1996- *Tudo Cheira a Gasolina* (CM) (dir., fot.) (codir Vicente Amorim); 1998- *Simião Martiniano, o Camelô do Cinema* (CM); 2003- *Os Normais – o Filme*; 2005- *Adriana Calcanhoto – Adriana Partimpim ao Vivo*; 2006- *Anjos do Sol*; 2009- *Tempos de Paz*; *Os Normais 2 – A Noite Mais Maluca de Todas.*; 2010- *Se Meu Pai Fosse Pedra* (CM).

## MOREIRA, A.J.

Antonio Joaquim Moreira é um fotógrafo brasileiro radicado na Boca do Lixo de São Paulo, conhecido no meio cinematográfico como *Moreiras*. Assina a fotografia principalmente de pornochanchadas, sendo sua estreia em 1972 no filme *AS Delícias da Vida*, em parceria com Antonio Meliande. Em 1978 trabalha com Renato Aragão em *Os Trapalhões na Guerra dos Planetas*. Seu último filme é *As Feras*, de Walter Hugo Khouri, filmado em 1995, mas lançado somente em 2001. É falecido.

**Filmografia**: 1973- *As Delícias da Vida* (cofot. Antonio Meliande); 1975- *Ainda Agarro Esse Machão* (como Antonio Joaquim Moreira); 1976- *Nem as Enfermeiras Escapam*; 1978- Os *Trapalhões na Guerra dos Planetas* (como Antonio Moreiras); 1979- *Bicho* (CM); *Chagas* (CM); *Cinemateca Brasileira* (CM); *Jogos Com o Tempo* (CM); *Pennacchi* (CM); 1980- *As Intimidades de Analu e Fernanda* (cofot. Antonio Meliande); *Gente Louca* (CM); *Y.Takaoka* (CM); 1982- *As Viúvas Eróticas* (cofot. Cláudio Portioli e Concórdio Matarazzo); *Conservatório Musical Dr. Carlos de Campos, de Tatuí* (CM); *Helenos* (CM) (cofot. J. A. Moreiras); *Pecado Horizontal*; *O Rei da Boca*; *Bonecas da Noite*; *As Gatas, Mulheres de Aluguel*; *A Noite do Amor Eterno*; 1983- *Deu Veado na Cabeça*; *Vai e Vem a Brasileira* (como Antonio Joaquim Moreira); 1984- *Variações do Sexo Explícito* (como Antonio Moreiras); *Penetrações Profundas* (como Antonio Moreira); 1985- *Rabo I*; 1986- *Fuk-Fuk a Brasileira*; *Toda Nudez é Perdoada*; 1989- *Me Leva Pra Cama*; 1995/2001- *As Feras* (como Antonio Moreira, cofot. Antonio Meliande).

## MORELLI, CLÁUDIO

Nasceu em Jundiaí, SP, em 23 de Abril de 1957. Forma-se em cinema pela USP em 1982. Em 1975 é *freelancer* de teatro do jornal em sua cidade. Já em São Paulo, em 1978 trabalha como auxiliar de fotografia no estúdio Proviart e faz o *still* e animação no curta *Esquisitamente Familiar*, de Carlos Nascimbeni e José Roberto Sadek. No jornal *Movimento* é arquivista e fotógrafo em 1979 e estreia como diretor de fotografia no curta *A Corda Bamba*, de José Augusto Abdalla. Estreia na direção em 1981 no filme *Bang-Utot*, produzido ainda na Universidade. A partir de 1982 abandona o cinema.

**Filmografia**: 1978- *A Corda Bamba* (CM) (fot.); 1981- *Bang-Utot* (CM) (dir., fot.); 1982- *O Sétimo Artesão* (CM) (fot.); *Pânico em SP* (CM) (dir., fot.).

## MOURA, EDGAR

Edgar Peixoto de Moura nasceu no Rio de Janeiro, RJ, em 1948. Em 1968 trabalha como fotojornalista no jornal *Última Hora*, estuda química mas abandona e vai para o Institut National Supérieur des Ârts du Spetacle de Bruxelas, onde gradua-se em 1972 em imagem fotográfica e cinematográfica. De volta ao Brasil, no mesmo ano dirige e fotografa seu primeiro filme, o curta *Linha de Mão*, que retrata um dia de trabalho na pesca artesanal realizada ao longo da costa nordestina Dirige vários curtas, ganha experiência, até ser chamado por Ruy Guerra para fazer a fotografia do longa *A Queda*, em 1978. De 1976 a 1978 é professor de fotografia no curso de cinema da UFF – Universidade Federal Fluminense. Passa a ser requisitado com freqüência em produções de sucesso como *Bar Esperança, o Último Que Fecha* (1983), de Hugo Carvana, *A Fábula da Bela Palomera* (1988) e *Kuarup* (1989), novamente com Ruy Guerra. Nos anos 1990 faz carreira internacional em Portugal e Cabo Verde em filmes como *Encontros Imperfeitos* (1993), em Portugal e *Peixe-Lua*, coprodução entre Portugal, França e Espanha. No Brasil, é requisitado por Xuxa *(Abracadabra*, em 2003, *O Tesouro da Cidade Perdida,* em 2004, *Xuxinha e Guto Contra os Monstros do Espaço*, em 2005 e *Xuxa Gêmeas*, em 2006), Tyzuka Yamazaki *(Gaijin – Ama-me Como Sou*, em 2005) e Luis Filipe Rocha (A Outra Margem), coprodução Portugal/Brasil. Faz carreira de sucesso na televisão também, nas minisséries *Primo Basílio* (1988), *A.E.I.O.Urca* (1989), Marina (1991), Anos Rebeldes (1992), *Lucíola* (1993) e nas séries *A Justiceira* (1997) e *A Vida Como Ela É* (1996/99). Em 2000 lança o livro *50 Anos Luz, Câmera e Ação*, pela Editora Senac. Foi também professor colaborador de fotografia no Instituto Nacional de Cinema de Moçambique. É um dos mais conceituados fotógrafos brasileiros.

**Filmografia**: 1972- *Linha de Mão* (CM) (dir., fot.); 1973- *Brasil de Pedro a Pedro* (CM); *Natação* (CM); 1974- *Congadas: Lira Paulistana* (CM) (cofot. Murilo Salles); *O Folclore, o Que é e Como Se Faz* (CM); *Rebolo Gonzales* (CM); 1976- *Pinto Vem Aí* (CM); *A Última Feira Livre* (CM); 1977- *Ana* (CM); *Festa de São João no Interior da Bahia* (cofot. Vito Diniz e Martin Schafer); *Ciganos do Nordeste; Sob o Ditame de Rude Almajesto: Sinais de Chuva* (CM); *Tesouro da Juventude* (CM); 1978- *A Queda; O Escolhido de Iemanjá; Se Segura, Malandro; Viva 24 de Maio* (CM) (dir., fot.) (codir Tizuka Yamasaki); 1979- *O Ano de 1798* (CM); 1980- *Alguém Precisa de Você* (CM) (dir., fot.); *Cuidado Com a Bebida* (CM) (dir., fot.); *Gaijin – Os Caminhos da Liberdade; Terror e Êxtase;* 1981- *Diário de Bordo* (CM); *Mulher Sensual* (cofot. Fernando Piccinini); *Música Barroca* Mineira (CM); *República* (CM) (cofot. Pedro Farkas); 1982- *Deus Lhe Pegue* (CM); *O Sonho Não Acabou;* 1983- *Bar Esperança, o Último Que Fecha; O Cangaceiro Trapalhão; Parahyba Mulher Macho;* 1984- *Bete Balanço;* 1985- *A Hora da Estrela; Avaeté – Semente da Violência; Cabra Marcado Para Morrer* (cofot. Fernando Duarte*); Duas Vezes Mulher* (CM) (cofot. Walter Carvalho); *Patriamada;* 1986- *O Carrasco da Floresta* (CM); *Os Trapalhões e o Rei do Futebol; Tempo de Ensaio* (CM); 1987- *Hotshot* (EUA) (cofot. Greg Andracke); *Tanga - Deu no New York Times; Um Trem Para as Estrelas* (Brasil/França); *Urubus e Papagaios;* 1988- *A Fábula da Bela Palomera* (Fabula de La Bela Palomera) (Brasil/Espanha); 1989- *Kuarup;* 1990- *Barro de A Macaca* (CM); *Carnaval* (CM) (Brasil/Portugal/França/Itália/ Bélgica/Espanha/ Inglaterra/Suiça); *Lua de Cristal; Sonhos de Verão;* 1991- *Vai Trabalhar Vagabundo II – A Volta* (cofot. Dib Lutfi); 1992- *Kickboxer 3: The Art of the War* (EUA); 1993- *Encontros Imperfeitos* (Portugal); *Zéfiro* (MM) (Portugal); *A Tremonha de Cristal* (CM) (Portugal); 1995- *Sinais de Fogo* (Portugal/Espanha/ França); 1996- *O Testamento do Senhor Napumoceno* (Brasil/Portugal/Bélgica/ França/Cabo Verde); *Tieta do Agreste;* 1999- *Jaime* (Portugal/Brasil/Luxemburgo); 2000- *Peixe-Lua* (Portugal/França/Espanha); 2001- *Caramate* (Portugal); 2002- *Nha Fala* (Portugal/França/Luxemburgo); 2003- *A Passagem da Noite* (Portugal); *Xuxa em Abracadabra;* 2004- *Xuxa e o Tesouro da Cidade Perdida;* 2005- *Gaijin – Ama-se Como Sou* (cofot. Jacques Cheuiche e Eloisa Azevedo Passos); *Xuxinha e Guto Contra os Monstros do Espaço* (cofot. Paulo Flaksman e Ana Schlee); 2006- *Brasilia 18%; Xuxa Gêmeas;* 2007- A Outra Margem (Portugal/Brasil).

## MUCCI, GABRIEL

Gabriel Kalim Mucci forma-se me cinema pela FAAP – Fundação Armando Álvares Penteado, em São Paulo. Inicia sua carreira como câmera no curta *Homem Não Chora* (2001), de Christian Keramidas. Estreia como diretor de fotografia no elogiado curta Behemoth, de Carlos Gananian, no qual também é produtor. Sobre seu primeiro trabalho, Gananian comenta: " (...) A fotografia foi de Gabriel Kalim Mucci, meu colega na FAAP, que conseguiu um resultado estético excelente, principalmente pelo tempo disponível para executar o curta – dois dias nos quais tínhamos muitas mudanças de luz, planos com movimentação complicada de câmera, etc. (...) – parte de entrevista de Carlos Gananian, extraída do site da revista Carcasse, na Internet. Seu primeiro longa é *O Livro Multicolorido de Karnak* (2006), de Marcel Izidoro. Mucci tem destacada atuação também como fotógrafo publicitário.

**Filmografia**: 2003- *Behemoth* (CM); 2004- *Coagula* (CM); *Dois Tons* (CM); *Tudo o Que Ela Vê* (CM) (c-fot.. Cristina Fibe); 2005- *Noite Vermelha* (CM); 2006- *Akai* (CM); *O Livro Multicolorido de Karnak* (cofot. Rafael Martinelli e Paulinho Caruso); *Tudo Que Ela Vê* (CM).

## MUNIZ, FAUSTO

Nasceu em 1895 no Rio de Janeiro, RJ. Trabalha como ator no filme *A Viuvinha*, em 1914, primeiro filme dirigido por Luiz de Barros e com este, aprende a arte de dirigir e fotografar. Estreia como fotógrafo no filme *A Rosa Que Desfolha*. Em seguida monta seu laboratório e, com a chegada do cinema sonoro em 1929, inventa equipamento de gravação de som óptico que utiliza em vários filmes produzidos nos anos 30 como *Descobrimento do Brasil* (1937) e *Eterna Esperança* (1940). Morre em 1958 no Rio de Janeiro, RJ, aos 63 anos de idade.

**Filmografia**: 1917- *A Rosa Que Se Desfolha;* 1919- *Urutau;* 1925- *Um Senhor de Posição;* 1927- *Ambição Castigada;* 1930- O Brasil *Maravilhoso;* 1932- *Filmagens de Números Musicais* (CM) (dir., fot.); *O Carnaval de 32* (CM) (dir., fot.); 1933- *O Carnaval de 33* (dir., fot.) (codir Leo Marten); 1934- *Dominó Verde;* 1935- *Alô, Alô, Brasil* (cofot. Antônio Medeiros, Luiz de Barros, Afrodísio de Castro, Edgar Brasil e Ramon Garcia); *Cabocla Bonita;* 1938- *O Açude Cedro-Quixadá* (CM) (dir., fot.); *Serra Baturité* (CM) (dir., fot.); *Uma Viagem ao Norte* (CM) (dir., fot.).

## MUNIZ, MARTINS

Nasceu em Itaberaí, GO, em 15 de Dezembro de 1947. Com seis anos de idade muda-se com a família para Goiânia. Polivalente das artes, trabalha com artes plásticas, fotografiao, ator, cenografia, teatro e cinema. Na área publicitária especializa-se em *table-top*, mesa de animação e *cameraman* de cinema. No cinema, estreia como fotógrafo no documentário *Cavalhadas de* Pirenópolis, em 1978, direção de José Petrillo. Em 1981 ganha seu primeiro prêmio de fotografia em Salvador, pelo filme *Egotismo*. Estreia na direção em 1999 no documentário *A Lenda do Milho*. Como ator, participa dos longas *Terra de Deus* (2000), de Iberê Cavalcanti e *O Idiota e o Mentiroso* (2001), direção de Nilton Pinho e Tom Carvalho.

**Filmografia**: 1978- *Cavalhadas de Pirenópolis* (CM) (cofot. Euclides Neri e Roland Henze); 1981- *Egotismo* (CM); 1999- *A Lenda do Milho* (CM) (dir.); 2000- *Fragmentos* (CM) (dir.); *Pai Norato;* 2001- *O Matuto* (CM) (dir.); 2002- *Diabo Velho, o Anhanguera* (CM) (dir.)

## MUSSO, ALFREDO

Italiano radicado no Brasil em 1901 juntamente com seu irmão Luiz Musso, ambos fotógrafos, inicialmente em fotografia fixa. A partir de 1904 estabelecidos na Rua Uruguaiana, 10, no Rio de Janeiro com a razão social de L. Musso & C. Diz a lenda que personalidades como Machado de Assis, Afonso Pena e outros posaram para suas lentes, tendo suas fotos publicadas em várias revistas como *Renascença* e *Careta*. Depois Alfredo passa a produzir documentários feitos sob encomenda, datados entre 1910 e 1917.

**Filmografia**: 1910- *A Chegada de sua Excelência o Marechal Hermes; Chegada do Dreadnought São Paulo;* 1911- *Corso na Avenida Paulista; Exposição Canina no Campo de Santana; Instituto Serumterápico do Butantã; A Mina de Ouro de Morro Velho;* 1912- *Glorificação ao Barão do Rio Branco;* 1914- *Apoteose do Carnaval de 1914* (codir e cofotografado por Alberto Botelho); *Almoço no Kaiser Oferecido ao Presidente da República e Esposa; Chegada ao Rio De Janeiro de SS.AA.RR.; O Príncipe Henrique e a Princesa Irene da Prússia; Comemoração da Batalha do Riachuelo; Como se Faz um Marinheiro; Criação de Gado Cavalar No Brasil; Do Alto do Corcovado e do Pão-De-Açucar Domina-se o Rio; A Fazenda Brejão; A Festa de Páscoa; A Imponente Festa a Bordo do Couraçado Alemão Kaiser; Inauguração da Escola Naval na Enseada de Batista das Neves; Inauguração da Temporada Oficial no Jockey Club; Juramento da Bandeira Pelos Novos Marinheiros Nacionais do Batalhão Naval na Ilha das Cobras; Nosso Exército; Passagem Pelo Rio do SS.AA.; Os Príncipes de Prússia; Trabalhos de Duplicação da Linha da Serra do Mar;* 1917- *Os Mistérios do Rio de Janeiro* (fot.).

## NADOTTI, NELSON

Nelson José de Araújo Nadotti nasceu em Canoas, RS, em 15 de Março de 1958. Forma-se em jornalismo pela PUC-RS. Nos anos 70 realiza experiências em super-8, sendo um dos fundadores do *Grupo de Cinema Humberto Mauro*, que funciona entre 1976 e 1980, exibindo somente filmes brasileiros, em sua maioria em Super-8, bitola de seu primeiro filme como realizador, o curta *Nas Ruas*, de 1977. Em 1981, em parceria com Giba Assis Brasil, dirige e fotografa o longa *Deu Pra Ti Anos 70*, que vence como melhor filme em Gramado. Em 1982 muda-se para o Rio de Janeiro, tornando-se co-roteirista e assistente de direção de grandes cineastas brasileiros como Arnaldo Jabor, Murilo Salles, Carlos Diegues, etc. Seu último curta data de 1995, *Vejo o Rio de Janeiro*, a partir do qual passa a dedicar-se à televisão, escrevendo roteiros como nas minisséries *A Madona de Cedro* e *Incidente em Antares*. Hoje pertence ao núcleo de autores de telenovelas da TV Globo, sendo de sua autoria, novelas premiadas como *A Indomada* (1997), *Andando nas Nuvens* (1999), *Senhora do Destino* (2004) e *Duas Caras* (2008).

**Filmografia**: 1977- *Nas Ruas* (CM) (dir.); 1978- *História, a Música de Nelson Coelho de Castro* (CM); 1979- *Meu Primo* (CM) (dir., fot.) (cofot. Carlos Gerbase e Hélio Alvarez); 1980- *Sexo & Bethoven* (CM) (dir., fot.) (codir Carlos Gerbase); 1981- *Deu Pra Ti Anos 1970* (dir., fot.) (codir Giba Assis Brasil e cofot. Sérgio Lerrer); 1982- *No Amor* (CM) (dir.); 1985- *Madame Cartô* (CM) (dir.); 1988- *A Voz da Felicidade* (CM) (dir.); 1989- *O Escurinho do Cinema* (CM) (dir.); 1991- *A Verdade* (CM) (dir.); 1995- *Vejo o Rio de Janeiro* (CM) (dir.).

## NAGAMINE, HÉLCIO (ALEMÃO)

Hélcio Seiki Nagamine nasceu em Santos, SP, em 09 de Julho de 1967. Conhecido no meio cinematográfico como Alemão, forma-se em Comunicação Social, com habilidade específica em Cinema, na Escola de Comunicação e Artes ECA-USP. Desde o início interessa-se por fotografia o, sendo seu professor e principal mestre o fotógrafo Carlos Moreira. Como fotógrafo profissional, seu primeiro trabalho nessa área é como curador da Galeria Fotóptica, depois parte para o fotojornalismo na *Folha de S. Paulo*, *Estadão*, *Lance* e *Isto É*. Paralelamente desenvolve sólida carreira como fotógrafo de cinema, sendo sua estreia em 1989 no curta *Suspens*, de Carlos Adriano. Fotografiaadicional de longa-metragem em *A Causa Secreta* (1994), de Sérgio Bianchi, *Alô?!* (1998), de Mara Mourão e *Bellini e a Esfinge* (2001), de Roberto Santucci. No filme *Carandiru* (2003), de Hector Babenco, auxilia o experiente Walter Carvalho. Assina a fotografia de diversos videoclipes como *Essa Mulher*, com Arnaldo Antunes, *Defeito 3: Politicar*, com Tom Zé, *Difícil é Viver*, com a banda Ira, *Bê-a-bá*, com os Raimundos, etc. No cinema publicitário, fotografa dezenas de comerciais para as produtoras O2 Filmes, Moviart, Dínamo Filmes, Tratoria, Cine, Paralela Filmes, Tambor, entre outras e na televisão as minisséries *Carandiru, Outras Histórias* (2005) e *O Louco do Viaduto* (2008/09). Como diretor de fotografia solo, estreia no longa em 2003 em *1,99 – Um Supermercado Que Vende Palavras*, de Marcelo Masagão a partir do qual, passa a dedicar-se quase que exclusivamente ao cinema, sendo muito respeitado e requisitado, ao fotografar filmes como *Doutores da Alegria* (2004), *Querô* (2006), *Terra Vermelha* (2008), *Árvores da Música* (2009), etc., Em 2002 recebe o prêmio ABC de Fotografia pelo curta Palíndromo, de Philippe Barcinski. Casado com a jornalista Vanessa Cabral, tem dois filhos.

**Filmografia**: 1989- *Suspens* (CM); 1990- *Espectador* (CM) (cofot. Raul Pedreira); 1991- *O Caminho da Salvação* (CM); *3 x 4* (CM); 1992- *Nazareno* (CM); *Pedalar* (CM); *Pré-Conceito* (CM); 1993- *Alerta* (CM); *Atras das Grades* (CM); *Derrube Jack* (CM); 1994- *E É Assim* (CM); *Festa das Candeias* (CM) (cofot. Cristiano Wiggers e Maurício Dias); *Quem Paga???* (CM); 1996- *Pedro e o Senhor* (CM); 1998- *Geraldo Filme* (CM); *Três Chapadas e Um Balão* (MM); 1999- *Confidências do Rio das Mortes* (MM); *Copacabana* (CM) (cofot. Jacques Cheuiche); *Escolhi viver Aqui* (MM); 2000- *Ao Sul da Paisagem* (A Paisagem e o Sagrado) (CM); *Ao Sul da Paisagem* (Paisagem e Memória) (CM); *Ao Sul da Paisagem* (Paisagens Invisíveis) (CM); *Expedição Langsdorff* (MM); 2001- *A História Real* (CM); *Palíndromo* (CM); *Rogério Vida de Músico* (CM); *Seu Nenê* (CM); 2002- *Um Rei no Xingu* (CM); 2003- *1,99 – Um Supermercado que Vende Palavras*; 2004- *Balaio* (CM); *Povos de São Paulo* (MM); 2005- *Baleias em Abrolhos* (MM); *Doutores da Alegria*; *Duzentos Gramas* (CM); 2006- *14 Bis* (CM); *Bolo de Morango* (CM); *Dona Helena* (MM); *O Mundo em Duas Voltas* (cofot. David Schümann); *Querô*; 2007- *Diabo na Guarita* (CM); *Mapas Urbanos* (MM); *O Diário da Guarita* (CM); *Os Melhores Anos de Nossas Vidas* (CM); 2008- *A Civilização do Cacau* (MM); *Terra Vermelha* (BirdWatchers – La Terra Degli Uomini Rossi) (Brasil/Itália); 2009- *A Árvore da Musica*.

## NASCIMENTO, CARLOS

Nasceu em São Paulo, SP, em 1961. Filho do produtor-diretor Nilton Nascimento, aprende tudo em cinema com o pai, em seu estúdio, a Alfafilme. Com apenas quinze anos de idade já é assistente de câmera no filme *Zé Sexy...Louco, Muito Louco Por Mulher*, direção de José Vedovato em 1976. Em 1978 fotografa seu primeiro filme, *Com Mulher é Bem Melhor* e dirige em 1980 dirige o curta *Auto Escola*. Seu primeiro longa como diretor é *Edifício Treme-Treme*, em parceria com Syllas Bueno iniciando-se a partir daí uma das maiores filmografias do pornô-explícito brasileiro. A partir dos anos 1990, com o fim do gênero, passa a dedicar-se ao cinema publicitário.

**Filmografia**: 1978- *Com Mulher é Bem Melhor* (fot.); 1980- *Auto Escola* (CM) (dir., fot.); 1982- *Perdida em Sodoma* (fot.); *Prevenção de Incêndio* (CM) (dir., fot.); 1984- *Ou Dá...Ou Desce* (fot.); 1985- *Como Fazer Um Filme Erótico em Dez Lições* (dir.); *Edifício Treme-Treme* (dir.) (codir Syllas Bueno); *Escândalos do Sexo Explícito* (dir., fot.) (codir Sylas Bueno); *Miss Close* (dir.) (co-fir. Sylas Bueno; *69 Minutos de Sexo Explícito* (dir.); *Sexo Diferente* (dir.) (codir Sylas Bueno); *Tentações* (cofot. Eliseo Fernandes); *Vale Tudo em Sexo Explícito* (dir.); (codir Sylas Bueno);*Vem Que Tem!* (dir.) (codir Sylas Bueno);1986- *Gata Sem Pudor* (dir.) (codir Sylas Bueno); *O Quarto Sexo* (dir.); *Carnaval do Sexo* (dir.) (codir Nilton Nascimento); *Cambalacho Sexual* (dir., fot.); *Vira e Mexe* (dir.); 1987- *Arrepios!* (dir., fot.) (codir Sylas Bueno); *Carnaval 87 – Só Deu Bumbum* (dir.) (codir Sylas Bueno); *Curto e Grosso* (dir.); *Delírios de Marilyn* (dir.); *Eles Só Comem Cru* (dir.); *Manda Braza* (dir.); *Quem Pode...Pode!* (dir.); *Tráfico de Menores* (dir.); 1988- *A Poupança Tá Rendendo* (dir.); *Bafo na Nuca* (dir.) (codir Nilton Nascimento);*Confissões de Uma Pecadora* (dir.) (codir Nilton Nascimento); *Garotas Sem Problemas* (dir.); *Lavou Tá Novo* (dir.); *O Burado é Mais Embaixo* (dir.); *Pau na Máquina* (dir.) (codir Nilton Nascimento); *Visões Eróticas de Belinda* (codir Nilton Nascimento); 1989- *Acredite Se Puder* (dir.); *As Aventuras do Kacete* (dir.); *As Novas Aventuras do Kacete* (dir.); *Coça Que Cresce* (dir.); *Com o Ferro em Brasa* (dir.); *Confissões de Uma Xoxota* (dir.); *Elas Fazem de Tudo* (dir.); *Grandes Trepadas* (dir.); *Loucas de Amor* (dir.); *Meu Pipi no Seu Popó* (dir.); *Os Sete Desejos de Jaqueline* (dir.); *Os Sonhos Que a Gente Não Conta* (dir.); *Ou Vai, Ou Racha* (dir.); *Puxa Que Estica* (dir.); *Vida Íntima de Uma Estrela de TV* (dir.) (codir Sylas Bueno); 1990- *A Menina e o Porquinho* (dir.); *Cleópatra - Sua Arma Era o Sexo* (dir., fot.) (codir Nilton Nascimento); *Mexe Demais* (dir.); *Nero, a Loucura do Sexo* (dir.) (codir Nilton Nascimento); *Uma Dona Muito Boa* (dir., fot.) (codir Nilton Nascimento); 1991- *Batxota, a Mulher Morcego* (dir.); *Dando Sopa* (dir., fot.); *E o Pau Comeu Solto* (dir.); *Feiticeiras do Sexo* (dir., fot.); *Safadas e Chifrudos* (dir.); *Salomé, a Tentação* (dir.) (inacabado); *Se a Galinha é Boa, o Pinto Não Falha* (dir., fot.) (codir Nilton Nascimento); 1992- *Horas Ardentes* (dir.); 1996- *Oi, Amor!* (CM) (fot.).

## NASCIMENTO, NILTON

Nasceu em Porto Alegre, RS, em 1928. Em 1951, na Guaíba Filmes, dirige seu primeiro filme, o curta Negrinho do Pastoreio, obra que vinha de encontro ao movimento de conservação do folclore gaúcho. Depois de vários outros curtas, chega ao longa em 1957, em *O Preço da Ilusão*, primeiro longa catarinense. Muda-se para São Paulo em 1963. A partir dos anos 1970, por intermédio de sua produtora Alfafilmes e depois da N. Produções Cinematográficas, produz dezenas de filmes pornô-eróticos, principalmente após

1980, com a direção de seu filho Carlos Nascimento e Syllas Bueno. A partir dos anos 1990, com o fim do gênero, passa a dedicar-se ao cinema publicitário.

**Filmografia**: 1951- *O Negrinho do Pastoreio* (CM) (dir.); 1953- *O Aeroporto* (CM) (dir.); *O Parque* (CM) (dir.); *O Tapete* (CM) (dir.); 1955- *Cuidado* (CM) (dir.); 1956- *E Foram Muito Felizes* (CM) (dir.); 1957- *O Preço da Ilusão* (dir.); 1958- *Horizontes da Fé* (dir.); 1973- *Meu Brasil Brasileiro* (dir., fot.) (cofot. Eliseo Fernandes); 1976- *Zé Sexy...Louco, Muito Louco Por Mulher* (fot.); 1978- *Com Mulher é Bem Melhor* (dir.); 1981- *O Sexo e as Pipas* (fot.) (cofot. Antonio Ciambra e Virgilio Roveda); 1982- *Perdida em Sodoma* (dir.); 1984- *Ou Dá...Ou Desce* (dir.); 1985- *Tentações* (dir.); 1988- *Bafo na Nuca* (dir.) (codir Carlos Nascimento); *Carnaval do Sexo* (dir.) (codir Carlos Nascimento); *Confissões de Uma Pecadora* (codir Carlos Nascimento); *Pau na Máquina* (dir.) (codir Carlos Nascimento); *Visões Eróticas de Belinda* (dir.) (codirCarlos Nascimento); 1990- *Cleópatra – Sua Arma Era o Sexo* (codir Carlos Nascimento); *Nero, a Loucura do Sexo* (codir Carlos Nascimento); *Uma Dona Muito Boa* (codir Carlos Nascimento); 1991- *Se a Galinha é Boa o Pinto Não Falha* (dir.) (codir Carlos Nascimento).

## NEDER, RODOLFO

Rodolfo Felipe Neder nasceu no município de Santa Fé, Argentina, em 2 de Novembro de 1938. Entra para a Faculdade de Dir.eito mas abandona para estudar Cinema com grandes mestres no Instituto de Cine da Universidade Nacional Del Libro. E chefe do Laboratório do Instituto de Cinema e professor da Escola de Cinema e também é programador musical da Rádio da Universidade Del Litoral em Santa Fé. Realiza vários curtas metragens como *Terra Ara Niños* e *Los 40 Quadros*. Chega ao Brasil em 1961, aterrissando no Rio de Janeiro e logo se integra a turma de humoristas do Rio, em especial Millor Fernandes, seu amigo até hoje. É naturalizado brasileiro. Em terras brasileiras, começa a trabalhar como documentarista, viajando por isso, de norte a sul. Seu primeiro filme é o documentário curto *Amador Bueno, o Paulista Que Não Quis Ser Rei*, produção de Moysés Weltman e direção de Sanin Cherques. Normalmente esses documentários eram exibidos no cinema como complemento de programação. Seu primeiro longa como fotógrafo é *Crime de Amor* (1965), direção de Rex Endsleigh. A partir dos anos 1970, já em São Paulo, dedica-se a publicidade, como Diretor do Departamento de Rádio e TV e depois de agências como Alcântara Machado, Salles, etc. Realiza mais de 900 comerciais. Atualmente produz cartões para o UOL.

**Filmografia**: 1963- *Amador Bueno, o Paulista Que Não Quis Ser Rei* (CM); *Anchieta* (CM); *Batalha dos Guararapes* (CM); *Hans Staden* (CM); *Maurício de Nassau* (CM); *Mina de Prata* (CM); *Zumbi dos Palmares* (CM); 1964- *Chico Rei* (CM); 1965- *Crime de Amor*; *Entre o Amor e o Cangaço*; 1966- *A Linguagem do Teatro* (CM) (cofot. José Rosa); *Rio, Verão & Amor*; *Essa Gatinha é Minha*; 1968- *A Virgem Prometida*; 1969- *A Última Ceia Segundo Ziraldo* (CM) (dir., fot.); 1970- *Forças e Seus Defeitos* (CM) (dir., fot.); 1973- *Folia* (CM) (dir.); *Museu Histórico Nacional* (CM) (dir., fot.); 1974- *São Luis* (CM).

## NEUMANN, RENATO

Nasceu no Rio de Janeiro, RJ, em 1943. Estuda química. No Inicio dos anos 1960 começa a freqüentar a Cinemateca do MAM e participar de cursos ali ministrados. Em 1965 dirige seu primeiro curta, *Homens ao Mar*. Especializa-se em curtas a partir de então, quase sempre em parceria com Rachel Sisson. Dirige seu primeiro longa em 1970, *Sangue Quente em Tarde Fria*, co-direção de Fernando Coni Campos. Assina a fotografia de filmes importantes como *Fogo Morto* (1976), de Marcos Farias e *Caso Claudia* (1979), de Miguel Borges. Em 15 anos de cinema, constitui considerável filmografia, como fotógrafo e diretor, entre 1965 e 1980, quando fotografa o longa *Bububú no Bobobó*, direção de Marcos Farias. Retorna em 1995 para dirigir o documentário *Meu Nome é Piabanha*, onde descreve uma poesia sobre o principal rio de Petrópolis. O documentário também trata a política a que fomos submetidos pelo Império e pela República no trato das questões ambientais. Afastado do cinema, durante alguns anos vende tecidos para sobreviver e atualmente trabalha para o Serviço de Educação e Organização Popular (SEOP) de Petrópolis, RJ, como educador popular.

**Filmografia**: 1965- *Homens do Mar* (CM) (dir., fot.); *Garoto de Calçada* (CM); 1967-*Lapa 67* (CM) (dir., fot.) (cofot. Silvino Santos e David E.Neves); *Nossa Se-*

*nhora da Penha* (dir., fot.) (codir. Rachel Esther Figner Sisson); 1968- *Colagem* (CM); *Gasômetro* (CM) (dir.); *Vinicius de Moraes* (CM); 1969- *Documentário Sem Nome* (CM); *Glória do Outeiro* (CM) (dir., fot.) (codir Rachel Esther Figner Sisson); *Roberto Burle Marx* (CM) (dir., fot.) (codir Rachel Esther Figner Sisson); *Um Sonho de Vampiros*; 1970- *Antonio Bandeira* (CM) (dir.); *Festa de Nossa Senhora da Penha* (dir., fot.) (codir. Rachel Esther Figner Sisson); *Museu da Imagem e do Som* (CM) (dir., fot.) (codir David E.Neves); *O Natal de Cristo* (CM) (codir Fernando Coni Campos); *Mutante* (CM) (fot.); *Sangue Quente em Tarde Fria* (dir., fot.) (codir Fernando Coni Campos); *Tarzan: Uma Homenagem aos Seus 50 Anos* (CM); 1971- *A Paixão Segundo Aleijadinho* (CM) (dir., fot.) (cofot. Rachel Esther Figner Sisson); *Poluição* (CM) (dir., fot.) (cofot. Rachel Esther Figner Sisson); *Florestas, Fauna e Equilíbrio Ecológico* (CM) (dir., fot.) (cofot. David E.Neves e Afonso Beato); *Debret: Aquarelas do Rio* (CM); *Di, Um Personagem na Vida* (CM) (cofot. Giorgio Attili e Jorge Bodanzky); *Em Defesa do Verde* (CM); *Volpi* (CM) (dir., fot.); 1973- *A Bahiana* (CM); *A Bandeira Nacional* (CM) (dir.); *As Olimpíadas Militares de 1973* (CM) (dir.); *Bandeiras e Futebol* (CM) (cofot. Ricardo Eckstein); *Conventos Franciscanos I: Santo Antonio, João Pessoa* (CM) (codir. Rachel Esther Figner Sisson); *Enfoque III: Sete Povos das Missões* (CM) (dir., fot.); *Enfoque V: Educação Física na Universidade* (CM) (dir., fot.); *Estruturas da Linguagem* (CM); *Integração Escola-Empresa* (CM) (dir., fot.); *O Museu* Imperial (CM) (dir., fot.); *Plácido de Castro* (CM) (dir.); *Programa de Ação Cultural* (cofot. José A. Mauro, Paulo Jorge de Souza, Eduardo Ruegg e Czamausk Tanasiuk); *Sete Povos das Missões* (CM) (dir., fot.); 1974- *Enfoque VI – Universidade do Estado do Rio de Janeiro* (CM) (dir.); *Fazenda de Café – Memórias* (CM); *Fazendeiro do Ar* (CM) (cofot. David E.Neves); *A Idade do Ouro* (CM); *IV Olimpíadas do Exército* (CM) (dir., fot.) (cofot. Jorge Ventura); *Pantanal de Mato Grosso* (CM) (dir.); *Projeto Rondon* (CM) (dir., fot.); 1975- *Música Brasileira das Origens ao Nacionalismo Musical* (CM); 1976- *Fogo Morto*; *Música, Poesia e Amor* (CM) (cofot. David E.Neves); *Na Casa do Rio Vermelho* (CM) (cofot. David E.Neves); *Noite Sem Homem* (dir., fot.); *Marcados Para Viver*; *O Habitante de Pasárgada* (CM) (cofot. David E. Neves); *Romancista ao Norte* (CM) (cofot. David E.Neves); *Tem Alguém na Minha Cama* (cofot. Jorge Monclair); *Veredas de Minas* (CM) (cofot. David E.Neves); 1977- *A Força de Xangô*; 1978- *Calendário* (CM) (dir.); *Cinema Brasileiro 77 (O Sufoco)* (CM); 1979- *O Caso Cláudia*; 1980- *Bububu no Bobobó*; 1995- *Meu Nome é Piabanha* (CM) (dir.).

## NEVES, DAVID E.

David Eulálio Neves nasceu no Rio de Janeiro, RJ, em 14 de Maio de 1938. Cineclubista no final dos anos 1950, pertence ao grupo fundador do movimento denominado *Cinema* Novo. Estreia no cinema em 1958, como fotógrafo do curta *Perseguição*, direção de Paulo Perdigão. No começo dos anos 1960 trabalha como crítico de cinema nos jornais *O Metropolitano* e *Tribuna de Imprensa* além de fotografar vários curtas. Estreia na direção em 1966 no curta *Mauro, Humberto*, ano que lança o livro *Cinema Novo no Brasil*. Em 1969 dirige seu primeiro longa, *Memória de Helena* e, em 1970 é membro júri do Festival de Berlim. Funda, com o escritor Fernando Sabino, a Sabiá Filmes, que produz, entre 1974 e 1976 dez curtas sobre cultura e literatura nacional, biografando dez famosos escritores brasileiros. Por dois anos (1980/81) escreve para a revista *Filme Cultura*. Seu último filme é *Jardim de Alah*, de 1989, que completa a trilogia sobre a zona sul carioca, os outros foram *Muito Prazer* (1979) e *Fulaninha* (1986). Morre em 23 de Novembro de 1994, aos 56 anos de idade, no Rio de Janeiro, por complicações oriundas do vírus da AIDS.

**Filmografia**: 1958- *Perseguição* (CM) (fot.); 1959- *Fuga* (CM) (fot.); 1961- *Domingo* (CM) (fot.); 1964- *Integração Racial* (CM) (fot.); 1965- *Esportes no Brasil* (CM) (fot.) (cofot. Armando Barreto); 1966- *Mauro, Humberto* (CM) (dir., fot.); 1967- *Lapa 67* (CM) (fot.) (cofot. Renato Neumann e Silvino Santos); *oito Universitários* (CM) (fot.); 1968- *Colagem* (CM) (dir.); *Jaguar* (CM) (dir., fot.); *Vinícius de Moraes* (CM) (dir.); 1969- *Continua na Próxima Semana* (CM) (dir.); *Retrato de Cavalcanti no Brasil* (CM) (dir.); *Memória de Helena* (dir.); 1970- *A Mão do Povo* (CM) (dir.); *Museu da Imagem e do Som* (CM) (dir.) (codir Renato Neumann); *Bandeiras ao Sol* (CM) (dir.); *Cristo Flagelado* (CM) (fot.); *Tarsila do Amaral – 50 Anos de Pintura* (CM) (dir.) (codir Fernando Coni Campos); *Tarzan* (CM) (dir.) (codir Michel do Espírito Santo); *Trinta e Um Barra Doze* (CM) (dir.); 1971- *Amor de Mulher* (CM) (dir.) (filme inacabado); *Bienal – a Mão do Povo* (CM) (dir.) (codir Gilberto Santeiro); *Cartas do Brasil* (CM) (dir., fot.); *Desenho Industrial* (CM) (fot.); *Lúcia McCartney, Uma Garota de Programa* (dir.); *O Palácio dos Arcos* (CM) (dir.) (codir Gilberto Santeiro); 1972- *A Bandeira do Brasil* (CM) (dir., fot.) (cofot. Renato Neumann e Afonso Beato); *Receita de Futebol* (CM) (dir., fot.); 1973- *A Arte Tradicional da Costa do Marfim* (CM) (dir.); *Paraty: Impressões* (CM) (fot.); 1974- *Em Tempo de Nava* (CM) (dir., fot.) (codir Fernando Sabino); *Fazendeiro do Ar* (CM) (dir., fot.) (codir Fernando Sabino e cofot. Renato Neumann); *Museu do Ouro* (CM) (dir.); *Um Contador de Histórias* (CM) (dir., fot.) (codir Fernando Sabino); 1975- *O Escritor na Vida Pública* (CM) (dir., fot.) (codir Fernando Sabino); 1976- *Cultura e Literatura Nacional* (CM); *Poesia, Música e Amor* (codir Fernando Sabino e cofot. Renato Neumann); *Na Casa do Rio Vermelho* (CM) (dir., fot.) (codir Fernando Sabino e cofot. Renato Neumann); *O Habitante de Pasárgada* (CM) (dir., fot.) (codir Fernando Sabino e cofot. Renato Neumann); *Romancista ao Norte* (CM) (dir., fot.) (codir Fernando Sabino e cofot. Renato Neumann); *Veredas de Minas* (CM) (dir., fot.) (codir Fernando Sabino e cofot. Renato Neumann); 1977- *Eu Coração Dou Bom* (MM) (fot.) (cofot. Mário Ferreira, Henrique Olivier e Paulo Jorge de Souza); *Viva a Penha!* (CM) (dir., fot.) (codir José Mariani); 1979- *A Noiva da Cidade* (fot.); *Maxixe, a Dança Perdida* (CM) (fot.); *Muito Prazer* (dir.); *Paulo Emílio Salles Gomes* (CM) (dir., fot.) (cofot. Nonato Estrela); 1980- *Cinema e Futebol* (CM) (dir.) (codir *Francisco* Drummond); *Flamento Paixão* (dir.); 1982- *Luz* Del Fuego (dir.); 1984- *Memória de Diamantina* (CM) (dir.); 1986- F*ulaninha* (dir.); 1987- *Camélia* (CM) (fot.); 1989- *Jardim de Alah* (dir.).

## NOEL, ROGÉRIO

Nasceu em Natal, RN, em 1952. Brilhante fotógrafo, considerado o mais artístico iluminador do cinema brasileiro. Radicado no Rio de Janeiro, inicia sua carreira ainda adolescente como segundo assistente de câmera de Dib Lutfi no filme *As Duas Faces da Moeda* (1969), de Domingos Oliveira. *É Simonal* (1970), *Juliana do Amor Perdido* (1970), *Azyllo Muito Louco* 91971), também assessora Dib em dezenas de curtas. Seu primeiro filme é o curta Som e Forma (1970), de Joaquim Assis, em que é assistente de direção e diretor de fotografia o, em parceria com outros profissionais. Mostra seu talento no longa *A Culpa* (1971), de Domingos de Oliveira, num filme difícil, com tomadas demoradas, pelo qual recebe o prêmio INC e Coruja de Ouro como melhor fotógrafo em cor. Seu último filme é *Uirá. Um Índio em Busca de Deus* (1974), de Gustavo Dahl, uma coprodução Brasil/Itália. Morre precocemente, em 1974, aos 22 anos de idade.

**Filmografia**: 1970- *Som e Forma* (CM) (cofot. *Juarez Dagoberto da Costa, Dib Lutfi e Joaquim Assis*; 1971- *Mãos Vazias; A Culpa; O Clube do Risca-Faca* (CM) (cofot. José Antonio Ventura); 1971/82- *O Rei da Vela*.(cofot. Carlos Ebert, Pedro Farkas, Adilson Ruiz e Jorge Bouquet); 1972- *As Pedras do Sol* (CM) (cofot. Julio Romiti); *Esporte no Pais de Futebol* (MM); *Rugas* (CM); *Sereno Desespero* (CM); Um *Mundo Novo* (CM) (cofot. João Carlos Horta); 1974- *Uirá, Um Índio em Busca de Deus* (Brasil/Itália).

## NORA, VINI

Vinicius Nora nasceu em Caxias do Sul, RS, em 22 de Outubro de 1976. Em 1985 muda-se com a família para Porto Alegre. Forma-se em Publicidade e Propaganda pela PUC-RS. Inicia sua atividade no cinema fazendo experiências na bitola Super-8. Seu primeiro filme é o *Curto*, em que dirige em parceria de Christian Schneider, Gustavo Brandau e Leandro Rangel. Ainda em Super-8, adquire experiência como fotógrafo nos experimentais *Exit* (1999), *Xadrez* (1999), As Aventuras de Guliver (2000) e Plano B (2001), pelo qual, entre outros, recebe os prêmios *Menção Honrosa* no Festival de Londrina, PR e Melhor Fotografia no Festival Super-8 de São Paulo; por *Exit*, em 1999, *Menção Honrosa* em Londrina PR; por Xadrez, em 1999 e Monção Honrosa em Gramado; por *Plano B*, em 2001, Melhor Filme em Gramado. Em 2000 funda a produtora Filmes do Brasil, que dedica-se ao cinema institucional e publicitário. Em 2002 é diretor assistente na campanha para governador do estado do Ceará. Entre 2002 e 2003 é Diretor de Produção dos especiais da RBS TV (filiada da Globo no RGS e SC), *Lagoa da Música, A Herança de Faustino Correa* e *Guerra Contra Rosas* direção de Carlos Ferreira. Produz e fotografa diversos videoclipes como DK (2000), da banda Noisekiller e para outras bandas como: Tweedy, Locomotores, Soul Ed, 808 SEX, Amêndoa e Pedrada Afú. Produz e dirige a fotografia de diversos documentários e ficção para a TV como *A Mulher do Sol* (2007), *Lutz*, para o DOC-TV Brasil (2007), *Mistério Nos Céus de Pelotas*, Wolfgang Harnisch, *Águas do Arvoredo, Porto Alegre de Quintana, Minha Mãe, A Dança do Pensamento* (2008), Mestres em Obras (2009), etc, quase sempre veiculados pela TV RBS. Em 2010 assina a fotografia de seu primeiro longa, *Bitols*, de André Arieta.

**Filmografia**: 1998- *O Curto* (CM) (dir.) (codir Christian Schneider, Gustavo Brandau e Leandro Rangel); *Antares 541* (CM) (fot.); *A Menina dos Milagres* (CM) (fot.); *Lilith, a Última Viagem do Século* (CM) (fot.); 1999- *Exit* (CM) (dir., fot.) (codirChristian Schneider e Leandro Rangel); *Xadrez* (CM) (dir., fot.); 2000- *As Aventuras de Guliver* (CM) (fot.); *Santidade* (CM) (fot.); *Super 8 Contra o Gigante Eletrônico* (CM) (fot.); 2001- Enganando o Anão (CM) (fot.); *Explosão de Estrelas* (CM) (fot.); *O Mundo de Sofia* (CM) (fot.); *Plano B* (CM) (dir., fot.); 2003- *A*

*Banda III* (CM) (dir., fot.) (codir Gustavo Brandau, Marcello Lima e Roberta Pinto); 2007- *A Mulher do Sol* (CM) (fot.); *Lutz* (MM) (fot.); 2008- *A Dança do Pensamento* (MM) (fot.); *Charles* Bronson Com Mr. Batata (CM) (fot.); *Minha Mãe* (CM) (fot.); Mistérios nos Ceus de Pelotas (CM) (fot.); *Os Viajantes* (CM) (dir., fot.); *Porto Alegre de Quintana* (CM) (fot.); *Wolfgang Harnisch – Série: Os Viajantes* (CM) (dir., fot.); 2009- *Mestres Em Obras* (MM) (fot.); 2010- *Bitols* (fot.).

## NUCCI, ADILSON

Adilson Nucci Antonio nasceu em São Paulo, SP, em 10 de Agosto de 1952. Em 1971 ingressa na Souza Lima Produções Cinematográficas e depois na M2 Produções, como ajudante de eletricista e assistente de câmera em documentários para cinema, TV e comerciais de televisão. Em 1973 é cinegrafista para os cine-jornais Amplavisão, o Mundo em Notícias e Propaga. Entre 1974 e 1975 trabalha na Helicon Film em filmes de treinamento, institucionais e sociais. Cineasta responsável pela captura de imagens em centenas de filmes e vídeos comerciais, culturais, de treinamento, documentários, educativos, institucionais e jornalísticos. Cursos e workshops para operadores de câmara, em Brasília, capital e interior de Minas Gerais, Rio de Janeiro e São Paulo. Coordenação de equipes operacionais para gravações e transmissões de TV. colaborador do IV Seminário de Jornalismo em 1977, no painel *Cine TV* para a Direção de Atividades Culturais da ABI - Associação Brasileira de Imprensa, sob a direção de Alberto Dines. Fotógrafo mais ligado a televisão, no cinema, é diretor de fotografia de um média metragem: *Retrato de Classe* (1977) e no longa *Chumbo Quente* (1978).

**Filmografia**: 1977- *Retrato de Classe* (MM) (cofot. Jorge dos Santos); 1978- *Chumbo Quente* (cofot. Marcel Hollender).

## NUNES, RONALDO

Ronaldo Nunes Ribeiro inicia sua carreira no cinema em 1967 como assistente de câmera no filme *Mineirinho Vivo ou Morto*, direção de Aurélio Teixeira, depois *Adorável Trapalhão* (1967), *O Homem Nu* (1968), Lance Maior (1968), *Roberto Carlos a 300 Quilômetros Por Hora* (1971), *Como Era Gostoso Meu Francês* (1971), entre tantos outros. Estreia como Diretor de Fotografia em 1972 no curta *Quarta-Feira*, direção de Bruno Barreto e Maria do Rosário. Seu primeiro longa é *Pecado na Sacristia* (1975), de Miguel Borges. Tem longa carreira de Diretor de Fotografiano cinema brasileiro. Morando em Fortaleza-CE, seus últimos filmes são *Corisco & Dadá* (1996) e *Patativa do Assaré* (2007), ambos de Rosemberg Cariry, principal cineasta cearense.

**Filmografia**: 1972- *Quarta-Feira* (CM); 1975- *Pecado na Sacristia*; 1977- *Essa Freira é Uma Parada*; 1978- *Lentes Oftálmicas* (CM) (dir., fot.) (codir Denise Grimming); 1979- *Infinitas Conquistas* (CM); *Ponto de Vista* (CM); *Rio, Jardim Botânico* (CM); ZN ZS (CM) (dir.); *Zoonistia* (CM); 1980- *Amantes Violentos*; 1981- *A Gostosa da Gafieira; Fortaleza Lúcida* (CM) (dir.); 1985- *O Caldeirão da Santa Cruz do Deserto*; 1986- *Rockmania*; 1988- *Um Cotidiano Perdido no Tempo* (CM); 1993- *A Saga do Guerreiro Alumioso; 1996- Corisco & Dadá*; 2007- *Patativa do Assaré – Ave e Poesia* (cofot. Jackson Bantim, Beto Bola, Kin, Rivelino Mourão, Luiz Carlos Salatiel e Fernando Garcia).

## OLIVEIRA, LUIZ ANTONIO

Nasceu em Rancharia, SP, em 13 de Agosto de 1952. É conhecido no meio cinematográfico como *Luizinho*. Inicia sua carreira em 1967 como eletricista no filme *O Caso dos Irmãos Naves*, de Luiz Sérgio Person. Em 1972 é assistente de câmera no filme *Um Caipira em Bariloche*, de Pio Zamuner e Amácio Mazzaropi. A partir de 1974 vai trabalhar com José Mojica Marins como eletricista, assistente de câmera e diretor de fotografia. No teatro é iluminador e sonoplasta em diversas peças produzidas e dirigidas por Cláudio Cunha, tendo grandes estrelas no elenco como Matilde Mastrangi. Durante cinco anos trabalha como assistente de câmera e direção de fotografia em dezenas de filmes publicitários e também como cinegrafista da TV Bandeirantes. Na Boca do Lixo, assistente de câmera em dezenas de filmes e Diretor de Fotografia em alguns filmes dirigidos por Alfredo Sternheim como *Brisas do Amor* e *Tensão e Desejo*, ambos de 1982. Nos últimos anos tem trabalhado com frequência como assistente de câmera em filmes como *O Cangaceiro* (1997), de Aníbal Massaini Neto, *Tainá, Uma Aventura Amazônica* (2001), de Tânia Lamarca e Sérgio Bloch, *As Tranças de Maria* (2002), de Pedro Carlos Rovai, *O Preço da Paz* (2003), de Paulo Morelli, entre tantos outros. Faz curso técnico especializado em câmera, óptica e acessórios, em Los Angeles pela Panavision Inc., sendo hoje um dos poucos técnicos especializados nesse tipo de equipamento no Brasil.

**Filmografia**: 1982- *Brisas do Amor*; *Tensão e Desejo*; 1984- *Taras Eróticas*

## OLIVEIRA, GERALDO JUNQUEIRA DE

Nasceu em São Paulo, SP, em 1930. Estuda arquitetura mas logo se apaixona por cinema, fotografia e ambientes naturais. Dirige seu primeiro curta em 1949, *Bariloche*. Em 1956, filma uma expedição de caça ao Quênia e Tanganica, chamado *Kirongozi, Mestre Caçador*, com as aventuras do caçador brasileiro Jorge Alves de Lima. Em seguida dirige alguns curtas até chegar a seu segundo longa, *Silêncio Branco*, cobertura da expedição da Marinha da Argentina à região da Antártida a bordo do quebra-gelo San Martin, mas Geraldo morre sem concluir o filme, que é editado pelo crítico e montador Benedito J.Duarte. Morre em 1960, aos 30 anos de idade, de acidente automobilístico, em São Paulo.

**Filmografia**: 1949- *Bariloche* (CM) (dir., fot.); 1952- *Terra do Fogo* (CM) (dir., fot.); 1953- *Cerro Catedral* (CM) (dir., fot.); 1954- *Russia* (CM) (dir., fot.); 1955- *Aquarela do Brasil* (CM) (dir., fot.); *Voo 802* (CM) (dir., fot.); 1956- *Alemanha* (CM) (dir., fot.); *Kirongozi, Mestre Caçador* (dir., fot.); 1957- *Patagonia* (CM) (dir., fot.); 1958- *Egito* (CM) (dir., fot.); 1959- *O Café* (CM) (dir., fot.); *Polo Sul* (CM) (dir., fot.).1960/64- *Silêncio Branco* (dir.).

## OLIVEIRA, HAMILTON

Hamilton Oliveira Júnior nasceu em Coaraci, BA, em 25 de Dezembro de 1955. Cursa Filosofia e Ciências Humanas na UFBA, mas desiste em 1979, sem concluir. De 2003 a 2008 estuda Comunicação com Habilitação em Cinema e Vídeo na FTC – Faculdade de Tecnologia e Ciências. Entre 1981 e 1982 trabalha como repórter cinematográfico da TV Aratu, de 1982 a 1986 é operador de câmeras da Sani Filmes. Em 1994 fotografa seu primeiro filme, o curta *Boca do Inferno*, direção de Pola Ribeiro, para o Liceu de Artes e Ofícios. Chega ao longa-metragem em 2004 com *Esses Moços*, de José Araripe Jr. e no ano seguinte assina a fotografia de *Eu Me Lembro*, de Edgar Navarro. É dos mais requisitados fotógrafos do cinema baiano da atualidade.

**Filmografia**: 1994- *Boca do Inferno* (CM); *Cuida Bem de Mim* (MM); 1999- *Rádio Gogó* (CM) (cofot. Heloísa Passos); 2000- *Pixaim* (CM); 2001- *Oriki do Mar* (CM); *Três Histórias da Bahia* (episódio: *O Pai do Rock*); 2004- *Esses Moços*; 2005- *Eu Me Lembro*; *Prá Não Esquecer de Angola* (CM); 2006- *Pau Brasil* (Brasil/Alemanha); 2008- *Feast of Titans* (CM); 2009- *Heteros*; *O Homem Que Não Dormia*.

## OLIVEIRA, OSVALDO

Nasceu em São Paulo, SP, em 1931. Conhecido no meio cinematográfico como Carcaça, inicia sua carreira no cinema em 1951, na Cinematográfica Maristela, como maquinista de cena no filme *Presença de Anita*, de Ruggero Jacobbi. Em 1952 trabalha na construção dos estúdios da Multifilmes. Em 1957 já é assistente de câmera em *Casei-me Com Um Xavante* e *Arara Vermelha*. Na Maristela, conhece Ary Fernandes, que o convida para ser o fotógrafo do curta *Peão Para Todo o Serviço*, também estreia de Ary na direção. Em seguida fotografa 37 dos 38 episódios da série *Vigilante Rodoviário*, assim como codirige um deles, *O Garimpo*. Em 1966 é diretor de fotografia do filme *Herança Sangrenta*. Em 1969 inicia vitoriosa carreira de diretor no filme *Cangaceiro Sanguinário*, produção de Antonio Pólo Galante. Nos anos 70 e 80 dirige e fotografa dezenas de filmes, no final, já atuando no explícito, em alguns casos com o pseudônimo de *O.Oliver*. Seu último filme é *Presença de Marisa* (1988), de John Doo. Além de Produtor, Diretor e Diretor de Fotografia, Carcaça também foi professor do curso de cinema da FAAP – Fundação Armando Álvares Penteado, em 1958. Morre em 1990, em São Paulo, aos 59 anos de idade.

**Filmografia**: 1957- *Um Peão Para Todo Serviço* (CM) (fot.); 1961/62- *Vigilante Rodoviário* (fotografou 37 episódios da série); *O Garimpo* (CM) (dir., fot.) (codir. Ary Fernandes) (episódio da série *Vigilante Rodoviário*); 1962- *O Vigilante Rodoviário* (fot.) (cofot. Guglielmo Lombardi e Ary Fernandes) (4 episódios da série *Vigilante Rodoviário*); 1964- *O Vigilante Contra o Crime* (fot.) (cofot. Guglielmo Lombardi e Ary Fernandes) (4 episódios da série *Vigilante Rodoviário*); 1966- *Herança Sangrenta* (fot.) (cofot. Mario di Leo); *O Vigilante e os Cinco Valentes* (fot.) (cofot. Guglielmo Lombardi e Ary Fernandes) (4 episódios da série *Vigilante Rodoviário*); 1967- *O Caso dos Irmãos Naves* (fot.); *O Vigilante em Missão Secreta* (fot.) (cofot. Guglielmo Lombardi e Ary Fernandes) (4 episódios da série *Vigilante Rodoviário*); 1968- *Trilogia do Terror* (fot.) (episódio: *A Procissão dos Mortos*); *Panca de Valente* (fot.); *Viagem ao Fim do Mundo* (fot.) (cofot. José Medeiros, Afonso Beato e Clinton Vilella); 1969- *Corisco, o Diabo Loiro* (fot.); *O Agente da Lei* (fot.) (cofot. Guglielmo Lombardi e Ary Fernandes) (4 episódios da série *Vigilante Rodoviário*); *O Cangaceiro Sem Deus* (dir.); *O Mistério do Taurus 38* (fot.) (cofot. Guglielmo Lombardi e Ary Fernandes) (4 episódios da série *Vigilante Rodoviário*); *O Cangaceiro Sanguinário* (dir., fot.); 1970- *Marcado Para o Perigo* (fot.) (cofot. Guglielmo Lombardi e Ary Fernandes) (4 episódios da série *Vigilante Rodoviário*); *O Pornógrafo* (fot.); *Sertão em Festa* (dir., fot.); 1971- *Guerra dos Pelados* (fot.); *No Rancho Fundo* (dir., fot.); *Luar do Sertão* (dir., fot.); 1972- *Cassy Jones, o Magnífico Sedutor* (dir., fot.); *Desafio a Aventura* (fot.) (cofot. Guglielmo Lombardi e Ary Fernandes) (4 episódios da série *Vigilante Rodoviário*); *O Grito* (CM) (codir. Antonio Meliande e Rudolf Icsey); *O Homem do Corpo Fechado* (fot.); *Pânico no Império do Crime* (fot.) (cofot. Guglielmo Lombardi e Ary Fernandes) (4 episódios da série *Vigilante Rodoviário*); *Rogo a Deus e Mando Bala* (dir., fot.); 1973- *A Superfêmea* (fot.); *Os Garotos Virgens de Ipanema (Purinhas do Guarujá)* (dir., fot.); 1974- *A Noiva da Noite (Desejo de Sete Homens)* (fot.); *Mestiça, a Escrava Indomável* (fot.) (cofot. Wellington Trindade); *Gente Que Transa (Os Imorais)* (fot.); *O Marginal* (fot.); 1975- *Cada Um Dá o Que Tem* (fot.) (episódio: *Uma Grande Vocação*); *I Love Bacalhau* (fot.); *O Casal* (fot.); *O Roubo das Calcinhas* (fot.); *Veredas Mortas* (fot.); 1976- *As Meninas Querem..E os Coroas Podem* (dir., fot.); *Já Não Se Faz Amor Como Antigamente* (fot.); *Kung Fu Contra as Bonecas* (fot.); *O Homem de Papel (Volúpia do Desejo)* (fot.); *Presídio de Mulheres Violentadas* (dir.) (codir. Luiz Castillini e Antonio Pólo Galante); 1977- *Elas São do Baralho* (fot.); *O Crime do Zé Bigorna* (fot.); *Pensionato de Vigaristas* (dir., fot.); *Internato de Meninas Virgens* (dir., fot.); 1978- *Fugitivas Insaciáveis* (fot.); *O Bem Dotado – O Homem de Itu* (fot.); 1979- *Bordel – Noites Proibidas* (dir., fot.); *O Caçador de Esmeraldas* (dir.); *Histórias Que Nossas Babás Não Contavam* (dir., fot.); *Os Trombadinhas* (fot.); 1980- *A Filha de Emmanuelle* (CM) (dir., fot.); *A Saga de Fernão Dias* (CM) (dir.); *Convenção de Itu* (CM) (dir., fot.); 1981- *A Prisão* (CM) (dir., fot.); *Momentos Decisivos: Inconfidência Mineira* (CM) (fot.); *Orgia das Libertinas* (fot.); 1982- *Curral de Mulheres* (dir., fot.); *Bacanais na Ilha das Ninfetas* (dir., fot.); 1983- *A Fêmea da Praia* (dir., fot.); 1988- *Ilusão Sangrenta* (fot.); *Presença de Marisa* (fot.).

## OTERO, GILBERTO

Gilberto Otero de Freitas faz seu aprendizado como assistente de câmera nos filmes *Barra Pesada* (1977), de Reginaldo Farias e *Cordão de Ouro*, de Antonio Carlos Fontoura. Em seguida é o fotógrafo do filme *Trindade: Curto Caminho Longo* (1976), de Tânia Quaresma, com quem faria parceria em diversos documentários curtos. Seu primeiro longa é *O Princípio do Prazer* (1979), de Luiz Carlos Lacerda. Na televisão fotografa, entre outros, o seriado *Mulher* (1998/1999), pela Rede Globo. A partir dos anos 1980, fotografa inúmeros filmes, principalmente curtas como *Todomundo* (1978/1980), *Avante Camaradas* (1986), *A Hora Vagabunda* (1998), etc, e os longas *A Longa Noite do Prazer* (1983), *Minas-Texas* (1990) e *Xuxa e os Duendes 2 – No Caminho das Fadas* (2003).

**Filmografia**: 1976/1978- *Trindade: Curto Caminho Longo* (cofot. Tânia Quaresma, Antonio Luis Mendes e Lúcio Kodato); 1978- *A Terra do Sapaim* (CM) (cofot. Tânia Quaresma, Antonio Luiz Mendes e Lúcio Kodato); *Agreste* (CM) (cofot. Tânia Quaresma, Antonio Luiz Mendes e Lúcio Kodato); *Baião do Acordar* (CM) (cofot. Tânia Quaresma, Antonio Luiz Mendes e Lúcio Kodato); *Caminhos do Rio Mar* (CM) (cofot. Tânia Quaresma, Antonio Luiz Mendes e Lúcio Kodato); *Herança das Senzalas* (CM) (cofot. Tânia Quaresma, Antonio Luiz Mendes e Lúcio Kodato); *Memória das Minas* (CM) (cofot. Tânia Quaresma, Antonio Luiz Mendes e Lúcio Kodato); *Minuano* (CM) (cofot. Tânia Quaresma, Antonio Luiz Mendes e Lúcio Kodato); *Novos Tempos* (CM) (cofot. Tânia Quaresma, Antonio Luiz Mendes e Lúcio Kodato); *Três Cantos do Rio* (CM) (cofot. Tânia Quaresma, Antonio Luiz Mendes e Lúcio Kodato); *Viagem ao Ninho da Terra* (CM) (cofot. Tânia Quaresma, Antonio Luiz Mendes e Lúcio Kodato); 1978/80- *Todomundo* (CM) (cofot. Pedro Farkas, Eduardo Poiano, Nilo Mota, Zetas Malzoni, André Klotzel e Thomaz Farkas); 1979- *Dor Secreta* (CM); *O Princípio do Prazer*; 1983- *A Longa Noite do Prazer*; 1984- *Carícias Sensuais*; *De Pernambuco Falando Para o Mundo*; *Falando de Por Incrível Que Pareça* (CM) (cofot. Zé Mariani, Nonato Estrela e Flávio Ferreira); 1985- *A Última Canção do Beco* (CM); *Um Caso de Vida ou Morte* (CM) (cofot. Fernando Duarte e Tuker Marçal); 1986- *Avante Camaradas* (CM) (cofot. Cezar Moraes); 1987- *Uakti – Oficina Instrumental* (CM); 1989- *Musika* (CM); 1990- *Minas-Texas*; 1992- *Absintho* (CM); 1998- *A Hora Vagabunda* (CM); *Bom Dia Senhoras* (CM); 1999- *Anísio Teixeira* (CM); 2000- *Perdemos de 1x1* (CM); 2001- *Françoise* (CM); 2002- *Samba-Canção*; *Zico* (cofot. Cezar Moraes); 2003- *Rua da Amargura* (CM); *Xuxa e os Duendes 2 – No Caminho das Fadas* (co-Cezar Moraes); 2004- *O Xadrês das Cores* (CM); 2005- *Ãngtux* (CM); 2006- *O Farol de Santo Agostinho* (CM).

## OVERBECK, PETER

Nasceu em Duisburg, Alemanha. Chega ao Brasil em 1952. Estuda por cinco anos na Escola de Belas Artes de Colônia e Manheim. Foi câmera *man*, pintor e cenógrafo, antes de se tornar diretor de fotografia. Cenógrafo em diversos filmes como *O Segredo da Serra Dourada* (1958), de Pino Belli, *Ravina* (1959), de Rubem Biáfora, *Sexo e Vida* (1959), de Henrique Meyer, *Yális, a Flor Selvagem* (1959), de Francesco de Robertis e Leonardo Salmieri; *Policia Feminina* (1960), documentário curto de Ozualdo Candeias, *Mulheres e Milhões* (1961), de Jorge Ileli, etc. Inicia sua Carrera de fotógrafo em 1964 no curta *A Curra*, curta experimental de Clemente Portela. Responsável pela fotografia dos dois primeiros (e inovadores) filmes de Rogério Sganzerla *O Bandido da Luz Vermelha* (1968) e *A Mulher de Todos* (1969), Overbeck dedica-se também ao magistério do curso de cinema da USP e ao cinema publicitário, área em que trabalha até os dias de hoje, na Espiral Filmes. Peter e sua esposa, Marta Overbeck, documentam, em 1986, a situação dos bóias-frias, na região de Piracicaba, no documentário *A Classe Que Sobra*. Seu último filme registrado como diretor de fotografia é o curta *O Fazedor de Fitas Inacabadas*, de Tony de Souza.

**Filmografia**: 1964- *A Curra* (CM); 1965- *A 5ª Feira do Sr. X* (CM); 1966- *Fragmentos* (CM); 1967- *Diversificação Agrícola* (CM) (cofot. Juan Carlos Landini); *Milho* (CM); 1967/1968- *Os Anos Passaram* (CM) (dir., fot.); 1968- *Indústria* (CM); *Trilogia de Terror* (episódio: *O Acordo*); *O Bandido da Luz Vermelha*; 1969- *Meu Nome é Tonho*; *A Mulher de Todos*; *Piratininga 1700* (CM); 1970- *A Fiandeira* (CM); *Guerra do Paraguay* (CM); *O Palácio dos Anjos* (*Le Palais des Anges*) (Brasil/França); *As Gatinhas*; 1970/74- *Vozes do Medo* (cofot. Hélio Silva, Geraldo Gabriel, Wanderley Silva, Marcelo Primavera e Juan Carlos Landini); 1971- *Som Alucinante* (fot.: Ronaldo Lucas, Walter Carvalho Correia e Wanderley Silva); 1972- *Longo Caminho da Morte*; *Jogo da Vida e da Morte*; 1976- *Dentro de Cada Sombra Cresce Un Vuelo* (MM) (Chile); 1979- *Ofício de Pintor* (CM) (cofot. José Zampieri); 1980- *A Invenção a Duas Vozes* (CM); *Como Nasce Um Automóvel* (CM) (cofot. Walter Soares); *Sobre a Origem da Riqueza* (CM) (dir., fot.); 1981- *A Primeira Conclat* (CM) (cofot. Adrian Cooper); *P.S.: Post-Scriptum*; 1986- *A Classe Que Sobra* (CM) (dir., fot.); 1988- *Na Terra Devastada* (MM) (dir., fot.); *Rock Paulista* (CM) (cofot. Chico Botelho); 1992- *O Fazedor de Fitas Inacabadas* (CM).

## PACE, ROBERTO

Inicia sua carreira como *cameraman* da antiga TV Itacolomi, em Belo Horizonte. Entra como *quebra-galho* no departamento de operações, comandado por Keffel Filho, num tempo em que tudo era ao vivo, não existia o videotape e fica lá por dez anos, chegando ao posto de diretor de TV e depois diretor artístico. Em 1962 é contratado como superintendente da recém-fundada TV Alterosa e em 1964 muda-se para os EUA, escapando da revolução de 31 de Março, já que era o vice-presidente do Sindicato dos Radialistas. Durante três anos, estuda fotografia em preto e branco no City College, nas melhores escolas de cinema de Nova York na época, depois New York University, Modern School of Photography, Carnegie Hall, Actor's Studio e Museu de Arte Moderna de NY. De volta ao Brasil, dedica-se ao cinema, dirigindo a fotografia de longas e curtas durante quase dez anos. Sua primeira experiência acontece em 1967, como câmera no filme *Férias no Sul*, de Reynaldo Paes de Barros. Estreia como Diretor de Fotografia em 1969 no filme *O Tesouro de Zapata*, de Adolpho Chadler. Trabalha com frequência na primeira metade dos anos 70, em filmes policiais, pornochanchadas e documentários curtos. Depois, é contratado pela Lynx Films e passa a dedicar-se ao cinema publicitário e, aceitando um especial convite, vai para a TV Globo, inicialmente para fundar o departamento de iluminação da Globotec e depois como diretor de fotografia das quartas nobres e especiais, no núcleo de Paulo Afonso Grisolli. Foi o primeiro diretor de fotografia de cinema contratado como iluminador II, em 1984, a partir do qual, dedica-se integralmente a televisão, nunca mais retornando ao cinema.

**Filmografia**: 1969- *O Tesouro de Zapata*; *Sete Homens Vivos ou Mortos*; *O Impossível Acontece* (episódios: *O Acidente* e *O Reimplante*); *Incrível, Fantástico, Extraordinário*; 1969- *O Rei da Pilantragem*; 1971- *Lua de Mel & Amendoim* (episódio: *Berenice*); *Os Caras de Pau*; *Tô na Tua, Ô Bicho*; *Vinte Passos Para a Morte*; 1972- *Aço..Ontem, Hoje e Amanhã* (CM); *Condenadas Pelo Sexo*; 1973- *Êxtase de Sádicos*; *Como é Boa Nossa Empregada* (episódio: *O Terror das Empregadas*); 1976- *O Ibrahim do Subúrbio*; 1977- *Esperança* (CM) (dir.); *Gente Fina é Outra Coisa*; 1978- *O Bom Marido*; *Nos Embalos de Ipanema*.

## PADOVANI, RENATO

Renato Aldo Stefano Padovani nasceu na Itália. Chega ao Brasil em meados dos anos 70. Inicia sua carreira de fotógrafo no média-metragem *Sertão* (1978), de Uberto Molo. Em 1975, juntamente com outro italiano Bruno Stroppiana, fundam a produtora Skylight Cinema no Rio de Janeiro. Seu primeiro longa é *Tormenta* (1982), também de Molo, produzido pela Skylight Cinema. Fotografia adicional em *Tensão no Rio* (1982), *Parahyba Mulher Macho* (1983) e *Para Viver Um Grande Amor* (1984). Além de bem-sucedido empresário no ramo cinematográfico, é competente Diretor de Fotografia, comprovado em longas como *Por Incrível Que Pareça* (1986), de Uberto Molo, *Viva Sapato!* (2003), de Luiz Carlos Lacerda, *Mais Uma Vez o Amor* (2005), de Rosane Svartman e *Sexo Com Amor?* (2007), de Wolf Maya.

**Filmografia**: 1978- *Sertão* (MM); 1982- *Tormenta*; 1986- *E Pluribus Uma* (CM); *Por Incrível Que Pareça*; 1997- *Vox Populi* (CM); 2001- *Ismael e Adalgisa* (MM); 2003- *Viva Sapato!*; 2005- *Mais Uma Vez Amor*; 2006- *Meteoro* (Brasil/Venezuela); *O Olho do Canhão*; 2007- *Sexo Com Amor?*.

## PAGÉS, MÁRIO

Nasceu em Buenos Aires, Argentina, em 15 de Janeiro de 1912. Estuda em colégios particulares ingleses, o que o faz dominar perfeitamente essa segunda língua. Em 1936 começa a trabalhar como assistente de cenografia no teatro, mas, já fascinado por cinema, ingressa nos Estudios Cinematograficos Rio de La Plata e lá se torna assistente do fotógrafo americano Paul Perry. Estreia como fotógrafo no filme *El Misterio de La Dama Gris*. Em 1950 é convidado por Fernando de Barros para fazer a fotografia de *Quando a Noite Acaba* e viaja pela primeira vez ao Brasil. Retorna no ano seguinte para trabalhar na Multifilmes, a convite de Mário Civelli e por aqui fica por 15 anos, alternando seu trabalho entre São Paulo e Rio de Janeiro, sempre com muita competência em filmes de temática séria como em chanchadas musicais. Em 1959, juntamente com alguns amigos, funda a General Filmes do Brasil, que produz documentários e filmes publicitários. Colabora com a instalação da TV Globo, em 1963, ao organizar o sistema de iluminação do departamento de reportagem e jornalismo. Dirige alguns filmes na Argentina e nos anos 70 trabalha na TV Globo na edição de programas para o *Globo Repórter*. Morre no final dos anos 80.

**Filmografia**: 1939- *El Misterio de La Dama Gris* (Argentina); 1940- *Petroleo* (Argentina); 1941- *Melodías de América* (Argentina); *Los Afincaos* (Argentina); 1942- *En El Último Piso* (Argentina); *Melodías de America* (Argentina); 1943- *Juvenília* (Argentina) (cofot. Francis Boeniger e Hugo Chiesa); *Bildigerni em Pago Milagro* (Argentina); 1945- *Llegó la Niña Ramona* (Argentina); 1946- *María Rosa* (Argentina); *El Pecado de Julia* (Argentina); *Camino del Infierno* (Argentina) (cofot. Antonio Merayo); *Las Tres Ratas* (Argentina) (cofot. Bob Roberts); 1947- *La Secta del Trébol* (Argentina); *La Senda Oscura* (Argentina); *Vacaciones* (Argentina); 1948- *Los Secretos del Buzón* (Argentina); *Don Bildigerno de Pago Milagro* (Argentina); 1949- *El Extraño Caso de La Mujer Asesinada* (Argentina); 1950- *Quando a Noite Acaba* (*Perdida Pela Paixão*); *Hoy Canto Para Tí* (Argentina) (cofot. Anibal di Salvo); *El Último Payador* (Argentina); 1951- *Volver a La Vida* (Argentina) (cofot. Americo Hoss); 1951- *Mi Vida Por La Tuya* (Mexico/Argentina) (cofot. Americo Hoss); *Los Isleros* (Argentina); *Presença de Anita*; *Suzana e o Presidente*; *Tudo Azul*; 1952- *Agulha no Palheiro*; *Balança Mas Não Cai* (cofot. Ruy Santos e Victor Junot); *Meu Destino é Pecar*; *Com o Diabo no Corpo*; 1954- *Rua Sem Sol*; *O Petróleo é Nosso*; 1955- *Mãos Sangrentas* (*Con Las Manos Ensangrentadas*) (Brasil/Argentina); *Sinfonia Carioca*; *Tira a Mão Daí!*; 1956- *Depois Eu Conto*; *Leonora dos Sete Mares*; *Rio Fantasia*; 1957- *A Baronesa Transviada*; *Uma Certa Lucrécia*; *Escravos do Amor das Amazonas* (*Love Slaves of the Amazons*) (Brasil/EUA); 1958- *É de Chuá!*; *Alegria de Viver*; *Aguenta o Rojão*; *A Grande Vedete*; 1963- *O Rei Pelé*; 1964- *Retrato de Villa-Lobos* (CM); 1965- *Los Guerrilleros* (Argentina); 1968- *Novela de Um Jovem Pobre* (*La Novela de um Joven Pobre*) (Argentina); *La Casa de Madame Lulù* (Argentina); 1969- *Deliciosamente Amoral* (Argentina); 1971- *Cômicos e Mais Cômicos*; 1973- *Israel, Ontem e Hoje*; 1974- *Sinfonia Brasileira* (cofot. Armando Bugallo).

## PALHARES, MARIA AMÉLIA

Nasceu em Belo Horizonte, MG, em 24 de Julho de 1953. É Bacharel em Artes, com habilitação em desenho, pela EBA/UFMG, em 1978, Bacharel em Desenho Industrial pela FUMA, em 1978 e Mestre em Artes pela EBA/UFMG. Professora, desenhista, fotógrafa, mestre em cinema de animação e uma das precursoras da fotografia Pinhole em Minas Gerais. É professora adjunta da Universidade Federal de Minas Gerais, Departamento de Fotografia, Teatro e Cinema, entre 1980 e 2003. Ao longo de sua carreira, ocupa diversos cargos executivos de reconhecida importância, destacando-se os de Coordenadora do Setor de Fotografia do Centro Audiovisual/UFMG (1983/1988), Coordenadora do Núcleo Regional de Cinema de Animação de MG (1988/1989), Coordenadora do Colegiado de Curso da Escola de Belas Artes (1992/1994), Coordenadora do Colegiado do Curso de Graduação em Artes Cênicas - Escola de Belas Artes/UFMG (1999/2000), Gerente do Setor de Concursos da Fundação de Desenvolvimento de Pesquisa – Fundep (2003/2004). Inicia sua carreira no cinema como assistente de fotografia em diversos curtas como *Festa no País das Gerais* (1978), de José Américo Ribeiro, *Giramundo* (1979) e *Comunidade Carmo-Sion* (1982), de José Tavares de Barros, *Em Nome da Razão* (1979) e *João Rosa* (1980), de

Helvécio Ratton, etc. Assistente de fotografia e montagem do longa-metragem *Idolatrada* (1983), direção de Paulo Augusto Gomes. Assina a fotografia de seu primeiro curta em 1980, *Experiência Cinematográfica*, em parceria. É assistente de montagem dos seguintes longas-metragens: *Tigipió, Uma Questão de Amor* (1985), de Pedro Jorge de Castro e *Um Filme 100% Brasileiro* (1985), de José Sette de Barros. Em 1998 dirige o curta de animação *Afiar*, vencedor de vários prêmios, uma homenagem ao filme *A Velha a Fiar* (1964), de Humberto Mauro. Participa de seminários, cursos, congressos, exposições, mostras, realiza animação em vídeo para comerciais, vinhetas, recebe inúmeros prêmios, entre eles, o *Tatu de Ouro*, melhor animação em vídeo (animação) XXV Jornada Internacional de Cinema e Vídeo da Bahia, Salvador, BA, 1998 e melhor edição em vídeo no IV Festival Internacional de Cinema e Vídeo de Curitiba, PR, 2000.

**Filmografia:** 1980- *Experiência Cinematográfica* (CM) (cofot. Silvino José de Castro e Eduardo Ribeiro de Lacerda); *Sinais na Pedra* (CM) (fot.); 1982- *Cinema na Escola* (CM) (fot.) (cofot. Dileny Campos); *Solidão* (*Aprendiz de Feiticeiro*) (CM) (cofot. Cristiano Quintino, Maurício Andrés Ribeiro e Paulo Laborne); 1983- *Doce Bárbara* (CM) (inacabado); 1987- *Nascimento, Paixão e Morte Segundo Pipiripau* (CM) (fot.); 1990- *Casarão do Serro* (CM) (dir.); 1992- *Ciências Exatas e da Terra* (CM) (dir.); *Engenharia UFMG* (CM) (dir.); *Ciências Biológicas* (CM) (dir.); 1998- *Afiar* (CM) (dir., fot.); 2000- *Produzir em Minas* (CM) (dir.); 2006- *Hipertensão* (CM) (dir.); 2007- *Aprender Ciências* (CM) (dir.); *Técnicas de Espectroscopia* (CM) (dir.).

## PALLUCH, ANDRÉ

André Jorge Paluch nasceu em Budapest, Hungria, em 11 de Julho de 1945. Chega ao Brasil em 1957 e, em 1963 inicia suas atividades no cinema, como assistente de direção, fotógrafo, câmera e montador em documentários institucionais. Inicia sua carreira no cinema em 1964 como co-montador, ao lado de Luiz Elias, do filme *O Beijo*, de Flávio Tambellini. Em 1966 dirige e fotografa seu primeiro filme, o documentário *Rio Antigo* e é assistente de câmera nos filmes *Cuidado, Espião Brasileiro em Ação*, de Victor Lima e *Essa Gatinha É Minha*, de Jece Valadão. Especializa-se na direção de fotografia de documentários institucionais, aos quais trabalha em dezenas, ao longo dos anos 1970/1980. Produz, dirige e monta dezenas de filmes publicitários para Veplan, Petrobrás, Light, Varig, Banco Nacional, Sendas, Brahma ,etc. Em 1978 vai para a Argentina como cinegrafista da Copa 78, momento em que é diretor de Produção de vários longas como *Anchieta José do Brasil* (1978), de Paulo Cezar Saraceni, *Embalos de Ipanema* (1978), de Antonio Calmon, *Amante Latino* (1979) de Pedro Carlos Rovai e *Tainá, Uma Aventura na Amazônia* (2001), de Tânia Lamarca e Sérgio Bloch, produtor executivo de *As Tranças de Maria* (2002), de Pedro Carlos Rovai e produtor do curta *A Segunda Chance*, de Roberto Farias, em 2000. Nos últimos anos tem trabalhado com o produtor Pedro Carlos Rovai em vários de seus filmes produzidos pela Tietê Produções Cinematográficas.

**Filmografia:** 1966- *Rio Antigo* (CM) (dir., fot.); 1968- *Ângelo Agostini, Sua Pena Sua Espada* (CM); *O Enfeitiçado – Vida e Obra de Lúcio Cardoso* (CM); *Rio, Capital Mundial do Cinema* (CM); *Rio, Princípio do Século* (CM); *Rugendas - Viagem Pitoresca Através do Brasil* (CM); 1969- *A Belle Èpoque da Aviação Brasileira* (CM); *Carmen Santos* (CM); *O Bonde* (CM); 1970- *Brasileiros em Hollywood* (CM); *Ensino Colegial Industrial I* (CM); *Ensino Colegial Industrial II* (CM); *Ensino Colegial Industrial III* (CM); *O Cinema Falado* (CM); *Projeto Rondon* (CM); 1971- *A Inconfidência Mineira: Sua Produção* (CM); *Nelson Filma: O Trajeto do Cinema Independente no Brasil* (CM) (cofot. Marco Fernando); *Nem Inferno, Nem Paraíso* (CM); 1972- *Arte Brasileira* (CM) (dir., fot.); *Bandeiras e Futebol* (CM); *Conversa de Botequim Com João da Bahiana, Donga & Pixinguinha* (CM); I(CM) (cofot. Vladimir Bibic e Julio Heilbron); *Di Cavalcanti* (CM); *O Jovem Estagiário* (CM); 1973- *A Chama do Progresso* (CM) (cofot. Hans Bantel e Gyula Kolozsvari); *Cores Brasileiras* (Fúlvio Penachi) (CM); *Festival Internacional de Ginástica Olímpica* (CM) (cofot. André Farias e Jorge Ventura); *Os Melhores do Mundo* (CM) (dir., fot.) (cofot. André Farias e Jorge Ventura); *Via Crucis Segundo Darcy Penteado* (CM); 1974- *Futebol Brasileiro: Administração* (CM) (dir., fot.) (cofot. Julio Heilbron e Eduardo Ruegg); *Futebol Brasileiro: Exame Médico e Tratamento* (CM) (cofot. Julio Heilbron e Eduardo Ruegg); *Futebol Brasileiro: Educação Física* (CM) (dir., fot.) (cofot. Julio Heilbron e Eduardo Ruegg); *Futebol Brasileiro: Preparação Técnica* (CM) (cofot. Julio Heilbron, Eduardo Ruegg, Yann Lys e Albertson Pádua); *Futebol Brasileiro: Tática* (CM) (dir., fot.) (cofot. Julio Heilbron,

Eduardo Ruegg, Yann Lys e Albertson Pádua); *Futebol Brasileiro: Testes de Capacidade Física* (CM) (cofot. Julio Heilbron e Eduardo Ruegg); 1975- *Dez Artistas* (CM); *Trânsito* (CM); 1975/78- *Volpi – O Mistério* (CM); *Novas Notícias do Brasil* (CM); 1978- *Guiomar Novaes – Registro e Memória* (cofot. Edilberto de Oliveira Lockmann, André Cservenka e Olívio Tavares de Araújo); *Naturalismo Integral* (CM); 1979- *Da Natureza* (CM) (dir., fot.); *Grasman – Mestre Gravador* (CM); *Manifesto do Rio Negro* (CM); *O Anel Lírico* (*O Rebolo*) (CM) (fot.) (cofot. Hermano Penna); *Retrato do Artista Quando Jovem* (CM) (cofot. Olívio Tavares de Araújo); 1980- *Aldeia Nova Boa Esperança* (CM) (cofot. Nina Carvalho); 1982- *Bacia de Campos* (CM) (cofot. Eduardo Ruegg); 1983- *Pantanal, a Última Fronteira* (CM); 1988- *Ver Tomie* (CM) (cofot. Olívio Tavares de Araújo).

## PASSOS, HELOÍSA

Heloisa Azevedo Passos nasceu em Curitiba, PR, em 1967. Estuda Agronomia e Sociologia na UFPR, sem concluir, depois fotografia e inglês em Londres. Inicia sua carreira como fotógrafa profissional em 1989 no curta *Tangência*, produzido na bitola 16mm, trabalho coletivo liderado por Marco Aurélio Penha, como resultado do curso de cinema ministrado por José Joffily. No mesmo ano estreia na direção, no vídeo *M.Bakun*. Trabalha no MIS/PR. Em 1992 faz curso na Alemanha sobre câmeras Arriflex. No Rio de Janeiro, é assistente de câmera nos filmes *Todos os Corações do Mundo* (1995), de Murilo Salles e *Tieta do Agreste* (1995), de Carlos Diegues, depois operadora de câmera em *Menino Maluquinho 2* (2000) e *Gaijin – Ama-me Como Sou* (2005). Em 2001 dirige seu primeiro curta em 35mm, *Do Tempo Em Que Eu Comia Pipoca*. Em 1997 funda em Curitiba a produtora Seven Filmes, que atua principalmente no cinema publicitário. A partir de 1999 assina a fotografia de diversos curtas, até chegar a seu primeiro longa-metragem, *Meninas* (2006), de Sandra Werneck e logo em seguida *Mulheres do Brasil* (2006), de Malu de Martino. Em 2005 dirige seu terceiro curta, em 35mm, o premiado *Viva a Volta*, sobre o famoso trombonista Raul de Souza e em 2006 o documentário de média-metragem feito em vídeo *Caminho da Escola Paraná*. Na televisão, é diretora de fotografia de um episódio da série *Alice*, pela HBO e quatro de *O Amor Segundo B.Shienberg*, de Beto Brant, pela TV Cultura. É fotógrafa da produção internacional *Send a Bullet* (2007) e dos recentes *Viajo Porque Preciso, Volto Porque Te Amo* (2009), de Karin Aïnouz e Marcelo Gomes e *Como Esquecer*, de Malu de Martino. Em 2006 lança o livro de fotografias *Desdobramentos*, em 2008 dirige seu quinto curta, *Osório*, em 35mm e em 2010 chega, como diretora, ao seu primeiro longa, *Deserto D'Água*, em HD, com previsão de lançamento para 2011. Heloísa hoje é das mais competentes e ativas profissionais do Cinema Brasileiro.

**Filmografia:** 1989- *M.Bakun* (CM) (dir., fot.); *Não Sei Quando Volta* (CM) (dir.); *Tangência* (CM) (cofot. André Rassi); 1992- *Coisas Prateadas* (CM) (dir.); 1999- *Rádio Gogó* (CM) (cofot. Hamilton Oliveira); *Trilogia: Ariel, Luz e Tati* (CM) (dir., fot.) (codir.: Marina Willer e Fernando Kinas); 2000- *Brennand – De Ovo Omnia* (CM) (cofot. Jacques Cheuiche); 2001- *Do Tempo em Que Eu Comia Pipoca* (CM) (dir., fot.) (codir. Catherine Agniez); 2002- *O Fim do Ciúme* (CM); *Visionários* (CM); 2003- *A Espera* (CM); *Cartas da Mãe* (CM); *Paisagem de Meninos* (CM); *Sexualidades* (CM); 2005- *Viva Volta* (CM) (dir., fot.); 2006- *Caminho da Escola Paraná* (dir.); *Meninas* (cofot. Fred Rocha); *Mulheres do Brasil*; *Ouvindo Imagens* (*Image a Parole*) (Brasil/Suécia) (cofot. Michel Favre, Ulrich Fisher e Denis Jutzeler); 2007- *Manda Bala* (Send a Bullet) (Brasil/EUA); 2008- *Areia* (CM); *Mulher Biônica* (CM); *Osório* (dir., fot.) (CM) (codir. Tina Hardy e cofot. Kika Cunha); *KFZ-1348*; *Sonho de Tilden* (CM); 2009- *Antes de Hoje e Depois de Amanhã*; *Elo* (CM); *O Amor Segundo B.Schianberg*; *O Menino Japonês* (CM); *Viajo Porque Preciso, Volto Porque Te Amo*; 2010- *Amor!*; *Como Esquecer*; *Estação* (CM); 2011- *Rânia*; *Deserto D'Água* (dir.).

## PAVELAK, JUAREZ

Juarez Gauczynski Pavelak nasceu em Camaquã, RS, em 16 de Fevereiro de 1966. Inicia sua carreira como fotógrafo de *still*, função que exerce por dez anos. Muda-se para o Rio de Janeiro em 1997 para cursar cinema na Universidade Estácio de Sá. Estreia no curta *Resumo*, em 1998, direção de Frederico Cardoso. Polivalente, atua nos mais diversos segmentos, de documentários a longas-metragens, passando por clipes, comerciais, institucionais, curtas e programas de TV. Em 2006 assina a fotografia, em parceria com Pedro de Carvalho, do longa *Foliar Brasil*, a partir do qual passa a ser solicitado para trabalhos importantes como em *Cinco Frações de Uma Quase História* (2007), direção coletiva, *Alucinados* (2008), de Roberto Santucci e *Ouro Negro* (2008), de Isa Albuquerque.

**Filmografia**: 1998- *Resumo* (CM); 1999- *A Praça* (CM); 2000- *O Assalto* (CM); 2002- *Ensaio* (CM); 2003- *Águas de Bonanza* (CM); *Quebrando Tudo* (CM); *Trava Contas* (CM); 2004- *Fui!!!* (CM); 2005- *Entre Paredes* (CM); *Rapsódia Para Um Homem Comum* (CM); 2006- *Foliar Brasil* (cofot. Pedro de Carvalho); *Quando o Tempo Cair* (CM); 2007- *Cinco Frações de Uma Quase História* (cofot. Luis Abramo); *Só Por Hoje*; 2008- *Alucinados*; *Ouro Negro*; *Dia dos Namorados* (CM); *Dia das Mães* (CM); *Dia dos Pais* (CM); *Natal* (CM); *Institucional* (CM); 2009- *Intruso*.

## PAZ, ADOLFO GONZALES

Operador de Câmera e Diretor de Fotografia, inicia sua carreira no Brasil como assistente de câmera em *O Comprador de Fazendas* (1951), de Alberto Pieralizi, produção da Maristela, depois *Simão, o Caolho* (1952), de A.Cavalcanti. Na Vera Cruz, faz como ponta como ator e também câmera no filme *Appassionata* (1952), de Fernando de Barros. Torna-se, a partir de então, requisitado câmera do cinema paulista. Seu primeiro filme como Diretor de Fotografia é *Chico Viola Não Morreu* (1955), de Román Vañoly Barreto e na sequência *O Grande Desconhecido* (1956), de Mário Civelli. Fotografa ainda alguns documentários, mas dedica sua carreira mais à câmera, função que exerce com competência e qualidade. Seu último trabalho registrado no Brasil nessa função é *Mulheres de Fogo* (1958), de Tito Davinson, coprodução Brasil/México e como Diretor de Fotografia no documentário *Uma Pedra no Caminho* (1965), de Romain Lesage.

**Filmografia**: 1955- *Chico Viola Não Morreu* (CM); 1956- *O Grande Desconhecido*; *Primeira Chance* (CM); 1963- *O Trabalho no Campo* (CM); 1964- *A História do Fogo* (CM); *A.B.C.D.* (CM) (cofot. Alberto Attili); *Carnaval de 1964* (CM); 1965- *Uma Pedra no Caminho* (CM); 1975- *Bastidores de Cinema* (CM) (dir.) (codir. Ferenc Fekete); 1979- *Who is Who in Brazilian Movies* (*Fazendo Fita*).

## PAZ, ANIBAL GONZALES

Nasceu na Argentina. Fotógrafo de longa filmografia. Foram mais de setenta filmes entre 1950 e 1996 em quase cinquenta anos de carreira. Inicia sua carreira em 1941, como assistente de câmera no filme *Aguila Blanca*, de Carlos Hugo Christensen, com quem tem sua carreira intimamente ligada, ao fotografar vários de seus filmes, na Argentina e no Brasil. Estreia como Diretor de Fotografia em 1950 no documentário curto *Lucha Para Ser*, de Esteban, etcheverrito. Seu primeiro longa é *De Turno Com La Muerte* (1951), de Julio Porter. No Brasil, assina a fotografia pela primeira vez em *Amor Para Três*, direção de Christensen. Alterna sua carreira entre Argentina e Brasil entre 1958 e 1961, a partir do qual dedica-se somente a filmes argentinos, sendo o último *La Frontera Olvidada* (1996), de Juan Carlos Neyra. Morre em Buenos Aires, Argentina, em 16 de Janeiro de 1991.

**Filmografia (Argentina)**: 1950- *Lucha Para Ser*; 1951- *De Turno Con La Muerte*; 1953- *Ue...Paisano*; *La Niña Del Gato*; *El Vampiro Negro*; 1954- *The Age of Love*; *El Abuelo*; 1955- *Vida Nocturna*; *La Mujer Desnuda*; 1955- *Los Hermanos Corsos*; 1956- *Graciela*; *Novia Para Dos*; *El Protegido*; 1957- *La Casa Del Ángel*; 1958- *Un Centavo de Mujer*; *Amor Para Três* (Brasil/Argentina); *Rosaura a Las 10*; 1959- *Matemática Zero*, *Amor Dez* (Brasil/Argentina); *Reportaje en el Infierno*; *Meus Amores no Rio* (Brasil/Argentina); *Dagli Appennini Alle Ande*; 1960- *Yo Quiero Vivir Comigo*; *Sábado a La Noche, Cine*; 1961- *El Romance de un Gaucho*; *Esse Rio Que Eu Amo* (Brasil/Argentina/México); 1961/64- *Interpol Chamando Rio* (*Interpol Llamando a Río*) (Brasil/Argentina); 1962-*Dr. Cándido Pérez, Señoras*; *La Fin Del Mundo*; *La Familia Falcón*; *El Despertar del Sexo*; *Barcos de Papel*; *Violated Love*; 1964- *Viagem aos Seios de Duília*; *Il Vuoto*; *Maria M.*; 1965- *Stay Tuned for Terror*; *Convención de Vagabundos*; 1966- *La Buena Vida*; *El Rey en Londres*; *Una Máscara Para Ana*; 1967- *Sangre de Vírgenes*; *La Muchachada de a Bordo*; *Villa Cariño*; *Placer Sangriento*; 1968- *Muhair*; 1969- *The Curious Dr.Humpp*; *Quiero Llenarme de Ti*; *Kuma Ching*; 1970- *Los Mochileros*; *Con Alma y Vida*; 1971- *The Naked Beast*; *Bajo el Signo de La Patria*; *Vuelvo a Vivir, Vuelvo a Cantar*; *Estoy Hecho un Demonio*; *In the Driver's Seat*; 1973- *Hasta Siempre Carlos Gardel*; *El Mundo Que Inventamos*; *Si Se Calla el Cantor*; *La Mala Vida*; *!Quiero Besarlo Señor*; 1974- *La Flor de la Mafia*; *The Return of Martin Fierro*; *La Madre María*; 1975- *Bodas de Cristal*; *Beyond the Sun*; *Los Orilleros*; 1976- *Tú Me Enloqueces*; 1978- *Borges Para Millones*; 1980- *Rosa de Lejos*; *Más Allá de la Aventura*; 1982- *Are We?*; 1984- *Cuarteles de Invierno*; 1985- *Los Gatos* (*Prostitución de Alto Nivel*); 1996- *La Frontera Olvidada*.

## PECQUEUX, MAURICE

Nasceu em Paris, França. Inicia sua carreira em 1938 como assistente de câmera de Pierre Chenal em *Sirocco* e no mesmo ano já é Diretor de Fotografia em *Prison Sans Barreaux*, de Léonide Moguy. Assiste Jean Renoir em *A Besta Humana* (*La Bête Humaine*) (1938), Robert Bresson em *Les Anges Du Péché* (1943) e *Les Dames Du Bois de Boulogne* (1945), etc. Já com sólida carreira na França, chega ao Brasil em 1949 a convite do diretor Luis de Barros. Era o melhor diretor de fotografia em atividade no Brasil. Espera o último dia de filmagem de *Anjo do Lodo* para suicidar-se, em 24 de Dezembro de 1951, véspera de natal, em seu apartamento, por intoxicação com gás. A Cinédia, produtora do filme, providencia o enterro. O bilhete encontrado pelo diretor Luiz de Barros, cujo conteúdo foi extraído de seu livro *Minhas Memórias de Cineasta* diz que fora casado na França, mas isso não consegue curá-lo da nostalgia, seu desinteresse pela vida. Separa-se, fica noivo aqui também, sem curar o desamor que ele tem à vida que, para ele, é enfadonha, aborrecida. Assim, ele aconselha a todo aquele que se diz inteligente a fugir dela suicidando-se. No Brasil faz apenas dois filmes: *Aguenta Firme Isidoro* e *Anjos do Lodo*, ambos de 1951 e dirigidos por Lulu de Barros.

**Filmografia**: 1938- *Prison Sans Barreaux* (França); 1938- *Barnabé* (França) (cofot. Charles Bauer, Gérard Perrin e Marius Raichi); 1940- *Sérénade* (França) (cofot. Boris Kaufman e Claude Renoir); 1946- *Le 6 Juin à L'Aube* (CM) (França); 1948- *Le Cavalier de Croix-Mort* (França); 1949- *L'École Buissonnière* (França) (cofot. André Dumaître e Marc Fossard); 1950- *Amédée* (França); 1951- *Aguenta Firme Isidoro*; *Anjos de Lodo*.

## PENIDO, ANTONIO

Antonio Parreiras Horta Penido nasceu no Rio de Janeiro, RJ, em 1945. O final dos anos 60 vai estudar fotografia nos Estados Unidos no Brooks Institute of Fotography, na Califórnia, formando-se em 1970. De volta ao Brasil, sua primeira experiência acontece com Geraldo Veloso no *cult Perdidos e Malditos*, em 1970, onde foi operador de câmera, na sequencia, em 1971, colabora na fotografia do documentário curto *Museu Nacional de Belas Artes*, direção de Gustavo Dahl e em 1977 estreia no longa, *Ovelha Negra, Uma Despedida de Solteiro*, de Haroldo Marinho Barbosa, com faria parceria em vários filmes, de curta e longa duração. Tem passagem brilhante pela televisão, como iluminador, nas novelas *Mandala* (1987), *O Outro* (1988), *Amazônia* (1991) e as minisséries *Anos Dourados* (1990), *Desejo* (1990), *Memorial de Maria Moura* (1994). Em 1990 experimenta um grande desafio, o filme *Barrela*, baseado na peça de Plínio Marcos, onde a ação se passa toda em uma cadeia. Assumidamente realista em seu estilo, seus últimos filmes são *Cronicamente Inviável* (2000), de Sergio Bianchi, *Último Páreo* (2002), de Emiliano Ribeiro e *Demoninho de Olhos Pretos* (2007), novamente com Haroldo Marinho Barbosa, além de fazer a câmera e *making of* do dvd *Bibi Canta Piaf*. Também foi professor da Escola Superior de Propaganda e Marketing por muitos anos.

**Filmografia**: 1971- *Museu Nacional de Belas Artes* (CM) (dir.) (codir. Gustavo Dahl, João Carlos Horta, Hugo Carvana, Eduardo Gomes dos Santos e Nelson Honorino); *Petrópolis* (CM); 1974- *Ovelha Negra, Uma Despedida de Solteiro*; 1976- *Cantinela do Arlequim* (CM); 1977- *Academia Brasileira de Letras* (CM) (cofot. João Carlos Horta e José A.Mauro); *Na Ponta da Faca*; 1978- *Doutor Dyonélio* (CM); *Uma Lição de Moral* (CM); 1979- *A Nelson Rodrigues* (CM); *Canto de Sereia* (CM); *Dá-lhe Rigoni* (CM) (cofot. Mário Carneiro); *Vista Para o Mar* (CM); *Uma Lição de Moral* (CM); 1980- *Doce Ilusão* (CM); *Vai à Luta*; *Pequenas Taras*; 1981- *Engraçadinha*; *Sobrenatural de Almeida* (CM); *Zadig* (CM); 1982- *Beijo na Boca*; 1983- *O Bom Burguês*; *Águia na Cabeça*;*O Visionário: A Poesia de Murilo Mendes* (cofot. John Howard Szerman e Ricardo Lua); 1985- *Noite*; 1986- *Fulaninha*; *Baixo Gávea*; 1988- *Banana Split*; 1990- *Barrela*; 1991- *Inspetor Faustão e o Mallandro*; *Reflexo* (CM); 1992- *Vagas Para Moças de Fino Trato*; 1997- *Circo Vicioso* (CM); *Decisão* (CM); 1998- *Policarpo Quaresma, Herói do Brasil* (CM); 1999- *Promessas - História de Uma Conversão* (CM); 2000- *Cronicamente Inviável* (cofot. Marcelo Coutinho); 2002- *Último Páreo*; 2007- *O Demoninho de Olhos Pretos*; *Pampulha ou a Invenção do Mar de Minas* (cofot. Antonio Luis Mendes).

## PENNA, HERMANO

Nasceu em Crato, CE, em 10 de Março de 1945. Aos dez anos de idade muda-se com a família para Salvador, na Bahia. Frequenta o Clube de Cinema de Walter da Silveira e acompanha o surgimento do movimento baiano de cinema, com Glauber Rocha, Roberto Pires, etc. Em 1965, já morando em Brasília, inicia suas atividades no cinema com a direção do curta *Smetak*, de 1967, em parceria de Christopher Gray. Radica-se em São Paulo a partir de 1969 e trabalha como assistente de direção em *O Profeta da Fome* (1969) e assistente de câmera em *Gamal, o Delírio do Sexo* (1970). Nos anos 70, tem forte atuação no curta-metragem, dirigindo ou fotografando e também na TV Globo, no programa *Globo Repórter*, com episódios memoráveis, filmados em película 16mm, como *A Mulher no Cangaça* (1976) e *África, Mundo Novo* (1977). Dirige seu primeiro longa em 1983, *Sargento Getúlio*, todo filmado em 16mm e ampliado posteriormente para 35mm, que foi premiado no Brasil no Festival de Gramado e Locarno, Suíça. Seu último filme é *Olho de Boi*, que segundo o próprio diretor define, *é uma livre recriação da tragédia de Édipo Rei transposta para um sertão próximo do território humano e literário onde habitam os personagens do mestre Guimarães Rosa.*

**Filmografia:** 1967- *Smetak* (CM) (dir., fot.) (cofot. Christopher Gray); 1968/80- *CPI do Índio* (CM) (dir., fot.) (codir. por Maurice Capovilla); *Índios, Memória de Uma CPI* (CM) (dir., fot.) (codir. Maurice Capovilla); 1970- *Tempo Bom no Amazonas* (CM) (fot.); 1971- *Caminhos de Valderez* (MM) (dir.) (codir. Jorge Bodanzky); *O Homem Que Comprou a Morte* (CM) (fot.); 1972- *Carne Bovina e Seus Derivados* (CM) (fot.); Emanoel Araújo (CM) (dir.); *Memória da Independência: Uma Exposição Piloto* (CM) (dir.) (cofot. Alexandre Eulálio); *Monteiro Lobato* (CM) (fot.); 1973- *Do Grande Sertão ao Beco da Lapa* (CM) (fot.); *Herói Póstumo da Província* (CM) (fot.) (cofot. Walter Carvalho Correa); 1974- *Folias do Divino* (MM) (dir., fot.) (cofot. Jorge Bodanzky e Ricardo Stein); 1976- *A Mulher no Cangaço* (MM) (dir.); *Brasília, Ano 16* (CM) (fot.) (cofot.Getúlio Alves e José Francisco dos Santos); *O Desafio de Um Povo* (CM) (dir.) (codir. Sérgio Muniz); 1977- *África, Novo Mundo* (MM) (dir., fot.) (codir.José Antonio Barros Freire); *Antonio Conselheiro e a Guerra dos Pelados (Antonio Conselheiro e a Guerra dos Canudos)* (fot.) (cofot.Walter Carvalho Correa); *Raso da Catarina* (MM) (dir.); 1979- *Dona Ciça do Barro Cru* (CM) (fot.); *O Anel Lírico (Rebolo)* (CM) (fot.) (cofot. André Palluch); 1980- *O Outro Olho do Lampião* (dir.) (inacabado); 1981- *Índios: Direitos Históricos* (CM) (dir., fot.) (codir. José Luiz Penna, Alba Figueiroa, André Luiz de Oliveira, Kátia Coelho, Francisco Jorge Melo, Ricardo Mendes e Rosa Maria Costa Penna) (cofot. André Luiz Oliveira); *Ylê Xeroquê* (CM) (fot.) (cofot. Pedro Farkas e Raquel Gerber); 1981- *Lei dos Estrangeiros* (MM) (dir.); 1982- *Lençóis Calfat* (CM) (dir.); *Noites Paraguayas* (fot.) (cofot. Aloysio Raulino); 1983- *Aos Ventos do Futuro* (CM) (dir., fot.); *Sargento Getúlio* (dir.); 1984- *Patativa do Assaré – Um Poeta do Povo* (CM) (fot.); 1987- *Fronteira das Almas* (dir.); 1989- *Orí* (MM) (fot.) (cofot. Adrian Cooper, Chico Botelho, Cláudio Kahns, Jorge Bodanzky, Pedro Farkas, Raquel Gerber e Waldemar Tomas); 1990- *Amor e Patriotismo* (MM); 1991- *O Outro* (CM) (dir.); 1992- *Abá* (CM) (fot.) (cofot. Pedro Farkas e Raquel Gerber); 1999- *Mário* (dir.); 2004- *Vôo Cego Rumo ao Sul*; 2002: *Índios: Memória de Uma CPI* (MM) (dir.); *Nhô Caboclo e o Elo Perdido* (MM) (dir.); 2007- *Olho de Boi* (dir.).

## PERSIN, HENRI

Fotógrafo francês que inicia sua carreira de fotógrafo no Brasil, convidado por Jean Manzon para ser um dos fotógrafos do documentário longo *Samba Fantástico*. A partir de 1957 retorna à França e constitui longa carreira até 1971, em *Frenchie King*, estrelado por Brigitte Bardot, seu último filme.

**Filmografia:** 1955- *Samba Fantástico* (cofot. René Persin, John Reichenheim e Gilles Bonneau); *Regresso à Cidade* (CM) (dir., fot.); *Mundo Sem Sol* (CM) (dir., fot.); 1956- *Nossos Filhos Vivem Melhor* (CM) (dir., fot.); 1957- *A Mais Linda Cidade do Mundo* (CM) (dir., fot.); 1960- *Novo, Novo, Novo* (CM) (dir., fot.).

## PERSIN, RENÉ

René Persin nasceu em Versailles, França, em 1920. Na França, trabalha nos estúdios da British Gaumont e faz filme de publicidade durante a II Guerra Mundial, tornando-se depois correspondente de guerra da France Actualité. Após a guerra inicia profissão de fotógrafo de cinema. Convidado por Jean Manzon, chega ao Brasil em 1952, onde, juntos, realizaram cerca de 140 documentários. Em 1958 funda sua própria companhia,

a PPP – Persin-Perrin Produções que produz documentários e comerciais de televisão. Dirige e fotografa dezenas de documentários institucionais entre 1950 e 1962, após o qual dedica-se ao cinema publicitário. Sua empresa, a PPP e a Lynx Film de São Paulo, foram durante muitos anos as duas maiores produtoras de comerciais do Brasil.

**Filmografia:** (parcial): (direção e fotografia): 1950- *Água Para Milhões*; *De Versales a Copacabana*; *Espírito Santo, Terra do Futuro*; 1951- *Arsenal da Marinha*; *Energia e Luz Pelo Carvão*; 1952- *A Luta Pelo Transporte em São Paulo* (fot.); *Bandeirantes da Ciência*; *Batalha da Construção* (fot.); *Batalha do Metrô*; *O Brasil na Era Atômica*; *Caminho do Guaraná*; *O Gigante Terminou*; 1953- *Bandeirantes a Jato Para o Brasil*; *Café do Brasil*; *Indústria Açucareira*; 1954- *Bahia com H*; *Caminho do Sucesso*; *Caramujo da Morte*; *Como se Fabrica o Calçado*; *Garimpagem Industrial*; *A Malária no Inferno Verde*; *Pioneiro da Grande Indústria*; 1955- *Confiança no Futuro*; *Este Problema é seu Também*; *Macabu*; *Mundo Sem Sol*; *Petróleo, Marco de Independência*; *Samba Fantástico* (LM) (dir., fot.) (cofot. John Reichenheim, Gilles Bonneau e Henri Persin); 1956- *Caminho da Natureza*; *Construindo Hoje o Brasil de Amanhã*; *Nossos Filhos Vivem Melhor*; *O Que é a Petrobrás*; *Refinaria Artur Bernardes*; *Visitando a Capital Paraense*; 1957- *Como se Fabrica o Aço*; *Construções Proletárias*; *Gigante do Paranapanema*; *O Samba da Bahia*; *Sempre Teremos Florestas*; *Suba Mais Alto Ingressando na Aeronáutica*; 1958- *Acesita*; *Brasília* (dir.); *Como Funcionava Brasília em 1958* (fot.); 1959- *Em Defesa da Saúde*; 1960-*Alicerces da Riqueza*; *Cabo Frio* (dir.); *Cidade Maravilhosa*; *Feére Brésilienne*; *Kalu*; *Ligações por Micro-Ondas Entre Rio e Brasília*; *Os Mocinhos Também Bebem*; *Novo, Novo, Novo*; *O Pinheiro em Suas Mãos*; *Rede Ferroviária Federal*; *Redes Ferroviárias Brasileiras*; *Rio-Brasília*; 1962- *Correção Cirúrgica de Rinomegalia Associada a Hipogenia* (CM) (fot.); *O Brasil Constrói Brasília* (dir.).

## PFISTER, GEORGE

George Eugen Pfister, Faiburg, Alemanha, 21 de Abril de 1910. Chega ao Brasil em 1936. Alemão radicado no Brasil, tem longa filmografia como câmera, auxiliar de câmera, foquista e diretor de fotografia. Chega ao Brasil, em São Paulo, já na fase final da Vera-Cruz. Seu primeiro filme como câmera em nossas terras é *Família Lero-Lero*, em 1953. Devido à qualidade e precisão de seu trabalho, passa a ser muito requisitado. Em 1959 é o câmera de *Jeca Tatu* (1959), segundo filme de Mazzaropi como produtor. Com o velho cineasta, faria seis filmes, sendo o último, '*Um Caipira em Bariloche*, em 1972. Estreia como diretor de fotografia em 1965 o filme *O Diabo de Vila Velha*, em parceria com Eliseo Fernandes. Entre 1965 e 1972 assina a fotografia de diversos curtas e longas, sendo o último registrado *Ana Terra* (1972), juntamente com Hélio Silva. Como câmera, registra seu último trabalho em 1974, no filme *Signo de Escorpião*, de Carlos Coimbra. Falecido, é lembrado com carinho e respeito por todos seus colegas do meio cinematográfico. Seu filho, George Pfister Jr., também é fotógrafo, ligado mais a publicidade. Morre em 1990, aos 80 anos de idade, em São Paulo.

**Filmografia:** 1965- *O Diabo de Vila Velha* (cofot. Eliseo Fernandes); *O Milagre da Energia* (CM); 1966- *Light 66* (CM); 1968- *Maré Alta*; *A Madona de Cedro*; 1969- *Calor* (*Uma Viagem ao Mundo das Moléculas*) (CM); *Energia* (CM); *Estrelas e o Universo* (CM); *Força* (CM); *Ondas* (CM); *Sistema Solar* (CM); *Som* (CM); *Velocidade* (CM); 1970- *Encontro das Águas* (CM) (cofot. Paulo Ferreira); *Festa Gaúcha* (CM) (cofot. Paulo Ferreira); *Força* (CM); *Foz do Iguaçu* (CM) (cofot. Paulo Ferreira); *História de São Paulo* (cofot. Paulo Ferreira); *Uma Mulher Para Sábado*; *São Paulo* (CM) (dir.) (cofot. Paulo Ferreira); 1971- *A Luz* (CM); *Calor: Uma Viagem ao Mundo das Moéculas* (CM); 1972- *Ana Terra* (cofot. Hélio Silva).

## PICORAL, JOSÉ

José I.Picoral nasceu em Porto Alegre, RS, em 1903. Pioneiro do cinema gaúcho, nos anos 20 é proprietário de ateliê fotográfico em Porto Alegre, fazendo serviços de revelação, copiagem e montagem. Em 1927 dirige seu primeiro filme, o curta *Festividades Artísticas da S.C.Vampiros*. A partir dos anos 30 trabalha como tradutor da UFA, na Alemanha. Retorna ao cinema em 1953 para fotografar o longa *Remissão*. Morre em 1969, aos 63 anos de idade.

**Filmografia:** 1927-*Festividades Artísticas da S.C. Vampiros* (CM) (dir., fot.); *Torres* (CM) (dir., fot.); 1928- *A Ponte Sobre o Rio Doce* (CM) (dir., fot.); *O Rio Grande do Sul e Suas Riquezas* (CM) (fot.); *Ponte Internacional do Jaguarão* (CM) (fot.); 1929-*As Mais Belas de 1929* (CM) (dir., fot.); *Revelação* (fot.) (LM); 1953- *Remissão* (fot.) (LM).

## PILATTI, CESAR

Nasceu em Pato Branco, PR, em 22 de Abril de 1962. Inicia seu aprendizado em cinema na cidade de Cascavel, oeste do Paraná, onde dirige seus primeiros filmes, os curtas *A Filha do Chefe* e *Conto de Natal*, ambos de 1996, em parceria com Antonio Marcos Ferreira. Ativo também na fotografia fixa, organiza diversas exposições no Brasil e no exterior, sendo muito premiado. Atualmente é diretor de cultura da prefeitura e repórter fotográfico da Unioeste, sempre em Cascavel, cidade que escolheu para ser seu QG artístico. Em 2001 assina a fotografia do longa *Conexão Brasil*, em parceria de Cezar Elias.

**Filmografia**: 1996- A Filha do Chefe (CM) (dir., fot.) (codir. e cofot. Antonio Marcos Ferreira); Conto de Natal (CM) (dir., fot.) (codir. e cofot. Antonio Marcos Ferreira); 2001- Conexão Brasil (cofot. Cezar Elias).

## PINA, WALDIR DE

Waldir Pina de Barros nasceu em Cuiabá, MT, em 18 de Setembro de 1951. Documentarista e Diretor de Fotografia, chega a Brasília em 1964 e em 1970 ingressa na UnB, cursando cinema entre 1970/71 no Instituto Central de Artes daquela Universidade. Tem especial predileção pela fotografia. Em 1974 começa a trabalhar como fotógrafo do Setor de recursos Audiovisuais do Ministério do Interior e depois como assistente de documentação fotocinematográfica do Governo do Distrito Federal. Em 1978 funda a Amplisom Comunicações, onde, por quatro anos realiza serviços gerais de fotografia, cinema e audiovisuais. Estreia como realizador em 1985, quando dirige seu primeiro filme, *Mãos de Deus*, em parceria com Luis Otávio Chaves, o filme fala sobre o artesanato no Vale do Jequitinhonha e é premiado na Jornada de Cinema da Bahia e em Brasília. Assina a fotografia de vários curtas para diretores de Brasília, durante os anos 80 e 90, assim como várias exposições de fotografias e audiovisuais. Ao longo de sua carreira recebe diversos prêmios como realizador ou fotógrafo. Seu primeiro longa é *O Engenho de Zé Lins* (2006), de Vladimir Carvalho, que assina em parceria com Walter Carvalho, Jacques Cheuiche e J.Carlos Beltrão. Na sequencia é o diretor de fotografia do longa *Romance do Vaqueiro Voador* (2006), de Manfredo Caldas.

**Filmografia**: 1985- Mãos de Deus (CM) (dir., fot.) (codir. Luis Otávio Chaves); 1985/90- Heinz Forthmann (MM) (cofot. Tuker Marçal); 1987- Pantera Onça (CM) (fot.); Retrato Primeiro (MM) (dir., fot.); 1988- A Califórnia Brasileira (CM) (dir.); Agora Eu Sei (CM) (dir.) (I, II e III); É o Pau Que Rola (CM) (dir.) (codir. Luiz Chaves); Mulher d'Areia (CM) (dir.); Tecnológico de Brasília (CM); 1989- A Prática do Ensino (CM) (dir.); Abrolhos – Parque Nacional Marinho (CM) (fot.); O Programa Habilitação (CM) (dir.); Vila Velha: Preto x Branco (CM) (dir.); 1990- Ava – Canoeiro: O Desfecho Final (CM) (dir.); Cadastramento de Terras (CM) (dir.); Contestado (CM) (fot.); Zanini (CM) (dir.); 1990/92- Conterrâneos Velhos de Guerra (cofot. Alberto Cavalcanti, David Pennington, Fernando Duarte, Jacques Cheuiche, Marcelo Coutinho e Walter Carvalho); 1991- Afo Oponja (CM) (fot.); 1993- A TV Que Virou Estrela de Cinema (fot.); 1994- Atheos (CM) (fot.) (cofot. Silas Siqueira); 1998- Negros de Cedro (CM) (fot.); Palestina do Norte: O Araguaia Passa Por Aqui (CM) (fot.); Por Longos Dias (CM) (fot.); 1999- O Toque do Tempo (CM) (dir.); 2000- Santo Antonio do Olho D'Água (CM) (fot.) (filmado em 1972 e finalizado em 2000); 2001- Passageiros de Segunda Classe (fot.) (cofot. Kim-Ir-Sem); 2002- Minha Viola e Eu: Zé Coco do Riachão (CM) (dir., fot.); O Chiclete e a Rosa (CM) (fot.); 2005- Cora Coralina – O Chamado das Pedras (CM) (dir.) (cofot. Odon Cardoso); 2006- O Engenho de Zé Lins (cofot. Walter Carvalho, Jacques Cheuiche e J.Carlos Beltrão); Romance do Vaqueiro Voador.

## PINHEIRO JR, MAURO

Mauro Fonseca Pinheiro Jr. nasceu em Recife, PE, em 1971. Forma-se em cinema pela UFF – Universidade Federal Fluminense. Seu primeiro curta como diretor e fotógrafo foi feito ainda na Universidade, *Agravo*, em parceria com vários outros colegas de curso. A partir dos anos 90 tem intensa participação no curta-metragem, sendo muito premiado, especialmente por *Rota de Colisão* (1999), um excepcional trabalho. No longa, exercita-se fazendo a fotografia adicional de *A Arvore da Marcação* (1992), de Jussara Queiroz e a segunda unidade em *Guerra de Canudos* (1997), de Sérgio Rezende. Seu primeiro longa como fotógrafo principal

é *Surf Adventures* (2002), de Arthur Fontes, a partir do qual, notabiliza-se pela competência com que executa seus trabalhos, como podemos notar em *A Casa de Alice* (2006), de Chico Teixeira, *Linha de Passe* (2008), de Walter Salles e *Insolação* (2009), de Felipe Hirsch e Daniela Thomas, talvez seu mais experimental trabalho.

**Filmografia**: 1991- Agravo (CM) (dir., fot.) (codir. Paola Barreto Leblanc, Adriana Borges, Hsu Shien e Alejandra Vuotto e cofot. Adriana Borges); Circular (CM) (dir.) (codir. Adriano Fiaux, Alexandre Plosk, Eduardo Nunes, Alejandra Vuotto, Flávio Zettel, Márcia Fixel e Olívia Dornelles); 1992- Morte Por Água (CM); O Homem Sentado na Estrada (CM) (cofot. Sérgio Vilella, Alexandre Costa, André Vilaron, Cléber Rezende, Hsu Chien Hsin, Isadora Olivé, Luciano Duias e Ulisses Ventura); 1993- Saçaricando (CM) (dir.) (codir. Alexandre Plosk, Eduardo Nunes e Flávio Zettel); 1994- Sopro (CM); 1995- Bienvenido a Brazil (CM); 1996- A Infância da Mulher Barbada (CM); Herodes (CM); Terral (CM); 1997- O Copista (CM); Pobre é Quem Não Tem Jipe (CM); 1999- O Vendedor de Para-Raios (CM); Rota de Colisão; 2000- O Velho, o Mar e o Lago (CM); Russ Tropique (CM); Setecentos e Cinquenta – Cidade de Deus (CM); Tropel (CM); 2001- Coruja (CM); Reminiscência (CM); Surf Adventures – O Filme (CM); 2002- Baseado em Histórias Reais (CM); Cego e Amigo Gedeão a Beira da Estrada (CM); Confiança (CM); Domingo (CM); O Poço (CM); O Sumiço do Amigo Invisível (CM); Porr Gentileza (CM); 2003- A História da Eternidade (CM); O Filme dos Porquês (CM); Transubstancial (CM); Truques, Xaropes e Outros Artigos de Confiança (CM); 2004- Asfixia (CM); Fuloresta do Samba (CM) (cofot. Leo Crivelare); Malasartes Vai à Feira (CM); 2005- Cinema, Aspirinas e Urubus; O Inicio do Fim (CM); O Monstro (CM); 2006- Fica Comigo Esta Noite; Maré Capoeira (CM); Mutum; Onde a Coruja Dorme; 2007- A Casa de Alice; Chacun Son Cinéma ou Ce Petit Coup au Coeur Quand la Lumière S'éteint et Que le Film Commence (França) (episódio: Walter Salles); 2008- Linha de Passe; 2009- No Meu Lugar; Os Famosos e os Duendes da Morte; Insolação; 2010- As Melhores Coisas do Mundo; VIPs.

## PINI, AMÉRICO

Nasceu em Montevidéu, Uruguai. Inicia sua carreira de fotógrafo em 1951 no filme Primer Festival Cinematográfico de Punta Del Este, direção de Ildefonso Beceiro. No Brasil, seu primeiro filme é *Mulher de Verdade* (1954), de Alberto Cavalcanti, como câmera. Na sequência, é assistente de direção e fotógrafo em *O Gigante de Pedra* (1954), de Walter Hugo Khouri. Em 1957 é indicado ao prêmio de Melhor Fotografia no Festival de Cannes, França, pelo filme uruguaio *Diario Uruguayo* (1956), direção de Eugenio Hintz. Em 1967, no sul, fotografa o filme *Coração de Luto*, estreia de Teixeirinha no cinema. Em 1972 dirige seu único filme, o policial *Um Crime..No Verão*. Ao longo de sua carreira, alterna seus trabalhos entre Uruguai e Brasil. É falecido.

**Filmografia**: 1951- Primer Festival Cinematográfico de Punta Del Este (Uruguai); 1952- Interludio (Uruguai); 1954- O Gigante de Pedra (Brasil) (cofot. Danielo Allegri, Rafael Fabbi, Miroslav Javirek e Maximo Sperandeo); Campeonato Sudamericano de Fútbol (Uruguai); Diario Uruguayo (Uruguai) (fot.); 1958- La Doma (Uruguai); El Pais de Las Playas (Uruguai); 1967- Coração de Luto (Brasil); Educação Artística (CM) (Brasil) (dir.,fot.); 1972- Um Crime..No Verão (Brasil) (dir., fot.).

## PINTO FILHO, JOSÉ

Nasceu em Tietê, SP, em 1908. Desde criança aprende a gostar de fotografia. Nos anos 50 conhece Tony Rabatoni e torna-se produtor independente e, em 1954 produz *A Queridinha de Meu Bairro*. No mesmo ano estreia na direção em *A Um Passo da Gloria*. Segundo o Prof. Máximo Barro, *Rabatoni era assistente de produção e providenciava acessórios, atores, luzes, negativos e locações para o fim de semana. Sábado e domingo eram os dias de filmagem. Toda a família de Pinto Filho era convocada para trabalhar na frente ou atrás da câmera. Como nunca tiveram exegetas no estilo do Cinema Novo, continuam na obscuridade.* Em 1960 produz seu último filme, o documentário *Brasil Grandioso*, que demorou dois anos para ser produzido e nunca foi exibido comercialmente.

**Filmografia**: 1954- A Um Passo da Glória (dir., fot.) (cofot. Tony Rabatoni); 1958- Granja Ypê (CM) (dir., fot.); 1959/1960- Brasil Maravilhoso (dir.).

## PIRES, ROBERTO

Roberto Castro Pires nasceu em Salvador, BA, em 29 de Setembro de 1934. Estudante de ótica, em 1955 dirige seu primeiro curta, *O Sonho*.

*Alguém* (1999), da banda Losango Cáqui. Paralelamente, trabalha como editor/montador, acumulando diversos filmes em seu currículo como o *Saara* (1998), *Sabor da Terra* (2001), de Roberto Moura, *Sambando nas Brasas, Morô?* (2007), de Elizeu Ewald, entre outros. Na área de fotografia, inicia carreira como assistente de câmera, participando de longas, curtas, videoclipes e comerciais de televisão. Na função de câmera, trabalha em programas para a televisão e institucionais. Como Diretor de Fotografia em cinema realiza diversos curtas até chegar ao longa em 2007, com *L.A.P.A.* (cofot. Paulo Castiglioni), de Cavi Borges e Emilio Domingos. Como diretor e roteirista, lança dois curtas-metragens documentários, dividindo a direção e o roteiro com Petrônio Lorena: em 2004, *Santa Helena em Os Phantasmas da Botija* (Melhor Montagem no Festival do Livre Olhar 2005 e Prêmio de Melhor Filme no Festival de Cinema de Campo Grande 2006) e, em 2005, *O Som da Luz do Trovão* (Prêmio Aquisição do Canal Brasil no Festival de Brasília 2005, Prêmio Especial do Júri e Prêmio ABD no Cine-PE 2006 e Premio do Público e Prêmio ABD no Festival Internacional de Curtas-Metragens de São Paulo 2006). Os curtas foram exibidos em diversos festivais nacionais e internacionais e indicados ao Grande Prêmio do Cinema Brasileiro. Atualmente, trabalha no projeto *O Gigantesco Imã*, um documentário de longa-metragem, em parceria na direção e roteiro com Petrônio Lorena.

**Filmografia:** 1998 – *Saara* (MM) (codir, fot); 1999 – *O Livro* (CM) (cofot. Alexandre Muniz); 2000 – *O Vestido Dourado* (CM) (cofot. Alexandre Muniz e Clarissa Gonzalez); *Ismael e Scarpino* (fot); 2001 – *Deus Me Livre ou o Dia em Que o Diabo Resolveu Devolver o Inferno* (CM) (fot); *Os Donos da Morte* (CM) (fot); *O Fio e a Cidade* (CM) (fot); *Testículos* (CM) (fot); *Útero* (CM) (cofot. Camila Marquez, Liz Kogan, Raul Fernando e Rebecca Ramos Garcia); *Sabor da Terra* (MM) (coedição Christian Schumacher) 2002 – *Sobre Viver* (CM) (dir) (codir. Alexandre Guerreiro); 2003 – *Amor em Três Atos* (CM) (fot); *Thiago Visita Raposo Lopes* (CM) (dir e fot) (codir. Dudu Castelões e Bruno Martins); 2004 – *Santa Helena em os Phantasmas da Botija* (CM) (dir e fot) (codir. Petrônio Lorena); 2005 – *Antes/Depois* (CM) (fot); *O Som da Luz do Trovão* (CM) (dir, fot) (codir. Petrônio Lorena e cofot. Lourival Batista, Evangelista Ignácio de Oliveira, Petrus Ectorum e William Cubits); 2006 – *Doggy* (CM) (fot); 2007 – *A Grande Partida: Os Anos de Chumbo* (MM) (fot); *L.A.P.A.* (cofot. Paulo Castiglioni); *Memória Para Uso Diário* (cofot; Cleisson Vidal); *Sambando nas Brasas, Morô?* (coedição Jorge Santana); 2008 – *Pretérito Perfeito* (fot adc Paulo Castiglioni); 2009 – *Luto Como Mãe* (fot); *O Petróleo Tem Que Ser Nosso* (MM) (fot); *Rua dos Bobos* (MM) (fot); 2010 – *Abismo* (CM) (fot).

## SEABRA, TOCA

Antonio Carlos Lyra Seabra nasceu no Rio de Janeiro, RJ, em 1956. Aos onze anos, com uma câmera-caixote, começa a fazer fotografias amadoras. Aos dezenove anos abandona o curso de Comunicação para ser motorista no filme *Gordos & Magros* (1975), direção de Mário Carneiro. Com Pedro Moraes, o fotógrafo do filme, de quem seria assistente um ano depois, aprende, como ele mesmo diz, a formar o olhar. Em 1977 fotografa seu primeiro curta, *Advento*, de Suzana Sereno, em parceria com outros dois profissionais. Nos anos 1980 assina a fotografia de vários curtas e, como assistente de câmera, trabalha em algumas produções hollywoodianas como *Orquídea Selvagem* (Wild Orchid), 1990, direção de Zalman King, e *Anaconda* (*idem*) (1996), de Luis Llosa. Seu primeiro longa como fotógrafo principal é *Toque de Oboé* (1998), direção de Cláudio Macdowell, e não para mais, como em *Oriundi* (1998), de Ricardo Bravo, *Nelson Freire* (2003), de João Moreira Salles, *Cidade Baixa* (2005), de Sérgio Machado, *Cão Sem Dono* (2005), de Beto Brant, *Estômago* (2005), de Marcos Jorge, e *Quincas Berro D'Água* (2010), também de Sérgio Machado. Como diz Beto Brant, *O Toca é mais que um técnico, ele é um pensador do filme*. Um dos profissionais da fotografia mais respeitados do Brasil, Toca acredita que seu papel não é só medir diafragma, mas também mapear a geografia que o diretor está propondo.

**Filmografia:** 1977 – *Advento* (CM) (cofot. Edson Santos e Serjão); 1979 – *Dia a Dia... e Fantasia* (CM); *El Parente* (CM); 1981 – *Ilha Grande* (CM); 1982 – *Mandinga* (CM); 1985 – *Estórias da Rocinha* (CM) (cofot. José Tadeu Ribeiro e José A. Mauro); *Nifrapo* (CM) (cofot. Carlos Egberto); 1987 – *Heleno e Garrincha* (CM); *Tim Maia* (CM) (cofot. José Tadeu Ribeiro); 1989 – *Hai Kai* (CM); 1995 – *Cole in Rio* (CM); 1996 – *Cheque-Mate* (CM); *Danske Piger Viser Alt* (Dinamarca) (cofot.

Victor Buhler e Jacques Cheuiche); *Padre Mestre* (CM); 1998 – *O Toque de Oboé* (El Toque Del Oboe) (Brasil/Paraguai); 1999 – *Celebração – Cem Anos de Cinema* (CM) (cofot. Dib Lutfi e Pedro Farkas); 2000 – *O Dia da Caça*; *Oriundi, o Verdadeiro Amor é Imortal*; 2001 – *O Invasor*; 2002 – *Amor e Paz* (CM); *Uma Pequena Mensagem do Brasil ou a Saga de Castanha e Caju Contra o Encouraçado Titanic* (CM); 2003 – *Dom*; *Nelson Freire*; *O Outro Lado da Rua*; 2005 – *Bilu e João* (CM) (Brasil/Itália); *Nanoilusão* (CM); *Cidade Baixa*; *De Glauber Para Jirges* (CM) (cofot. Vladan Radovic); 2006 – *Cão Sem Dono*; 2007 – *A Etnografia da Amizade* (cofot. Ricardo Stein); *Estômago* (Brasil/Itália); 2008 – *O Mistério do Samba*; 2010 – *Quincas Berro D'Água*.

## SEGATTI, ANTONIO

Antonio Natalli Segatti Filho nasceu em Igarapava, SP, em 10 de Janeiro de 1939. Muda-se para Goiânia em 1958, formando-se em música clássica pelo Conservatório Musical de Goiás. É ator em vários filmes como *O Diabo Mora no Sangue* (1967), de Cecil Thiré, e *Simeão, o Boêmio* (1969), de João Bennio. Entre 1968 e 1972 estuda cinema na Geo Filmes e direção de fotografia no Rio de Janeiro com Ozen Sermet e Ulrich Burtin, dos quais foi assistente em vários filmes. Entre 1972 e 1974 é diretor de departamento de cinema da TVE e trabalha como assistente de câmera em várias produtoras como Regina Filmes, Vydia Produções, LM Produções, etc. Seu primeiro filme como assistente é *Karla, Sedenta e Amor* (1974), de Ismar Porto, depois *As Massagistas Profissionais* (1976), *Ele, Ela, Quem?* (1977), *O Sequestro* (1981), etc.. Fotografa seu primeiro filme em 1977, o documentário *Sangue e Suor: A Saga de Manaus*, de Luis de Miranda Correa, a partir do qual desenvolve sólida carreira como fotógrafo de documentários para importantes diretores como Ricardo Stein, José Petrillo, PX Silveira, Carlos Del Pino, etc.. Atualmente é diretor do Cine Cultura.

**Filmografia:** 1977 – *Sangue e Suor: A Saga de Manaus* (CM); 1978 – *Brincadeira dos Velhos Tempos* (CM) (cofot. Ramon Alvarado); *Camélia* (A Mulher Que Comeu o Amante); *Caminhos dos Gerais de Bernardo Ellis* (CM) (cofot. Ronan de Carvalho); *Região Tradição Modernidade* (CM); 1979 – *Foragidos da Violência*; *A Pantera Nua*; *O Selvagem* (CM); 1980 – *As Fiandeiras* (CM); *XXV Exposição Pecuária de Goiás* (CM); *A Primitiva Arte de Tecer em Goiás* (CM) (cofot. José Petrillo); 1981 – *Cajabinho e Alfenim* (CM); 1982 – *Projeto Rio Formoso* (CM); *XVIII Exposição Agropecuária do Estado de Goiás* (CM); 1984 – *Antártida* (MM); 1985 – *As Pipas* (CM); *Alliende Lo Pueblo Entinele* (CM); 1987 – *A Morenidade do Brasil* (CM); 1992 – *Iza Brasil* (CM); *Pedro Fundamental* (CM); 1994 – *Babaçu* (CM); *Bernardo Elils Fleury de Campos Curado, Escritor* (CM); 1997 – *Tempo de Gigantes, Um Conto Sobre Bernardo Sayão* (CM); 1999 – *Pescador de Cinema* (CM) (cofot. Eudaldo Guimarães); 2000 – *Wataú* (CM).

## SEGOND, CLEUMO

Cleumo Segond Carvalho Cruz estuda cinema na UFF – Universidade Federal Fluminense e estreia no cinema como Fotógrafo em 1982, no curta *O Cru e o Cozido*, em parceria com Ivan Bittencourt, sob a direção de Carlos Eduardo Pereira, filme produzido pela própria Universidade. Em 1985 dirige seu primeiro filme, o documentário também curto *Violurb*, que trata da violência urbana, que, ampliado para 35mm, foi visto por mais de 500 mil pessoas. Em 1997 assina a fotografia de seu primeiro longa, o documentário *O Velho – A História de Luiz Carlos Prestes*, de Toni Venturi, depois *A Negação do Brasil* (2000), de Joel Zito Araújo, ambos premiados em vários festivais. Na televisão, trabalha na TV Cultura de São Paulo como diretor de fotografia do Núcleo de Documentários de 1998 a 2000, realizando vários trabalhos incluindo a série *Caminhos e Parcerias*, direção de Neide Duarte e Ricardo Soares, ganhadora dos prêmios de jornalismo, Wladimir Herzog, UNICEF e Ethos. Recebe dois prêmios de melhor fotógrafo, pelo video *Na Garupa de Deus*, de 2003, no Festival de Cinema e Vídeo do Ceará, e *Ao Sul de Setembro* (2005), de Amauri Tangará, no Festival de Cuiabá de 2006.

**Filmografia:** 1982 – *O Cru e o Cozido* (CM) (cofot. Ivan Bittencourt); 1985 – *Violurb* (CM) (dir); 1986 – *Impresso a Bala* (CM) (cofot. Juliano Serra); 1986 – *O Vigilante Rodoviário* (CM) (cofot. Roberto Petti); 1995 – *O Profeta das Cores* (CM); 1989 – *Guerras* (CM); 1996 – *Histórias do Mar* (CM); 1997 – *O Velho – A História de Luiz Carlos Prestes*; 1999 – *A Terceira Morte de Joaquim Bolivar*; *Histórias do Flamengo* (cofot. Francisco Torturra, Nélio Ferreira, Beto Campos, João Gonçalves da Rocha e Liercy de Oliveira); 2000 – *A Negação do Brasil* (cofot. Adrian Cooper); 2003 – *Incompatibilidade de Gênios* (CM); *Na Garupa de Deus* (MM); *O PT Faz História* (MM); 2004 – *Jequitinhonha. Rio, Trilhas e Caminhos* (CM); *Rê! Rê Rêê! Rê!* (CM); 2005 – *Ao Sul de Setembro; Babaú na Casa do Cachaça – Verde e Rosa Blues* (CM); *O Profeta das Águas*; 2006 – *Um Olhar Sobre os Quilombos do Brasil*.

## SEGRETO, AFONSO

Alfonso Segreto nasceu em San Martino de Cileno, Itália, em 1875. Em 1897, juntamente com seu irmão Paschoal, chega ao Brasil com imagens da Itália (vistas cinematográficas) que exibiu no Salão de Paris, no Rio de Janeiro. Em 19 de Junho de 1898, a bordo do navio francês *Brésil*, retornando de uma nova viagem à Europa, onde fora comprar equipamentos de filmagens e novos filmes, registra as primeiras imagens do Brasil, tomadas das fortalezas e de navios de guerra na Baía da Guanabara. Por esse feito, é considerado o primeiro cinegrafista e diretor de cinema do Brasil. Filma dezenas de filmetes de curta duração até 1900, captando imagens de flagrantes históricos, políticos e paisagísticos, quando estranhamente some do noticiário, seu nome volta a aparecer em 1908. Ensina a arte de filmar, os rudimentos da técnica cinematográfica a diversos profissionais. Muda-se para São Paulo onde monta um ateliê fotográfico, depois retorna à Itália, vindo a falecer anonimamente, algum tempo depois.

**Filmografia:** 1898 – *Fortaleza e Navios de Guerra na Baía de Guanabara; O Préstito do Marechal Floriano Para o Cemitério; O Desembarque do Dr. Prudente de Morais no Arsenal da Marinha; Chegada do Doutor Campos Sales a Petrópolis; A Chegada do Doutor Prudente de Morais e sua Comitiva ao Arsenal da Marinha; A Família do Presidente Prudente de Morais no Palácio do Catete; A Inauguração da Igreja da Candelaria; O Largo da Carioca; O Largo de São Francisco de Paula; O Largo do Machado; A Praia de Santa Luzia; Vistas de Aspectos Fluminenses; 1899 – Algumas Localidades do Rio de Janeiro; Baldeação da Barca de Petrópolis; A Barca de Niterói; Um Batalhão do Exército; Um Careca; Chegada do Doutor Campos Sales no Arsenal da Marinha; Circolo Operario Italiano em São Paulo; O Corpo de Bombeiros em Movimento; A Dança de um Baiano; A Dança de uma Baiana; Embarque do Dr. Campos Sales Para Petrópolis; Enterro do Primeiro Tenente Pio Torelli; Entrada de uma Barca de Niterói; Festas em Homenagem ao Presidente da Argentina General Júlio Roca; Grandes Solenidades Comemorativas da Colônia Italiana no Rio; Incêndio na Praça do Mercado; Infelicidade de um Velho na Primeira Noite de Casamento; Largo de São Francisco por Ocasião de um Meeting; O Mágico dos Bonecos; Praça Tamarindo no Dia Treze de Maio; Quadros Nacionais; Rua do Ouvidor; Uma Viagem de Núpcias que Acaba Mal; Vistas de Sítios e Cenas do Rio de Janeiro; 1900 – A Banda do Corpo de Bombeiros; O Bando Precatório Para a Seca do Ceará; A Chegada do Doutor Campos Sales de Buenos Aires; 1908 – Almoço à Imprensa no Restaurante do Pão-de-Açucar; Almoço aos Conselheiros Argentinos no Pavilhão Nacional de Agricultura; O Corso de Carruagens na Exposição – (II); Exposição da Seção Pecuária; 1910 – Parada e Revista das Sociedades de Tiro do Estado de São Paulo.*

## SEMANOVSCHI, PEDRO

Fotógrafo baiano da nova geração. Estreia como Diretor de Fotografia em 1988 no curta *Trajetória do Frevo*, em parceria com Vito Diniz. Em 2009 recebe o prêmio de Melhor Fotografia no XXXII Festival Guarnicê de Cinema e Vídeo, em São Luiz-MA, por seu trabalho no curta *Cães*, direção de Adler Kibe Paz e Moacyr Gramacho.

**Filmografia:** 1988 – *Trajetória do Frevo* (CM) (cofot. Vito Diniz); 2001 – *Samba Riachão*; 2004 – *Na Terra do Sol* (CM); 2008 – *Clemência* (CM); *Tudo Isto Me Parece Um Sonho* (cofot. Pedro Urano); 2009 – *Cães* (CM).

## SERMET, OZEN

Özen Seremetiev nasceu em Istambul, Turquia, em 1923. Ainda em Istambul, em 1950 estreia como fotógrafo, no filme *Üçüncü Selimin Gözdesi*. Com sete filmes no currículo, chega ao Brasil em 1954, a convite de Alberto Cavalcanti, mas o projeto não se realiza e Ozen vai trabalhar na TV Tupi por três anos, sendo um de seus primeiros câmeras. Contratado pela Atlântida, estreia em *De Vento em Popa*, sob a direção de Carlos Manga, recebendo, de cara, o prêmio de melhor fotógrafo, no V Festival de Cinema do Distrito Federal. A partir daí consolida sua atuação na companhia e em filmes posteriores nos anos 1960 e 1970, desenvolvendo importante carreira no Brasil. Em 1972 dirige seu único longa,

*Tormento: A Sombra de Um Sorriso*. Entre 1980 e 1982, produz, dirige e fotografa três curtas institucionais sobre a Força Aerea Brasileira e seus aeroportos, que acabam se tornando seus últimos trabalhos no Brasil. No início dos anos 1990 muda-se para São Francisco, EUA, onde morre, em 1995, aos 72 anos de idade.

**Filmografia:** 1950 – *Üçüncü Selimin Gözdesi* (Turquia); 1951 – *Yavuz Sultan Selim ve Yeniçeri Hasan* (Turquia); *Lale Devri* (Turquia); *Barbaros Hayrettin Pasa* (Turquia); 1953 – *Drakula Istanbul'da* (Turquia); 1954 – *Leylaklar Altinda* (Turquia); *Aramizda Yasayamazsin* (Turquia); 1957 – *De Vento em Popa*; 1958 – *É a Maior; E o Espetáculo Continua* (cofot. José Assis Araújo); *Esse Milhão é Meu* (cofot. José Assis Araújo); *Sangue, Amor e Neve*; 1959 – *Aí Vem a Alegria; O Cupim; O Homem do Sputnik*; 1960 – *Cacareco Vem Aí* (Duas Histórias); *Dois Ladrões; O Palhaço o Que É?; Pintando o Sete; Quanto Mais Samba Melhor*; 1962 – *As Sete Evas; Cinco Vezes Favela* (episódios: *Um Favelado, Escola de Samba Alegria de Viver e Pedreira de São Diogo*); *O Quinto Poder*; 1963 – *Os Vencidos*; 1965 – *Crônica da Cidade Amada; Sinfonia Amazônica* (CM); 1966 – *Riacho de Sangue*; 1967 – *Ballet do Brasil* (CM); *Jovem Retaguarda* (CM); 1968 – *Cristo de Lama* (Uma História de Aleijadinho); *O Diabo Mora no Sangue; Jovens Pra Frente; Tarzan e o Menino da Selva* (Tarzan and the Jungle Boy) (Brasil/EUA); 1970 – *Parafernália, o Dia da Caça; Quatro Contra o Mundo* (episódio: *Jovem Retaguarda*); 1972 – *Simeão, o Boêmio; Tormento: A Sombra de Um Sorriso* (dir, fot); *Uma Pantera em Minha Cama*; 1973 – *Operação Tumulto* (Le Grabuge) (Brasil/França) (cofot. Jean Badal); 1974 – *F.A.B. – Pioneirismo, Segurança, Integração* (dir, fot); 1963/1976 – *O Mundo em Que Getúlio Viveu*; 1980 – *Esta é a Sua Força Aérea* (CM) (dir, fot); 1982 – *Aeroporto, Esse Universo* (CM) (dir, fot); 1984 – *Aeroporto de Confins* (CM) (dir, fot)

## SERNAMBI, ALEX

Alex de Farias Figueiredo nasceu em Belém, PA, em 11 de Março de 1960. Estuda gravura na Escola de Belas-Artes do Rio de Janeiro. Em Minas Gerais, é assistente de direção de Fernando Coni Campos em *O Mágico e o Delegado* (1981). Muda-se para Porto Alegre em 1982 e integra o grupo de realizadores da novíssima geração gaúcha, trabalhando principalmente como assistente de direção nos filmes *Inverno* (1983), em Super-8, de Carlos Gerbase; *Verdes Anos* (1983), de Carlos Gerbase e Giba Assis Brasil; *Aqueles Dois* (1983), de Sérgio Amon; *O Mentiroso* (1986), de Werner Schunemann, etc. Seu primeiro filme como fotógrafo é *Passageiros*, de Carlos Gerbase e Glênio Póvoas. No longa, estreia em *Contos de Inverno*, de Raul Costa Jr., mas ganha reconhecimento nacional por seu excelente trabalho em *Tolerância* (2000), de Carlos Gerbase. Através da fotografia de vários curtas, recebe inúmeros prêmios como Melhor Fotografia de Curta Gaúcho em Gramado/1992 por *Essa Não é a Sua Vida* (1991), Melhor Fotografia de Curta Gaúcho, em Gramado/1993, por *A Matadeira*, Sol de Prata pela Fotografia no FestRio/1995, por *A Próxima Geração*, Prêmio Especial pela Fotografia em Gramado/1997 e Melhor Fotografia em Brasília/1997 por *Bola de Fogo*, Melhor Fotografia em Brasília/1998 por *Nocturnu* e Melhor Fotografia em Brasília/2001 por *Vênus* (2000). Para Jorge Furtado assina a fotografia de *O Homem Que Copiava* (2003) e *Meu Tio Matou Um Cara* (2005). Na televisão, é diretor do episódio *Aeroplanos* da série *Contos de Inverno*, produzido pela Casa de Cinema de Porto Alegre para a RBSTv e Diretor de Fotografia de programas, casos especiais, como *O Triste Fim de Policarpo Quaresma* (1994), *Anchietanos* (1996), *Luna Caliente* (1998), *Meias Encarnadas Sujas de Sangue* (1999), todos pela TV Globo e assinados por Jorge Furtado e, mais recentemente, *Mulher de Fase*, série produzida de Casa de Cinema para HBOTv, sob a direção de Ana Luiz Azevedo e Márcio Schoernadie. Em 2010 organiza a exposição Cidade Vazia, composta de oito desenhos de paisagens urbanas desérticas e em cores, impressas em grandes dimensões e dispostas no espaço de uma forma que o público realize um passeio por uma cidade vazia. Desde 2004 mora em São Paulo.

**Filmografia:** 1987 – *Passageiros* (CM); 1988 – *Aulas Muito Particulares* (CM); 1991 – *Esta Não É a Sua Vida* (CM); 1992 – *A Tentação da Noiva* (CM) (dir); 1993 – *Veja Bem* (CM); 1994 – *A Matadeira* (CM); *A Próxima Geração* (CM); *Ventre Livre* (MM); 1995 – *Cem Anos Depois* (CM); *Deus Ex-Machina* (CM); *Felicidade É...* (episódio: *Estrada*); 1996 – *Um Homem Sério* (CM); 1997 – *Ângelo Anda Sumido* (CM); *Bola de Fogo* (CM); *2075 D.C.* (CM); *Sexo & Beethoven – O Reencontro* (CM); 1998 – *Nocturnu* (CM) (cofot. Juliano Lopes Fortes); *Orgasmo Total* (CM); *Trampolim* (CM); 1999 – *O Oitavo Selo* (CM); *O Velho do Saco* (CM); *Três Minutos* (CM); 2000 – *A Invenção da Infância* (CM) (cofot.Adrian Cooper);

*O Sanduíche* (CM) (cofot. Fernanda Shemale); *Tolerância*; 2001 – *A Importância do Currículo na Carreira Artística* (CM) (cofot. Jorge Henrique Boca); *Contos de Inverno* (cofot. Jorge Boca); *Vênus* (CM); 2002 – *Dona Cristina Perdeu a Memória* (CM); *Houve Uma Vez Dois Verões*; *Isaura* (CM) (dir); *Mar Doce*; 2003 – *O Homem Que Copiava*; 2005 – *Meu Tio Matou Um Cara*.

## SERRA, JULIANO

Juliano Serra Barreto nasceu em Niterói, RJ, em 13 de Janeiro de 1959. Forma-se em 1987 Bacharel em Cinema e Comunicação Social pelo Instituto de Artes e Comunicação Social da UFF – Universidade Federal Fluminense, depois Mestre em Arte e Tecnologia da Imagem em 1998 e Doutor em Ciência da Informação em 2009. Inicia sua carreira como fotógrafo da Sala Cecília Meirelles em 1979, depois do Centro de Recursos Tecnológicos para Educação Especial da PUC-RJ, do Atelier de Restauração Artística de Fernando Barreto e do jornal *Luta e Prazer* e também como professor do Curso Básico de Fotografia do Colégio Brasil América. Ainda na universidade, fotografa seu primeiro filme, o curta *Impresso a Bala* (1985), direção de Ricardo Favilla, em parceria com Guilherme Fassheber e Favilla. Dá sequência a sua carreira acadêmica, mas, paralelamente, assina a fotografia de alguns curtas como *Réquiem* (1987), *A Cartomante* (1989), *Goluboviedros* (1993) e, mais recentemente, *Suco de Beterraba* (2000). Também realiza diversas exposições de fotografia fixa como *Rio Paisagens de Concreto* (1984), *Sistema Agro* (1987), *Mostra dos Professores do Instituto de Artes* (1994), *Machu Pichu* (2003), entre outras. Radica-se em Brasília a partir de meados dos anos 1990. Desenvolve também inúmeros trabalhos com igual competência na área de computação gráfica e programação visual. Atualmente trabalha no Departamento de Desenho Industrial da UnB – Universidade de Brasília.

**Filmografia:** 1985 – *Impresso a Bala* (CM) (cofot. Guilherme Fassheber e Ricardo Favilla); 1985/1989 – *Archives Impossibles* (CM); 1987 – *A Invasão* (CM); *Búzios Arde* (CM); *Requiém* (CM); 1988 – *Manuscrito Achado no Bolso* (CM) (cofot. Murilo Rezende); 1989 – *A Cartomante* (CM) (cofot. Ricardo Favilla); 1992/1997 – *O Vidreiro* (CM) (cofot. Fernando Duarte); 1993 – *Goluboviedros* (CM); 1995 – *Auto da Fé* (CM); *Lenda das Águas* (CM); 1996 – *Trânsitos* (CM); 2000 – *Suco de Beterraba* (CM).

## SEVÁ, AUGUSTO

Augusto César Correa Sevá nasceu em Campinas, SP, em 9 de Junho de 1954. Forma-se em 1978 pela Escola de Comunicações e Artes da USP, São Paulo. Inicia sua carreira no cinema como técnico de som em longas como *As Três Mortes de Solano* (1976), de Roberto Santos, *O Rei da Vela* (1982), etc. Dirige e fotografa seu primeiro filme em 1976, o curta *Gilda* e no mesmo ano recebe seus primeiros prêmios, pelo curta *Pau Pra Toda Obra*, no II Festival Nacional de Curta-Metragem e na V Jornada Brasileira do Curta-Metragem da Bahia. Funda, juntamente com Reinaldo Volpato, a Gira Filmes, tornando-se produtor, diretor, fotógrafo, montador, técnico de som, etc. A produtora tem no currículo os longas *A Caminho das Índias* (1982), direção de Sevá e Isa Castro, e *Abrasasas* (1984), de Volpato, além de mais de vinte curtas-metragens. Coproduz e monta o documentário *Jânio a 24 Quadros*, direção de Luiz Alberto Pereira, em 1981. Nos anos 1980, é parte integrante do movimento Novo Cinema Paulista, juntamente com Chico Botelho, Sergio Bianchi, Luiz Alberto Pereira, Guilherme de Almeida Prado e outros. Atua com competência também na política cinematográfica, desempenhando cargos como no Conselho Consultivo da Embrafilme (1982-1985), Assessor de Cinema do Município de São Paulo (1994-1995), Ancine (2002-2004), Secretário Executivo do Conselho de Cinema da Secretaria de Estado da Cultura de São Paulo (2005-2006). Dirige duas séries para televisão, *Arquipélago de Abrolhos* (1998) e *Ilha Grande e as Visões do Paraíso* (2001). Seu último filme, *Estórias de Trancoso* (2006), um romance adolescente ambientado nos anos 1980. Atualmente é sócio-diretor da empresa Albatroz Cinema, produtora especializada em produtos televisivos com temáticas social e ambiental e está finalizando seu novo filme, o longa

*Fala Sério!*, um romance de três amigas, mães e adolescentes. Juntamente com *O Caminho das Índias* (1982) e *Estórias de Trancoso* (2006), forma a trilogia sobre a cultura de Trancoso.

**Filmografia:** 1976 – *Gilda* (CM) (dir); *Pau Pra Toda Obra* (CM) (dir, fot) (codir. Reinaldo Volpato); 1977 – *Nós e Eles* (CM) (dir, fot); *Foi Assim* (CM); 1979 – *Sete Vidas* (CM); 1980 – *Oro* (dir); 1982 – *A Caminho das Índias* (dir) (codir. Isa Castro); *Lança* (CM); 1985 – *Real Desejo* (dir) (codir. João de Bártolo); 1998 – *Arquipélago de Abrolhos* (dir, fot); 2001 – *Ilha Grande e as Visões do Futuro* (dir, fot); 2006 – *Estórias de Trancoso* (dir, fot) (cofot. Cláudio Portioli); 2010 – *Fala Sério* (dir).

## SEVERO, ARY

Luiz de França da Rosa Torreão nasceu em Recife, PE, em 28 de Dezembro de 1903. Figura de destaque no Ciclo do Recife dos anos 1920. Com Gentil Roiz e Edson Chagas, funda a Aurora Filme. Seu primeiro filme é *Recife no Centenário da Confederação do Equador*, de 1924, um curta-metragem. Em 1925 filma seu primeiro longa, o drama rural *Jurando Vingar*. Seu mais ambicioso projeto viria na sequência, refilmar *Aitaré da Praia* (1927), aproveitando partes já filmadas da versão anterior, de 1925. Seu último filme data de 1930, *O Destino das Rosas*. Tenta uma volta em 1954, mas seu projeto *Rio da Lua* fica inacabado. Foi casado com a atriz Almeri Esteves, estrela do ciclo. Morre em 1994, aos 91 anos de idade.

**Filmografia:** 1924 – *Recife no Centenário da Confederação do Equador* (CM) (dir, fot); 1925 – *Aitaré da Praia* (dir); *Jurando Vingar* (dir); 1926 – *Herói do Século XX* (CM) (dir); 1927 – *Aitaré da Praia* (codir. Jota Soares e Luiz Maranhão); *Dança, Amor e Ventura* (dir); 1930 – *Mercador de Corações* (dir) (codir. Luiz Maranhão); *Romance de Linda* (dir); *O Destino das Rosas* (dir, fot) (cofot. Raul Valença); 1954 – *Rio da Lua* (dir) (inacabado).

## SEWELL, BRIAN

Brian Moore Sewell nasceu nos EUA. Experiente diretor e fotógrafo radicado no Rio de Janeiro, que, com a sua empresa Sewell Films, torna-se especialista em documentários para TVs a Cabo como *Vanity Insanity – Plastic Surgery Revealed*, para a Discovery, *Perfect Holiday*, para a BBC, *Revolutionary Rhythms*, para a National Geographic, *Millenium*, para a TNT, etc.

**Filmografia:** 1985 – *Brazil, Brazil* (episódios: *God, Football and Carnival São Paulo After the Miracle, Water, Land and Survival* e *What Price Progress?*) (Brasil/Inglaterra) (cofot. Ian Punter); 1988 – *Mulheres: Uma Outra História* (CM) (cofot. Fernando Duarte e Carlos Azambuja); 1993 – *Boys From Brazil* (EUA); 1994 – *Solo, de Wet Van de Favela* (MM) (Holanda).

## SIDKI, NAJI

Nasceu em Brasília, DF, em 1975. Sua primeira experiência com cinema acontece em 1998 na produção americana *Whatever*, direção de Susan Skoog, ao fazer parte da equipe da arte. Desde 2001 é proprietário da empresa Cine Locações, que loca equipamentos para a produção cinematográfica em Brasília. Em 2000 cofotografa o filme *Tortura Selvagem, A Grade*, em parceria com Afonso Brazza.

**Filmografia:** 2000 – *Tortura Selvagem, A Grade* (cofot. Afonso Brazza); 2000 – *Flor da Obsessão* (CM); 2003 – *Suicídio Cidadão* (CM); 2009 – *Descrição da Ilha da Saudade ou Baudelaire e os Teus Cabelos* (CM).

## SIEBER, ALAN

Nasceu em Porto Alegre, RS, em 1972. É autor de quadrinhos, cartunista e diretor de animação. Sua tira *Bifaland* é sucesso em várias publicações brasileiras. Edita e desenha, de 1993 a 1997, a revista em quadrinhos *Glória, Glória, Aleluia*, premiada em 1996 e 1998 com o Troféu HQ-Mix, o Oscar dos quadrinhos brasileiros. Em 1999, dirige e anima seu primeiro filme, na bitola 35mm, *Deus é Pai* e muda-se para o Rio de Janeiro onde funda a produtora Toscographics Desenhos Animados, juntamente com a produtora e diretora Denise Garcia. Cria vinhetas de animação para a TV Globo. No final de 2000 começa a publicar a série em quadrinhos *Vida de Estagiário* no caderno Folhateen do jornal *Folha de S. Paulo* onde continua até hoje. Em 2002, dirige as animações do filme *O Homem que Copiava*, de Jorge Furtado. É colaborador fixo de várias revistas brasileiras e internacionais. Lança os livros *As Piadas Vagabundas do Steven* (1997), *As Últimas Palavras* (2000), *Preto no Branco* (2004), *Vida de Estagiário* (2005), *Sem Comentários* (2005) e *Assim Rasteja a Humanidade* (2006).

**Filmografia:** 1999 – *Deus é Pai* (CM) (dir, fot) (cofot. Otto Guerra); 2000 – *Os Idiotas Mesmo* (CM) (dir); *Negão Bola Oito Talkshow* (CM) (dir, for); 2001 – *Onde Andará Petrúcio Felker?* (CM) (dir., fot); 2003 – *Jonas* (CM) (dir); *Superstição* (CM) (dir).

## SIGWALT, ANDRÉ

André Luis Folgosi Sigwalt nasceu em Curitiba, PR, em 25 de Junho de 1978. Em 1983, com cinco anos de idade, muda-se com a família para São Paulo. Forma-se em cinema pela FAAP – Fundação Armando Álvares Penteado com pós-graduação pelo Senac. Inicia sua carreira de Diretor de Fotografia e Câmera em 1999 no curta *Identidade*, de Fabrizio Fernandes. Dirige a fotografia de vários videoclipes de cantores e bandas como XRS Land (2000), Rock Rocket (2007), Banzé (2008), Arnaldo Antunes (2009), etc. Em 2007 é contratado pela Heco Produções para dirigir a fotografia do filme *A Praga*, longa inacabado de José Mojica Marins, que estava parado desde 1980 e foi concluído em 2007 como média-metragem. A fotografia inicial foi feita por Giuseppe Romero. É fotógrafo de *still* no longa *Encarnação do Demônio* (2008), de José Mojica Marins. Na televisão, assina a fotografia da série *Tudo Que É Sólido Pode Derreter* (2008) e do programa *Almanaque Educação* (2009/2010), ambas exibidas pela TV Cultura. Seu primeiro longa é *Its Very Nice Pra Xuxu* (2007/2009), de Paulo Duarte, ainda não lançado e em 2010 fotografa seu segundo longa, *Pólvora Negra*, de Kapel Furman.

**Filmografia:** 1980/2007 – *A Praga* (MM) (cofot. Giuseppe Romero); 1999 – *Identidade* (CM); *Queridinha do Papai* (CM); 2000 – *Intro 7* (CM); 2001 – *Meio* (CM); *Noturno* (CM); 2002 – *Hell Hotel* (Haikai-o-Hotel) (CM); 2003 – *Haikai-o-Hotel* (CM); *O Homem e o Sensorial* (CM); 2004 – *Vou Sorrir Para a Sorte* (CM); 2005 – *6 Tiros 60ml* (CM); *A Meretirz e o Leão* (CM); *Nove Passos Para Felicidade* (CM); 2007/2009 – *Its Very Nice Pra Xuxu*; 2008 – *Caçadores Noturnos* (CM); *Rock Rocket: Doidão* (CM); 2010 – *Pólvora Negra*.

## SILBERT, FABIÁN

Fabián Silbert Boal nasceu em Buenos Aires, Argentina, em 22 de Setembro de 1964. É formado em Artes Cinematográficas pela E.S.E.C. – École Superièure dÉtudes Cinematographiques, Paris, França, em 1987. É filho do grande diretor teatral Augusto Boal (1931-2009). Inicia sua carreira de fotógrafo em 1997 no curta *Ninó*, direção de Flávia Alfinito, uma animação com massinhas. Câmera adicional em *Pierre Fatumbi Verger – Mensageiro de Dois Mundos* (2000), de Lula Buarque de Hollanda, *Gaffer em Duas Vezes Com Helena* (2001), de Mauro Farias, fotógrafo 2ª unidade nos filmes *Bufo & Spallanzani* (2000), de Flavio Tambellini. e *O Homem Que Copiava* (2003), de Jorge Furtado, e câmera nos filmes *Outras Histórias* (1999), de Pedro Bial, *Xuxa e o Mistério de Feiurinha* (2009) e *Amazônia Caruana* (2010), ambos de Tyzuka Yamasaki . Em 2004 é cinegrafista da equipe de Amyr Klink a bordo do veleiro *Parati 2*, que resulta no documentário *Viagem a Antarctica*, em 2006. Inicia sua carreira na publicidade em 2002, na série *Parceiros do Brasil*, com 36 filmes publicitários feitos em todos os Estados, depois realiza o comercial da *Fumeg – Carro de Som*, em 2004, premiado pelos Profissionais do ano XXVII Mercado Leste–Oeste e a fotografia da campanha publicitária da Localiza e Drogaria Araújo, ambas em 2008. Na carreira acadêmica, é professor de fotografia no Projeto Escola de Fabrica (Video Fundição 2007) e participa da Oficina de Direção Fotografia no Cine Documenta 2007 e de duas Oficinas de Operação de Camera Video Fundição 2007/2009. Dirige a fotografia de vários videoclipes como *Cachimbo da Paz* (1997),

com Gabriel o Pensador, *Feliz da Vida* (1999), com Dudu Nobre, *Loucuras de Amor* (2004), com Karla Sabah, *Belo Estranho Dia de Amanhã* (2008), com Roberta Sá, etc. Dirige a fotografia dos DVDs *Faz Uma Loucura Por Mim* (2004), com Alcione, *Vagabundo ao Vivo* (2005), com Ney Matogrosso e Pedro Luis, e a *Parede e Monobloco ao Vivo* (2005). Na televisão, dirige a fotografia de inúmeros programas, destacando-se *Teca na TV* (1998), pela TV Futura, *Brava Gente – O Santo e a Porca* (2000), pela TV Globo, diretor de iluminação em *Je Suis Une Celebrité, Sortez Moi de Lá* (2006), *Reality show* da Endemol França em parceria com a Endemol-Globo, realizado em Teresópolis, *Turma da Biblioteca* (2010), pela Multrio.

**Filmografia:** 1997 – *Ninó* (CM); 1997/1999 – *Santo Forte* (cofot. Luiz Felipe Sá); 1998 – *Vila Isabel* (CM); *Viagem a Antártica*; 2002 – *O Príncipe das Águas* (CM); 2003/2004 – *Jogos Indígenas do Brasil*; 2004 – *Mar Sem Fim II*; 2008 – *Sumidouro* (cofot. Luis Abramo).

## SILVA, HÉLIO

Nasceu em Pirapora, MG, em 1929. Inicia sua carreira no cinema no início dos anos 1950, em São Paulo, nos estúdios da Multifilmes, onde conhece o então jovem Nelson Pereira dos Santos. É assistente de câmera de Mário Pagés e Edgar Brasil. Em 1953 dirige e fotografa seu primeiro filme, o documentário curto *Lavagem da Basílica de Nosso Senhor do Bonfim*. Em 1956 houve seu grande momento, quando faz a fotografia de *Rio, 40 Graus*, do próprio Nelson, e a partir daí deslancha sua carreira, constituindo, ao longo de cinquenta anos, invejável filmografia, entre curtas e longas, passando por diversos movimentos como o cinema industrial, o cinema novo, marginal, as pornochanchadas, etc. Além de *Rio, 40 Graus*, assina filmes importantes como *A Hora e a Vez de Augusto Matraga* (1965), de Roberto Santos, e *O Descarte* (1973), de Anselmo Duarte, além de outros como *Perdoa-me Por Me Traíres* (1983), de Braz Chediak, *O Lado Certo da Vida Errada* (1996), de Octávio Bezerra, etc., além de dezenas de curtas. A partir dos anos 1990 divide-se entre Brasil e Cuba, como professor de fotografia da Escola Internacional de Cinema e Vídeo de Santo Antonio de los Baños. Seu último trabalho registrado é *Nzinga*, de 2006, documentário musical sobre a música afro-brasileira. Eduardo Giffoni Flórido em seu livro *As Grandes Personagens da História do Cinema Brasileiro* sobre Helio Silva, declara: *Gosto depurado, câmera funcional, e um olhar cinematográfico em busca constante da invenção artística. Eis o estilo de Hélio Silva. Simples porque verdadeiro.* Morre em 2004, no Rio de Janeiro, aos 75 anos de idade.

**Filmografia:** 1953 – *Lavagem da Basílica de Nosso Senhor do Bonfim* (CM) (dir, fot); 1955 – *Não Matarás*; 1956 – *Rio, 40 Graus*; 1957 – *Rio, Zona Norte*; 1958 – *O Grande Momento*; 1959 – *Barragem de Três Marias* (CM); *Redenção*; 1961 – *A Grande Feira*; *Mandacaru Vermelho*; *O Necessário Para Viver* (CM); 1962 – *América de Noite* (America di Notte) (Brasil/Argentina/Itália) (cofot. Mássimo Dilamano, Rino Filipini e Alessando E. Eva); *Estradas Trazem o Progresso* (CM); *Tocaia no Asfalto*; *Três Cabras de Lampião*; *Tres Cuentos Colombianos* (episódio: *La Sarda*) (Colômbia); 1964 – *El Río de las Tumbas* (Colômbia); 1965 – *A Hora e a Vez de Augusto Matraga*; *O Milagre de Lurdes* (CM); *O Rio de Machado de Assis* (CM) (cofot. Roberto Mirili); 1966 – *Amor e Desamor*; *Estrada Invisível* (CM); *Manequim* (CM); *O Mundo Alegre de Helô*; *Uma Alegria Selvagem* (CM); 1967 – *El Justicero*; *Jogo Perigoso* (Jueglo Peligroso) (Brasil/Mexico); *O Homem da Cabeça de Papelão* (CM); 1968 – *Dois Na Lona*; *Lance Maior*; *Massacre no Supermercado*; *O Homem Nu*; 1969 – *A Cama ao Alcance de Todos* (episódio: *A Segunda Cama*); *Adultério a Brasileira*; *Brasileiro: Profissão Esperança* (CM); *Carmen Miranda* (CM); *Navalha na Carne*; *O Matador Profissional*; 1970 – *Brasília Menina Moça*; *Dois Perdidos Numa Noite Suja*; *Em Cada Coração Um Punhal* (episódio: *Transplante de Mãe*); *Memórias de Um Gigolô*; *Meu Pé de Laranja-Lima*; *O Vale do Canaã*; *Os Maridos Traem... E as Mulheres Subtraem*; 1970/1974 – *Vozes do Medo* (cofot. Geraldo Gabriel, Juan Carlos Landini, Peter Overbeck, Wanderley Silva e Marcelo Primavera); 1971 – *São Paulo Terra do Amor* (MM) (cofot. Walter Carvalho Correa e Ronaldo Lucas); *Soninha Toda Pura*; 1972 – *A Viúva Virgem*; *Ana Terra* (cofot. George Pfister Jr.); *Guru das Sete Cidades*; *Natureza Objeto* (CM); *Os Mansos*; *Salve-se Quem Puder* (Rally da Juventude); *Um Anjo Mau*; 1973 – *O Descarte* (cofot. José A. Araújo); 1974 – *A Máquina e o Sonho* (CM); *Banana Mecânica*; *Isto é Pelé* (cofot. Equipe Canal 100); *O Amuleto de Ogum* (cofot. Nelson Pereira dos Santos e José Cavalcanti); 1975 – *Ana, a Libertina*; *As Aventuras Amorosas de Um Padeiro*; *Deixa Amorzinho... Deixa*; *Eu Dou o Que Ela Gosta* (Seduzida Pelo Amor); *O Sósia da Morte*; 1976 – *A Louca de Ipanema* (CM); *Crueldade Mortal* (cofot. Dib Lutfi); *Rio Rico*

(CM); 1977 – *Esse Rio Muito Louco* (episódio: *A Louca de Ipanema*); *Tenda dos Milagres*; 1978 – *Meu Glorioso São Cristóvão* (CM); *Nelson Pereira dos Santos Saúda o Povo e Pede Passagem* (cofot. Walter Carvalho, Sérgio Lins Vertis, Paulo Jorge de Souza e José A. Mauro); *O Grande Desbum...*; *O Homem de Seis Milhões de Cruzeiros Contra as Panteras*; *Sexo e Violência em Búzios*; 1979 – *Amante Latino*; *Copa 78, O Poder do Futebol* (cofot. Roland Henze, José Rosa, Luiz Carlos Saldanha e Antonio Gonçalves); *Eu Matei Lúcio Flávio*; *Tapeceiras de Prados* (CM); 1980 – *Alguns Santeiros de Minas* (CM) (dir); *Artesanato Tiradentes* (CM) (dir, fot); *Casa dos Milagres* (CM); *Couro* (CM); *Craque do Futuro e o Futuro do Craque* (CM); *Igreja de São Francisco* (CM) (dir, fot); *Igreja de Santo Antonio – Tiradentes* (CM); *Janelas, Sobrados e Balcões* (CM); *O Elogio Histérico da Razão* (CM); *O Torturador*; *Passos de São Tomé* (CM); *Profetas: Inconfidentes?* (CM); *Profissão Emergente* (CM); *Santeiro de Nazareno* (CM); *Senhor do Matozinho* (CM); *Um Cristo Inacabado* (CM); 1981 – *Álbum de Família*; *Bonitinha, Mas Ordinária*; *Missa do Galo* (CM) (cofot. Walter Carvalho); 1982 – *Bahia de Todos os Santos* (CM); *Escalada da Violência*; *O Cantor e Sua Cidade* (CM) (cofot. Ruy Santos); *Os Três Palhaços e o Menino*; 1983 – *Perdoa-me Por Me Traíres*; *Suite Bahia* (CM) (cofot. Rino Marconi); 1984 – *Amenic – Entre o Discurso e a Prática*; *Eu, Você, Ele e os Outros* (Non cè Due Senza Quattro) (Itália) (cofot. Silvano Ippoliti); 1990 – *Boca de Ouro* (cofot. Carlos Egberto); *Manôushe, A Lenda de Um Cigano*; 1992 – *A Dívida da Vida*; *Noites de Fobia* (inacabado); 1996 – *O Lado Certo da Vida Errada*; 1997 – *Cena de Metrô* (CM); 1999 – *O Amor e o Humor na Música Brasileira nos Séculos XVIII e XIX* (CM) (cofot. Carlos Buarque Lins e Mauro Paste); 2001 – *Negócio Fechado* (CM); 2006 – *Nzinga* (cofot. José Gerra).

## SILVA, RONALDO ARAÚJO

Nasceu em Igarapava, SP, em 23 de Abril de 1954. Inicia sua carreira como cinegrafista em 1970. A partir da 1975 na Kyno Filmes, exercendo a função de diretor, fotógrafo e montador de filmes publicitários em 35mm e 16mm. Em 1983 é um dos fundadores da Ideia Produções e, em 1992 diretor de programação da TV Record de Goiânia. Em 1981 estreia como fotógrafo de cinema no filme *295,5*, experimental de Lourival Belém Jr., que investiga a relação possível entre a arte e a loucura. Mais recentemente, assina a fotografia do filme *Recordações de Um Presídio de Meninos* (2003).

**Filmografia:** 1981 – *295,5*; 1982 – *Quintessência*; 2003 – *Recordações de Um Presídio de Meninos* (CM); *Balé de Chumbo* (CM).

## SILVEIRA, BRENO

Breno Luis Marçal da Silveira nasceu no Rio de Janeiro, RJ, em 1964. Estuda na École Louis Lumière de Paris. Seu primeiro filme é o curta *O Bilhete Premiado*, de 1992. Em 1995, chega ao longa, no filme *Carlota Joaquina – Princesa do Brazil*, de Carla Camurati. Atua também na direção de videoclipes, tendo ganhado seis prêmios MTV, além de dezenas de comerciais para a televisão. Desde 1996 é sócio da Conspiração Filmes, produtora de seus filmes. Estreia na direção no documentário musical *Tempo Rei*, sobre a vida do cantor e compositor Gilberto Gil. Em 2001 dirige o documentário *Mar Sem Fim*, sobre o navegador Amyr Klink. Seu primeiro longa-metragem de ficção é o megassucesso *Dois Filhos de Francisco*, maior bilheteria do ano de 2005. Atualmente está produzindo *Beira do Caminho*, seu novo filme.

**Filmografia:** 1992 – *O Bilhete Premiado* (CM); 1993 – *Boca de Lixo* (MM); 1995 – *Carlota Joaquina – Princesa do Brazil*; *Vicente* (CM); 1996 – *Tempo Rei* (dir, fot) (codir. Lula Buarque de Hollanda e Andrucha Waddington); 1997 – *La Serva Padrona*; 1998 *Paralamas em Close-Up* (dir, fot) (codir. Andrucha Waddington e Cláudio Torres e cofot. André Horta); *Traição* (episódios: *Diabólica e Cachorro!*); 1999 – *Gêmeas*; 2000 – *Bufo & Spalanzani*; *Eu, Tu, Eles*; 2001 – *Mar Sem Fim* (dir, fot); 2003 – *O Homem do Ano*; 2005 – *Dois Filhos de Francisco – A História de Zezé Di Camargo & Luciano* (dir); 2008 – *Era Uma Vez...* (dir).

## SOLITRENICK, JACOB

Jacob Sarmento Solitrenick nasceu em São Paulo, SP, em 17 de Junho de 1961. Bacharel em Zootecnia pela Faculdade de Medicina Veterinária e Zootecnia da Universidade de São Paulo – USP, em 1984, mas abandona tudo para trabalhar com cinema. Faz diversos cursos no Brasil e no exterior como Arriflex Certificate of Technical Camera Maintenance, em Munique, Alemanha, em 1991, Panavision Camera Workshop, Los Angeles, EUA, em 1993, Laboratory Techniques, NFBC Sponsor, São Paulo, em 1994, Film Technology for Telecine, Eastman-Kodak, São Paulo, 1996, entre

tantos outros. Faz o primeiro curta como fotógrafo em 1995 em *A Origem dos Bebês Segundo Kiki Cavalcanti*, de Anna Muylaert. Em quinze anos de carreira, fotografa mais de 100 comerciais, vários documentários, 12 curtas e 18 longas. É premiado em Gramado pela fotografia do filme *Durval Discos* (2002). Solitrenick fotografa dezenas de campanhas publicitárias e videoclipes de Vange Leonel/*Vermelho*, Karnak/*Comendo Uva na Chuva* e *Unidade Móvel*. Na televisão, fotografa as séries *Trago Comigo* (2009), de Tata Amaral, *Decamerão* (2009), de Jorge Furtado e Ana Luiza Azevedo, e *Mulher de Fases* (2010), de Ana Luiz Azevedo e Marcio Schoenardie. Ao longo de sua carreira recebe diversos prêmios de Melhor Fotografia pelos filmes *Antonia*, no II Festival de Goiânia em 2006 e no VI International Image Film Festival for Women de Harare, em 2007, por *Bens Confiscados*, no IX Festival de Miami, EUA, em 2005, e por *Durval Discos*, no XXX Festival do Cinema Brasileiro de Gramado, em 2002. Diretor de Fotografia dos últimos filmes de Carlos Reichenbach como *Garotas do ABC* (2003), *Bens Confiscados* (2004) e *Falsa Loura* (2007). É, hoje, dos mais respeitados e requisitados diretores de fotografia do Cinema Brasileiro.

**Filmografia:** 1994 – *Viva Vida* (CM); *Paz* (CM); *Brasil Real-Petrobrás* (CM); *Travelling* (CM); *Arte-Cidade 3* (CM); 1995 – *A Origem dos Bebês Segundo Kiki Cavalcanti* (CM); 1996 – *Almoço Executivo* (CM); *Flores Ímpares* (CM); *Lembranças do Futuro* (CM); 1998 – *Formas do Saber* (CM); *Imagens Distorcidas* (CM) (Brasil/EUA); *Os Penúltimos Serão os Segundos* (CM); *Red Hot* (CM); 1999 – *Amassa Que Elas Gostam* (CM) (cofot. Márcio Langeani); *Latitude Zero*; *Oriki* (CM) (cofot. Bamilton Oliveira); 2001 – *Bellini e a Esfinge*; *Sonhos Tropicais*; *Homem Voa?* (CM); 2002 – *Durval Discos*; *Equilíbrio e Graça* (CM); 2003 – *Garotas do ABC* (Aurélia Schwarzenega); 2004 – *As Vidas de Maria*; *Bens Confiscados*; *Filhas do Vento*; *O Quintal dos Guerrilheiros* (CM); *Quase Dois Irmãos* (Brasil/Chile/França); 2005 – *O Caderno Rosa de Lori Lamby* (CM); *Sal de Prata*; 2006 – *Antonia*; 2007 – *Falsa Loura*; *Os Porralokinhas*; *Rummikub* (CM); *Saneamento Básico – o Filme*; 2008 – *Nossa Vida Não Cabe Num Opala*; 2009 – *Antes Que o Mundo Acabe*; *É Proibido Fumar*; 2010 – *Outro Sertão*.

## SOUZA, PAULO JORGE DE

Diretor de fotografia com carreira registrada entre 1968 e 1977, basicamente em documentários de curta-metragem. Ligado a equipe técnica do CTAv, principalmente José de Almeida Mauro, o Zequinha, filho de Humberto Mauro, com quem fotografa diversos filmes.

**Filmografia:** 1968 – *Como Nasce Uma Universidade* (CM); 1970 – *O Círio em Três Tempos* (CM) (cofot. Porfírio da Rocha); *Reforma Universitária* (CM) (dir); 1972 – *Aldeia de Arcozelo* (CM); 1973 – *Enfoque I – Participação* (CM) (cofot. José A. Mauro); *Os Brasileiros e a Conquista do Ar* (CM) (cofot. José A. Mauro); *Plácido de Castro* (CM); *Programa de Ação Cultural* (CM) (cofot. José A. Mauro, Renato Neumann, Eduardo Ruegg e Czamausk Tanasiuk); 1974 – *Reflexos do Impressionismo* (CM) (dir, fot) (codir. e cofot. José A. Mauro); 1975 – *Festa de São Benedito* (CM) (dir, fot) (codir. e cofot. José A. Mauro); *Festa do Divino Espírito Santo* (CM) (dir, fot) (codir. e cofot. José A. Mauro); 1976 – *Salvamento no Mar* (CM) (cofot. José A. Mauro); 1977 – *Eu Coração Dou Bom* (MM) (cofot. David E. Neves, Mário Ferreira e Henrique Olivier); *Nelson Pereira dos Santos Saúda o Povo e Pede Passagem* (cofot. Hélio Silva, Sérgio Lins Vertis, Walter Carvalho e José A. Mauro).

## SPERANDEO, MASSIMO

Nasceu na Itália em 14 de Janeiro de 1925. É importado pelos produtores Jaime Nori e Antoninho Hossri para dirigir a fotografia do filme *Da Terra Nasce o Ódio*, com o intuito de dar ao filme o melhor clima de *western* possível. O resultado foi bastante convincente, inclusive nos seguintes, *Fugitivos da Vida* (1956), em que é o diretor, e *O Capanga* (1958), fotografado em CinemaScope em parceria com outro italiano, Giulio de Lucca. Dirige seu último filme, o documentário *Território Xavante* (1961), em parceria com Fernando Negreiros. Muito ligado a Nori, continua morando em suas propriedades, terminando seus dias como professor de física em Santa Rita do Passa Quatro, interior de São Paulo.

**Filmografia:** 1954 – *Da Terra Nasce o Ódio*; *O Gigante de Pedra* (cofot. Danielo Allegri, Rafael Fabbi, Miroslav Javurek e Américo Pini); 1956 – *Fugitivos da Vida* (dir); 1958 – *O Capanga* (cofot. Giulio de Lucca); 1959 – *Território Xavante* (dir, fot) (codir. Fernando Negreiros); 1961 – *Tribo Urubu* (CM) (dir, fot) (codir. Fernando Negreiros).

## SQUARISI, MAURICIO

Maurício Squarisi Roque nasceu em Campinas, SP, em 22 de Setembro de 1958. Realizador de Filmes de Animação, Orientador de Oficinas de Animação, Cartunista e Artista Gráfico. Gradua-se em publicidade na Escola Batista de Campinas, em 1979. Realiza curso de especialização no National Film Board of Canada e *workshops* no MIS, em São Paulo, com cinecursos de Animação e no Rio de Janeiro, no Parque Lage e no Rio Animatoon ministrado por André Leduc, do NFB). De 1979 a 1986 trabalha em diversas gráficas e editoras e como *freelancer* para Slogan Publicidade, *Jornal de Domingo, Revista Premiére*, ILLA Instituto de Idiomas, Gráfica Corcovado, Colégio Coração de Jesus e vários outros clientes diretos. Em 1980 funda, juntamente com Wilson Lazaretti, o Núcleo de Animação de Campinas, especializado no desenvolvimento de oficinas de cinema de animação, com realização de filmes, com crianças. Nestas oficinas o grupo de crianças é o autor do filme. Desenvolvem a criação, roteiro, grafismo e animação sob orientação dos diretores do Núcleo. Em 1982 dirige seu primeiro filme de animação, o curta *Rotina*. Em 1995 recebe seus primeiros prêmios, pelo curta *Molecagem*, nos festivais da Bahia, Ceará e Venezuela. Publica a série *Nego da Sanfona* (2000/2003), a cartilha em HQ *Conhecendo o Legislativo* (2005), produzida sob encomenda para a Câmara de Vereadores de Valinhos-SP, e a cartilha em HQ *Gaby e Wesley Descobrindo a Rede de Proteção Social* (2008). Em 2008 é sócio/fundador da Squarisi & Russo Desenhos Animados, com o nome fantasia de Tupi Desenhos Animados. Juntamente com seu sócio Wilson Lazaretti, realiza dezenas de filmes de animação, assim como inúmeras oficinas, nas quais forma e capacita jovens para a nova profissão.

**Filmografia:** 1982 – *Rotina* (CM) (dir, fot); 1983 – *Gol* (CM) (dir, fot); 1985 – *Antartica* (CM) (dir, fot) (codir e cofot. Wilson Lazaretti e Wilson Limongelli Jr.); 1987 – *A Cidade* (cofot. Wilson Lazaretti); 1988 – *Animando o Pantanal* (dir, fot) (codir e cofot. Wilson Lazaretti e crianças pantaneiras de Poconé, MT); *No Céu Como Na Terra* (CM) (dir, fot); *O Pão de Cada Dia* (CM) (dir, fot); 1994 – *Molecagem* (CM) (dir, fot); 1995 – *Molecagem, Brincadeiras de Rua* (MM) (dir, fot); 1997 – *Nhô-Tonico* (CM) (dir, fot); 1998 – *Banda Centenária* (CM) (dir, fot); 2000 – *1500* (CM) (dir, fot); 2001 – *Bom Dia* (CM) (dir, fot); 2004 – *BR-365* (CM) (dir, fot) (codir. e cofot. Wilson Lazaretti); 2008 – *Céllo* (CM) (dir, fot); *O Burrico e o Bem-Te-Vi* (CM) (dir, fot); 2009 – *Ipê* (CM) (dir, fot); *Os Hai-Kais do Príncipe* (CM) (dir, fot).

## STAMATO, JOÃO

Nasceu em São Carlos, SP, em 1886. Pioneiro cinegrafista brasileiro. Em São Paulo, estreia no cinema no filme *Revista Militar do Campo da Mooca*, em 1909. Em 1910 dirige o primeiro documentário de longa-metragem do Cinema Brasileiro, *Imigração e Colonização no Estado de São Paulo*. Depois muda-se para o Rio de Janeiro onde entra para a equipe Cinédia, dirigindo documentários e cinejornais para Adhemar Gonzaga. Trabalha no DIP – Departamento de Imprensa e Propaganda e depois, a partir de 1944, no Departamento de Cinema do SIA – Serviço de Informação Agrícola, em que realiza dezenas de documentários grafando seu nome como J. Stamato. Seu último filme data de 1946, o curta *Nem Te Ligo*. Morre em 1951, aos 65 anos de idade, de ataque cardíaco, durante a montagem de seu primeiro filme em cores, sobre a usina hidrelétrica do Rio São Francisco.

**Filmografia:** (direção e fotografia): 1909 – *Revista Militar do Campo da Mooca* (codir. Weisel); 1910 – *Imigração e Colonização no Estado de São Paulo* (LM) (dir); *Segunda Feira de Páscoa na Cantareira (I)*; *Terceiro Match de Futebol Corintians e Brasileiros*; 1913 – *O Chá Oferecido a Bordo do Couraçado São Paulo pelo Almirante de Alencar*; *A Chegada do Ministro das Relações Exteriores*; *Passeio Marítimo Oferecido ao Dr. Theodor Roosevelt*; 1916 – *A Viuvinha* (LM) (fot); *Dioguinho* (LM) (fot); *Entre o Amor e a Arte* (LM) (fot); *Perdida* (LM) (fot) (cofot. Paulino Botelho); 1917 – *Amor de Perdição* (LM) (fot); *Pátria Brasileira* (LM) (fot); 1919 – *Ubirajara* (LM) (fot); 1920 – *Convém Martelar* (fot); *Coração de Gaúcho* (LM) (fot) (cofot. Luiz de Barros); *Ipeuvol*; 1930 – *Paralelos da Vida* (LM) (fot) (inacabado); 1934 – *Copacabana, o Bairro Encantador*; 1935 – *Belo Horizonte* (fot) (cofot: Afrodísio de Castro e Edgar Brasil); *Niterói* (fot) (cofot. Edgar Brasil); *Teresópolis* (fot); 1936 – *Evitando o Perigo* (fot); *São Paulo em 1936* (fot); *Serviços Hollerith*; 1937 – *Casa do Senhor Halifa*; *Chegada do Rei Momo*;

*Meu Colégio*; *Ruídos de Aviação*; *Subida da Montanha* (Automobilismo); *Vozes da Floresta* (fot); 1938 – *Cabo Frio*; *Chegada dos Jogadores de Foot-Ball*; *Fábrica de Tubos em Bangu*; *Fundação da Cidade de São Paulo*; 1939 – *Cruzador Eny Saraiva*; *Escola de Trabalho*; *Estado do Rio*; *Fernando Alvarez* (Cantor Popular); 1940 – *Brasil-Japão*; *Cincoentenário de Barra de Piraí*; *Copa Roca de Futebol*; *Curiosidades*; *Oeste Brasileiro*; *Segunda Exposição Agro-Pecuária de Passo Fundo*; 1941 – *Exposição de Arte do Hemisfério Ocidental*; *Ilha da Boa Viagem*; *Litoral do Norte*; *Nas Vésperas do Grande Prêmio*; *Rapsódia Regional Brasileira* (LM) (fot) (inacabado); *Short Para Adhemar Gonzaga*; *Visita ao Porto de São Sebastião*; *A Visita do Interventor Adhemar de Barros ao Litoral Norte de São Paulo*; *Visita do Ministro das Relações Exteriores do Paraguai ao Brasil*; 1942 – *A Inseminação Artificial no Brasil* (como J. Stamato); *O Coelho Sai* (CM) (fot) (como J. Stamato) (cofot. Firmo Neto); 1943 – *Inseminação Artificial em Ovinos – Rio Grande do Sul* (como J. Stamato); 1944 – *Fomentos de Plantas Frutíferas e Industrias* (como J. Stamato); 1945 – *Educandário Carlos Chagas – Juiz de Fora*; *Ensino Agrícola em Minas Gerais – Escola Agrotécnica de Barbacena*; *Trigo em São Miguel Arcanjo – São Paulo* (como J. Stamato); 1946 – *Nem te Ligo* (fot).

## STEIN, RICARDO

Richard Friedrich Stein nasceu em Bad Ems, Alemanha, em 23 de Janeiro de 1941. Em seu país, além de estudar fotografia, faz estágio na TV Alemã (ZDF), onde desenvolve seu aprendizado. Radicado no Brasil a partir de 1957, inicia carreira como câmera na TV Nacional, em Brasília, e na TV Tupi, no Rio de Janeiro. No cinema, trabalha como assistente de câmera e depois câmera, em filmes importantes como *Copacabana Me Engana* (1968), *Dragão da Maldade Contra o Santo Guerreiro* (1969), *Pedro Diabo Ama Rosa Meia Noite* (1969), *Macunaíma* (1969), *Máscara da Traição* (1969), *Tostão, a Fera de Ouro* (1970), etc. Estreia como Diretor de Fotografia em 1968 no curta *Fantasma Para Ator e TV*, direção de Paulo Alberto Monteiro. Durante vinte anos, por dois períodos, 1972-1984 e 1987-1994, integra o time de correspondentes estrangeiros da ZDF para a América Latina, realizando toda a documentação, como diretor de fotografia e câmera. Depois retorna à Alemanha, onde permanece entre 1994 e 2000, realizando documentários para o Departamento de Política Exterior e o Departamento de Esportes da ZDF, em muitos países de vários continentes. De volta ao Brasil, retoma sua carreira no cinema, ao assinar a fotografia dos longas *Vocação do Poder* (2005), *A Etnologia da Amizade* (2007), de Ricardo Miranda, e *O Tempo e o Lugar* (2008).

**Filmografia:** 1968 – *Fantasma Para Ator e TV* (CM); 1971 – *Dona Olímpia de Ouro* (CM) (cofot. Maurício Andrés Ribeiro); 1973 – *Comunicação e Linguagem* (CM); 1974 – *Folias do Divino* (cofot. Jorge Bodanzky e Hermano Penna); 1975 – *Choque Cultural* (CM) (cofot. Lauro Escorel Filho, Francisco Balbino Nunes e José Antonio Ventura); 2005 – *Vocação do Poder* (psd: Fred Rocha) (cofot. Luis Abramo e Guy Gonçalves); 2007 – *A Etnografia da Amizade* (cofot.Toca Seabra).

## STRELOW, RALPH

Diretor de fotografia da nova geração, inicia carreira em 1991 no curta *Faça Você Mesmo*, de Fernando Bonassi. Assina a fotografia dos videoclipes *Será Que é Disso Que eu Necessito!* (2006), com os Titãs, e *Não Quero Mudar* (2008), com a banda Kleiderman, além de iluminar o espetáculo *Universo Particular* (2007) da cantora Marisa Monte. O *release* destaca que, "para esse *show*, Ralph opta por uma iluminação totalmente branca, onde nada pisca, tudo anda. Gruas de cinema carregam as luzes, se movimentando de um lado para o outro. O resultado é simples, porém sofisticado". Depois de trabalhar em vários curtas, dirige a fotografia de dois longas sob a direção de Cláudio Torres para a Conspiração Filmes, *Redentor* (2004) e *Mulher Invisível* (2009).

**Filmografia:** 1991 – *Faça Você Mesmo* (CM); 1993 – *Jó* (CM) (dir, fot) (cofot. Beto Brant); *Viver a Vida* (CM); 1994 – *Amor Materno* (CM); *Babel Bum* (CM); *Domingo no Campo* (CM); 1995 – *Os Ursos* (CM); 1997 – *Alex* (CM); 2004 – *Redentor*; 2009 – *A Mulher Invisível*.

## STURGESS, RAY

Raymond Sturgess nasceu em Londres, Inglaterra, em 28 de Outubro de 1910. Operador de câmera e fotógrafo. Inicia sua carreira no cinema na produtora Two Cities Films como foquista no filme *In Which We Serve*, direção de Noel Coward e David Lean. Em 1943 já é operador de câmera em *The Gentle Sex*, de Leslie Howard e Maurice Elvey, e em 1944 dirige a fotografia do filme *Tawny Pipit*, de Bernard Miles e Charles Saunders. Nos anos seguintes retomaria sua função de câmera em diversas produções. Em 1952 chega ao Brasil para trabalhar na Vera-Cruz como fotógrafo dos filmes *Appassionata* (1952), *Sinhá Moça* (1953) e *Floradas na Serra* (1954), além do documentário *São Paulo em Festa* (1954), em parceria com outros profissionais. Em 1955, com a falência da Vera-Cruz, volta para a Inglaterra e retoma sua carreira. Três anos no Brasil foram suficientes para deixar sua marca, principalmente no filme *Sinhá Moça*, talvez o melhor da lendária companhia, juntamente com *O Cangaceiro* (1953). Morre em Hounslow, Inglaterra, em janeiro de 2000, aos 89 anos de idade.

**Filmografia:** 1944 – *Tawny Pipit* (Inglaterra) (cofot. Eric Cross); 1952 – *Appassionata*; 1953 – *Sinhá Moça*; 1954 – *Floradas na Serra*; *São Paulo em Festa* (MM) (cofot. Chick Fowle, Nigel C. Huke, Ronald Taylor e Jack Lowin); 1955 – *Josephine and Men* (Inglaterra) (cofot. Gilbert Taylor); 1960 – *Conscience Bay* (MM) (Inglaterra); 1962 – *Em Terras do Fim do Mundo* (dir, fot); 1969 – *I Cant... I Cant...* (Inglaterra); 1971 – *The Johnstown Monster* (MM) (Inglaterra) (cofot. Clive Tickner).

## SUCKSDORFF, ARNE

Arne Edwards Sucksdorff nasceu em Estocolmo, Suécia, em 03 de Fevereiro de 1917. Estuda história natural na Universidade de Estocolmo, mas abandona o curso para trabalhar como pintor e diretor de teatro em Berlim. Na Itália, faz ensaio fotográfico de paisagens, animais e plantas, trabalho muito premiado na Suécia. Em 1939, dirige seu primeiro filme, o documentário curto *Uma Rapsódia de Agosto (An August Rhapsody)* (CM). A partir de então constitui sólida filmografia primeiro em curta, depois em longametragem, quase sempre utilizando temas naturais. Em 1949 recebe o Oscar de Melhor Curta-Metragem por *Ritmos da Cidade (Människor i Stad)*, em 1951, um prêmio especial em Veneza por *O Vento e o Rio (Vinden Och Floden)*, em 1952 o de Melhor Documentário em Cannes por *Vila Indiana (Indisk By)* e a Palma de Ouro em 1954 com *A Grande Aventura (Det Stora Äventyret)*. Em 1962 chega ao Brasil para dar um curso de cinema para jovens brasileiros, por iniciativa da Unesco. Foram seus alunos: Eduardo Escorel, Joaquim Pedro de Andrade, Vladimir Herzog, Luiz Carlos Saldanha, Alberto Salvá, José Wilker, Arnaldo Jabor, entre outros. Reza a lenda que Nelson Pereira dos Santos montou *Vidas Secas* com a mesa Steenbeck trazida por Sucksdorff para o curso. Resolve morar no Brasil, primeiro no Rio de Janeiro e depois em Cuiabá, no Mato Grosso. Casa-se com a cuiabana Maria Graça de Jesus e com ela teve os filhos Anders Eduardo e Claudio Arne. Nos anos 1990 retorna à Suécia e escreve suas memórias *En Drömmares Väg*. Morre em Estocolmo, Suécia, em 04 de Maio de 2001, de pneumonia, aos 84 anos de idade.

**Filmografia:** 1939- *Uma Rapsódia de Agosto (An August Rhapsody)* (CM) (Suécia) (dir, fot.); 1941- *Uma História de Verão (En Sommarsaga)* (CM) (Suécia) (dir, fot.); 1942- *Vento do Oeste (Vinden Frän Väster)* (CM) (Suécia) (dir, fot.); 1943- *Semeadura (Sarvtid)* (Suécia) (dir, fot.); 1944- *Aurora (Gryning)* (Suécia) (dir.); *Gaivota (Trut)* (CM) (Suécia) (dir, fot.); 1945- *Sombras na Neve (Skuggor Över Snön)* (CM) (Suécia) (dir, fot.); 1947- *The Hunter and the Forest* (CM) (Suécia) (dir, fot.); *O Vale dos Sonhos (Den Drömda Dalen)* (CM) (Suécia) (dir, fot.); 1948- *Struggle for Survival* (CM) (Suécia) (dir, fot.); *A Partida (Upprott)* (CM) (Suécia) (dir, fot.); *Ritmos da Cidade (Människor i Stad)* (CM) (Suécia) (dir, fot.); *Um Mundo Dividido (En Kluven Värld)* (CM) (Suécia) (dir.); 1949- *Abordagem (Strandhugg)* (CM) (Suécia) (dir, fot.); 1950- *Jornada Escandinava (Ett Hörn I Norr)* (CM) (Suécia) (dir, fot.); 1951- *O Vento e o Rio (Vinden Och Floden)* (CM) (Suécia) (dir, fot.); 1951- *Vila Indiana (Indisk By)* (CM) (Suécia) (dir, fot.); 1953- *A Grande Aventura (Det Stora Äventyret)* (Suécia) (dir, fot.); 1957- *O Arco e a Flauta (En Djungelsaga)* (Suécia) (dir, fot.); 1961- *O Menino e a Árvore (Pojken I Trädet)* (Suécia) (dir.); 1963- *Praia de Ipanema* (CM) (dir, fot.); 1965- *Fábula (Mitt Hem Är Copacabana)* (Suécia/Brasil) (dir, fot.); 1970- *Região do Pantanal em Mato Grosso* (CM) (Brasil/Suécia) (dir, fot.); 1971- *O Sr. Forbush e os Pinguins (Mr. Forbush and the Penguins)* (Inglaterra) (dir.); 1975- *Mundo à Parte* (episódios: *Os Anos Felizes, Os Anos na Selva, Manha de Jacaré* e *O Reino da Selva*) *(dir, fot.)*.

# T

## TAMARSKI, GEORGE

Nasceu na Ucrânia em 1903. Chega ao Brasil no início dos anos 1950 e estreia no filme *Alameda da Saudade 113* (1951), de Carlos Ortiz. Fixa-se em São Paulo trabalhando em cinema e professor de fotografia em eventos como o Seminário de Cinema que acontece no Museu de Arte de São Paulo, ao lado de técnicos brasileiros do quilate de Plínio Sanchez, Rodolfo Nanni, Ruy Santos, Máximo Barro, entre outros. Assina a fotografia de curtas, longas e documentários institucionais por dez anos, entre 1951 e 1961, ligado principalmente ao Laboratório Bandeirantes, após o qual se muda para os EUA para trabalhar como laboratorista, nunca mais retornando ao Brasil. Morre em 1987, aos 84 anos de idade.

**Filmografia**: 1951- *Alameda da Saudade 113*; *Liana, a Pecadora*; 1953/57- *Éramos Irmãos*; 1954- *Capricho de Amor*; *Dúvida*; *Paixão Tempestuosa*; 1955- *Carnaval do Rio de Janeiro* (CM) (dir., fot.); *Ibirapuera* (CM) (dir., fot.); *Natureza Carioca* (CM) (dir., fot.); *O Aleijadinho* (CM) (dir.); 1956- *Congresso Eucarístico Internacional* (CM) (dir., fot.); 1957- *Jau No Seu Primeiro Centenário* (CM) (dir., fot.); 1958- *Cidade Que Conduz* (CM) (dir., fot.); 1961- *Caminho do Mar* (CM) (dir.,fot.); *Industrialização do Algodão* (CM) (dir., fot.).

## TAMBKE, RALF C.

Ralf Cabral Tambke nasceu no Rio de Janeiro, em 05 de Novembro de 1966. Produtor, diretor e Diretor de Fotografia, estuda Comunicação Social, Cinema e TV na UFF – Universidade Federal Fluminense, tendo como filme de final de curso curta *Perdi a Cabeça na Linha do Trem*, em 1992, direção de Estevão Chiavatta. Pós-gradua-se em Dramaturgia pela Hochschule Fuer Film und Fernsehen (HFF), em Munique, Alemanha. Professor Universitário desde 1999, Ralf inicia suas atividades no ensino audiovisual participando do projeto *Cidadania Através da Imagem,* (NUTES/UFRJ/CNPQ) ainda em 1993. Desde então Ralf se dedica à utilização do audiovisual como ferramenta de comunicação, educacional e de inclusão social. Participa ainda de longas, curtas, comerciais e documentários como diretor de fotografia e, desde 2000 é cinegrafista para documentários de vida animal da TV pública alemã Bayerischer Rundfunk e, após trazer para o Brasil os primeiros conversores de imagem mini35 e PRO35 em 2002, as câmeras de cinematografia digital Weisscam HS1 e a SI2K em 2008, torna-se representante técnico exclusivo no Brasil da empresa P+STechnik, Silicon Imaging e IRIDAS, fabricantes de equipamentos e softwares de cinematografia digital. A partir dos anos 90 inicia sua carreira no cinema como diretor e diretor de fotografia, em diversos curtas como *Matrimônio* (1994), *Dama da Noite* (1999), *Francamente..'* (2004), etc. Produtor executivo do curta de animação 'Em Busca da Cor' (2002), de Telmo Carvalho. Seu primeiro longa como fotógrafo é *Sambando nas Brasas, Morô?* (2007), de Elizeu Ewald.

**Filmografia**: 1990- *Moleque* (CM) (dir., fot.) (co-dir. e co-fot. Eduardo Vaisman, Rosane Svartman, Alessandra Faria e Pedro Brício); *1º Movimento* (CM) (dir., fot.) (co-dir. Eduardo Lima e Suzana Nunes e Silva); *Brazilian Boys* (CM) (fot.); 1992- *Perdi a Cabeça na Linha do Trem* (CM) (fot.); 1996- *Négo* (CM) (dir., fot.) (co-dir.: Márcia Paraíso); *Brasil Proibido – Trindade e Martins Vaz* (CM) (dir. e fot.); *Ocupar, Produzir, Resistir* (MM) (fot.); *Livre* (CM) (co-dir. e fot.) (co-dir. Márcia Paraíso); 1998- *Dama da Noite* (CM) (fot.); 1999- *Uns e Outros* (CM) (fot.); 2000- *O Sabor da Terra* (LM) (fot.); *Estigma* (CM) (fot.); *Para Normais* (CM) (fot.); *Saudade* (Brasil/Alemanha) (fot.); 2001- *Brasil Proibido – Antártica* (CM) (dir., fot.); *Brasil Proibido – Arquipélago de São Pedro e São Paulo* (CM) (fot.); *O Grito do Muriqui* (Brasil/Alemanha) (fot.); 2002- *A Lei da Floresta* (MM) (Brasil/Alemanha) (fot.); *Carro-Forte* (CM) (fot.); *Elisa* (CM) (fot.); *Sambando nas Brasas, Morô?* (LM) (fot.); *Clandestinidade* (CM) (fot.); *Amazônia Documenta, Margareth Mee* (MM) (dir., fot.); *Amazônia Documenta, Maracanã* (Brasil/França) (fot.); *Profissão Piabeiro* (MM) (dir., fot.); 2003- *Francamente...* (CM) (fot.); *Forsythe no Brasil* (MM) (fot.); 2004- *Mundo Selvagem* (CM) (fot.); *Jalapão – Sertão das Águas* (CM) (fot.); *5000 Anos de Turismo* (CM) (fot.); 2005- *Costa dos Corais* (CM) (fot.); *Marajó, Barreira do Mar* (CM) (fot.); 2006- *Quixadá, o Vale dos Bichos de Pedra* (CM) (fot.); 2007- *Capivara do Pantanal* (Brasil/Alemanha) (fot.); *Cachorro do mato Vinagre* (Brasil/Alemanha) (fot.); *O Matrimônio* (CM) (dir., fot.) (co-fot. Estevão Ciavatta); *Profetas da Chuva e da Esperança* (CM) (fot.) (co-fot. Anderson Capuano); *Ecossistemas Catarinenses* (CM) (fot.); *Natureza e Vida* (MM) (dir., fot.); *O Imcompreendido* (CM) (fot.); 2008- *Estou Bem Cada Vez Melhor* (CM) (fot.); *Expedição Leão-Baio* (MM) (fot.); *Aquífero Guarani, Gigante Desconhecido* (MM) (fot.); *O Joaquim* (MM) (fot.); *Onça Pintada do Pantanal* (Brasil/Alemanha) (fot.); 2009- *Camelia Vermelha* (CM) (fot.); *Malabares* (CM) (fot.); *A Galinha da Vizinha* (CM) (fot.); *A Espera* (CM) (fot.); *Reverso* (CM) (fot.); *Vela ao Cruxificado* (CM) (fot.); *Mot* (CM) (fot.).

## TAQUINHO

Alexandre Eustáquio nasceu em Abaeté, MG, em 05 de Março de 1947. Muda-se para Goiânia em 1965 para ser goleiro no time do Vila Nova. Apaixonado por cinema, abandona o futebol para ser *cameraman* da TV Anhanguera, onde fica cinco anos. Participa da produção de duas telenovelas apresentadas ao vivo, *Família Brody* e *Drácula O Homem da Noite*. Em 1970 vai trabalhar como cinegrafista e diretor na Tele Cine Produções, de Euclides Néri. Em 1972, na TV Goiânia, Emissora dos Diários Associados, trabalha como correspondente da Rede Tupi em vários países da América do Sul, produzindo matérias de apoio para a rede nacional. Em 1974 passa para a Makro Filmes como diretor de fotografia e diretor de comerciais para TV, quando participa como produtor do primeiro comercial feito em cores de Goiás. Em 1977, juntamente com Hamilton Carneiro e Ronan de Carvalho, funda a Take Filmes, uma das maiores produtoras goianas dos anos 1970. O primeiro filme da nova produtora é *Semana Santa em Goiás*, com roteiro de direção de Carlos Fernandes Magalhães. Em 1980 funda a Filme Produções e produz mais de 120 documentários curtas na região Amazônica. No cinema publicitário, produz mais de 4 mil comerciais para TV, sendo diversas vezes premiado. Faz a fotografia de vários filmes de sua produtora, é diretor de TV em várias campanhas políticas e produz centenas de videoclipes. É um dos produtores mais ativos de Goiás.

**Filmografia**: 1979- *Semana Santa em Goiás* (MM); 1981- *Cohab-Acre: Habitação Para Todos* (CM) (dir., fot.) (codir. Oscar Ribeiro)1982- *Antonio Poteiro – O Profeta do Barro e das Cores* (CM) (dir.); *Nove Minutos e Meio de Eternidade* (CM); 1995- *A Vida de Francisco de Brito* (dir.); *O Encontro Marcado* (CM); 2000- *Semeador de Sonhos, Vida e Obra do Jornalista Jaime Câmara* (dir.); 2002- *D.J.Oliveira o Dom Quixote dos Pincéis* (dir.).

## TARDOQUE, DIONÍSIO

Dionísio Tardoque Valério é assistente de câmera, câmera e diretor de fotografia com longa filmografia quase que exclusivamente na Boca do Lixo de São Paulo, inicialmente em comédias eróticas e, num segundo momento, no explícito. Na Boca, conhece Custódio Gomes, com quem faria parceria em diversos filmes, dirigindo a fotografia de vários de seus filmes como *Terra Quente* (1976), *As Taras das Sete Aventureiras* (1983), *O Vale das Taradas* (1984) e *Fogo e Prazer* (1987). Mas é como assistente de câmera que desenvolve sua carreira em dezenas de produções como *Diário de Uma Prostituta* (1979), *Orgia das Taras* (1980), *O Motorista do Fuscão Preto* (1982), *Anúncio de Jornal* (1984), etc. No explícito, trabalha com Juan Bajon nos filmes de sexo feitos com animais como *Loucas Por Cavalos* (1986) e *Mulheres e Cavalos* (1987) e Ubiratan Gonçalves em *Lambacetadas* (1990). Com o fim do gênero em 1990, continua sua carreira como assistente de câmera nos filmes *O Corpo* (1991/96), de José Antonio Garcia, *Mil e Uma* (1994), de Susana Moraes e *O Cangaceiro* (1997), de Aníbal Massaini Neto, este como fotógrafo 2ª unidade.

**Filmografia:** 1976- *Terra Quente*; 1983- *As Taras das Sete Aventureiras*; 1984- *O Vale das Taradas* (*Taradas Pelo Sexo Explícito*); 1986- *A Mulher Que Se Disputa* (cofot. Tony Mel- psd: Tony Meliande); 1987- *Fogo e Prazer*; 1988- *Momento de Fé* (CM); 1996- *Urubuzão Humano*.

## TARTARI, ACCHILE

Achille Humberto Tartari nasceu em Campinas, SP, em 1901. Produtor, diretor, fotógrafo, operador de câmera, cenógrafo, laboratorista e montador. Em 1912 já mora em São Paulo. Trabalha como ajudante de operador e depois projecionista em vários cinemas da capital e Rio de Janeiro, onde passa a conhecer os realizadores de então. Estuda na Escola de Artes Cinematográficas Azzurri em 1923 e, em 1936 dirige seu primeiro filme, *O Roubo do Soldado de Itatiba*, que não chega a ser copiado porque a polícia apreende os negativos. Em 1929 conclui seu filme *Piloto 13*, sincronizado com discos. Monta seu próprio laboratório para produzir cinejornais e documentários. A partir dos anos 1950 intensifica seu trabalho como montador. De 1954 a 1962 trabalha com Primo Carbonari editando dezenas de documentários. Nos anos 60 e 70 monta diversos longas como *Parabéns, Gigantes da Copa* (1970) e *Travessuras de Pedro Malazartes* (1974). O último registro de trabalhos seus são de 1977, na montagem de alguns cinejornais da série *O. É Falecido*.

**Filmografia:** 1926- *O Roubo do Soldado de Itatiba* (dir.) (inacabado); 1929- *Piloto 13* (dir.); 1930- *A Virgem da Penha e Seus Milagres* (dir., fot.); *Amor e Patriotismo* (dir.); 1931- *Meninas de Hoje* (dir.) (inacabado); 1932- *Primeiro Short Sonoro Nacional* (codir. Carmo Nacarato) (CM) (dir., fot.); 1937- *Amor de Bananeira* (CM) (dir., fot.); *Amor Contrariado* (CM) (dir.); 1943- *Rosas Rubras* (fot.) (inacabado); 1951- *Corações na Sombra* (fot.); 1955- *A Epopéia da Comissão Rondon* (CM) (dir., fot.); 1960- *O Segredo de Diacuí* (fot.).

●

## TAVARES, RODRIGO

Rodrigo Tavares Pereira nasceu em Brasília, DF, em 12 de Fevereiro de 1973. Forma-se em Comunicação Social pela FAAP – Fundação Armando Álvares Penteado, em 1996. Atua com sucesso no cinema publicitário, tendo carreira de sucesso como diretor de arte em agências de propaganda das mais conceituadas, tendo conquistado diversos prêmios nacionais e internacionais. Entra para o cinema em 2005, como produtor executivo e codiretor de *Quarta B*, filme vencedor da Mostra Internacional de Cinema de São Paulo. Resolve então estudar fotografia com Waldemar Lima, fotógrafo do filme *Deus e o Diabo na Terra do Sol* (1964), de Glauber Rocha. Termina sua formação na conceituada EICTV de Cuba. Seus filmes seguintes são *Lado B* (2007), *Bellini e o Demônio* (2008), *Rinha* (2008), o curta *Ouija* (2010) e *Colegas* (2010). Também trabalha como designer e artista plástico.

**Filmografia:** 2007- Lado B: *Como Fazer Um Longa Sem Grana no Brasil*; 2008- *Bellini e o Demônio*; *Rinha*; 2010- *Ouija* (CM); *Colegas*.

## TEIJIDO, ADRIAN

Adrian Guillermo Teijido nasceu em Buenos Aires, Argentina, em 1963. É cidadão lituano e naturalizado brasileiro. Em 1978 ingressa na Taba Filmes como estagiário em direção de fotografia, tendo como supervisor o fotógrafo Lúcio Kodato. Em 1980, já como assistente de câmera e *still*, transfere-se para a Espiral Filmes em 1982 na Ultima Filmes, lá permanecendo até 1987. A partir de 1988 inicia carreira de diretor de fotografia em publicidade, videoclipes e televisão. Assina a fotografia de seu primeiro filme em 1993, o curta *Por Que Parou*, direção de Luis Villaça. Especializa-se também em videoclipes de nomes de peso da MPB como Supla, Nando Reis, Djavan, Paulo Ricardo, Capital Inicial, etc. e publicidade, ao fotografar dezenas de comerciais. Em 1999 chega ao seu primeiro longa como fotógrafo, *Por Trás do Pano*, de Luis Villaça, que o convidaria para outro filme, *Cristina Quer Casar* (2003). Recebe vários prêmios de melhor fotografia, em 2002 por *A Janela Aberta*, de Philippe Barcinski, em 2003 pelo curta *Ofusca* e em 2005 com *Red* os dois últimos dirigidos por Flávio Frederico.

**Filmografia:** 1993- *Por Que Parou* (CM); 1995- *Até a Eternidade* (CM); 1996- *Swiss Exchange* (EUA); *Vencido* (CM); 1998- *Todo Dia Todo* (CM); *Sereia* (CM); 1999- *Por Trás do Pano*; 2000- *Imminente Luna* (CM); 2002- *A Janela Aberta* (CM); *Ofusca* (CM); *Pesar* (CM); 2003- *Cristina Quer Casar* (*Amor à Vista*); 2004- *Red* (CM); 2007- *Onde Andará Dulce Veiga?*

## THOMÉ, ANTONIO B.

Antonio Bonacin Tomé nasceu em Cornélio Procópio, PR, em 1935. Seu pai, José Thomé tinha uma serraria na cidade. Chega a São Paulo em 1954. Aprende fotografia com Honório Marin e logo começa frequentar a Boca do Lixo, onde conhece Pio Zamuner, Elizeo Fernandes, Ozualdo Candeias, etc. Suas primeiras experiências no cinema são como gerente de produção em filmes do Mazzaropi, *Zé do Periquito* (1960), *Tristeza do Jeca* (1961), *O Vendedor de Linguiças* (1962) e *Casinha Pequenina* (1963). Seu primeiro filme como fotógrafo é *Quatro Brasileiros em Paris*, de 1965. Estreia na direção em 1972 no filme *Os Desempregados*, comédia com Didi e Dino Santana, pré-Trapalhões. A partir de então, alterna suas funções como fotógrafo e diretor, em produções da Boca do Lixo de São Paulo. É falecido.

**Filmografia:** 1965- *Quatro Brasileiros em Paris*; 1968- *O Pequeno Mundo de Marcos*; 1969- *A Maravilha de Uma Metrópole* (CM); 1971- *Diabólicos Herdeiros*; *O Homem Lobo*; 1972- *A Primeira Viagem*; *Os Desempregados* (*Irmãos Sem Coragem*) (dir., fot.) (cofot. Cláudio Portioli); 1973- *O Poderoso Garanhão* (dir., fot.); *Pedro Canhoto, O Vingador Erótico* (cofot. Antonio Garcia); 1974- *Curitiba, Uma Experiência em Planejamento Urbano* (CM); 1976- *Senhora*; 1977- *O Mártir da Independência*; *O Segredo das Massagistas* (dir., fot.); 1978- *Adultério Por Amor*; *A Força do Sexo*; *Na Violência do Sexo* (dir., fot.); *O Artesão de Mulheres* (dir., fot.); *Que Estranha Forma de Amar*; 1979- *Belinda dos Orixás na Praia dos Desejos* (dir., fot.); *O Gênio do Sexo*; *Os Imorais*; 1980- *Médium: A Verdade Sobre a Reencarnação*; *Raça, Amor à Tradição* (CM); *Tara das Cocotas na Ilha do Pecado* (dir.); 1981- *Rodeio em Vacaria* (CM) (dir., fot.); *Sexo, Sua Única Arma*.

## TKACZENCO, KONSTANTIN

Nasceu em Poltava, Ucrânia, em 1925. Aos 20 anos, em 1945, fugido da guerra, dos comunistas e de sua terra natal, ganha residência nos EUA, mas não gosta de viver ali e resolve aventurar-se no Brasil, primeiro no Rio de Janeiro, onde sonoriza o filme *Almas Adversas*, de Leo Marten, em 1949, sua primeira experiência de cinema no Brasil. Como fotógrafo, estreia em 1952 no filme *A Carne*, versão de 1952 dirigida por Guido Lazzarini. Dirige seu primeiro filme em 1960, *Nudismo Não é Pecado*. Produz e fotografa *Maria Bonita, Rainha do Cangaço*, direção de Miguel Borges, que declarou em seu livro autobiográfico *Miguel Borges – Um Lobisomem Sai da Sombra*: *(.) fui correta e razoavelmente pago pelo produtor Konstantin Tkaczenko (pronuncia-se Catchenco). Nosso bom relacionamento vinha de Perpétuo Contra o Esquadrão da Morte, em que ele foi Diretor de Fotografia. Originário da hoje extinta União das Repúblicas Socialistas Soviéticas, Constantino (como ficou conhecido no Brasil) era nascido em Poltava, Ucrânia (então, parte da URSS), embora quase todo mundo o considerasse russo. Fazia-se confusão, chamando-se de russo tudo o que fosse soviético. De todo modo, ele trazia aquela tristeza profunda, esse lugar comum da melancolia eslava, que nele era uma doida e doída verdade (.).* Produtor, diretor e fotógrafo de filmes de cunho ligeiramente eróticos, então uma novidade nos anos 1960. Seu último filme é *Regina e o Dragão de Ouro*, como diretor de fotografia em Eastmancolor-Cinemascope, de 1973, ano em que morre, a 17 de Novembro, prematuramente, aos 48 anos de idade, no Rio de Janeiro, de ataque cardíaco, depois de almoçar com a namorada em sua casa, na Barra da Tijuca.

**Filmografia:** 1955- *Armas da Vingança* (fot.); 1957- *Dioguinho* (fot.); 1958- *Cavalgada da Esperança* (*Padroeira do Brasil*); 1959- *Fronteiras do Inferno* (*Lonesome Women*) (Brasl/EUA) (fot.); *Maria 38* (cofot. Amleto Daissé, Ugo Lombardi e Afonso Viana); 1960- *Conceição* (fot.); *Nudismo Não É Pecado* (dir., fot.); 1961- *A Moça do Quarto 13* (*Girl in Room 13*) (Brasil/EUA); 1962- *Isto É Streap-Tease* (dir., fot.) (cofot. Edward Freund); 1964- *Superbeldades* (dir., fot.); 1966- *Amor na Selva* (dir.) (Brasil/EUA) (codir. Ruy Santos); *O Santo Milagroso* (fot.); 1967- *Diversões Naturistas* (dir.); *Perpétuo Contra o Esquadrão da Morte* (fot.); 1968- *Maria Bonita, Rainha do Cangaço* (fot.); 1970- *A lha dos Paqueras* (fot.); 1971- *Idilio Proibido* (dir., fot.); 1972- *Boni, o Homem Virgem* (fot.) (inacabado); *Maridos em Férias* (*O Mês das Cigarras*) (dir., fot.); *Nua e Atrevida* (fot.); 1973- *Como Evitar o Desquite* (dir., fot.); *Regina e o Dragão de Ouro* (fot.) (cofot. Hiroaki Fujiama).

## TONTI, ALDO

Nasceu em 02 de Março de 1910 em Roma, Itália. Seu primeiro filme como fotógrafo é *Odette*, de Jacques Houssin e Giorgio Zambon, em parceria com Alberto G.Carta, Rene Gaveau e Joseph-Louis Mundwiller. Constitui, ao longo de 44 anos de carreira (1935-1979), sólida filmografia como fotógrafo, com a incrível marca de 135 filmes no currículo. Em 1951 passa pelo Brasil, dirigindo a fotografia do filme *O Comprador de Fazendas*, direção de Alberto Pieralizi para a Cinematográfica Maristela, estrelado por Procópio Ferreira. Seu último filme *Ashanti* (1979), direção de Richard Fleischer. Morre em 07 de Julho de 1988, em Roma Itália, aos 78 anos de idade.

**Filmografia**: 1951- *O Comprador de Fazendas*; 1966- *Operação Paraíso* (*Se Tutte Le Donne Del Mondo*) (Brasil/EUA).

## TORTURRA, FRANCISCO

Nasceu no Rio de Janeiro, RJ, em 26 de Novembro de 1929. Trabalha como motorista de Nelson Rodrigues, o famoso dramaturgo e casa-se com Irene, irmã de Nelson. Milton Rodrigues o leva para detrás das câmeras no cinejornal *O Globo Esportivo na Tela* e logo suas imagens sobre futebol começam a chamar a atenção. Chico, como era conhecido, a partir de 02 de Dezembro de 1959 é cinegrafista da equipe do Canal 100, comandada por Carlos Niemeyer, tendo como mestre Jorge Aguiar, falecido em 1963. Sobressai-se, e hoje é considerado o melhor cinegrafista de futebol da história dos cinejornais. No Canal 100 fica até 1986. Com uma câmera Arri 2C à bateria e uma lente zoom de 400-600, Torturra ensinou o Brasil e filmar futebol. Além do futebol, filma as ruas no golpe de 1964, é o primeiro a chegar ao incêndio do prédio da UNE no Flamengo, registra Juscelino inaugurando Brasília, Brigitte Bardot em Búzios ,etc. Viaja por todo o mundo, cobre diversas Copas do Mundo, sendo a última em 1994, como integrante da equipe do documentário *Todos os Corações do Mundo*, de Murilo Salles. Aposentado, ainda filmava casamentos e festas para levantar uns trocados. Do casamento com D.Irene, tinha duas filhas. Morre de parada cardíaca, no dia 02 de Março de 2008, no Espirito Santo, aos 78 anos de idade, quando em visita a sua primeira bisneta.

**Filmografia**: 1943- *Jogo de Futebol Pró-Expedicionário* (CM) (dir., fot.); 1946- *Clube dos Marimbás* (CM) (dir., fot.); *Enchente do Rio Negro* (CM) (dir., fot.); 1963- *Carnaval de 1963* (CM) (cofot. Liercy Oliveira, Pompilho Tostes, Milton Correia e Jorge Aguiar); 1971- *Brasil Bom de Bola* (cofot. Hugo Ângelo Pavanello, João Gonçalves da Rocha, Liercy de Oliveira e Milton Correa de Castro); 1974- *Futebol Total* (cofot. Eurico Richers, José Pereira Dantas. Kleber Corini, Luercy Oliveira, João Gonçalves da Rocha, Walquer Soares); 1978- *Brasil de Bola 78* (cofot. Liercy de Oliveira, João Gonçalves da Rocha e Genário Batista); 1985- *Memórias de Um Cinejornal* (cofot. Liercy de Oliveira e João Gonçalves da Rocha); 1999- *Histórias do Flamengo* (cofot. Nélio Ferreira, Beto Campos, João Gonçalves da Rocha, Liercy de Oliveira e Cleumo Segond).

## TOSTES, POMPILHO

Pompilho Dias Tostes nasceu em Aracruz, ES, em 24 de Setembro de 1933. Inicia sua carreira como cinegrafista em 1951, na TV Itacolomi, em Belo Horizonte. Em 1957 vai trabalhar com Carlos Niemeyer no Canal 100. A qualidade da fotografia dos jornais da empresa, deve-se a uma equipe muito bem articulada, além de Pompilho, pelos cinegrafistas Jorge Aguiar e Walter Torturra. A partir de 1964 transfere-se para a PPP – Persin Perrin Produções de René Persin e a partir de 1971 com Jean Manzon, ou seja, deixou seu talento para os melhores e maiores documentaristas do Brasil. Trabalha com cinema publicitário e institucional, realizando documentários para empresas do porte da Sadia, Varig, Bradesco, etc. Foram mais de 7.000 reportagens e 800 documentários. Por força do seu trabalho, conhece o Brasil e norte a sul e também o mundo, ao cobrir diversas copas do mundo, entre 1962 e 1994, ano em que se aposenta. Em sua aposentadoria gostava de ouvir música, tomar um bom whisky

e contar suas histórias sobre as viagens aos filhos. Casado por três vezes, teve oito filhos. Morre em Teresópolis, RJ, em 10 de Dezembro de 2003, aos 70 anos de idade.

**Filmografia**: (parcial): 1961- *História da Praia* (CM) (cofot. Jorge Veras e Jorge Aguiar); *O Fantasma Varejo* (CM); 1962- *Caminho da Fé* (CM) (cofot. Armando Barreto); 1963- *Carnaval de 1963* (CM) (cofot. Liercy Oliveira, Francisco Torturra, Milton Correia e Jorge Aguiar); 1967- *Lua de Mel Azeda* (CM); 1968/70- *Como Vencer na Vida Fazendo Força* (CM); 1969- *A Máscara da Traição* (cofot. Afonso Beato); 1970- *A Matemática e o Futebol* (CM); *E Assim Se Fez*. (CM); 1971- *A Nova Imagem* (CM); *Os Emaús* (CM); *Pena Que a Televisão Não Seja a Cores* (CM); 1972- *Imagens da Marinha* (CM) (cofot. Ed Dey, José Andrade, J.Cavalcante, Cezídio Barbosa e Albertino Jorge); 1973- *Sobrevoando a Cidade Maravilhosa* (CM); *Um Passeio na Amazônia* (CM); 1975- *Pedras Brasileiras* (CM); 1985- *Uma Canção Brasileira* (cofot. Antonio Estevão, Wilson Rocha, Allan Estevão, Nilton Gomes, Roberto Stajano, Philippe de Genouillac e Revair Jordão).

## TOURINHO, CARLOS

Carlos Alberto Tourinho nasceu em Parnaíba, PI. Inicia sua carreira na TV Tupi e depois TV Globo. A partir de 1968 dedica-se ao cinema, produzindo, dirigindo e fotografando filmes de curta, média e longa-metragem. Estreia como diretor de fotografia em 1969 no documentário curto *Aprendendo a Trabalhar*, de Gustavo Dahl. No mesmo ano é câmera do longa *Tostão, a Fera de Ouro*, de Paulo Leander e Ricardo Gomes Leite. Trabalha muitos anos como cinegrafista de Amaral Neto, viajando por todo o Brasil, em documentários exibidos no programa *Amaral Neto, o Repórter*. Em 1980 funda, juntamente com sua esposa Maria Alice Quilelli, a TVC e realiza dezenas de documentários institucionais, feitos sob encomenda por empresas ou mesmo para exibição em televisão. Um de seus patrocinadores é a IBM, onde realiza documentários sobre linhas de pesquisa nas universidades brasileiras. Desde 2000 radicado em Natal, em 2006 cria o ITEC – Instituto Técnico de Estudos Cinematográficos, que oferece oficinas de iniciação ao cinema.

**Filmografia**: 1969- *Aprendendo a Trabalhar* (CM); 1970- *Reforma Universitária* (CM); 1972- *Em Defesa do Verde* (CM) (cofot. Valmir Ribeiro); *Jesuíno Brilhante, O Cangaceiro*; 1973- *Mestre Ismael* (CM); *Partido Alto* (CM) (dir., fot.); 1974- *O Segredo da Rosa* (cofot. Gilberto Otero); 1977- *Aspectos da Cultura Brasileira* (CM) (dir.); 1978- *Cataratas do Iguaçu* (CM) (dir., fot.); *Escola de Samba* (CM) (dir., fot.); *Noitada de Samba* (CM) (codir. Clóvis Scarpino); *O Monstro de Santa Teresa*; *Partideiros* (CM) (dir.) (codir. Clóvis Scarpino); *Pororoca* (CM) (dir.); *Quarup* (CM) (dir.); 1979- *Boiadeiro Sou Rei* (CM) (dir.); *E Assim Foi* (CM) (dir.); 1980- *Caça a Baleia* (CM) (dir.); *Consórcio de Intrigas*; *O Homem e a Cidade* (CM); *Trindade* (CM) (dir.); 1982- *Piranha de Véu e Grinalda*; 1983- *Carnaval das Taras*; 2004- *O Dia do Fico* (CM) (dir.).

## TROTTA, MARCELO

Marcelo Bocchini Trotta nasceu em São Paulo, SP, em 1969. É conhecido no meio cinematográfico como Tintin. Inicia sua carreira como fotógrafo em 1990 na recém-fundada MTV Brasil, editando e supervisionando pós-produção. Começa a trabalhar em cinema com fotografia em 1998, em curtas-metragens, videoclipes e comerciais. Seu primeiro curta é *Desequilíbrio* (2003), direção de Francisco Garcia e seu primeiro longa *O Signo da Cidade*, longa dirigido por Carlos Alberto Ricelli, onde pode exercitar toda sua competência e aprendizado, num trabalho muito elogiado pela crítica. Assina a fotografia de vários curtas e em 2009 fotografa seu segundo longa, *Quando Dura o Amor?*, de Roberto Moreira.

**Filmografia**: 2003- *Desequilíbrio* (CM); 2004- *Gasolina Comum* (CM); *Legado* (Argentina) (dir., fot.) (codir. Vivian Imar); 2005- *Caixa Forte* (CM) (cofot. Diego Guidi); 2006- *Alguma Coisa Assim* (CM); 2007- *Além de Café, Petroleo e Diamantes* (CM); *O Signo da Cidade*; *Saliva* (CM); 2008- *Dossiê Rê Barbosa* (CM); 2009- *O Príncipe Encantado* (CM); *O Divino, De Repente* (CM); *Quanto Dura o Amor?* (*Condomínio Jacqueline*).

## TÚLLIO, THOMAZ DE

Thomaz Miguel de Tullio nasceu Campinas, SP, em 06 de Outubro de 1899. Filho de italianos do ramo cafeeiro, cedo começa a se interessar por fotografia e logo monta um laboratório em sua residência e, aos 14 anos monta o jornal *A Flecha*. Aos 21 anos muda-se para São Paulo e vai trabalhar com José Del Picchia na Independência-Omnia Film, mas é em Campinas que estreia no cinema como fotógrafo, no filme *João da Mata*, de Amilar Alves, filme inicial do *Ciclo de Campinas*. Participa ativamente do movimento, mas, abandona o cinema após 1928. Aproveitando-se da chegada do cinema sonoro, instala empresa especializada em sonorização de salas de cinema. Sua última atividade antes de aposentar-se foi no ramo de refrigeração. Participando como cinegrafista, iluminador e laboratorista em todos os filmes do Ciclo de Campinas, foi sem dúvida uma das mais importantes figuras do movimento. Casado com D. Clarice, teve três filhos, Flávio, Miriam e Cleo. Morre em 10 de Dezembro de 1996, em São Paulo, aos 97 anos de idade.

**Filmografia**: 1923- *João da Mata*; *Sofrer Para Gozar*; 1924- *Boca Torta* (inacabado); 1925- *A Carne*; *Alma Gentil*; 1927- *Foot-Ball - Campeonato Estadual - 1927*; *Gloria a Virgem do Rosário* (CM); *Mocidade Louca*; *O Salto da Morte* (CM) (cofot. E.C.Kerrigan); 1928- *Amor Que Redime*.

•

## UDIHARA, HIKOMA

Nasceu em Kochi, Japão, em 08 de Novembro de 1882. Chega ao Brasil como imigrante em 1910, instalando-se em fazendas do interior de São Paulo e, a partir de 1915 na capital paulista. Funcionário da Companhia Melhoramentos, vendia terras da companhia no norte do Paraná a imigrantes japoneses. Com o intuito de aprimorar suas vendas, passa a filmar em 16mm, cidades, figuras políticas e religiosas, inaugurações, comemorações, lavouras, sempre destacando o desenvolvimento da região. Suas primeiras filmagens datam de 1927, curiosamente feitas em São Paulo, sob o título Panorama Cidade de São Paulo e as últimas em 1961. Seus filmes eram mudos, reversíveis, alguns coloridos, a maioria p&b, em pequenos rolos não editados, sem nenhuma elaboração cinematográfica. Não tinha equipe, portanto era o produtor, diretor, fotógrafo e montador de todos seus filmes. Não imaginava que estava fazendo o registro fílmico de toda uma região. Recebe o título de cidadão honorário de Londrina em 1962 e também é condecorado pelo imperador Hiroito do Japão, em 1966. Morre em São Paulo, SP, em 20 de Agosto de 1972, aos 89 anos de idade. Seus herdeiros doaram seu acervo em 1979 para a Universidade Estadual de Londrina, uma grande parte já, em adiantado estado de deterioração.

**Filmografia**: 1927-*Panorama Cidade de São Paulo*; 1934- *Colheita do Algodão*; 1935- *Panorama da Cidade de Londrina*; 1937-*Aeroporto Palhano*; *Inauguração da Comarca de Londrina*; 1938-*Batizado de Automóveis*; *Lavat, Mandaguari*; *Plantações*; 1939- *Artistas Japoneses em Apresentação Num Teatro*; 1941-*Inauguração da Placa Divisa Londrina-Sertanópolis*; *Inauguração de Elétrica ova Dantzig (Cambé)*; 1942- *Inauguração do Paço Municipal*; 1945-*Cooperativa Agrícola Mixta de Londrina*; 1946- *Apucarana – Pinheiro Machado Visita Londrina/Apucarana*; 1947-*Brinde*; *Cidade de Londrina*; *Chegada a Londrina do Presidente do Estado Moysés Lupion*; *Chegada do Bispo de Jacarezinho*; *Chegada do Governador Ademar de Barros a Londrina*; *Paranaguá*; *Desfile na Colonia Esperança*; *Visita do Consul Japonês a Londrina*; 1948-*Bispo em Nova Esperança*; *Cartazes e Ônibus*; *Casa de Mureer e Desfile Escolar*; *Circo Garcia em Maringá*; *Encontro de Congregações Marianas*; *Fachadas e Bancos*; *Gleba Lorena*; *Competição Esportiva*; *Congregação Mariana/Bispo de Jacarezinho*; *Curitiba*; *Uma Festa de Aniversário*; *Piquenique e Churrascada*; 1949-*Competição de Sumô*; *Inauguração de Prédio do Correio*; *Undokai e Curitiba*; *Visita do Major Bellini*; 191950- *Cafezal*; *Londrina*; *Corrida de Bicicleta*; *Chegada a Santos do Navio África-Maru Com Imigrantes*; 1951-*Balsa do Rio Ivai e Avenida Paraná*; *Banquete do Governador*; *Cerimônia em Praça Pública*; *Companhia Real de Aviação*; *Grupo Artístico – III*; *Grupo Artístico Idi Maru*; *Grupo Artístico Matsuhira*; *Missa Campal*; *Páscoa e Procissão*; *Marialva*; *Califórnia*; *Cidade Nova de Maringá*;*Inauguração da Linha da Cia Aviação Real Curitiba – Maringá – São Paulo*; *Café*; *Banquete do Governador*; *Desembarque da Balsa Rio Ivaí*; *Procissão em Maringá*; *São Jorge Hotel*; *Visita de Atletas Japoneses*; 1952-*Aniversário da Cidade e Reunião de Sexagenários*; *Aniversário da Imigração Japonesa*; *Aniversário de Maringá*; *Cardeal Haguihara em Visita à Colônia Esperança*; *Cianorte*; *Crianças Brincando em Arujá*; *Dr. Willie*; *Festa Londrina*; *Grupo Artístico Matsuda no Jardim Paraiso*; *Jardim Paraiso*; *Inauguração do Joquei Clube de Londrina*; *Navio Kobe Maru e Cooperativa Agricola*; *Nova Esperança – Igreja*; *77 Aniversário de I.Udihara*; *Undokai*; *Visita de João Goulart a Goiânia*; 1953-*Chegada da Imagem de Nossa Senhora de Fátima a Maringá*; *Chegada do Governador*; *Dança Japonesa*; *Desfile de Estudantes*; *Desfile do Centenário do Paraná*; *Inauguração da Estrada de Ferro Maringá*; *Inauguração da Rodovia de Londrina*; *Inauguração de Agência Bancária*; *Inauguração de Agência Bancária e Carregamento de Caminhão*; *Inauguração do Banco Sul Americano do Brasil*; *Londrina*; *Maringá*; 1955-*Aniversário de Rolândia e Embaixador Yashido*; *Colônia União e Sítio de Rikio Akaishi*; *Porto Guaíra, Porto Mendez e Porto Adela Paraguai*; *Trabalhadores em Campo de Plantação*; *20º Aniversário de Rolândia*; 1956-*Cuiabá*; *Vôo Panam Paraná-Japão*; 1957- *Goiânia – Chegada do Vice Presidente João Goulart*; *Plantações – Desfile Escolar – Queimada*; 1959-*Aniversário de Hikoma*; *Festa do Governador Udiyama*; *Imagens do Japão – 1*; *Imagens do Japão – 2*; *Imagens do Japão – 3*; *Imagens do Japão – 4*; *Imagens do Japão – 5*; *Imagens do Japão – 6*; *Londrina*; *Tosa no Yossa Koi Bushi*; 1960- *Cemitério de Londrina – Colônia Esperança e Missa*; 1961- *Londrina – V Exposição Agropecuária de Londrina*; *Udihara, Tribunal e Recepção*.

## URANO, PEDRO

Pedro Urano de Carvalho nasceu no Rio de Janeiro, RJ, em 19 de Setembro de 1979. Forma-se em cinema pela UFF – Universidade Federal Fluminense e jornalismo na UFRJ – Universidade Federal do Rio de Janeiro. Seu primeiro filme, ainda como exercício de Universidade, é o curta *Malandro é o Gato Que Já Nasce de Bigode*, em que dirige e fotografa, na bitola Super-8, muito usada por jovens cineastas por ser uma forma barata de exercitar cinema. Para o filme *Diário do Sertão* (2003), de Laura Erber, uma coprodução com o prestigiado Le Fresnoy, escola de cinema e artes visuais francesa. Pedro realiza uma fotografia muito experimental, usa vários tipos de emulsões diferentes, além de diversas emulsões kodaks, negativo de som ótico; negativo Orwo vencido há 14 anos e achado numa lata de lixo do ICAIC, em Cuba, etc. Seu primeiro longa é *O Sol: Caminhando Contra o Vento*, em parceria com outros profissionais. Pedro se autodefine: *sempre fui um diretor bissexto, de vez em quando dirijo um filme. Os primeiríssimos filmes que fotografei, eu era o diretor. As pessoas gostavam do resultado e me chamavam para fotografar o filme delas. Já era fotógrafo antes de dirigir, no entanto. Fotógrafo amador, de foto parada. Mas como diretor, meu pensamento, até hoje, ainda é bastante plástico. Tem origem no plástico, nos materiais, nas formas, nas imagens e sons. Durante a universidade fui ser assistente de câmera, trabalhei com alguns diretores de fotografia aqui no Rio. Mas sempre me mantive fotografando curtas e outras coisas. Com o tempo, foi uma coisa natural, eu estava fotografando mais que fazendo assistência de câmera (.) Sou de uma geração de transição: quando comecei, o vídeo não era uma opção ainda, as câmeras de vídeo ainda eram muito ruins. Ou seja: aprendi cinema exercitando o processo fotoquímico. Filmava em filme, montava e editava o som na moviola, vivia no laboratório (a labocine). Logo depois surgiram as primeiras câmeras DVs e começou a história do digital. Acabou que, com esse percurso, nunca tive preconceito com o digital, nem tampouco fetiche em relação ao fotoquímico. Hoje sinto-me muito confortável com a grande variedade de formatos de que disponho para fazer um filme. E essa escolha do formato/suporte para a realização de cada filme passou a ser mais uma atribuição do diretor de fotografia*. Seu primeiro longa como diretor e diretor de fotografia é *Estrada Real da Cachaça*, em 2008. Tem sólida carreira no curta-metragem.

**Filmografia**: 2000- *Malandro é o Gato Que Já Nasce de Bigode* (CM); 2001- *Contrabando* (CM) (dir.); 2002- *Colombina* (CM) (cofot. Pedro Moreira); *Vulgo Sacopã* (dir., fot.) (codir. André Reyes Novaes); 2003- *Diário do Sertão* (CM); 2004- *Copo de Leite* (CM) (cofot. Jane Malaquias); *Quimera* (CM); 2005- *Dramática* (CM); *Mestre Humberto* (CM); *O Latido do Cachorro Altera o Percurso das Nuvens* (CM) (dir., fot.) (codir. Raul Fernando, Camila Márquez, Rebecca Ramos e Estevão Garcia e cofot. Camila Marquez); *O Sol: Caminhando Contra o Vento* (cofot. Cezar de Moraes, Reynaldo Zangrandi, Adelson Barreto Rocha, Lula Araújo); 2005- *Estudo Etílico Para Construção de Uma Estrada Real* (CM) (dir., fot.); 2007- *Diário de Sintra* (MM) (cofot. Paula Gaitán); *Margem* (MM) (Brasil/Colombia/Peru); 2008- *A Paixão Segundo Calado* (MM); *Estrada Real da Cachaça* (dir., fot.); *Muro* (CM); *O Ar do Jardim* (CM); *Siri-Ará*; *Superbarroco* (CM); *Tudo Isto Me Parece Um Sonho* (cofot. Pedro Semanoviski); *Waldick, Sempre no Meu Coração* (MM) (cofot. Leandro HBL e Miguel Vassy); 2009- *Áurea* (CM); *Ensaio de Cinema* (CM); *HU* (MM) (dir.); *Terras*; 2010- *Babás* (CM); *Ensolarado* (CM).

## URETA, RAÚL PÉREZ

Nasceu em Desenvolvimento, Sancti Spiritus, Cuba, em 1942. Em 1961 inicia sua carreira como assistente de câmera em filmes de animação pelo ICAIC. Depois, sob as ordens de Santiago Alvarez, participa, como assistente de câmera e técnico de som, em dezenas de cinejornais e documentários. Em 1969, já como operador de câmera, participa do filme *Despegue a las 18:00*, de Santiago Alvarez. Seu primeiro filmes como diretor de fotografia é *La Guerra Necesaria* (1980), também de Santiago. Um dos mais importantes fotógrafos do cinema cubano também flerta com o cinema brasileiro, em alguns filmes como *Milagre em Juazeiro* (1999), de Wolney Oliveira e *Adeus Praia de Iracema*, curta de Iziane Figueiras Mascarenhas. Em 2003 é premiado em todo o mundo pela fotografia do documentário *Suíte Havana*, de Fernando Pérez.

**Filmografia**: 1997- *Campo Branco* (CM) (cofot. César Elias); 1999- *Milagre em Juazeiro*; 2001- *Adeus Praia de Iracema*; *Labirinto* (CM); 2006- *A Ilha da Morte* (Brasil/Cuba/Espanha).

# V

## VAINER, PAULO

Nasceu em São Paulo, SP, em 1960. Inicia sua carreira em 1978, como assistente de Bob Wolfeson. Em 1981 faz estágio no estúdio do fotógrafo Steve Bronstein, em Nova Iorque, onde trabalha até 1985. De volta ao Brasil, trabalha com o fotógrafo Andreas Heiniger, em São Paulo (1981-1986) e colabora com as revistas da Editora Abril entre 1986 e 1990, trabalhando com editorias de moda. A partir de 1990, com seu próprio estúdio, passa a realizar campanhas publicitárias. Em 1996 dirige a fotografia de seu primeiro filme, o curta Com Que Roupa?, direção de Ricardo Van Steen. Seu primeiro longa é Noel, o Poeta da Vila (2006), também de Van Steen. Como diretor de cena, atividade a que se dedica a partir de 1998, especializa-se em beleza, moda, carros, fazendo filmes para marcas como o Itaú, Volkswagen, Nike, Nestlé e Renault, entre outras. Profissional multimídia, é considerado um dos melhores fotógrafos e moda e publicidade do Brasil. Realiza a mostra individual Penumbra, em 1993 e participa das coletivas Outra Trip Pelo Mundo (1987), Fotografia Brasileira Contemporânea: Anos 70 a 80' (1993), Photojeanic (1998), Folly Gallery (2002), Elle 15 Anos de Moda Brasileira (2003), SX-70 (2003) e Notações e Instantâneas (2004). É um dos fotógrafos auxiliares no filme Carandiru (2003), de Hector Babenco. Atualmente é diretor de cena da Paranoid BR. Em 2010 apresenta a mostra fotográfica Fotogramas e está nos cinemas assinando a fotografia do filme Eu e Meu Guarda-Chuva, de Toni Vanzolini.

**Filmografia**: 1996- Com Que Roupa? (CM); 1999- Travel/Fashion (CM) (dir.) (codir. Ciro Silva); 2006- Noel, Poeta da Vila; 2010- Eu e Meu Guarda-Chuva.

## VAMERLATTI, MARX

Marx Vamerlatti dos Santos nasceu em Florianópolis, SC, em 06 de Março de 1977. Bacharel de Comunicação Social, com habilitação em Cinema e Vídeo na Universidade do Sul de Santa Catarina – UNISUL. Faz curso de extensão universitária em Cinema e Vídeo pela UFSC – Universidade Federal de Santa Catarina, entre 1997 e 1999. Estreia como Diretor de Fotografia no curta Claire de Lune, em 1999, direção de Marcelo Esteves e Leon Farhi. Seu filme seguinte, Zé Perry, no Campeche, em 2001, fotografado em parceria de Daniel Caldeira, conta a história da passagem do autor do romance O Pequeno Príncipe, Saint-Exupéry, na praia do Campeche. A partir de então dedica-se quase que integralmente à fotografia, em curtas como As Diversas Mortes de Adélia (2003), A Mão do Macaco (2008), Memórias de Passagem (2010) ,etc. Seu primeiro longa como diretor de fotografia é Olhar de Um Cineasta (2007), de Cesar Cavalcanti, sobre a trajetória do cineasta catarinense Marcos Farias. De competência comprovada, é hoje dos mais requisitados fotógrafos de Santa Catarina, tendo vários de seus trabalhos produzidos pela RBS TV.

**Filmografia**: 1999- Claire de Lune (M); 2000- Zé Perry, no Campeche (CM) (dir., fot.) (codir. Daniel Caldeira); 2001- Isto Nunca Aconteceu Comigo (CM); O Capitão Imaginário (MM); 2002- Miramar – Um Olhar Para o Mundo (CM); Sorria, Você Está Sendo Filmado (CM); Jesus (CM); 2003-Imigrantes Italianos (CM); A Chamada (CM) (dir., fot.); Codinome: Shirley (CM); Izaura (CM); As Diversas Mortes de Adélia (CM); 2004- Veludo & Cacos de Vidro (CM); Os Modernos do Sul (MM); Transmutação Para o Azul (M); A 13ª Costela (CM); O Petróleo É Nosso (CM); 2005- Outra Memória; Mata.Céu.E Negros (CM); Luis Henrique Rosa – No Balanço do Mar (MM); Meu Lugar (CM); Caminhos do Divino (CM); O Mistério do Boi de Mamão (CM); 2006- Homens do Mar (CM); Vida de Cinema (CM); Remando no Tempo (CM); Fala Sério Galera (CM); Meyer Filho (CM); Jorge Lacerda (CM); Frank Graf e a Música Erudita em SC (MM); Deixa o Tempo (CM); Quem Disse Que Eu Estou Indo Pra Casa? (CM); Santa Cultura (MM); Lurdinha – A Vendedora de Ilusões (CM); 2007- Desilusão (CM); A Mão do Macaco (CM); Comunicações 1950 Anos em SC (CM); Histórias da Cerveja (CM); Aquário (CM); O Olhar de Um Cineasta; Michê (CM); 2008- À Luz de Scwanke (CM); Ângelo, o Coveiro (CM); Maestro Geyer (MM); Santa Catharina (MM); Se Eu Morresse Amanhã (CM); Blackouts – A Comédia do Sinistro (CM); Muamba; 2009- Beijos de Arame Farpado (CM); Campeonato de Pescaria (CM); Cerveja Falada (CM); Sometimes (CM); Oito Doses de Conhaque (CM); 2010- Memórias de Passagem (CM); Ilha 70 (CM); A Galinha da Vizinha (CM); Amores Raros.

## VANELLI, FERNANDO

Fotógrafo gaúcho da nova geração, ligado a produtora Vid Brasil Produtora, com sede em Caxias do Sul. Estreia como Diretor de Fotografia em 2001 no documentário Mundo Grande do Sul: Tchecos & Austríacos, direção de Hique Montanari. Tem seu talento reconhecido em 2008 quando recebe diversos prêmios de melhor fotografia nos festivais de Juiz de Fora e Gramado, pelo curta Cortejo Negro, de Diego Müller.

**Filmografia**: 2001- Mundo Grande do Sul: Tchecos & Austríacos (CM); 2002- A Última Trincheira (CM); 2003- Cinza & Vermelho (CM); Desencontros (CM); Guerra do Paraguai – a Ferro e Fogo (CM); 2008- Cortejo Negro (CM); Manhã Transfigurada (cofot. Melissandro Bittencourt); Vinho de Verdade (CM).

## VASILSKIS, MIGUEL

Também conhecido como Miguel Vassy, nasceu em Montevidéu, Uruguai, em 18 de Maio de 1971. Em 1997 vai para Cuba estudar cinema na Escuela Internacional de Cine y Televisión San Antonio de los Baños (EICTV), onde conhece e colabora com Miguel Coyula. Seu primeiro filme como fotógrafo é Idea, filmado em Cuba em 1998. Conhece Eryk Rocha, para quem dirige a fotografia em A Rocha Que Voa (Stones in the Sky), entre 1999 e 2002, um documentário sobre o exílio de Glauber Rocha em Cuba, entre 1971/72. Eclético, fotografa todos os estilos: documentários, vídeos musicais, comerciais, curtas-metragens, animação, etc.

**Filmografia**: 1998- Idea (CM) (Cuba); 1999- Buena Onda (Nice Going) (CM) (Cuba); Bailar Sobre Agujas (CM) (Cuba); 1999-2002- A Rocha Que Voa (Stones in the Sky) (Brasil/Cuba); 2001- Obbawemilere – A Raiz Cubana (CM) (dir.) (Brasil/Cuba); 2008- Waldick, Sempre no Meu Coração (Brasil) (cofot. Leandro HBL e Pedro Urano).

## VELOSO, TIAGO

Nasceu em Belo Horizonte, MG, em 21 de Maio de 1948. Caçula de uma família de cinco irmãos, um deles o cineasta e montador Geraldo Veloso. Eduardo Azeredo, ex-governador de Minas Gerais, foi seu companheiro de classe ainda no ensino fundamental. Seu primeiro contato com cinema acontece num curso ministrado no CEC – Centro de Estudos Cinematográficos de Minas Gerais. Com a ida de Geraldo para o Rio de Janeiro em 1965, ele e alguns amigos também alunos do curso Ricardo Gomes Leite, Mário Alves Coutinho e Amilcar Viana Martins assumem a entidade. Na sequência junta-se a turma do CEMICE – Centro Mineiro de Cinema Experimental e inicia sua carreira profissional, primeiro como assistente de câmera em filmes de Carlos Alberto Prates Correia, Schubert Magalhães, Flávio Werneck, etc e em seguida como fotógrafo, em 1966, no curta O Bem-Aventurado, primeiro filme também de Neville d'Almeida. Em 1969, se incorpora ao grupo do cineasta Paulo Augusto Gomes. Já no Rio de Janeiro, trabalha como still em Memória de Helena, de David Neves e assistência de câmera em Vida Provisória, de Mauricio Gomes Leite e Tostão, a Fera de Ouro, de Ricardo Gomes Leite e Paulo Laender. Seu primeiro longa como diretor de fotografia é O Anjo Nasceu (1969), de Julio Bressane, depois, do mesmo Bressane, Matou a Família e Foi ao Cinema (1969), Sagrada Família (1970), de Sylvio Lanna, Bang-Bang (1971), de Andre Tonacci e

*Crioulo Doido* (1973), de Carlos Alberto Prates Correia, filmes exponenciais do cinema *underground* carioca. Mas, desencantado com o cinema, resolve fazer música, trabalhando como flautista e saxofonista junto a turma do Clube da Esquina. Depois forma-se em engenharia eletrônica em Santa Rita do Sapucaí, MG, profissão que se dedica desde então. Casado com Rosa Maria, tem dois filhos, Cibelle e Miguel e atualmente mora em São José dos Campos, SP.

**Filmografia**: 1966- *O Bem-Aventurado* (CM); 1967- *A Festa* (CM); *O Rato Atômico* (CM) (inacabado); 1968- *A Mesa* (CM); *Joãozinho e Maria* (CM); 1969- *O Último Homem* (CM); *O Anjo Nasceu; Matou a Família e Foi ao Cinema*; 1969/70- *Retrato de Cavalcanti no Brasil* (CM); 1970- *Ouro Preto & Scliar* (CM); *Sagrada Família*; 1971- *Bang-Bang*; 1973- *Crioulo Doido*; 1978- *Agressão* (CM).

## VENTURA, JOSÉ ANTONIO

José Antonio Ventura Jr. Inicia sua carreira como continuista em *A Falecida* (1965), de Leon Hirszman, depois assistente de câmera em *Terra em Transe* (1967), de Glauber Rocha, *O ABC do Amor* (episódio brasileiro: *O Pacto*) (1967), de Eduardo Coutinho e *As Duas Faces da Moeda* (1969), de Domingos de Oliveira, ano em que dirige a fotografia de seu primeiro filme em 1968, o documentário curto *Isto é Brasil*, de Sérgio Santeiro. Seu primeiro longa é o experimental *Sem Essa, Aranha* (1970), de Rogério Sganzerla. Nos anos 70 fotografa diversos curtas e longas, dividindo, com Mário Carneiro, em 1985, a fotografia de *Chico Rei*, de Walter Lima Jr.

**Filmografia**: 1968- *Isto É Brasil* (CM); 1969- *A Máquina Invisível* (CM); 1970- *Cuidado, Madame; Sem Essa, Aranha*; 1971- *Centro-Oeste Urgente* (CM); *Faustão* (cofot. José Medeiros); *Frei Ricardo do Pilar* (CM) (cofot. Dib Lutfi); *O Clube do Risca Faca* (CM) (cofot. Rogério Noel); *O Doce Esporte do Sexo*; 1972- *Arquitetura: A Transformação do Espaço* (MM); *Educação: Um Salto Para o Futuro* (CM); *O Som do Espaço* (CM); *Ó Xente, Pois Não* (CM); *Os Inconfidentes* (cofot. Pedro de Moraes); 1973- *O Rei dos Milagres*; 1974- *Zabumba, Orquestra Popular do Nordeste* (CM) (cofot. Francisco Balbino Nunes); 1975- *Deliciosas Traições do Amor* (episódio: *Mais de Cem*); *Cantos de Trabalho no Campo – Mutirão* (CM); *Choque Cultural* (CM) (cofot. Lauro Escorel Filho, Ricardo Stein e Francisco Balbino Nunes); *Viagem Pelo Interior Paulista* (CM); 1976- *Mulheres de Cinema* (CM); *Perdida*; *Paranoia*; 1977- *Paraíso no Inferno*; 1978- *Cantos de Trabalho no Campo – Cacau* (CM); *Cantos de Trabalho no Campo – Cana-de-Açúcar* (CM); *É Tudo Muito Importante* (CM); 1980- *Teu Tua* (episódio: *Um Homem Debaixo da Cama e O Corno Imaginário*); 1984- *A Terra Queima* (CM) (cofot. Pedro Farkas); *Ilê Aiyê/Angola* (CM) (cofot. Pedro Farkas e Roberto Pires) (CM); 1985- *Chico Rei* (cofot. Mário Carneiro).

## VIANNA, AFFONSO

Afonso Henrique Ferreira Viana nasceu no Rio de Janeiro, RJ, em 1929. Toda sua família milita no cinema, o pai, José Viana e os irmãos Alberto e Aloysio Viana. Inicia sua carreira na Cinédia em 1950, como assistente de câmera do filme *Anjo do Lodo*. Durante toda a década de 1950 dedica-se a essa função e depois operador de câmera em diversos filmes como *Aviso aos Navegantes* (1950), *Amei Um Bicheiro* (1952), *Sinfonia Carioca* (1955), *Minha Sogra é da Polícia* (1958), etc. Como fotógrafo, seu primeiro filme é *Maria 38* (1959), de Watson Macedo, em parceria com outros profissionais. Em 1967 inicia sua parceria com o cineasta carioca Nilo Machado em *Tuxauá, o Maldito*, que seguiria os anos seguintes em muitos outros filmes como *Playboy Maldito* (1973), *Trai.Minha Amante Descobriu* (1978), etc. Nos anos 70 e 80, participa ativamente da fase carioca das pornochanchadas e num segundo momento comédias eróticas até chegar ao explícito, em 1987. Morre em 1989, aos 60 anos de idade.

**Filmografia**: 1959- *Maria 38* (cofot. Konstantin Tkaczenko, Ugo Lombardi e Amleto Daissé); 1963- *Os Mendigos* (cofot. Ângelo Riva); 1964- *O Homem do Rio* (*L'Homme de Rio*) (Brasil/França/Itália) (cofot. Edmond Sechan); 1967- *Tuxauá, o Maldito* (cofot. Ângelo Riva); *O Grande Assalto*; 1968- *O Levante das Saias*; *Os Carrascos Estão Entre Nós*; 1969- *A Psicose de Laurindo* (cofot. Giorgio Traverso); *Ilha de Aço* (CM); 1970- *Ascensão e Queda de Um Paquera*; *As Escandalosas*; 1971- *Jesus Cristo Eu Estou Aqui*; *O Bolão* (cofot. Antonio Gonçalves); 1972- *Chapecó e Seu Progresso* (CM); *Jerônimo, O Herói de Sertão*; *O Supercareta*; 1973- *A Hora e a Vez do Samba*; *Ambição e Ódio* (cofot. F.L.Melinger); *As Depravadas*; *Com a Cama na Cabeça* (cofot. Ozualdo Candeias e Roland Henze); *Como Era Boa a Nossa Empregada* (episódio: *Lula e a Copeira*); *Divórcio à Brasileira*; *Nas Garras da Sedução*; *Playboy Maldito* (cofot. Roberto Mirilli);

1973- *Lua-de-Mel Sem Começo. e Sem Fim* (cofot. Ramon Alvarado); 1975- *Choro Dele* (CM); *Essas Mulheres Lindas, Nuas e Maravilhosas; Ladrão de Bagdá, o Magnífico; Lua-de-Mel Sem Começo e Sem Fim* (cofot. Ramon Alvarado); *Onanias, o Poderoso Machão* (cofot. Roland Henze); 1976- *Desejo Sangrento*; . *E as Pílulas Falharam* (cofot. Eliseo Fernandes); 1977- *A Virgem da Colina*; *As Eróticas Profissionais*; *O Garanhão no Lago das Virgens* (cofot. José de Almeida); *Os Carabineiros do Vale*; *Uma Aventura na Floresta Encantada* (cofot. Antonio Gonçalves); 1978- *A Dama de Branco*; *Dupla Traição*; *O Pequeno Polegar Contra o Dragão Vermelho*; *Seu Florindo e Suas Duas Mulheres*; *Trai.Minha Amante Descobriu*; 1979- *O Preço do Prazer (Onde Andam Nossos Filhos?)*; 1980- *O Grande Palhaço*; *Os Caminhos Lácteos* (CM); *Festa de Rosas* (CM); 1981- *A Cobiça do Sexo*; *Anjos do Sexo*; *Intimidades de Duas Mulheres*; *Os Pintores de Nassau* (CM); *Rapazes da Calçada*; *Um Menino.Uma Mulher* (cofot. Vitor Neves); 1982- *Depravação II*; *Mulheres Liberadas*; 1983- *Depravados em Fúria*; *Punks, Os Filhos da Noite*; 1984- *A Boca do Prazer*; *Mulheres Insaciáveis*; *Solar das Taras Proibidas*; 1985- *Bum Bum, a Coisa Erótica*; *Exercícios Eróticos*; *Nas Garras da Cafetina*; *O Verdadeiro Amante Sexual*; 1986- *Nem Tudo é Verdade* (cofot. José Medeiros, Carlos Ebert, Edson Santos, Edson Batista e Victor Diniz); *Rabo Quente*; *Sexo Selvagem dos Filhos da Noite*; 1987- *A Galinha do Rabo de Ouro*; *Cenas Eróticas*; *Os Viciosos*.

## VIDAL, CLEISSON

Cleisson Vidal Linhares nasceu em Manhumirim, MG, em 19 de Abril de 1974. Forma-se em Comunicação Social pela Universidade Federal de Juiz de Fora, MG (1999) e em Tecnologia de Processamento de Dados pelo CES – Centro de Ensino Superior de Juiz de Fora (1997), com pós graduação em História da Arte pela PUC-Rio (2005). A partir de 1998 morando no Rio de Janeiro, em 2004 dirige a fotografia de seu primeiro filme, o longa *Evandro Teixeira – Instantâneos da Realidade*, de Paulo Fontenelle, em que trabalha em parceria com Márcio Bredariol e não para mais, constituindo, em apenas seis anos de profissão, considerável carreira, sendo requisitado para fotografia de diversos filmes, em sua maioria longas como *Sobreviventes – Os Filhos da Guerra de Canudos*, também de Fontenelle, *Memória Para Uso Diário* (2007), de Beth Formaggini, *Assombrações do Recife Velho* (2009), de Evaldo Mocarzel, etc. É colaborador frequente da TV United Nations (ONU), Nova Iorque, como cinegrafista, em documentários e reportagens sobre temas que dizem respeito à violação dos direitos humanos. Em 2005 dirige seu primeiro filme, *Missionários*, com Andréa Prates. Fotografa e dirige também videoclipes e DVDs como Martinho da Vila, Família Lima, Erasmo Carlos, Pentágono (Melhor clipe Rap MTV 2005); filmes institucionais: Petrobras, Shell, Vale; publicidade: TAF Cia Aérea, Fundação Getúlio Vargas, Intel, entre outros. Radica-se em São Paulo a partir de 2006, alternando sua carreira entre direção e fotografia, com igual talento, dos mais representativos da nova geração de cineastas.

**Filmografia**: 2004- *Evandro Teixeira – Instantâneos da Realidade* (cofot. Márcio Bredariol); *Sovreviventes – Os Filhos da Guerra de Canudos* (fot.) (cofot. Márcio Bredariol); 2005- *Missionários* (dir., fot.) (codir. Andrea Prates); *Refém Voluntário* (CM) (fot.); 2007- *Expedito, Em Busca de Outros Nortes* (fot.); *Memória Para Uso Diário* (cofot. Tiago Scorza); *Novela na Santa Casa* (fot.); 2008- *Migrantes* (MM) (dir., fot.) (codir. Beto Novaes); *Pelo Ouvido*; *Rio Gravidade Zero* (fot.); 2009- *A Rota do Pecado* (CM) (dir., fot.) (codir. Beto Novaes); *Juventudes Sulamericanas* (CM) (dir., fot.); *Cidadão Boilesen* (fot.) (coletiva); *Hysteria* (fot.); *Artur Omar* (fot.); *Assombrações do Recife Velho* (fot.);

## VIEIRA, ANDRÉ

Nasceu no Rio de Janeiro, RJ, em 29 de Maio de 1971. Forma-se em Jornalismo pela PUC-RJ, chegando a trabalhar no jornal *O Dia* e na revista *Manchete*. Em 2001, muda-se para Nova Iorque e começa a trabalhar como *freelancer* em veículos brasileiros e norte-americanos, mas logo opta pela fotografia. Um de seus primeiros trabalhos como fotógrafo foi quando percorre a montanhosa e seca região do Afeganistão, em meio à invasão dos EUA. Flerta com o cinema também, ao assinar a fotografia de alguns filmes, como *Rio de Janô* (2003), de Anna Azevedo, Renata Baldi e Eduardo Souza Lima, que realiza em parceria com o veterano fotógrafo Mário Carneiro, em um de seus últimos trabalhos. Hoje possui trabalhos publicados por veículos como *New York Times*, *Vanity Fair*, *The Los Angeles Times* e National Geographic Brasil. Atualmente desenvolve projeto sobre a destruição da Amazônia

**Filmografia**: 2003- *Rio de Janô* (cofot. Mário Carneiro); 2004- *Batuque na Cozinha* (CM) (cofot. Batman Zavareze, Dib Lutfi e Anna Azevedo).

## VIEIRA, RUCKER

Nasceu em Bom Conselho, PE, em 1931. Ainda criança, morando e estudando em Garanhuns, ganha uma máquina fotográfica de presente do pai, que a recebera pelo pagamento de uma dívida. Assim nasce seu interesse pela fotografia. Em 1949 vai para o Recife concluir seus estudos. Na pensão onde mora, conhece Domingos Soares Filho, e juntos compram uma câmera 16mm Aymour, do velho cineasta pernambucano João Pedrosa. Com essa câmera, em 1950, realizam seu primeiro filme, um pequeno documentário sobre a cidade do Recife. Em 1955 vai trabalhar como fotógrafo no ITA – Instituto Tecnológico da Aeronáutica, em São José dos Campos, SP. Em 1956 faz curso em São Paulo com Rui Santos, nos antigos estúdios da Kino Filmes. O curso abrangia fotografia, produção, direção, montagem e sonorização. Como ficou em 3º lugar, ganha um estágio na Cinematográfica Maristela. Retorna ao Recife para auxiliar o pai, que se elegera Deputado Estadual, mas logo já estava em João Pessoa, onde conhece Linduarte Noronha, diretor artístico da Rádio Tabajara, que o contrata como locutor. Conhece então a turma que faria o Ciclo Paraibano de Cinema, além de Linduarte, Vladimir Carvalho, Ipojuca Pontes e João Ramiro Mello. Linduarte o convida para participar do documentário *Aruanda*, como fotógrafo e montador, este que acaba por ser um dos mais importantes filmes do Cinema Brasileiro, premiado no Brasil e no mundo. Segundo reza a lenda, ao chegar no local das filmagens, Rucker fica perplexo com a aridez da paisagem e luminosidade excessiva na região. Para enfrentar o desafio, é obrigado, então, a rever as regras de registro fotográfico que sabia e inventar artifícios para driblar a escassez de material. Sobre *Aruanda*, Vladimir Carvalho declara, em 1999: *Não existe antes desse filme nada comparável, nada que tenha a marca, a tipicidade, um caráter e uma feição tão autóctone da luz e da iluminação com relação ao Nordeste. Falo justamente dessa fotografia, desta luz que vem rasgando, daí a palavra rascante tantas vezes usada, que vem a se assemelhar em muito à gravura popular. O que é preto é preto, o que é branco, é branco, não tem matizes, isso virou um estilo, não existia antes.* Seu talento fica evidente nos filmes *Cajueiro Nordestino* (1962), do próprio Linduarte e *Os Homens do Caranguejo*, de Ipojuca Pontes. Dirige outros como *A Cabra na Região Semi-Árida'*(1966), *Viva o Frevo* (1970) e *Amanhecendo* (1981). Paralelamente trabalha como diretor do Departamento do Cinema da TV Universitária e depois cinegrafista e fotógrafo da Fundação Joaquim Nabuco, além de continuar a fotografar curtas até 1982. Morre em Fevereiro de 2001, aos 70 anos de idade.

**Filmografia**: 1950- *Cidade do Recife* (CM) (dir., fot.) (codir. e cofot. Domingos Soares Filho); 1960- *Aruanda* (CM); 1962- *Cajueiro Nordestino* (CM); 1964- *La Terra Quema* (CM) (Argentina); 1966- *A Cabra na Região SemiÁrida* (Capra-Hircus) (CM) (dir., fot.); *À Memória de Delmiro Gouveia* (CM) (dir.); 1967- A Coral (CM); 1968- *Os Homens do Caranguejo – Ou a Propósito de Livramento* (CM); 1969- *Luiz Gonzaga, o Rei do Baião* (CM) (cofot. Roberto Barreto, Clinton Vilela e Márcio Curi); 1969/70- Viva o Frevo (CM) (dir., fot.); 1972- *Nova Jerusalém* DC (CM); *Olha o Frevo* (CM) (dir.); 1975- *Portrait of Vaquero* (CM) (Brasil/EUA) (cofot. John Davies); 1979- O Farol (CM); *Oh, Segredos de Uma Raça* (CM) (cofot. Vito Diniz); 1980- *Leilão Sem Pena* (CM); *Sassarico* (CM); 1981- *Amanhecendo* (dir.) (codir. Jonard Muniz de Brito); 1982- Almery e Ary – *Ciclo do Recife e da Vida* (CM).

## VILAR, MARCUS

Marcus Antonio de Oliveira Vilar nasceu em Campina Grande, PB, em 05 de Julho de 1959. Tem formação no Núcleo de Documentação Cinematográfica da Universidade Federal da Paraíba (Nudoc) em 1982 e na Associação Varan, em Paris, nos anos de 1985 e 1986, nas bitolas Super-8 e 16mm. Durante seu estágio de aperfeiçoamento na Varan, realiza os curtas *Cao - em Cena no Sena*, em Super 8, e em 16mm *Os Ratos, Os Porcos e os Homens*, em parceria com Bertrand Lira e Torquato Joel. Suas primeiras experiências no cinema datam de 1980, onde, entre outros, realiza os super 8 *Do Oprimido ao Encarcerado* (1982) e *Quando Um Bairro Não Se Cala* (1982). Entre os anos de 1985 e 1987, realiza o filme em 16mm, *24 Horas*. Em 1994, realiza um vídeo intitulado *Sertãomar* e em 1998 dirige seu primeiro filme em 35mm, curta-metragem, *A Árvore da Miséria*, premiado no Maranhão, Bahia, São Paulo, etc. Seus filmes seguintes também são premiados no Brasil e no exterior. Além de realizador, também ministra oficinas sob o título de *O Processo da Realização Cinematográfica*.

**Filmografia**: 1980- *Mostra de Dança na UFPB* (CM) (dir., fot.); Oitavo Festival de Artes da Paraíba (CM) (dir., fot.) (codir. João de Lima); *Pássaros na Cabeça* (CM) (dir., fot.) (codir.Manfredo Caldas); *Primeira Feira de Caprinos e Ovinos* (CM) (dir., fot.); 1982- *Do Oprimido ao Encarcerado* (CM) (dir., fot.); *Quando Um Bairro se Cala* (CM) (dir., fot.); 1984- *Abril* (CM) (dir., fot.); 1986- *Os Ratos, Os Porcos e os Homens* (CM); (dir.) (codir. Torquato Joel); 1987- *Itacoatiara - A Pedra no Caminho* (CM) (fot.) (cofot. Manuel Clemente); *24 Horas* (CM) (dir.); 1987- *O Palácio do Riso* (CM) (fot.); *O Reino de Deus* (CM) (fot.); *Sertãomar* (CM) (dir.); 1996- *A Margem da Luz* (CM) (dir.) (codir. Torquato Joel); 1998- *A Árvore da Miséria* (CM) (dir.); 2001- *A Canga* (CM) (dir.); 2005- *O Meio do Mundo* (CM) (dir.); 2007- *O Senhor do Castelo* (dir., fot.) (cofot. Paulo Paixão, Carlos Canário, Didier Bertrand, Dilson da Silva, Nilton Pereira e Sebastião Posidônio); 2008- *Duas Vezes Não Se Faz* (CM) (dir.).

## VILELA, CLINTON

Nasceu em Recife, PE. Estreia na direção em 1967 no documentário curto *Bahia de Pedra e de Ouro*. Em seguida, já radicado em São Paulo, inicia carreira de diretor de fotografia no longa *Viagem ao Fim do Mundo*, direção de Fernando Cony Campos, em parceria com José Medeiros, Afonso Beato e Osvaldo de Oliveira. Começa a direção do longa-metragem *D'Gajão Mata Para Vingar* (1971-72), mas é substituído na direção por José Mojica Marins, logo no início das filmagens.

**Filmografia**: 1967- *Bahia de Pedra e de Ouro* (CM) (dir.); 1968- *Viagem ao Fim do Mundo* (cofot. José Medeiros, Afonso H.Beato e Osvaldo de Oliveira); 1969- *Canto dos Retirantes* (CM) (dir.); Luiz Gonzaga, o Rei do Baião (CM) (cofot. Roberto Barreto, Rucker Vieira e Márcio Curi); *Nas Trevas da Obsessão*; 1972- *Saravá à Lua* (CM) (dir.); 1976- *Naval* (CM) (dir.); 1980- *Semana Santa em Olinda* (CM) (dir.).

## VIOLETA, PAULO

Inicia sua carreira de fotógrafo em 1997 na série *Som da Rua*, direção de Roberto Berliner, uma série de documentários que prestam homenagem às diversas manifestações sonoras na cidade do Rio de Janeiro. Câmera em *Amores* (1997), de Domingos de Oliveira e Priscilla Rozenbaum, *Xuxa e os Duendes* (2001), de Paulo Sérgio Almeida e Rogério Gomes, *Xuxa Abracadabra* (2003), de Moacyr Góes, *Os Normais, o Filme* (2003), de José Alvarenga Jr. Seu primeiro longa como Diretor de Fotografia é *Separações* (2002), de Domingos de Oliveira, depois *Língua – Vidas em Português* (2002) e o documentário *Herbert de Perto* (2008), de Roberto Berliner e Pedro Bronz.

**Filmografia**: 1997- *Som da Rua* (Bangladesh) (CM); *Som da Rua* (Índios) (CM); *Som da Rua* (Nova Orleans) (CM); *Som da Rua* (Vodu) (CM);1998- *Pombagira* (CM); *Trabalho* (CM); 2001- *Afinação da Interioridade* (CM) (cofot. Renato Carlos e Jacques Cheuiche); *Julliu's Bar* (CM); 2002- *Língua – Vidas em Português*; *Separações*; *Suspiros Republicanos* (Ao Crepúsculo de Um Império Tropical) (CM); *Vinte e Cinco* (CM); 2008- *Herbert de Perto*.

## VISCONTI, ELYSEU

Elyseu Visconti Cavallero nasceu no Rio de Janeiro, RJ, em 1939. Entre 1955 e 1960 estuda na Escola Nacional de Belas Artes do MAM, desenhava com Abelardo Zaluar e é aluno de gravura de Oswaldo Goeldi. Em 1959 faz estágio na Herbert Richers e em seguida vai trabalhar no departamento de cinema da TV Rio, onde o diretor era Walter Clark, que lhe consegue uma bolsa para estudar na França. Em 1962 dirige seu primeiro curta, *A Arte Barroca no Paraguai*, em 16mm. Mora três anos na Europa onde estuda escola de cinema para televisão e faz estágios em diversos estúdios cinematográficos. Na Itália tem contato com Pier Paolo Pasolini, Luchino Visconti e Roberto Rosselini e ainda consegue tempo para fazer um filme sobre o nazismo na Tchecoslováquia. Na volta integra o grupo do cinema marginal carioca. Dirige seu primeiro longa em 1970, o experimental *Os Monstros de Babaloo*, que fica dez anos preso na censura, a mando do regime militar e no ano seguinte *O Lobisomem, o Terror da Meia-Noite* que também é apreendido. Durante uma semana, fica depondo no Dops, sendo investigado. Após esse episódio, se auto-exila no interior do Brasil para fazer uma antropologia visual, preocupando-se com as manifestações culturais do povo brasileiro. Nesse período tem como parceiros de pesquisa o antropólogo Gilberto Freyre e o folclorista Câmara Cascudo. Roda uma série de registros etnográficos como *Boi Calemba*, em 1979, sobre a festa do boi-bumbá no norte do país e *Pastoril* (1982). Atualmente trabalha como artista plástico, faz gravuras e desenhos expressionistas. Pretende levar uma exposição para a Alemanha. Tem pronto vários roteiros, em que negocia parcerias para poder realizá-los. Na opinião de Visconti, *Hoje o cinema é uma cópia das novelas, mal influenciado pelo cinema americano. O Cinema Brasileiro se transformou numa agressividade banal.* – trecho de entrevista extraída no blog *Filmes de Guerrilha*, de Fernando Masini.

**Filmografia**: 1962- *A Arte Barroca no Paraguai* (CM) (dir.); *O Moleque e a Pipa* (CM) (dir.); 1963- *Cabeceiras* (CM) (dir.); *O Menino e a Pipa* (CM) (dir.); *Parati, Prostituição Indígena* (CM) (dir.); 1965- *Monólogo* (CM) (dir.); 1966- *Cidade e Parati* (CM) (dir.); 1967- *Semana da Cultura Brasileira em Praga* (CM) (dir., fot.); 1968- *Folia do Divino* (CM) (dir.); 1969- *Bom Jesus da Lapa, Salvador dos Humildes* (CM) (dir., fot.), *Corrida da Argola* (CM) (dir.); *Feira de Juazeiro* (CM) (dir.); *Festa de São Gonçalo* (CM) (dir.); *1970- Arte Industrial* (CM) (dir.); *Atrás da Câmera* (CM) (dir.); Eliseu Visconti, *Arte Gráfica e Industrial* (CM) (dir., fot.); *Folguedos Populares* (CM) (dir.); Giuventú (CM) (dir., fot.); *Os Monstros de Babaloo* (dir.); *Romaria* (CM) (dir.); 1971- *As Sertanejas* (CM) (dir.); 1971/74- *O Lobisomem, O Terror da Meia Noite* (dir., fot.) (cofot. Rogério Sganzerla); *Parreiras* (CM) (dir.); 1972- *A Fada do Oriente* (cofot. Julio Bressane); *Budismo no Ceilão* (CM) (dir.); *Índia Mística* (CM) (dir.); 1973- *Gorema e a Capadócia* (CM) (dir.); *Paquistão* (CM) (dir.); *Turquia* (CM) (dir.); 1977- *Ticumbi* (CM) (dir., fot.); 1978- *Caboclinhos Tapirapé* (CM) (dir., fot.); *Maracatu, Estrela da Tarde* (CM) (dir., fot.); 1979- *Boi Calemba* (CM) (dir., fot.); *Cavalo Marinho* (CM) (dir., fot.); *Feira de Campina Grande* (CM) (dir., fot.); 1980- *Cavalo Marinho da Paraíba* (CM) (fot.); 1981- *Guerreiro de Alagoas* (CM) (dir., fot.); 1982- *Pastoril* (CM) (dir., fot.); 1987- *Sindicalismo no Brasil* (CM) (dir.); 1998- *O Palhaço na Folia de Reis* (CM) (dir.); 1999- *Sertão Carioca* (CM) (dir.); *Encontro das Folias de Reis* (CM) (dir.); 2002- *Marrapaiá* (CM) (dir.); *Coroação do Rei de Congo* (CM) (dir.).

## VON PUTTKAMER, JESCO

Wolf Jesco Von Puttkamer nasceu em Macaé, RJ, em 21 de Maio de 1919. Inicia seus estudos na Suíça e conclui o curso secundário no interior de Minas gerais, onde serva na II Companhia de Infantaria, o Tiro de Guerra. Forma-se em química pela Universidade de Breslau, na Alemanha e vive, como prisioneiro, os horrores da II Guerra Mundial. Fugitivo, com ajuda norte-americana consegue ser repatriado pelo Brasil. A fotografia surge em sua vida através do convite para documentar os campos dos deslocados e registrar os acontecimentos no Tribunal de Nuremberg, feito pelo governo militar da Bavária. É correspondente de guerra para jornais norte-americanos e brasileiros. Muda-se para Goiânia em 1948. Dedica toda sua vida à causa indígena e o foi o grande precursor do cinema ambiental de Goiás. Seu primeiro contato com os índios Krahô e Karajá foi em 1947, convidado pelo então governador de Goiás Jerônimo Coimbra Bueno para integrar o projeto de colonização, depois estabelece em Goiás a Sociedade Goiana de Cultura, forma principalmente por alemães refugiados da guerra. Participa da expedição *Marcha Para o Oeste* do governo Vargas e documenta todo o processo histórico da construção de Brasília. Na nova capital, monta em sua casa um laboratório fotográfico. É autor de acervo audiovisual de grande riqueza em fotografias, filmes 16mm, diários de campo, fitas sonoras, etc. Juntamente com os irmãos Villas Boas, Francisco Meireles e outros, participa das frentes de atração aos índios Txukahamãe, Txicão, Suruí, Cinta-Larga, Marúbu, Kámpa, Kaxináwa, Waimiri-Atroarí, Yanomami, Hixkaryana, Urueuwauwau e outros. Dedica-se, por 40 anos, à arte de fotografar, filmar, gravar e registrar em seus

diários o cotidiano de grupos indígenas. Antes de morrer, em 31 de Março de 1994, aos 74 anos de idade, de parada cardíaca, doa todo seu acervo à Universidade Católica de Goiás, incluindo 120 mil imagens, fitas sonoras, filmes e diários de campo acerca de 60 povos indígenas brasileiros. Os seus filmes sobre tribos perdidas no interior do Brasil são exibidos em várias partes do mundo.

**Filmografia**: 1973- *A Tribo Que Fugiu do Homem* (*The Tribe That Hides From Man*) (Inglaterra) (cofot. Chris Menges, Richard Stanley, Charles Stewart e Ernest Vincze); 1990- *Ameríndia- Memória, Remorso e Compromisso no V Centenário* (cofot. Konrad Bernhard Berning); 1999- *Bubula, o Cara Vermelha* (cofot. Vicente Rios e Eduardo Guimarães).

**Filmografia**: (sem data especificada de produção): *Contact With Hostile Tribe*; *Entrevista Com o Índio Javaé*; *In The Power of Men Without a Bown*; *Primeiros Contatos com os Índios Suruí-Paiter*; *The Fate of the Amazon Women*; *The Gentle People*; *The Happy Lake*; *The Kingdom of the Jungle*.

## WANG, CHING

Ching Chih Wang Chang faz curso de graduação em cinema e vídeo pela ECA/USP. Em 1998 fotografa seu primeiro filme, o curta *Shpluph*, sob a direção de César Cabral e em 1999 assina a fotografia do curta *Família do Barulho*, de Bernardo Spinelli. Em 2002 faz especialização em direção de fotografia em Los Angeles, no American Film Institute Conservatory. De volta ao Brasil, em 2005, morando em São Paulo, vai trabalhar com publicidade, fotografando dezenas de comerciais para empresas de porte como Fiat, Volkswagen, Unibanco, etc. É o diretor de fotografia da segunda unidade do longa americano *Journey to the End of the Night*, de Eric Eason, co-produção EUA/Alemanha/Brasil. Também atua com freqüência na produção de documentários e videoclipes.

**Filmografia**: 1998- *Shpluph* (CM); 1999- *Família do Barulho* (CM).

## WIGGERS, CHRISTIANO

Cristiano Dittrich Wiggers nasceu em Florianópolis, SC, em 25 de Maio de 1968. Morando em São Paulo, forma-se em cinema pela FAAP – Fundação Armando Álvares Penteado, em 1993. Em 1994 fotografa seu primeiro filme, o curta *Festa das Candeias*, em parceria com Hélcio Nagamine e Maurício Dias. Assina a fotografia de vários curtas, até chegar ao seu primeiro média, e também seu filme de maior sucesso, o documentário *Motoboys Vida Louca*, dirigido por Caito Ruiz em 2003, premiado em vários festivais nacionais e internacionais. *O Dia em Que o Brasil esteve aqui*, também direção de Caito Ruiz e produzido em 2005, mostra a instabilidade social do Haiti quando recebeu a seleção brasileira em 2004. Em 2009 assina a fotografia do longa *Meninos de Kichute*, de Luca Amberg.

**Filmografia**: 1994- *Festa das Candeias* (CM) (cofot. Hélcio 'Alemão' Nagamine' e Maurício Dias); 1996- *A Era da Ilusão* (CM) (cofot. Marcelo Prosdócimo); 1999- *Mantus* (CM); 2003- *Motoboys: Vida Louca* (MM); 2004- *Aristocrata Clube* (CM); 2005- *Do Mundo Não Se Leva Nada* (CM); *O Dia em Que o Brasil Esteve Aqui* (CM); 2008- *Mar Dentro*; 2009- Meninos de Kichute.

## WULFES, ALEXANDRE

Nasceu em Cachoeira do Sul, RS, em 1901, mas cria-se em Corumbá, MS, onde trabalha com o pai na ótica da família. Aprende a filmar com Paulino Botelho no Rio de Janeiro. Em 1930 conhece Libero Luxardo, e juntos fundam a FAM Filmes (Filmes Artísticos Matogrossenses) que depois virou FAN – Filmes Artísticos Nacionais. Seu primeiro filme é *Aurora do Amor*, curta-metragem produzido em 1930. No Rio de Janeiro emprega em seu laboratório seus sobrinhos, Eurico e Herbert Richers, este último que viria ser um dos maiores produtores cinematográficos do Brasil. Para o DIP realiza o *Cinejornal Nacional*. Em 1946 inicia a produção do documentário *Jornadas Heróicas*, sobre a participação do Brasil na II Guerra, ficando pronto somente em 1949 e em 1954 filmou o Padre Donizeti em Tambaú. Na década de 1960 lança o livro *História Ilustrada do Rio*. Morre em 1974, aos 73 anos de idade.

**Filmografia**: (parcial): 1930- *Aurora do Amor* (fot.); 1932- *Alma do Brasil (Retirada da Lagna)* (LM) (fot.); 1934-*O Círio em Belém no Ano de 1934* (dir.); 1935- *A Restauração do Pará (o Pará no Regime Constitucional)* (dir.); 1936- *Aves Aquáticas* (dir., fot.); *Caça da Onça* (dir., fot.); *Caçando Feras* (LM) (fot.); 1937- *O Gigante da América do Sul* (dir.); 1940- *Jacarés* (dir., fot.); *No Reinado dos Cães* (fot.); *Os Sertões* N.002 (fot.); *Os Sertões* N.003 (fot.); 1941-*Amanhã nos Encontraremos* (LM) (fot.) (cofot. Libero Luxardo); 1943- *Origem e Expressão das Mãos* (dir.); 1945- *Jardim do Pecado* (LM) (fot.); 1947- *Primeiro Encontro Com os Xavantes* (fot.); 1949- *Jornadas Heróicas* (LM) (dir., fot.); 1954- *O Poder da Fé (em Tambaú)* (LM) (dir., fot.); 1955- *Padre Cícero o Patriarca de Juazeiro* (dir.); 1956- *A Virgem Aparecida é Milagrosa* (LM) (dir., fot.).

## YAMASHITA, JAY

Carlos Yamashita nasceu em Presidente Prudente, SP, em 26 de Março de 1971. Forma-se em Comunicação com habilitação em cinema pela ECA – Escola de Comunicações e Artes da USP – Universidade de São Paulo, em 1995. Fotografa seu primeiro filme ainda na Universidade, em 1992, o curta *Brèzil*, sob a direção de Vitor Ângelo Scippe, em 1997 dirige seu único filme, o curta *Umbigo*, realizado na ECA como exercício mas finalizado por sua conta e em 2001 assina a fotografia do videoclipe *Quase Nada* (2001), com o cantor Zeca Baleiro. Chega ao longa em 2003, no excelente *De Passagem*, direção de Ricardo Elias, premiado em Gramado, na Mostra Internacional de São Paulo e Miami e depois, com o mesmo diretor, o não menos importante *Os Doze Trabalhos*, Melhor Filme no Festival de San Sebastian, Espanha. Em 2007 fotografa a série em nove episódios *Casal Neura* pela MTV, direção de Edu De Marco. Muito requisitado pela excelência de seu trabalho, é um dos bons fotógrafos da nova geração.

**Filmografia**: 1992- *Brèzil* (CM); *Sangue, Melodia* (CM) (cofot. Joana Mendes da Rocha); 1993- *A Voz do Morto* (CM); 1994- *O Ritmo de São Paulo* (CM); 1996- *A Escada* (CM); *O Pôr do sol* (CM); *Problema de Consciência* (CM); *Que Deus Te Guie* (CM); 1997- *Umbigo* (CM) (dir.); 1998- *No Dia em Que Macunaíma e Gilberto Freyre Visitaram o Terreiro de Tia Ciata Mudando o Rumo da Nossa História* (CM); *O Postal Branco* (CM); 1999- *Nunca Me Deixe Dormir Demais* (CM); *Tom Zé ou Quem Irá Colocar Uma Dinamite na Cabeça do Século?* (CM); 2001- *Distraída Para a Morte* (CM); *Urubuzal* (CM); 2003- *De Passagem*; 2005- *Paraíso* (MM); 2006- *Diário de Naná*; *Europa Paulistana* (MM); *Os 12 Trabalhos*; *Vila Matilde* (CM); 2007- *Rita Cadilac, a Lady do Povo*; *Paulo Freire Contemporâneo* (MM); 2008- *Sobreviventes* (MM); 2010- *Retrovisor* (CM).

# Z

## ZALASIK

Carlos André Zalasik, conhecido no meio cinematográfico apenas como Zalasik, inicia sua carreira em 1993 como assistente de câmera nos curtas *A Era JK*, de Francisco César Filho e *Opressão*, de Mirela Martinelli. Em 1998 estreia como Diretor de Fotografia no documentário de média-metragem *Atlântico Negro – Na Rota dos Orixás*, de Renato Barbieri. Seu primeiro longa é o documentário *Caparaó* (2006), de Flávio Frederico, que narra a história de um grupo de guerrilheiros que são treinados na Serra do Caparaó, divisa do Espírito Santo e Minas Gerais, em 1966, para lutar contra o regime militar, com suposto financiamento de Fidel Castro.

**Filmografia**: 1998- *Atlântico Negro - Na Rota dos Orixás* (MM); 2002- *Yerma – Filme Denúncia Sobre a Esterilização em Massa no Brasil* (CM); 2004- *Amigo Secreto* (CM); 2005- *A História Secreta do Telemarketing* (CM); *Desavisados* (CM); *São Paulo – Retratos do Mundo*; 2006- *Caparaó*.

## ZAMUNER, PIO

Pio Roberto Zamuner nasceu em Chiarano, Itália, em 1935. Nos anos 1950, adolescente, já mora em São Paulo. Conhece Elizeo Martins e Ozualdo Candeias no escritório do fotógrafo Honório Marin, meio que ponto de encontro desse pessoal na época. Sua primeira experiência no cinema acontece em 1963, no filme *O Cabeleira*, como assistente de câmera e ator. Depois é assistente de câmera em *As Cariocas* (1966), direção de Fernando de Barros, Walter Hugo Khouri e Roberto Santos e câmera em *O Anjo Assassino* (1967), de Dionísio Azevedo e *O Quarto* (1968), de Rubens Biáfora. Em 1968 estreia como diretor de fotografia e câmera em *No Paraíso das Solteironas*, produção e direção de Amácio Mazzaropi, com quem, a partir daí, faria parceria em todos seus filmes subseqüentes, ora como fotógrafo e, num segundo momento como diretor, tornando-se o braço direito técnico do famoso cineasta. Paralelamente dirige e fotografa diversos outros filmes para a turma da Boca do Lixo, além de vários curtas-metragens. Na TV Cultura de São Paulo, é diretor de fotografia de vários programas como *Vila Sésamo* e mais tarde, na TV Bandeirantes trabalha na série *A Guerra dos Farrapos*, direção de Carlos Coimbra. Fotografa documentários institucionais para Primo Carbonari e Jean Manzon, assim como dezenas de comerciais para televisão. Dirige seu último filme em 1984, *A Volta do Jeca*, com Chico Fumaça, sósia de Mazzaropi, que já havia feito com sucesso *Mágoas de Caboclo*, mas desta vez o fracasso foi total. Pio é também co-produtor da fita e amarga grande prejuízo com a empreitada. Os tempos eram outros, Mazzaropi havia morrido em 1981 e agora o cinema descambava para o sexo explícito. Em 1989 faz a fotografia de *Na Trilha dos Assassinos*, direção de Agenor Alves e Mário Latini, seu último filme. A partir de então sobrevive fazendo carretos com uma velha Kombi no centro de São Paulo.

**Filmografia**: 1968- *No Paraíso das Solteironas*; *As Amorosas*; *Evocação Histórica* (CM) (cofot. João Bordain de Macedo); *Fim de Semana* (CM) (cofot. João Bordain de Macedo); *O Brasil Precisa de Mar* (CM); 1969- *A Pesca* (CM); *Deu a Louca no Cangaço* (cofot. Benedito Monteiro); *Uma Pistola Para Djeca*;

1970- *Betão Ronca Ferro* (dir., fot.) (codir. Geraldo Afonso Miranda e Amácio Mazzaropi); *Nenê Bandalho*; *Se Meu Dólar Falasse*; *Um Uísque Antes, Um Cigarro Depois* (episódio: *Mocinha de Luto*); 1970/71- *Monteiro Lobato* (CM) (cofot. Giorgio Attili); 1971- *As Artes Plásticas e o Governo do Estado de São Paulo: Palácio Campos do Jordão* (CM); *Médio São Francisco* (CM); *Monteiro Lobato* (CM) (cofot. Alberto Attili); *O Grande Xerife* (dir., fot.); 1972- *Carnaval da Vitória* (CM); *Ribeira, o Vale da Esperança* (MM); *Um Caipira em Bariloche* (dir., fot.) (codir. Amácio Mazzaropi); 1973- *Obsessão Maldita* (cofot. Benedito C.Monteiro); *Portugal.Minha Saudade* (dir., fot.) (codir. Amácio Mazzaropi); 1974- *Gata Devassa*; *Jeca Macumbeiro* (dir., fot.) (codir. Amácio Mazzaropi);); 1975- *Água Guandu* (CM) (cofot. Alberto Attili e Christian Lesage); *Clube dos Infiéis*; *Jeca Contra o Capeta* (dir., fot.) (codir. Amácio Mazzaropi); *Manaus Via Aérea* (CM) (cofot. Alberto Attili); *Palácio dos Bandeirantes* (CM); 1976- *A Ilha das Cangaceiras Virgens*; *Museu Paulista* (CM); *O Brasil Precisa do Mar* (CM); *O Dia das Profissionais*; *Torturadas Pelo Sexo*; *Traídas Pelo Desejo*; 1977- *As Amantes de Um Canalha*; *Jecão.Um Fofoqueiro no Céu* (dir., fot.) (codir. Amácio Mazzaropi); 1978- *Jeca e Seu Filho Preto* (dir., fot.) (codir. Berilo Faccio); 1979- *A Banda das Velhas Virgens* (dir., fot.) (codir. Amácio Mazzaropi); *Alucinada Pelo Desejo* (cofot. Antonio Meliande); *Caminhos de Iracema: O Roteiro da Virgens do Lábio de Mel Nos Dias de Hoje* (CM); *Iracema, a Virgem dos Lábios de Mel*; *Paixão de Sertanejo* (CM); 1980- *A Tara das Cocotas na Ilha do Pecado*; *Jeca e a Égua Milagrosa* (dir., fot.) (codir. Amácio Mazzaropi); 1981- *A Volta do Jerônimo*; *Como Faturar a Mulher do Próximo*; *Violência na Carne*; 1982- *As Amantes de Um Homem Proibido*; *As Aventuras da Turma da Mônica*; *Os Campeões*; 1983- *As Panteras Negras do Sexo*; *De Todas as Maneiras*; *Os Bonecos* (CM); *Mulher Natureza*; 1984- *A Doutora É Boa Paca* (dir., fot.) (codir. e cofot. Tony Rabatoni); *A Volta do Jeca* (dir., fot.); *Sexo Sem Limite*; 1985- *Deliciosas Sacanagens*; *Sem Vaselina*; 1986- *Macho, Fêmea & Cia*; *O Oscar do Sexo Explícito*; *O Quebra-Galho Sexual*; 1987- *Gemidos e Sussuros*; 1989- *Bacanal de Adolescentes*; *Na Trilha dos Assassinos*.

## ZANGRANDI, FLÁVIO

Nasceu em São Paulo, SP, em 1966. Inicia sua carreira como operador de VT e em seguida assistente de câmera na recém-fundada Videofilmes, trabalhando em documentários para TV Manchete como *China, o Império do Centro* e *América*, de 1986, dos então iniciantes irmãos João Moreira e Walter Salles. Em 1987 faz seu primeiro trabalho como fotógrafo profissional, o média *Krajcberg, o Poeta dos Vestígios*, também dirigido pelos irmãos Salles para TV Manchete. 1995 é auxiliar de Walter Carvalho no curta *Socorro Nobre* e, em 1999 fotografa seu primeiro longa, o documentário *Os Carvoeiros*, de Nigel Noble. Em seguida, fez a fotografia da segunda unidade do longa-metragem *O Primeiro Dia* (2000), de Walter Salles e Daniela Thomas. Atua no mercado publicitário, em dezenas de comerciais, e nos longas *Maria, Mãe do Filho de Deus* (2003), *Um Show de Verão* (2004) e *Maria Bethânia – Pedrinha de Aruanda* (2006).

**Filmografia**: 1987- *Krajcberg, o Poeta dos Vestígios* (MM); 1999- *Os Carvoeiros*; 2001- *Meu Cumpadre, Zé Ketti* (CM) (cofot. Reynaldo Zangrandi); 2003- *Maria, Mãe do Filho de Deus*; *Meu Tempo É Hoje - Paulinho da Viola*; *Um Show de Verão*; 2004- *Justiça*; 2005- *O Segredo* (cofot. Kika Cunha); 2006- *Maria Bethânia – Pedrinha de Aruanda* (cofot. Ricardo Della Rosa, Fábio Sagattio e Dudu Miranda); 2008- *Contratempo*.

## ZANGRANDI, REYNALDO

Reinaldo Zangrandi Júnior nasceu em São Paulo, SP, em 26 de Setembro de 1965. Forma-se em jornalismo pela Faculdade da Cidade, em 1991. Inicia sua carreira 1985 fazendo estágio na Globotec. Em 1986 é monitor e depois funcionário do Estúdio de Vídeo da Faculdade da Cidade no Campus de Ipanema, em 1987 assistente de câmera, operador de VT e Técnico de som *freelancer*. Entre 1988 e 1991 é contratado pela Made For TV do Rio de Janeiro. A partir de 1992, *cameraman* e fotógrafo *freelancer*. Em 1999 estreia como Diretor de Fotografia no curta *Vale do Amanhecer*. Em 2003 é câmera em *Maria, Mãe do Filho de Deus* e *Show de Verão*, ambos dirigidos por Moacyr Góes. Para o mercado publicitário, fotografa diversas campanhas como *Campanha Para Dia das Mães e Natal do Shopping da Gávea* (2008/09) e *Campanha de Natal para Casa & Vídeo* (2010). Desde 1999 atua muito em televisão também em programas como *Programa Sobre o Mundo da Moda* (1999), pela GNT Globosat, *No Limite* (2000), TV Globo, *Avassaladoras* (2005), TV Record, *Scape From Scorpion Island* (2007), BBC, *Quando Toca o Sino* (2010), Disney Channel.

**Filmografia**: 1999- *Vale do Amanhecer* (CM); *João de Abadânia* (CM); *Santa Cruz* (CM); 2001- *Meu Cumpadre, Zé Ketti* (CM) (cofot. Flávio Zangrandi); *Samba* (MM) (cofot. Dib Lutfi e Gustavo Hadba); 2002- Ronis da Silveira (CM); Travessia da Vida (CM); *Vaidade* (CM); 2003- *Happy Birthday Thalidomide* (CM); *Os Arturos* (CM) (cofot. Fred Rangel e Lula Araújo); *Pracinha* (CM); *Raízes do Brasil (Uma Cinebiografia de Sérgio Buarque de Hollanda)*; 2004- *Carrapateira Não Tem Ciúmes da Apolo* 11 (CM); *Extremo Sul* (cofot. Sylvestre Campe); 2005- *O Sol: Caminhando Contra o Vento* (cofot. Cezar de Moraes, Pedro Urano, Adelson Barreto Rocha, Lula Araújo); *Trevas no Eldorado* (CM); 2006- *Estratégia Xavante* (CM); 2007- *Meu Brasil* (cofot. Renato Carlos); 2008- *Road Movie* (CM).

## ZAVAREZE, BATMAN

Marcelo André Zavareze nasceu no Rio de Janeiro, RJ, em 1974. Fotógrafo e curador de projetos multidisciplinares ligados a imagem e audiovisual. Em 1998 estagia como residente de arte na Fábrica, Centro de Pesquisa e Comunicação da Benetton, tendo como seu diretor, Oliviero Toscani. Cria em 2005 o projeto Multiplicidade Imagem Som Inusitados, que realiza espetáculos de arte digital, música avançada com total convergência de mídias e expressões artísticas, criando encontros insólitos entre músicos, artistas plásticos e visuais, com percussão feita a partir da carroceria de um fusca, instrumentos alienígenas, etc. Tem seu trabalho publicado e exposto em revistas, livros e mostras no Rio de Janeiro, Itália, Alemanha, Japão, Costa Rica, Portugal, França, Suíça, China e Rússia. No cinema, é diretor de fotografia de curtas e longas como *Pojucan – Quadro a Quadro* (1998), com direção sua e de Luiz de Castilho, *Batuque na Cozinha*, de Anna Azevedo (2004), *Entrelençois* (2008), de Gustavo Nieto Roa.

**Filmografia**: 1998- *Pojucan – Quadro a Quadro* (CM) (dir., fot.) (codir. e cofot. Luiz de Castilho); 1999- *Benvindos ao Paraíso* (CM)(cofot. Márcio Menezes); 2003- *Recife/Sevilha – João Cabral de Melo Neto* (CM); 2004- *Batuque na Cozinha* (CM) (cofot. André Vieira, Dib Lutfi e Anna Azevedo); 2006- *Histórias de Um Brasil Alfabetizado*; 2008- *Entrelençois*.

## ZINGG, DAVID DREW

Nasceu em Montclair, New Jersey, EUA, em 14 de Dezembro de 1923. Estuda na Universidade de Columbia, em Nova Iorque, trabalha na redação da NBC e é voluntário da Força Aérea Americana na II Guerra Mundial. Muda-se para a Inglaterra e depois torna-se correspondente de guerra na França e Alemanha, para a Rádio do Serviço Militar. Retorna a Nova Iorque para ser editor, escritor e repórter para as revistas *Look* e *Life* e em seguida fotógrafo *freelancer*, viajando por todo o mundo. Em 1959 chega ao Brasil como membro da equipe do veleiro *Ondine*, fazendo a cobertura para a *Life* e *Sports Illustrated*. Encantado com nosso país, passa a morar entre Rio de Janeiro, São Paulo e Nova Iorque, fazendo coberturas fotográficas de acontecimentos nacionais como a construção de Brasília, *shows* de Bossa Nova, etc. Decidido a morar definitivamente no Brasil, começa a trabalhar para a revista Manchete e flerta com o Cinema Novo ao dirigir a fotografia de alguns filmes como *Memória de Helena* (1969), de David Neves, etc. Desde então, Zingg fotografa para um amplo espectro de publicações brasileiras, entre elas *Realidade, Manchete, Playboy, VIP, Veja Claudia, Elle, Quatro Rodas, Status, Isto É, Fotoptica, Iris* e *Ícaro* e também colaborado com os jornais *Folha de S. Paulo, O Estado de S. Paulo, Jornal da Tarde, Jornal do Brasil, O Globo* e *Zero Hora*. Nos últimos anos morando em São Paulo, escreve uma coluna semanal no jornal *Folha de S.Paulo* intitulada *Tio Dave*. Morre em 28 de Julho de 2000, aos 76 anos de idade, em São Paulo, de falência múltipla dos órgãos, decorrentes de uma cirurgia de próstata no mês anterior. Personalidade marcante no cenário cultural brasileiro, deixa três filhos e quatro netos.

**Filmografia**: 1967, *Ver, Ouvir* (CM); 1969- *Memória de Helena* (cofot. José de Almeida); 1972- *O Mundo de Lygia Clark* (CM); *Triunfo Hermético* (CM); 1973/79 – *Eu Sou Brasileiro* (CM).

# REFERÊNCIAS BIBLIOGRÁFICAS

## Livros:

ALMEIDA, Paulo Sérgio e José Maria Oliveira: Quem é Quem no Cinema, Espaço Z, RJ, 2004;

AUDRÁ JÚNIOR, Mário: Cinematográfica Maristela - Memórias de Um Produtor, Editora Silver Hawk, SP, 1997;

BARBOSA, Neusa: Rodolfo Nanni – Um Realizador Persistente, Neusa Barbosa, Coleção Aplauso, Imprensa Oficial do Estado de São Paulo, SP, 2004;

BARCINSKI, André e Ivan Finotti: Maldito, a Vida e o Cinema de José Mojica Marins, Editora 34, SP, 1998;

BARRO, Máximo: A Primeira Sessão de Cinema em São Paulo, Editora Tanz do Brasil, SP, 1996;

_____.Caminhos e Descaminhos do Cinema Paulista – A Década de 1950, edição do autor, SP, 1997;

_____.Almeida Fleming - Uma Vocação, Centro Cultural de São Paulo, Secretaria Municipal de Cultura e Prefeitura Municipal de São Paulo, SP, 1999;

BARROS, Elinaldo: Panorama do Cinema Alagoano, Secretaria de Estado da Cultura, Maceió, AL, 1983;

BERNARDET, Jean-Claude: Filmografia do Cinema Brasileiro, 1900-1935, O Estado de S.Paulo, Secretaria da Cultura e Comissão de Cinema, SP, 1979;

CAPPELARO, Jorge J.V. e Ferreira, Paulo Roberto: Verdades Sobre o Início do Cinema no Brasil, Funarte, RJ, 1996;

CAPPELARO, Jorge J.V. e Cappelaro, Victorio G.J.: Vittório Cappelaro - Italiano Pioneiro do Cinema Brasileiro, Edição do Autor, RJ, 1997;

COSTA, Selda Vale da e Lobo, Narciso Júlio Freire: No Rastro de Silvino Santos, Edições Governo do Estado, Manaus, AM, 1987;

FARDIN, Sônia Aparecida (coord): Imagens de um Sonho, SMCET e MIS, Campinas, SP, 1995;

FERNANDES Jr, Rubens: Labirintos e Identidades – Paisagem da Fotografia no Brasil – 1946-1998, Cosac-Naify, Centro Universitário Maria Antonia – USP, SP, 2003;

FERREIRA, Jairo: Cinema de Invenção, Editora Limiar, SP, 2000;

FLÓRIDO, Eduardo Giffoni: As Grandes Personagens da História do Cinema Brasileiro: 1930-1959, Fraiha Editora, RJ, 1999;

FLÓRIDO, Eduardo Giffoni: As Grandes Personagens da História do Cinema Brasileiro: 1960-1969, Fraiha Editora, RJ, 2002;

_____.As Grandes Personagens da História do Cinema Brasileiro: 1970-1979, Fraiha Editora, RJ, 2006;

GALDINO, Mário da Rocha: Minas Gerais: Ensaio de Filmografia, Secretaria Municipal de Cultura e Turismo, Editora Comunicação, Prefeitura de Belo Horizonte, MG, 1984;

GOMES, Paulo Augusto: Pioneiros do Cinema de Minas Gerais, Crisálida Editora, MG, 2008;

GOMES, Paulo Emílio Salles: Humberto Mauro, Cataguases, Cinearte, Editora Perspectiva e Editora da Universidade de São Paulo, SP, 1974;

LEAL, Wills: Cinema e Província: História do Cinema Paraibano, Edição do Autor, João Pessoa, PB, 1968;

_____.O Cinema da Paraíba, o Cinema na Paraíba, edição do autor, João Pessoa, PB, 2007

LEÃO, Beto: Goiás no Século de Cinema, Editora Kelps, GO, 1996;

_____.Cinema de A a Z – Dicionário do Audiovisual em Goiás, Agência Ambiental de Goiás e Agência Goiana de Cultura, Goiânia, GO, 2003;

MARINHO, José: Dos Homens e das Pedras – O Ciclo do Cinema Documentário Paraibano (1959-1979), EDUFF, RJ, 1998;

MATTOS, Carlos Alberto: Jorge Bodansky: o Homem Com a Câmera, Coleção Aplauso, Imprensa Oficial do Estado de São Paulo, 2006, SP;

MIRANDA, Luiz Felipe: Dicionário de Cineastas Brasileiros, Secretaria de Estado da Cultura, Art Editora, SP, 1990;

MORENO, Djaldino Mota: Cinema Sergipano, Conselho Estadual de Cultura, Aracaju, SE, 1988;

_____.Clemente Freitas, o Pioneiro da Arte Cinematográfica em Sergipe, Conselho Estadual de Cultura, Aracaju, SE, 2002;

_____.Aventura Cinematográfica, Fundesc – Fundação Estadual de Cultura, Aracaju, SE, 1991;

MOURA, Edgar: 1950 Anos Luz 4ª Edição, Editora Senac, SP, 2009;

NAGIB,Lúcia: O Cinema da Retomada, Editora 34, SP, 2002;

NORONHA, Jurandyr: No Tempo da Manivela, Embrafilme, Ebal, Kinart, RJ, 1987;

_____.Dicionário Jurandyr Noronha de Cinema Brasileiro, EMC – Empresa de Marketing Cultural, RJ, 2008;

ORTIZ, Carlos: E o Cinema Brasileiro na Década de 1950, Centro Cultural de São Paulo, Divisão de Pesquisas, SP, 1981;

PEREIRA Júnior, Araken Campos: Cinema Brasileiro: Documentário (1905-1970), Editora Casa de Cinema Santos, SP, 1972;

_____.Cinema Brasileiro: Longa Metragem (1908-1978), Editora Casa de Cinema, Santos, SP, 1979, 2 volumes;

PIRES, José Henrique Nunes, Depizzolatti, Norberto Verani e Araújo, Sandra Mara de: O Cinema em Santa Catarina, Editora da UFSC e Embrafilme, RJ, 1987;

PÓVOAS, Glênio Nicola: Vento Norte – História e Análise do filme de Salomão Scliar, Secretaria Municipal de Cultura, Prefeitura de Porto Alegre, RS, 2002;

PUPPO, Eugênio (edição e organização): Cinema Marginal Brasileiro e Suas Fronteiras - Filmes Produzidos nos anos 60 e 70, 2a Edição, Heco Produções e CCBB – Centro Cultural Banco do Brasil, SP, 2004;

_____.O Cinema da Boca do Lixo – a Produção de A.P.Galante, Heco Produções e CCBB – Centro Cultural Banco do Brasil, SP, 2006;

_____.José Mojica Marins – 1950 Anos de Carreira, Heco Produções e CCBB – Centro Cultural Banco do Brasil, SP, 2007;

PUPPO, Eugênio e Vera Haddad: Cinema Marginal Brasileiro e Suas Fronteiras - Filmes Produzidos nos anos 60 e 70, CCBB – Centro Cultural Banco do Brasil, SP, 2002;

QUEIROZ, Eliana de O. (coord): Guia de Filmes Produzidos no Brasil Entre 1897-1910, Cinemateca Brasileira, SP, 1984;

_____.Guia de Filmes Produzidos no Brasil Entre 1911-1920, Cinemateca Brasileira, SP, 1985;

_____.Guia de Filmes Produzidos no Brasil Entre 1921-1925, Cinemateca Brasileira, SP, 1987;

_____.uia de Filmes Produzidos no Brasil Entre 1926-1930, Cinemateca Brasileira, SP, 1991;

RAMOS, Fernão: Cinema Marginal -1968-1973, Editora Brasiliense, Embrafilme/Ministério da Cultura, SP, 1987;

RAMOS, Fernão (org.): História do Cinema Brasileiro, Segunda Edição, Art Editora, SP, 1990;

RAMOS, Fernão e Miranda, Luiz Felipe, (org.): Enciclopédia do Cinema Brasileiro, Editora Senac, SP, 2000;

RIBEIRO, José Américo: O Cinema em Belo Horizonte, Editora UFMG, Belo Horizonte, MG, 1997;

ROBATTO, Sonia (org): Alexandre Robatto Filho – Centenário de Um Cineasta Baiano, Governo do Estado da Bahia – Secretaria da Cultura, Instituto Dimas, IPAC, Fundação Cultural do Estado da Bahia, Salvador, BA, 2008.

SÁ, Raquel: Cineastas de Brasília, Secretaria de Estado de Cultura do DF, Fundo da Arte e da Cultura, DF, 2003;

SANTOS, Francisco Alves dos Santos: Cinema no Paraná – Nova Geração, Fundação Cultural de Curitiba, PR, 1996;

_____.Dicionário de Cinema do Paraná, Fundação Cultural de Curitiba, PR, 2005;

STERNHEIM, Alfredo: Cinema da Boca, Coleção Aplauso, Imprensa Oficial do Estado de São Paulo, SP, 2005;

VIANY, Alex: Introdução ao Cinema Brasileiro, Ministério da Educação e Cultura, Instituto Nacional do Livro, RJ, 1959;

VIANY, Alex e Maria Helena Saldanha (pesquisa e organização): Luiz de Barros - Minhas Memórias de Cineasta, Editora Artenova e Embrafilme, RJ, 1978;

# OUTRAS FONTES DE CONSULTA

## Revistas:

Cinearte, 1926-1942, RJ; Cinelândia, 1925-1967, RJ; Cinema em Close-Up, 1975-1978, SP; Cinemin, EBAL, 1983-1989, RJ; Filme-Cultura, 1966-1988, RJ; Palcos e Telas, 1918-1921, RJ; Para Todos, 1919-1926, RJ; Revista de Cinema, 2000-2010; Revista Set, 1989-2009, Editora Peixes, SP; Guia de Filmes, editado pelo INC e depois pela Embrafilme, RJ, 1967-1982.

## Catálogos e publicações diversas:

ABC da Greve - Leon Hirszman, Cinemateca Brasileira, SP, 1991; Arte em Movimento – A Fotografia no Cinema, Gustavo Galvão, CCBB, 2010; Atelier de Cinema, Universidade Federal da Paraíba, João Pessoa, PB, 1988; Brasil Cinema 1968/1977, Instituto Nacional de Cinema, RJ; Caravana Farkas – Documentários – 1964/1980, Centro Cultural Banco do Brasil, 1997; Catálogo de Filmes – Departamento de Filmoteca – Relação Provisória, Embrafilme, RJ, 1984;. Catálogo de Filmes – Escola de Comunicações e Artes, USP, Secretaria de Estado da Cultura do Governo de São Paulo, SP, 1984; Catálogo de Filmes – Funarte, Ângela Souza, Minc e Funarte, RJ, 1996; Catálogo de Filmes – Patrimônio Cultural e Natural, MEC/Sec/Sphan, Fundação Nacional Pró-Memória, RJ, 1983; Catálogo de Filmes Brasileiros - Brasil Cinema - Instituto Nacional de Cinema, 1968-1977, RJ; Catálogo de Filmes do INC, Instituto Nacional de Cinema, RJ, 1972; Catálogo de Filmes e Vídeos, Setor de Antropologia Visual, Museu do Índio, RJ; Catálogo de Filmes Embrafilme/INC, RJ, 1978; Catálogo de Filmes Produzidos pela Jaraguá Filmes, Acervo de Máximo Barro, SP, 2004; Catálogo de Filmes, Audiovisuais e Video-Tapes, Centro Audiovisual da UFMG – Universidade Federal de Minas Gerais, MG, 1985; Catálogo dos Filmes Produzidos pela Futura Filmes, Mário Kuperman, SP, 2000; Catálogo Geral do Instituto Nacional de Cinema – INCE, RJ; Catálogo: Luz em Movimento: A Fotografia no Cinema Brasileiro – org: Eduardo Ades e Mariana Kaufman, Caixa Cultural – RJ – 2007; Catálogo Nível Primário, Instituto Nacional de Cinema, RJ, 1967; Catálogo UFF – Cinearte UFF 35 Anos, RJ, 2003; Cinema Brasileiro - 90 anos, Fundação do Cinema Brasileiro/Minc, Cinemateca do MAM, Cinemateca Brasileira, Fundação Roberto Marinho e S/A. White Martins, RJ, 1988; Cinema Gaúcho – Anos 80, APTC, RS, 1992; Cinema João Batista de Andrade, produzido por Passos Camargos Produções e Promoções Artísticas; Cinema Novo-Novo – 1963-1993 – 30 Anos, Cinemateca do MAM, 1994; Documentário – Tendências e Perspectivas, CCSP, 1994, catálogo; Dos Homens e das Pedras - O Ciclo do Cinema Documentário Paraibano, 1959-1979, Editora da Universidade Federal Fluminense, Niterói, RJ, 1998; Festival Tela em Transe – Super 8 e 16mm, SP, 2003 e 2004; Ficha do Filme, Arquivos da Cinemateca Brasileira, SP; Filmografia Brasileira - Anos 90, Catálogo Organizado por Eliana de O. Queiroz, SP, Cinemateca Brasileira, 1998; Filmoteca – Catálogo – Embrafilme, RJ, 1985; Folheto publicitário do filme ou Press-Release; Guia Brasileiro – Festivais de Cinema e Vídeo, 1999 a 2010, Sociedade Kinoforum, Zita Carvalhosa, SP; Imagens de um sonho, Iconografia do Cinema Campineiro de 1923 a 1972, Museu da Imagem de Som de Campinas, SP, 1995; Produção Cinematográfica de Campinas dos anos 20 ao atual, MIS, Campinas, SP, 1985, catálogo; Projeto Memória Vera Cruz, Secretaria de Estado da Cultura e Museu da Imagem e do Som, SP, 1987;

## Currículos (recebidos por e-mail, correio ou pesquisados na internet):

Adilson Ruiz; Adriano S.Barbuto; Alan Langdon; Alex Araripe; Alex Sernambi; Alziro Barbosa; André Benigno; André Horta; André Lavèrene; André Palluch; André Rassi; André Sigwalt; Armando Sábato; Augusto Sevá; Carlos Egberto; Christian Saghaard; Claudio Leone; Cláudio Morelli; Cleisson Vidal; Clovis Molinari Jr; Christian Lesage; Conrado Sanchez; Christiano Wiggers; Daniel Leite; David Schürmann; Diego Gozze; Dilo Giannelli; Eudaldo Guimarães; Eurico Richers; Fábio Carvalho; Fernando Coster; Flavio Ferreira; Francisco Sampaio Leite Jr.; Guga Millet; Gui Castor; Guy Gonçalves; Harley Carneiro; Helcio 'Alemão' Nagamine; Heloísa Passos; Hermano Penna; Italo Majeroni; Ivo Czamanski; Jacob Solitrenick; Jaime Lerner; Jane Malaquias; Jay Yamashita; João Landi Guimarães; Joel Lopes; Jorge Henrique Boca; José Roberto SAdek; José Sette de Barros; Juarez Pavelak; Juliano Serra; Krishna Schmidt; Lauro Escorel; Lázaro Faria; Leandro HBL; Leo Ferreira; Leo Sassen; Lito Mendes de Rocha; Luiz Miyasaka; Luiz Antonio Oliveira; Lula Araújo; Lula Carvalho; Marcello Marques; Marcelo Coutinho;. Marcio Langeani; Marco Romiti; Marcus Vilar; Maria Amélia Palhares; Marília Rocha; Matias Maxx; Maurício Andrés Ribeiro; Mauricio Medeiros; Maurizio D'Atri; Mauricio Squarizi; Max Vamerlatti; Mustapha Barat; Paulo Castiglioni; Paulo Laborne; Pedro Cardillo; Pedro Pablo Lazzarini; Pedro Urano; Peter Baiestorf; Pompilho Tostes; Reynaldo Zangrandi; Ricardo Della Rosa; Ricardo Stein; Roberto Burura; Roberto Faissal Jr; Roberto Henkin; Roberto Iuri; Roberto Laguna; Roberto Santos Filho; Rodolfo Ancona Lopez; Rodrigo Mercês; Rodrigo Monte; Roland Henze; Rosa Berardo; Sadil Breda; Scalante; Sofia Frederico; Tadao Miaqui; Tiago Scorza; Tiago Veloso; Tuker Marçal; Uli Bruhn; Uli Burtin; Vini Nora; Virgilio Roveda; Waldir. de Pina; Walter Carvalho; Walter Carvalho Correa; Wilson Lazaretti.

## Sites e Blogs na Internet:

ACASP – Assistentes de Câmera Associados de São Paulo; APACI – Associação Paulista de Cineastas; ABC - Associação Brasileira de Cinematografia; ABCine – entrevista com Juan Carlos Landini e Mário Pagés feitas por Afrânio Mendes Catani; Blog Filmes de Guerrilha, de Fernando Masini, artigo sobre Elyseu Visconti; Blog Ruminando Cultura, artigo: Silvino Santos, o Pioneiro Esquecido; Buff Film & Video Rentall - Diretor de Fotografia – Índice e Diretor de Fotografia em Vídeo – Índice; Casa de Cinema Porto Alegre; Celebrity Birth Date by Firs Name; Cinemateca Brasileira – Filmografia Brasileira - Base de dados da Cinemateca Brasileira, SP; CRAP – Centro de Referência das Artes Plásticas em Minas Gerais; Enciclopédia do Cinema Brasileiro – on line; IMDB – Internet Movie Data Base; Internet Encyclopedia of Cinematographers; Itaú Cultural - Panorama Cinema e Vídeo Super-8; Museu Lazar Segall – revistas A Scena Muda e Cinearte on line; Revista Filme-Cultura on-line; SINDCINE- Sindicato dos Trabalhadores na Indústria Cinematográfica e do Audiovisual; Site de Cinema; STIC – Sindicato Interestadual dos Trabalhadores na Indústria Cinematográfica e do Audiovisual; Wikipedia – Fotógrafos do Cinema Brasileiro.

## SOBRE O AUTOR

**Antonio Leão da Silva Neto** nasceu na cidade de São Paulo, em 1957. É apaixonado por cinema desde criança, quando começa a frequentar os cinemas do bairro do Ipiranga. Seu interesse por cinema brasileiro tem início nos anos 1960, vendo a série *Vigilante Rodoviário* e filmes de Mazzaropi. No final dos anos 1960, passou a colecionar filmes na bitola 16 mm. Com Archimedes Lombardi, funda em 1992 a Associação Brasileira de Colecionadores de Filmes (ABCF) em 16 mm, entidade que reúne colecionadores de todo o Brasil, com a finalidade de catalogar, preservar e exibir filmes raros, em sessões gratuitas no auditório da Biblioteca Municipal do Ipiranga, hoje Biblioteca Temática Roberto Santos, em São Paulo. Nos anos 1990, passa a catalogar atores e filmes brasileiros em fichas tipográficas feitas especialmente para essa finalidade. Esse arquivo origina o livro *Astros e Estrelas do Cinema Brasileiro* em 1998, dicionário pioneiro com 1.400 biografias de artistas brasileiros. Em 2002, lança seu segundo livro, *Dicionário de Filmes Brasileiros – Longa-metragem*, que lista toda a produção nacional desde 1908, esgotado desde 2004. Em 2006, conclui e lança seu mais ousado projeto, *Dicionário de Filmes Brasileiros – Curta e Média-metragens*, que lista toda a produção nacional nessas categorias desde 1897, conseguindo cadastrar mais de 18 mil filmes brasileiros com até 60 minutos de duração, livro produzido com seus próprios recursos. Pela *Coleção Aplauso* da Imprensa Oficial do Estado de São Paulo, lança em 2006, *Ary Fernandes, sua Fascinante História* e, em 2008, *Miguel Borges, Um Lobisomem Sai da Sombra*, livros que contam a vida e obra de dois grandes cineastas brasileiros. Em 2009/2010, lança as edições atualizadas, ampliadas e revisadas de seus dois primeiros livros *Dicionário de Filmes Brasileiros – Longa-metragem* e *Astros e Estrelas do Cinema Brasileiro*. No intuito de continuar seu trabalho de pesquisa e aprimorar seus conhecimentos, em 2010 lança o livro *Fotógrafos do Cinema Brasileiro*, em pesquisa inédita. Seus livros hoje já são fonte de referência obrigatória para bibliotecas, escolas, redações de jornais e revistas e emissoras de rádio e televisão, além de frequentemente utilizados por profissionais da área e o público interessado em geral. Formado em economia pela Fundação Armando Álvares Penteado (FAAP), em São Paulo, com pós-graduação em Administração Financeira e Recursos Humanos, sempre atuou na iniciativa privada em cargos executivos. Como grande apaixonado por cinema, principalmente o brasileiro, percebendo grande lacuna no nosso mercado editorial nessa área, dedica todo o seu tempo vago a pesquisas direcionadas ao resgate da memória cinematográfica nacional.

# Coleção Aplauso

## SÉRIE CINEMA BRASIL

Alain Fresnot – Um Cineasta sem Alma
Alain Fresnot

Ana Carolina – Ana Carolina Teixeira Soares – Cineasta Brasileira
Evaldo Morcazel

Antes Que o Mundo Acabe
Roteiro de Ana Luiza Azevedo

Agostinho Martins Pereira – Um Idealista
Máximo Barro

Alfredo Sternheim – Um Insólito Destino
Alfredo Sternheim

O Ano em Que Meus Pais Saíram de Férias
Roteiro de Cláudio Galperin, Bráulio Mantovani, Anna Muylaert e Cao Hamburger

Anselmo Duarte – O Homem da Palma de Ouro
Luiz Carlos Merten

Antonio Carlos da Fontoura – Espelho da Alma
Rodrigo Murat

Ary Fernandes – Sua Fascinante História
Antônio Leão da Silva Neto

O Bandido da Luz Vermelha
Roteiro de Rogério Sganzerla

Batismo de Sangue
Roteiro de Dani Patarra e Helvécio Ratton

Bens Confiscados
Roteiro comentado pelos seus autores Daniel Chaia e Carlos Reichenbach

Braz Chediak – Fragmentos de uma vida
Sérgio Rodrigo Reis

Cabra-Cega
Roteiro de Di Moretti, comentado por Toni Venturi e Ricardo Kauffman

O Caçador de Diamantes
Roteiro de Vittorio Capellaro, comentado por Máximo Barro

Carlos Coimbra – Um Homem Raro
Luiz Carlos Merten

Carlos Reichenbach – O Cinema Como Razão de Viver
Marcelo Lyra

A Cartomante
Roteiro comentado por seu autor Wagner de Assis

Casa de Meninas
Romance original e roteiro de Inácio Araújo

O Caso dos Irmãos Naves
Roteiro de Jean-Claude Bernardet e Luis Sérgio Person

O Céu de Suely
Roteiro de Karim Aïnouz, Felipe Bragança e Maurício Zacharias

Chega de Saudade
Roteiro de Luiz Bolognesi

Cidade dos Homens
Roteiro de Elena Soárez

Como Fazer um Filme de Amor
Roteiro escrito e comentado por Luiz Moura e José Roberto Torero

O Contador de Histórias
Roteiro de Luiz Villaça, Mariana Veríssimo, Maurício Arruda e José Roberto Torero

Críticas de B.J. Duarte – Paixão, Polêmica e Generosidade
Luiz Antonio Souza Lima de Macedo

Críticas de Edmar Pereira – Razão e Sensibilidade
Org. Luiz Carlos Merten

Críticas de Inácio Araújo – Cinema De Boca Em Boca: Escritos Sobre Cinema
Juliano Tosi

Críticas de Jairo Ferreira – Críticas de invenção: Os Anos do São Paulo Shimbun
Org. Alessandro Gamo

Críticas de Luiz Geraldo de Miranda Leão – Analisando Cinema: Críticas de LG
Org. Aurora Miranda Leão

Críticas de Ruben Biáfora – A Coragem de Ser
Org. Carlos M. Motta e José Júlio Spiewak

De Passagem
Roteiro de Cláudio Yosida e Direção de Ricardo Elias

Desmundo
Roteiro de Alain Fresnot, Anna Muylaert e Sabina Anzuategui

Djalma Limongi Batista – Livre Pensador
Marcel Nadale

Dogma Feijoada: O Cinema Negro Brasileiro
Jeferson De

Dois Córregos
Roteiro de Carlos Reichenbach

A Dona da História
Roteiro de João Falcão, João Emanuel Carneiro e Daniel Filho

Os 12 Trabalhos
Roteiro de Cláudio Yosida e Ricardo Elias

É Proibido Fumar
Roteiro de Anna Muylaert

Estômago
Roteiro de Lusa Silvestre, Marcos Jorge e Cláudia da Natividade

Feliz Ano Velho
Roteiro de Roberto Gervitz

Feliz Natal
Roteiro de Selton Mello e Marcelo Vindicatto

Fernando Meirelles – Biografia Prematura
Maria do Rosário Caetano

Fim da Linha
Roteiro de Gustavo Steinberg e Guilherme Werneck; Storyboards de Fábio Moon e Gabriel Bá

Fome de Bola – Cinema e Futebol no Brasil
Luiz Zanin Oricchio

Francisco Ramalho Jr. – Éramos Apenas Paulistas
Celso Sabadin

Geraldo Moraes – O Cineasta do Interior
Klecius Henrique

Guilherme de Almeida Prado – Um Cineasta Cinéfilo
Luiz Zanin Oricchio

Helvécio Ratton – O Cinema Além das Montanhas
Pablo Villaça

O Homem que Virou Suco
Roteiro de João Batista de Andrade, organização de Ariane Abdallah e
Newton Cannito

Ivan Cardoso – O Mestre do Terrir
Remier

Jeremias Moreira – O Cinema Como Ofício
Celso Sabadin

João Batista de Andrade – Alguma Solidão
e Muitas Histórias
Maria do Rosário Caetano

Jogo Subterrâneo
Roteiro de Roberto Gervitz

Jorge Bodanzky – O Homem com a Câmera
Carlos Alberto Mattos

José Antonio Garcia – Em Busca da Alma Feminina
Marcel Nadale

José Carlos Burle – Drama na Chanchada
Máximo Barro

Leila Diniz
Roteiro de Luiz Carlos Lacerda

Liberdade de Imprensa – O Cinema de Intervenção
Renata Fortes e João Batista de Andrade

Luiz Carlos Lacerda – Prazer & Cinema
Alfredo Sternheim

Maurice Capovilla – A Imagem Crítica
Carlos Alberto Mattos

Mauro Alice – Um Operário do Filme
Sheila Schvarzman

Máximo Barro – Talento e Altruísmo
Alfredo Sternheim

Miguel Borges – Um Lobisomem Sai da Sombra
Antônio Leão da Silva Neto

Não por Acaso
Roteiro de Philippe Barcinski, Fabiana Werneck Barcinski
e Eugênio Puppo

Narradores de Javé
Roteiro de Eliane Caffé e Luís Alberto de Abreu

Ninho Moraes – Radiografia De Um Filme: São Paulo
Sociedade Anônima

Onde Andará Dulce Veiga
Roteiro de Guilherme de Almeida Prado

Orlando Senna – O Homem da Montanha
Hermes Leal

Pedro Jorge de Castro – O Calor da Tela
Rogério Menezes

Quanto Vale ou É por Quilo
Roteiro de Eduardo Benaim, Newton Cannito e Sergio Bianchi

Ricardo Pinto e Silva – Rir ou Chorar
Rodrigo Capella

Roberto Gervitz – Brincando de Deus
Evaldo Mocarzel

Rodolfo Nanni – Um Realizador Persistente
Neusa Barbosa

Salve Geral
Roteiro de Sergio Rezende e Patrícia Andrade

O Signo da Cidade
Roteiro de Bruna Lombardi

Ozualdo Candeias – Pedras e Sonhos no Cineboca
Moura Reis

Ugo Giorgetti – O Sonho Intacto
Rosane Pavam

Viva-Voz
Roteiro de Márcio Alemão

Vladimir Carvalho – Pedras na Lua e Pelejas no Planalto
Carlos Alberto Mattos

Vlado – 30 Anos Depois
Roteiro de João Batista de Andrade

Zuzu Angel
Roteiro de Marcos Bernstein e Sergio Rezende

### SÉRIE CINEMA

Bastidores – Um Outro Lado do Cinema
Elaine Guerini

Série Ciência & Tecnologia
Cinema Digital – Um Novo Começo?
Luiz Gonzaga Assis de Luca

A Hora do Cinema Digital – Democratização
e Globalização do Audiovisual
Luiz Gonzaga Assis De Luca

### SÉRIE CRÔNICAS

Crônicas de Maria Lúcia Dahl – O Quebra-cabeças
Maria Lúcia Dahl

### SÉRIE DANÇA

Luis Arrieta – Poeta do Movimento
Roberto Pereira

Rodrigo Pederneiras e o Grupo Corpo – Dança Universal
Sérgio Rodrigo Reis

### SÉRIE MÚSICA

Claudette Soares – A Bossa Sexy e Romântica
de Claudette Soares
Rodrigo Faour

Diogo Pacheco – Um Maestro Para Todos
Alfredo Sternheim

Rogério Duprat – Ecletismo Musical
Máximo Barro

Sérgio Ricardo – Canto Vadio
Eliana Pace

Toquinho – Acorde Solto no Ar
João Carlos Pecci

Wagner Tiso – Som, Imagem, Ação
Beatriz Coelho Silva

### SÉRIE TEATRO BRASIL

Alcides Nogueira – Alma de Cetim
Tuna Dwek

Antenor Pimenta – Circo e Poesia
Danielle Pimenta

Antonio Bivar – O Explorador De Sensações Peregrinas
Maria Lucia Dahl

A Carroça dos Sonhos e Os Últimos Saltimbancos
Roberto Nogueira

Cia de Teatro Os Satyros – Um Palco Visceral
Alberto Guzik

Críticas de Clóvis Garcia – A Crítica Como Oficio
Org. Carmelinda Guimarães

Críticas de Jefferson Del Rios – Volume II – Crítica Teatral

Críticas de Jefferson Del Rios – Volume I – Crítica Teatral

Críticas de Maria Lucia Candeias – Duas Tábuas e Uma Paixão
Org. José Simões de Almeida Júnior

Federico Garcia Lorca – Pequeno Poema Infinito
Antonio Gilberto e José Mauro Brant

Ilo Krugli – Poesia Rasgada
Ieda de Abreu

João Bethencourt – O Locatário da Comédia
Rodrigo Murat

José Renato – Energia Eterna
Hersch Basbaum

Leilah Assumpção – A Consciência da Mulher
Eliana Pace

Luís Alberto de Abreu – Até a Última Sílaba
Adélia Nicolete

Maurice Vaneau – Artista Múltiplo
Leila Corrêa

Renata Palottini – Cumprimenta e Pede Passagem
Rita Ribeiro Guimarães

Teatro Brasileiro de Comédia – Eu Vivi o TBC
Nydia Licia

O Teatro de Abílio Pereira de Almeida
Abílio Pereira de Almeida

O Teatro de Alberto Guzik
Alberto Guzik

O Teatro de Antonio Rocco
Antonio Rocco

O Teatro de Cordel de Chico de Assis
Chico de Assis

O Teatro de Emílio Boechat
Emílio Boechat

O Teatro de Germano Pereira – Reescrevendo Clássicos
Germano Pereira

O Teatro de José Saffioti Filho
José Saffioti Filho

O Teatro de Alcides Nogueira – Trilogia: Ópera Joyce – Gertrude
Stein, Alice Toklas & Pablo Picasso –
Pólvora e Poesia
Alcides Nogueira

O Teatro de Antônio Bivar: As Três Primeiras Peças
Antônio Bivar

O Teatro de Eduardo Rieche & Gustavo Gasparani –
Em Busca De Um Teatro Musical Carioca
Eduardo Rieche & Gustavo Gasparani

O Teatro de Ivam Cabral – Quatro textos para um teatro veloz:
Faz de Conta que tem Sol lá Fora – Os Cantos de Maldoror
– De Profundis – A Herança do Teatro
Ivam Cabral

O Teatro de Marici Salomão
Marici Salomão

O Teatro de Noemi Marinho: Fulaninha e Dona Coisa,
Homeless, Cor de Chá, Plantonista Vilma
Noemi Marinho

Teatro de Revista em São Paulo – De Pernas para o Ar
Neyde Veneziano

O Teatro de Rodolfo Garcia Vasquez –
Quatro Textos e Um Roteiro
Rodolfo Garcia Vasquez

O Teatro de Samir Yazbek: A Entrevista –

O Fingidor – A Terra Prometida
Samir Yazbek

O Teatro de Sérgio Roveri
Sérgio Roveri

Teresa Aguiar e o Grupo Rotunda – Quatro Décadas em Cena
Ariane Porto

Vicente Pereira – Isto é besteirol: O Teatro de Vicente Pereira
Luiz Francisco Wasilewski

**SÉRIE PERFIL**

Antônio Petrin – Ser Ator
Orlando Margarido

Aracy Balabanian – Nunca Fui Anjo
Tania Carvalho

Arllete Montenegro – Fé, Amor e Emoção
Alfredo Sternheim

Ary Fontoura – Entre Rios e Janeiros
Rogério Menezes

Aurora Duarte – Faca de Ponta
Aurora Duarte

Berta Zemel – A Alma das Pedras
Rodrigo Antunes Corrêa

Bete Mendes – O Cão e a Rosa
Rogério Menezes

Betty Faria – Rebelde por Natureza
Tania Carvalho

Carla Camurati – Luz Natural
Carlos Alberto Mattos

Carmem Verônica – O Riso Com Glamour
Claudio Fragata

Cecil Thiré – Mestre do seu Ofício
Tania Carvalho

Celso Nunes – Sem Amarras
Eliana Rocha

Cleyde Yaconis – Dama Discreta
Vilmar Ledesma

David Cardoso – Persistência e Paixão
Alfredo Sternheim

Débora Duarte – Filha da Televisão
Laura Malin

Denise Del Vecchio – Memórias da Lua
Tuna Dwek

Dionísio Azevedo e Flora Geni – Dionísio e Flora:
Uma Vida na Arte
Dionísio Jacob

Ednei Giovenazzi – Dono da Sua Emoção
Tania Carvalho

Elisabeth Hartmann – A Sarah dos Pampas
Reinaldo Braga

Emiliano Queiroz – Na Sobremesa da Vida
Maria Leticia

Etty Fraser – Virada Pra Lua
Vilmar Ledesma

Ewerton de Castro – Minha Vida na Arte: Memória e Poética
Reni Cardoso

Fernanda Montenegro – A Defesa do Mistério
Neusa Barbosa

Fernando Peixoto – Em Cena Aberta
Marília Balbi

Geórgia Gomide – Uma Atriz Brasileira
Eliana Pace

Gianfrancesco Guarnieri – Um Grito Solto no Ar
Sérgio Roveri

Glauco Mirko Laurelli – Um Artesão do Cinema
Maria Angela de Jesus

Haydée Bittencourt – O Esplendor do Teatro
Gabriel Federicci

Ilka Soares – A Bela da Tela
Wagner de Assis

Irene Ravache – Caçadora de Emoções
Tania Carvalho

Irene Stefania – Arte e Psicoterapia
Germano Pereira

Isabel Ribeiro – Iluminada
Luis Sergio Lima e Silva

Isolda Cresta – Zozô Vulcão
Luis Sérgio Lima e Silva

Jece Valadão – Também Somos Irmãos
Apoenam Rodrigues

Joana Fomm – Momento de Decisão
Vilmar Ledesma

John Herbert – Um Gentleman no Palco e na Vida
Neusa Barbosa

Jonas Bloch – O Ofício de uma Paixão
Nilu Lebert

Jorge Loredo – O Perigote do Brasil
Cláudio Fragata

José Dumont – Do Cordel às Telas
Klecius Henrique

Laura Cardoso – Contadora de Histórias
Julia Laks

Leonardo Villar – Garra e Paixão
Nydia Licia

Lília Cabral – Descobrindo Lília Cabral
Analu Ribeiro

Lolita Rodrigues – De Carne e Osso
Eliana Castro

Louise Cardoso – A Mulher do Barbosa
Vilmar Ledesma

Marcos Caruso – Um Obstinado
Eliana Rocha

Maria Adelaide Amaral – A Emoção Libertária
Tuna Dwek

Marisa Prado – A Estrela, O Mistério
Luiz Carlos Lisboa

Marlene França – Do Sertão da Bahia ao Clã Matarazzo
Maria Do Rosário Caetano

Mauro Mendonça – Em Busca da Perfeição
Renato Sérgio

Miguel Magno – O Pregador De Peças
Andréa Bassitt

Miriam Mehler – Sensibilidade e Paixão
Vilmar Ledesma

Naum Alves de Souza: Imagem, Cena, Palavra
Alberto Guzik

Nicette Bruno e Paulo Goulart – Tudo em Família
Elaine Guerrini

Nívea Maria – Uma Atriz Real
Mauro Alencar e Eliana Pace

Niza de Castro Tank – Niza, Apesar das Outras
Sara Lopes

Norma Blum – Muitas Vidas: Vida e Carreira de Norma Blum
Norma Blum

Paulo Betti – Na Carreira de um Sonhador
Teté Ribeiro

Paulo José – Memórias Substantivas
Tania Carvalho

Pedro Paulo Rangel – O Samba e o Fado
Tania Carvalho

Regina Braga – Talento é um Aprendizado
Marta Góes

Reginaldo Faria – O Solo de Um Inquieto
Wagner de Assis

Renata Fronzi – Chorar de Rir
Wagner de Assis

Renato Borghi – Borghi em Revista
Élcio Nogueira Seixas

Renato Consorte – Contestador por Índole
Eliana Pace

Rolando Boldrin – Palco Brasil
Ieda de Abreu

Rosamaria Murtinho – Simples Magia
Tania Carvalho

Rubens de Falco – Um Internacional Ator Brasileiro
Nydia Licia

Ruth de Souza – Estrela Negra
Maria Ângela de Jesus

Sérgio Hingst – Um Ator de Cinema
Máximo Barro

Sérgio Viotti – O Cavalheiro das Artes
Nilu Lebert

Silnei Siqueira – A Palavra em Cena
Ieda de Abreu

Silvio de Abreu – Um Homem de Sorte
Vilmar Ledesma

Sônia Guedes – Chá das Cinco
Adélia Nicolete

Sonia Maria Dorce – A Queridinha do meu Bairro
Sonia Maria Dorce Armonia

Sonia Oiticica – Uma Atriz Rodriguiana?
Maria Thereza Vargas

Stênio Garcia – Força da Natureza
Wagner Assis

Suely Franco – A Alegria de Representar
Alfredo Sternheim

Tania Alves – Tânia Maria Bonita Alves
Fernando Cardoso

Tatiana Belinky – ... E Quem Quiser Que Conte Outra
Sérgio Roveri

Theresa Amayo – Ficção e Realidade
Theresa Amayo

Tonico Pereira – Um Ator Improvável,
Uma Autobiografia Não Autorizada
Eliana Bueno

Tony Ramos – No Tempo da Delicadeza
Tania Carvalho

Umberto Magnani – Um Rio de Memórias
Adélia Nicolete

Vera Holtz – O Gosto da Vera
Analu Ribeiro

Vera Nunes – Raro Talento
Eliana Pace

Walderez de Barros – Voz e Silêncios
Rogério Menezes

Walter George Durst – Doce Guerreiro
Nilu Lebert

Zezé Motta – Muito Prazer
Rodrigo Murat

## ESPECIAL

Agildo Ribeiro – O Capitão do Riso
Wagner de Assis

Av. Paulista, 900 – a História da TV Gazeta
Elmo Francfort

Beatriz Segall – Além das Aparências
Nilu Lebert

Carlos Zara – Paixão em Quatro Atos
Tania Carvalho

Charles Möeller e Claudio Botelho – Os Reis dos Musicais
Tania Carvalho

Cinema da Boca – Dicionário de Diretores
Alfredo Sternheim

Dicionário de Astros e Estrelas Do Cinema Brasileiro
Antonio Leão

Dina Sfat – Retratos de uma Guerreira
Antonio Gilberto

Eva Todor – O Teatro de Minha Vida
Maria Angela de Jesus

Eva Wilma – Arte e Vida
Edla van Steen

Gloria in Excelsior – Ascensão, Apogeu e Queda do Maior
Sucesso da Televisão Brasileira
Álvaro Moya

Gloria in Excelsior – TV Excelcior 2ª Edição
Álvaro de Moya

As Grandes Vedetes do Brasil
Neyde Veneziano

Ítalo Rossi – Isso É Tudo ●
Antônio Gilberto e Ester Jablonski

Lembranças de Hollywood
Dulce Damasceno de Britto, organizado por Alfredo
Sternheim

Lilian Lemmertz – Sem Rede de Proteção
Cleodon Coelho

Marcos Flaksman – Universos Paralelos
Wagner de Assis

Maria Della Costa – Seu Teatro, Sua Vida
Warde Marx

Mazzaropi – Uma Antologia de Risos
Paulo Duarte

Ney Latorraca – Uma Celebração
Tania Carvalho

Odorico Paraguaçu: O Bem-amado de Dias Gomes – História
de um personagem larapista e maquiavelento
José Dias

Raul Cortez – Sem Medo de se Expor
Nydia Licia

Rede Manchete – Aconteceu, Virou História
Elmo Francfort

Sérgio Cardoso – Imagens de Sua Arte
Nydia Licia

Tônia Carrero – Movida pela Paixão
Tania Carvalho

TV Tupi – Uma Linda História de Amor
Vida Alves

Victor Berbara – O Homem das Mil Faces
Tania Carvalho

Walmor Chagas – Ensaio Aberto para Um Homem Indignado
Djalma Limongi Batista

**imprensaoficial**

Imprensa Oficial do Estado de São Paulo

diretor industrial
Teiji Tomioka

diretor financeiro
Flávio Capello

diretora de gestão de negócios
Lucia Maria Dal Medico

gerente de produtos editoriais e institucionais
Vera Lúcia Wey

Biblioteca da Imprensa Oficial do Estado de São Paulo

---

Silva Neto, Antonio Leão da

    Dicionário de fotógrafos do cinema brasileiro / Antonio Leão
da Silva Neto – São Paulo : Imprensa Oficial do Estado de São
Paulo, 2010.

    160p. – (Coleção aplauso. Série especial / Coordenador geral
Rubens Ewald Filho)

    Referências bibliográficas.

    ISBN 978-85-7060-971-7.

    1. Fotógrafos cinematográficos – Brasil – Biografia
2. Cinematografia – Brasil – Diretores e produtores – Dicionários
I. Ewald Filho, Rubens. II. Título. III. Série.

CDD   778.530 3

---

Índice para catálogo sistemático:

1. Fotógrafos cinematográficos : Biografia : Dicionários 778.530 3

 

impresso no brasil / 2010

Foi feito o depósito legal na Biblioteca Nacional
[Lei nº 10.994, de 14/12/2004]

Direitos reservados e protegidos pela Lei 9.610/98

Proibida a reprodução total ou parcial sem a prévia autorização
dos editores.

Imprensa Oficial do Estado de Sao Paulo
Rua da Mooca, 1.921 Mooca
03103-902 Sao Paulo SP Brasil
sac 0800 01234 01
sac@imprensaoficial.com.br
livros@imprensaoficial.com.br
www.imprensaoficial.com.br

Coleção Aplauso
Série Especial

| | |
|---|---|
| Coordenador Geral | Rubens Ewald Filho |
| Editor Assistente | Claudio Erlichman |
| Assistente | Charles Igor Bandeira |
| Projeto Gráfico | Via Impressa Design Gráfico |
| Direção de Arte | Clayton Policarpo<br>Paulo Otavio |
| Editoração | Antonio de Souza Ribeiro<br>Douglas Germano<br>Emerson Brito |

| | |
|---|---|
| Formato | 23 x 31cm |
| Papel Miolo | Offset LD 90 g/m² |
| Papel Capa | Triplex 350g/m² |
| Tipologia | Calibri, ChaletComprime, Falstaff |
| Número de páginas | 160 |
| CTP, Impressão e Acabamento | Imprensa Oficial do Estado de São Paulo |

Nesta edição, respeitou-se o novo
Acordo Ortográfico da Língua Portuguesa